VERLEIBLICHUNG UND SYNERGIE

SUPPLEMENTS TO

VIGILIAE CHRISTIANAE

Formerly Philosophia Patrum

TEXTS AND STUDIES OF EARLY CHRISTIAN LIFE
AND LANGUAGE

EDITORS

J. DEN BOEFT — R. VAN DEN BROEK — W.L. PETERSEN
D.T. RUNIA — J.C.M. VAN WINDEN

VOLUME LXIII

VERLEIBLICHUNG UND SYNERGIE

GRUNDZÜGE DER BIBELHERMENEUTIK
BEI MAXIMUS CONFESSOR

VON

ASSAAD ELIAS KATTAN

BRILL

LEIDEN · BOSTON

2003

This book is printed on acid-free paper.

Library of Congress Cataloging-in-Publication Data

Kattan, Assaad Elias.
  Verleiblichung und Synergie : Grundzüge der Bibelhermeneutik bei Maximus
Confessor / von Assaad Elias Kattan.
    p. cm. — (Supplements to Vigiliae Christianae, ISSN 0920-623X ; v. 63)
  Summary in French.
  Includes bibliographical references (p.) and indexes.
  ISBN 9004126694 (pbk. : alk. paper)
    1. Maximus, Confessor, Saint, ca. 580-662. 2. Bible--Criticism, interpretation,
etc.--History--Early church, ca. 30-600. 3. Logos (Christian theology)--History of
doctrines--Early church, ca. 30-600. 4. Jesus Christ--History of doctrines--Early church,
ca. 30-600. I. Title. II. Series.

BS500 .K38 2002
220.6'092—dc21   2002026109

Die Deutsche Bibliothek – CIP-Einheitsaufnahme

Kattan, Assaad Elias:
Verleiblichung und Synergie : Grundzüge der Bibelhermeneutik bei
Maximus Confessor / von Assaad Elias Kattan. – Leiden ; Boston ;
Köln : Brill, 2003
    (Supplements to Vigiliae Christianae ; Vol. 63)
    ISBN 90–04–12669–4

BS
500
.K38
2002

                         ISSN   0920-623X
                         ISBN   90 04 12669 4

PRINTED IN THE NETHERLANDS

συμπέπλεκται τῷ ῥητῷ τὸ ἄρρητον

Pseudo-Dionys
Areopagita

Worte sind Versuche, auch wenn sie inspiriert sind

Georges Khodr

Ἠλίᾳ, μητροπολίτῃ Βηρυττοῦ, „πόλεως ῥωμαϊκωτέρας",
πατρότητος ἕνεκεν

INHALTSVERZEICHNIS

VORWORT

Maximus Confessor (ca. 580–662) gilt heute unbestritten als der herausragendste griechische Theologe des siebten Jahrhunderts. Seine Bedeutung beschränkt sich nicht darauf, in einer umbruchsreichen Zeit zwischen auslaufender Spätantike und anbrechendem Mittelalter gewirkt zu haben, sondern bei ihm flossen zudem philosophische und theologische, profane und christliche, Traditionen zu einer ertragreichen Synthese zusammen. Hinzu kommt, daß der Bekenner zu jenen seltenen Gestalten gehörte, bei denen sich, soweit wir darüber urteilen können, keine Trennung von Theorie und Praxis, Glauben und Handeln, beobachten läßt. Genauso faszinierend wie einige Facetten der Rezeptionsgeschichte des Maximus in der Vergangenheit, etwa durch einen Johannes Scotus Eriugena, ist seine „Entdeckung" im 20. Jahrhundert seitens wissenschaftlich-theologischer Forschung. Nach einer langen Zeit der Diskreditierung als mittelmäßigem Kompilator erscheint der Confessor seit Anfang der 40er Jahre des 20. Jahrhunderts als ein eigenständiger Mönchstheologe, der philosophische Spekulation, Mystik, Bibel- und Väterexegese in einem konsistenten theologischen Bau zu verquicken und sie um das chalzedonensische Christusbekenntnis zu zentrieren vermag. Heutzutage stellt sich Maximus Confessor überdies als ein interkonfessioneller *locus* schlechthin dar, als ein Kirchenvater, von dem sich Orthodoxe, Katholiken und Protestanten begeistern und inspirieren lassen können. Auch die in der vorliegenden Untersuchung zum Ausdruck kommende Erforschung seiner Bibelhermeneutik erwies sich in vielerlei Hinsicht als ein ökumenischer Weg nicht zuletzt deshalb, weil die jahrelange Beschäftigung mit Maximus jene Zeit ins Bewußtsein rückt, als ein einziger Mensch Orient und Okzident in sich zusammenzubringen und zu *vereinen* vermochte, ohne sie jedoch zu *vermischen*. Heute gilt es, seinem Beispiel zu folgen und von ihm zu lernen.

Darüber hinaus lebt das hier zu lesende Werk vom heutigen Interesse an der Art und Weise, wie die Kirchenväter die Bibel auslegten; ein Interesse, das durch das moderne hermeneutische *Erwachen* bedingt ist. Hierbei geht es weniger um ein Stück vergangene Hermeneutik, das man entweder ablehnt oder sich zu eigen macht, als um eine lebendige Umgangsweise mit der Bibel, mit der man in einen

Dialog treten soll, ohne zu versuchen, die Distanz zu ihr abzuschaffen, sondern sie vielmehr fruchtbar zu machen. Dieser Dialog mit einer Hermeneutik der Vergangenheit kann unter anderem dazu beitragen, die Chancen und Grenzen der zeitgenössischen Hermeneutiken besser wahrzunehmen. Ein hermeneutischer Dialog mit der Vergangenheit kann gerade heute – im Wirrwarr der vielen, hermeneutisch nicht mehr zu synthetisierenden Auslegungsmethoden, die indessen alle unter der *Obhut* der allumfassenden Perspektivität bestehen dürfen, besser gelingen, weil man heute mehr denn je weiß, daß es keine absoluten Auslegungsmethoden gibt und daß demzufolge die maximinischen interpretatorischen Verfahrensmittel nach ihrer Legitimität nur in der Bedingtheit ihres Kontexts und ihrer Prämissen zu befragen sind. Mit Geschichte befaßt man sich aber auch, da wir selber historische Wesen unter anderem in dem Sinne sind, daß wir durch Geschichte eine gewisse Ausformung erhalten, auch wenn wir manchmal dazu neigen, dies auszublenden oder gar zu verdrängen. Inwiefern nun die Christen von heute durch eine Gestalt wie Maximus Confessor geprägt sind oder sich prägen lassen können und wollen, ist eine bedenkenswerte Frage, die hier aber im einzelnen nicht beantwortet werden soll, zumal dies von Kirche zu Kirche anders sein kann. Es sei diesbezüglich nur darauf hingewiesen, daß die Beschäftigung mit der Schrifthermeneutik des Maximus heute sinnvoll sein kann nicht zuletzt deswegen, weil es ihm über Auslegungsmethoden hinaus im Endeffekt um eines ging; ja um einen und einzigen, nämlich Christus, den Gottmenschen, um dessentwillen er das Bekenntnis bis zum blutigen Ende ablegte.

Die vorliegende Studie ist die leicht revidierte Fassung einer Dissertationsschrift, die im Juni 2001 vom Fachbereich Evangelische Theologie der Philipps-Universität zu Marburg angenommen wurde. Veröffentlichungsbereit wurde das ursprüngliche Manuskript nach der Einführung etlicher Modifikationen, die sich an kritischen Bemerkungen orientierten, welche ich Prof. Dr. Peter van Deun verdanke. Anläßlich dieser Veröffentlichung fühle ich mich einigen Personen und Einrichtungen, ohne deren Hilfe dieses Werk nicht ans Tageslicht gekommen wäre, zu Dank verpflichtet.

Zuallererst sei Herrn Prof. Dr. Wolfgang Bienert, der als mein Doktorvater die Abfassung der vorliegenden Studie aufs Engste begleitete und betreute, ein herzlicher Dank gewidmet. Seine methodischen und inhaltlichen Ratschläge und Verbesserungsvorschläge führten dazu, daß ich viele Unzulänglichkeiten vermeiden konnte. Besonders

seinem christologischen Gespür verdankt diese Arbeit viel. Auch
Herrn Prof. Dr. Wolfgang Hage, dem zweiten Gutachter, bin ich
zu Dank verpflichtet nicht nur für seine Unterstützung während des
Promotionsverfahrens, sondern vor allem für die enge Zusammenarbeit
während meiner Marburger Zeit. Daß Wissenschaft mit solch geist-
reichem Witz verbunden werden kann, wird für mich ein unver-
geßliches Erlebnis bleiben.

Des weiteren gilt es, der Evangelischen Kirche von Kurhessen
Waldeck (EKKW), dem Diakonischen Werk der EKD und der Dr.
Dr. Gerda von Mach Gedächtnisstiftung für die Stipendien, die mir
während meiner Studienzeit in Deutschland gewährt wurden, zu dan-
ken. Besonders meine Zeit als Stipendiat des Diakonischen Werkes
führte zur Vertiefung meines ökumenischen Engagements und zur
Erweiterung meiner Horizonte auf vielerlei Ebenen. Die vielen Freundschaften, die ich während dessen knüpfte erwiesen sich als eine ungemeine Bereicherung. In aller Verbundenheit möchte ich in dieser
Hinsicht Pfr. Helmut Staudt, den ehemaligen Stipendienreferenten
im Stuttgarter Diakonischen Werk der EKD, und Pfr. Dr. Wolfram
Reiss, den ehemaligen Referenten für orthodoxe Stipendiaten, namentlich erwähnen.

Daß Georg Richter beim Dank an die EKKW nicht vorkam, mag
überraschen. Er ist aber kein bloßer Kirchenmann, sondern auch
ein enger Freund, der *immer* da war, z. B. um die Finanzierung einer
Brille zu organisieren oder eine Traupredigt zu halten, in der ein
evangelischer Pfarrer den Sinn des orthodoxen Trausakraments besser als viele Orthodoxe zu erschließen und zu *erleben* verstand. Genauso
wichtig aber ist, daß er an das vorliegende Werk als an ein ökume-
nisches Projekt immer geglaubt hat. Ihm sei hier herzlich gedankt.

Jeden Schritt beim Konzipieren und Schreiben dieser Arbeit begleitete die Erinnerung an ein Gespräch 1990 am Eßtisch der Theologischen Hochschule des Heiligen Johannes Damascenus in Balamand
(Libanon). Hierbei lenkte Prof. Dr. Jad Hatem meine Aufmerksamkeit
auf Maximus Confessor. Ich empfinde es als eine besondere Hommage
an die Ökumene, daß ein katholischer Professor, auch im ursprünglichen Sinne von καθολικός, einen orthodoxen Studenten zu einem
ökumenischen Kirchenvater wie Maximus führt.

Schließt man ein Promotionsverfahren ab, so erinnert man sich an
zahlreiche Namen und Gesichter, die auf die eine oder andere Weise
dazu beitrugen, daß man nicht verzagte. Hier sei ein besonderer
Dank Prof. Dr. Elisabeth Livingstone für das Interesse an einem

unbekannten Studenten in Thessaloniki sowie Pfr. Heinz Bäßler für
die tiefgehenden Gespräche, die wir während meines Erlanger Prakti-
kums führten, erwiesen. Hierher gehört auch die lebendige Erinnerung
an eine Generation von Lehrern am La-Sagesse-Gymnasium in meiner
Heimatstadt Beirut, die Theologie, Philosophie und Sprachwissenschaft
zugetan waren und verstanden, sie *maximinisch*, d. h. mit großer syn-
thetischer Kraft, kreativem Geist und Liebe zu vermitteln: François
Rouhana, Antoine Helou und Henri Cremona bin ich für die huma-
nistische Bildung, die meine Person seitdem prägt, äußerst dankbar.

Bei den "Academic Publishers Brill" in Leiden möchte ich mich
für die Aufnahme meiner Dissertationsschrift in die Reihe "Vigiliae
Christianae Supplements" wärmstens bedanken. Es ist für mich eine
große Freude und Ehre, in die Leidener wissenschaftliche Tradition
mit aufgenommen zu werden.

Die Entstehung des vorliegenden Werkes hat meine Frau Jessica
von Anbeginn an bis in die Einzelheiten hinein begleitet. Manches
Ergebnis und viele Formulierungen stellen eine Frucht unserer langen Gespräche dar. Bildet die göttliche Vorsehung (πρόνοια) einen
Schlüsselbegriff des theologischen Baus von Maximus Confessor, so
konnte ich sie des öfteren durch Jessica erfahren. Ich bin dankbar,
daß es J. gibt.

ABKÜRZUNGSVERZEICHNIS

Die in der vorliegenden Untersuchung verwendeten Abkürzungen richten sich nach der in Berlin 1992 erschienenen zweiten Auflage des Internationalen Abkürzungsverzeichnisses für Theologie und Grenzgebiete (IATG²). Die biblischen Abkürzungen folgen dem ökumenischen Verzeichnis der biblischen Eigennamen nach den Loccumer Richtlinien. Darüber hinaus werden folgende Abkürzungen benutzt:

Act. concil. Lat.	Acta concilii Lateranensis
An. Ep. Theod.	Epistula Anastasii Apocrisarii ad Theodosium Gangrensem (Biographische Quellen zu Maximus Confessor)
Anm.	Anmerkung
Arist. An. post.	Analytica posteriora (Aristoteles)
Arist. Eth. Nic.	Ethica Nicomachea (Aristoteles)
Arist. Metaph.	Metaphysica (Aristoteles)
Arist. Part. anim.	De partibus animalium (Aristoteles)
Arist. Pol.	Politica (Aristoteles)
Ar. Ep. Alex.	Epistula ad Alexandrum Alexandrinum (Arius)
Ar. Ep. Eus.	Epistula ad Eusebium Nicomediensem (Arius)
Athan. Arian. I	Oratio I contra Arianos (Athanasius von Alexandrien)
Athan. Arian. II.	Oratio II contra Arianos (Athanasius von Alexandrien)
Athan. Gent.	Contra gentes (Athanasius von Alexandrien)
Athan. Inc.	De incarnatione (Athanasius von Alexandrien)
Bd.	Band
C. N. R. S.	Centre national de la recherche scientifique (Frankreich)
Ders.	Derselbe
d. h.	das heißt
Didym. ZaT.	Commentarius in Zachariam (Didymus der Blinde von Alexandrien)
Dies.	Dieselbe(n)
Diod. Com. Ps.	Commentarii in Psalmos (Diodorus Tarsensus)
Diog. Vit. Phil.	Vitae philosophorum (Diogenes Laërtius)

Dion. Coel. hier.	De coelesti hierarchia (Pseudo-Dionys Areopagita)
Dion. Div. nom.	De divinis nominibus (Pseudo-Dionys Areopagita)
Dion. Eccl. hier.	De ecclesiastica hierarchia (Pseudo-Dionys Areopagita)
Dion. Ep.	Epistula (Pseudo-Dionys Areopagita)
Dion. Myst. theol.	De mystica theologia (Pseudo-Dionys Areopagita)
Epil.	Epilog
Evagr. Cent. gnost.	Centuria gnostica (Evagrius Ponticus)
Evagr. Gnost.	Gnosticus (Evagrius Ponticus)
Evagr. Pract.	Practicus (Evagrius Ponticus)
Evagr. Schol. Prov.	Scholia in Proverbia (Evagrius Ponticus)
Frag.	Fragment
gest.	gestorben
Greg. Naz. Ep.	Epistula (Gregor von Nazianz)
Greg. Naz. Or.	Oratio (Gregor von Nazianz)
Greg. Nys. Anim.	De anima et resurrectione (Gregor von Nyssa)
Greg. Nys. Cant.	Commentarius in Canticum canticorum (Gregor von Nyssa)
Greg. Nys. Ep.	Epistula (Gregor von Nyssa)
Greg. Nys. Eun.	Contra Eunomium (Gregor von Nyssa)
Greg. Nys. Or. catech.	Oratio catechetica magna (Gregor von Nyssa)
Greg. Nys. Virg.	De virginitate (Gregor von Nyssa)
Greg. Nys. V. Mos.	De vita Mosis (Gregor von Nyssa)
Herakl. Frag.	Fragment (Heraklit)
ibid.	ibidem
Ignat. Eph.	Epistula ad Ephesios (Ignatius von Antiochien)
Ignat. Magn.	Epistula ad Magnesios (Ignatius von Antiochien)
insbes.	insbesondere
Iren. Haer.	Adversus haereses (Irenäus)
Just. Apol. I.	Apologia I (Justin)
Just. Apol. II.	Apologia II (Justin)
Just. Dial.	Dialogus cum Tryphone (Justin)
Kap.	Kapitel
Klem. Prot.	Protrepticus (Klemens von Alexandrien)
Klem. Str.	Stromata (Klemens von Alexandrien)

Lib. pont.	Liber pontificalis
Macar. Hom. spir.	Homiliae spirituales (Pseudo-Macarius)
Max. Amb. Io.	Ambigua ad Ioannem (Maximus Confessor)
Max. Amb. Io(lat.).	Ambigua ad Ioannem iuxta Iohannis Scotti Eriugenae latinam interpretationem (Maximus Confessor)
Max. Amb. Th.	Ambigua ad Thomam (Maximus Confessor)
Max. Asc.	Liber asceticus (Maximus Confessor)
Max. Cap. X	Capita X (Maximus Confessor)
Max. Cap. XV	Capita XV (Maximus Confessor)
Max. Char.	Capita de charitate (Maximus Confessor)
Max. Dis. Biz.	Disputatio Bizyae (Biographische Quellen zu Maximus Confessor)
Max. Ep.	Epistula (Maximus Confessor)
Max. Ep. An.	Epistula ad Anastasium monachum discipulum (Biographische Quellen zu Maximus Confessor)
Max. Ep. 8/fin.	Epistula octava/finis (Maximus Confessor)
Max. Ep. 2 Th.	Epistula secunda ad Thomam (Maximus Confessor)
Max. Epit.	Epitome (Biographische Quellen zu Maximus Confessor)
Max. Myst.	Mystagogia (Maximus Confessor)
Max. Pater	Expositio orationis dominicae (Maximus Confessor)
Max. Ps. 59	Expositio in psalmum LIX (Maximus Confessor)
Max. Pyr.	Disputatio cum Pyrrho (Maximus Confessor)
Max. Qu. d.	Quaestiones et dubia (Maximus Confessor)
Max. Rel. mot.	Relatio motionis (Biographische Quellen zu Maximus Confessor)
Max. Thal.	Quaestiones ad Thalassium (Maximus Confessor)
Max. Th. ec.	Capita theologica et œconomica (Maximus Confessor)
Max. Theop.	Quaestiones ad Theopemptum (Maximus Confessor)
Max. Th. pol.	Opuscula theologica et polemica (Maximus Confessor)
Max. Vit.	Vita/Recensio secunda (Biographische Quellen zu Maximus Confessor)
Max. Vit. pass.	Vita et passio (Biographische Quellen zu Maximus Confessor)

Max. Vit. syr.	Vita Syriaca (Biographische Quellen zu Maximus Confessor)
M. Aur. Med.	Meditationes (Mark Aurel Antonin)
Orig. Cels.	Contra Celsum (Origenes)
Orig. Com. Cant.	Commentarius in Canticum canticorum (Origenes)
Orig. Com. Io.	Commentarius in Ioannem (Origenes)
Orig. Com. Mt.	Commentarius in Matthaeum (Origenes)
Orig. Hom. Lev.	Homiliae in Leviticum (Origenes)
Orig. Hom. Ier.	Homiliae in Ieremiam (Origenes)
Orig. Hom. Is.	Homiliae in Isaiam (Origenes)
Orig. Hom. Luc.	Homiliae in Lucam (Origenes)
Orig. Phil.	Philocalia (Origenes)
Orig. Princ.	De principiis (Origenes)
Parm. Frag.	Fragment (Parmenides)
Phil. Abr.	De Abrahamo (Philo von Alexandrien)
Phil. Agr.	De agricultura (Philo von Alexandrien)
Phil. Cher.	De Cherubim (Philo von Alexandrien)
Phil. Conf. ling.	De confusione linguarum (Philo von Alexandrien)
Phil. De. imm.	Quod Deus sit immutabilis (Philo von Alexandrien)
Phil. Fug.	De fuga et inventione (Philo von Alexandrien)
Phil. Gig.	De gigantibus (Philo von Alexandrien)
Phil. Leg. alleg.	Legum allegoriarum (Philo von Alexandrien)
Phil. Mig. Abr.	De migratione Abrahami (Philo von Alexandrien)
Phil. Mut. nom.	De mutatione nominum (Philo von Alexandrien)
Phil. Op. mund.	De opificio mundi (Philo von Alexandrien)
Phil. Post. C.	De posteritate Caini (Philo von Alexandrien)
Phil. Praem.	De praemis et poenis (Philo von Alexandrien)
Phil. Rer. div.	Quis rerum divinarum heres sit (Philo von Alexandrien)
Phil. Som.	De somniis (Philo von Alexandrien)
Phil. V. contemp.	De vita contemplativa (Philo von Alexandrien)
Phil. Spec. leg.	De specialibus legibus (Philo von Alexandrien)
Phot. Bibl.	Bibliothecae codices (Photius)
Plat. Cra.	Cratylus (Platon)
Plat. Grg.	Gorgias (Platon)
Plat. La.	Laches (Platon)
Plat. Men.	Meno (Platon)
Plat. Phd.	Phaedo (Platon)
Plat. Prt.	Protagoras (Platon)

Plat. Resp.	Respublica (Platon)
Plat. Ti.	Timaeus (Platon)
Plot. Enn.	Enneades (Plotin)
Prokl. Inst.	Institutio theologica (Proklus)
Prol.	Prolog
S.	Seite
Sp.	Spalte
Theod. Spud. Hyp.	Hypomnesticum (Theodorus Spudaeus/Biographische Quellen zu Maximus Confessor)
Theoph. Autol.	Ad Autolycum (Theophilus von Antiochien)
u.	und
Urk.	Urkunde
usw.	und so weiter
v. Chr.	vor Christus
vgl.	vergleiche
Z.	Zeile

Im Text sind alle Werke nach der üblichen, lateinischen oder griechischen, Bezeichnung zitiert. Um eine Orientierung zu ermöglichen sind die Werke hier sowohl im lateinischen erwähnt als auch wie sie im Literaturverzeichnis stehen.

EINLEITUNG

Κἀμοὶ οὖν μὴ δῷ ὁ Θεὸς κατακρῖναι τινά,
ἢ εἰπεῖν ὅτι ἐγὼ μόνος σῴζομαι.
Ὅσον δὲ δύναμαι, αἱροῦμαι ἀποθανεῖν,
ἢ θρόησιν ἔχειν κατὰ τὸ συνειδός

Max. Rel. mot. (S. 33, Z. 275–277)

In seinem jungen, mehrbändigen Werk zu den Epochen der Bibelauslegung erwähnt H. Graf Reventlow den griechischen Kirchenvater Maximus Confessor nur einmal, als byzantinischen Theologen, welcher vom irischen Gelehrten Johannes Scotus Eriugena [ca. 810–ca. 870(?)] ins Lateinische übersetzt wurde.[1] Dies wirkt um so überraschender, als der Bekenner mindestens seit den 40er Jahren als der bedeutendste griechische Theologe des siebten Jahrhunderts gilt.[2] Daß

---

[1] Vgl. H. G. Reventlow (1994) 139. Auf Befehl Karls des Kahlen übersetzte Johannes Scotus Eriugena zwischen 862 und 864 die maximinischen Ambigua ad Ioannem; vgl. M. Cappuyns (1933) 162–172. Trotz der Übersetzungsdefizienzen, auf die viele Forscher hingewiesen haben [vgl. z. B. J. Dräseke (1911) 20–60 u. 204–229; M. Cappuyns (1933) 137–146; E. Jeauneau (1979) 12–14 u. 40–50; C. Laga u. C. Steel (1980) CI–CIX], diente diese Leistung des irischen Gelehrten dazu, Maximus Confessor dem lateinischen Westen zu vermitteln; vgl. vor allem E. Jeauneau (1982) 343–364; ferner D. J. Geanakoplos (1969) 150–156 u. (1976) 133–139. Außerdem übertrug Eriugena die maximinischen Quaestiones ad Thalassium ins Lateinische; vgl. dazu P. Meyvaert (1963) 130–148 u. (1973) 78–88; C. Laga u. C. Steel (1980) XCI–CIX. Doch obgleich grundlegende Schriften des Confessors durch Eriugena sowie durch andere Gelehrte dem Abendland zugänglich gemacht wurden [zu den Maximusübersetzungen ins Lateinische vgl. E. Dekkers (1985) 83–97; S. Gysens (1996) 311–338; (2000) 125–142], wurden die echten Werke des Bekenners dort verhältnismäßig wenig gelesen. Eine Ausnahme bilden die Maximus zugeschriebenen Scholien zu Pseudo-Dionys Areopagita, deren Wichtigkeit für das Abendland durch eine Fülle von Handschriften bezeugt ist, und das Hauptwerk Eriugenas „De divisione naturae/Periphyseon", das sehr vom Confessor geprägt war; vgl. dazu das Urteil von E. Dekkers (1985) 96f. u. E. Jeauneau (1982) 363f.; ferner E. Franceschini (1933) 355–363; P. E. Dutton (1980) 431–453; zum Verhältnis von Maximus und Eriugena vgl. auch M. L. Colish (1982) 138–151 u. E. D. Perl (1994) 253–270; zu den *Maximusscholien* zu Pseudo-Dionys vgl. Kap. 1, Anm. 249.

Man beachte, daß in der vorliegenden Untersuchung die Fußnoten kapitelweise numeriert werden. Verweise auf Fußnoten außerhalb des fraglichen Kapitels werden mit einem entsprechenden Hinweis versehen.

[2] Zur Geschichte der Maximusforschung, auf die ich mich hier öfters beziehe, vgl. den Abschnitt III dieser Einleitung.

im oben erwähnten Buch Reventlows der maximinischen Schrifthermeneutik keine Aufmerksamkeit geschenkt wird, mag nicht nur mit der
Tatsache zusammenhängen, daß Maximus sowohl der Patristik wie
dem Mittelalter schwer zuzuordnen ist – er dürfte wohl für die erstere
etwas spät und für das letztere zu früh sein –, sondern auch mit
dem gängigen Urteil, daß sich seine Schriftauslegung im Einflußraum
der alexandrinischen Hermeneutik bewege und somit nichts Neues
zu bieten habe.[3] In der Tat wurden die Schriften des Confessors nach
dessen *Rehabilitierung* 1941 durch die Arbeiten H. U. von Balthasars
vor allem theologie-, dogmen- und spiritualitätsgeschichtlich untersucht, viel weniger aber nach ihrem bibelhermeneutischen Gehalt
befragt. Nichtsdestoweniger *feiert* man den Bekenner heute noch als
den Kirchenvater des siebten Jahrhunderts, der eine christuszentrierte,
durchaus kreative theologische Synthese erarbeitete,[4] und als den
Polemiker, welcher den Kampf gegen den Monotheletismus und den
kirchlichen *Sieg* über ihn[5] dezisiv prägte,[6] wohl wissend, daß dieser
Kampf unter anderem biblisch geführt wurde[7] und somit auch schrifthermeneutische Implikationen für das Denken des Confessors haben
muß. Tatsächlich hat V. Croce mit Recht beim Bekenner zwischen

---

[3] Vgl. z. B. das Urteil von I.-H. Dalmais (1964) 24 über die Quaestiones ad
Thalassium: „quand on a noté que l'interprétation se tient dans la ligne d'Origène,
on paraît avoir tout dit. En fait on n'a pas encore touché l'essentiel: la fermeté des
perspectives qui fait, de ce recueil, au premier abord incohérent, un traité complet
d'anthropologie spirituelle". Diese Zeilen Dalmais' machen deutlich, daß für ihn die
Wichtigkeit der Quaestiones nicht in ihrer Auslegungsmethode besteht, die ja stark
von Origenes abhängig bleibt, sondern in der mystisch-anthropologischen Perspektive
des Bekenners; ferner P. Sherwood (1958, Exposition) 206: „Maximus, then, as to
the exposition of Scripture, is thoroughly in the Alexandrine tradition of Origen".
[4] Vgl. z. B. M. L. Gatti (1998) 9: „Maximus ist der bedeutendste und scharfsin-
nigste Theologe des 7. Jahrhunderts. In seiner Lehre finden Elemente der griechischen Philosophie . . . und wichtige patristische Strömungen zu einer ausgeglichenen
Synthese"; ferner B. R. Suchla (1998) 434.
[5] Der Begriff „Monotheletismus" wird in dieser Arbeit in seinem weitesten Sinne
verwendet, d. h. sowohl als Lehre von der einen Energie (Monenergismus) wie als
Lehre vom einen Willen in Christus (Monotheletismus); dasselbe gilt für das Adjektiv
„monotheletisch"; vgl. V. Grumel (1928, Recherches) 6.
[6] Vgl. z. B. B. R. Suchla (1998) 434: „Die Bedeutung Maximus' liegt in seinen
christologischen Traktaten, die zwei unversehrte Naturen Christi . . . betonen. Aus
der Vollständigkeit dieser beiden Naturen folgen zwei Willen, zwei Wirkvermögen
und zwei Wirkkräfte in Christo".
[7] Vgl. z. B. Max. Th. pol. 6, 65A–68D [640–642; vgl. P. Sherwood (1952) 44f.];
7, 80C–81D [ca. 642; vgl. P. Sherwood (1952) 51]; 16, 196C–197A [nach 643?;
vgl. P. Sherwood (1952) 51]; 3, 48C–49A [645–646; vgl. P. Sherwood (1952) 34];
15, 160C–165B u. 169C [646–647; vgl. P. Sherwood (1952) 55].

einer geistlichen Interpretation der Schrift und einem dogmatisch-polemischen Gebrauch derselben unterschieden.[8] Somit vermag sich eine Studie über die Grundzüge der Schrifthermeneutik des Confessors nicht damit zu begnügen, den alexandrinischen Charakter dieser Hermeneutik aufzudecken und das Originelle in ihm zu zeigen, sondern muß sich auch auf die Frage einlassen, wie sich das allegorische[9] und das dogmatisch-polemische Moment in der Bibelauslegung des Maximus zueinander verhalten und ob sie sich vom Gesichtspunkt einer einheitlichen Hermeneutik aus rechtfertigen lassen.

I. Überblick über das Leben des Maximus Confessor

Maximus Confessor[10] wurde um 580 geboren,[11] zu einer Zeit also, in der im byzantinischen Reich die Erinnerung an die Ära Kaiser

---

[8] Vgl. Einleitung, Abschnitt III (S. liv).

[9] Die vorliegende Dissertation folgt der klassischen Unterscheidung zwischen „Allegorie" und „Allegorese". Das Adjektiv „allegorisch" bezieht sich immer auf Allegorese und bezeichnet demnach die *tiefere* Bedeutung eines Textes, die vom Autor desselben nicht intendiert werden konnte, sondern vom Ausleger in den Text sozusagen *hineingelesen* wird – trotz der in der alexandrinischen Hermeneutik oft vertretenen Ansicht, daß es im Text Indizien geben kann, die zur Allegorese auffordern; vgl. dazu den Abschnitt 3. 2. 3. 2 (S. 242f.). Infolgedessen wird in bibelhermeneutischen Zusammenhängen das Adjektiv „tiefer" einfach mit „allegorisch" gleichgesetzt – wie in der Kombination „allegorischer Sinn" bzw. „tieferer Sinn".

[10] Hier beschränke ich mich auf das *Wesentliche* der maximinischen Biographie; für ausführlichere Darstellungen des Lebens des Confessors vgl. vor allem P. Sherwood (1952) 1–22; J.-M. Garrigues (1976, Maxime) 35–75; A. Nichols (1993) 1–23; J.-C. Larchet (1996) 7–20; A. Louth (1996, Maximus) 3–18; ferner A. Louth (1997, St. Maximus) 332–345; B. Neil (1998) 91–109; F. Winkelmann (2000) 207–215 u. (2001) 238–245.

[11] In der sogenannten „Relatio motionis", in der vom ersten Prozeß des Bekenners, der in Konstantinopel stattfand, berichtet wird, erwähnt der Confessor, daß er 75 Jahre alt sei und seit 37 Jahren seinen Schüler Anastasius als Gefährten habe; vgl. Max. Rel. mot. (S. 47, Z. 448–453). Das Geburtsjahr des Maximus läßt sich also durch eine Datierung dieses Prozesses bestimmen, über die allerdings lange diskutiert wurde; vgl. E. Montmasson (1910) 150–153; W. M. Peitz (1917) 228f.; V. Grumel (1927) 31; R. Devreesse (1928) 29f.; E. Caspar (1933) 780; J.-M. Garrigues (1976, Maxime) 68; R. Bracke (1980) 94–98; P. Conti (1989, Il sinodo) 210; F. Winkelmann (2001) 140. Sicher ist, daß der *terminus ante quem* der 24. August 646 ist, als Bischof Theodosius von Cäsarea (Bithynien) nach Bizya, dem ersten maximinischen Verbannungsort, kam; vgl. Max. Dis. Biz. (S. 73 u. 75, Z. 14–17). Das Problem des *terminus post quem* geht mit der Ungewißheit einher, ob die Legaten des Papstes Eugenius I, die in Max. Rel. mot. (S. 33 u. 35, Z. 279–283) erwähnt werden, vor oder nach der päpstlichen Inthronisation im August 654 [vgl. Lib. pont. (S. CCLXII u. 341, Anm. 1)] nach Byzanz kamen. Während sich J.-M. Garrigues (1976, Maxime)

Justinians (527–565) noch lebendig war, und wirkte in jenem an
Umbrüchen reichen siebten Jahrhundert, das vor allem durch die
Perserkriege und die islamischen Feldzüge geprägt war.[12] Über die
ersten Jahre des Bekenners gibt es heute in der Forschung keinen
Konsens. Während ihm die griechischen Quellen eine konstantino-
politanische, adlige Abstammung zuschreiben, situiert ein syrischer
Widersacher die Wurzeln des Confessors im syro-palästinensischen
Raum.[13] Sicher ist, daß Maximus gegen 618 bereits Mönch war und

---

68 der ersten Möglichkeit anschließt, entscheidet sich B. Neil (1998) 94 für die
zweite Möglichkeit – und somit für das Jahr 655 –, ohne diese seine Entscheidung
zu begründen. Außerdem scheint F. Winkelmann (2001) 140 immer noch von W. M.
Peitz (1917) 228 abhängig zu sein und demnach zu Unrecht anzunehmen, daß
der Prozeß am 16. 23. u. 24. Mai 655 stattfand; vgl. W. M. Peitz (1917) 228 mit
B. Neil (1998) 95f. Zudem meint R. Bracke (1980) 97, der Prozeß hätte 654 nicht
stattfinden können, da Max. Rel. mot. (S. 17, Z. 53–62) einen Zeitabschnitt von
neun Jahren zwischen dem Aufstand des afrikanischen Exarchos Gregorius und
dem Prozeß angibt. Dieser Aufstand muß aber 646–647 stattgefunden haben, weil
die Disputatio cum Pyrrho, die das Streitgespräch zwischen Maximus und Pyrrhus
im Juli 645, dem auch Gregorius beiwohnte, schildert, diesen Aufstand nicht erwähnt
und weil zudem der Exarchos 647 starb; vgl. Max. Pyr. 288A u. Einleitung, Abschnitt
II. D; ferner F. Winkelmann (1994) 207; A. Louth (1996, Maximus) 17. Doch nimmt
man mit J. Noret (1999) 291–296 an, die sehr von der Perspektive des Maximus
und seiner Anhänger geprägte Disputatio cum Pyrrho könne vor 655 nicht verfaßt
worden sein – und nicht zwischen Juli 645 und 647, wie man früher gemeint hat –,
so entzündet sich berechtigterweise die Frage, inwiefern die Disputatio historische
Ereignisse widerspiegelt und das Argument Brackes schlüssig sein kann; vgl. Einleitung,
Abschnitt II. D. Mir scheint aber, daß eine theologische Diskussion wie die zwischen Maximus und Pyrrhus in einem aufständischen Afrika schwer vorstellbar ist,
egal wie die Treue des Disputatio-Berichtes zur Geschichte zu bewerten ist. Alldem
zufolge ist wohl anzunehmen, daß der fragliche Prozeß des Maximus in der Zeit
zwischen Anfang 655 und August 656 stattfand und daß die Legaten des Eugenius
I nach seiner Inthronisation in die Hauptstadt kamen. Demnach muß Maximus
Confessor 580 oder 581 geboren worden sein.
  [12] Vgl. dazu W. Brandes (1998) 146–151.
  [13] Nach seiner griechischen Vita (BHG 1234) soll Maximus in einer vornehmen
Familie Konstantinopels geboren worden sein, eine hervorragende Bildung genossen haben, gegen Anfang der Herrschaft des Heraklius (610–641) zum Protosekretis
des kaiserlichen Schreibbüros ernannt worden und dann dem Mönchtum im Philippikuskloster in Chrysopolis (Skutari/Üsküdar) am asiatischen Bosporusufer beigetre-
ten sein; vgl. Max. Vit. 69A–72D. Diese Vita unterzog W. Lackner jedoch 1967
einer fundierten Kritik und zeigte, daß es sich dabei um eine Kompilation aus der
Mitte des 10. Jahrhunderts handelt, die nach dem Vorbild der Vita des Theodorus
Studites (759–826) gestaltet wurde und auf den Studiten Michael Exabulites zurückgeht; vgl. W. Lackner (1967) 285–316. Lackner zog allerdings nur eine Rezension
der griechischen Vita des Maximus in Betracht, obwohl R. Devreesse bereits 1928
darauf hingewiesen hatte, daß es drei Rezensionen dieser Vita gibt; vgl. R. Devreesse
(1928) 5–14. Hinzu kommen andere biographische Berichte wie die Vita et passio
(BHG 1233m), auch „Recensio Mosquensis" genannt, und die Epitome (BHG 1236),

einen Schüler namens Anastasius hatte, der zuvor Sekretär der Groß-
mutter des Kaisers Konstans II (641–668) gewesen war.[14] P. Sherwood
geht zudem von einem Aufenthalt des Kirchenvaters in Cyzikus
(Erdek/Arki, Südküste des Marmarameeres) zwischen 624 und 626

---

beide 1917 von S. L. Epifanovic veröffentlicht; vgl. Max. Vit. pass. u. Max. Epit.;
F. Halkin (³1957) 106f.; P. Allen (1985) 11–21. 1973 gab S. Brock eine syrische
Vita des Maximus heraus, die wahrscheinlich Ende des 7. Jahrhunderts von einem
Maroniten, George von Reshʿaina, geschrieben wurde, der gegen den Bekenner auf-
grund dessen dyotheletischer Position im Streit um die Willen Christi polemisiert;
vgl. S. Brock (1973) 299 u. 335f.; Max. Vit. syr. 5. Nach dem syrischen *Biographen*
soll Maximus mit ursprünglichem Namen Moschion im Dorf Hisfin im Golangebiet
von einer persischen Sklavin als Kind aus einer außerehelichen Beziehung zu einem
Samaritaner geboren worden sein. Dann soll er Mönch im Kloster des Heiligen
Chariton (Palaia Lavra) bei Tekoa in Palästina geworden sein und den Namen
„Maximus" erhalten haben; vgl. Max. Vit. syr. 1–4. Seit der Veröffentlichung der
syrischen Vita brach unter den Maximusforschern der Konsens über die Abstammung
und die frühen Jahre des Bekenners auseinander. Ein Maximuskenner, I.-H. Dalmais,
bekehrte sich 1982 zur syro-palästinensischen Herkunft des Confessors, da seine
Anwesenheit in einem palästinensischen Kloster besser erklären könne, warum die
Auseinandersetzung mit dem Origenismus ein so wichtiges Moment seines Denkens
sei; vgl. I.-H. Dalmais (1982, La vie) 26–30 u. den Abschnitt 1. 2. 2. 1 (S. 50–58).
Außerdem versuchte J.-M. Garrigues, der syrischen Vita mehr Glaubwürdigkeit zu
verschaffen, indem er auf den palästinensischen Abt des Abrahamklosters, Johannes
von Cyzikus, aufmerksam machte und die Möglichkeit signalisierte, daß dieser mit
dem Bischof Johannes von Cyzikus identisch ist, an den Maximus seine Ambigua
ad Ioannem und einige seiner Briefe adressiert hatte; vgl. J.-M. Garrigues (1974,
La personne) 182f.; F. Winkelmann (2001) 239; ferner zu Johannes von Cyzikus
vgl. Einleitung, Abschnitt II. A (S. xxxix) u. Einleitung, Anm. 91. Demgegenüber
bemühte sich J.-C. Larchet neuerdings, die griechische Vita zu rehabilitieren. Er
wies auf den polemischen Charakter der syrischen Vita und die engen Beziehungen
des Maximus zu Johannes, dem Kämmerer des byzantinischen Kaisers, und zu den
nordafrikanischen Gouverneurs hin, die eine unmittelbare Bekanntschaft aus demselben Milieu bezeugen würden. Zudem betonte Larchet das Spekulationsvermögen
des Bekenners und seine philosophischen Kenntnisse, die für eine „universitäre
Ausbildung" sprechen würden, und versuchte, den Einfluß des Origenes auf Maximus
zu minimieren; vgl. J.-C. Larchet (1996) 8–12; zu Johannes dem Kämmerer vgl.
ders. (1998, Introduction. Lettres) 35–39. Natürlich ist eine editio critica der verschiedenen griechischen Rezensionen der Vita Maximi dringend gefordert, um
Klarheit in die Wirrnis der handschriftlichen Tradition zu bringen; vgl. dazu P. Allen
(1985) 11–21. Nichtsdestotrotz gilt jedoch, wie P. Allen (1985) 19f. betonte, daß die
maximinischen Schriften und Briefe selbst die schlechthinige Quelle bleiben, anhand
derer man sich eventuell mehr Informationen über die frühen Jahre des Confessors
verschaffen kann. In dieser Hinsicht ist zu fragen, ob diese ἰδιωτεία (Unbewandertheit/
Torheit), welche Maximus in Proömien seiner Schriften mindestens zweimal im
Blick auf seine Bildung – vor allem auf seine rhetorischen Mängel – ins Spiel bringt,
nicht mehr besagt als die bloße Bescheidenheit eines Proömiums; vgl. z. B. Max.
Myst. Prol. (S. 192, Z. 28–35; PG 91, 660B); Max. Th. pol. 1, 12B [645–646; vgl.
P. Sherwood (1952) 53–55]; ferner 2 Kor 11, 6. Mir scheint sonst, daß im Blick
auf die Argumentation Larchets noch einiges zu reflektieren ist. Erstens ist geltend
zu machen, daß eine syro-palästinensische Herkunft des Bekenners, einen [langen

aus. Der Bekenner wird nach Sherwood wegen der Belagerung Konstantinopels durch die Awaren und die Perser 626 Cyzikus verlassen[15] und einen Weg eingeschlagen haben, dessen Stationen sich

---

(614–626)?] Aufenthalt in oder bei Konstantinopel, etwa in dem vom Schwager des Kaisers Maurikius (582–602) 594 gegründeten Philippikuskloster nicht ausschließen muß; vgl. R. Janin (1954) 92–94; zu den Jahren 614 u. 626 vgl. die folgenden Ausführungen oben u. Einleitung, Anm. 15. Das heißt, daß die Beziehungen des Maximus zu einigen Hofbeamten nicht vermittelt gewesen sein müssen, und auch wenn sie es waren, etwa durch seinen Schüler Anastasius, so ist doch ein Zeitabschnitt von acht Jahren – angenommen, der Bekenner hat Anastasius 618 *kennengelernt* – ausreichend, damit sich diese Beziehungen verfestigen und zu tiefen Freundschaften entwickeln konnten; zu Anastasius vgl. ferner oben. Zweitens scheint mir J.-C. Larchet, indem er versucht, den Einfluß des Origenes auf Maximus herunterzuspielen, die Pointe Dalmais' zu verfehlen. Diesem ging es ja nicht um den Origenismus des Maximus, sondern um seinen Antiorigenismus. Dieser Antiorigenismus – auch in der Form des Antievagrianismus – ist, wie die Maximusforschung bisher zeigte, keine marginale Erscheinung in den Werken des Confessors, sondern ein entscheidendes Moment seines Denkens; zu Maximus und Origenes vgl. z. B. die Abschnitte 1. 3 u. 3. 1. 5; ferner 1. 2. 2. 1 (S. 50–58) u. 2. 3. Drittens ist es zwar richtig, daß die Werke des Bekenners eine herausragende Bildung widerspiegeln, ob diese Bildung nun aber „universitär" gewesen sein muß, ist meines Erachtens nicht ohne weiteres vorauszusetzen. Zu fragen ist: Welches Element seiner Bildung hätte sich ein Mann mit brillanter Intelligenz wie Maximus Confessor in einem palästinensischen Kloster – und anschließend in einem Kloster nahe bei der Hauptstadt – nicht aneignen können? Jedenfalls muß Maximus kein Autodidakt – nach dem Ausdruck J.-C. Larchets (1996) 11 – gewesen sein. Zudem scheinen die rhetorischen *Unzulänglichkeiten* bei dem Confessor nicht nur von alten Kritikern wie Photius bemerkt worden zu sein. Auch wenn sich ein zeitgenössischer Experte wie C. Laga nicht mit Photius identifiziert, so meint er doch, daß ein Hauptwerk des Bekenners, die Quaestiones ad Thalassium, geschrieben wurde, um *gelesen* und nicht um *gehört* zu werden; vgl. dazu Einleitung, Abschnitt II (S. xxxi). Darüber hinaus würde man die Antwort des Bekenners auf die ihm während seines ersten Prozesses gestellte Frage, warum er die Römer (Ῥωμαῖος) liebe und die Griechen (Γραικός) hasse, schwer verstehen, wenn er aus Byzanz selbst stammte. Diese Antwort lautete nämlich, er liebe die Römer, weil sie denselben Glauben (ὁμόπιστος) haben, die Griechen aber, weil sie dieselbe *Sprache* (ὁμόγλωσσος) haben; vgl. Max. Rel. Mot. (S. 47, Z. 443–447). Vgl. auch F. Winkelmann (2001) 238f., der gegen die griechische Vita einwendet, es sei unwahrscheinlich, daß jemand mit 30 Jahren Chef der kaiserlichen Kanzlei wird. Hinzu komme, daß das Amt des Protosekretis erst ab der zweiten Hälfte des 8. Jahrhunderts sicher belegt ist. Nach J.-M. van Esbroeck (1989) 233 würden auch die georgischen Quellen zum Leben des Maximus dessen syro-palästinensische Herkunft bestätigen, indem sie von Beziehungen reden, die er in seiner Jugend zu einem „Bessenkloster" gehabt haben soll, das am Jordan gelegen haben muß; zu diesen Quellen vgl. auch P. Peeters (1913) 456–459; P. Conte (1989, il sinodo) 261f.; zum Herkunftsort des Bekenners vgl. ferner Einleitung, Anm. 24.

[14] Vgl. Max. Dis. Biz. (S. 141, Z. 745–747); ferner Einleitung, Anm. 11 u. 13.

[15] Vgl. P. Sherwood (1950) 350–353; ferner Einleitung, Abschnitt II. A (S. xxxix). Nach der Rekonstruktion I.-H. Dalmais', der sich 1982 der syro-palästinensischen Herkunft des Maximus anschloß, soll Maximus gegen 614 vor dem persischen Einfall in Palästina geflohen sein und in Chrysopolis am Bosporus Zuflucht gefunden haben.

nicht mit Sicherheit bestimmen lassen.[16] Jedenfalls muß sich Maximus vor 634 in Nordafrika befunden haben.[17] Dort hielt er sich mutmaßlich in einem Kloster auf, dessen Vorsteher wohl Sophronius (ca. 550–ca. 638), der spätere Patriarch von Jerusalem, gewesen sein dürfte.[18]

Die folgenden Jahre waren durch den Aufstieg des Monotheletismus charakterisiert, wodurch Kaiser Heraklius (610–641) nach seinem Sieg über die Perser 628 und dem Zurückbringen der Kreuzesreliquie nach Jerusalem 630 versuchte, die kirchliche Spaltung in seinem Reich zwischen Dyo- und Monophysiten zu beheben.[19] Es unterliegt

---

Während ca. 626 die Perser und Awaren Konstantinopel umzingelten, dürfte er wohl auf die Nähe der Hauptstadt verzichtet haben müssen; vgl. I.-H. Dalmais (1982, La vie) 29.

[16] Ein Aufenthalt des Maximus in Kreta ist quellenmäßig gesichert; vgl. Max. Th. pol. 3, 49C [645–646; vgl. P. Sherwood (1952) 34]. Sein Briefwechsel mit dem Zyprioten Marinus legt nahe, daß er auch Zypern besuchte; vgl. dazu P. Sherwood (1950) 353f.; ferner zu Marinus J.-C. Larchet (1998, Introduction. Lettres) 45f.

[17] Bis vor kurzem ging man davon aus, daß Maximus an Pfingsten 632 in Nordafrika gewesen war, wie dem Ende des Briefes 8, das R. Devreesse 1937 ans Tageslicht brachte, zu entnehmen ist; vgl. Max. Ep. 8/fin. (S. 34). Doch in einem 1997 erschienenen Aufsatz bezweifelt P. Speck die Authentizität des von R. Devreesse veröffentlichten Fragments und hält die darin angesprochene Zwangstaufe von Juden und Samaritanern unter Heraklius für eine reine Fiktion; vgl. P. Speck (1997) 441–467. Es ist schwierig, im Blick auf die Argumentation Specks Stellung zu nehmen, solange keine kritische Ausgabe der maximinischen Briefe vorliegt; vgl. Einleitung, Anm. 66. An dem, was Maximus in seiner Korrespondenz über seine Beziehung zu Sophronius erzählt, läßt sich trotzdem festmachen, daß der Bekenner vor 634 mit Sophronius in Afrika geweilt haben muß, da der letztere im Jahre 634 Patriarch von Jerusalem wurde und dort blieb, bis er 638 starb; vgl. zu den fraglichen Stellen über Sophronius Einleitung, Anm. 18; ferner F. Winkelmann (2000) 209.

[18] Vgl. Max. Th. pol. 12, 142A [643f.; vgl. P. Sherwood (1952) 52]: „Divinus enim Sophronius . . . in Afrorum regione mecum et cum omnibus peregrinis monachis moras agebat, cum ipsi (sc. die Monotheleten) perversitates illas fabricarent adversus omnes"; Max. Ep. 12, 461A [November-Dezember 641; vgl. P. Sherwood (1952) 45]: „Ὁμοίως δὲ καὶ ἄλλοι πολλοὶ τῶν ἐνταῦθα ἐπιξενουμένων εὐλαβεστάτων μοναχῶν, καὶ μάλιστα οἱ εὐλογημένοι δοῦλοι τοῦ Θεοῦ καὶ Πατέρες (sic) ἡμῶν, οἱ ἐπίκλην Εὐκρατάδης τὰ αὐτὰ λέγοντες" (Hervorhebung von mir); man weiß, daß Eukratas ein Titel des Sophronius war; vgl. dazu P. Sherwood (1950) 350 u. (1952) 6 u. 28; J.-M. Sansterre (1983) 60. Vgl. ferner Max. Ep. 13, 533A [633–634; vgl. P. Sherwood (1952) 39]: „Αὐτόθι γὰρ τὸν εὐλογημένον μου δεσπότην ἔχετε, Πατέρα (sic) τε καὶ διδάσκαλον κύριον ἀββᾶν Σωφρόνιον τὸν ὄντως σώφρονα καὶ σοφὸν τῆς ἀληθείας συνήγορον, καὶ ἀήττητον τῶν θείων δογμάτων ὑπέρμαχον, καὶ ἔργῳ κατὰ πάσης αἱρέσεως δυνατὸν ἀγωνίζεσθαι".

[19] Als *offizieller* Anfang des monotheletischen Streites gilt das Jahr 633, in dem der Mönch Sophronius auf die Bemühungen des monenergistischen Patriarchen von Alexandrien Cyrus, eine Union mit den Monophysiten dort zu schließen, kritisch reagierte und sich in die Hauptstadt begab, um beim Patriarchen Sergius I von Konstantinopel (610–638) gegen diese Union zu protestieren; vgl. Max. Pyr. 333AB; Max. Th. pol. 12, 143C–144A [643–644; P. Sherwood (1952) 52]; M. Doucet (1972)

keinem Zweifel, daß sich Maximus von vornherein vom Monotheletismus absetzte.[20] Im Laufe der Zeit – vor allem nach dem Tod
des Sophronius – mußte er sich dennoch stärker mit den Monotheleten
auseinandersetzen und den Widerstand gegen ihre Lehre organisieren.[21] Im Juli 645 führte Maximus eine öffentliche Diskussion mit
Pyrrhus, dem monotheletischen Patriarchen von Konstantinopel, welcher nach seiner Entthronung nach Nordafrika gekommen war.[22]
Anschließend begab sich der Bekenner nach Rom,[23] wo er dem
Laterankonzil 649 unter Papst Martin I (649–655), an dessen Vorbereitung er unter Papst Theodor I (642–649) intensiv beteiligt gewesen
war,[24] beiwohnte.[25] Dieses Konzil verurteilte unter anderem den von

---

20f.; F. Winkelmann (2001) 36. Obwohl es sich beim Monotheletismus um eine
Konstante der kaiserlichen Politik von Heraklius und Konstans II handelte, geht
die Idee des Monenergismus mutmaßlich auf Patriarch Sergius I zurück; vgl. Max.
Pyr. 332B–333B; Max. Rel. mot. (S. 41); M. Doucet (1972) 12–26; F.-M. Léthel
(1979) 23–28; J.-C. Larchet (1998, Introduction. Opuscules) 10–13; F. Winkelmann
(2001) 36. Zu den politischen Aspekten und Hintergründen des monotheletischen
Streites vgl. F. Winkelmann (2001) 21–44; ferner (1994) 205–209.

[20] Vgl. z. B. Max. Ep. 19, 592C–596C [633–634; vgl. P. Sherwood (1952) 37];
Max. Amb. Th. 5, 1045C–1060D. Monenergistische Tendenzen, vor allem in Max.
Amb. Io. 7 [628–630; vgl. Einleitung, Abschnitt II. A (S. xxxix)], unterstellten
Maximus in Anknüpfung an V. Grumel (1929) 33 A. Riou (1973) 68 u. 70 u.
J.-M. Garrigues (1976, Maxime) 98. Diese Behauptung wurde aber von M. Doucet
(1979) 291–298 widerlegt; vgl. auch P. Sherwood (1952) 10–12 u. 37; L. Thunberg
(1995) 9–11; J.-C. Larchet (1998, Introduction. Lettres) 26–30 u. (1998, Introduction.
Opuscules) 10–13; ferner Kap. 2, Anm. 88.

[21] Vgl. G. Bausenhart (1992) 13.

[22] Vgl. dazu Einleitung, Abschnitt III. D.

[23] Nach Max. Rel. mot. (S. 17, Z. 53–62) war Maximus neun Jahre vor seinem
ersten Prozeß in Konstantinopel, also ca. 646, in Rom; zur Datierung dieses Prozesses
vgl. Einleitung, Anm. 11.

[24] In dieser Hinsicht zeigten die fundierten Arbeiten R. Riedingers, daß 88% der
lateinischen Akten des Laterankonzils, einschließlich der angeblich lateinischen *Reden*
der Konzilsteilnehmer, eine Übersetzung aus griechischen Texten darstellen. Das
vorgegebene *Textbuch* dieser Synode muß demnach von Maximus und seinen Gefährten
erarbeitet worden sein; vgl. vor allem R. Riedinger (1982) 111–121 u. (1992) 149–164;
ferner (1976, Aus den Akten) 29–38; (1976, Grammatiker) 57–61; (1977) 253–262;
(1981) 180–203. In dieser Hinsicht schreibt R. Riedinger (1985) 519f., daß „die
Lateransynode . . . kein lateinisches, kein römisches Konzil (war)" und „die Akten,
die davon berichten, . . . vielmehr das literarische Produkt byzantinischer Mönche
(waren), die sich um Maximos den Bekenner geschart hatten". Die Erarbeitung der
Akten dieses Konzils muß unter Papst Theodor I, der selber Grieche aus Palästina
war [vgl. Lib. pont. (S. 331): „THEODORUS, natione Grecus, ex patre Theodoro
episcopo de civitate Hierusolima"], stattgefunden haben; vgl. R. Riedinger (1982)
118f. u. (1992) 149–154. Darüber hinaus kann man nach R. Riedinger (1982) 120
nicht genau wissen, was während des Laterankonzils geschah. Es ist aber wahrscheinlich, daß die lateinische Version der Akten vor Martin I und den anwesen-
den Bischöfen verlesen wurde. Aus dem eben Gesagten ist auch zu folgern, daß

Kaiser Konstans II 648 verabschiedeten Typus,[26] in welchem jede
Rede von der Zahl der Energien bzw. Willen in Christus untersagt
worden war.[27] Indem sich Maximus dem Monotheletismus auf diese
Art widersetzte, machte er sich zum dezidierten Feind der kaiserlichen Politik. Er muß gegen 652 entweder freiwillig oder als Gefangener
nach Konstantinopel gekommen sein.[28] Sofern man der *Relatio motionis*, die sein dortiges Verhör dokumentiert,[29] Glauben schenken kann,
ging es seinen Richtern weniger um dogmatische Inhalte als um den
Machtanspruch des Konstans II.[30] Anschließend wurden der Bekenner

---

Papst Theodor den Bekenner schon kannte und ihm vertraute, bevor dieser nach
Rom kam. Nimmt man an, Maximus sei Mönch in Palästina gewesen, so ist es
nicht auszuschließen, daß er Theodor schon dort kennengelernt hatte. Jedenfalls
scheinen die engen Beziehungen, die Maximus zu Kirchenmännern, wie Sophronius
und Theodorus, unterhielt, die aus der syrischen Gegend stammten, eine syro-palästinensische Abstammung des Confessors zu bestätigen; vgl. dazu F. Winkelmann
(2001) 28 u. 32.

[25] Das Laterankonzil fand im Oktober 649 statt; vgl. zur Datierung Act. concil.
Lat. (S. 2, Z. 2f.); Max. Rel. mot. (S. 33, Z. 260–262). Daß Maximus an diesem
Konzil teilgenommen hat, belegt Max. Rel. mot. (S. 45, Z. 426–430) u. Act. concil.
Lat. (S. 57, Z. 37); ferner dazu J.-M. Garrigues (1976, Maxime) 63.

[26] Vgl. Act. concil. Lat. (S. 18, Z. 15–17); Max. Rel. mot. (S. 31 u. 33, Z. 253–
262); Theod. Spud. Hyp. (S. 197, Z. 21–24). Zur Datierung des Typus vgl. Act.
concil. Lat. (S. 196, Z. 3f.): „μετὰ . . . τοῦ Τύπου . . ., λέγω δὴ τοῦ προσεχῶς γενομένου
κατὰ τὸ διελθὸν ἔτος" u. Einleitung, Anm. 25; ferner Max. Rel. mot. (S. 31 u. 33,
Z. 253–262); E. Caspar (1932) 112f., Anm. 84.

[27] Vgl. Max. Rel. mot. (S. 23, Z. 133–147 u. 37, Z. 308–329); Max. Dis. Biz.
(S. 87, Z. 144f. u. S. 89, Z. 170f.).

[28] Vgl. Max. Vit. syr. 21; Max. Vit. 85D; F. Winkelmann (2001) 139f. u. 242.
P. Peeters (1933) 235 zufolge mußte Papst Martin I nach seiner Festnahme Rom
am 17. Juni 653 verlassen; vgl. auch W. Brandes (1998) 159. Nun aber behauptet
Max. Vit. 85D, daß der Confessor und sein Schüler Anastasius zusammen mit
Martin festgenommen wurden. Diese Angabe bleibt aber zweifelhaft; vgl. B. Neil
(1998) 93; W. Brandes (1998) 177. Jedenfalls dauerten die kämpferischen Anstrengungen
(ἀθλητικοὶ ἀγῶνες) des Bekenners nach Theod. Spud. Hyp. (S. 217, Z. 273f.) zehn
Jahre. Maximus starb aber im August 662. Er muß also ca. 652 nach Konstantinopel
gekommen sein.

[29] Zur Datierung dieses Verhörs vgl. Einleitung, Anm. 11. Eine eingehende Analyse
der Prozesse gegen Maximus – und vor allem der gegen ihn ins Spiel gebrachten
Anklagepunkte – findet man bei W. Brandes (1998) 183–210.

[30] Vgl. dazu J. F. Haldon (1985) 88–90; dies zeigt auch das Gespräch zwischen
Maximus und Bischof Theodosius von Cäsarea (Bithynien) im August 656, das in
der sogenannten „Disputatio Bizyae" dokumentiert ist; für die Datierung vgl. Max.
Dis. Biz. (S. 73, Z. 14f.). Bei diesem Gespräch läßt sich Theodosius von den
Argumenten des Bekenners überzeugen. Trotzdem aber scheitert die Einigung an
der Hartnäckigkeit des Kaisers; vgl. Max. Dis. Biz. (S. 113–117; S. 131 u. 133, Z.
629–661). Man vergegenwärtige sich aber, daß es sich bei der Relatio motionis und
der Disputatio Bizyae um Dokumente handelt, welche von einem dyotheletischen
Standpunkt aus geschrieben sind; vgl. J. Noret (1999) 293–296; F. Winkelmann
(2000) 210.

und sein Schüler Anastasius nach Thrakien verbannt, jener in die
Bizya-Burg (das heutige Vize an der türkisch-bulgarischen Grenzen),
dieser nach Perberis.[31] In Bizya blieb der Confessor bis zum 8.
September 656, an dem er ins Theodorkloster bei Rhegium in der
Nähe von Byzanz verlegt wurde,[32] um daraufhin ebenfalls nach Perberis geschickt zu werden.[33] Wie die *Epistula ad Anastasium monachum
discipulum* zeigt,[34] wies der Kirchenvater am 18. April 658 einen Versuch des byzantinischen Oberhaupts zurück, ihn zu einem Kompromiß
zu überreden. Später wurde Maximus in die Hauptstadt gebracht,
wo er – zusammen mit seinem Schüler Anastasius – zu einem dritten Exil nach Lazien[35] an der Südostküste des schwarzen Meeres (im
heutigen Georgien) verurteilt wurde. Dort starb er in einer Burg
namens Schemaris am 13. August 662.[36] Sein Schüler hatte das gleiche Schicksal im Monat zuvor erlitten.[37]

II. Das literarische Werk des Maximus Confessor

Die lange Lebenszeit des Maximus weist eine rege literarische Tätigkeit auf, obwohl der Confessor wenig darauf bedacht gewesen zu
sein scheint, sein Denken systematisch darzulegen. Mit Recht macht
G. Florovsky darauf aufmerksam, daß Maximus es liebte, „in Fragmenten zu schreiben",[38] da ein beträchtlicher Teil seiner Werke aus
kurzen *Kapiteln* apophthegmatischer Art, Antworten auf Fragen oder

---

[31] Vgl. Max. Rel. mot. (S. 49, Z. 475f.); P. Allen u. B. Neil (1999) XLIV.

[32] Vgl. Max. Dis. Biz. (S. 127, Z. 580–595); der Befehl von Konstans II, Maximus
zu verlegen, legt nahe, daß dieser letztere in enger Beziehung zu den Vorfahren
des Kaisers stand. Hier gilt der Kirchenvater als diesen Vorfahren zugehörig (προ-
γονικός) und von ihnen geschätzt (τίμιος). Diese Angabe muß aber keineswegs in
dem Sinne interpretiert werden, daß der Confessor Protosekretis bei Kaiser Heraklius
war; vgl. F. Winkelmann (2001) 239.

[33] Vgl. Max. Dis. Biz. (S. 147, Z. 804f.).

[34] Vgl. Max. Ep. An. (S. 161 u. 163); zur Datierung vgl. B. Neil (1998) 95f.

[35] Vgl. An. Ep. Theod. (S. 175, Z. 18–30); Theod. Spud. Hyp. (S. 215, Z. 271f.).
Nach dem Hypomnesticum des Theodorus Spudaeus wurden Maximus und Anastasius
Apokrisarius, einem anderen Freund des Bekenners und Anhänger der dyotheletischen Lehre, der vom Schüler Anastasius zu unterscheiden ist, in Konstantinopel
die Zunge und die rechte Hand abgeschnitten; vgl. Theod. Spud. Hyp. (S. 199).

[36] Vgl. An. Ep. Theod. (S. 175, Z. 31f.; S. 176, Z. 83–92); Theod. Spud. Hyp.
(S. 217, Z. 274–276).

[37] Es werden in den Quellen zwei Daten, der 22. oder der 24. Juli, angegeben;
vgl. An. Ep. Theod. (S. 177, Z. 45–49); Theod. Spud. Hyp. (S. 217, Z. 279f.).

[38] G. Florovsky (1987) 213.

Opuscula bescheidenen Umfangs besteht. Nichtsdestoweniger kommt es vor, daß Maximus der monastischen Regel, sich kurz fassen zu sollen, wenig Beachtung schenkt, wie die letzten Antworten seiner *Quaestiones ad Thalassium* oder das lange *Ambiguum ad Ioannem* 10 deutlich bezeugen. Ihm scheint eine innere Forderung, die von ihm behandelten Themen und strittigen Fragen gründlich und bis in die Tiefe zu durchforschen, wichtiger als der Umfang gewesen zu sein, es sei denn, die Kürze gehört konstitutiv zur von ihm benutzten Literaturgattung wie etwa in seinen Capita-Sammlungen. Nicht von ungefähr verglich L. Thunberg seine Sätze mit den chinesischen Kästen, die langsam und aufmerksam geöffnet werden sollen; nur so kann die von ihm intendierte, letzte Wahrheit erschlossen werden.[39] Demzufolge wurde Maximus seit jeher vorgeworfen, sein Stil sei schwierig und unklar. Dieses Urteil, das auf keinen geringeren als Photius (810/820–ca. 893) zurückgeht,[40] wurde auf das Ganze gesehen von vielen Maximuskennern bestätigt.[41] Indes wurde die Frage nach dem maximinischen Stil im Blick auf die *Quaestiones ad Thalassium* 1980 auf dem Maximussymposium von C. Laga wieder aufgegriffen. Hinsichtlich dessen gelangte der Maximusspezialist zu einem gewissermaßen differenzierteren Urteil. Maximus verfüge über einen umfangreichen Wortschatz und sei in vielerlei Hinsicht um Präzision und Kürze bemüht. Dies gleiche seine Neigung aus, oft lange, überladene Sätze zu schreiben. Bei seinen *Quaestiones ad Thalassium* handele es sich um ein Werk, welches geschrieben wurde, um gelesen und nicht um gehört zu werden, das also den Leser dazu auffordert, es aufmerksam und tiefgreifend zu studieren.[42]

---

[39] Vgl. L. Thunberg (1985) 29. Zum literarischen Stil des Maximus vgl. vor allem A. Ceresa-Gastaldo (1982) 123–137 u. C. Laga (1982) 139–146; ferner I.-H. Dalmais (1952, L'œuvre) 220; A. Ceresa-Gastaldo (1963) 20; W. Völker (1965) 4f.; L. Thunberg (1985) 28–30; G. Florovsky (1987) 213.

[40] Vgl. Phot. Bibl. 156b: „Ἔστι (sc. Maximus) δὲ τὴν φράσιν σχοινοτενής τε ταῖς περιόδοις, καὶ χαίρων ὑπερβατοῖς, ἐνακμάζων τε ταῖς περιβολαῖς, καὶ κυριολογεῖν οὐκ ἐσπουδασμένος· ἐξ ὧν αὐτοῦ τῇ συγγραφῇ καὶ τὸ ἀσαφὲς καὶ δυσεπισκόπητον διατρέχει. Τῷ τραχεῖ δὲ τοῦ ὄγκου, ὅσα περὶ συνθήκην καὶ ἀναπαύσεις, τὸν λόγον ὑποβάλλων οὐδ᾽ ἡδὺς εἶναι σπουδάζει τῇ ἀκοῇ. Καὶ ἡ μεταφορὰ αὐτῷ τῶν λέξεων οὐκ εἰς τὸ χαρίεν γεγοητευμένον περιήνθισται, ἀλλ᾽ οὕτως ἁπλῶς καὶ ἀπεριμερίμνως παραλαμβάνεται"; man muß freilich erwähnen, daß sich dieses Urteil des Photius nur auf die Quaestiones ad Thalassium bezieht.

[41] Vgl. z. B. B. Hermann (1941) 23f.; I.-H. Dalmais (1952, L'œuvre) 220 u. (1985, Introduction) 3; E. von Ivánka (1958, der philosophische) 23 u. (1961) 5; A. Ceresa-Gastaldo (1963) 20; W. Völker (1965) 5.

[42] Vgl. C. Laga (1982) 139–146; C. de Vocht (1992) 300.

Obwohl bis heute immer noch keine vollständige kritische Ausgabe der unter dem Namen des Bekenners überlieferten Werke vorliegt, hat die Maximusforschung große Fortschritte darin erzielt, zwischen Authentischem, Dubiosem und Unechtem im maximinischen Corpus zu unterscheiden. Als unecht gelten die *De sancta Trinitate dialogi quinque*,[43] das *Fragmentum ex opere LXIII dubiorum*,[44] die *Capita alia*, eine Gruppe von 243 geistlichen Sprüchen, die wahrscheinlich auf einen gewissen Elias Ekdikus (um 1100) zurückgehen,[45] die *Loci communes*, ein Florilegium aus Bibelzitaten sowie antiken und christlichen Autoren,[46] und die *Hymni*, die Maximus Margunius (1547–1602) zugeschrieben werden müssen.[47] Zweifelhaft sind der Traktat *De anima*,[48] die Scholien zu Pseudo-Dionys Areopagita,[49] die von S. L. Epifanovic 1917 als Capita gnostica herausgegebene Centurie,[50] das von M. Roueché edierte logische Kompendium,[51] und die nur auf Georgisch erhaltene und von M.-J. van Esbroeck publizierte *Vita virginis*.[52] Die aus fünf Centurien bestehenden *Diversa Capita* sind zum größten Teil eine spätere Kom-

---

[43] Vgl. PG 28, Sp. 1116–1285; dazu J.-A. Wagenmann u. R. Seeberg (1903) 465; C. de Vocht (1992) 300.

[44] Vgl. PG 90, Sp. 1461; dazu J.-A. Wagenmann u. R. Seeberg (1903) 465; S. G. Mercati (1934) 348–351; C. de Vocht (1992) 300.

[45] Vgl. PG 90, Sp. 1401–1461; dazu M.-Th. Disdier (1932) 17–43; J. Darrouzès (1960) 576–578.

[46] Vgl. PG 91, Sp. 721–1017; dazu A. Ehrhard (1901) 394–415; J.-A. Wagenmann u. R. Seeberg (1903) 466; M. Richard (1964) 486–499; ferner J. A. M. Sonderkamp (1977) 231–245; M. B. Philipps (1982) 261–270.

[47] Vgl. PG 91, Sp. 1417–1424; dazu S. G. Mercati (1934) 619–625.

[48] Vgl. PG 91, Sp. 353–361. Eine andere Rezension desselben Traktats ist unter dem Namen Gregors des Wundertäters (ca. 210–um 273) überliefert; vgl. PG 10, Sp. 1137–1145; dazu J. Lebreton (1906) 73–83; H. Crouzel (1967) 1017; B. D. Larsen (1979) 10f.; H. Schneider (1998) 274.

[49] Vgl. dazu Kap. 1, Anm. 249; zu Pseudo-Dionys vgl. die Abschnitte 1. 1. 13 (S. 36–38) u. 1. 2. 1.

[50] Vgl. S. L. Epifanovic (1917) 33–56; dazu I. Hausherr (1939) 229; P. Sherwood (1952) 24; I.-H. Dalmais (1964) 22. C. de Vocht (1987) 416, Anm. 11 erwähnt, daß er eine kritische Ausgabe der Capita gnostica vorbereitet. Ein Inventar mit den von S. L. Epifanovic edierten Materialien [vgl. S. L. Epifanovic (1917) 1–208] ist bei M. Geerard, CPG 3 (1979) 441–446 zu finden; vgl. ferner M. L. Gatti (1987) 98–105. Die Frage nach der Authentizität einiger dieser Materialien bleibt nach wie vor offen; vgl. ferner I. Hausherr (1939) 229–233; P. Sherwood (1952) 50 u. 54; W. Lackner (1974) 195–197; M. Roueché (1974) 61–76.

[51] Vgl. M. Roueché (1974) 70f. Er beschreibt auch ein weiteres, noch unveröffentlichtes logisches Kompendium, das in den Handschriften Maximus zugeschrieben wird; vgl. ibid. (1974) 74–76.

[52] Vgl. M.-J. van Esbroeck, Maxime le Confesseur. Vie de la vierge, Louvain 1986 (CSCO.I 21) 1–179 u. ibid. (CSCO.I 22) 1–121; ferner M.-J. van Esbroeck [1986, Introduction (CSCO.I 22)] V–XXXVIII; B. R. Suchla (1998) 434.

pilation aus echten maximinischen Werken, die zwischen 1105 und
1116 zusammengestellt worden sein muß;[53] die ersten 25 Kapitel
davon bilden zwei echte Capita-Sammlungen, die heute in der Maximusforschung als *Capita XV* und *Capita X* bezeichnet werden.[54] Zudem
wird von griechischen Forschern die Authentizität des *Liber asceticus*
vor allem aus Stilgründen angefochten.[55] Sie liefern aber keine über-
zeugenden Argumente[56] und scheinen sich nicht damit auseinanderzusetzen, daß der Bekenner selbst im Prolog zu den *Capita de charitate*
eine Schrift von sich über das asketische Leben erwähnt.[57] Eine
immer noch offene Echtheitsfrage, auf die der Herausgeber der editio critica selber hinweist, stellt sich auch für die *Quaestiones et dubia*,[58]
obwohl jüngere Forscher davon auszugehen scheinen, daß dieses
Werk insgesamt maximinisch ist.[59] Zu den authentischen Schriften
des Maximus zählt wahrscheinlich auch der sogenannte *Computus ecclesiasticus*,[60] „eine Anleitung zum Verständnis der christlichen Festrech-
nung und der biblischen wie profanen Chronologie"[61]. Sonst sind vom
Confessor in der *Doctrina Patrum*,[62] dem Codex Vat. gr. 1809[63] und
den Katenen[64] zahlreiche Fragmente überliefert. Einige dem Bekenner
zugeschriebene kurze Schriften sind nach wie vor nicht ediert.[65]

---

[53] Vgl. PG 90, Sp. 1177–1392; dazu W. Soppa (1922) insbes. 120–132; M.-Th.
Disdier (1931) 160–178; C. Laga u. C. Steel (1980) LXXVI–LXXXII u. (1990)
XLV–XLVIII; C. de Vocht (1987) 415f.; P. van Deun (1994, Les extraits. Matthieu)
297. Als Kompilator kommen Antonius Melissa oder Niketas von Herakleia in Frage;
vgl. W. Soppa (1922) 129–131; P. van Deun (1995) 19–24.

[54] Vgl. dazu C. de Vocht (1987) 415–420.

[55] Vgl. Π. Χρήστου (1966) 619 u. (1985) 23; Χ. Σωτηρόπουλος (1978) 49, Anm. 2;
T. Nikolaou (1983) 414f.

[56] Vgl. dazu P. van Deun (2000) XVI, der von der Echtheit des Liber asceticus
ausgeht.

[57] Vgl. Max. Char. Prol. (S. 48, Z. 1).

[58] Vgl. J. H. Declerck (1982, Introduction) XIVf.

[59] Vgl. z. B. J.-C. Larchet (1996) 694.

[60] Vgl. PG 19, Sp. 1217–1280; dazu P. Sherwood (1952) 45; R. Bracke (1985)
110–114. Ein Exzerpt dieses Computus veröffentlichte Bratke (1892) 382–384.

[61] J.-A. Wagenmann u. R. Seeberg (1903) 466.

[62] Vgl. M. Geerard, CPG 3 (1979) 447; F. Diekamp, Doctrina Patrum de incarnatione Verbi. Ein griechisches Florilegium aus der Wende des siebenten und achten Jahrhunderts, Münster 1907, 137f. (IX); 210f. (XIV); 296f. (VI); 300 (XI).

[63] Vgl. M. Geerard, CPG 3 (1979) 446f.; M. Gitlbauer, Die Überreste griechi-
scher Tachygraphie im Codex Vaticanus Graecus 1809. Erster Fascikel, Wien 1878
(DAWW.PH 28, 2) 84 (VIII); 84f. (IX); 89f. (XII); 94f. (XVIII); ferner dazu
P. Canart (1964) 420–422.

[64] Die Erforschung von indirekten Zeugnissen für maximinische Fragmente wie
den Katenen und Florilegien hat in den letzten Jahren beträchtliche Fortschritte

Selbstverständlich bleiben die unechten sowie zweifelhaften Schriften, die unter dem Namen des Maximus tradiert wurden, in dieser Arbeit unberücksichtigt. Dasselbe gilt für die von S. L. Epifanovic und anderen veröffentlichten Fragmente, da die Frage nach deren Authentizität noch nicht ganz geklärt ist. Eine Lektüre dieser Fragmente dürfte davon überzeugen, daß sie keine bibelhermeneutischen Elemente enthalten, die in den unzweifelhaft echten Werken des Confessors nicht bezeugt sind. Auch der *Computus ecclesiasticus* wird trotz seiner Echtheit ausgeklammert, denn er ist für das Thema der vorliegenden Arbeit irrelevant. Demgegenüber verweise ich gelegentlich auf die *Quaestiones et dubia*, in der Regel aber unter gleichzeitiger Berufung auf weiteres Beweismaterial. Im folgenden werden von den wichtigsten Schriften des Confessors[66] eine Aufteilung nach Literaturgattungen, welche sich

---

gemacht. Die bisherigen Ergebnisse scheinen aber hinsichtlich der Entdeckung unbekannter maximinischer Texte sehr bescheiden zu sein. Hier sei auf die wichtigste Literatur über die maximinischen Fragmente in den Katenenkommentaren und den Florilegia hingewiesen: zu Jesaja vgl. C. Laga u. C. Steel (1990) XLIXf.; zu den Psalmen vgl. R. Devreesse (1970) 323; J. H. Declerck (1982, Introduction) CLXXV–CXCV; P. van Deun (1991) LXXIf. u. CXLV; zu Kohelet vgl. S. Lucà (1978) 557–577, (1979) 287–296 u. (1983) XXV–XXXIX; P. van Deun (1991) CXLVf.; zum Hohenlied vgl. J. Kirchmeyer (1966) 406–413; S. Lucà (1983) XXV–XXXIX; zum Matthäusevangelium vgl. J. H. Declerck (1982, Introduction) CXCVI–CXCVIII; P. van Deun (1991) CXLVII–CLIII; (1994, Les extraits. Matthieu) 295–328; (2000) CCXXXVII–CCXXXIX; zum Markusevangelium vgl. P. van Deun (1994, Les extraits. Marc) 169–173; zum Lukasevangelium vgl. J. H. Declerck (1982, Introduction) CXCVIIIf.; P. van Deun (2000) CCXXXVIf.; zum Johannesevangelium vgl. J. H. Declerck (1982, Introduction) CXCIXf.; zur Apostelgeschichte vgl. J. H. Declerck (1982, les extraits) 206f.; zu den Paulusbriefen vgl. P. van Deun (1992, les extraits) 208f. u. 212–214; zum Hebräerbrief vgl. P. van Deun (1992, les extraits) 209–212; zu den katholischen Briefen vgl. K. Staab (1924) 329–331 u. 349–353; P. van Deun (1992, les extraits) 214–217; zum Florilegium Coislinianum secundum alphabeti litteras dispositum vgl. C. Laga u. C. Steel (1980) LXXIV–LXXVI u. (1990) XLII–XLV; J. H. Declerck (1982, Introduction) CCIV–CCXIII; P. van Deun (1991) CLV–CLVII; zum Florilegium Hierosolymitanum vgl. J. H. Declerck (1982, Introduction) CCXIIIf.; zum Florilegium des Pseudo-Anastasius Sinaïticus vgl. J. H. Declerck (1982, Introduction) CCXIV–CCXVI; C. Laga u. C. Steel (1990) XLVIIIf.; zum Evergetinon vgl. J. H. Declerck (1982, Introduction) CCXVIf.; J. H. Declerck (1985) 91–117; P. van Deun (2000) CCXXXIX–CCXLI; zum Thesaurus des Theognostus vgl. J. H. Declerck (1982, Introduction) CCXVII; zum palamitischen Florilegium von Athen vgl. P. van Deun (1987) 127–157; C. Laga u. C. Steel (1990) Lf.; ferner dazu J. H. Declerck (1982, Introduction) CCXVIII–CCXXVI; M. L. Gatti (1987) 105–107; P. van Deun (1991) LXXIIIf. u. CLIX–CLXI. Vgl. ferner P. van Deun (2000) CCXXXV–CCLXI.

[65] Dazu gehört z. B. ein Brief an Johannes den Kämmerer und ein Schreiben an Johannes Symponos; vgl. dazu P. Canart (1964) 419; M. Geerard, CPG 3 (1979) 440; C. de Vocht (1992) 299; ferner dazu J.-A. Wagenmann u. R. Seeberg (1903) 462–467; M. Roueché (1974) 74–76.

[66] Neben den im folgenden zu beschreibenden Schriften hinterließ Maximus eine

vor allem an formalen Kriterien orientiert, und eine kurze Bestimmung der jeweiligen Gattung geboten. Innerhalb dieser Aufteilung wird jedes maximinische Werk bezüglich des Entstehungszusammenhangs, des Entstehungsortes und der Entstehungszeit[67] kurz beschrieben.

A. *Die Erotapokriseis*

Hierbei handelt es sich um die auf die pagane Antike zurückgehende Literaturgattung des Kommentars in Form von Frage und Antwort, welche sich in der christlichen Literatur ab dem vierten Jahrhundert

---

große Anzahl von Briefen und Opuscula, deren Darlegung im einzelnen die Grenzen dieser Einleitung sprengen würde. Deshalb beschränke ich mich auf die folgenden Bemerkungen: Unter den Briefen heben sich die Max. Ep. 2 an Johannes den Kämmerer über die Liebe und die Briefe 12–19 ab, die sich vor allem mit dem Monophysitismus auseinandersetzen; eine exzellente Einführung in das Corpus der maximinischen Briefe bietet J.-C. Larchet (1998, Introduction. Lettres) 7–62; ein Inventar der maximinischen Briefe mit ihren Abfassungszeiten und Abfassungsorten, soweit sie bestimmbar sind, findet man bei M. L. Gatti (1987) 47–63; vgl. ferner M. Geerard, CPG 3 (1979) 439f. Zudem sind viele der sogenannten Opuscula theologica et polemica des Bekenners auch Briefe. Die meisten dieser Opuscula haben einen apologetisch-polemischen Charakter [vgl. J.-C. Larchet (1998, Introduction. Opuscules) 16] und dokumentieren die Auseinandersetzung des Maximus mit dem Monophysitismus und Monotheletismus. Eine detaillierte, chronologisch orientierte Einleitung in die Opuscula theologica et polemica verdankt man J.-C. Larchet (1998, Introduction. Opuscules) 7–108, während Inventare bei M. Geerard, CPG 3 (1979) 434–439 u. M. L. Gatti (1987) 68–77 konsultiert werden können. Von den Briefen und den Opuscula theologica et polemica wird eine kritische Edition für die CChr.SG von B. Markesinis vorbereitet; vgl. B. Markesinis (1984) 73; P. van Deun (1992, Les extraits) 205; (1994) 295, Anm. 5; (1998–1999) 486. Verweise auf die Briefe und Opuscula in dieser Arbeit werden in der Regel von den entsprechenden chronologischen Angaben begleitet.

[67] Einen ersten, bahnbrechenden Versuch, sich mit den Datierungsproblemen der maximinischen Schriften auseinanderzusetzen, unternahm H. U. von Balthasar (1941, Die Gnostischen) 149–156. Das sich aus Balthasars Beobachtungen herauskristallisierende Prinzip läuft im Grunde darauf hinaus, daß Schriften, in denen keine Hinweise auf den monotheletischen Streit zu finden sind, vor 633 entstanden sein müssen, während die polemischen Werke des Bekenners, die sich auf den Monotheletismus einlassen, nach diesem Jahr zu datieren sind; vgl. Einleitung, Anm. 19. Obwohl dieses Datierungskriterium nicht ausreichend ist und jedenfalls nicht verabsolutiert werden darf, konnte Balthasar mit Hilfe dessen einige wichtige Werke des Confessors, unter anderem die zwei Ambigua-Reihen, die Quaestiones ad Thalassium und die capita theologica et œconomica, mit relativer Gewißheit datieren. Die zutreffenden Intuitionen Balthasars wurden 1952 von P. Sherwood in seiner Studie „An Annotated Date-List of the Works of Maximus the Confessor" präzisiert und weiterentwickelt. Dieses Werk Sherwoods bleibt nach wie vor und trotz Kritik an einigen Einzelpunkten [vgl. z. B. J.-C. Larchet (1998, Introduction. Lettres) 41f. u. Einleitung, Anm. 162] die Hauptreferenz für die Datierung der maximinischen Schriften.

als eigenständiges Genre entwickelte,[68] um in erster Linie schwierige biblische Stellen zu erklären.[69] Die exegetischen Erotapokriseis scheinen nach kurzer Zeit kaum mehr einen *Sitz im Leben* gehabt haben zu müssen, in dem ein realer Fragender existierte. Oft behandelte man Aporien, welche aus der Tradition übernommen wurden, sich bei der eigenen Bibellektüre entzündeten oder von Ketzern bzw. Nicht-Christen aufgegriffen wurden.[70] Somit wird es verständlich, daß die Erotapokriseis neben dem exegetischen Anliegen kontroverstheologischen, apologetischen und didaktischen Zwecken dienten[71] und nicht nur Aporien im eigentlichen Sinne thematisierten, sondern auch jede biblische Stelle bzw. jedes Problem, wo es Klärungsbedarf gab.[72] Gerade die didaktischen Erotapokriseis dürften ihren ursprünglichen *Sitz im Leben* in den monastischen Kreisen gehabt haben.[73] Zu der Literaturgattung der Erotapokriseis gehören unter den maximinischen Werken die *Quaestiones ad Thalassium*, die *Ambigua ad Ioannem*, die *Ambigua ad Thomam*,[74] die *Quaestiones et dubia* und die *Quaestiones ad Theopemptum*.[75]

---

[68] Zu den Erotapokriseis als *literarische Methode* des Origenes vgl. L. Perrone (1995) 151–164.

[69] Vgl. G. Broszio (1998) 529; ferner zu den Erotapokriseis vgl. G. Bardy (1932) 210–236; 341–369; 515–537; (1933) 14–30; 211–229; 328–352; H. Dörrie u. H. Dörries (1966) 342–370; W. Hörandner (1994) 1417–1419.

[70] Vgl. G. Bardy (1932) 356; 360–369 u. 516f.; (1933) 30; 211–229 u. 351f.

[71] Vgl. G. Broszio (1998) 529; ferner G. Bardy (1933) 211–229; 328–350.

[72] Vgl. G. Bardy (1933) 351.

[73] Vgl. G. Broszio (1998) 529; dazu P. M. Blowers (1991) 36–52.

[74] Im Unterschied zu den Quaestiones ad Thalassium und den Quaestiones et dubia, von denen in der CChr.SG jeweils 1980/2 und 1990 eine editio critica erschienen ist (vgl. das Literaturverzeichnis unter „Schriften des Maximus Confessor"), liegt von den zwei Ambigua-Reihen und den Quaestiones ad Theopemptum immer noch keine kritische Ausgabe vor. R. B. Bracke, welcher dazu beauftragt worden war, eine editio critica der Ambigua vorzubereiten, starb 1984, bevor er diese Aufgabe erfüllen konnte; vgl. R. B. Bracke (1982) 97; E. Jeauneau (1982) 347, Anm. 17 u. (1988) LXXIVf. Nach Brackes Tod wurde das Projekt von C. Laga und Bart Janssens übernommen; vgl. P. van Deun (1998–1999) 486; (1992, Les extraits) 205; (1994) 295. Dazu allerdings äußerte sich A. Louth (1998, Recent) 69 vor kurzem skeptisch: „no edition of the *Ambigua* is at present in preparation".

[75] Auch die an Thalassius gerichtete Max. Ep. 26 [nach 628; vgl. P. Sherwood (1952) 34] scheint eine Art Erotapokrisis zu sein. Ähnliches kann auch für die nur fragmentarisch überlieferte Max. Ep. 42 [?; vgl. P. Sherwood (1952) 25] an Thalassius gelten, wobei hier die Frage fehlt; vgl. dazu J.-C. Larchet (1998, Introduction. Lettres) 50.

Quaestiones ad Thalassium

Diese 65 Erotapokriseis, die sich bis auf die erste, deren Thema die
Affekte (πάθος) sind, auf biblische Stellen beziehen, schrieb Maximus
auf die Bitte des libyschen Abtes Thalassius[76] hin vermutlich zwischen 630 und 634[77] in Afrika.[78] In seinem Proömium sagt der Bekenner, daß er von seinem Freund Thalassius eine Liste mit schwierigen
Bibelstellen erhielt, die er nach der ἀναγωγικὴ θεωρία kommentieren
sollte. Nach mehreren, erfolglosen Versuchen, sich dieser Aufgabe zu
entziehen, beschließt er, Thalassius zu gehorchen.[79] Gleichwohl ging
es bei dem Schreiben des libyschen Abtes nicht nur um die Bibelstellen,
sondern auch um eine lange Reihe von Fragen nach den Affekten.[80]
Deren Beantwortung verschiebt Maximus indes auf später,[81] ohne
jedoch das Thema ganz zu vernachlässigen,[82] denn er geht im übrigen kurz auf die Entstehung des Bösen und der Affekte ein.[83] Obgleich
der Bekenner in seinem Vorwort verspricht, die biblischen Aporien
kurz zu behandeln,[84] werden seine Antworten, je mehr man mit der
Lektüre voranschreitet, immer umfangreicher.

Aus dem eben Gesagten und so wie P. M. Blowers im einzelnen
gezeigt hat[85] –, ergibt sich, daß der *Sitz im Leben*, in dem die *Quaestiones*

---

[76] Von diesem Thalassius, an den Maximus ebenfalls die Briefe 9, 26, 41 u. 42 –
und nach B. Markesinis auch Max. Th. pol. 3 [vgl. P. Allen u. B. Neil (1999) XIII,
Anm. 7] – adressiert hat, sind vier Centurien über die Liebe, die Enthaltsamkeit
und den Lebenswandel gemäß dem νοῦς überliefert; vgl. PG 91, 1427–1469; zu
Thalassius vgl. ferner M.-Th. Disdier (1944) 79–118; M. van Parys (1979) 214–240;
P. M. Blowers (1991) 9–11; J.-C. Larchet (1998, Introduction. Lettres) 48–50.
Maximus bezeichnet sich als Thalassius' Knecht und Schüler; vgl. Max. Ep. 9, 449A
[628/630?; vgl. P. Sherwood (1952) 33]. Trotzdem ist er derjenige, der Thalassius
spirituelle Ratschläge gibt und vielleicht deshalb als sein geistlicher Vater gelten
muß; vgl. Max. Ep. 9, 445C–449A; J.-C. Larchet (1998, Introduction. Lettres) 50;
ferner M.-Th. Disdier (1944) 80f.; P. Sherwood (1952) 33.

[77] Vgl. P. Sherwood (1952) 34f.

[78] M.-J. van Esbroeck (1994, ein unbekannter) 75–82 hat auf einen georgischen
Traktat „Ad Thalassium" aufmerksam gemacht, der anscheinend 66 in Griechisch
nicht bezeugte Erotapokriseis beinhaltet. Eine davon, die Quaestio 66, wurde von
ihm teilweise veröffentlicht und übersetzt; vgl. M.-J. van Esbroeck (1994, La question) 329–337.

[79] Vgl. Max. Thal. Prol. (S. 19).

[80] Vgl. ibid. (S. 23–27, Z. 108–183).

[81] Vgl. ibid. (S. 27, Z. 185–188).

[82] Vgl. ibid. (S. 29, Z. 203–208).

[83] Vgl. ibid. (S. 29–41, Z. 209–404).

[84] Vgl. ibid. (S. 21, Z. 65f.).

[85] Vgl. P. M. Blowers (1991) 56–61.

ad Thalassium[86] entstanden sind, monastisch ist. Als Hauptadressaten
der maximinischen Schrift gelten der Abt Thalassius und seine klöster-
liche Kommunität.[87] P. M. Blowers hat diesbezüglich nachgewiesen,
daß die *Quaestiones ad Thalassium* nicht nur zur Literaturgattung der
Antworten auf biblische Aporien gehören, sondern auch in der Linie
der monastischen Pädagogik stehen, da Maximus die zu deutenden
Stellen als Sprungbrett benutzt, um seinen anthropologisch-mystischen Reflexionen, welche sich unmittelbar auf die alltägliche asketische Praxis der Mönche beziehen und in deren Mittelpunkt das
Christusgeschehen steht, Ausdruck zu verleihen.[88] Dieser Gebrauch
biblischer Aporien als Mittel monastischer Didaktik wird unter anderem dadurch ermöglicht, daß Maximus insbesondere in den letzten
und längsten Quaestiones die vom Adressaten aufgelisteten biblischen
Stellen – dem folgend, was von diesem letzteren gefordert wurde –
allegorisiert und dem wörtlichen Sinn wenig Beachtung schenkt.[89]

---

[86] J.-C. Larchet (1998, Introduction. Lettres) 49 weist mit Recht darauf hin, daß
das Werk eigentlich die Antworten (responsiones) an Thalassius heißen sollte.

[87] Vgl. z. B. Max. Thal. Prol. (S. 19, Z. 53–55): „Καί μοι σύγγνωθι πρῶτος αὐτός,
τίμιε πάτερ, τῆς ἐγχειρήσεως, καὶ τοὺς ἄλλους αἴτει προπετείας ἀφίεσθαί με"; ferner P. M. Blowers (1991) 12.

[88] Vgl. P. M. Blowers (1991) 56–73.

[89] Zur *wörtlichen* Bibelexegese in den Quaestiones ad Thalassium vgl. den Abschnitt
3. 3. 3. In sonstiger Hinsicht weist Max. Thal. 64 eine starke anti-jüdische Polemik
theologischen Charakters auf, die sich unter anderem dadurch ausdrückt, daß der
Bekenner Jona für ein Symbol des trotzigen jüdischen Volkes hält; vgl. Max. Thal.
64 (S. 213, Z. 435–S. 227, Z. 651); ferner ibid. 20 (S. 121–125); C. Laga (1985)
213–215. Anti-jüdische Momente sind auch in anderen Schriften des Bekenners zu
finden; vgl. z. B. Max. Ep. 14, 540AB [634–640]; vgl. P. Sherwood (1952) 40]: „Τί
γὰρ τῶν νῦν περιεχόντων τὴν οἰκουμένην κακῶν περιστατικώτερον; τί δὲ τοῖς
ᾐσθημένοις τῶν γινομένων δεινότερον; τί δὲ τοῖς πάσχουσιν ἐλεινότερον ἢ φοβερώτερον;
. . . ὁρᾶν (. . .) λαὸν Ἰουδαϊκὸν, καὶ ἀνέκαθεν ἀνθρώπων αἵμασι χαίροντα, καὶ μόνην
θείαν εὐαρέστησιν εἰδότα τὸν φόνον τοῦ πλάσματος· καὶ διὰ τοῦτο πλέον μαινόμενον,
πάντων τῶν ἐπὶ κακίᾳ διαβεβοημένων ἐν τῷ πλούτῳ τῆς πονηρίας γενέσθαι περι-
φανέστερον· καὶ οἷς Θεὸς ἀπεχθάνεται, Θεὸν θεραπεύειν οἰόμενον· τὸν μόνον πάντων
τῶν ἐπὶ γῆς λαῶν ἀπιστότατον· καὶ διὰ τοῦτο πρὸς ὑποδοχὴν τῆς ἀντικειμένης
δυνάμεως ἐπιτηδειότατον"; ferner dazu C. Laga (1985) 215 u. (1990) 177–188; G. C.
Berthold (1993) 140–143. Dies veranlaßte einige Maximusforscher dazu zu fragen,
ob das jüdische Volk bei Maximus nicht etwa *mehr* als ein stilistisches Motiv darstellt und ob die anti-jüdische Polemik – vor allem in den exegetischen Schriften
des Bekenners – nicht einen *Sitz im Leben* widerspiegelt, in dem sich Maximus in
der Tat mit jüdischen Bibelexegeten auseinandersetzte; vgl. z. B. C. Laga (1985)
215; G. C. Berthold (1993) 142. Angesichts unserer lückenhaften Kenntnisse in
bezug auf diese Problematik muß man sich jedoch mit Spekulationen begnügen.
Jedenfalls kann man behaupten, wenn Auseinandersetzungen zwischen Maximus
und jüdischen Gelehrten wirklich stattfanden, daß die fraglichen jüdischen Bibelinterpreten die gleichen exegetischen Methoden wie der Bekenner – vor allem die

Ambigua ad Ioannem

Diese Reihe von 66 Erotapokriseis zu dunklen Texten Gregors von Nazianz (um 326–um 390) schrieb Maximus mutmaßlich auch in Afrika zwischen 628 und 630.[90] Indes muß dieses Werk schon früher konzipiert worden sein, denn der Confessor erwähnt in seinem Proömium, daß er und der Adressat, Bischof Johannes von Cyzikus, eifrig an dunklen Stellen des Gregor zusammengearbeitet hätten.[91] Nun aber bittet ihn Bischof Johannes darum, das damals Besprochene schriftlich zu fixieren.[92] Die vortreffliche Monographie von P. Sherwood zu den *Ambigua ad Ioannem*[93] zeigt, daß eines der wichtigsten Momente dieses Werkes die Auseinandersetzung des Bekenners mit dem Origenismus,[94] wie er ihn kannte,[95] bildet. Von daher versteht es sich, daß

Allegorese – auf die Heilige Schrift angewendet haben müssen. Sonst hätten die exegetischen Ausführungen des Confessors in dieser Hinsicht, obwohl sich dessen Schriften vornehmlich an ein christliches Publikum wandten, viel an ihrer Aussagekraft verloren.

[90] Vgl. P. Sherwood (1952) 31f.; J.-C. Larchet (1994, Introduction) 10. Man weiß mit Sicherheit, daß die Ambigua ad Ioannem vor den Quaestiones ad Thalassium geschrieben wurden, da Maximus jenes Werk in der Quaestio 39 erwähnt; vgl. Max. Thal. 39 (S. 261, Z. 59–61).

[91] Vgl. Max. Amb. Io. Prol. 1064B. An diesen Johannes von Cyzikus sind auch die maximinischen Briefe 6 u. 28–31 gerichtet; zur Echtheit des Briefes 8, als dessen Adressat auch Johannes galt, vgl. P. Speck (1997) 441–467 u. Einleitung, Anm. 17. P. Sherwood (1950) 350–352 schließt aus der obigen Bemerkung des Confessors auf einen maximinischen Aufenthalt in Cyzikus (624–626). Johannes muß nach Sherwood der Erzbischof von Cyzikus und ein Freund des Bekenners gewesen sein, bevor dieser nach Afrika kam. Demgegenüber macht J.-M. Garrigues (1974, La personne) 182f., wie bereits erwähnt, geltend, daß es in Palästina zur Zeit des Maximus einen gewissen Johannes von Cyzikus, Abt des Abrahamklosters auf dem Ölberg, gab. Für Garrigues kann nicht ausgeschlossen werden, daß dieser Abt nach 614 Bischof wurde und eine organisatorische Rolle innerhalb des Jerusalemer Patriarchats spielte, wie sich den maximinischen Briefen an ihn entnehmen läßt. Jedenfalls machen es die erhaltenen Briefe des Confessors an Johannes von Cyzikus möglich, daß Maximus Mönch in einem Georgkloster war, das zur Diözese des Johannes gehörte, und daß er diesen letzteren als Lehrer und geistlichen Vater betrachtete; vgl. z. B. Max. Ep. 29, 624A [626–632; vgl. P. Sherwood (1952) 27f.]; 31, 625CD [632; vgl. P. Sherwood (1952) 27f.]; ferner Max. Ep. 3, 408C [ca. 626; vgl. P. Sherwood (1952) 25]; J.-C. Larchet (1998, Introduction. Lettres) 41–45.

[92] Vgl. Max. Amb. Io. Prol. 1064B.

[93] Vgl. P. Sherwood, The Earlier Ambigua of Saint Maximus the Confessor and his Refutation of Origenism (1955).

[94] Die vorliegende Arbeit zieht beim Gebrauch der Adjektive eine deutliche Grenze zwischen Origenes und dem Origenismus, indem für ersteren das Adjektiv „origenisch", für letzteren das Adjektiv „origenistisch" gebraucht wird.

[95] Für Maximus bestand der Origenismus vor allem im Henadenmythos, mit dem er sich in Max. Amb. Io. 7 u. 15 auseinandersetzt, und in der Lehre von der Präexistenz der Seelen, die er in Max. Amb. Io. 42 widerlegt; vgl. dazu die Abschnitte

einige Erotapokriseis dieser Schrift einen nicht zu verkennenden kontroverstheologischen Charakter annehmen. Jedoch warnt J.-C. Larchet
zu Recht davor, die *Ambigua ad Ioannem* für eine bloße Auseinandersetzung mit dem Origenismus zu erachten, und weist darauf hin, daß
für den Bekenner die dunklen Stellen des Nazianzers zum Ausgangspunkt werden, die Achsen seines eigenen theologischen Denkens
darzulegen.[96] Insofern erhält – wie in den *Quaestiones ad Thalassium* –
die christuszentrierte anthropologisch-mystische Lehre auch hier eine
herausragende Stellung.[97]

Ambigua ad Thomam
Hierbei handelt es sich um fünf Erotapokriseis, von denen die vier
ersten Texte Gregors von Nazianz behandeln, während sich die letzte
als ein Kommentar zu der Epistula 4 des Pseudo-Dionys Areopagita
darstellt. Maximus muß diese Ambigua-Reihe gegen 634 in Afrika
verfaßt haben, da in ihr die christologische Frage nach der Energie
im Vordergrund steht.[98] Der Adressat dürfte wohl ein Mönch des
Philippikusklosters von Chrysopolis gewesen sein, in dem den griechischen Quellen zufolge das monastische Leben des Bekenners seinen Anfang nahm.[99]

Quaestiones et dubia
Im Unterschied zu den *Quaestiones ad Thalassium* und den zwei Ambigua-
Reihen geht es hier um eine umfangreiche, ohne Adressat überlie-
ferte Gruppe von Erotapokriseis.[100] Zudem hat man den Eindruck,

---

1. 2. 2. 1 (S. 50–58) u. 2. 1. 1 (S. 83f.); ferner P. Sherwood (1955, The Earlier)
72–102; J.-C. Larchet (1994, Introduction) 10f. Zur Geschichte des Origenismus im
allgemeinen vgl. A. Guillaumont (1962).
   [96] Vgl. J.-C. Larchet (1994, Introduction) 11–13.
   [97] Vgl. z. B. Max. Amb. Io. 10, 1105D–1205C; J.-C. Larchet (1994, Introduction)
12; ferner das zweite Kapitel dieser Arbeit.
   [98] Vgl. H. U. von Balthasar (1941, Die Gnostischen) 150–152; P. Sherwood
(1952) 39.
   [99] Vgl. J.-M. Garrigues (1976, Maxime) 52f. u. Einleitung, Anm. 13. An denselben Adressaten richtete Maximus die von P. Canart 1964 veröffentlichte Epistula
secunda ad Thomam, in welcher der Bekenner weitere – vor allem christologische –
Erläuterungen zu einigem, was er in den Ambigua ad Thomam schrieb, liefert.
Diese Epistula wird von R. P. Bracke (1982) 97 als eine dritte Ambigua-Kollektion
betrachtet. Daß sie hier nicht als ein eigenständiges, den Erotapokriseis zugehören-
des Werk dargestellt wird, liegt daran, daß es sich bei ihr nicht um *neue* Fragen
handelt, sondern um bloße maximinische Erklärungen zu den Erotapokriseis, die
in den Ambigua ad Thomam besprochen wurden.
   [100] Zu den Problemen der handschriftlichen Tradition dieses Werkes vgl. J. H.
Declerck (1982, Introduction) VII–XIV. Die umfangreichste Rezension, die leider
auf einer einzigen verstümmelten Handschrift basiert, enthält 195 Erotapokriseis.

daß viele dieser Erotapokriseis keine Aporien im eigentlichen Sinn
behandeln, sondern unauffällige Stellen, zu denen der Autor Scholia
schreiben oder sie allegorisch deuten wollte.[101] Sofern also das Werk
maximinisch ist[102] und dessen handschriftliche Tradition ein authentisches Bild liefert, dürften die *Quaestiones et dubia* unter anderem auf
zusammenhanglose exegetische Notizen des Bekenners zurückgehen,
zu deren Abfassung er durch eigenes Nachdenken oder Fragen von
Freunden angeregt wurde.[103] In diesem Eindruck bestärkt die Tatsache,
daß, obgleich die meisten Erotapokriseis biblische Stellen erörtern,
auch Fragen, die sich auf patristische Lehre,[104] Liturgie,[105] Kirchen-
gesetze,[106] mystische Theorie[107] oder auf sonstiges[108] beziehen, behandelt werden. Da sich der Kirchenvater im Vergleich zu den *Quaestiones
ad Thalassium* und den Ambigua-Reihen kürzer und einfacher faßt
und jede Spur von christologischen Auseinandersetzungen fehlt,[109]
tendieren die Forscher, sofern die fragliche Schrift als authentisch
angesehen wird, dazu, darin ein Werk des jungen Maximus zu
sehen.[110] Man muß aber betonen, wie grob und ungewiß diese Datierung ist.

Quaestiones ad Theopemptum

Diese kleine Schrift, die an einen gewissen Theopemptus scholasti-
cus adressiert ist, geht auf drei neutestamentliche Stellen ein, das
Gleichnis des ungerechten Richters (vgl. Lk 18, 1–8), die Aussage
über die rechte Backe (vgl. Mt 5, 39) und das noli me tangere (Joh
20, 17), und legt sie allegorisch aus. Möglicherweise wurden diese
Erotapokriseis zwischen 630 und 633 in Afrika verfaßt.[111]

---

[101] Vgl. z. B. Max. Qu. d. 2 (S. 3f.); 3 (S. 4); 9 (S. 8f.); 11 (S. 9f.); 15 (S. 12);
17 (S. 13–16); 22 (S. 20); 25 (S. 21f.); 26 (S. 22); 30 (S. 25f.); 31 (S. 26); 35
(S. 28f.); 43 (S. 36f.); 67 (S. 52); 77 (S. 58).
[102] Vgl. Einleitung, Abschnitt II (S. xxxiii–xxxiv).
[103] Vgl. dazu J.-C. Larchet (1999) 8.
[104] In erster Linie werden Texte der Kappadozier thematisiert; vgl. z. B. Max.
Qu. d. 19 (S. 17f.); 93 (S. 72); 95–105 (S. 73–80); 107–110 (S. 80–82); 137 (S. 98).
[105] Vgl. Max. Qu. d. 13 (S. 10f.).
[106] Vgl. Max. Qu. d. 7 (S. 6f.).
[107] Vgl. z. B. Max. Qu. d. 126 (S. 92f.); 130 (S. 95).
[108] Vgl. z. B. Max. Qu. d. 83 (S. 65f.); 87 (S. 68); 136 (S. 97).
[109] Vgl. Einleitung, Anm. 67.
[110] P. Sherwood (1952) 26 datiert das Werk auf die Zeit um 626, J.-C. Larchet
(1999) 9f. auf noch früher; vgl. ferner H. U. von Balthasar (1941, Die Gnostischen)
155; J. H. Declerck (1982, Introduction) XVf.
[111] Vgl. P. Sherwood (1952) 37. Zugunsten dieser Datierung spricht die sprachliche Nähe dieser Schrift zu den Ambigua ad Ioannem und den Quaestiones ad
Thalassium; vgl. z. B. Max. Theop. (S. 86, Z. 20): „καὶ σκώληκος δίκην τῇ σύψει

B. *Die Kommentare*

Als Literaturgattung zeichnet sich der Kommentar dadurch aus, daß er im Unterschied zu den Scholia und Erotapokriseis, die ein Einzelproblem behandeln, einen Text, sei es ein Buch oder zusammenhängende Teile daraus, Wort für Wort bzw. Satz für Satz erläutert.[112] Innerhalb der christlichen Literatur läßt sich die Bibel seit dem zweiten Jahrhundert als privilegierter Gegenstand patristischer Kommentare erkennen, die je nach Kontext und Publikum unter anderem eine apologetische bzw. erbaulich-paränetische Funktion erfüllen können.[113] Als exegetische Kommentare sind von dem Confessor die *Expositio orationis dominicae* und die *Expositio in psalmum LIX* überliefert. Überdies verfaßte er einen Kommentar zur Göttlichen Liturgie, die *Mystagogia*.[114]

Expositio orationis dominicae

Dieser Kommentar zum Vaterunser ist an einen Unbekannten adressiert, der im Titel des Werkes als Freund Christi (φιλόχριστος) bezeichnet wird.[115] I.-H. Dalmais vermutet, daß es sich bei ihm um einen Mönch handelt, weil jegliche Anspielung auf ein weltliches oder kirchliches Amt fehlt.[116] Durch manche Affinität zu den *Ambigua ad Ioannem* fühlte sich P. Sherwood dazu veranlaßt, die Entstehung dieses Kommentars zwischen 628 und 630 zu datieren.[117] Von daher muß ihn der Bekenner wohl in Afrika verfaßt haben. Die *Expositio orationis dominicae* weist einen starken allegorischen Charakter auf und bildet

---

τῶν ἀκαθάρτων καλινδουμένῳ καὶ ἡδομένῳ παθῶν" mit Max. Thal. Prol. (S. 19, Z. 37f.): „καὶ σκώληκος δίκην ἰλυσπωμένῳ τῇ σύψει τῶν ἡδονῶν"; Max. Theop. (S. 86, Z. 22): „στοχαστισκῶς ἀλλ᾽ οὐκ ἀποφαντικῶς" mit Max. Amb. Io. Epil. 1417A: „στοχαζόμενος, ἀλλ᾽ οὐκ ἀποφαινόμενος".

[112] Vgl. T. Fuhrer (1998) 381f.

[113] Vgl. ibid. 382.

[114] Von den zwei ersten Schriften ist 1991 in der CChr.SG eine kritische Edition erschienen. Von der Mystagogia veröffentlichte X. Γ. Σωτηρόπουλος 1978 eine Ausgabe, die 24 Handschriften berücksichtigt (vgl. das Literaturverzeichnis unter „Schriften des Maximus Confessor"). Eine editio critica der Mystagogia bereitet zur Zeit M. Boudignon vor; vgl. P. van Deun (1998–1999) 486.

[115] Vgl. Max. Pater (S. 27, Z. 2). P. van Deun teilte mir mit, daß er in einem noch zu erscheinenden Artikel nahelegen wird, daß der Adressat dieses Werkes ein gewisser Magister Sergius sein kann.

[116] Vgl. I.-H. Dalmais (1953, Un traité) 126.

[117] Vgl. P. Sherwood (1952) 31; ferner H. U. von Balthasar (1941, Die Gnostischen) 154.

nach I.-H. Dalmais einen „Traktat kontemplativer Theologie"[118] mit tiefen anthropologisch-mystischen Erwägungen, in deren Zentrum Christus steht.

Expositio in psalmum LIX

Der Entstehungszusammenhang dieses maximinischen Kommentars zum Psalm 59 LXX liegt völlig im Dunkeln, da er weder ein Proömium noch einen Adressaten besitzt. Außerdem fehlt jegliches innere sowie äußere Kriterium, mit dessen Hilfe die Entstehungszeit und der Entstehungsort präzise bestimmt werden können.[119] Allenfalls kann man sagen, daß diese Schrift vor 634 verfaßt worden sein dürfte, da sie keine Spuren des monotheletischen Streites aufweist.[120] P. Sherwood behauptet sogar, daß sie auf eine so frühe Zeit wie das Jahr 626 zurückreichen kann.[121] Indessen bleibt die These P. Hauptmanns, der Bekenner habe den Kommentar 626 in Verbindung mit der Belagerung Konstantinopels durch die Perser und Awaren geschrieben,[122] reine Spekulation. Dieser allegorisierende Kommentar stellt ein gutes Beispiel dafür dar, wie bei Maximus die anthropologisch-mystische Reflexion mit der Christologie verknüpft wird.

Mystagogia

Diese Schrift bildet den maximinischen Kommentar zur Göttlichen Liturgie und ist an einen gewissen Theocharistos gerichtet,[123] welcher mutmaßlich mit dem vom Confessor in seiner Epistula 44 erwähnten gleichnamigen Wohltäter[124] zu identifizieren ist.[125] Die Maximuskenner sind sich zudem darüber einig, daß dieses Werk zu Beginn des Aufenthaltes des Kirchenvaters in Afrika, also zwischen 628 und 630, entstanden sein muß.[126] Bei genauerem Hinsehen stellt sich aber heraus, daß die *Mystagogia* kein bloßer *Kommentar* der Liturgie ist, weil jenem Teil (Kap. 8–24), der die eigentliche Interpretation

---

[118] I.-H. Dalmais (1953, Un traité) 123.
[119] Vgl. P. van Deun (1991) XX.
[120] Vgl. dazu Einleitung, Anm. 67; P. van Deun (1991) XXI.
[121] Vgl. P. Sherwood (1952) 26.
[122] Vgl. P. Hauptmann (1984) 277.
[123] Vgl. Max. Myst. Prol. (S. 191, Z. 3); R. Bornert (1966) 86.
[124] Vgl. Max. Ep. 44, 644D–645A [642; vgl. P. Sherwood (1952) 49f.]. Sonst erwähnt der Bekenner in Max. Rel. mot. (S. 21, Z. 108f.) einen Presbyter Theocharistos, Bruder des Exarchos. Es stellt sich die Frage, ob es sich um dieselbe Person handelt.
[125] Vgl. R. Bornert (1966) 86.
[126] Vgl. H. U. von Balthasar (1941, Die Gnostischen) 154; P. Sherwood (1952) 32; R. Bornert (1966) 86.

der liturgischen Handlungen beinhaltet, ein Teil (Kap. 1–7) vorausgeht, in dem der Bekenner tiefsinnige Erwägungen über die Kirche, den Kosmos, den Menschen und die Heilige Schrift zum Ausdruck bringt und deren symbolische Aufeinanderbezogenheit zu veranschaulichen versucht.[127] Nach R. Bornert bildet die *Mystagogia* eine „liturgische Theoria",[128] deren Zweck darin besteht, der mönchischen Askese und Mystik eine liturgische Grundlage zu verschaffen und derart den Hesychasmus eines Evagrius Ponticus[129] mit dem Sakramentalismus des Pseudo-Dionys Areopagita zu verbinden.[130]

C. *Die Capita-Sammlungen*

Die christliche Literaturgattung der Capita-Sammlungen unterscheidet sich insofern von den *Apophthegmata Patrum*, als es sich hierbei nicht um die schriftliche Fixierung von mündlich überlieferten Aussprüchen, die wie in einem Florilegium auf mehrere Personen zurückgehen, handelt, sondern um eine Gruppe von unterschiedlich langen Kapiteln, die von einem einzigen Autor als ursprünglich schriftliches Werk verfaßt werden.[131] Insofern weisen diese Sammlungen im Vergleich zu den *Apophthegmata Patrum* einen anderen *Sitz im Leben* auf, obwohl sie mit ihnen sowie den paganen Apophthegmata[132] die – die monastischen Kreise charakterisierende – Kürze gemeinsam haben.[133] Die am meisten verbreitete Art der Capita-Sammlungen ist gewiß die Centurie, die Evagrius Ponticus im vierten Jahrhundert *erfand*,[134] indem er jene Tradition der Apophthegmata mit der der antiken,

---

[127] Hinzu kommt die Schwierigkeit, daß Maximus die Lehre des Buches einem unbekannten Greis zuschreibt. Der Adressat soll ihn diese Lehre kurz vortragen gehört und darum gebeten haben, sie zu verschriftlichen; vgl. Max. Myst. Prol. (S. 191f., Z. 10–17; PG 91, 657C–660A). R. Bornert (1966) 87 meint, daß es sich hierbei um eine literarische Fiktion handelt; vgl. auch T. Nikolaou (1983) 407–418; ferner P. Sherwood (1955, The Earlier) 8f.; H. U. vom Balthasar (³1988) 365.

[128] Vgl. R. Bornert (1966) 90–97.

[129] Zu Evagrius Ponticus vgl. den Abschnitt 1. 1. 13 (S. 34f.).

[130] Vgl. R. Bornert (1966) 85f.

[131] Vgl. I. Hausherr (1953) 416; ferner F. Cavallera (1937) 765–770; J. Pauli (1998, Apophthegmata Patrum) 45f.

[132] Vgl. dazu J. Pauli (1998, Apophthegmata) 45.

[133] Vgl. dazu J. Pégon (1945) 25f.

[134] Vgl. dazu J. Pégon (1945) 25–27; I. Hausherr (1953) 416–418; I.-H. Dalmais (1964) 21–23.

vor allem stoischen, Sentenzensammlungen verquickte.[135] Der wüsten-
hafte Lebenskontext, in dem jüngere Mönche die erfahrenen Meister
um ein mündliches Spruchwort baten, tritt demnach in den Hintergrund, und die schriftlichen Capita setzen sich als Gegenstand täg-
licher Meditation durch.[136] Daß dabei die Sammlung eine Centurie
bildet, d. h. aus 100 Stücken besteht, ist nicht nur deshalb wichtig,
weil auf diese Art Interpolationen verhindert werden können, sondern auch wegen der Symbolik dieser Zahl.[137] Von Maximus Confessor
sind den Capita-Sammlungen die 400 *Capita de charitate*, die 200 *Capita
theologica et œconomica*, die *Capita XV* und die *Capita X* zuzuordnen.[138]
Im Blick auf die Komposition hat H. U. von Balthasar am Beispiel
der *Capita theologica et œconomica* gezeigt, daß die Einzelkapitel der
maximinischen Centurien terminologisch und inhaltlich auf dynamische Weise miteinander verzahnt sind, so daß dadurch eine innere
Bewegung zustandekommt, die mit einer musikalischen Variation zu
vergleichen ist.[139] Diese Beobachtung Balthasars läßt sich ohne große
Mühe ebenfalls für die *Capita XV* und *Capita X* verifizieren.[140]

Capita de charitate

In seinem Proömium bringt der Bekenner die Zahl dieser vier Centurien mit den Evangelien in Verbindung und beteuert, daß dieses
Werk eine Auslese aus patristischem Gedankengut ist.[141] In dieser Hinsicht hat die Maximusforschung längst erkannt, daß der Confessor
hier vor allem Evagrius Ponticus stark verpflichtet ist,[142] ohne jedoch
von ihm abhängig zu sein, insofern die evagrianische Mystik vom

---

[135] Vgl. E. von Ivánka (1954) 285–291; H. U. von Balthasar (³1988) 482f.
[136] Vgl. ibid.
[137] Vgl. J. Pégon (1945) 25–27; I. Hausherr (1953) 416–418.
[138] Die von A. Ceresa-Gastaldo angefertigte editio critica der Capita de charitate
geht auf 1963 zurück (vgl. das Literaturverzeichnis unter „Schriften des Maximus
Confessor"). Bereits 1928 versprach F. Skutella eine kritische Ausgabe der Capita
theologica et œconomica; vgl. F. Skutella (1928) 28. Diese aber ist trotz philologi-
scher Vorarbeiten nie erschienen; vgl. H. U. von Balthasar (1941, Die Gnostischen)
4. An solch einer kritischen Edition – und an einer der Cap. XV – für die CChr.SG
arbeitet heute C. de Vocht; vgl. C. de Vocht (1984) 84; P. van Deun (1992, Les
extraits) 205; (1994) 295, Anm. 5; (1996) 112.
[139] Vgl. H. U. von Balthasar (³1988) 488–503.
[140] Vgl. z. B Max. Cap. XV, 1–3, 1177A–1180A: Τὸ ἀγαθόν – ὑπεράναρχον –
Πατήρ – Υἱός – ἅγιον Πνεῦμα – λόγος (1); Τὸ ἀγαθόν – μήτε ἀρχὴν ἔχον – κατ'
οὐσίαν (2); Πατήρ – Λόγος – ἅγιον Πνεῦμα – λόγος – οὐσιωδῶς (3).
[141] Vgl. Max. Char. Prol. (S. 48, Z. 1–9).
[142] Vgl. vor allem P. Viller (1930) 156–184, 239–268 u. 331–336.

Confessor christozentrisch korrigiert und somit verwandelt wird.[143]
Der Adressat dieser Schrift, ein gewisser Elpidius, kann ein Mönchs-
priester gewesen sein und ist sonst unbekannt.[144] Die Capita de charitate sind nach J. Pégon und P. Sherwood ein frühes maximinisches
Werk und dürften gegen 626 verfaßt worden sein.[145]

Capita theologica et œconomica
In seiner 1941 erschienenen Monographie zu diesem Werk zeigte
H. U. von Balthasar, daß es sehr stark von Origenes beeinflußt ist.[146]
Ohne dies zu bestreiten, machte P. Sherwood auf die ersten zehn
Kapitel aufmerksam, wodurch sich Maximus wiederum unmißverständlich vom Origenismus absetzt und dadurch den Rahmen zeichnet, in welchem die origenische Prägung der übrigen Capita zu
verstehen ist.[147] Ansonsten weist diese Schrift starke Berührungspunkte
mit den *Ambigua ad Ioannem* und den *Quaestiones ad Thalassium* auf[148]
und dürfte deswegen nach ihnen,[149] also zwischen 630 und 634,[150]
in Afrika[151] entstanden sein. Außerdem erwähnt J.-C. Larchet, daß
die *Capita theologica et œconomica* an Thalassius gerichtet sind.[152] Jedoch
bleibt mir unklar, wie er darauf kommt.

---

[143] Vgl. dazu den Abschnitt 2. 2 (S. 108).

[144] Maximus nennt ihn Vater und redet von seiner Heiligkeit (ἁγιοσύνη, ὁσιότης);
vgl. Max. Char. Prol. (S. 48, Z. 2; 6; 10); ferner J. Pégon (1945) 25; P. van Deun
(2000) XVIII, Anm. 15.

[145] Vgl. J. Pégon (1945) 20–24; P. Sherwood (1952) 26. Dagegen hält I.-H.
Dalmais (1952, L'œuvre) 221–223 die Capita de charitate für das *Lebenswerk* des
Bekenners und spricht sich demzufolge für eine spätere Datierung aus. Obwohl er
meines Wissens in jüngeren Beiträgen diese Meinung nicht mehr so dezidiert vertritt, scheint er bis zum Ende seines Lebens nicht von der frühen Datierung des
fraglichen Werkes überzeugt gewesen zu sein; vgl. z. B. I.-H. Dalmais (1979) 998;
(1980, Maxime) 838f.

[146] Vgl. H. U. von Balthasar (1941, Die Gnostischen) 25–82 u. (³1988) 509–570.
Zu Origenes vgl. den Abschnitt 1. 1. 10.

[147] Vgl. P. Sherwood (1952) 35.

[148] Vgl. H. U. von Balthasar (1941, Die Gnostischen) 155.

[149] Das ist die Meinung Balthasars, die ich für sehr plausibel halte. Einige der
Capita theologica et œconomica scheinen in der Tat *Zusammenfassungen* von langen
Ausführungen der Ambigua ad Ioannem und der Quaestiones ad Thalassium zu
sein; vgl. z. B. Max. Th. œc. I, 97, 1121C–1124A (zitiert in Kap. 3, Anm. 125)
u. Max. Amb. Io. 10, 1125D–1128D [zitiert und übersetzt im Abschnitt 3. 1. 1 (S.
134–136)]; ferner H. U. von Balthasar (1941, Die Gnostischen) 155; P. Sherwood
(1955, The Earlier) 89.

[150] Zur Datierung vgl. P. Sherwood (1952) 35.

[151] Ein Aufenthalt des Maximus gegen 633 in Alexandrien, wie ihn H. U. von
Balthasar annimmt, ist zweifelhaft; vgl. P. Sherwood (1952) 35.

[152] Vgl. J.-C. Larchet (1992) 7f. u. (1998, Introduction. Lettres) 49.

Capita XV u. X
Hier hat es man mit zwei notizartigen Capita-Sammlungen des Confessors zu tun, die schlecht datierbar sind und deren Abfassungsanlaß völlig unbekannt ist. Es gibt indes keine Hinweise bzw. Anspielungen auf den monotheletischen Konflikt. Als Entstehungszeit der Capita XV schlägt P. Sherwood den Zeitabschnitt zwischen 630 und 634 vor.[153]

D. *Die Dialoge*

Als Dialog in der christlichen Literatur definiert D. Weber jedes Werk, „das großteils oder zur Gänze ein Gespräch, d. h. eine auf mindestens zwei Sprecher aufgeteilte Erörterung eines oder mehrerer Themen umfaßt, die ... nicht in Handlungsabfolgen, sondern allein im Wechselgespräch ausgeführt werden".[154] Während sich philosophisch-theologische Dialoge stark mit der Antike auseinandersetzen, sind apologetisch-kontroverstheologische und didaktische Dialoge unabhängiger von paganen Mustern und vor allem dadurch charakterisiert, daß einer der Sprecher von Anfang an die *Wahrheit* kennt, zu deren Erkenntnis der andere Gesprächspartner am Ende unbedingt gelangen soll. Zu erwähnen ist auch der hagiographische Dialog, der von den Taten eines Heiligen berichtet.[155] Zur Literaturgattung des Dialogs gehören unter den maximinischen Werken der *Liber asceticus* und die *Disputatio cum Pyrrho*.[156]

Liber asceticus
Dieser Dialog zwischen einem Älteren (γέρων) und einem jüngeren Bruder[157] erinnert insofern an die Erotapokriseis, als er sich in Form von Frage und Antwort abspielt.[158] Es handelt sich dabei um ein

---

[153] Vgl. P. Sherwood (1952) 35f.
[154] D. Weber (1998) 163.
[155] Vgl. ibid. 164f.
[156] Eine editio critica des Liber asceticus veröffentlichte P. van Deun 2000 in der CChr.SG (vgl. das Literaturverzeichnis unter „Schriften des Maximus Confessor"). Über die Disputatio cum Pyrrho promovierte M. Doucet 1972 mit einer umfangreichen Studie, die unter anderem eine kritische Ausgabe dieser maximinischen Schrift bietet. Leider ist Doucets Dissertation nur in Schreibmaschinenschrift vorhanden und deshalb schwer erhältlich (vgl. das Literaturverzeichnis unter „Schriften des Maximus Confessor"). Eine kritische Ausgabe der Disputatio cum Pyrrho wird nun im Rahmen der Gesamtedition des maximinischen Corpus in der CChr.SG erwartet; vgl. P. van Deun (1998–1999) 486.
[157] Vgl. Max. Asc. (S. 5, Z. 1).
[158] Vgl. I.-H. Dalmais (1964) 25; P. M. Blowers (1991) 52f.; P. van Deun (2000) XVf.

hochstilisiertes didaktisch-paränetisches Gespräch,[159] dessen Ziel darin liegt, die monastische Askese und Mystik um die durch das Christusgeschehen geoffenbarte Liebe zu zentrieren.[160] Während P. Sherwood diese Schrift für ein maximinisches Jugendwerk hält und deren Abfassung somit auf die Zeit um 626 datiert,[161] plädiert I.-H. Dalmais für eine spätere Entstehungszeit.[162]

Disputatio cum Pyrrho
Obgleich es sich hierbei nicht um einen fiktiven Dialog handelt, sondern um ein historisches Streitgespräch, welches im Juli 645 wahrscheinlich in Karthago zwischen Maximus und dem entthronten byzantinischen Patriarchen Pyrrhus stattfand,[163] ist diese Schrift aus rein formalen Gründen der eben besprochenen Literaturgattung zuzuordnen. Gegen Pyrrhus, an den er Ende 633 oder 634 einen Brief gerichtet hatte,[164] verteidigt Maximus erfolgreich die dyotheletische

---

[159] Vgl. z. B. die erste Frage des jüngeren Bruders in Max. Asc. (S. 5, Z. 2): „τίς ὁ σκοπὸς ἦν τῆς τοῦ κυρίου ἐνανθρωπήσεως" und die paränetischen Ausführungen des Älteren am Ende des Buches.

[160] Vgl. den Abschnitt 2. 2. 1.

[161] Vgl. P. Sherwood (1952) 26.

[162] Gegen die frühe Datierung des Liber asceticus wendet I.-H. Dalmais (1952, L'œuvre) 223–225 vor allem die Einfachheit des Stils und das Fehlen von übertriebenen Bescheidenheitsformeln ein. Zudem weist er darauf hin, daß sich Maximus in diesem Buch fast gänzlich darauf beschränkt, die Heilige Schrift zu zitieren, und macht infolge seiner ganzen Argumentation die Überzeugung geltend, der Liber asceticus erfülle innerhalb des maximinischen Corpus die Funktion eines „spirituellen Testaments". Gleichwohl können die von I.-H. Dalmais vorgebrachten Argumente genauso für eine frühe Datierung des Liber sprechen. Weshalb dieses Werk, indem es das Thema „Liebe" entfaltet, ein „spirituelles Testament" des Bekenners darstellen *muß* – obwohl der Kirchenvater dasselbe Thema auch in jüngeren Werken, etwa in seinem berühmten Brief über die Liebe an Johannes den Kämmerer [vgl. dazu den Abschnitt 2. 1. 2. 1 (S. 92f.)], ausführlich behandelt, bleibt bei I.-H. Dalmais unklar. In einem 1953 erschienenen Aufsatz „La doctrine ascétique de s. Maxime le Confesseur d'après le Liber asceticus" versucht Dalmais, seine These von der Abfassung dieser Schrift in den letzten Jahren des Bekenners zu untermauern; vgl. I.-H. Dalmais (1953, La doctrine) 31f. Seine Argumentation scheint mir hier aber zirkulär zu sein. Daß er andere maximinische Werke heranzieht, um den Liber zu deuten und dessen Bezüge zum Gesamtdenken des Confessors anschaulich zu machen, besagt nicht, daß sich die fragliche Schrift selbständig nicht lesen lasse, so daß die Existenz der meisten anderen Werke des Kirchenvaters vorausgesetzt werden müsse. Während A. Ceresa-Gastaldo (1982) 128 Sherwoods Datierung des Liber asceticus zustimmt, läßt P. van Deun (2000) XIX die Frage offen.

[163] Vgl. Max. Pyr. 288A. Zur Absetzung des Pyrrhus vgl. A. Louth (1996, Maximus) 16f.; ferner M. Doucet (1972) 43f.; J.-M. Garrigues (1976, Maxime) 56–59.

[164] Vgl. Max. Ep. 19, 589C–597A; dazu J.-C. Larchet (1998, Introduction. Lettres) 26–30.

Lehre, so daß sich sein Gesprächspartner am Ende dazu aufgefordert fühlt, sich ihr anzuschließen.[165] Offenkundig stammt die *Disputatio cum Pyrrho* also aus dem Kreis der Anhängerschaft des Bekenners.[166] Bis vor kurzem hat man vorbehaltlos gemeint, daß der Text der Disputatio in Rom niedergeschrieben wurde,[167] bevor Pyrrhus 647 zum Monotheletismus zurückkehrte. Diese Annahme wurde aber neuerdings von J. Noret in Abrede gestellt. Für ihn kann der Text frühestens im Jahre 655 entstanden sein, da in diesem Jahr der Confessor noch keinen Bericht über das Streitgespräch mit Pyrrhus zu kennen scheint.[168]

III. Zur Geschichte der Maximusforschung

Bis Anfang der 40er Jahre des 20. Jahrhunderts galt Maximus Confessor in der Forschung vor allem als Held des *Sieges* über die monotheletische Lehre,[169] obgleich es bis dahin nicht an Einzelstudien über diesen Kirchenvater mangelte. Erwähnenswert sind vor allem die Studien von W. Soppa,[170] M.-Th. Disdier[171] und S. G. Mercati,[172] die zur Klärung der Echtheitsfrage bei einigen Maximus zugeschriebenen Werken entscheidend beitrugen, und die Arbeiten des Russen S. L. Epifanovic, die vor allem neue, wenn auch in der folgenden Zeit

---

[165] Vgl. Max. Pyr. 352D–353B.

[166] Vgl. J. Noret (1999) 295f.; F. Winkelmann (2001) 113.

[167] Vgl. Max. Pyr. 353AB; ferner J.-M. Garrigues (1976, Maxime) 59; A. Louth (1996, Maximus) 17.

[168] Vgl. J. Noret (1999) 291–296.

[169] Nach J.-A. Wagenmann und R. Seeberg (1903) 457 sei Maximus „Hauptvorkämpfer und Märtyrer der Zweiwillenlehre im Monotheletenstreit des 7. Jahrhunderts"; vgl. ferner Knöpfler (1893) 1096; O. Bardenhewer (1910) 499; L. Duchesne (1925) 431–457; M. Viller (1930) 259. Für einen ausführlicheren Überblick über die Maximusforschung vgl. A. Nichols (1993) 221–252; sonst M. L. Gatti (1987). In diesem Abschnitt wird auf die meisten Beiträge mit Titel und Erscheinungsjahr verwiesen. Man konsultiere für detailliertere Angaben das Literaturverzeichnis.

[170] Vgl. W. Soppa, Die Diversa Capita unter den Schriften des heiligen Maximus Confessor in deutscher Bearbeitung und quellenkritischer Beleuchtung (1922).

[171] Vgl. M.-Th. Disdier, Une œuvre douteuse de saint Maxime le Confesseur. Les cinq Centuries théologiques (1931); Elie L'Ecdicos et les ἕτερα κεφάλαια attribués à saint Maxime le Confesseur et à Jean de Carpathos (1932).

[172] Vgl. S. G. Mercati, Massimo Margunio è l'autore degli inni anacreontici attribuiti a San Massimo Confessore (1934); Βασίλειος Ἀχριδηνός e non Βασιλεύς Ἀχριδηνῶν, Βασίλειος e non Καλός (1934).

schwer erhältliche, Quellentexte ans Tageslicht brachten.[173] Klarheit über die wichtigsten Lebensdaten des Maximus verschafften die Beiträge von V. Grumel[174] und R. Devreesse.[175] Zum Denken des Bekenners sind vor allem die Dissertationen von H. Straubinger[176] und M.-Th. Disdier,[177] jeweils zur Christologie und Mystik des Confessors, zu erwähnen sowie eine Studie V. Grumels, in der er nach dem Verhältnis des Bekenners zu Leontius von Byzanz (1. Hälfte des 6. Jahrhunderts) fragte.[178] Viel einflußreicher war allerdings ein quellenkritischer Beitrag von M. Viller,[179] in dem er das maximinische Verhältnis zu Evagrius Ponticus am Beispiel der *Capita de charitate* erforschte und folgerte, daß der Kirchenvater die evagrianische Mystik bis auf wenige Ausnahmen übernahm.[180] In einem kurz danach erschienenen Aufsatz urteilte I. Hausherr, daß der Bekenner praktisch Pseudo-Dionys und den Pontiker aufeinandergelegt habe.[181] So wurde Maximus Ende der 30er Jahre sowohl theologisch wie spiritualitätsgeschichtlich vor allem als Kompilator erachtet.

Es war das Verdienst des 1941 erschienenen Hauptwerkes des Jesuiten H. U. von Balthasar über Maximus,[182] diesen vom Bild zu

---

[173] Vgl. S. L. Epifanovic, Materialien zum Leben und Werk des heiligen Maximus (auf Russisch), Kiew 1917. Die Arbeiten der russischen Schule zu Maximus Ende des 19. und Anfang des 20. Jahrhunderts blieben aufgrund der Veröffentlichungsschwierigkeiten und des Ausbruchs der bolschewistischen Revolution unvollständig und wurden im Westen nur in geringem Maße rezipiert. I. Venediktov (1986) 71 erzählt von einem zweibändigen Werk, das Epifanovic als Magisterarbeit in Kiew verfaßt hatte, das aber als Gesamtwerk unediert blieb. Auch die von Epifanovic vorangekündigte kritische Edition der maximinischen Werke ließ sich nicht verwirklichen. Darüber hinaus soll I. Orlov Ende des 19. Jahrhunderts – 20 Jahre vor Straubingers Dissertation [vgl. Einleitung, Anm. 176] – eine Darstellung der maximinischen Christologie geschrieben haben; vgl. ferner P. van Deun (1998–1999) 492.
[174] Vgl. V. Grumel, Notes d'histoire et de chronologie sur la vie de saint Maxime le Confesseur (1927).
[175] Vgl. R. Devreesse, La vie de s. Maxime le Confesseur et ses recensions (1928); La fin inédite d'une lettre de saint Maxime. Un baptême forcé de juifs et de samaritains à Carthage en 632 (1937).
[176] Vgl. H. Straubinger, Die Christologie des hl. Maximus Confessor (1906).
[177] Vgl. M.-Th. Disdier, De vita contemplativa secundum doctrinam sancti Maximi Confessoris (1928); vgl. auch ders., Les fondements dogmatiques de la spiritualité de saint Maxime le Confesseur (1930).
[178] Vgl. V. Grumel, L'union hypostatique et la comparaison de l'âme et du corps chez Léonce de Byzance et saint Maxime le Confesseur (1926).
[179] Vgl. M. Viller, Aux sources de la spiritualité de s. Maxime les œuvres d'Evagre le Pontique (1930).
[180] Vgl. ibid. 257–268.
[181] Vgl. I. Hausherr, „Ignorance infinie" (1936) 361; vgl. dazu Kap. 2, Anm. 211.
[182] Vgl. H. U. von Balthasar, Die kosmische Liturgie. Maximus der Bekenner.

befreien, das ihm aufgrund von Villers Urteil anhaftete. In seinem nicht immer leicht zu lesenden Buch ergründete Balthasar die umfassende synthetische Kraft des maximinischen Geistes, der unbefangen Elemente aus der Tradition seiner Vorgänger verkoppelt und in ein neues Leben ruft. So sehr man bei der Lektüre der Schriften des Maximus auf Gedanken und Schemata trifft, welche an Philo von Alexandrien,[183] Origenes,[184] Evagrius Ponticus, den Areopagiten, die zwei Gregore[185] und Leontii sowie viele andere, ganz zu schweigen von Aristoteles[186] und dem Neuplatonismus,[187] erinnern, so wenig kann man sich des Eindrucks erwehren, es handele sich um eine selbständige Synthese, die Kreativität und Treue zur Schrift und den Vätern auf spezifische Art vereint.[188] Mit großem Scharfsinn zeigte Balthasar überdies die zentrale Funktion, die der christologischen Formel Chalzedons in der Synthese des Bekenners zukommt. Es ist im Endeffekt Christus selbst, der die verschiedenen Facetten des Denkens des Kirchenvaters vereinheitlicht und theologische Spekulation, Mystik, Bibelauslegung und Dogma bei ihm unauflöslich verbindet.[189] Fast gleichzeitig mit Balthasars zwei Maximusbüchern erschien eine bescheidenere, systematisch orientierte Monographie des Jesuiten J. Loosen, in der die Begriffe „Logos" und „Pneuma" nach ihrer Relevanz für die maximinische Heiligungslehre befragt werden.[190]

Der epochemachende Beitrag Balthasars gab den Anstoß zur modernen Maximusforschung. Mit einem kleinen Beitrag zu der maximinischen Epistula 2 über die Liebe[191] eröffnete der Dominikaner I.-H.

Höhe und Krise des griechischen Weltbildes (1941); Kosmische Liturgie. Das Weltbild Maximus' des Bekenners (³1988) 19–359. Kurz vor seiner „Kosmischen Liturgie" hatte Balthasar ebenfalls 1941 eine Monographie „Die Gnostischen Centurien des Maximus Confessor" [vgl. auch H. U. von Balthasar (³1988) 482–643] veröffentlicht, in der er die maximinische Autorschaft der Capita theologica et œconomica beweist, diese wichtige Schrift des Bekenners meisterhaft untersucht und ihre origenische Prägung aufzeigt.

[183] Zu Philo vgl. den Abschnitt 1. 1. 7.
[184] Zu Origenes vgl. den Abschnitt 1. 1. 10.
[185] Zu Gregor von Nyssa vgl. den Abschnitt 1. 1. 13 (S. 33f.).
[186] Zu Aristoteles vgl. den Abschnitt 1. 1. 5.
[187] Zu Plotin und Proklus vgl. jeweils den Abscnitt 1. 1. 11 u. 1. 1. 13 (S. 35f.).
[188] Vgl. H. U. von Balthasar (³1988) 47–66.
[189] Vgl. ibid. 57–66.
[190] Vgl. J. Loosen, Logos und Pneuma im begnadeten Menschen bei Maximus Confessor (1941).
[191] Vgl. I.-H. Dalmais, Saint Maxime le Confesseur. Docteur de la charité (1948); zu dieser Epistula vgl. den Abschnitt 2. 1. 2. 1 (S. 71f.).

Dalmais eine lange Reihe von Aufsätzen zu dem Confessor – deren letzter Ende der 80er Jahre veröffentlicht wurde[192] –, die vor allem die anthropologisch-mystische Tragweite des maximinischen Denkens zu erfassen versuchen. In sonstiger Hinsicht wurden die Hauptergebnisse Balthasars auf mehreren Ebenen bestätigt, ergänzt und vertieft durch die zielsicheren Untersuchungen des Benediktiners P. Sherwood, dessen 1955 erschienene Studie zu den *Ambigua ad Ioannem* die Frage nach diesem Hauptwerk des Bekenners, in welchem er eine in der byzantinischen Literatur einmalige Widerlegung des Origenismus geliefert hatte,[193] klärte.[194] 1952 hatte Sherwood mit exemplarischer Wissenschaftlichkeit die Chronologie der maximinischen Werke untersucht. Das sich daraus ergebende chronologische Inventar leistet jedem Maximusforscher heute noch ungemeine Hilfe.[195] Ebenfalls 1952 widmete I. Hausherr dem maximinischen Begriff φιλαυτία (Eigenliebe) eine wertvolle Monographie,[196] während von Sherwood 1958 ein kurzer, aber sehr treffender und informativer Aufsatz zum Gebrauch der Schrift in den *Quaestiones ad Thalassium*[197] erschien. Abgesehen von den wenigen Seiten, die G. Bardy 1932 über die maximinischen Erotapokriseis geschrieben hatte,[198] stellte dieser Aufsatz von Sherwood praktisch den ersten Versuch dar, sich mit der Schrifthermeneutik des Maximus als Thema an sich zu beschäftigen. Hier pointiert der Verfasser die christologische Begründung der Allegorese bei dem Confessor.[199]

Die durch H. U. von Balthasar hervorgerufene *Rehabilitierung* des Maximus setzte sich in den 60er Jahren fort. Der Anfang dieser Jahre war durch die Veröffentlichung der zweiten Auflage der „Kosmi-

---

[192] Vgl. I.-H. Dalmais, Les lignes essentielles de la vie spirituelle selon s. Maxime le Confesseur (Prologues des *TP* 1. 10 et 20, À Marinos; *PG*, vol. 91, 133, 228–9) [1989].

[193] Vgl. P. Sherwood (1952) 32.

[194] Vgl. P. Sherwood, The Earlier Ambigua of Saint Maximus the Confessor and his Refutation of Origenism (1955).

[195] Vgl. P. Sherwood, An Annotated Date-List of the Works of Maximus the Confessor (1952); ferner Einleitung, Anm. 67.

[196] Vgl. I. Hausherr, Philautie. De la tendresse pour soi à la charité selon saint Maxime le Confesseur (1952).

[197] Vgl. P. Sherwood, Exposition and Use of Scripture in St Maximus as Manifest in the *Quaestiones ad Thalassium* (1958).

[198] Vgl. G. Bardy, La littérature patristique des „*Quaestiones et responsiones*" sur l'Écriture sainte (1933) 332–339.

[199] Vgl. P. Sherwood (1958, Exposition) 204f.

schen Liturgie" 1961 geprägt,[200] in der Balthasar vor allem Sherwoods
Ergebnisse heranzog.[201] 1963 erschien in Italien die erste kritische
Edition einer Schrift des Bekenners.[202] 1965 wurde die Maximusforschung durch zwei Einzeluntersuchungen bereichert, die diesmal
Interesse am Kirchenvater seitens protestantischer Gelehrter signa-
lisierten. Erstens setzte W. Völker seine durch eine Reihe von Studien
zu Philo,[203] Origenes,[204] Klemens von Alexandrien (um 140–um 220),[205]
Gregor von Nyssa[206] und Pseudo-Dionys[207] erworbenen hervorragen-
den Kenntnisse in mystischer Theologie ein, um der anthropologisch-
mystischen Lehre des Maximus ein Werk zu widmen, das bis heute
die beste Darlegung dieses Aspekts seines Denkens bildet.[208] Indessen
hat man beim Lesen der Untersuchung Völkers gelegentlich den
Eindruck, daß die originelle Gesamtanschauung des Kirchenvaters,
die Balthasar betont hatte, aufgrund der immer wieder begegnen-
den Leitfrage Völkers nach dem Übernommenen und Eigenen bei
dem Bekenner in den Hintergrund rückt.[209] Diese Studie bietet ansonsten eine sehr gut belegte Zusammenfassung der Schrifthermeneutik
des Confessors, in der dennoch – aufgrund der eben erwähnten Leitfrage Völkers – die spezifische christologische Perspektive des Kirchenvaters heruntergespielt wird.[210] Zweitens thematisierte L. Thunberg
in einer meisterhaften Studie die Anthropologie des Maximus.[211] In
dieser Untersuchung, wo meiner Ansicht nach trotz des diachronen
Interesses eine allzu starke analytische Neigung – wie bei W. Völker –
vermieden wird, zeigt L. Thunberg, wie sich der christologische, vom

---

[200] Die schwer erhältliche Doktorarbeit des Benediktiners M. Wallace „Affirmation and Negation in the Theology of St. Maximus the Confessor" (1960) wurde in der Forschung wenig rezipiert.
[201] Vgl. vor allem das Vorwort zu dieser zweiten Auflage in H. U. von Balthasar (³1988) 11–16.
[202] Vgl. A. Ceresa-Gastaldo, Massimo Confessore. Capitoli sulla carità (1963).
[203] Vgl. W. Völker, Fortschritt und Vollendung bei Philo von Alexandrien (1938).
[204] Vgl. ders., Das Vollkommenheitsideal des Origenes (1931).
[205] Vgl. ders., Der wahre Gnostiker nach Clemens Alexandrinus (1952).
[206] Vgl. ders., Gregor von Nyssa als Mystiker (1955).
[207] Vgl. ders., Kontemplation und Ekstase bei Pseudo-Dionysius Areopagita (1958).
[208] Vgl. ders., Maximus Confessor als Meister des geistlichen Lebens (1965).
[209] Vgl. z. B. den Abschnitt 1. 3 (S. 78f.) dieser Dissertation und meine dortige Kritik an W. Völker am Beispiel der maximinischen Logoslehre; ferner J.-C. Larchet (1996) 68.
[210] Vgl. W. Völker (1965) 271–286.
[211] Vgl. L. Thunberg, Microcosm and Mediator. The Theological Anthropology of Maximus the Confessor (1965).

Chalzedonense geprägte Ansatz des Confessors als hermeneutischer
Schlüssel seiner Anthropologie erweist. Zudem widmete R. Bornert
1966 der *Mystagogia* des Kirchenvaters einen wichtigen Beitrag,[212] in
dem er unter anderem seinen liturgischen Symbolismus erforschte.
In einem weiteren, kürzeren Aufsatz aus dem Jahr 1967 machte
R. Bornert die Parallelen zwischen liturgischem und schriftlichem
Symbolismus bei Maximus anschaulich.[213]

Der Aufschwung der maximinischen Studien ließ in den 70er
Jahren keineswegs nach. In seinem Monumentalwerk zur *Disputatio
cum Pyrrho*, welches 1972 in Montreal als Doktorarbeit eingereicht
wurde, bot M. Doucet über die kritische Ausgabe dieses zentralen
christologischen Textes hinaus eine sorgfältige und präzise Analyse des
Monenergismus, Monotheletismus und der vom Confessor gegen sie
ins Spiel gebrachten Argumente.[214] 1973 intensivierte die von S. Brock
herausgegebene syrische Vita Maximi[215] die Zweifel an der Zuver-
lässigkeit der griechischen Vita, welche bereits seit 1967 fraglich geworden war.[216] Außerdem veranlaßten die bisherigen Untersuchungen,
welche die „robuste"[217] Struktur des maximinischen Denkens zeigten,
V. Croce dazu, sich mit der Frage nach der theologischen Methode
des Bekenners zu beschäftigen.[218] Im zweiten Kapitel dieser wichtigen Monographie, das der Heiligen Schrift gewidmet ist, ermittelt
der Verfasser bei dem Kirchenvater zum einen eine spirituelle Deutung und zum anderen einen polemisch-dogmatischen Gebrauch der
Schrift.[219] Hierbei wird jedoch nicht klar, wie sich diese zwei Momente
der maximinischen Schriftauslegung zueinander verhalten. Ebenfalls
der Schriftauslegung des Bekenners wurden einige Seiten in der
Dissertation G. C. Bertholds gewidmet,[220] denen zufolge sich Maximus

---

[212] Vgl. R. Bornert, La *Mystagogie* de saint Maxime le Confesseur (1966).
[213] Vgl. R. Bornert, Explication de la liturgie et interprétation de l'écriture chez
Maxime le Confesseur (1967).
[214] Vgl. M. Doucet, Dispute de Maxime le Confesseur avec Pyrrhus. Introduction,
texte critique, traduction et notes (1972).
[215] Vgl. S. Brock, An Early Syriac Life of Maximus the Confessor (1973).
[216] Vgl. W. Lackner, Zu Quellen und Datierung der Maximosvita (BHG³ 1234)
[1967]; vgl. zur gesamten Problematik Einleitung, Anm. 13.
[217] V. Croce (1974) 183.
[218] Vgl. V. Croce, Traditione e ricerca. Il metodo teologico di san Massimo il
Confessore (1974). Im selben Jahr ist in Argentinien auch die Untersuchung von
J. Prado „Voluntad y naturaleza. La antropologia filosofica de Maximo el Confessor"
erschienen.
[219] Vgl. V. Croce (1974) 32–63.
[220] Vgl. G.-C. Berthold, Freedom and Liberation in the Theology of Maximus
the Confessor (1975) 207–216. Man vermißt bei dieser Doktorarbeit, die sich unter

bibelhermeneutisch insofern von Evagrius unterscheidet, als er seine Allegorese christologisch rechtfertigt. Diese Beobachtung wird aber nicht besonders entfaltet. Viel einflußreicher für die Maximusforschung in den 70er und 80er Jahren als die oben erwähnten Studien von Croce und Berthold waren die Arbeiten der sogenannten Le Guillou-Schule in Frankreich. Hierbei geht es um die Doktorarbeiten von A. Riou,[221] J.-M. Garrigues,[222] F.-M. Léthel,[223] und P. Piret,[224] welche alle vom Dominikaner M.-J. Le Guillou betreut wurden. Zweifelsohne gelang es diesen Untersuchungen, in vielerlei Hinsicht das Verständnis des Denkens des Bekenners zu vertiefen und einige seiner Schlüssel-texte durch Übersetzungen zugänglicher zu machen.[225] Dennoch wur-den viele Ergebnisse der Schüler Le Guillous stark kritisiert, unter anderem der Versuch, der sich vor allem bei J.-M. Garrigues beob-achten läßt, Maximus – gerade in Hinblick auf die Teilnahme des Menschen am göttlichen Leben – thomistisch zu interpretieren.[226]

Einen Höhepunkt erreichte die Maximusforschung 1980 mit den Studien F. Heinzers und R. Brackes – zum einen zur Struktur des Menschseins Christi beim Confessor[227] und zum anderen zu seinen biographischen Dokumenten,[228] dem ersten Band aus der in Leuven

---

anderem das Ziel setzt, die kappadozischen Wurzeln des maximinischen Denkens aufzudecken, ein Schlußkapitel, in dem die Ergebnisse zusammengefaßt werden und der Einfluß der Kappadozier auf den Bekenner im Vergleich zu dem anderer wie Origenes, Evagrius und Pseudo-Dionys ausgewertet wird.

[221] Vgl. A. Riou, Le monde et l'église selon Maxime le Confesseur (1973).

[222] Vgl. J.-M. Garrigues, Maxime le Confesseur. La charité avenir divin de l'homme (1976).

[223] Vgl. F.-M. Léthel, Théologie de l'agonie du Christ. La liberté humaine du fils de Dieu et son importance sotériologique mises en lumière par saint Maxime le Confesseur (1979).

[224] Vgl. P. Piret, Le Christ et la Trinité selon Maxime le Confesseur (1983).

[225] Vgl. das Literaturverzeichnis unter „Übersetzungen".

[226] Vgl. auch J.-M. Garrigues, L'énergie divine et la grâce chez Maxime le Confesseur (1974). In den 70er und 80er Jahren hat sich vor allem M. Doucet mit den Arbeiten der Le Guillou-Schule auseinandergesetzt; vgl. M. Doucet, Vues récentes sur les „métamorphoses" de la pensée de saint Maxime le Confesseur (1979); ders., Est-ce que le monothélisme a fait autant d'illustres victimes? Réflexions sur un ouv-rage de F.-M. Léthel (1983); ders., La volonté humaine du Christ, spécialement en son agonie. Maxime le Confesseur, interprète de l'écriture (1985); vgl. ferner C. Yannaras, The Distinction Between Essence and Energies and its Importance for Theology (1975); F. Brune, La rédemption chez saint Maxime le Confesseur (1978); ferner Kap. 1, Anm. 326 u. Kap. 2, Anm. 96.

[227] Vgl. F. Heinzer, Gottes Sohn als Mensch. Die Struktur des Menschseins Christi bei Maximus Confessor (1980).

[228] Vgl. R. Bracke, Ad sancti Maximi vitam. Studie van de biografishe documen-ten en de levensbeschrijvingen betreffende Maximus Confessor (ca. 580–662) [1980].

erscheinenden kritischen Ausgabe der Werke des Bekenners[229] und
dem im schweizerischen Freiburg stattgefundenen Maximussymposium.[230] Hierauf reflektierten zahlreiche Beiträge die bisherigen Ergebnisse der Maximusstudien und zeichneten neue Forschungsperspektiven
ab. Die Phase nach dem Symposium und bis zum Ende der 80er
Jahre wurde vor allem durch das Erscheinen weiterer kritischer Texte
des Confessors,[231] ein zweites Maximusbuch von L. Thunberg,[232] das
sich an ein nicht unbedingt spezialisiertes Publikum wandte, und eine
kommentierte, chronologisch geordnete Maximusbibliographie von
M. L. Gatti[233] charakterisiert. Zudem machte G. C. Berthold mit einem
kurzen Aufsatz über die Schriftauslegung des Confessors noch einmal dessen Unterschied zu Evagrius Ponticus deutlich.[234]

In den 90er Jahren wurde die maximinische editio critica fortge-
führt.[235] Indes war der Ertrag maximinischer Forschung reicher an
Einzelstudien. 1991 erschien die erste Monographie über die Schriftauslegung des Bekenners.[236] Dieses Werk, in welchem P. M. Blowers
die Exegese in den *Quaestiones ad Thalassium* untersucht, versucht, die
fragliche Schrift in ihrem monastischen Kontext zu erfassen, und
schenkt deren Literaturgattung eine große Aufmerksamkeit.[237] Ein

---

[229] Vgl. C. Laga und C. Steel, Maximi Confessoris Quaestiones ad Thalassium
1 (1–55) [1980].
[230] Vgl. F. Heinzer u. C. Schönborn, Maximus Confessor. Actes du Symposium
sur Maxime le Confesseur (1982).
[231] Vgl. J. H. Declerck, Maximi Confessoris Quaestiones et dubia (1982); E. Jeauneau, Maximi Confessoris Ambigua ad Iohannem iuxta Iohannis Scotti Eriugenae
latinam interpretationem (1988); C. Laga und C. Steel, Maximi Confessoris Quaestiones
ad Thalassium 2 (56–65) [1990].
[232] Vgl. L. Thunberg, Man and the Cosmos. The Vision of St Maximus the
Confessor (1985); vgl. auch die kurze Studie von A. Siclari, Volontà e scelta in
Massimo il Confessore e in Gregorio di Nissa (1984).
[233] Vgl. M. L. Gatti, Massimo il Confessore. Saggio di bibliografia generale ragionata e contributi per una ricostruzione scientifica del suo pensiero metafisico e religioso (1987).
[234] Vgl. G. C. Berthold, History and Exegesis in Evagrius and Maximus (1987).
Hier ist auch die Doktorarbeit von J. P. Farrell, Free Choice in St. Maximus the
Confessor (1989) zu erwähnen, die mir leider unzugänglich geblieben ist.
[235] Vgl. P. van Deun, Maximi Confessoris opuscula exegetica duo (1991); P. Allen
u. B. Neil, Scripta saeculi VII vitam Maximi Confessoris illustrantia (1999).
[236] Vgl. P. M. Blowers, Exegesis and Spiritual Pedagogy in Maximus the Confessor.
An Investigation of the Quaestiones ad Thalassium (1991); vgl. auch in sonstiger
Hinsicht die Dissertation von E. D. Perl, Methexis. Creation, Incarnation, Deification
in Saint Maximus Confessor (1991).
[237] Zu einer ausführlicheren Besprechung dieser Monographie von P. M. Blowers
vgl. Einleitung, Abschnitt IV (S. lix–lxii).

Jahr später kam in Deutschland die Doktorarbeit von G. Bausenhart zur Christologie des Confessors heraus,[238] die vor allem auf der Arbeit M. Doucets und dessen kritischer Ausgabe der *Disputatio cum Pyrrho* aufbaut. Hinzu kamen zwei englischsprachige Maximusbücher, das eine von A. Nichols,[239] in dem er die europäische Maximusforschung in den letzten 25 Jahren zusammenfaßt, das andere von A. Louth,[240] das unter anderem eine Übersetzung des *Ambiguum ad Ioannem* 10 bietet.[241] Man könnte zwar behaupten, daß die Studie von P. M. Blowers zu den *Quaestiones ad Thalassium* dazu führte, daß die maximinische Bibelhermeneutik vor allem in Aufsätzen häufiger behandelt wurde,[242] die Maximusforschung der 90er Jahre ging aber trotzdem andere Wege, da man sich nun seitens orthodoxer Forscher auf das Problem menschlicher Teilnahme am Göttlichen einließ. Hierbei handelte es sich um ein Desideratum P. Sherwoods, das er 1964 in seinem letzten Aufsatz zu Maximus zum Ausdruck gebracht hatte[243] und dem J.-M. Garrigues in seinem Buch zum Bekenner dahingehend entsprach, daß er diesen letzteren thomistisch interpretierte. Das 1993 erschienene Buch von V. Karayiannis zu dem Wesen und den Energien Gottes bei Maximus[244] scheint indessen die durch Garrigues'

---

[238] Vgl. G. Bausenhart, In allem uns gleich außer der Sünde. Studien zum Beitrag Maximos' des Bekenners zur altkirchlichen Christologie (1992).

[239] Vgl. A. Nichols, Byzantine Gospel. Maximus the Confessor in Modern Scholarship (1993).

[240] Vgl. A. Louth, Maximus the Confessor (1996).

[241] Hier muß man auch die zweite Auflage von L. Thunbergs Buch „Microcosm and Mediator. The Theological Anthropology of Maximus the Confessor" erwähnen, die 1995 erschienen ist.

[242] Zu erwähnen sind hier vor allem der Beitrag von P. M. Blowers zum Erbe der origenischen Bibelhermeneutik bei dem Bekenner, in dem der Verfasser viele der Ergebnisse seiner Maximusmonographie zusammenfaßt, und der Aufsatz N. Maddens, eine Art interpretierende Paraphrase, zum maximinischen Vaterunser-Kommentar; vgl. P. M. Blowers, The Anagogical Imagination. Maximus the Confessor and the Legacy of Origenian Hermeneutics (1995); N. Madden, Maximus Confessor. On the Lord's Prayer (1995); vgl. ferner P. van Deun, La symbolique des nombres dans l'œuvre de Maxime le Confesseur (580–662) [1992]; G. C. Berthold, Levels of Scriptural Meaning in Maximus the Confessor (1993); P. M. Blowers, The Analogy of Scripture and Cosmos in Maximus the Confessor (1993); A. Schoors, Biblical Onomastics in Maximus Confessor's *Quaestiones ad Thalassium* (1994); B. Grillet, De heilsweg van de Logos doorheen de Kosmos. Quaestio XLVII ad Thalassium van Maximus Confessor. Vertaling en verklaring (1995).

[243] Vgl. P. Sherwood (1964) 435f.

[244] Vgl. V. Karayiannis, Maxime le Confesseur. Essence et énergies de Dieu (1993).

Lektüre gegebene Herausforderung kaum wahrzunehmen.[245] Viel prä-
gender für die Maximusforschung der 90er Jahre war das monu-
mentale Werk von J.-C. Larchet zu der Vergöttlichungslehre des
Confessors,[246] welches eine gelungene Auseinandersetzung mit dessen thomistischer Deutung bildete, die von der Le Guillou-Schule,
vornehmlich aber von J.-M. Garrigues, vertreten worden war. Die
Studie Larchets zeichnet sich nicht nur durch hervorragende Quellen-
kenntnisse und ein ausgeglichenes Urteilsvermögen aus, sondern auch
dadurch, daß sie im Unterschied zur Untersuchung von Karayiannis
nicht von einer Kontinuität zwischen dem maximinischen Denken
und der für die Ostkirche prägenden Theologie des Gregor Palamas
(1294–1359) ausgeht, sondern diese Kontinuität im Blick auf die
Vergöttlichungsthematik nachzuweisen versucht. Die ein Jahr später
erschienene Studie von K. Savvidis zu der Vergöttlichungslehre des
Maximus und deren Rezeption bei Gregor Palamas[247] wurde offensichtlich unabhängig von Larchets Arbeiten verfaßt. Hier ist die Auseinandersetzung mit der thomistischen Lektüre des Confessors wesentlich
stärker als bei Karayiannis,[248] ohne jedoch genauso überzeugend zu
sein wie bei J.-C. Larchet.[249] Der Aufstieg des letzteren als eminen-

---

[245] Vgl. V. Karayiannis (1993) 195f. u. 311f.; ferner J.-C. Larchet (1996) 71. Im
übrigen mangelt es der Studie von V. Karayiannis insofern an strenger Wissenschaftlichkeit, als sie an mehreren Stellen Behauptungen macht, die nicht belegt
werden; vgl. z. B. V. Karayiannis (1993) 421: „Il est également certain que saint
Maxime identifie la lumière divine à l'énergie divine"; es bleibt aber unklar, wie
der Autor zu dieser Sicherheit gelangt. Außerdem hat man beim Lesen dieser Untersuchung den Eindruck, daß der Autor einen maximinischen Text nach dem anderen kommentiert, meistens aber ohne methodische Zwischenbemerkungen zu machen
und den roten Faden, der seine Einzelkommentare verbindet, herauszuheben, was
die Lektüre sehr erschwert; vgl. ferner Kap. 1, Anm. 382.

[246] Vgl. J.-C. Larchet, La divinisation de l'homme selon saint Maxime le Confesseur
(1996).

[247] Vgl. K. Savvidis, Die Lehre von der Vergöttlichung des Menschen bei Maximos
dem Bekenner und ihre Rezeption durch Gregor Palamas (1997).

[248] Vgl. z. B. K. Savvidis (1997) 44, Anm. 121; 69, Anm. 223; 123, Anm. 34;
127, Anm. 53; 130f.; 155; 165.

[249] Rein formal scheint K. Savvidis die ganze Auseinandersetzung von M. Doucet
und F. Brune mit Garrigues' Thesen nicht zu kennen oder zu ignorieren; vgl.
Einleitung, Anm. 226. Darüber hinaus enthält sein Buch schwerwiegende Fehler:
Z. B. wurde die von W. Lackner untersuchte Rezension der Vita Maximi (BHG
1234) nach dem Muster der Vita von Theodorus Studites, und nicht von Anastasios Studites, wie K. Savvidis (1997) 11, Anm. 2 meint, gestaltet. Zudem schreibt
K. Savvidis (1997) 12, daß Maximus nach der syrischen Vita mit seinen Eltern
seine Heimatstadt verlassen mußte. Zu der Zeit aber, als seine Eltern fliehen muß-
ten, war der Bekenner nach dem syrischen Bericht noch ein Embryo; vgl. Max.

ter Maximusforscher wurde aber nicht nur durch sein Buch zu der maximinischen Vergöttlichungslehre ausgelöst, sondern ebenfalls durch eine Reihe von fundierten Einleitungen zu den Schriften des Kirchenvaters, die in den 90er Jahren nach und nach in französischer Übersetzung erschienen.[250] 1998 wurde von Larchet ein zweites Buch zu dem Confessor als Mittler zwischen Orient und Okzident im Blick auf im innerchristlichen Dialog immer noch kontroverse Fragen wie das Filioque, die Erbsündenlehre und den Primat des Papstes veröffentlicht.[251] Dieses Buch bezeugt nochmals, wie gut Larchet seine Quellen beherrscht. In seiner Rezension des Buches bemerkte jedoch P. Gemeinhardt zu Recht, daß man ein Schlußkapitel vermißt, in dem die Ergebnisse der Einzelkapitel zusammengefaßt werden und deren Relevanz für die Ökumene heute präzisiert wird.[252] Außerdem veröffentlichte P. van Deun 1999 eine Maximusbibliographie, welche im Blick auf Vollständigkeit über jene von M. L. Gatti bei weitem hinausgeht.[253] Kürzlich brachte das Jahr 2000 der Maximusforschung die Erscheinung einer kritischen Edition des *Liber asceticus*.[254]

IV. Zum Thema, zur Gliederung und zur Methodik der Arbeit

Aus dem vorausgegangenen Überblick über die Maximusforschung wird ersichtlich, daß eine umfassende Studie zur Bibelhermeneutik des Confessors immer noch fehlt. Abgesehen von etlichen Aufsätzen bzw. Einzelteilen von Monographien, die unter anderem zeigen konnten,

---

Vit. syr. 1f.; ferner Einleitung, Anm. 13 u. meine Kritik an Savvidis in Kap. 1, Anm. 316 u. 382.

[250] Vgl. das Literaturverzeichnis unter J.-C. Larchet. Hier muß man auch auf die kommentierenden Anmerkungen des rumänischen Theologen Dumitru Staniloae zu den maximinischen Ambigua aufmerksam machen. Bei diesen Anmerkungen, die in einer französischen Übertragung als Anhang zur französischen Übersetzung der Ambigua erschienen, geht es Staniloae nicht nur darum, das schwierige Denken des Confessors in seinem Kontext zu erschließen, sondern auch um einen Versuch, die *Aktualität* dieses Denkens zu zeigen und sich anhand dessen mit Problemen des *modernen* Menschen auseinanderzusetzen; vgl. D. Staniloae (1994) 373–540.

[251] Vgl. J.-C. Larchet, Maxime le Confesseur, médiateur entre l'Orient et l'Occident (1998).

[252] Vgl. P. Gemeinhardt (1999) 407f.

[253] Vgl. P. van Deun, Maxime le Confesseur. État de la question et bibliographie exhaustive (1998–1999).

[254] Vgl. P. van Deun, Maximi Confessoris Liber asceticus (2000).

wie stark Maximus der Tradition der alexandrinischen Schrifthermeneutik verpflichtet ist,[255] war der einzige – durchaus verdienstvolle –
Versuch, sich auf einigermaßen umfangreiche Art mit der Schrifthermeneutik des Bekenners zu beschäftigen, das zweite Kapitel des
Buches von P. M. Blowers zur maximinischen Exegese und spirituellen Pädagogik in den *Quaestiones ad Thalassium*.[256] Hier stellt sich
heraus, daß der Confessor, Origenes folgend, die Bibel als einen
Erscheinungs- und Wohnort des Logos auffaßt sowie als Mittel, durch
das sich dieser Logos den Menschen anpaßt.[257] Die Schrift ist durch
eine symbolische Struktur von Wort- und tieferem Sinn charakterisiert[258] und gehört in einen größeren symbolischen Rahmen, welcher
auch Kosmos und Mensch umfaßt.[259] Ist der biblische Symbolismus
keine Erfindung des Maximus, sondern eine Übertragung der platonischen Ontologie auf die Heilige Schrift und demnach ein Allgemeingut der alexandrinischen und dionysischen Bibelhermeneutik,[260] so
scheint er beim Kirchenvater dadurch gekennzeichnet zu sein, daß die
allegorische Tragweite eines Textes oft eine große Anzahl an *gleich-
berechtigten* Sinnmöglichkeiten aufweist.[261] Außerdem analysiert Blowers
in seiner Studie sorgfältig das Verhältnis der maximinischen Schrifthermeneutik zum geistlichen Zustand des Schriftlesers bzw. Schriftauslegers.[262] Das Voranschreiten von dem wörtlichen zu dem tieferen
Sinn ist dank einem mystischen Übergang durch die schriftlichen
Symbole hindurch (διάβασις) zu vollziehen, der der Erniedrigung des
göttlichen Logos um der Menschen willen in der Bibel entspricht.[263]

---

[255] Vgl. dazu W. Völker (1965) 271–286; P. M. Blowers (1995) 639–654.
[256] Die Untersuchung von P. M. Blowers „Exegesis and Spiritual Pedagogy in
Maximus the Confessor. An Investigation of the Quaestiones ad Thalassium" (1991)
besteht aus drei Kapiteln: Das erste behandelt die Literaturgattung der Quaestiones
ad Thalassium, das zweite den theologischen und hermeneutischen Rahmen der
Bibelexegese in diesem maximinischen Werk und das dritte diese Exegese als theologischen und pädagogischen Gebrauch der Schrift. Die übergeordnete Rolle, die
der Verfasser im Gesamtkonzept seiner Untersuchung der maximinischen Bibelhermeneutik beimißt, läßt sich schon daran erkennen, daß sein zweites, *hermeneutisches*
Kapitel umfangreicher ist als sein drittes Kapitel, in dem die Exegese als pädagogisches Mittel behandelt wird.
[257] Vgl. P. M. Blowers (1991) 102–112 u. 117–130.
[258] Vgl. ibid. 112–117.
[259] Vgl. ibid. 100–106.
[260] Zu Pseudo-Dionys vgl. den Abschnitt 1. 2. 1 (S. 46f.).
[261] Vgl. P. M. Blowers (1991) 109 u. 184–228; ders. (1995) 648f.
[262] Vgl. P. M. Blowers (1991) 131–149.
[263] Vgl. vor allem ibid. 96–100.

Zudem zeichnet Blowers, wie bereits gesagt,[264] die Konturen des monastischen Kontexts der *Quaestiones ad Thalassium* nach. Hier erscheint Maximus als Lehrer, der darum bemüht ist, in die schriftlichen Texte einzudringen und deren Sinnpotentialitäten zu ergründen, nicht nur um origenistische Mißverständnisse auszuräumen, sondern insbesondere um seinen Mitmönchen eine geistliche Nahrung anzubieten, so daß die Schrift in Beziehung zu ihrem alltäglichen Kampf gegen die Sünde und zu ihren spirituellen Bedürfnissen gesetzt werden kann.[265]

Nichtsdestoweniger wurde bei Blowers die Frage, inwieweit die Christologie als theologische Basis für die bibelhermeneutische Reflexion des Confessors fungiert, nur teilweise erforscht, obwohl Blowers selbstverständlich davon ausgeht, daß die Schrifthermeneutik des Bekenners von seiner christologischen Gesamtschau nicht zu isolieren ist,[266] und sich darum bemüht zu zeigen, wie die maximinische Bibelexegese verschiedene Facetten des *Mysteriums* Christi[267] aufzudecken versucht. Wie schon gesagt,[268] hat die Maximusforschung längst erkannt, daß der Confessor eine Synthese zwischen vielen theologischen Tendenzen herausgearbeitet hatte, in deren Mittelpunkt Christus gemäß dem chalzedonensischen Bekenntnis steht.[269] Es ist dementsprechend zu fragen, inwieweit sich die Christologie theologisch in der Bibelhermeneutik des Bekenners widerspiegelt, sein Schriftverständnis prägt und sich in seiner exegetischen Praxis zeigt. Hinsichtlich dessen ist der Frage nach dem eventuell aus der Christologie resultierenden Schriftmodell des Kirchenvaters und dessen Unterschied zu Origenes besondere Beachtung zu schenken. Daß die Studie von Blowers diese Fragen nur ungenügend behandelt, hängt sicherlich nicht nur damit zusammen, daß der Autor sich auf eine einzige Schrift des Maximus, die *Quaestiones ad Thalassium*, konzentriert – obgleich Blowers in seinen

---

[264] Vgl. Einleitung, Abschnitt III (S. xxxviif.).

[265] Vgl. P. M. Blowers (1991) 6–12 u. 184–228; ferner dazu G. C. Berthold (1993) 132.

[266] Vgl. z. B. P. M. Blowers (1991) 184.

[267] Vgl. P. M. Blowers (1991) 117–130 u. 249–256. Zum Begriff μυστήριον bei Maximus vgl. vor allem den Abschnitt 3. 1. 3. 2. 1.

[268] Vgl. Einleitung, Abschnitt III (S. l–li).

[269] Vgl. vor allem H. U. von Balthasar (³1988) 47–66; ferner J. Loosen (1941) 50–53; I. Hausherr (1952) 153f.; P. Sherwood (1955, Introduction) 29 u. (1958, Exposition) 207; I.-H. Dalmais (1964) 29, 33 u. 36–49; (1982) 17; L. Negri (1973) 331–335; F. C. Berthold (1975) 117; A. Ceresa-Gastaldo (1977) 328; L. Thunberg (1985) 159 u. (1995) 21; P. M. Blowers (1993, Theology) 216–230; M. L. Gatti (1998) 10.

Ausführungen zu der Schrifthermeneutik des Bekenners zu Recht auch andere Werke, vor allem die *Ambigua ad Ioannem*, mit einbezieht[270] –, sondern auch hiermit, daß er es sich nicht zum Ziel gesetzt hat, eine umfassende Darlegung der maximinischen Bibelhermeneutik anzubieten. Dies mag auch erklären, weswegen Blowers beispielsweise die maximinische Lehre von den λόγοι trotz ihrer Zentralität für das gesamte hermeneutische Spektrum des Kirchenvaters nur kurz erörtert und dabei gänzlich die Forschungsergebnisse anderer voraussetzt.[271]

Eine weitere Frage, auf die in der vorliegenden Arbeit eingegangen werden soll, ist, wie schon zu Beginn dieser Einleitung vorausgeschickt wurde,[272] die nach dem Verhältnis zwischen dem geistlichen und dem dogmatisch-polemischen Gebrauch der Schrift bei Maximus. Dabei wird eine Differenzierung aufgegriffen, die, wie gesagt, V. Croce im Jahre 1974 machte.[273] Es ist in diesem Zusammenhang beachtenswert, daß es vor allem in den *Quaestiones ad Thalassium* eine sozusagen nicht allegorische Exegese gibt,[274] die P. M. Blowers zwar nicht übersieht,[275] ihr aber hermeneutisch wenig Aufmerksamkeit widmet. Durch ihren wörtlichen Charakter kommt diese Exegese dem von V. Croce so genannten dogmatisch-polemischen Gebrauch der Schrift nahe. Es ist dementsprechend zu fragen, ob und wie, hermeneutisch gesehen, über diese zwei Momente der maximinischen Schriftauslegung Rechenschaft abgelegt werden kann.

Die vorliegende Arbeit versucht also unter besonderer Berücksichtigung der eben formulierten Fragen, eine Lücke in der Maximusforschung zu füllen. Sie ist in drei Kapitel gegliedert: Das erste Kapitel behandelt die Lehre des Maximus von den λόγοι der Seienden. Die hochrangige Bedeutung dieser Lehre für das gesamte Denken des Kirchenvaters und infolgedessen auch für seine Schrifthermeneutik wurde in der Forschung mehrmals signalisiert.[276] Die λόγοι-Theorie fungiert sozusagen als das ontologische Fundament der maximini-

---

[270] Vgl. z. B. P. M. Blowers (1991) 96f. u. 102–106.
[271] Vgl. ibid. 106f.
[272] Vgl. Einleitung (S. xxiii).
[273] Vgl. Einleitung, Abschnitt III (S. liv).
[274] Vgl. dazu den Abschnitt 3. 3. 3.
[275] Vgl. P. M. Blowers (1991) 114: „In fact, in his (sc. Maximus) treatment of numerous New Testament texts, it is precisely the *literal* meaning of scripture that is the locus of dogmatic or theological interpretation"; ferner ibid. 219f.; P. Sherwood (1958, Exposition) 205; V. Croce (1974) 56f.
[276] Vgl. z. B. I.-H. Dalmais (1952, La théorie) 244; P. M. Blowers (1991) 107.

schen Bibelhermeneutik und darüber hinaus als das „organisatorische Prinzip",[277] um welches die zahlreichen Facetten der Synthese
des Kirchenvaters kreisen, was sich im Laufe meiner Untersuchung
immer wieder bestätigen wird. Dieser Relevanz der maximinischen
Logoslehre[278] soll ihre synchrone Darlegung gerecht werden, der eine
diachrone Erörterung des Logosbegriffs von den Anfängen bei Heraklit
bis zum Bekenner vorausgeht. Auf diese Art kann die Bedeutung der
maximinischen Logoslehre besser veranschaulicht und deren Bezüge
zur ihr vorausgegangenen Logosspekulation präziser bestimmt werden. Gerade die ausführliche Beschäftigung mit der Logoslehre von
Origenes und Pseudo-Dionys wird es der vorliegenden Studie ermöglichen, in diesem Punkt zu differenzierteren Ergebnissen zu gelangen, als es bisher in der Maximusforschung der Fall war. Im zweiten
Kapitel wird als anthropologisch-mystische Grundlage der Bibelhermeneutik des Confessors dessen Auffassung vom mystischen Aufstieg
erörtert. Daß sich die Hermeneutik des Kirchenvaters ohne den breiteren Rahmen seiner geistlichen Anthropologie nicht erforschen läßt,
hat P. M. Blowers zu Recht betont.[279] Die Bibeldeutung ist für Maximus in den mystischen Weg des Menschen eingebettet und soll demnach vor diesem Hintergrund betrachtet werden. Obwohl in diesem
Kapitel keine systematische diachrone Analyse durchgeführt wird –
was meiner Ansicht nach wenig Neues im Vergleich zu den in der
Forschung bisher erzielten Kenntnissen bringen würde, werde ich
immer wieder auf die bedeutendsten Anknüpfungen des Kirchenvaters
an seine Vorgänger hinweisen und die daraus resultierenden Fragen
besprechen. Durch die Erörterung der ontologischen und anthropologisch-mystischen Basis der Bibelhermeneutik des Bekenners soll die
Beschäftigung mit dieser letzteren vorbereitet werden. Thematisiert
werden soll diese Hermeneutik an sich in dem dritten und letzten
Kapitel dieser Dissertation. Der erste Teil dieses Kapitels versucht,
eine Antwort auf die Frage zu geben, inwieweit sich die Christologie

---

[277] I.-H. Dalmais (1952, La théorie) 244.

[278] Wenn in der vorliegenden Dissertation – vor allem bei Pseudo-Dionys Areopagita
und Maximus Confessor – von der „Logoslehre" bzw. „Logostheorie" – man beachte
die Schreibweise – die Rede ist, so ist damit die Lehre von den λόγοι in ihrer
Beziehung zum Logos gemeint und keine bloße Lehre vom Logos allein. Ähnliches
gilt, wenn der Terminus „Logosbegriff" (z. B. in der Antike oder bei Origenes) verwendet wird. Hier sind mit dem ersten Teil des Kompositums sowohl der λόγος
als auch die λόγοι gemeint.

[279] Vgl. P. M. Blowers (1991) 133.

bei Maximus Confessor als theologische Grundlage bibelhermeneutischer Reflexion erweist. Hierzu gehört es, wie bereits erwähnt, die
Werke des Bekenners nach der eventuellen Existenz eines christologischen Schriftmodells bzw. anderer Modelle und den damit zusam-
menhängenden diachronen Bezügen, vor allem zu Origenes, hin zu
untersuchen. Da die Analysen zeigen werden, daß es in der Tat ein
solches christologisches Modell bei dem Confessor gibt, das durch
seine Lehre von der Fleischwerdung des göttlichen Logos in der Bibel
zum Ausdruck kommt, soll sich der zweite Teil des dritten Kapitels
damit beschäftigen, wie Maximus über den Prozeß Rechenschaft
ablegt, gemäß dem dieser Logos in der Heiligen Schrift vom Ausleger
bzw. Leser erreicht werden kann. Während also der erste Teil des
dritten Kapitels vor allem die biblische Fleischwerdung des Logos –
als Bewegung zu den Menschen hin – und deren christologische
Grundlage behandelt, thematisiert der zweite Teil dieses Kapitels die
Art und Weise, wie der Bekenner den Weg des Menschen zum in
der Bibel inkarnierten Logos hin hermeneutisch auffaßt. Diesbezüglich
soll zuerst gefragt werden, ob Maximus eine operationelle Theorie
hat, welche den biblischen Literalsinn, der durch eine Vielfalt von
Gestalten und Ereignissen charakterisiert ist, mit dem einen, in der
Bibel fleischgewordenen Logos hermeneutisch verbindet. In einem
zweiten Stadium sind die hermeneutischen Rahmenbedingungen zu
erörtern, die nach dem Bekenner eine Entdeckung des Logos in der
Schrift erlauben. So wird es sich zeigen, daß für den Confessor die
Schriftauslegung einen synergischen Prozeß mit dem göttlichen Logos,
dem Heiligen Geist und dem Menschen als Hauptakteuren bildet.[280]
Diesen Prozeß und die vom Kirchenvater im Rahmen dessen ins
Spiel gebrachten heuristischen Verfahrensmittel gilt es als drittes zu
untersuchen. Zu diesem dritten Schritt gehört auch eine genauere
Betrachtung der schrifthermeneutischen Begrifflichkeit des Confessors.
Nach der Darlegung der hermeneutischen Prinzipien des Maximus
in den ersten zwei Teilen des dritten Kapitels beschäftigt sich dessen dritter und letzter Teil mit der Frage, inwiefern der Kirchenvater
seinen hermeneutischen Prämissen in der Auslegungspraxis folgt –
vor allem inwiefern diese Praxis das christologische Gepräge seiner

---

[280] Der Titel der vorliegenden Untersuchung „Verleiblichung und Synergie" läßt
sich durch die eben erwähnten zwei Momente rechtfertigen, nämlich die maximinische Lehre von der Fleischwerdung des göttlichen Logos in der Schrift und den
synergischen Charakter der Bibelauslegung bei dem Bekenner.

Hermeneutik erkennbar macht. Zudem soll die Frage nach dem sogenannten dogmatisch-polemischen Gebrauch der Schrift bei Maximus,
der speziell in dessen christologisch-apologetischen Schriften begegnet, und dem Verhältnis dieses Gebrauchs zur allegorischen Bibelauslegung angesprochen werden. In diesem letzten Stadium wird die
Leitfrage sein, ob es möglich ist, diese zwei Umgangsweisen mit der
Bibel von dem Gesichtspunkt einer kohärenten Hermeneutik aus zu
rechtfertigen. Abgeschlossen wird die vorliegende Arbeit mit einer
Zusammenfassung und Auswertung der Ergebnisse.

Die dargestellte Gliederung macht deutlich, daß die vorliegende
Arbeit versucht, sowohl der synchronen wie der diachronen Arbeitsweise
gerecht zu werden. Hierbei ist mir wichtig, am Beispiel der Schrifthermeneutik Maximus Confessor wiederum als Synthetiker erscheinen
zu lassen, der zwar seinen Vorgängern Bausteine entleiht, sie jedoch
in ein eigenes Gedankengebäude zu integrieren vermag. In sonstiger Hinsicht ist diese Untersuchung darum bemüht, den Quellen –
nicht nur des Maximus – möglichst nahezubleiben und sie, sofern das
hermeneutisch möglich ist, zu Wort kommen zu lassen, ohne daß
ich hierbei auf meine Aufgabe als Interpret verzichte. Wie mühsam
das bisweilen sein kann, weiß wohl jeder Mensch, der sich mit der
Interpretation von – vor allem alten – Texten befaßt. Daß indes
diese unerläßliche Bedingung solider Wissenschaftlichkeit niemals vollständig, sondern nur asymptotisch zu erfüllen ist, dürfte menschliche
Fehler erklären, ohne sie jedoch zu entschuldigen.

ERSTES KAPITEL

DIE LOGOSLEHRE DES MAXIMUS CONFESSOR

Das ontologische Fundament der maximinischen Bibelhermeneutik

Θεολογίαν μὲν γὰρ διδάσκει
σαρκούμενος ὁ τοῦ θεοῦ Λόγος

Max. Pater (S. 31, Z. 87f.)

1.1. Die Vorgeschichte des Logosbegriffs in der Antike

In seiner Monographie zur Exegese und spirituellen Pädagogik bei Maximus Confessor in den *Quaestiones ad Thalassium* beobachtet P. M. Blowers mit Recht, daß die λόγοι-Theorie des Confessors die Grundlage der gesamten Struktur seines Natur- und Schriftsymbolismus ist.[1] Bereits 1952 hatte der Dominikaner I.-H. Dalmais die Lehre des Bekenners von den λόγοι zu einem „organisatorischen Prinzip"[2] des maximinischen Denkens erklärt. Eigentlich bildet die maximinische Logoslehre, also die Lehre von den λόγοι in ihrer Beziehung zu dem göttlichen Logos, sozusagen das ontologische Fundament, welches die vielseitigen Aspekte der Synthese des Bekenners voraussetzen, so daß diese Lehre für das Verständnis des maximinischen Denkens überhaupt, einschließlich der Schrifthermeneutik, äußerst relevant ist. Genauer gesagt, stellt die Logostheorie für Maximus jenes theologische Leitkonzept dar, das ihm ermöglicht, seine Bibelhermeneutik mit der Kosmologie eng zu verknüpfen und in der Christologie zu verankern. Selbstverständlich aber können diese Behauptungen nur im Laufe der Dissertation selbst ihre Begründung erfahren. Demnach wird ersichtlich, warum meine Beschäftigung mit der Schrifthermeneutik des Maximus Confessor mit der Frage nach seiner Logoslehre einsetzt. Vor der Herausarbeitung der maximinischen Logostheorie in ihren Grundzügen scheint aber ein Versuch, die dem Bekenner vorausgegangene Entwicklung des antiken und christlichen Logosbegriffs

---

[1] Vgl. P. M. Blowers (1991) 107.
[2] I.-H. Dalmais (1952, La théorie) 244.

zu skizzieren, insofern sinnvoll, als dadurch die in das Denken des
Confessors fließenden Strömungen der Logosspekulation besser
identifizierbar werden. Auf diese Weise lassen sich auch der Anteil
und das Gewicht jeder dieser Strömungen in der maximinischen
Synthese leichter erkennen. Deshalb soll in der folgenden Analyse
auf die wichtigsten Phasen dieser denkgeschichtlichen Entwicklung
im einzelnen eingegangen werden.

1.1.1. *Allgemeines*

Ein Überblick über die Grundbedeutungen, welche die verschiedenen Lexika unter dem Wort λόγος angeben, zeigt, daß es bei den
Griechen seit Homer „Wort" oder „Rede" heißen konnte. Hinzu
kommen andere, teilweise sich auch später herausbildende Bedeutungen
wie „Spruch", „Sage", „Verhältnis", „Rechnung", „Rechenschaft"
und „Wert".[3] Beachtenswert ist, daß demgegenüber der Verbstamm
λέγειν ursprünglich „lesen", „sammeln", „auswählen" – oft mit der
Konnotation einer Zusammengehörigkeit der Einzelelemente – bedeu-
tete.[4] Wie immer der Übergang bei λέγειν vom „Lesen" zum „Reden"
gewesen sein mag,[5] so ist die *Urbedeutung* des „Lesens" und „Sammelns"
in dem λόγος als „Sage" immer noch spürbar. Die Sage ist eine
Sammlung von Ereignissen, die in zeitlich-logischer Reihenfolge erzählt
werden.[6]

---

[3] Vgl. λόγος in Bailly (S. 1200), Liddell-Scott (S. 1057–1059) und Menge (S. 426f.);
ferner A. Debrunner (1942) 73f. Zum homerischen Gebrauch von λόγος im Sinne
von „Wort, Rede" vgl. auch die Analyse von E. Kurtz (1971) 69f. Eine mit Beispielen
illustrierte Aufzählung der verschiedenen Bedeutungen des λόγος um das 5. Jahrhundert
v. Chr. ist in W. K. C. Guthrie (1971) 420–424 zu finden. Daß λόγος ursprünglich auch „Sage" oder „Fabel" bedeuten konnte, wirft das Problem des in der griechischen Klassik zu einem Topos gewordenen Gegensatzes zwischen λόγος und
μῦθος auf (vgl. dazu Anm. 30). I. U. Dalferth (1993) 18–20 weist darauf hin, daß
beide Begriffe ursprünglich mehr oder weniger bedeutungsgleich waren, und versucht
zu beschreiben, wie sie sprach- und denkgeschichtlich auseinandergingen. E. Kurtz
(1971) 72f. bemerkt seinerseits, daß das Wahrsein ursprünglich nicht zum Wesen
des λόγος gehört. Zu dieser Problematik vgl. auch R. Mortley (1986) 12f.
[4] Vgl. λέγω in Bailly (S. 1175), Liddell-Scott (S. 1033f.) und Menge (S. 418); ferner E. Kurtz (1971) 79f.; R. Mortley (1986) 12.
[5] Ein Rekonstruktionsversuch der Entwicklungsgeschichte vom ursprünglichen
„Sammeln" zum „Reden" wird von W. J. Verdenius (1966) 103 unternommen; die
unvermeidbare Schwäche der Argumentation liegt allerdings im Fehlen von Belegen.
G. B. Kerferd (1967) 83 grenzt sich gegen jeden Versuch ab, eine logische Progression
der Logosbedeutungen zu skizzieren.
[6] Vgl. dazu R. Mortley (1986) 13.

1.1.2. *Heraklit*

Erst bei Heraklit, dem gegen 500 v. Chr. in Ephesus wirkenden Philosophen, scheint der λόγος eine Sonderstellung in einem denkerischen System erhalten zu haben. „Was ist der λόγος? Heraklit sagt das nicht und sagt es nirgends in all den uns überlieferten Sprüchen. Vermutlich hat er es nie gesagt in der Weise einer Erklärung und einer Begriffsbestimmung".[7] Dieses Zitat Heideggers verrät die erheblichen Schwierigkeiten, mit denen man konfrontiert ist, wenn es darum geht, das heraklitische Verständnis des λόγος zu rekonstruieren. Diese Schwierigkeiten hängen nicht zuletzt damit zusammen, daß das, was vom Schrifttum Heraklits erhaltengeblieben ist, sich auf spärliche, kontextlose und meistens sehr dunkle Fragmente beschränkt.[8] Demnach dürfte der fehlende Konsens unter den Heraklitforschern in bezug auf das Bedeutungsfeld des λόγος bei dem ionischen Philosophen nicht befremden. Daß Heraklit λόγος in dem herkömmlichen Sinn von „Wort, Rede" benutzt hat, scheint quellenmäßig gesichert zu sein, wie die folgende Stelle zeigt:

> Von allen, deren Worte (λόγος) ich vernommen, gelangt keiner dazu zu erkennen, daß das Weise etwas von allem Abgesondertes ist.[9]

Ebenso im herkömmlichen Sinn scheint λόγος in einigen Fragmenten „Verhältnis" zu heißen:

> Die Erde zerfließt als Meer (sic) und dieses erhält sein Maß nach demselben Sinn (Verhältnis) [λόγος] (sic) wie er galt, ehe denn es Erde ward.[10]

Das eigentliche Problem taucht vor allem bei den folgenden heraklitischen Fragmenten auf:

---

[7] M. Heidegger (1979) 247.

[8] Daß Heraklit selbst einen Traktat Περὶ φύσεως (über die Natur) geschrieben hat, dem die Fragmente entnommen sind, wie bei Diogenes Laërtius (vgl. Diog. Vit. phil. IX, 5) steht, ist in der heutigen Forschung äußerst umstritten; vgl. T. M. Robinson (1987) 3f.

[9] Herakl. Frag. 108: „ὁκόσων λόγους ἤκουσα, οὐδεὶς ἀφικνεῖται ἐς τοῦτο, ὥστε γινώσκειν ὅτι σοφόν ἐστι πάντων κεχωρισμένον". Vgl. auch ibid. 87: „βλὰξ ἄνθρωπος ἐπὶ λόγῳ ἐπτοῆσθαι φιλεῖ". Für Heraklit und Parmenides übernehme ich die Numerierung der Fragmente und deren deutsche Übersetzung von H. Diels in „Die Fragmente der Vorsokratiker". Sollte die Übersetzung von mir stammen, so wird darauf hingewiesen.

[10] Herakl. Frag. 31: „<γῆ> θάλασσα διαχέεται, καὶ μετρέεται εἰς τὸν αὐτὸν

Obwohl dieser λόγος ewig ist/besteht, bleiben die Menschen (immer) töricht, sowohl bevor sie ihn hören als auch nachdem sie ihn zuvor gehört haben. Denn obwohl alles gemäß diesem λόγος geschieht, gleichen sie Unerfahrenen, auch wenn sie von solchen Worten und Werken erfahren, wie ich sie berichte, indem ich ein jedes nach seiner Natur zerlege und erkläre, wie es sich verhält.[11]

Deshalb muß man dem Gemeinsamen folgen ... Aber obwohl der λόγος gemeinsam ist, leben die Vielen, als hätten sie einen eigenen Verstand.[12]

Nicht mich, sondern den λόγος hörend, so ist es weise, mit dem λόγος zu sagen/damit übereinzustimmen, alles sei eins.[13]

Viele Forscher meinen, daß λόγος in diesen Fragmenten von Heraklit auf eine Art und Weise gebraucht wird, die über die traditionelle Bedeutung des Begriffs, nämlich Wort oder Rede, hinausgehe. Somit habe der λόγος bei ihm eine außersprachliche Dimension, wie sie auch immer zu beschreiben sei.[14] Dementgegen wird von anderen

---

λόγον, ὁκοῖος πρόσθεν ἦν ἢ γενέσθαι γῆ". Das Wort „Verhältnis" in der obigen Übersetzung kommt auch im ursprünglichen Text von H. Diels in Klammern vor.

[11] Herakl. Frag. 1: „τοῦ δὲ λόγου τοῦδ᾽ ἐόντος ἀεὶ ἀξύνετοι γίνονται ἄνθρωποι καὶ πρόσθεν ἢ ἀκοῦσαι καὶ ἀκούσαντες τὸ πρῶτον· γινομένων γὰρ πάντων κατὰ τὸν λόγον τόνδε ἀπείροισιν ἐοίκασι, πειρώμενοι καὶ ἐπέων καὶ ἔργων τοιούτων, ὁκοίων ἐγὼ διηγεῦμαι κατὰ φύσιν διαιρέων ἕκαστον καὶ φράζων ὅκως ἔχει" (Übersetzung von mir). Zu den Übersetzungsschwierigkeiten dieses Fragments vgl. E. Kurtz (1971) 83–93. Hier sei nur darauf aufmerksam gemacht, daß ἀεί sowohl zu ἐόντος gehören kann (ewig ist/besteht) als auch zu ἀξύνετοι (immer töricht) als auch zu beidem. Eine Entscheidung ist in meiner obigen Übersetzung nicht gefällt, weil ich denke, daß sich die Frage schlüssig nicht beantworten läßt. Infolgedessen scheint mir jeder Versuch, die Beschaffenheit des heraklitischen λόγος mit Hilfe von ἀεί zu bestimmen, unakzeptabel zu sein; gegen H. Kleinknecht (1942) 80 u. W. Kelber (1958) 22: „Dem Logos wird also zunächst eine ewige Existenz zugesprochen".

[12] Herakl. Frag. 2: „διὸ δεῖ ἕπεσθαι τῷ ξυνῷ ... τοῦ λόγου δ᾽ ἐόντος ξυνοῦ ζώουσιν οἱ πολλοὶ ὡς ἰδίαν ἔχοντες φρόνησιν" (Übersetzung von mir).

[13] Ibid. 50: „οὐκ ἐμοῦ, ἀλλὰ τοῦ λόγου ἀκούσαντας ὁμολογεῖν σοφόν ἐστιν ἓν πάντα εἶναι" (Übersetzung von mir). Das von den Forschern anerkannte Wortspiel von λόγος und ὁμολογεῖν berechtigt zur Übersetzung: „mit dem λόγος zu sagen"; vgl. dazu E. Kurtz (1971) 106, Anm. 97; G. Verbeke (1980) 491; T. M. Robinson (1987) 5.

[14] Vgl. M. Heinze (1872) 54: „Er (sc. der λόγος) ist das allgewaltige Naturgesetz, das in der Entwicklung der Welt zur Darstellung kommt"; G. S. Kirk (1954) 39: „I suggest the less ambiguous if more cumbersome phrase 'formula of things' as a translation of λόγος in fr. 1, 2, 50 "; W. Kelber (1958) 22: „Dem Logos wird also zunächst eine ewige Existenz zugesprochen (...). Diese Eigenschaft ist auch die Voraussetzung für die zweite Aussage, daß gemäß dem Logos alles oder das All entstanden ist"; C. H. Kahn (1979) 97: „ it (sc. der λόγος) is both his discourse and something more: something universal ..., even eternal and divine ".

Forschern unterstellt, daß sich die Bedeutung des λόγος auch in diesen Fragmenten auf einen linguistischen Inhalt zurückführen läßt, so daß λόγος in letzter Analyse nichts anderes als die Rede Heraklits selbst bedeutet.[15]

Was sind, auf das Minimale reduziert, die Grundaussagen über den heraklitischen λόγος, die sich den oben zitierten Fragmenten entnehmen lassen? Der λόγος besteht (ἐών), und ihm gemäß geschieht alles (Frag. 1); er ist gemeinsam und gerade in dieser Beschaffenheit für das praktische Handeln des Einzelnen relevant (Frag. 2);[16] er deutet die Einheit alles Seienden an und verlangt nach Einverständnis (Frag. 50). Selbstverständlich können diese Aussagen im Sinne einer Gleichsetzung des λόγος mit der reinen Rede Heraklits interpretiert werden. Bedenkt man aber, daß der Vorwurf Heraklits in Frag. 1, die Menschen seien töricht, auch bevor sie den λόγος hören, auf die Möglichkeit der Erfahrbarkeit des λόγος außerhalb der philosophischen Rede hinzuweisen scheint, so wirkt diese These weniger plausibel.[17] Diesen Eindruck bestärkt das Fragment 50, wo der Philosoph zwischen seiner Rede und dem λόγος unterscheidet.[18] Bei aller Schwierigkeit, das Bedeutungsfeld des λόγος bei Heraklit präzise zu beschreiben, scheint mir, daß λόγος bei ihm mehr als seine Rede bedeutet, mutmaßlich eine Art Regel, welche den Werdegang der Dinge normiert und im Verhältnis zum menschlichen Handeln steht. Zieht man heran, daß der sogenannten Gegensatzlehre eine führende Rolle im heraklitischen Denken zuzubilligen ist,[19] so liegt die Annahme

---

[15] Vgl. J. Burnet (1913) 116, Anm. 2: „Der λόγος ist einfach die Rede des Herakleitos selbst"; O. Gigon (1935) 4: „So versuchen wir daran festzuhalten, daß lexikalisch λόγος in Frg. 1, 2, 50, 72, 10f. ‚die Rede, der Inhalt des Buches' heißt"; M. Conche (1987) 23f.: „. . . le logos est le discours. Il peut et doit être écouté. C'est donc le discours d'Héraclite". Um diese Interpretationsdivergenz zu beschreiben, greift J. Wilcox (1994) 57 auf die terminologische Unterscheidung von „metaphysisch" und „linguistisch" zurück. Zu fragen aber bleibt, ob „außersprachlich" ohne weiteres mit „metaphysisch" gleichgesetzt werden kann.
[16] So E. Kurtz (1971) 95.
[17] So J. Wilcox (1994) 60f.
[18] So G. S. Kirk (1954) 67; M. Marcovich (1967) 113; J. Wilcox (1994) 61.
[19] Eine detaillierte Darstellung dieser Lehre würde die Grenzen dieses Kapitels sprengen. Eine knappe Beschreibung dafür bietet F. Copleston (1956) 40: „For Heraclitus, then, Reality is One; but it is many at the same time – and that not merely accidentally, but essentially. It is essential to the being and existence of the One that it should be one and many at the same time; that it should be Identity in Difference (. . .). For him (sc. Heraclit) the conflict of opposites, so far from being a blot on the unity of the One, is essential to the being of the One"; vgl. dazu

nahe, daß die Rolle des λόγος darin besteht, das Zusammenspiel der Gegensätze so zu regulieren, daß die Einheit des Seienden nicht verlorengeht.[20] Daß es sich bei dem heraklitischen λόγος so verhält, besagt aber nicht, daß die heraklitische Rede als solche der Bedeutung des Begriffs fremd ist. In der Tat kommt der λόγος auch durch das Wort des Philosophen zur Sprache sowie durch das Wort aller, die das Gleiche *sagen* wie der λόγος (ὁμολογεῖν).[21]

1.1.3. *Parmenides*

Bei dem eleatischen Philosophen Parmenides (ca. 540/515–ca. 470/445 v. Chr.)[22] findet sich eine der ältesten Stellen, wo λόγος im Sinne von Vernunft bzw. rationaler Fähigkeit des Denkens benutzt wird:

> ... vielmehr halte du von diesem Wege der Forschung den Gedanken fern, und es soll dich nicht vielerfahrene Gewohnheit auf diesen Weg zwingen, walten zu lassen das blicklose Auge und das dröhnende Gehör und die Zunge, nein mit dem Denken (λόγος) bring zur Entscheidung die streitreiche Prüfung, die von mir genannt wurde.[23]

Hier wird der Leser dazu aufgefordert, sich nicht auf das Auge, das Gehör und die Zunge zu verlassen, sondern den Diskurs des Philosophen mit dem λόγος zu beurteilen. Dadurch wird der λόγος als zuverlässiges Instrument der Urteilskraft der täuschenden Sinneswahrnehmung gegenübergestellt. Dieser Hinweis auf den λόγος – nun bewußt als Mittel der Kritik aufgefaßt – signalisiert, wie R. Mortley zu Recht bemerkt hat,[24] einen entscheidenden Schritt in der europäischen Geistesgeschichte. Dieses Prinzip der λόγος-Zuverlässigkeit

---

Herakl. Frag. 51; 53; 54; 60; 61; 62; 67; 80; 88. Auf diese von Copleston angesprochene Einheit des Seienden in der Vielfalt dürfte Heraklit in ibid. 50 anspielen, wenn er sagt, daß alles eins ist; zur Bedeutung der Gegensatzlehre bei ihm vgl. E. Kurtz (1971) 112–171; G. Verbeke (1980) 492; J. Wilcox (1994) 27–36.
[20] Vgl. J. Wilcox (1994) 68.
[21] So G. Verbeke (1980) 491. Derart vorsichtige Aussagen zur Bedeutung des λόγος bei Heraklit wollen sich auch dagegen abgrenzen, den λόγος bei ihm mit der kosmischen Vernunft der Stoa gleichzusetzen. Als Beispiel einer solchen Gleichsetzung vgl. F. Copleston (1956) 43f.
[22] Zu den Datierungsproblemen vgl. L. Tarán (1965) 3–5; W. Röd (1976) 209, Anm. 1.
[23] Parm. Frag. 7: „ἀλλὰ σὺ τῆσδ' ἀφ' ὁδοῦ διζήσιος εἶργε νόημα μηδὲ σ' ἔθος πολύπειρον ὁδὸν κατὰ τήνδε βιάσθω, νωμᾶν ἄσκοπον ὄμμα καὶ ἠχήεσσαν ἀκουὴν καὶ γλῶσσαν, κρῖναι δὲ λόγῳ πολύδηριν ἔλεγχον ἐξ ἐμέθεν ῥηθέντα".
[24] Vgl. R. Mortley (1986) 19.

wird von der späteren griechischen Philosophie, wie sie sich vor allem bei Platon und Aristoteles zu erkennen gibt, aufgegriffen und programmatisch durchgeführt.

1.1.4. *Platon*

In den Dialogen des Platon (ca. 427–ca. 347 v. Chr.) wird das λόγον διδόναι (Rechenschaft ablegen) zum heuristischen Mittel des Philosophierens schlechthin erhoben.[25] Sokrates, die Hauptgestalt der platonischen Dialoge, fordert seine Gesprächspartner dazu heraus, die Validität ihrer eigenen Meinungen zu überprüfen, indem sie Rechenschaft darüber ablegen. Meistens führt dieser Prozeß dazu, daß sie ihre Ansichten revidieren, ohne daß eine Antwort auf die Streitfrage gegeben wird. Viele platonische Dialoge enden in diesem Sinne aporetisch.[26] Mit Hilfe des λόγον διδόναι bekämpft Sokrates auch die trügerischen Überzeugungsmittel der Sophisten und Rhetoren. Während die sophistisch-rhetorische Rede die Überzeugung der Volksmenge und den pragmatischen Sieg des Redners über seine Widersacher anstrebt,[27] zielt die sokratische Rede auf die Erforschung der Wahrheit des Seins.[28]

Ein anderer Aspekt des platonischen λόγος ist der Gegensatz zum μῦθος. Die zwei Begriffe – mit ursprünglich fast sich deckenden Bedeutungsbereichen[29] – werden nun so entgegengesetzt, daß λόγος zum Inbegriff des Wahren und Realen wird, während μῦθος mit dem Unwirklichen gleichgesetzt wird.[30] Trotz der platonischen Bereitschaft, dem μῦθος in etlichen Fällen einen erzieherischen Wert zuzuerkennen,[31] wird er im allgemeinen in den platonischen Dialogen diskreditiert und in die Nähe der Lüge gerückt.[32]

---

[25] Zu λόγον διδόναι bei Platon vgl. z. B. Plat. La. 187e–188a; Plat. Men. 81ab; Plat. Phd. 95d u. 101d; Plat. Prt. 336c.

[26] Vgl. P. Schulthess (1993) 14.

[27] Vgl. Plat. Grg., vor allem 452e u. 454b.

[28] Zur Problematik des λόγον διδόναι bei Platon und dem Unterschied zwischen der sophistisch-rhetorischen Rede einerseits und der sokratischen Rede andererseits vgl. die detaillierten Ausführungen von P. Schulthess (1993) 10–73.

[29] Vgl. Anm. 3.

[30] Vgl. Plat. Grg. 523a: „Ἄκουε δή, φασί, μάλα καλοῦ λόγου, ὃν σὺ μὲν ἡγήσει μῦθον, ὡς ἐγὼ οἶμαι, ἐγὼ δὲ λόγον· ὡς ἀληθῆ γὰρ ὄντα σοι λέξω ἃ μέλλω λέγειν"; vgl. auch Plat. Prt. 320c; Plat. Ti. 26e.

[31] Vgl. R. Wright (1979) 371.

[32] Vgl. z. B. Plat. Cra. 408c.

In der platonischen Ideenlehre, die sowohl für das Denken Platons selbst als auch für seine Rezeption in den späteren philosophischen Schulen einen zentralen Rang erhält, kommt dem Begriff λόγος keine besonders große Bedeutung zu.[33] Um seine Universalien zu bezeichnen, bedient sich Platon der Begriffe ἰδέα und εἶδος.[34] Dagegen steht das *logische* Element deutlich im Vordergrund in der platonischen Psychologie. Dem vierten Buch der *Respublica* zufolge weist die menschliche Seele drei *Teile* (εἶδος bzw. μέρος)[35] auf, nämlich das Vernünftige (τὸ λογιστικόν),[36] das Eifrige (τὸ θυμοειδές)[37] und das Begehrende (τὸ ἐπιθυμητικόν).[38] Während das Begehrende als der untere Teil der Seele gilt, welcher für den sinnlichen Trieb verantwortlich ist, wird dem Vernünftigen die Funktion des Führens (ἄρχω) und des Sorgens (προμήθεια) für die ganze Seele beigemessen.[39] Dem Vernünftigen unterge-

---

[33] Vgl. Plat. Tim. 51de: „εἰ δ᾽, ὥς τισιν φαίνεται, δόξα ἀληθὴς νοῦ διαφέρει τὸ μηδέν, πάνθ᾽ ὁπόσ᾽ αὖ διὰ τοῦ σώματος αἰσθανόμεθα θετέον βεβαιότητα. Δύο ... δὴ λεκτέον ἐκείνων, διότι χωρὶς γεγόνατον ἀνομοίως τε ἔχετον. Τὸ μὲν γὰρ αὐτῶν διὰ διδαχῆς, τὸ δ᾽ ὑπὸ πειθοῦς ἡμῖν ἐγγίνεται· καὶ τὸ μὲν ἀεὶ μετ᾽ ἀληθοῦς λόγου, τὸ δὲ ἄλογον· καὶ τὸ μὲν ἀκίνητον πειθοῖ, τὸ δὲ μεταπεισтόν· καὶ τοῦ μὲν πάντα ἄνδρα μετέχειν φατέον, νοῦ δὲ θεούς, ἀνθρώπων δὲ γένος βραχύ τι". Diesem Passus ist zu entnehmen, daß der λόγος für die platonische Ideenlehre insofern von Bedeutung ist, als die Schau der Universalien nur durch einen wahren λόγος stattfinden kann. Damit dürfte wohl gemeint sein, daß diese Schau wahre Beweise – die natürlich einem gesunden rationalen Vermögen entspringen – voraussetzt. Demgegenüber legt die zitierte Stelle nahe, daß das Verhältnis des platonischen νοῦς (Intellekt) zur Ideenlehre in dem Maße enger als das des λόγος ist, als der erstere bei Platon für die Einsicht in die wahre Ideenwelt steht; vgl. auch Plat. Resp. 508d: „Οὕτω τοίνυν καὶ τὸ τῆς ψυχῆς ὧδε νόει· ὅταν μὲν οὗ καταλάμπει ἀλήθειά τι καὶ τὸ ὄν, εἰς τοῦτο ἀπερείσηται, ἐνόησέν τε καὶ ἔγνω αὐτὸ καὶ νοῦν ἔχειν φαίνεται"; vgl. ferner ibid. 490ab u. G. Jäger (1967) 45–105. Darüber hinaus erscheint der νοῦς bei Platon – vor allem im Timaeus – als ein Ordnungsprinzip im Kosmos; vgl. Plat. Tim. 30bc: „λογισάμενος (sc. Gott) οὖν ηὕρισκεν ἐκ τῶν κατὰ φύσιν ὁρατῶν οὐδὲν ἀνόητον τοῦ νοῦν ἔχοντος ὅλον ὅλου κάλλιον ἔσεσθαί ποτε ἔργον, νοῦν δ᾽ αὖ χωρὶς ψυχῆς ἀδύνατον παραγενέσθαι τῳ. Διὰ δὴ τὸν λογισμὸν τόνδε νοῦν μὲν ἐν ψυχῇ, ψυχὴν δ᾽ ἐν σώματι συνιστὰς τὸ πᾶν συνετεκταίνετο, ὅπως ὅτι κάλλιστον εἴη κατὰ φύσιν ἄριστόν τε ἔργον ἀπειργασμένος. Οὕτως οὖν δὴ κατὰ λόγον τὸν εἰκότα δεῖ λέγειν τόνδε τὸν κόσμον ζῷον ἔμψυχον ἔννουν τε τῇ ἀληθείᾳ διὰ τὴν τοῦ θεοῦ γενέσθαι πρόνοιαν". Gleichwohl argumentiert G. Jäger (1967) 125, daß der νοῦς auch in seiner Eigenschaft als „Stifter kosmischer Ordnung" als eine Einsicht aufzufassen ist; vgl. Plat. Tim. 37a–c.

[34] Vgl. z. B. Plat. Phd. 102a; 103e; 104c; Plat. Resp. 479a; 486d; 505a; 507b; Plat. Ti. 51c.

[35] Vgl. Plat. Resp. 439e; 440e; 444b.

[36] Vgl. ibid. 439d u. 440e.

[37] Vgl. ibid. 440e u. 441a.

[38] Vgl. ibid. 439d u. 440e.

[39] Vgl. ibid. 441e: „Οὐκοῦν τῷ μὲν λογιστικῷ ἄρχειν προσήκει, σοφῷ ὄντι καὶ

ordnet,[40] sollte das Eifrige von Natur her diesen *Prinzeps* der Seele unterstützen.[41] Demnach geht die Bedeutung des λόγος bei Platon über das Moment des Rationalen und Wahren hinaus, indem sie auch den ethischen Lebensbereich erfaßt. Dadurch ist eine Konstante der griechischen Denkweise angesprochen: Für die Griechen ist der λόγος Maßstab des richtigen Handelns.

1.1.5. *Aristoteles*

Mußte sich die platonische Philosophie mit der λόγος-Manipulation der Sophisten und Rhetoren auseinandersetzen und sich dagegen behaupten, so spiegelt die Philosophie des Aristoteles (ca. 384–ca. 322 v. Chr.) ein absolutes Vertrauen auf die erforschende Kraft des λόγος wider. Dies begegnet begreiflicherweise in dem Versuch, die Natur systematisch zu beobachten und daraus verallgemeinernde Rückschlüsse zu ziehen, gipfelt aber in der aristotelischen Logik, wo der menschliche λόγος bemüht ist, sich selbst zu reflektieren und die eigenen Verfahrensweisen, Fähigkeiten und Grenzen zu durchdenken. In diesem Zusammenhang wird der λόγος bei Aristoteles nicht nur als das Hauptmerkmal aufgefaßt, das den Menschen von den Tieren unterscheidet,[42] sondern die zwei den λόγος ausmachenden Bestandteile, die denkende und die diskursive Kraft, werden jetzt als zwei Aspekte derselben *logischen* Fähigkeit betrachtet.[43]

Darüber hinaus wird die bereits bei Heraklit und Platon thematisierte Tragweite des λόγος hinsichtlich der ethischen Lebenssphäre von Aristoteles weiterentwickelt und vertieft. Der mittlere Weg, der im Handeln eingeschlagen werden soll, wird mit dem gleichgesetzt, was der rechte λόγος sagt.[44] Nach aristotelischer Auffassung demnach

---

ἔχοντι τὴν ὑπὲρ ἀπάσης τῆς ψυχῆς προμήθειαν, τῷ δὲ θυμοειδεῖ ὑπηκόῳ εἶναι καὶ ξυμμάχῳ τούτου".

[40] Vgl. ibid.

[41] Vgl. ibid. 441a: „ἐπίκουρον ὂν (sc. das Eifrige) τῷ λογιστικῷ φύσει, ἐὰν μὴ ὑπὸ κακῆς τροφῆς διαφθαρῇ".

[42] Vgl. Arist. Pol. 1332b: „τὰ μὲν οὖν ἄλλα τῶν ζῴων μάλιστα μὲν τῇ φύσει ζῇ, μικρὰ δ' ἔνια καὶ τοῖς ἔθεσιν, ἄνθρωπος δὲ καὶ λόγῳ· μόνος γὰρ ἔχει λόγον".

[43] Vgl. Arist. An. Post. 76b: „οὐ γὰρ πρὸς τὸν ἔξω λόγον ἡ ἀπόδειξις, ἀλλὰ πρὸς τὸν ἐν τῇ ψυχῇ . . . ἀεὶ γὰρ ἔστιν ἐνστῆναι πρὸς τὸν ἔξω λόγον, ἀλλὰ πρὸς τὸν ἔσω λόγον οὐκ ἀεί"; vgl. dazu R. Mortley (1986) 26.

[44] Vgl. Arist. Eth. Nic. 1138b: „δεῖ τὸ μέσον αἱρεῖσθαι καὶ μὴ τὴν ὑπερβολὴν μηδὲ τὴν ἔλλειψιν, τὸ δὲ μέσον ἐστὶν ὡς ὁ λόγος ὁ ὀρθὸς λέγει, τοῦτο διέλωμεν".

ist der λόγος Wegweiser zum tugendhaften Verhalten. Deshalb sagt Aristoteles, daß die Tugenden „μετὰ λόγου"[45] sind.[46]

Ebenfalls Beachtung verdient eine aristotelische Stelle, die für das stoische λόγος-Verständnis von Belang zu sein scheint. In seinem Buch *De partibus animalium* schreibt Aristoteles:

> Da wir darüber hinaus mehrere Ursachen in bezug auf das Werden in der Natur beobachten, wie z. B. das Wozu und das Woher einer Bewegung, so ist auch darüber zu bestimmen, welche von Natur her die erste und welche die zweite ist. Das sogenannte Wozu scheint die erste Ursache zu sein. Denn sie ist λόγος, und der λόγος ist Prinzip in gleicher Weise für künstliche sowie natürliche Dinge.[47]

Hier scheint Aristoteles die αἰτία οὗ ἕνεκα, d. h. die Zweckursache, als λόγος zu bezeichnen. R. Mortley hat zu Recht die Einzigartigkeit dieser Stelle pointiert, gerade weil der λόγος hier nicht nur auf die menschlichen Kunstwerke (τέχνη) bezogen wird, sondern auch auf das Werden in der Natur.[48] Die Zweckmäßigkeit dieses Werdens wird nun auf ein rationales Prinzip zurückgeführt, das Aristoteles als λόγος auffaßt. Ort der Rationalität ist demnach nicht nur der Mensch, sondern auch ein in der Natur wirkendes Prinzip. Gleichgültig, ob man darin einen Nachklang des heraklitischen λόγος-Verständnisses zu

---

[45] Ibid. 1144b.

[46] Auch der aristotelische νοῦς genießt in dem ethischen Bereich eine übergeordnete Stellung. Der menschliche Intellekt (νοῦς) ist für Aristoteles das höchste, göttliche Element im Menschen, das ihm ermöglichen kann, glücklich zu leben und unsterblich zu werden; vgl. Arist. Eth. Nic. 1177b–1178a: „εἰ δὴ θεῖον ὁ νοῦς πρὸς τὸν ἄνθρωπον, καὶ ὁ κατὰ τοῦτον βίος θεῖος πρὸς τὸν ἀνθρώπινον βίον. οὐ (sic) χρὴ δὲ κατὰ τοὺς παραινοῦντας ἀνθρώπινα φρονεῖν ἄνθρωπον ὄντα οὐδὲ θνητὰ τὸν θνητόν, ἀλλὰ ἐφ᾽ ὅσον ἐνδέχεται ἀθανατίζειν καὶ πάντα ποιεῖν πρὸς τὸ ζῆν κατὰ τὸ κράτιστον τῶν ἐν αὑτῷ· εἰ γὰρ καὶ τῷ ὄγκῳ μικρόν ἐστι, δυνάμει καὶ τιμιότητι πολὺ μᾶλλον πάντων ὑπερέχει (...) τὸ γὰρ οἰκεῖον ἑκάστῳ τῇ φύσει κράτιστον καὶ ἥδιστόν ἐστιν ἑκάστῳ. καὶ (sic) τῷ ἀνθρώπῳ δὴ ὁ κατὰ τὸν νοῦν βίος, εἴπερ τοῦτο μάλιστα ἄνθρωπος. οὗτος (sic) ἄρα καὶ εὐδαιμονέστατος". Diese Auffassung vom menschlichen νοῦς als einem göttlichen Hauch hängt sicherlich damit zusammen, daß Aristoteles das höchste, unbewegte Prinzip, das alles bewegt, auch als νοῦς bezeichnet, welcher selber Objekt des eigenen noëtischen Vermögens ist; vgl. Arist. Metaph. 1074b: „αὐτὸν ἄρα νοεῖ (sc. der νοῦς), εἴπερ ἐστὶ τὸ κράτιστον, καὶ ἔστιν ἡ νόησις νοήσεως νόησις"; vgl. dazu T. A. Szlezák (1998) 1028.

[47] Arist. Part. anim. 639b: „Πρὸς δὲ τούτοις, ἐπεὶ πλείους ὁρῶμεν αἰτίας περὶ τὴν φυσικήν, οἷον τήν τε οὗ ἕνεκα καὶ τὴν ὅθεν ἡ ἀρχὴ τῆς κινήσεως, διοριστέον καὶ περὶ τούτων, ποία πρώτη καὶ δευτέρα πέφυκε. Φαίνεται δὲ πρώτη, ἣν λέγομεν ἕνεκά τινος· λόγος γὰρ οὗτος, ἀρχὴ δ᾽ ὁ λόγος ὁμοίως ἔν τε τοῖς κατὰ τέχνην καὶ ἐν τοῖς φύσει συνεστηκόσιν" (Übersetzung von mir).

[48] Vgl. R. Mortley (1986) 27.

erkennen meint, nimmt dieser Gedanke jedenfalls, wenn auch keimhaft, den λόγος der Stoa vorweg.[49]

1.1.6. *Die Stoa*

Nach Diogenes Laërtius (3. Jahrhundert) hat Zenon von Kition[50] (um
336–um 264 v. Chr.), Gründer der stoischen Schule, das Seiende in
zwei Prinzipien aufgeteilt: Zum einen das Leidende (τὸ πάσχον), das
mit der eigenschaftslosen Materie (ἄποιος οὐσία, ὕλη) identisch ist,
und zum anderen das Wirkende (τὸ ποιοῦν), das die formlose Materie
gestaltet und die Einzelelemente zur Existenz bringt (δημιουργέω).
Das wirkende Prinzip wird Gott bzw. λόγος genannt.[51] Diese Konzeption des λόγος als schöpferisches und formgebendes Prinzip, das aller
Entstehung, Bewegung und Ordnung in der Natur zugrundeliegt,
zieht sich wie ein roter Faden durch die verschiedenen Phasen der
Stoa und verliert niemals an Bedeutung. So begegnet dieselbe Auffassung, nun zu einem Topos geworden, etwa bei Seneca[52] (ca. 4 v.
Chr.-65) und Mark Aurel[53] (121–180). Daß sich der λόγος als Vernunft
und Seele der Natur verhält,[54] impliziert aber nicht, daß er dem
Wesen nach transzendent ist. Eher betonen die Stoiker die Immanenz
des λόγος, d. h. dessen Vorhandensein in der Materie,[55] ja selbst dessen Materialität.[56]

---

[49] Vgl. ibid. 30.

[50] Kition ist das heutige Larnaka in Zypern.

[51] Vgl. SVF 1, Frag. 85: „δοκεῖ δ᾽ αὐτοῖς (sc. die Stoiker) ἀρχὰς εἶναι τῶν ὅλων
δύο, τὸ ποιοῦν καὶ τὸ πάσχον. τὸ μὲν οὖν πάσχον εἶναι τὴν ἄποιον οὐσίαν τὴν
ὕλην· τὸ δὲ ποιοῦν τὸν ἐν αὐτῇ λόγον τὸν θεόν. τοῦτον γὰρ ἀΐδιον ὄντα διὰ πάσης
αὐτῆς δημιουργεῖν ἕκαστα. τίθησι δὲ τὸ δόγμα τοῦτο Ζήνων ὁ Κιτιεὺς ἐν τῷ περὶ
οὐσίας".

[52] Vgl. ibid. 2, Frag. 303: „dicunt, ut scis, Stoici nostri: duo esse in rerum natura,
ex quibus omnia fiant, causam et materiam, materia iacet iners, res ad omnia parata,
cessatura, si nemo moveat, causa autem, id est ratio, materiam format, et quocum-
que vult versat, ex illa varia opera producit".

[53] Vgl. M. Aur. Med. VI, 1: „Ἡ τῶν ὅλων οὐσία εὐπειθὴς καὶ εὐτρεπής· ὁ δὲ
ταύτην διοικῶν λόγος οὐδεμίαν ἐν ἑαυτῷ αἰτίαν ἔχει τοῦ κακοποιεῖν (sic) . . . πάντα
δὲ κατ᾽ ἐκεῖνον γίνεται καὶ περαίνεται".

[54] Vgl. SVF 1, Frag. 88: „spiritum porro motivum illum fore non naturam, sed
animam et quidem rationabilem"; ferner ibid. 2, Frag. 302 u. M. Aur. Med. IV, 40.

[55] Vgl. SVF 2, Frag. 307: „οἱ μὲν Ἐπικούρειοι . . . τοῦ παντὸς αἴτιον οὐκ εἶναι
φάσκοντες, οἱ δὲ ἀπὸ τῆς Στοᾶς εἶναι μὲν, ἀχώριστον δὲ ὑφεστάναι τῆς ὕλης". Vgl.
auch ibid. Frag. 306.

[56] Vgl. ibid. 1, Frag. 98: „ἀλλ᾽ οὗτος (sc. Zenon) ἄμφω σώματά φησιν εἶναι, καὶ
τὸ ποιοῦν καὶ τὸ πάσχον".

Gerade dank dieses Vermögens, den trägen und formlosen Urstoff in Bewegung zu setzen und auf diese Weise die rationale Weltentfaltung auszulösen, wird der λόγος in der Stoa häufig mit dem Attribut σπερματικός[57] näher bestimmt. Damit ist der *samenhafte* Aspekt des λόγος bezeichnet, insofern er wie ein Same die grobe und leblose Materie befruchtet und mit Form und Ordnung versehenes Seiendes hervorbringt.[58] Dem Singular ziehen die Stoiker allerdings die Pluralform vor, indem sie oft von σπερματικοὶ λόγοι[59] reden, die in Gott als wirkendem Prinzip enthalten sind.[60] Dies dürfte das stoische Ringen um eine Vermittlung zwischen der *Ein*heit des allherrschenden λόγος und der Vielfalt des Seienden verraten. Durch den Plural scheinen die Stoiker der Mannigfaltigkeit der Dinge in der Natur gerecht werden zu wollen.[61]

Wird jede Entwicklung in der Welt vom λόγος vorherbestimmt, so versteht es sich von selbst, daß sich die Stoiker in der Naturlehre einen ausgesprochenen Determinismus zu eigen machen konnten.[62] Dessen Konsequenzen werden jedoch begreiflicherweise in dem ethischen Bereich nicht vollständig gezogen, denn das Alltagsleben bietet immer einen angemessenen Raum, wo sich die menschliche Entscheidungsfreiheit erfahren läßt. Demzufolge haben die Stoiker trotz der Behauptung, daß das gesamte Seiende vom λόγος durchdrungen ist, dem Menschen einen besonderen Anteil an ihm zuerkannt, nämlich die Vernunft, die – entsprechend aristotelischer Ansicht – den Menschen von allen restlichen Lebewesen abhebt[63] und ihn mit einer

---

[57] Vgl. ibid. 1, Frag. 87; ferner ibid. 2, Frag. 580.

[58] Vgl. ibid.

[59] Vgl. ibid. 2, Frag. 717; 1027; 1074.

[60] Vgl. ibid. 2, Frag. 1027: „Οἱ Στωϊκοὶ νοερὸν θεὸν ἀποφαίνονται, πῦρ τεχνικόν, ὁδῷ βαδίζον ἐπὶ γένεσιν κόσμου, ἐμπεριειληφὸς πάντας τοὺς σπερματικοὺς λόγους".

[61] Daß sich die λόγοι σπερματικοί im wesentlichen auf Einzeldinge und nicht auf Klassen beziehen, resultiert aus dem dezidierten *Nominalismus* der Stoiker, die den platonischen Ideen jegliche Existenz in der Wirklichkeit abgesprochen haben; vgl. ibid. 1, Frag. 65: „ταύτας (sc. die Ideen) δὲ οἱ Στωϊκοὶ φιλόσοφοί φασιν ἀνυπάρκτους εἶναι". Die Frage aber, wie sich die λόγοι σπερματικοί zueinander verhalten und ob sie sich gegenseitig durchdringen, bleibt unbeantwortet; vgl. M. Heinze (1961) 119–123.

[62] Unter dem Aspekt der strengen Verknüpfung von Ursache und Wirkung betrachtet, wird das kosmische Weltprinzip in der Stoa als εἱμαρμένη (Fatum, Schicksal) bezeichnet; vgl. z. B. SVF 2, Frag. 913; 915; 920; 934; 1024. Die stoische εἱμαρμένη allerdings ist kein blindes Schicksal, sondern eine vernünftige Vorsehung (πρόνοια), die auf das Gute der ganzen Welt zielt; vgl. ibid. 1, Frag. 176; 2, Frag. 1029; ferner F. Copleston (1947) 389.

[63] Vgl. SVF 2, Frag. 1012: „In eo (sc. der Mensch) enim solo est ratio, qua

gewissen Freiheit ausstattet. Wiederum mit Hilfe einer auf Aristoteles zurückgehenden Aufteilung[64] unterscheiden die Stoiker im menschlichen λόγος zwei Aspekte, den gedachten (ἐνδιάθετος) und den artikulierten (προφορικός).[65] Der Stoiker ist dazu aufgefordert, sich im Handeln am λόγος, welcher seine Stimme sowohl im Inneren des Menschen als auch in der äußeren Welt unaufhörlich hörbar macht, zu orientieren. So kann der Mensch nach stoischer Auffassung ein tugendhaftes Leben führen, indem er dem alles lenkenden Naturgesetz gehorcht.[66]

1.1.7. *Philo von Alexandrien*

Der Stoa ist es zu verdanken, daß der sich bei Platon und Aristoteles in der Sphäre des Denkens, Sprechens und Handelns bewegende λόγος zu einem allumfassenden kosmischen Prinzip erklärt wird. Mit Philo von Alexandrien (um 15 v. Chr.–um 50),[67] dem bedeutendsten Vertreter des hellenistischen Judentums,[68] gelingt es dem griechischen

---

nihil potest esse praestantius"; Frag. 879: „Solus vero homo ex mortalibus principali mentis bono, hoc est ratione, utitur"; M. Aur. Med. V, 27: „συζῇ δὲ θεοῖς ὁ ... δεικνὺς αὐτοῖς τὴν ἑαυτοῦ ψυχήν ... ποιοῦσαν δέ, ὅσα βούλεται ὁ δαίμων, ὃν ἑκάστῳ προστάτην καὶ ἡγεμόνα ὁ Ζεὺς ἔδωκεν ἀπόσπασμα ἑαυτοῦ. οὗτος δέ ἐστιν ὁ ἑκάστου νοῦς καὶ λόγος". Diese Identifikation von νοῦς und λόγος scheint auf die alten Stoiker zurückzugehen; vgl. z. B. SVF 2, Frag. 102: „ἕν τε εἶναι θεὸν καὶ νοῦν καὶ εἱμαρμένην καὶ Δία πολλαῖς τε ἑτέραις ὀνομασίαις προσονομάζεσθαι ... καὶ ὥσπερ ἐν τῇ γονῇ τὸ σπέρμα περιέχεται, οὕτω καὶ τοῦτον σπερματικὸν λόγον ὄντα τοῦ κόσμου"; ferner ibid. 1, Frag. 146; 2, Frag. 1038.
[64] Vgl. Anm. 43; ferner M. Heinze (1961) 144; R. Mortley (1986) 26.
[65] Vgl. SVF 2, Frag. 135.
[66] Vgl. ibid. 1, Frag. 179: „διόπερ πρῶτος ὁ Ζήνων ... τέλος εἶπε τὸ ὁμολογουμένως τῇ φύσει ζῆν, ὅπερ ἐστὶ κατ' ἀρετὴν ζῆν".
[67] Eine vortreffliche Einführung in das Leben, Werk und Denken dieses alexandrinischen Lehrers mit besonderer Berücksichtigung seines kulturellen Hintergrunds bietet P. Borgen in seiner Studie „Philo of Alexandria" (1984). Knapper, aber deshalb nicht weniger klar, ist der Aufsatz von D. T. Runia unter dem Titel „Philo, Alexandrian and Jew" (1990). Über das Leben Philos sind die historischen Kenntnisse überaus spärlich. Aller Wahrscheinlichkeit nach stammte er aus einer wohlhabenden und einflußreichen jüdischen Familie in Alexandria. Man weiß auch, daß er nach einem Pogrom gegen die Juden in Alexandria im Jahre 38 eine jüdisch-alexandrinische Delegation an Kaiser Gaius Caligula (37–41) verstand, mit dem Zweck, sich bei dem römischen Kaiser darüber zu beschweren und die Interessen der jüdischen Gemeinde zu verteidigen; vgl. R. Williamson (1989) 2; D. T. Runia (1990) 3.
[68] Seit dem 18. Jahrhundert erweist sich Philo von Alexandrien als beliebter Gegenstand verschiedenartigsten wissenschaftlichen Bemühens, ohne daß ein Konsens über das Philobild im einzelnen erreicht werden konnte. Die Schwierigkeiten der Philointerpretation dürften unter anderem auf den schwankenden und in sich nicht

Denken, den Weg zur Hypostasierung des λόγος zu beschreiten. Doch im Gegensatz zum *logischen* Pantheismus der Stoa stellt der philonische λόγος nicht die allerhöchste ontologische Instanz dar, sondern er ist einer höheren Größe, nämlich Gott, untergeordnet. Damit distanziert sich Philo ganz bewußt von der stoischen Gottesvorstellung, indem er zwischen Gott und dem λόγος trotz enger Affinitäten deutlich unterscheidet.[69] Von daher ist es angebracht, die Behandlung der

gegensatzfreien philonischen Stil zurückgeführt werden; vgl. W. Völker (1938) 5–8. Zur Debatte steht nach wie vor die Frage nach dem Verhältnis von jüdischem und griechischem Erbe im Denken Philos, sowie nach seinen philosophischen und religiösen Wurzeln und den Quellen seiner exegetischen Methode. Die Verlegenheit gegenüber der als ambivalent empfundenen kulturellen Zugehörigkeit Philos bezeugt am ausdrücklichsten die Tatsache, daß er in der Forschung sowohl als Philo alexandrinus wie als Philo judaeus bezeichnet werden kann; vgl. D. T. Runia (1990) 3–5. Der sich ganz bewußt zum jüdischen Glauben seiner Vorväter bekennende alexandrinische Lehrer war gleichzeitig, wie aus seinen Schriften zu ersehen ist, ein guter Kenner der philosophischen, vor allem platonischen und stoischen, Schulen; vgl. dazu P. Borgen (1984) 254–259; D. T. Runia (1990) 4. Ihm aber anzurechnen, daß er eine „Synthese" zwischen jüdischer Religion und griechischem Geist erarbeiten wollte [vgl. z. B. H.-F. Weiss (1966) 249], ist sicherlich zu weit getrieben. Bereits Ende der 30er Jahre hat W. Völker (1938) 9 darauf hingewiesen, daß Philo zuallererst als biblischer Exeget anzusehen ist. Jeder Versuch, seinen von Allegorese durchtränkten exegetischen Erwägungen ein kohärentes System zu entnehmen, sei somit zum Scheitern verurteilt. Zudem wurde das apologetische und missionarische Moment der philonischen Schriften von vielen Forschern angesprochen; vgl. z. B. W. Völker (1938) 11; H.-F. Weiss (1966) 264. Beide Ansätze, der exegetische und apologetisch-missionarische, werden von jüngeren Forschern herangezogen und weiterentwickelt; vgl z. B. P. Borgen (1984) 257–264; R. Williamson (1989) 2f.; D. T. Runia (1990) 4f. u. 7. Für einen alexandrinischen Intellektuellen wie Philo war die griechische Philosophie kein *Fremdkörper*, sondern Teil seiner Denkstruktur; vgl. C. J. de Vogel (1985) 35. Da er zudem der historisch unhaltbaren Ansicht (vgl. z. B. Phil. Spec. leg. IV, 61) war, daß viele Auffassungen der griechischen Weisheit in den Büchern Moses ihre Wurzeln haben, war es für ihn selbstverständlich, an die Terminologie und das Gedankengut der Philosophie anzuknüpfen. Auf diese Weise konnte er die Religion seiner Vorfahren besser verteidigen und für die griechischen Intellektuellen verständlicher und attraktiver machen, indem er sie im griechischen Gewand präsentierte. Daß Philo nicht selten jene Elemente, die sich mit der biblischen Offenbarung nicht vereinbaren lassen, ausschloß, zeigt, daß die Bezugnahme auf das griechische Erbe bei ihm nicht ohne kritischen Verstand erfolgte; vgl. z. B. die Polemik gegen den stoischen Pantheismus in Phil. Mig. Abr. 179–181, gegen den Glauben an die Anfangslosigkeit der Materie in Phil. Som. II, 283 und gegen die falschen Gottes- und Weltanschauungen in Phil. Op. mund. 170–172. Offen bleibt aber, inwieweit er sich trotz dieses kritischen Umgangs mit dem griechischen Nachlaß dagegen wehren konnte, sich vom Griechentum *kontaminieren* zu lassen. Eins steht jedenfalls fest, daß sich das offizielle Judentum jahrhundertelang der philonischen Interpretation des jüdischen Glaubens nicht anschließen konnte; vgl. dazu D. T. Runia (1990) 14–16.

[69] So H.-F. Weiss (1966) 260; R. Williamson (1989) 104.

λόγος-Lehre bei Philo mit der Frage nach den Grundzügen seines Gottesbegriffs zu beginnen.

In voller Treue zum Gottesbild des Pentateuchs hebt Philo sowohl die absolute Transzendenz Gottes[70] als auch dessen dynamischen Bezug zur Welt hervor. Zum einen ist Gott jenseits aller Qualifizierung.[71] Deshalb bedient sich Philo zur Bezeichnung Gottes negativer Attribute[72] und greift oft auf die Allegorese zurück, um die biblischen Anthropomorphismen[73] zu überwinden. Die einzige positive Aussage, die von Gott behauptet werden kann, ist die Existenz,[74] wie es Gott selbst Mose auf dem Berg geoffenbart hat (vgl. Gen 3, 14 LXX).[75] Zum anderen aber bekräftigt Philo trotz der göttlichen Erhabenheit, daß Gott einziger Schöpfer (δημιουργός)[76] der Welt ist, was notwendigerweise beinhaltet, daß er in eine Beziehung zur Welt tritt. Dieser Schöpfungsakt Gottes beschränkt sich keineswegs auf die Vergangenheit,[77] sondern er setzt sich in der Gegenwart vor allem dadurch fort, daß Gott die Welt lenkt[78] und für sie sorgt.[79] Philo kann sogar

---

[70] Der Gedanke von der Transzendenz Gottes reicht bis in die platonischen Dialoge zurück; vgl. z. B. Plat. Resp. 509b, wo vom Guten gesagt wird, daß es ἐπέκεινα τῆς οὐσίας (jenseits des Seins) ist; vgl. auch Plat. Ti. 27c. Maßgeblich für Philo aber war, daß es sich dabei um ein biblisches Motiv handelt; vgl. dazu Anm. 75.

[71] Vgl. Phil. Leg. alleg. I, 36f.: „ἄποιος γὰρ ὁ θεός, οὐ μόνον οὐκ ἀνθρωπόμορφος".

[72] Nach Phil. Som. I, 67 ist Gott ἀκατανόμαστος (namenlos), ἄρρητος (unsagbar) und κατὰ πάσας ἰδέας ἀκατάληπτος (durch/im Blick auf keine Vorstellung begreiflich). In Phil. De. imm. 56 schreibt Philo, daß Gott ἀσύγκριτος (unvergleichlich), ἀμιγής (unvermischt) und ἀγένητος (ungeschaffen) ist.

[73] Zu einer Kritik des Anthropomorphismus und einer Erklärung, warum er bei Mose vorkommt, vgl. z. B. Phil. De. imm. 51–68.

[74] Vgl. ibid. 62: „ὁ δ' ἄρα (sc. Gott) οὐδὲ τῷ νῷ καταληπτὸς ὅτι μὴ κατὰ τὸ εἶναι μόνον· ὕπαρξις γὰρ ἔσθ' ἣν καταλαμβάνομεν αὐτοῦ, τῶν δέ γε χωρὶς ὑπάρξεως οὐδέν"; ferner ibid. 55; Phil. Mut. nom. 7; Phil. Post. C. 168: „ἀνθρώπου γὰρ ἐξαρκεῖ λογισμῷ μέχρι τοῦ καταμαθεῖν ὅτι ἔστι τε καὶ ὑπάρχει τὸ τῶν ὅλων αἴτιον προελθεῖν· περαιτέρω δὲ σπουδάξειν τρέπεσθαι, ὡς περὶ οὐσίας ἢ ποιότητος ζητεῖν, ὠγύγιός τις ἠλιθιότης".

[75] Vgl. ibid. 11: „φησὶν (sc. Gott) ὅτι 'ἐγώ εἰμι ὁ ὤν' ἴσον τῷ εἶναι πέφυκα, οὐ λέγεσθαι"; Phil. Som. I, 230f.

[76] Vgl. z. B. Phil. De. imm. 21; Phil. Leg. alleg. III, 76; Phil. Op. mund. 10; 68; 138f.; 146; 171; Phil. Post. C. 157.

[77] Vgl. Phil. Leg. alleg. I, 5: „παύεται γὰρ οὐδέποτε ποιῶν ὁ θεός".

[78] Um dies auszudrücken, gebraucht Philo für Gott den stoischen terminus κυβερνήτης (Lenker); vgl. z. B. Phil. Conf. ling. 98; Phil. Mig. Abr. 6; Phil. Op. mund. 88; Phil. Rer. div. 228 u. 301.

[79] Es geht hier auch um einen stoischen Gedanken, den der πρόνοια (Vorsehung); vgl. Phil. Conf. ling. 114; Phil. De. imm. 29; Phil. Op. mund. 171f.; ferner Anm. 62.

diese Vorstellung überbieten, indem er Gott die Allgegenwart zuschreibt.[80] Gerade an diesem Punkt und mit dem Zweck, die Transzendenz Gottes mit seinem dynamischen Verhältnis zu der Schöpfung zu
vereinbaren, erweist sich bei Philo das Vorhandensein eines Mittel-
wesens, welches Gott mit dem Kosmos in Verbindung setzen kann, als
notwendig. Diese Mittlerfunktion wird vom λόγος übernommen, der als
Werkzeug (ὄργανον)[81] bei der Schöpfung und als Erfüller der Lenk-
tätigkeit Gottes[82] erscheint. Der λόγος sorgt für die Welt als die Herde
Gottes[83] und hält deren Teile zusammen, so daß sie nicht auseinan-
derfällt.[84] Er steht an der Grenze (μεθόριος) zwischen Schöpfer und
Geschöpf und ist dadurch zur Rolle befähigt, bei den Menschen als
Gesandter (πρεσβευτής) Gottes zu fungieren und bei Gott für sie ein-
zutreten (ἱκέτης).[85] Diese funktionale Vermittlerrolle des λόγος basiert
auf einem ontologischen Zustand, nämlich daß er die Stellung eines
Bindegliedes einnimmt innerhalb einer Hierarchie, deren oberer Pol
Gott und deren unterer Pol die irdische Welt ist. Angesichts seines
Verhältnisses zum oberen Pol ist der λόγος Abbild (εἰκών)[86] und Schatten (σκιά)[87] Gottes. Gelegentlich kann es ebenfalls von ihm heißen,
er sei erstgeborener Sohn (πρωτόγονος υἱός)[88] Gottes und der älteste
aller Geschöpfe (πρεσβύτατος τῶν ὅσα γέγονε).[89] Hinsichtlich seines

---

[80] Vgl. Phil. Conf. ling. 136f.; Phil. Leg. alleg. III, 4. M. Heinze (1961) 208 und
H.-F. Weiss (1966) 258 meinen, daß sich Philo hier vom stoischen Motiv der
Immanenz Gottes nicht befreien konnte. Sie verfehlen aber meines Erachtens die
biblische Pointe beim Alexandriner, da er in Phil. Leg. alleg. III, 4 ausdrücklich
auf die in der Bibel vertretene Lehre von der Allgegenwart Gottes in der Welt
Bezug nimmt, indem er einen biblischen Vers zitiert: „Gott ist im Himmel oben
und auf Erden unten" [Dtn 4, 39 LXX; Übersetzung von mir (wenn in der vorliegenden Arbeit deutsche Bibelzitate vorkommen und ich auf keine Übersetzungsquelle
hinweise, dann stammt der fragliche Text aus der Bibelübersetzung nach Martin
Luther)]. In Phil. Conf. ling. 136 erklärt Philo, daß die Allgegenwart Gottes im
Kosmos durch seine zusammenhaltenden Kräfte hergestellt wird.
[81] Vgl. Phil. Leg. alleg. III, 96: „σκιὰ θεοῦ δὲ ὁ λόγος αὐτοῦ ἐστιν, ᾧ καθάπερ
ὀργάνῳ προσχρησάμενος ἐκοσμοποίει"; vgl. auch Phil. Cher. 127.
[82] Vgl. ibid. 36, wo der λόγος κυβερνήτης τοῦ παντός (Lenker von allem) heißt;
ferner Phil. Agr. 51.
[83] Vgl. ibid.
[84] Vgl. Phil. Fug. 112.
[85] Vgl. Phil. Rer. div. 205f.
[86] Vgl. Phil. Conf. ling. 97: „εὐπρεπὲς γὰρ . . . τὸ ὂν ἰδεῖν, εἰ δὲ μὴ . . . τὴν γοῦν
εἰκόνα αὐτοῦ, τὸν ἱερώτατον λόγον"; Phil. Rer. div. 231; Phil. Spec. leg. I, 81.
[87] Vgl. Phil. Leg. alleg. III, 96 (zitiert in Anm. 81).
[88] Vgl. Phil. Agr. 51.
[89] Vgl. Phil. Leg. alleg. III, 175.

Verhältnisses zu den Geschöpfen wird der λόγος mit der intelligiblen Welt (κόσμος νοητός)[90] identifiziert, die bei der Schöpfung als Muster (παράδειγμα) für die sinnlich wahrnehmbare Welt (κόσμος αἰσθητός) diente.[91] Der λόγος ist Ort aller Ideen, aus denen die intelligible Welt besteht[92] und gemäß denen Gott die wahrnehmbaren Dinge hervorgebracht hat.[93] In spezieller Art tritt der λόγος bei Philo als Urbild für den menschlichen Intellekt (νοῦς)[94] auf.[95] Demzufolge handelt es sich bei der sich zwischen Gott und der Welt erstreckenden Hierarchie um eine zweigliedrige Urbild-Abbild-Relation mit dem λόγος als verknüpfender Mitte.[96] Indem er gleichzeitig Abbild Gottes und Urbild

---

[90] Vgl. Phil. Op. mund. 25: „δῆλον ὅτι καὶ ἡ ἀρχέτυπος σφραγίς, ὅν φαμεν νοητὸν εἶναι κόσμον, αὐτὸς ἂν εἴη ὁ θεοῦ λόγος".

[91] Vgl. Phil. Op. mund. 16: „βουληθεὶς (sc. Gott) τὸν ὁρατὸν κόσμον τουτονὶ δημιουργῆσαι προεξετύπου τὸν νοητόν, ἵνα χρώμενος ἀσωμάτῳ καὶ θεοειδεστάτῳ παραδείγματι τὸν σωματικὸν ἀπεργάσηται"; ibid. 19: „διανοηθεὶς ἐνενόησε (sc. Gott) πρότερον τοὺς τύπους αὐτῆς (sc. die Welt, die mit einer Stadt verglichen wird), ἐξ ὧν κόσμον νοητὸν συστησάμενος ἀπετέλει καὶ τὸν αἰσθητὸν παραδείγματι χρώμενος ἐκείνῳ". Nach H. A. Wolfson (1948) 230–240 unterscheidet Philo an der eben zitierten Stelle bei der Erschaffung der Welt drei Stadien: Beim ersten Stadium hat die Welt keine von Gott unabhängige ontische Existenz; sie befindet sich nur im Denken Gottes, der sich ihre τύποι (Figur) überlegt. Bei dem zweiten Stadium setzt der eigentliche Schöpfungsakt ein, indem Gott diese durchdachten τύποι in eine von ihm unabhängige intelligible Welt formt. Im dritten Stadium schafft Gott die sinnlich wahrnehmbare Welt, indem er die intelligible Welt als Muster gebraucht. Die Existenz der intelligiblen Welt beim zweiten Stadium *extra mentem Dei* bestätigt Wolfsons Ansicht nach das Verb προεκτυπόω (vorhergestalten) in Phil. Op. mund. 16. Von vielen Forschern aber wird gegen eine unabhängige Existenz der intelligiblen Welt vom Denken Gottes auch im zweiten Stadium argumentiert; vgl. z. B. Phil. Op. mund. 18; 20; 24f.; K. Bormann (1955) 11–19; R. M. Berchman (1984) 32. Dieser Auffassung nach hat Philo hier die mittelplatonische Identifikation der platonischen Ideen mit den Gedanken Gottes so gut wie unverändert übernommen. Gleichgültig, welche Position den Quellen am ehesten gerecht wird, scheint mir die philonische Pointe darin zu bestehen, daß die intelligible Welt *von Gott* ins Dasein gerufen wird, wie auch immer dieses Dasein zu definieren ist.

[92] Vgl. Phil. Gig. 61; Phil. Op. mund. 20.

[93] Vgl. ibid. 16f.

[94] Auch Gott bezeichnet Philo als νοῦς; vgl. z. B. Phil. Gig. 40f.: „τὸ δὲ ψυχῆς (ἀγαθὸν) καὶ τοῦ παντὸς ὁ νοῦς τῶν ὅλων, ὁ θεός"; ferner Phil. Mig. Abr. 4f.

[95] Vgl. Phil. Rer. div. 231f. Als biblischer Anknüpfungspunkt gilt für Philo Gen 1, 27 LXX, wo es von dem Menschen heißt, daß er κατ' εἰκόνα θεοῦ (zum Bilde Gottes) geschaffen wurde. Bei diesem Bild/Abbild Gottes handelt es sich um den λόγος; vgl. Phil. Conf. ling. 97 (zitiert in Anm. 86).

[96] Für diese Urbild-Abbild-Relation verwendet Philo eine ziemlich breite Palette von Ausdrücken: Das Urbild wird z. B. durch παράδειγμα [vgl. Phil. Op. mund. 16 u. 19 (zitiert in Anm. 91); Phil. Rer. div. 231f.], ἀρχέτυπον (vgl. Phil. Op. mund. 16; Phil. Spec. leg. III, 207), σφραγίς [vgl. Phil. Fug. 12; Phil. Op. mund. 25 (zitiert

des Kosmos bzw. des Menschen ist, bildet der λόγος *primär* in ontologischer Hinsicht einen *Bindestrich* zwischen Schöpfer und Geschöpf, was ihm *sekundär* ermöglicht, eine funktionale Vermittlung zwischen beiden zu vollziehen. In diesem ontologischen Gefüge Philos, vor allem in der Urbild-Abbild-Relation zwischen λόγος und Kosmos, ist die Anknüpfung an die platonische Ideenlehre eindeutig erkennbar. In der Tat sind die Berührungspunkte zwischen *De opificio mundi*, dem Kommentar Philos zur biblischen Schöpfungsgeschichte, und dem platonischen *Timaeus* unübersehbar. Wie der Demiurg des *Timaeus*, welcher als Schöpfer auf die Ideen als Modell zurückgreift, bedient sich Gott bei Philo der intelligiblen Welt als Urbild für den Kosmos.[97] Indes sind die von Philo eingeführten und ihm unter anderem durch seinen jüdischen Glauben diktierten Modifikationen ebensowenig zu verkennen. Im Unterschied zu Platon sind die philonischen Ideen keine anfangslosen,[98] vom Demiurgen unabhängigen Wesenheiten, sondern sie werden von Gott selbst, der bei dem Alexandriner für den Demiurgen steht, durch einen freien Schöpfungsakt zur Existenz gebracht.[99] Hier läßt sich zugleich eine Übernahme und Umdeutung der platonischen Ideenlehre beobachten. Der Begriff λόγος wird auf die Ideen übertragen,[100] die nun ihrerseits in enge Beziehung zu Gott gesetzt werden, ja ihn zur alleinigen Quelle haben.

Aus der obigen Untersuchung erhellt, daß der philonische Sprachgebrauch dem λόγος personifizierende Züge verleiht und ihn als ein im Verhältnis zu Gott relativ eigenständiges Wesen schildert. Die

---

in Anm. 90)] bezeichnet; die für das Abbild am meisten benutzten Ausdrücke sind εἰκών (vgl. Phil. Conf. ling. 97; Phil. Op. mund. 25; Phil. Rer. div. 231f.; Phil. Spec. leg. I, 81), ἀπεικόνισμα (vgl. Phil. Op. mund. 16; Phil. Rer. div. 231f.), ἐκμαγεῖον (vgl. Phil. Rer. div. 231f.) und μίμημα (vgl. Phil. Op. mund. 25). Vgl. auch Plat. Ti. 28ab; 31a; 48e.

[97] Vgl. Phil. Op. mund. 16 u. 19 (zitiert in Anm. 91); dazu auch D. T. Runia (1990) 8f. Zum gemeinsamen Gedanken Platos und Philos, daß Gott aufgrund seiner Güte die Welt geschaffen hat; vgl. Phil. Op. mund. 21 u. Plat. Ti. 29a; 29e–30a. Zu anderen Gemeinsamkeiten vgl. H. A. Wolfson (1948) 300–310. Die gesamte Problematik des Verhältnisses Philos zum platonischen Timaeus wurde in der Studie von D. T. Runia „Philo of Alexandria and the Timaeus of Plato" (1986) untersucht.

[98] Vgl. Plat. Ti. 52a.

[99] Vgl. Phil. Op. mund. 16 u. 19 (zitiert in Anm. 91); so H. A. Wolfson (1948) 305.

[100] Eine begriffliche Gleichsetzung des λόγος mit der platonischen Idee dürfte wohl zum ersten Mal im Rahmen der mittleren Stoa stattgefunden haben; vgl. dazu R. M. Berchman (1984) 30.

Häufung dieser Metaphorik und deren nahezu selbstverständlicher Charakter kann folgerichtig zu dem Schluß verleiten, daß sich die Hypostasierung des λόγος bereits bei Philo anbahnt.[101] Auch wichtig ist die Tatsache, daß bei ihm eine Interpretation der *Ideen*lehre Platons im Sinne einer λόγος-Lehre[102] geltend gemacht wird. Beide Aspekte werden für die Weiterentwicklung des Logosbegriffs in der Spätantike von entscheidender Bedeutung sein.

1.1.8. *Das Neue Testament*

Im Neuen Testament weist der Begriff λόγος zwar eine Vielfalt von Verwendungsweisen auf. Sie haben aber meistens ein gemeinsames Hauptmerkmal, nämlich daß es sich dabei völlig unabhängig von

---

[101] Vgl. R. Mortley (1986) 42–45, der von einer solchen Hypostasierung ausgeht. Ob Philo wirklich glaubte, daß der λόγος eine Hypostase wäre, und gerade dies mit seinen Formulierungen zum Ausdruck bringen wollte, bildet, soweit ich sehe, ein hermeneutisches Problem anderer Ebene. Dabei ist auch der Unterschied zwischen dem antiken und modernen Personbegriff zu berücksichtigen. Übrigens drängt sich in der Forschung oft die Frage nach den Wurzeln der personifizierenden Logosanschauung bei Philo auf. Als Lösungsvorschlag wird gemutmaßt, daß Philo aus dem Vorstellungsbereich der hellenistischen Theologie geschöpft hat, wo die Gleichsetzung des λόγος mit Personen, vor allem mit dem griechischen Gott Hermes, ein Gemeinplatz war; vgl. H.-F. Weiss (1966) 239–242. In diesem Zusammenhang wird auch auf terminologische Parallelen mit dem Corpus Hermeticum hingewiesen; vgl. ibid. 242–247. So sehr dieser religionsgeschichtliche Ansatz hilfreich sein mag, um sich über die Komplexität des philonischen Hintergrunds Klarheit zu verschaffen, so sehr scheint es mir, daß das Entscheidende für Philo ein biblischer Anknüpfungspunkt gewesen ist (vgl. Anm. 70 u. 80). Von daher dürfte ihn die jüdische Weisheitsspekulation (vgl. Spr 8; Ijob 28) dazu veranlaßt haben, dem λόγος, diesem in seiner Zeit bereits zum Inbegriff des griechischen Geistes gewordenen Terminus, aus missionarischen Gründen personhafte, ursprünglich der Sophia gehörende Züge zu verleihen; vgl. dazu H.-F. Weiss (1966) 260 u. 264.

[102] Bisweilen ist bei Philo die Rede von den λόγοι Gottes anzutreffen. Sie werden unsterbliche Seelen genannt (vgl. Phil. Som. I, 127), in Verbindung mit den Engeln gesetzt (vgl. Phil. Leg. alleg. III, 177) und oft mit ihnen identifiziert (vgl. Phil. Som. I, 141f. u. 148; Phil. Conf. ling. 28; Phil. Mig. Abr. 173; Phil. Post. C. 91f.). Daß Philo sagt, der göttliche Ort (θεῖος τόπος) und die heilige Stätte (ἱερὰ χώρα) seien von ihnen erfüllt (vgl. Phil. Som. I, 27), und ihnen eine Vermittlerrolle zwischen Gott und der Materie zuschreibt (vgl. ibid. 69), legt die Vermutung nahe, daß sie in Verbindung mit den Ideen stehen. Mir scheint aber, daß das philonische Denken über das Verhältnis von λόγοι und Ideen verschwommen bleibt und jedes sichere Urteil erschwert. Jedenfalls läßt das philonische Beweismaterial nicht darauf schließen, daß Ideen und λόγοι ohne weiteres identisch sind. Dagegen spricht z. B. Phil. Som. I, 115f., wo Philo zwischen λόγοι und ἀρχέτυποι deutlich unterscheidet, indem er die ersteren für ein Bild/Abbild (εἰκών) der letzteren hält; gegen M. Heinze (1961) 220; R. Holte (1958) 120.

positiver oder negativer Färbung des Inhalts um ein gesprochenes Wort handelt.[103] Demgemäß wird λόγος auch zur Bezeichnung der Jesuworte benutzt.[104] Zudem hängt die Benennung der apostolischen Botschaft durch den Begriff λόγος[105] damit zusammen, daß diese Botschaft als etwas Gesprochenes, als ein mündliches Zeugnis von Jesus empfunden wurde.[106] Daß diese Rede von Jesus, dieses verkündigte Evangelium auch als λόγος τοῦ θεοῦ (Wort Gottes) galt,[107] ist aus der Überzeugung der Urchristen zu erklären, daß die Offenbarung Gottes in der Geschichte auf besondere und abschließende Weise in Jesus von Nazareth zu *Wort* gekommen ist.[108] Innerhalb dieses in hohem Maße einheitlichen Gesamtbildes heben sich die wohlbekannten Stellen des Corpus Johanneum, vor allem Joh 1, 1 u. 14, ab. Im Gesamtkontext des ersten Kapitels des Johannesevangeliums wird der Begriff λόγος, sofern dieses Kapitel synchron gelesen wird, auf Jesus so übertragen, daß der λόγος nicht nur einen personhaften Zug erhält, der durch den abstrakten Präexistenzgedanken nicht gemindert wird, sondern er wird auch mitten in die Geschichte hineingezogen.[109] So wenig sich der johanneische λόγος auf die ihm vorausgegangene Philosophiegeschichte zu beziehen scheint,[110] so sehr besteht seine Bedeutung darin, daß er für die christlichen Denker der späteren Jahrhunderte direkter Anlaß war, bei der Entfaltung der Christologie an den griechischen λόγος anzuknüpfen und das ganze, diesem Begriff innewohnende Potential für eine Interpretation des christlichen Glaubens mit griechischen Kategorien zu verwerten.

---

[103] Vgl. G. Kittel (1942) 100–102. Zu den Ausnahmen zählt λόγος im Sinne von Rechnung, Konto [vgl. Phil 4, 15 u. 17; Hebr 4, 13; G. Kittel (1942) 103f.], Grund, Ursache (vgl. Apg 10, 29) und selbstverständlich der personifizierende Gebrauch von λόγος in Joh 1, 1 u. 14.

[104] Vgl. z. B. Mt 24, 35; Mk 10, 22; Lk 10, 39.

[105] Vgl. Lk 1, 2; Apg 6, 4; Gal 6, 6; 1 Thess 1, 6; Phil 1, 14; 2 Tim 4, 2.

[106] Vgl. G. Kittel (1942) 116.

[107] Vgl. Apg 11, 1; 1 Kor 14, 36; 2 Kor 2, 17; 1 Thess 2, 13.

[108] Vgl. Kol 1, 25–29; Hebr 1, 1f.

[109] Vgl. Joh 1, 1–18.

[110] Es herrscht in der Forschung immer noch kein Konsens über die Herkunft des johanneischen λόγος. Die verschiedenen Thesen dazu – sowie die wichtigsten Wendepunkte der Johannesforschung überhaupt – sind in M. Theobald (1988) 6–161 dargelegt und erörtert. Doch im Gegensatz zu der im 19. Jahrhundert sehr verbreiteten Ansicht, daß die johanneische Logosidee das Produkt einer Begegnung mit der zeitgenössischen Philosophie darstellt [vgl. A. Aall (1899) 130–137; M. Theobald (1988) 51f.], ist man heute weitgehend im Einverständnis darüber, daß der λόγος des Johannesprologs weder eine Auseinandersetzung mit noch eine Entwicklung aus der griechischen Logosspekulation darstellt; vgl. ibid. 157.

1.1.9. *Justin*

Die im Johannesprolog begegnende Identifikation des λόγος mit dem historischen Jesus wird von Justin,[111] dem aus Palästina stammenden christlichen Philosophen, Apologeten und Märtyrer des zweiten Jahrhunderts, vorausgesetzt.[112] Bei diesem Kirchenvater läßt sich ein aus der Auseinandersetzung mit dem griechischen Geist resultierendes Ringen um einen adäquaten christlichen λόγος-Begriff deutlich beobachten. Ausgangspunkt der Reflexion über den λόγος ist für den zum Christentum konvertierten Denker nicht die rein philosophische Spekulation, sondern das von Jesus vollzogene Heilsgeschehen,[113] so wie es in den christlichen Schriften dokumentiert ist.[114] Jesus, dessen Historizität bei Justin besonders hervorgehoben wird,[115] *ist* selbst der λόγος, ja der menschgewordene λόγος Gottes.[116] Von dieser Perspektive aus reflektiert Justin über die Bedeutung des λόγος vor seiner Fleischwerdung, über seine kosmischen Dimensionen und sein Verhältnis zur menschlichen Weisheit überhaupt, indem er die christliche Tradition vor allem mit stoischen und platonischen Elementen kombiniert.[117] Als erst- und einziggeborener Sohn Gottes,[118] kommt dem λόγος die

---

[111] Justin wurde in Flavia Neapolis, dem heutigen Nablus, geboren; vgl. Just. Apol. I. 1, 1. Nach reger Beschäftigung mit der Philosophie seiner Zeit schloß er sich dem Christentum an; vgl. Just. Dial. 2f. Justin muß literarisch sehr produktiv gewesen sein. Von seinen Werken aber sind nur zwei Apologien und der Dialog mit dem Juden Tryphon erhalten. Er erlitt den Märtyrertod unter Kaiser Mark Aurel (161–180) um 165; vgl. dazu A. Wartelle (1987) 21–23.

[112] Die Bekanntschaft Justins mit dem Johannesevangelium ist in der Forschung immer noch umstritten. In seiner Studie zur *Proof-Text*-Tradition bei Justin scheint O. Skarsaune (1987) 106 u. 130 eine direkte Anlehnung Justins an das Johannesevangelium auszuschließen. Dies kann allerdings, soweit ich sehe, kaum beweisen, daß dem christlichen Philosophen dieses Evangelium unbekannt war. Stammt die Identifizierung des λόγος mit Jesus nicht aus dem Johannesevangelium, so bleibt die Frage offen, auf welche Tradition sich Justin hierbei bezieht. Es ist weiterhin zu beachten, daß der selbstverständliche und intensive justinische Gebrauch des Begriffs λόγος zur Annahme veranlassen kann, daß dabei an ein Stück ziemlich verbreiteter christlicher Tradition angeknüpft wird. Fest steht jedenfalls, daß sich das justinische Denken hinsichtlich der Identifikation des λόγος mit Jesus mit dem johanneischen λόγος-Begriff überschneidet; vgl. dazu auch A. Wartelle (1987) 47, der dafür plädiert, daß Justin das Johannesevangelium benutzt hat.

[113] Vgl. z. B. Just. Apol. I. 5, 4; 13, 1; 23, 2; 63, 16.

[114] Vgl. ibid. 66, 3; 67, 3.

[115] Vgl. ibid. 13, 3; 34, 2; 35, 9; 48, 3.

[116] Vgl. ibid. 5, 4; 32, 10; 63, 16; Just. Apol. II. 13, 4.

[117] Zur eventuellen Vertrautheit Justins mit den Werken Philos vgl. T. Runia (1993) 97–105 u. (1995) 194f.

[118] Vgl. Just. Apol. I. 23, 2; 33, 6; 58, 3.

zweite Stelle nach Gott dem Vater zu.[119] Obwohl Justin den λόγος
nicht nur als göttlich bezeichnet,[120] sondern ihn auch Gott nennen
kann,[121] hebt er dauernd hervor, daß dieser λόγος Gott dem Vater
untergeordnet ist,[122] so daß die christliche Gotteslehre nicht in einen
Ditheismus ausartet.[123] Das eigentliche Novum der λόγος-Lehre Justins
besteht darin, daß er alle Offenbarung Gottes vor Jesus auf den präe-
xistenten λόγος zurückführt. Demzufolge wird der λόγος zum Instrument, wodurch Gott sowohl den Juden als auch den Heiden erschien.
Die Theophanien Gottes im Alten Testament waren in der Wirklichkeit
Erscheinungen des λόγος, des Engels (ἄγγελος) und Gesandten (ἀπόστολος) Gottes.[124] Die Originalität des justinischen Denkens kulminiert
in der Lehre vom σπερματικὸς λόγος, einem der Stoa entliehenen
Terminus,[125] mit Hilfe dessen Justin dem Aufkommen des λόγος unter
den Heiden Rechnung tragen will. In seinem von apologetischen
Zwecken diktierten Bemühen, eine Brücke zu dem für die römische
Kultur maßgeblichen griechischen Geist zu schlagen, vertritt Justin
die Ansicht, daß alle Menschen an einem σπέρμα (Same, Funke) des
λόγος teilhaben.[126] Der λόγος wird insofern σπερματικός genannt,[127]
als er dieses σπέρμα in den Menschen sät, d. h. daß er bei ihnen
Spuren von sich selbst hinterläßt.[128] Wird diese Teilhabe am λόγος
bei Justin im Grunde positiv bewertet, weil er dadurch erklärt, wie
Philosophen und Gesetzgeber „Gutes" gelehrt haben,[129] und viele

---

[119] Vgl. ibid. 12, 7; 13, 3; 60; 7.

[120] Vgl. ibid. 33, 9; 36, 1.

[121] Vgl. ibid. 63, 15.

[122] Vgl. die Verweise von Anm. 116.

[123] Zum christlichen Bemühen um einen angemessenen λόγος-Begriff, der nicht
in eine Zweigötterlehre verfällt, vgl. W. A. Bienert (1992) 418.

[124] Vgl. Just. Apol. I. 63, 10–16. Die Identifikation des alttestamentlichen Engels
des Herrn mit dem λόγος kommt schon bei Philo von Alexandrien vor; vgl. z. B.
Phil. Som. I, 23f.; Phil. Mut. nom. 87. Daß für Justin aber *alle* Erscheinungen Gottes
im Alten Testament auf den christlichen λόγος zurückzuführen sind, ist die konse-
quente Ausführung eines neutestamentlichen *Programms*, das in den Worten Jesu über
sein enges Verhältnis zum Vater gegeben ist; vgl. Just. Apol. I. 63, 10–16; Mt 11,
27; Lk 10, 22.

[125] Vgl. den Abschnitt 1. 1. 6; ferner L. W. Barnard (1971) 140; E. Osborn (1993)
148–151.

[126] Vgl. Just. Apol. II. 8, 1; ferner ibid. 13, 5; Just. Apol. I. 44, 10.

[127] Vgl. Just. Apol. II. 8, 3; 13, 2.

[128] Obwohl der Begriff σπερματικός nur zweimal bei Justin vorkommt und sich
nicht ausdrücklich auf den göttlichen λόγος bezieht, scheint mir festzustehen, daß
damit der präexistente göttliche λόγος gemeint ist; vgl. R. Holte (1958) 147; J. H.
Waszink (1964) 390.

[129] Vgl. Just. Apol. II. 10, 2.

sogar zu Christen vor Christus *tauft*,[130] so bleibt der Kirchenvater hier seinem Prinzip treu, alles von Jesus Christus her zu betrachten, indem er auch auf Negatives hinweist. Es geht hierbei eigentlich bloß um ein σπέρμα, um ein Teilchen der Wahrheit und keineswegs um den λόγος in seiner Ganzheit, der sich erst in Jesus zu erkennen gab.[131] Daß die antiken Weisen, jeder nach seiner Einstellung,[132] nur an einem Funken des λόγος teilhaben konnten, stellt die Erklärung dafür dar, daß sie sich auch in wichtigen Themen widersprachen,[133] und zeigt, daß das Christentum die vollkommene Philosophie ist.[134]

1.1.10. *Origenes*

Die bei Justin zu beobachtende Auseinandersetzung der christlichen Theologie mit dem griechischen Erbe am Beispiel des λόγος-Begriffs wird sich im dritten Jahrhundert fortsetzen. Dieses Jahrhundert trägt das tiefe Gepräge des alexandrinischen Kirchenlehrers Origenes (um 185–ca. 253), dessen ungemein bedeutendes Erbe als Bibelexeget und Theologe immer noch fasziniert und Anstöße zum weiteren theologischen Nachdenken liefert. Der alexandrinische Schriftsteller zeichnete sich nicht nur durch einen synthetischen Geist aus, wodurch er schriftliche, theologische und philosophische Bestände zu einem kohärenten Gesamtbild zusammenzustellen vermochte, sondern auch durch eine beträchtliche Innovationskraft des Denkens und einen Eifer des Handelns. Seine Fähigkeit, Einzelelemente zu einem Gesamtzusammenhang zu vereinen, sie auszuarbeiten und für einen weiteren Rezeptions- und Interpretationsvorgang fruchtbar zu machen, tritt gerade in seinem Logosbegriff deutlich auf.[135] Hier kann Origenes die Beiträge seiner Vorgänger, Philosophen und Theologen, so synthetisieren, daß der λόγος zum Kernbegriff *seiner* Theologie wird.[136] Maßgeblich für ihn ist hierbei sein Bewußtsein als Exeget, der um den Sinn der Schriften, einschließlich des inzwischen kanonisch gewordenen christlichen Schrifttums, bemüht ist.

---

[130] Vgl. Just. Apol. I. 46, 3f.
[131] Vgl. Just. Apol. II. 8, 3; 10, 2f.; 13, 4–6; ferner dazu R. Holte (1958) 141f.
[132] Vgl. Just. Apol. II. 13, 6.
[133] Vgl. ibid. 10, 3; 13, 3.
[134] Vgl. ibid. 10, 1; 13, 1f.
[135] Vgl. dazu W. A. Bienert (1992) 419.
[136] Vgl. W. Kelber (1958) 241; D. J. Letellier (1991) 587; W. A. Bienert (1992) 419.

Bei Origenes gehört der Begriff λόγος zu den zahlreichen Titeln (ἐπινοιά) Christi, die in der Schrift gegeben sind und verschiedene Aspekte des vielfältigen Wesens[137] des Gottessohnes zur Sprache bringen.[138] Ein Spezifikum dieses Titels ist, daß ihm Origenes den zweiten Rang nach der Bezeichnung Christi als Weisheit (σοφία) beilegt. Daß sich der Alexandriner hier gegen Versuche zur Wehr setzt, den λόγος als den Titel Christi schlechthin anzusehen,[139] hängt mit seiner Auslegung von Joh 1, 1a [Im Anfang war das Wort (λόγος)] zusammen. Mit Anfang (ἀρχή) sei die Weisheit gemeint, weil sie sich selbst in Spr 8, 22 LXX als Anfang der Wege Gottes bezeichne.[140] Demnach ist der λόγος in der Weisheit,[141] d. h. der Eigenschaft des Gottessohnes als λόγος geht logisch sein ontologischer Zustand als Weisheit Gottes voraus.[142] Nun wird die Frage nach dem theologischen Gehalt, der jedem dieser beiden Titel zugewiesen wird, unausweichlich. Zum einen scheint Origenes mit der Weisheit das Denken Gottes in bezug auf alles Seiende zu assoziieren.[143] Die – im Sinne der Platodeutung

---

[137] Im Unterschied zum Vater, den Origenes als ἕν bezeichnet, gilt der Sohn als πολλά; vgl. Orig. Com. Io. I, 119. Dies impliziert natürlich keine Teilung im Wesen des Sohnes, sondern rührt aus der Überzeugung her, daß seine Hypostase und die damit einhergehende Offenbarung viele Aspekte umfaßt. Demzufolge gilt der Sohn als Weisheit, λόγος, Licht, Auferstehung, Weg usw.; vgl. ibid. 109–131. Der Sohn ist auch vieles, da er für Origenes, wie der λόγος bei Philo, Ort der paradigmatischen Ideen ist, nach denen die Erfahrungswelt geschaffen ist; vgl. ibid. I, 115; 119 u. die Zitate in Anm. 145; Phil. Op. mund. 19 u. 25 (zitiert in Anm 90 u. 91). Somit vereint der Sohn in seinem Wesen die Einheit und die Vielfalt; vgl. auch dazu Klem. Str. IV, 156, 2, wo Klemens von Alexandrien den λόγος πάντα ἕν nennt; ferner D. J. Letellier (1991) 589; H. Crouzel (1992) 408.

[138] Origenes behandelt ausführlich diese Titel in Orig. Com. Io. I, 109–292.

[139] Vgl. ibid. I, 125; 151; 266.

[140] Vgl. ibid. I, 111.

[141] Vgl. ibid.

[142] So D. J. Letellier (1991) 591; ferner Orig. Com. Io. I, 118.

[143] Vgl. ibid. I, 111: „κατὰ μὲν τὴν σύστασιν τῆς περὶ τῶν ὅλων θεωρίας καὶ νοημάτων τῆς σοφίας νοουμένης". Dies darf aber nicht *mittelplatonisch* im Sinne einer gottimmanenten Weisheit verstanden werden. Dies läßt sich dadurch bestätigen, daß die bei Klemens in Klem. Str. V, 16, 3–6 zu findende Idee, es hätte den λόγος vor seiner hypostatischen Existenz als bloßen Gedanken Gottes (ἐννόημα θεοῦ) gegeben, von Origenes zurückgewiesen wird; vgl. dazu Orig. Com. Io. I, 243f.; Orig. Princ. I, 2, 2. Anknüpfungspunkt für die klementinische Auffassung dürfte die bei einigen Apologeten begegnende Anwendung der stoischen Teilung von λόγος ἐνδιάθετος und λόγος προφορικός auf den christlichen λόγος gewesen sein; vgl. den Abschnitt 1.1.6 u. Theoph. Autol. II, 22: „ἀλλὰ ὡς ἀλήθεια διηγεῖται (sc. die Heilige Schrift) τὸν Λόγον τὸν ὄντα διὰ παντὸς ἐνδιάθετον ἐν καρδίᾳ θεοῦ. Πρὸ γάρ τι γίνεσθαι τοῦτον εἶχεν σύμβουλον, ἑαυτοῦ νοῦν καὶ φρόνησιν ὄντα. Ὁπότε δὲ ἠθέλησεν ὁ θεὸς ποιῆσαι ὅσα ἐβουλεύσατο, τοῦτον τὸν Λόγον ἐγέννησεν προ-

Philos, wenn auch im Unterschied zu ihm[144] – nun dezidiert als λόγοι aufgefaßten, paradigmatischen Ideen[145] werden in der Weisheit verortet,[146] die sich ihrer bei der Schöpfung bedient.[147] Zum anderen bezieht sich der Titel λόγος auf die offenbarende Funktion des Sohnes, da er seinen Vater enthüllt und Zugang zu ihm verschafft, so wie die menschliche Rede (λόγος) die Gedanken des Intellekts (νοῦς) vermittelnd artikuliert.[148] Diese Interpretation des Logostitels, die auf dem Aspekt des λόγος als menschlichem Wort basiert und sich auch bei Ignatius von Antiochien und Justin findet,[149] kombiniert Origenes mit einer zusätzlichen Deutung, welcher die andere Seite des griechischen λόγος, nämlich das Denken und das ihm entsprechende Handeln, zugrundeliegt. Der Sohn sei λόγος, denn er mache die Menschen *vernünftig* (λογικός).[150] Es kann keinem Zweifel unterliegen, daß das Wortspiel von λόγος und λογικός hier ohne den griechischen Hintergrund, der das rechte Denken und Handeln aus dem Begriff λόγος ableitet,[151] undenkbar gewesen wäre. Gerade aber durch seine Nuancierung, daß uns der λόγος wirklich (κατὰ ἀλήθειαν) *vernünftig* macht, ist die neue, von Origenes intendierte Dimension schon angedeutet. Ihm geht es nicht um die griechische Vernünftigkeit, sondern um die Einprägung des λόγος im Menschen, die ihn schrittweise in ein völlig *logoshaftes* (λογικός) Wesen verwandelt,[152] dessen Essen

---

φορικόν . . . οὐ κενωθεὶς αὐτὸς τοῦ Λόγου, ἀλλὰ Λόγον γεννήσας καὶ τῷ λόγῳ αὐτοῦ διὰ παντὸς ὁμιλῶν".

[144] Zum gewissermaßen schillernden Gebrauch von λόγοι bei Philo vgl. Anm. 102. Zu Origenes und Philo vgl. D. T. Runia (1992) 333–339 u. (1993) 157–183.

[145] Vgl. Orig. Com. Io. I, 114: „οὕτω τὰ σύμπαντα γεγονέναι κατὰ τοὺς ἐν τῇ σοφίᾳ πρωτρανωθέντας ὑπὸ θεοῦ τῶν ἐσομένων λόγους"; Orig. Princ. I, 2, 2: „pro his ipsis, quae in ipsa sapientia velut descriptae ac praefiguratae fuerant, creaturis se ipsam per Salomonem dicit creatam esse sapientia initium viarum dei, continens scilicet in semet ipsa universae creaturae vel initia vel rationes vel species"; ferner ibid. I, 4, 4.

[146] Vgl. Orig. Com. Io. I, 114 (zitiert in Anm. 145); 115; 244.

[147] Vgl. ibid. I, 115.

[148] Vgl. ibid. I, 277f.; ferner Orig. Princ. I, 2, 3; I, 2, 6 (Z. 184–196) u. I, 2, 7: „. . . exposuimus, quomodo via sit (sc. der Sohn) et ducat ad patrem et quomodo verbum sit arcana sapientiae ac scientiae mysteria interpretans ac proferens rationabili creaturae".

[149] Vgl. Ignat. Magn. 8, 2; Just. Dial. 128, 2.

[150] Vgl. Orig. Com. Io. I, 267: „οὕτως καὶ λόγος, καὶ πᾶν ἄλογον ἡμῶν περιαιρῶν καὶ κατὰ ἀλήθειαν λογικοὺς κατασκευάζων, πάντα εἰς δόξαν θεοῦ πράττοντας μέχρι τοῦ ἐσθίειν καὶ τοῦ πίνειν".

[151] Vgl. z. B. die Ausführungen zu λόγος bei Platon und Aristoteles in den Abschnitten 1.1.4 u. 1.1.5.

[152] Vgl. Orig. Com. Io. I, 273–275. Daß es sich dabei um einen Prozeß handelt, beweist Orig. Hom. Ier. XIV, 10.

und Trinken sogar zum Ruhm Gottes geschieht.[153] Dieser Verwand-
lungsweg wird bei Origenes hauptsächlich unter Rekurs auf das traditionelle, bei Philo[154] und Klemens von Alexandrien[155] begegnende
Urbild-Abbild-Schema platonischer Herkunft beschrieben, dessen
Verankerung in der Bibel für die christlichen Theologen nicht nur
durch den Gedanken der Ebenbildlichkeit im Schöpfungsbericht (vgl.
Gen 1, 27 LXX) gegeben ist, sondern auch durch die neutestamentliche Erklärung Christi zum Abbild Gottes[156]. Der Mensch ist *logoshaft*, insofern er als Abbild des λόγος[157] Anteil an ihm hat.[158] Daraus
aber, daß der λόγος selbst Abbild Gottes ist, folgt, daß der Mensch
Abbild des Abbildes ist.[159] Die dem Menschen durch die Bildhaftigkeits-
relation zum λόγος geschenkte potentielle *Logoshaftigkeit* kann nach
Origenes entfaltet werden, indem der λόγος mit Zustimmung der
menschlichen Willensfreiheit[160] alles *Logoslose* (ἄλογον) im Menschen
vernichtet.[161] Am Ende dieses Entfaltungsprozesses aus dem ursprünglichen Abbildzustand gilt der Mensch als vollständig *logoshaft* (λογικός).[162]

Die vorhergehenden Erwägungen werfen die Frage nach dem
Verhältnis von Vater und λόγος bei Origenes auf. Da hier der kon-
trovers diskutierte Subordinatianismus des Origenes nicht thematisiert werden kann,[163] soll nur auf einige Hauptzüge seiner Lehre im
Blick auf die Relation des λόγος zum Vater hingewiesen werden. Der
λόγος vor seiner Fleischwerdung tritt bei Origenes als vollständige
Hypostase neben dem Vater auf.[164] Demnach befindet sich nun der
bei Philo anbrechende und im Johannesevangelium und der frühchristlichen Schriftstellerei Fuß fassende Hypostasierungsprozeß des
λόγος in seiner nahezu abschließenden Phase. Im Gegensatz zu Klemens
setzt sich Origenes explizit von der Auffassung ab, der λόγος sei in

---

[153] Vgl. Orig. Com. Io. I, 267 (zitiert in Anm. 150).
[154] Vgl. den Abschnitt 1. 1. 7.
[155] Vgl. Klem. Prot. 98, 4: „'εἰκὼν' γὰρ 'τοῦ θεοῦ' ὁ Λόγος αὐτοῦ ... εἰκὼν δὲ
τοῦ Λόγου ὁ ἄνθρωπος <ὁ> ἀληθινός, ὁ νοῦς ὁ ἐν ἀνθρώπῳ".
[156] Vgl. Kol 1, 15; ferner Orig. Princ. I, 2, 5f.
[157] Vgl. Orig. Com. Io. I, 104f.; II, 20.
[158] Vgl. Orig. Hom. Ier. XIV, 10; Orig. Com. Io. I, 268f.; II, 15.
[159] Vgl. ibid. I, 104f.; II, 20.
[160] Vgl. Orig. Hom. Ier. XVIII, 3 u. 6; Orig. Princ. II, 1, 2.
[161] Vgl. Orig. Com. Io. I, 268.
[162] Vgl. ibid. I, 273 u. 275; II, 114. Zur gesamten Thematik vgl. P. A. Lieske
(1938) 99–103.
[163] Vgl. dazu D. J. Letellier (1991) 598–601 und die einschlägige Literatur, auf
die dort verwiesen wird.
[164] Vgl. Orig. Princ. I, 2, 2.

einem vorhypostatischen Stadium ein bloßer Gedanke des Vaters gewesen.[165] Schwierig wird es aber, wenn es um das Verhältnis des λόγος als Hypostase zum Vater geht. Für Origenes wird der Sohn vom Vater wie Wille aus Geist[166] bzw. Glanz aus Licht[167] geboren. Diese Vergleiche zur Erklärung der Urbild-Abbild-Relation zwischen Vater und λόγος scheinen bei Origenes – im Unterschied zum platonisch-plotinischen Deutungsmuster[168] – keinen ontologischen *Abfall* vom Urwesen zu beinhalten, sondern deuten eine Gemeinsamkeit der göttlichen Natur an. Der λόγος ist Gott, weil er beim Vater ist und aus ihm fortwährend seine Gottheit schöpft.[169] D. J. Letellier meint, daß die Stellen, wo Origenes die Ansicht vertritt, daß es keine Zeit gab, in der es den λόγος nicht gab,[170] aus der Feder des Alexandriners geflossen sind.[171] Dies bestätigt eine Stelle aus dem origenischen *Commentarius in Ioannem*, wo explizit zu lesen ist, daß der λόγος vor aller Zeit bei Gott war.[172] Diese Auffassung harmoniert mit der Behauptung im Anhang zur Trinitätslehre von *De principiis*, daß die in der Weisheit enthaltenen λόγοι von jeher existierten.[173] Andererseits aber hebt Origenes nicht selten hervor, daß der Vater Quelle des

---

[165] Vgl. dazu Anm. 143.

[166] Vgl. Orig. Princ. I, 2, 6: „qui (sc. der Sohn) utique natus ex eo (sc. der Vater) est velut quaedam voluntas eius ex mente procedens".

[167] Vgl. ibid. I, 2, 7: „velut splendor ex luce procedens (sc. der Sohn)".

[168] Nimmt man heute mit großer Wahrscheinlichkeit eine gemeinsame Schülerschaft von Origenes und Plotin, Gründer des sogenannten Neuplatonismus, bei dem alexandrinischen Philosophielehrer Ammonios Sakkas an [vgl. dazu H. Ziebritzki (1994) 30–43], so ist ihr denkerischer Bezug zueinander alles andere als geklärt. Kann man Berührungspunkte finden, die teilweise auf den gemeinsamen platonischen Nachlaß zurückgehen, so sind die Unterschiede, bisweilen durch terminologisches Gemeingut verdeckt, nicht zu unterschätzen; vgl. H. Crouzel (1987) 420–435 u. (1992) 406–417; E. Schockenhoff (1992) 284–295. Strittig ist selbst die Frage, ob ideengeschichtlich Origenes dem Neuplatonismus oder dem mittleren Platonismus zuzuordnen ist; vgl. dazu R. M. Berchman (1984) 113–117; E. Schockenhoff (1992) 284. Es scheint, daß der plotinische Abstand zwischen dem Einen und dem Intellekt (νοῦς) größer ist als zwischen dem Vater und dem Sohn bei Origenes; vgl. den Abschnitt 1.1.11. Laut H. Crouzel (1992) 410 wird darüber hinaus die Urbild-Abbild-Relation bei Plotin in der Regel im Unterschied zu Origenes negativ aufgefaßt.

[169] Vgl. Orig. Com. Io. II, 18.

[170] Vgl. z. B. Orig. Princ. I, 2, 9 (Z. 286); ferner ibid. I, 4, 4f.

[171] Vgl. D. J. Letellier (1992) 599, Anm. 65; ferner H. Crouzel (1956) 87f. u. 100.

[172] Vgl. Orig. Com. Io. II, 8: „πρὸ γὰρ παντὸς χρόνου καὶ αἰῶνος . . . ʼ ὁ λόγος ἦν πρὸς τὸν θεόν'".

[173] Vgl. Orig. Princ. I, 4, 4f.

Sohnes ist. In Anknüpfung an Philo[174] meint er, der λόγος dürfe nur
Gott (θεός) und nicht der Gott (ὁ θεός) heißen, weil er kein Gott per
se (αὐτόθεος) sei, sondern eine göttliche Natur hat, die bloß eine
Teilhabe (μετοχή) am Gottsein des Vaters sei.[175] Die subordinatiani-
stischen Ausdrücke des Origenes[176] dürften sich unter anderem aus
diesem Anliegen entwickelt haben.[177]

Es hat sich bereits herausgestellt, daß für Origenes die Vermittlerrolle
des λόγος zum Kern seines Wesens als λόγος gehört.[178] Diese Vermittlung erreicht zwar ihren Höhepunkt in der Fleischwerdung, sie erfaßt
aber alle Erscheinungen Gottes, da allein der Sohn den Vater kennt
und ihn offenbaren kann[179]. Demgemäß führt Origenes die Offenbarung im Alten Testament auf den λόγος zurück.[180] Als Bibeltheologe,
der synthetisch denkt, bleibt Origenes aber nicht bei diesem der
Tradition entliehenen Motiv,[181] sondern hält die ganze Heilige Schrift
für einen Ort, wo sich der λόγος manifestiert. Die nicht zu leug-
nende Mannigfaltigkeit und Verschiedenheit dessen, was in der Schrift
dokumentiert ist, sollte davon nicht ablenken, daß die vielen Bücher
in letzter Analyse im λόγος konvergieren und für ihn Zeugnis ablegen.[182] In diesem Sinne sind sie ein Buch,[183] weil sie von dem einen
λόγος berichten.[184] Da aber der λόγος nicht ohne weiteres zugänglich in der Schrift ist, erweist sich die Allegorese für Origenes als
das taugliche Verfahrensmittel, mit Hilfe dessen der Ausleger hinter
die Oberfläche des geschichtlichen Literalsinns zurückfragt, um zum
tieferen Sinn zu gelangen.[185] Demgemäß erscheint die Schrift *wie* ein
Verkörperungsort des λόγος,[186] weil sie ihn sichtbar und berührbar
macht.[187] So kann sie bei Origenes sachgemäß ὁ λόγος heißen.[188]

---

[174] Vgl. Phil. Som. I, 227–229; dazu C. J. de Vogel (1985) 3f. u. 10f.
[175] Vgl. Orig. Com. Io. II, 12–18.
[176] Vgl. dazu H. Crouzel (1956) 111–121.
[177] Vgl. dazu D. J. Letellier (1991) 601.
[178] So D. J. Letellier (1991) 601.
[179] Vgl. Orig. Com. Io. I, 277f.
[180] Vgl. ibid. II, 10; Orig. Hom. Ier. IX, 1.
[181] Vgl. die Ausführungen zu Justin im Abschnitt 1. 9.
[182] Vgl. Orig. Com. Io. V, 6.
[183] Vgl. ibid.
[184] Vgl. ibid. V, 5.
[185] Vgl. Orig. Hom. Lev. V, 1; dazu auch Orig. Com. Mt. Bd. 2, 27.
[186] Vgl. H. de Lubac (1950) 336–346; R. Gögler (1963) 299–307.
[187] Vgl. Orig. Com. Mt. Bd. 3, 11: „ὥσπερ ὁ λόγος οὗτος ὁ προφορικὸς κατὰ
τὴν οἰκείαν φύσιν ἀναφής ἐστι καὶ ἀόρατος, ὅταν δὲ ἐν βίβλῳ γραφῇ καὶ οἰονεὶ

1.1.11. *Plotin*

Ebenfalls im dritten Jahrhundert verdichtete sich das Genie des griechischen Geistes in der Gestalt des ägyptischen Denkers Plotin (ca. 205–ca. 270), dem es durch eine *zeitgenössische* Interpretation des platonischen Erbes gelang, ein einmaliges philosophisches System, den Neuplatonismus, dessen Wirkung bis in die Gegenwart hineinreicht, zu inaugurieren. Das Grundgefüge der plotinischen Metaphysik ist die Lehre von den drei Ebenen,[189] welche den übernatürlichen Wirklichkeitsbereich konstituieren. An die Spitze der ontologischen Pyramide Plotins wird das Eine (ἕν)[190] gesetzt, das durch seine absolute Erhabenheit gekennzeichnet ist. Wird das Eine gelegentlich aufgrund der Defizienz von Sprache und menschlicher Erfahrung mit positiven Aussagen prädiziert,[191] so steht es doch über allem Wort, Wissen und Sein.[192] Aus diesem ersten Prinzip geht der Intellekt (νοῦς) hervor,[193] der im Unterschied zum Einen, dessen Abbild er ist,[194]

σωματωθῇ τότε καὶ ὁρᾶται καὶ ψηλαφᾶται, οὕτως καὶ ὁ ἄσαρκος τοῦ θεοῦ λόγος καὶ ἀσώματος, οὔτε ὁρώμενος οὔτε γραφόμενος κατὰ τὴν θεότητα, ἐπειδὴ ἐσαρκώθη, καὶ ὁρᾶται καὶ γράφεται". Hier benutzt Origenes das Verkörperungsbild im Blick auf das gesprochene Wort (προφορικὸς λόγος), wenn es geschrieben wird, und vergleicht diesen Prozeß mit der Fleischwerdung des λόγος. Obwohl er nicht expressis verbis sagt, daß sich der λόγος in der Schrift verkörpert, liegt dieser Sinn auf der Hand. Vgl. auch Orig. Cels. IV, 15 (Z. 25) wo es vom λόγος heißt, daß er leiblich gesprochen (σωματικῶς λαλούμενος) ist, und Orig. Hom. Lev. I, 1 (zitiert in Kap. 3, Anm. 82), wo Origenes eine deutliche Parallele zwischen dem Leib des λόγος einerseits und den prophetischen und gesetzlichen Worten der Schrift andererseits zieht. Zur Abhängigkeit des Maximus Confessor von Origenes an dem Punkt vgl. den Abschnitt 3. 1. 2 (S. 154f.).

[188] Vgl. Orig. Cels. II, 66; V, 16 (Z. 4; 17; 20); dazu R. Gögler (1963) 266; W. A. Bienert (1992) 421.

[189] Vgl. Plot. Enn. V, 1, 8 (Z. 4–10): „Λέγει (sc. Platon) δὲ καὶ τοῦ αἰτίου εἶναι πατέρα αἴτιον μὲν τὸν νοῦν λέγων· δημιουργὸς γὰρ ὁ νοῦς αὐτῷ· τοῦτον δέ φησι τὴν ψυχὴν ποιεῖν ἐν τῷ κρατῆρι ἐκείνῳ. Τοῦ αἰτίου δὲ νοῦ ὄντος πατέρα φησὶ τἀγαθὸν καὶ τὸ ἐπέκεινα νοῦ καὶ ἐπέκεινα οὐσίας. Πολλαχοῦ δὲ ὂν καὶ τὸν νοῦν τὴν ἰδέαν λέγει· ὥστε Πλάτωνα εἰδέναι ἐκ μὲν τἀγαθοῦ τὸν νοῦν, ἐκ δὲ τοῦ νοῦ τὴν ψυχήν".

[190] Vgl. Plot. Enn. V, 1, 6 (Z. 5).

[191] In Anknüpfung an Platon gilt das Eine bei Plotin als das Gute; vgl. etwa Plot. Enn. V, 1, 8 (zitiert in Anm. 189); I, 7, 1 (Z. 17f.). Zur häufigen Einschränkung der Aussagen über das Eine durch οἷον vgl. E. Früchtel (1970) 14f., insbes. Anm. 12; ferner Plot. Enn. V, 2, 1 (Z. 7f.).

[192] Vgl. ibid. V, 4, 1 (Z. 9f.); V, 2, 1 (Z. 1–6); ferner ibid. V, 1, 7 (Z. 17–20); V, 3, 13 (Z. 1); V, 3, 14 (Z. 16–19).

[193] Vgl. ibid. V, 2, 1 (Z. 7–11); V, 4, 1f.

[194] Vgl. ibid. V, 1, 7 (Z. 1).

eine Vielfalt in sich aufweist,[195] weil er als intelligible Welt (κόσμος νοητός) alle Archetypen, auch jene der Einzelseienden,[196] umfaßt.[197] Die dritte, hierarchisch unterste Hypostase stellt die Seele (ψυχή) dar, die zwar aus dem Intellekt entspringt[198] und dadurch auch der noëtischen Seinssphäre zugehört. Sie bildet aber auch die *Demarkationslinie* des oberen Wirklichkeitsbereiches zur empirischen Welt und kann deswegen zwischen beiden vermitteln.[199] Aus dieser skizzenhaften Nachzeichnung der plotinischen Metaphysik läßt sich ableiten, daß der λόγος hier insofern an Zentralität einbüßt, als ihm die *Hypostasenwürde* verweigert wird. Nichtsdestotrotz kann Plotin deklarieren, alles sei λόγος.[200] Eigentlich möchte er den λόγος als das verstanden wissen, was aus dem Intellekt herausfließt und wodurch dieser in den Seienden präsent wird.[201] Hier kann man sich des Eindrucks nicht erwehren, daß sich die plotinischen Begriffe λόγος und Seele überschneiden. Es ist dennoch darauf zu achten, sie trotz mancherlei irreführender Ausdrucksweisen Plotins nicht zu identifizieren.[202] Eher als eine Hypostase muß der plotinische λόγος vor allem als das umfassende Ordnungsprinzip gedacht werden, das aus dem intelligiblen Bereich emaniert und die Sinnenwelt durchdringt, um ihr Grenzen, Form und Harmonie zu verleihen.[203] Diese plotinische Auffassung vom λόγος als rationalisierender und gestaltgebender Kraft erinnert mutatis mutandis an den λόγος der Stoa.

---

[195] Vgl. ibid. V, 9, 5f.

[196] Vgl. ibid. V, 7, 1–3. Es handelt sich dabei um einen Gedanken, den auch Origenes als Hypothese erwähnt; vgl. Orig. Princ. I, 4, 5: „sine dubio omnia vel genera vel species fuerunt semper, et fortassis etiam per singula".

[197] Vgl. Plot. Enn. V, 9, 9 (Z. 6f.): „ἀναγκαῖον καὶ ἐν νῷ τὸ ἀρχέτυπον πᾶν εἶναι, καὶ κόσμον νοητὸν τοῦτόν τὸν νοῦν εἶναι"; ferner ibid. V, 9, 5f.

[198] Vgl. ibid. V, 1, 8 (Z. 10).

[199] Vgl. ibid. IV, 8, 7 (Z. 7–9): „θείας μὲν μοίρας οὖσαν (sc. die Seele), ἐν ἐσχάτῳ δὲ τοῦ νοητοῦ οὖσαν, ὡς ὅμορον οὖσαν τῇ αἰσθητῇ φύσει διδόναι μέν τι τούτῳ τῶν παρ᾿ αὐτῆς, ἀντιλαμβάνειν δὲ καὶ παρ᾿ αὐτοῦ"; ferner ibid. IV, 4, 3 (Z. 11f.).

[200] Vgl. ibid. III, 2, 15 (Z. 14).

[201] Vgl. ibid. III, 2, 2 (Z. 17): „ὁ λόγος ἐκ νοῦ ῥυείς. Τὸ γὰρ ἀπορρέον ἐκ νοῦ λόγος, καὶ ἀεὶ ἀπορρεῖ, ἕως ἂν ᾖ παρὸν ἐν τοῖς οὖσιν νοῦς".

[202] So A. H. Armstrong (1967) 103–105. Vgl. Plot. Enn. III, 2, 16 (Z. 15): „ἠρτημένος (sc. der λόγος) δὲ ἐκείνης (sc. die Seele) καὶ οἷον ἔκλαμψις ἐξ ἀμφοῖν, νοῦ καὶ ψυχῆς".

[203] Vgl. ibid. III, 2, 2 (Z. 30f.): „τοῦ δὲ λόγου ... τὴν ἁρμονίαν καὶ μίαν τὴν σύνταξιν εἰς τὰ ὅλα ποιουμένου. Ἔστι γὰρ τὸ πᾶν τόδε οὐχ ὥσπερ ἐκεῖ νοῦς καὶ λόγος, ἀλλὰ μετέχον νοῦ καὶ λόγου"; ferner ibid. II, 14, 15 (Z. 17); III, 2, 2 (Z. 23).

1.1.12. *Athanasius von Alexandrien*

So sehr der Neuplatonismus dabei beharren kann, den λόγος als
allumfassendes Harmonieprinzip zur Geltung zu bringen, so wenig
kann man dem Eindruck widerstehen, daß der aus der neuplatonischen Hypostasenhierarchie verbannte λόγος philosophisch relativiert
wird. In den kirchlichen Kreisen der konstantinischen Ära geht es
ebenfalls – im Sinne der klaren Grenze, die die christliche Theologie
im zweiten Jahrhundert zwischen einer göttlichen Sphäre und einer
geschaffenen Welt gezogen hat[204] – um das *Wo* des λόγος. In kras-
ser Differenz zum Modell des alexandrinischen Priesters Arius (um
260–ca. 336), der den Sohn Gottes zu einem in der Zeit hervorge-
brachten Geschöpf erklärte,[205] sprach sich die Großkirche für eine
wesenhafte Gleichstellung des λόγος mit Gott dem Vater aus. Dies
läßt sich an der Theologie des Athanasius (um 295–373), Bischofs
von Alexandrien und Hauptgegners des Arianismus, gut illustrieren.
Obgleich Athanasius das alexandrinische Urbild-Abbild-Schema[206]
beibehält und dem λόγος eine Vermittlerrolle zubilligt,[207] liegt ihm
unmißverständlich am Herzen, die vollständige Gottheit des λόγος
zu akzentuieren. Die origenische *Ambivalenz* bezüglich der Wesensart
des λόγος[208] wird bei Athanasius zugunsten einer deutlichen Wesensgleichheit mit dem Vater *korrigiert*.[209] Dieser λόγος ist kein aus dem

---

[204] Vgl. dazu G. May (1978) 151–182.

[205] Vgl. Ar. Ep. Eus. 5 [H.-G. Opitz, Urk. 1 (S. 3, Z. 4f.)]: „διὰ τοῦτο διωκόμεθα
(sc. Arius und seine Genossen) καὶ ὅτι εἴπομεν, ἐξ οὐκ ὄντων ἐστίν (sc. der Sohn)“;
Ar. Ep. Alex. 4 [H.-G. Opitz, Urk. 6 (S. 13, Z. 8ff.)]: „ὁ δὲ υἱὸς ... οὐκ ἦν πρὸ
τοῦ γεννηθῆναι ... οὐδὲ γάρ ἐστιν ἀΐδιος ἢ συναΐδιος ἢ συναγέννητος τῷ πατρί“;
ferner Athan. Arian. II, 1 (Z. 32f.). Zur Wortkombination ἐξ οὐκ ὄντων (aus dem
Nichts) bei Arius vgl. C. Stead (1988) 671–684.

[206] Athanasius folgt Klemens und Origenes, indem er den λόγος für Abbild des
Vaters und Urbild des Menschen hält; vgl. Athan. Gent. 2 (Z. 17f.); 8 (Z. 7f.); 34
(Z. 19f.).

[207] Von der apologetischen Tradition und Origenes übernimmt Athanasius den
Vergleich des göttlichen λόγος als Offenbarers mit dem menschlichen Wort und
nennt ihn Erklärer (ἑρμηνεύς) und Bote/Engel (ἄγγελος) des Vaters; vgl. Athan.
Gent. 45 (Z. 1–11). Die Vermittlung des λόγος ist nicht nur nach der Menschwerdung
spürbar, indem er die Welt über den Vater belehrt, sondern auch in dem Schöpfungsakt
und der göttlichen Vorsehung zu erkennen; vgl. Athan. Inc. 20 (Z. 8); 32 (Z. 29);
Athan. Gent. 2 (Z. 7–9); 47 (Z. 7–10) u. 30f.

[208] Vgl. den Abschnitt 1. 1. 10 (S. 26–28).

[209] Für Athanasius kommen dem Sohn die Eigenschaften λόγος, Weisheit und
Kraft nicht als Teilhabe (κατὰ μετοχήν) am Wesen des Vaters zu, sondern als sei-
ner eigenen Natur entspringend (αὐτολόγος, αὐτοσοφία, αὐτοδύναμις); vgl. Athan.
Gent. 46 (Z. 51–59); 40 (Z. 28–45), wo sich der Kirchenvater ausdrücklich davon

Nichts hervorgebrachtes Mittelwesen, wie die Arianer unterstellten,[210] sondern war ewiglich mit dem Vater,[211] teilte mit ihm *immer* dieselbe unwandelbare göttliche Natur und gilt als seine σοφία.[212] Sonst müßte man zu dem absurden Schluß kommen, der Vater sei zu einer gewissen Zeit logoslos (ἄλογος) und weisheitslos (ἄσοφος) gewesen.[213] Daher sind alle biblischen Aussagen, die der Wesensgleichheit zwischen dem Vater und dem λόγος zu widersprechen scheinen, auf die menschliche Natur zurückzuführen, welche sich der λόγος durch die Inkarnation zu eigen machte.[214] Diktiert wird dieses theologische Anliegen des Athanasius vor allem durch ein soteriologisches Kriterium, nämlich daß die Befreiung des Menschen von der Herrschaft der Vergänglichkeit (φθορά) und des Todes (θάνατος)[215] nur dann erfolgen kann, „wenn Gott selbst sich in einen sterblichen Menschen hineinbegibt"[216]. Die verhängnisvolle, im Inneren des Menschen wirkende Todesverfallenheit kann nur durch einen neuen Schöpfungsakt,[217] der im Inneren der menschlichen Natur vollzogen wird, beseitigt werden. Demzufolge *muß* der Menschgewordene, Gestorbene und Auferstandene Gott selbst sein.[218] Daraus resultiert, daß bei Athanasius insbesondere der christologische Aspekt des λόγος weitergeführt wird. Der nun zum selbstverständlichen Christustitel gewordene λόγος[219] besitzt zwar in dem Maße eine kosmologische Tragweite, als der λόγος selbst Schöpfer,[220] Erhalter und Regent des Alls ist,[221] und demnach auch

---

distanziert, den λόγος als eines der Geschöpfe anzusehen; ferner Athan. Arian. I. 9 (Z. 2–6).

[210] Vgl. Athan. Arian. I. 9; 13 (Z. 21f.).

[211] Vgl. Athan. Arian. I. 11 (Z. 13–15).

[212] Vgl. Athan. Arian. 35 u. 52 (Z. 2–5); ibid. 9 (Z. 21); 19 (16–24).

[213] Vgl. Athan. Arian. II. 32 (Z. 19).

[214] Vgl. z. B. Athan. Arian. I. 37–51; ferner Athan. Arian. II. 4 (Z. 13f.); 11 (Z. 11f.); 12 (Z. 7f.).

[215] Durch diese zwei korrelativen Begriffe trägt Athanasius dem verfallenen Zustand des Menschen nach dem Sündenfall Rechnung; vgl. Athan. Inc. 3–9, insbes. 3 (Z. 33); 5 (Z. 4f.); 8 (Z. 27).

[216] W. A. Bienert (1989) 416.

[217] Vgl. Athan. Inc. 7.

[218] Vgl. ibid. 7f.; 16 (Z. 5f.); 18 (Z. 5f.); Athan. Gent. 40 (Z. 29).

[219] Man hat den Eindruck, daß Athanasius an vielen Stellen die Titel υἱός (Sohn), λόγος und σοφία (Weisheit) abwechselnd gebraucht; vgl. z. B. Athan. Arian. I. 9 (Z. 16–21); Athan. Arian. II. 11 (Z. 17–19); Athan. Arian. II. 34 (Z. 12); vgl. ferner ibid. 19 (Z. 20–24). Dazu W. A. Bienert (1989) 404.

[220] Vgl. Athan. Gent. 29 (Z. 45f.); Athan. Arian. II. 20 (Z. 18); 31 (Z. 18); 35 (Z. 27f.); vgl. auch den Ausdruck δημιουργικὸς λόγος in Athan. Arian. I. 17 (Z. 5f.); ferner Athan. Arian. II. 2 (Z. 24–26).

[221] Vgl. Athan. Gent. 41f.

mit stoischen Vorstellungen assoziiert werden kann.[222] Trotzdem aber läßt sich der Eindruck gewinnen, daß bei Athanasius die philosophischen Implikationen des λόγος in den Hintergrund treten. Dies ist z. B. dadurch gegeben, daß der Alexandriner die Lehre vom λόγος als intelligibler Ideenwelt kaum rezipiert und den σπερματικὸς λόγος sogar angreift.[223] Auch die apologetische Aufnahme der stoischen Unterscheidung von λόγος ἐνδιάθετος und λόγος προφορικός und deren Übertragung auf den göttlichen λόγος[224] findet bei Athanasius keine Akzeptanz.[225]

1.1.13. *Die Entwicklung des Logosbegriffs bis Pseudo-Dionys Areopagita*

Das Zurücktreten des λόγος in seiner philosophischen Tragweite bei Athanasius scheint für die kirchliche Theologie im vierten Jahrhundert symptomatisch zu sein. Selbst als christologischer Titel findet der λόγος ins nizänische Glaubensbekenntnis keinen Eingang.[226] Obgleich Gregor von Nyssa (um 337–um 395) für origenische Ansätze hinsichtlich des λόγος zuweilen Gespür zeigt, wenn dieser bei ihm nicht nur als bloßer Christustitel erscheint,[227] sondern z.B. auch als Wort, das sich als Brot vermittelt,[228] hat man den Eindruck, daß die alexandrinische Lehre von dem göttlichen Logos als intelligibler Welt bei

---

[222] Vgl. ibid. 42: „ὁ . . . Λόγος, ἐπιβὰς τοῖς πᾶσι καὶ πανταχοῦ τὰς ἑαυτοῦ δυνάμεις ἐφαπλώσας . . . εἰς ἑαυτὸν συνέχει καὶ συσφίγγει, μηδὲν ἔρημον τῆς ἑαυτοῦ δυνάμεως ἀπολελιπώς, ἀλλὰ πάντα καὶ διὰ πάντων, καὶ ἕκαστον ἰδίᾳ, καὶ ἀθρόως ὁμοῦ τὰ ὅλα ζωοποιῶν καὶ διαφυλάττων"; ferner Athan. Inc. 41f.

[223] Vgl. Athan. Gent. 40 (Z. 23–32).

[224] Vgl. Anm. 143.

[225] Vgl. Athan. Arian. II. 35; dazu A. Aall (1899) 469.

[226] Vgl. A. Aall (1899) 470–476.

[227] Vgl. z. B. Greg. Nys. Cant. I, 3 (S. 34, Z. 12); Greg. Nys. Eun. III, 1, 14; III, 6, 22 u. 26; Greg. Nys. V. Mos. 372B.

[228] Vgl. Greg. Nys. V. Mos. 368CD. Nachdem Gregor in diesem Passus das vom Himmel herabgestiegene Brot als für Christus stehend ausgelegt hat, fügt er hinzu: „Οὗτος τοίνυν ὁ ἀγεώργητος ἄρτος καὶ λόγος ἐστί, τῷ πολυειδεῖ τῆς ποιότητος κατὰ τὰς τῶν ἐσθιόντων ἐπιτηδειότητας συνεξαλλάσσων τὴν δύναμιν. Οἶδε γὰρ οὐ μόνον ἄρτος εἶναι, ἀλλὰ καὶ γάλα καὶ κρέας καὶ λάχανα καὶ ὅτιπερ ἂν ᾖ τῷ προσφερομένῳ κατάληλόν τε καὶ καταθύμιον, ὡς διδάσκει . . . Παῦλος ὁ θεῖος Ἀπόστολος, ὁ τοῖς τελειοτέροις στερροτέραν τε καὶ κρεώδη βρῶσιν τὸν λόγον ποιῶν καὶ λάχανα τοῖς ἀσθενεστέροις καὶ γάλα τοῖς νηπιάζουσι". Im zweiten Teil dieses Passus spielt Gregor unmißverständlich auf 1 Kor 3, 1f. an, wo Paulus seine Art und Weise zu predigen anspricht. Daraus ergibt sich, daß Gregor den Begriff λόγος im Zusammenhang der Bezugnahme auf Paulus als das gepredigte Wort des Apostels

ihm verschwindet.[229] Sogar der origenische Vergleich des Logos mit dem menschlichen Wort, wo der Logos als Vermittler des als Intellekt aufgefaßten Vaters fungiert,[230] wird von Gregor relativiert. Dieser Vergleich könne nur insofern gelten, als der Logos nicht als Stimme des Vaters verstanden wird.[231] Demgemäß fällt es nicht auf, daß der λόγος als Christustitel für den kappadozischen Vater keine besondere Stellung zu genießen scheint.[232] Kommt außerdem der Begriff ὁ λόγος bei Gregor als Bezeichnung eines Textes der Heiligen Schrift häufig vor,[233] so bleibt ihm doch der origenische Gedanke von der nahezu Fleischwerdung des Logos in der Schrift fremd, obwohl er den Schriftsinn mit den zwei Naturen Christi in Verbindung zu setzen scheint.[234] Auch die große Aufgeschlossenheit des Nysseners gegenüber griechischem Bildungsgut[235] wird bei ihm nicht mit dem λόγος, durch den Justin das Gute bei den Philosophen zu erklären vermochte,[236] in Zusammenhang gebracht.

Bei Evagrius Ponticus (ca. 345–399), einem mystischen, der alexandrinischen Schule angehörenden Schriftsteller, ist eine Rezeption des origenischen Logosbegriffs insofern zu erkennen, als die Existenz der λόγοι der Seienden selbstverständlich erscheint.[237] Die evagriani-

---

versteht. Im ersten Teil des Passus aber bezieht sich der Begriff λόγος auf Christus, der sich als Brot vermittelt. Es liegt demnach auf der Hand, daß Gregor an dieser Stelle den λόγος nicht als reinen Christustitel gebraucht, sondern die ursprüngliche Bedeutung dieses Begriffs, nämlich Wort, auch vor Augen hat; vgl. auch Greg. Nys. Eun. II, 216f. u. den Abschnitt 1. 1. 10 zu Origenes.

[229] Vgl. z. B. Greg. Nys. Anim. 132C–133C; Greg. Nys. V. Mos. 380B–384B.

[230] Vgl. Orig. Princ. I, 2, 3.

[231] Vgl. Greg. Nys. Eun. III, 6, 39f.: „ἐπεὶ δὲ διὰ πλείονα φιλανθρωπίαν ἡ τοῦ ἁγίου πνεύματος χάρις πολλαχόθεν ἡμῖν ἐγγενέσθαι τὰς θείας περὶ τοῦ μονογενοῦς ὑπολήψεις ᾠκονόμησατο, προσέθηκεν καὶ τὸ λειπόμενον τῶν ἐν γεννήσει θεωρουμένων εἶδος, τὸ ἐκ τοῦ νοῦ φημι καὶ τοῦ λόγου. ἀλλὰ (sic) πλείονι χρῆται τῇ προμηθείᾳ ὁ ὑψηλὸς Ἰωάννης, ὡς μήποτε ὑπὸ ἀτονίας τε καὶ μικροψυχίας καταπεσεῖν τὸν ἀκούοντα πρὸς κοινὴν ἔννοιαν λόγου, ὡς φθόγγον τοῦ πατρὸς τὸν υἱὸν νομισθῆναι". An dieser Stelle merkt man, daß das Interesse, den Logos als Vermittler und Boten des Vaters zu präsentieren, zugunsten der antieunomischen Pointe in den Hintergrund tritt.

[232] Vgl. Greg. Nys. Or. catech. 81AB.

[233] Vgl. z. B. Greg. Nys. V. Mos. 301C; 304B; 313C; 329C; 337B; 340C; 352B; 353C; 356B; 361A; 369A; 372C; 376B u. D.

[234] Vgl. Greg. Nys. Or. catech. 80C; ferner dazu Kap. 3, Anm. 82.

[235] Vgl. z. B. Greg. Nys. V. Mos. 357D–360C.

[236] Vgl. den Abschnitt 1. 1. 9.

[237] Vgl. z. B. Evagr. Cent. gnost. I, 23; II, 35; V, 54; Evagr. Schol. Prov. 113; 195; 373. Evagrius kann sogar von den λόγοι der den Menschen entgegengesetzten Kraft (ἀντικειμένη δύναμις) reden; vgl. Evagr. Schol. Prov. 373.

sche λόγοι-Lehre zeichnet sich aber dadurch aus, daß die λόγοι eine
deutliche mystische Funktion erfüllen, indem sie als Gegenstand der
noëtischen Schau betrachtet werden.[238] Äußerst charakteristisch für
die λόγοι-Lehre des Evagrius ist weiterhin die häufige Rede von den
λόγοι der πρόνοια (Vorsehung) und der κρίσις (Gericht).[239] Während
sich die göttliche κρίσις in der seinshaften Verschiedenheit der Geschöpfe reflektiert, spielt die πρόνοια eine erzieherische Rolle, indem
sie die intelligiblen Wesen vom Laster zur Tugend führt.[240] Indessen
obwohl die λόγοι bei Evagrius Ponticus einen Topos bilden, sind
umfangreiche Ausführungen zum λόγος bei ihm überaus spärlich.[241]

Im fünften Jahrhundert erfährt die Entwicklung des christlichen
Dogmas insofern einen Paradigmenwechsel, als nun vor allem nach der
Art des Aufeinanderbezogenseins von Göttlichem und Menschlichem
in Christus gefragt wird. Hierbei ist die bei Athanasius herauskristal-
lisierte Logosformel ein Stück maßgeblicher Tradition, das nicht mehr
in Frage gestellt werden wird. Eine ähnliche *Stagnierung* angesichts
des λόγος ist ebenfalls in den philosophischen Kreisen des fünften
Jahrhunderts zu spüren. Hier ist der Neuplatoniker Proklus (410–485),
Nachfolger Platons als Leiter der Athener Akademie, die führende
Gestalt. Bei ihm gehört der λόγος zum herkömmlichen Sprachinstrumentarium der Philosophie und kann sowohl die intelligiblen Urbilder[242]
wie ein Verhältnis zwischen den Stufen der hierarchisch strukturier-
ten intelligiblen Welt[243] bezeichnen. Zu beachten bei Proklus ist auch
der Gebrauch von λόγος im Sinne eines definierenden Prinzips, das

---

[238] Vgl. Evagr. Gnost. 4: „Ἡ μὲν ἔξωθεν ἡμῖν συμβαίνουσα γνῶσις, διὰ τῶν λόγων ὑποδεικνύειν πειρᾶται τὰς ὕλας· ἡ δὲ ἐκ Θεοῦ χάριτος ἐγγινομένη, αὐτοψεὶ τῇ διανοίᾳ παρίστησι τὰ πράγματα, πρὸς ἃ βλέπων ὁ νοῦς, τοὺς αὐτῶν λόγους προσίεται"; Evagr. Schol. Prov. 155: „Ὁ πιστός . . . ὄψεται τοὺς λόγους τοῦ κόσμου τούτου (. . .) ὁ δὲ ἄπιστος οὐδὲ τοῦ τυχόντος πράγματος γνώσεται τὸν λόγον διὰ τὴν ἀκαθαρσίαν τῆς ψυχῆς αὐτοῦ"; ferner ibid. 195 u. 373; Evagr. Cent. gnost. I, 20; II, 35 u. 45; V, 40; dazu L. Thunberg (1995) 73, Anm. 157.
[239] Vgl. z. B. Evagr. Cent. gnost. V, 16 u. 24; Evagr. Gnost. 48; Evagr. Schol. Prov. 2; 104; 153; 190.
[240] Vgl. Evagr. Gnost. 48: „καὶ τοὺς μὲν περὶ κρίσεως λόγους ἐν τῇ διαφορᾷ τῶν σωμάτων καὶ τῶν κόσμων εὑρήσεις· τοὺς δὲ περὶ προνοίας ἐν τοῖς τρόποις τοῖς ἀπὸ κακίας καὶ ἀγνωσίας ἐπὶ τὴν ἀρετὴν ἢ ἐπὶ τὴν γνῶσιν ἡμᾶς ἐπανάγουσι".
[241] Vgl. dazu. I.-H. Dalmais (1952, La théorie) 244, Anm. 2; L. Thunberg (1995) 73, Anm. 157.
[242] Vgl. Prokl. Inst. 194: „πάντα ὁ νοῦς παράγει, δώσει καὶ τῇ ψυχῇ . . . τῶν ἐν αὐτῷ πάντων οὐσιώδεις λόγους"; ferner ibid. 195.
[243] Diese Bedeutung kommt in Prokl. Inst. vor allem durch die Wendung λόγον ἔχειν πρός zum Ausdruck; vgl. ibid. 164; 185; 203; 205; ferner 21 (Z. 16).

einer Funktion bzw. einem Rang in der ontologischen Hierarchie
zugrundeliegt.[244] Trotzdem läßt sich beobachten, daß der λόγος im
philosophischen System des Proklus keine besonders eminente Rolle
spielt.

Des Proklus heidnische Fassung des Neuplatonismus erweist sich
jedoch in sonstiger Hinsicht als äußerst einflußreich. Mutmaßlich im
ersten Drittel des sechsten Jahrhunderts entsteht das sogenannte Corpus Dionysiacum, dessen Verfasser sich durch das Pseudonym des
Dionysius Areopagita hinter der Person des gleichnamigen Schülers
des Apostels Paulus (vgl. Apg 17, 34) verbirgt.[245] Interessanterweise
lassen sich die Areopagitica auf den Neuplatonismus, vor allem den
des Proklus, sowohl terminologisch als auch inhaltlich wie kein anderes christliches Werk der Spätantike ein.[246] Fraglich bleibt aber, ob
diese Abhängigkeit der areopagitischen Schriften von Proklus und
seinen Vorgängern als eine *gelungene* christliche Assimilierung der neuplatonischen Synthese oder eine *bedauerliche* Kontaminierung des Chri-
stentums durch die letztere zu beurteilen ist.[247] In anderer, für das
Thema dieser Arbeit belangvoller Hinsicht ist zu beobachten, daß

---

[244] Vgl. Prokl. Inst. 21: „ἡ μὲν γὰρ μονάς, ἀρχῆς ἔχουσα λόγον, ἀπογεννᾷ τὸ
οἰκεῖον ἑαυτῇ πλῆθος"; ibid. 23: „τὸ μὲν γὰρ ἀμέθεκτον, μονάδος ἔχον λόγον ὡς
ἑαυτοῦ ὂν καὶ οὐκ ἄλλου καὶ ὡς ἐξῃρημένον τῶν μετεχόντων, ἀπογεννᾷ τὰ μετέ-
χεσθαι δυνάμενα"; ibid. 72: „Πάντα τὰ ἐν τοῖς μετέχουσιν ὑποκειμένων ἔχοντα
λόγον ἐκ τελειοτέρων πρόεισι καὶ ὁλικωτέρων αἰτίων".
[245] Zur Verfasserfrage des Corpus Dionysiacum vgl. A. M. Ritter (1993) 171–182
u. (1994) 4–19; zur Datierung vgl. P. Rorem u. J. C. Lamoreaux (1998) 9–11.
[246] Daß sich Pseudo-Dionys in seiner Lehre vom Bösen (vgl. Dion. Div. nom.
IV) auf Proklus gestützt hat, haben die Untersuchungen von H. Koch (1895) 438–454
und J. Stiglmayr (1895) 253–273 u. 721–748 nachgewiesen; vgl. dazu auch P. Rorem
u. J. C. Lamoreaux (1998) 10. Durch eine Reihe von weiteren Studien wurde im
20. Jahrhundert die These einer sprachlichen und gedanklichen Abhängigkeit des
Autors der Areopagitica von Proklus sowie von früheren neuplatonischen Philosophen
erhärtet. Hier ist neben der einschlägigen Literatur, welche bei A. M. Ritter (1994)
150–179 u. 181–188 zu finden ist, besonders auf die Monographie von B. Brons
„Gott und die Seienden" (1976) hinzuweisen, wo das Verhältnis des Corpus Dionysiacum zur neuplatonischen Metaphysik gründlich untersucht wird; vgl. dazu auch
B.-R. Suchla (1995) 1–5; Y. de Andia (1997, La théologie) 278–301. An dieser Stelle
sei darauf aufmerksam gemacht, daß die obige Betonung dieses Aspekts des Corpus
Dionysiacum, nicht besagt, daß das Werk auf sein neuplatonisches *Moment* reduziert
wird; vgl. zu dieser Problematik P. Rorem u. J. C. Lamoreaux (1998) 4.
[247] Vgl. dazu A. M. Ritter (1993) 171–189 (insbes. S. 186) u. (1995) 169–181;
ferner E. von Ivánka (1990) 262–282; J.-C. Larchet (1991, Nature) 32f., Anm. 24.
In dieser Hinsicht kann die Erforschung der Rezeptions- und Interpretationsgeschichte
des Corpus Dionysiacum sehr aufschlußreich sein; vgl. beispielsweise B.-R. Suchla
(1995) 1–28; P. Rorem u. J. C. Lamoreaux (1998) 119–137.

Pseudo-Dionys einen wichtigen Bezugspunkt für Maximus Confessor darstellt. Der Bekenner beruft sich in seinen Schriften mehrmals auf ihn[248] und gilt überdies traditionell als dessen Scholiast.[249] Gerade bezüglich seiner λόγοι-Lehre sind sich mehrere Forscher des Maximus

---

[248] Maximus bezieht sich auf Dionys namentlich mindestens 27 Mal, davon 13 Mal allein in Max. Amb. Io. Für ihn gilt Dionysius Areopagita, Bischof von Athen (vgl. Max. Amb. Th. 5, 1045D), als ἅγιος (heilig) [vgl. Max. Amb. Io. 7, 1085A; 14, 1213C; 23, 1260B; 32, 1285A; 35, 1289A; 41, 1312D; Max. Amb. Th. 1, 1032B; Max. Ep. 13, 529C–633/34; vgl. P. Sherwood (1952) 39f. –; Max. Myst. 24 (S. 256, Z. 297; PG 91, 716C); Max. Th. pol. 8, 100B u. 28, 345C–ca. 640; vgl. P. Sherwood (1952) 43f.], μέγας (angesehen/berühmt) [vgl. Max. Amb. Io. 7, 1080B; 10, 1188A u. C; 23, 1260B; 32, 1285A; 35, 1289A; 41, 1312D; 71, 1413A u. 1417B; Max. Ep. 13, 529C–633/34; vgl. P. Sherwood (1952) 39f. –; Max. Th. pol. 8, 96C–ca. 640; vgl. P. Sherwood (1952) 43f.], θεοφάντωρ (Gottesoffenbarer) [vgl. Max. Amb. Io. 7, 1080B; 23, 1260B u. 1417B; Max. Myst. Prol. (S. 193, Z. 55; PG 91, 660D); Max. Pyr. 348BC; Max. Th. pol. 7, 84D–ca. 642; vgl. P. Sherwood (1952) 51 –; 8, 96C u. 100B–ca. 640; vgl. P. Sherwood (1952) 43f.], διδάσκαλος (Lehrer) [vgl. Max. Amb. Th. 5, 1049A; 1052A; 1056B], πανάγιος (all-heilig) [vgl. Max. Myst. Prol. (S. 193, Z. 55; PG 91, 660 D); 23 (S. 241, Z. 95; PG 91, 701C)], θεῖος (göttlich) [vgl. Max. Amb. Io. 10, 1188A], θεηγόρος (Gottessprecher) [vgl. Max. Amb. Io. 41, 1312D; 71, 1413A], θεόφρων (gottbegei-stert) [vgl. Max. Amb. Io. 14, 1213C], θεοφόρος (Gottesträger) [vgl. Max. Amb. Io. 71, 1413D], θεοείκελος (gottähnlich) [vgl. Max. Amb. Io. 35, 1289A], θεολόγος (Gottesgelehrter) [vgl. Max. Char. I, 100 (S. 88)], μακάριος (selig) [vgl. Max. Char. III, 5 (S. 146)] und πολύς (bedeutend/ausgezeichnet) [vgl. Max. Amb. Th. 5, 1048A u. 1052C]. Das von P. Sherwood (1957) 296f. aufgestellte Inventar mit den maxi-minischen Stellen, wo Dionysius Areopagita ausdrücklich erwähnt wird, ist minde-stens um eine Stelle, nämlich Max. Amb. Io. 71, 1413D, zu ergänzen. Vgl. auch dazu W. Völker (1960) 251, Anm. 6.

[249] Seitdem 1940 die Studie des H. U. von Balthasar „Das Scholienwerk des Johannes von Scythopolis" erschienen ist, wird die Echtheit der in PG 4, 15–432 u. 527–576 veröffentlichten und Maximus zugeschriebenen Scholien zu dem Corpus Dionysiacum stark angefochten. Dabei (S. 18 u. 37) führt Balthasar den bedeutend-sten Anteil am Scholienwerk auf Johannes von Scythopolis, einen Gelehrten und Bischof aus dem 6. Jahrhundert, zurück und sieht die Rolle des Maximus lediglich darin, „kurze" und „meist wenig bedeutsame" Scholien geschrieben zu haben. Dieses negative Gesamturteil Balthasars über die Authentizität der Maximusscholien wurde von B. R. Suchla (1980) 31–66 einer soliden, durch textkritische Vorarbeiten am Scholienwerk inspirierten Kritik unterzogen. Suchlas Ansicht nach (S. 41 u. 53) kann es keinem Zweifel unterliegen, daß ein Kern der sogenannten Maximusscholien von Johannes von Scythopolis verfaßt wurde. Über die Identität des Autors der übriggebliebenen, „recht zahlreichen" Scholien kann aber erst dann geurteilt wer-den, wenn eine kritische Edition der Scholien vorliegt (S. 66). Als Scholiast kann Maximus also keineswegs ausgeschlossen werden (S. 56–60). Bis aber die langer-sehnte editio critica der Scholien erscheint, was freilich nicht mehr allzu lange dau-ern dürfte, muß Maximus als einziges Scholion zu Pseudo-Dionys das Ambiguum ad Thomam 5 zuerkannt werden; vgl. dazu E. Bellini (1982) 37–49. Zur kritischen Edition der Scholien vgl. B. R. Suchla (1993) 209–212. Zu Johannes von Scythopolis als Kommentator der Areopagitica vgl. vor allem B.-R. Suchla (1995) 1–28 und das interessante Buch von P. Rorem u. J. C. Lamoreaux „John of Scythopolis and the Dionysian Corpus. Annotating the Areopagite" (1998).

darüber einig, daß er dem Areopagiten einen wesentlichen Teil hiervon verdankt.[250] Meistens aber wird auf eine einzige Stelle bei Pseudo
Dionys, nämlich *De divinis nominibus* V, 8f., verwiesen.[251] Von daher
scheint eine eingehendere Befassung mit dem dionysischen Logosbegriff,
mit deren Hilfe darüber entschieden werden kann, ob und inwiefern Pseudo-Dionys in der λόγοι-Theorie ein Einfluß auf den Bekenner
beigemessen werden kann, notwendig. Auf eine Untersuchung des
dionysischen Logosbegriffs in diesem ersten Teil des Kapitels wird
dennoch aus methodischen Gründen verzichtet. Um einen klaren
Vergleich zwischen Maximus und dem Autor der Areopagitica zu
ermöglichen, wird der zweite Teil, wo vor allem die maximinische
Logoslehre behandelt wird, mit dieser Untersuchung einsetzen.

1.2. Der Logosbegriff bei Pseudo-Dionys Areopagita und Maximus Confessor

Im ersten Teil dieses Kapitels ging es um einen Versuch, der Entwicklungsgeschichte des Logosbegriffs in der Antike und dem Frühchristentum skizzenhaft nachzugehen. Dies sollte dazu dienen, die Beschäftigung
mit dem Logosbegriff bei Maximus Confessor in diesem zweiten Teil
so vorzubereiten, daß die maximinische Logoslehre in ihrer Beziehung
zu den Hauptrichtungen der früheren Logosspekulation besser verortet werden kann. Da es sich aber bereits herausgestellt hat, daß
bei vielen Kennern des Maximus dessen λόγοι-Theorie in enge Verbindung mit der des Pseudo-Dionys gesetzt wird,[252] empfiehlt es sich,

---

[250] Vgl. z. B. I.-H. Dalmais (1952, La théorie) 244: „C'est Denys qui lui (sc.
Maximus) fournit une base sûre avec sa théorie des *logoi* préexistant en Dieu comme
vouloirs créateurs"; L. Thunberg (1995) 73, Anm. 157: „The dominant influence
upon Maximus in this respect was, however, obviously exerted by Evagrius and
especially by Ps.-Denys, who introduced the dynamic and intentional understanding
of λόγοι"; J.-C. Larchet (1996) 114, Anm. 113: „La théorie maximienne des *logoi*
doit beaucoup à la conception de Denys (. . .) les autres sources possibles (Philon,
Origène, Athanase, Évagre) paraissent peu déterminantes"; vgl. auch N. Ματσούκας
(1980) 84; V. Karayiannis (1993) 201; J. van Rossum (1993) 214. Demgegenüber
ist P. Sherwood (1955, The Earlier) 180 deutlich zurückhaltend, was die Abhängigkeit
des Maximus von Pseudo-Dionys hinsichtlich der λόγοι-Lehre angeht: „The extent
of Maximus' dependence on Denis is hard to determine in regard to a doctrine so
widespread as that of the Logos".
[251] Vgl. I.-H. Dalmais (1952, La théorie) 244; V. Karayiannis (1993) 204, Anm.
249; J. van Rossum (1993) 214, Anm. 5; L. Thunberg (1995) 65; K. Savvidis (1997)
113, Anm. 107.
[252] Vgl. den Abschnitt 1.1.13 (S. 36–38).

die Grundzüge der dionysischen Logoslehre darzulegen, bevor die
des Maximus detailliert zur Sprache kommt. Damit wird einerseits
die Wichtigkeit dessen signalisiert, das Problem des Verhältnisses von
Maximus und Pseudo-Dionys erneut zu bedenken;[253] andererseits soll
dadurch ein Vergleich zwischen beiden Kirchenlehrern bezüglich des
Logosbegriffs anschaulicher gemacht werden.

---

[253] Bezüglich des Verhältnisses von Maximus und Pseudo-Dionys sind die Maximusforscher alles andere als einig. Während H. U. von Balthasar 1941 in einer seiner frühsten Studien zu Maximus der Ansicht war, daß die Werke des Maximus
den Einfluß des Pseudo-Dionys „in Stil und Gedanken auf jeder Seite erkennen lassen" [vgl. H. U. von Balthasar (1941, Die Gnostischen) 3 u. (³1988) 485f.], vertrat
P. Sherwood (1957) 297–299 so gut wie die konträre Meinung: Es ließe sich zwar
nicht bestreiten, daß Maximus die Schriften des Pseudo-Dionys fleißig gelesen habe
und sich von deren Begrifflichkeit habe beeinflussen lassen. Dies hieße aber nicht,
daß er inhaltlich von Pseudo-Dionys abhängig gewesen sei. In dieser Hinsicht hat
W. Völker in zwei Beiträgen 1960 und 1961 ein beträchtliches Vergleichsmaterial
gesammelt und kommentiert; vgl. W. Völker (1960) 243–254 u. (1961) 331–350. Er
meint, daß es bei Maximus „areopagitische Inseln" gibt, die „stilistisch wie inhaltlich aus dem Rahmen des Üblichen herausfallen"; vgl. ibid. 333. Hier neigt
W. Völker im Grunde dazu, Pseudo-Dionys einen größeren Einfluß auf Maximus
zuzuerkennen, als Sherwood das tut, ohne sich dennoch mit H. U. von Balthasar
zu identifizieren. Das Verdienst der Untersuchungen Völkers besteht vor allem darin,
daß er sich dem Material im einzelnen zuwendet und versucht zu beschreiben, *wie*
der Bekenner das dionysische Erbe umgestaltet und mit anderen Traditionen verkoppelt; vgl. z. B. ibid. 338 und (1960) 250. Um so bedauerlicher ist es, daß die
Völkerschen Ergebnisse in jüngerer Literatur zum Verhältnis von Maximus und
Pseudo-Dionys teilweise unbeachtet blieben [vgl. z. B. A. Louth (1993, St Denys)
166–174]. Einigen Formulierungen Völkers vermag man aber nicht zuzustimmen,
etwa wenn er sagt, daß der Confessor „hier und da areopagitische Gedanken
leise abwandeln (mag), aufs Ganze gesehen . . . ihnen doch verhaftet (bleibt)"; vgl.
W. Völker (1961) 341. Eigentlich muß man nicht nur das beachten, was Maximus
von Pseudo-Dionys übernimmt, sondern auch das, was bei ihm zugunsten anderer
Quellen oder eigener Gedanken umgestaltet wird bzw. wegfällt. Selbst die oben
erwähnten Beiträge Völkers zeigen, daß Maximus mit ziemlich großer Freiheit und
Selektivität mit dem dionysischen Gedankengut umgeht; vgl. z. B. ibid. 338 (Kombination von Dionysischem und Aristotelischem); 339f. (maximinische *Marginalisierung*
der dionysischen Lehre von der Engelwelt und der Stellung Christi in der himmlischen Hierarchie); ferner (1960) 247 (Abweichung des Maximus von Pseudo-Dionys
in der Lehre von den Stufen des mystischen Aufstiegs); 248 (Fehlen von vielen dionysischen Motiven in der maximinischen Beschreibung des Aufstiegs Moses). Wenn
Völker (1965) 499 in seiner Maximusmonographie darauf aufmerksam macht, „wie
wenig sklavisch sich Maximus an seine Vorlage (sc. die Areopagitica) gehalten hat",
so scheint er seine ursprüngliche Position modifiziert und sich dem genähert zu
haben, was P. Sherwood von vornherein gesagt hatte, nämlich daß Maximus nicht
abhängig von Pseudo-Dionys ist. Darüber hinaus versucht Y. de Andia in einem vor
kurzem erschienenen Aufsatz die Unterschiede zwischen Maximus und Pseudo-
Dionys am Beispiel der apophatischen Theologie zu untersuchen; vgl. Y. de Andia
(1997, Transfiguration) 293–328; A. Louth (1998, Recent) 78–80. Hierbei kommt
die Autorin unter anderem zu dem Schluß, daß die maximinische Auffassung von

1.2.1. *Die Logoslehre des Pseudo-Dionys Areopagita*

Der Begriff λόγος[254] kommt bei Pseudo-Dionys in den herkömmlichen Bedeutungen häufig vor.[255] Darüber hinaus kann der λόγος bei ihm nicht nur als christologischer Titel,[256] sondern auch als Name

---

der apophatischen Theologie wesentlich christozentrischer ist als die des Pseudo-Dionys; vgl. Y. de Andia (1997, Transfiguration) 325–328. Mir scheint aber, daß Andia manchmal dazu tendiert, verbale Unterschiede zwischen dem Bekenner und dem Areopagiten allzu sehr zu betonen, so daß dadurch die eventuell dahinterstekkenden Gemeinsamkeiten nicht mehr zur Geltung kommen können; dies gilt z. B. für das maximinische Begriffspaar οὐσία-ἐνέργεια (Wesen-Energie), das Andia der dionysischen Dyade οὐσία-ὑπερούσιος (Wesen-überwesentlich) gegenüberstellt; vgl. ibid. 303; 313–315; 325. Selbstverständlich kann die kritische Edition der Scholien zum Corpus Dionysiacum neue relevante Elemente in die immer noch offene Debatte über das Verhältnis von Maximus und Pseudo-Dionys bringen. Auch der sich in der Vorbereitungsphase befindenden Habilitationsschrift von F. Mali „Neue Studien zu Maximus Confessor und Pseudo-Dionysos" ist erwartungsvoll entgegenzublicken. In diesem Kapitel kann es nur darum gehen, das Verhältnis von Maximus und Pseudo-Dionys im Blick auf die Logoslehre zu erörtern. Ein Gesamturteil über dieses Verhältnis kann aber nur dann solide genug sein, wenn es solche Einzeluntersuchungen in Betracht zieht.

[254] Zur Lehre vom λόγος bei Pseudo-Dionys vgl. V. Lossky (1930) 284–287; O. Semmelroth (1950) 395–397; C. Kern (1956) 205–209; W. Völker (1958) 133f., Anm. 6 u. 160; R. F. Hathaway (1969) 46–50; B. Brons (1976) 134–141; F. O'Rourke (1992) 222f. In dieser Erörterung wird es nur um den dionysischen λόγος gehen. Der verwandte, für das Denken des Pseudo-Dionys konstitutive Begriff ἀναλογία kann hier nicht behandelt werden. Zur dionysischen ἀναλογία vgl. vor allem V. Lossky (1930) 297–309; O. Semmelroth (1950) 397–400; R. Roques (1954) 61–64; P. Brons (1976) 136–141.

[255] Es ist an zahlreichen Stellen schwierig zu entscheiden, ob Pseudo-Dionys mit λόγος Verstand oder Wort meint. Vor allem in Kombinationen mit νοῦς (Intellekt) und αἴσθησις (Sinnesvermögen) können beide Aspekte vorliegen; vgl. Dion. Coel. hier. 144A (S. 14, Z. 13); 144B (S. 14, Z. 21); 177D (S. 20, Z. 18f.); Dion. Div. nom. 588A (S. 108, Z. 8); 593A (S. 115, Z. 19); 648D (S. 135, Z. 4); 816C (S. 181, Z. 14); 817B (S. 182, Z. 9); 865B (S. 193, Z. 9); 868A (S. 194, Z. 17); 868C (S. 196, Z. 1); 869D (S. 197, Z. 20); 981A (S. 229, Z. 12). Zu λόγος im Sinne von „Verstand" vgl. Dion. Div. nom. 733A (S. 178, Z. 2); Dion. Ep. 8, 1093A (S. 182, Z. 7; S. 183, Z. 2); 1093C (S. 183, Z. 11). Zu λόγος im Sinne von „Wort" vgl. Dion. Div. Nom. 588B (S. 109, Z. 12f.); 648A (S. 133, Z. 6); 873A (S. 199, Z. 20f.) Dion. Eccl. hier. 376C (S. 67, Z. 11); 513C (S. 113, Z. 23). Zu λόγος im Sinne von „Abhandlung/Erörterung" vgl. Dion. Coel. hier. 145B (S. 16, Z. 17); 196D (S. 25, Z. 23); 340B (S. 59, Z. 12f.); Dion. Div. nom. 593B (S. 116, Z. 5); 644D (S. 130, Z. 12); 693B (S. 143, Z. 9); 816B (S. 180, Z. 9); 816C (S. 181, Z. 7); 977B (S. 226, Z. 7); Dion. Myst. theol. 1033C (S. 147, Z. 11). Zu λόγος als Wort der Heiligen Schrift vgl. Dion. Coel. hier. 121A (S. 7, Z. 8); 292C (S. 42, Z. 17); Dion. Div. nom. 637A (S. 123, Z. 6f.); 637C (S. 124, Z. 11); 708A (S. 155, Z. 6f.); 872D (S. 199, Z. 10); Dion. Ep. 7, 1080C (S. 167, Z. 7). Zu λόγος im Sinne von „Meinung" vgl. Dion. Div. nom. 645D (S. 133, Z. 2).

[256] Vgl. Dion. Div. nom. 637A (S. 122, Z. 14f.); 637B (S. 124, Z. 3); 644C (S. 130, Z. 6 u. 11); Dion. Eccl. hier. 444A (S. 92, Z. 22); Dion. Ep. 9, 1104C (S. 194, Z. 9f.).

des dreieinigen Gottes[257] gebraucht werden. Dies dürfte wohl damit zusammenhängen, daß Pseudo-Dionys biblische, sich auf den Vater bzw. den Sohn beziehende Stellen auf die Dreieinigkeit insgesamt zu übertragen vermag.[258] Die Qualifizierung der Trinität als λόγος erklärt Pseudo-Dionys in *De divinis nominibus* VII, 4 wie folgt:

> Als λόγος wird Gott von der Heiligen Schrift gefeiert nicht nur deshalb, weil er λόγος, Intellekt und Weisheit gewährt, sondern auch deswegen, weil er die Ursachen (αἰτία) in einfacher Art (μονοειδῶς) und zuvor in sich enthält (προλαμβάνω) und weil er durch alles hindurchgeht (διὰ πάντων χωρέω; vgl. Weish 7, 24 LXX), indem er, wie die Heilige Schrift sagt, bis zum (ἄχρι) Ende von allem hindurchdringt (διικνέομαι; vgl. Hebr 4, 12), und in der Tat bereits davor aus dem Grund, weil der göttliche λόγος über jede Schlichtheit hinaus vereinfacht ist und dem Überwesentlichen zufolge von allem über alles hinaus losgelöst ist.[259]

Unmißverständlich werden in diesem Abschnitt vier Gründe erwähnt, weshalb Gott als λόγος bezeichnet werden kann: Erstens ist Gott Gewährer der rationalen Fähigkeit des Menschen, zweitens Ort der Ursachen, drittens dringt er in alles hindurch und viertens überbietet der göttliche λόγος alles an Einfachheit. Die erste kausale Aussage des Pseudo-Dionys schließt sich an die Tradition an und ist uns mindestens formal bei Origenes[260] begegnet, wo das logische Verhältnis freilich zwischen dem *Sohn* und dem Menschen hergestellt wird. Die zweite Aussage geht auf die Auffassung zurück, daß Gott Ort der als Ursachen geltenden λόγοι ist, wirkt aber insofern kurios, als der Areopagit hier auf diese λόγοι keineswegs eingeht. Als plausible Erklärung muß angenommen werden, daß die in *De divinis nominibus* V, 8,[261] einer noch genauer zu betrachtenden Stelle, gezogene Parallele von

---

[257] Vgl. Dion. Div. nom. 588B (S. 109, Z. 14); 645A (S. 131, Z. 8); 868D (S. 196, Z. 4); 872C (S. 198, Z. 21).

[258] Vgl. z. B. ibid. 592A (S. 113, Z. 1f.); 593D (S. 117, Z. 14f.).

[259] Dion. Div. nom. 872C: „‚Λόγος‘ δὲ ὁ θεὸς ὑμνεῖται πρὸς τῶν ἱερῶν λογίων οὐ μόνον, ὅτι καὶ λόγου καὶ νοῦ καὶ σοφίας ἐστὶ χορηγός, ἀλλ᾽ ὅτι καὶ τὰς πάντων αἰτίας ἐν ἑαυτῷ μονοειδῶς προείληφε καὶ ὅτι ‚διὰ πάντων χωρεῖ‘ διικνούμενος, ὡς τὰ λόγιά φησιν, ἄχρι τοῦ πάντων τέλους, καὶ πρό γε τούτων, ὅτι πάσης ἁπλότητος ὁ θεῖος ὑπερήπλωται λόγος καὶ πάντων ἐστὶν ὑπὲρ πάντα κατὰ τὸ ὑπερούσιον ἀπολελυμένος". Für die Zitate aus De divinis nominibus übernehme ich bis auf wenige Abweichungen die Übersetzung von B. R. Suchla (1988). Das Wort λόγος z. B. bleibt bei mir unübersetzt. Zudem übertrage ich μονοειδῶς mit „in einfacher Art" [vgl. B. R. Suchla (1988) 73] und ὑπερούσιος mit „überwesentlich".

[260] Vgl. den Abschnitt 1. 1. 10 (S. 19–21).

[261] Vgl. Dion. Div. nom. 824C.

λόγοι und Ursachen hier vorausgesetzt wird. Bei der dritten Aussage
läßt sich prima facie der Eindruck kaum vermeiden, daß es sich vielmehr um einen rein biblischen Beleg handelt als um eine faktische
Ursache. Durch διὰ πάντων χωρεῖ und διικνούμενος ... ἄχρι bringt
Pseudo-Dionys Weish 7, 24 LXX und Hebr 4, 12[262] zusammen,
wobei das Subjekt der ersten Stelle die Weisheit ist, während es nur
bei der zweiten um das göttliche Wort geht. Fragt man sich aber,
weshalb Gott gerade dank dieses Hindurchdringens bis zum Ende
von allem λόγος genannt wird, so kann nicht ausgeschlossen werden,
daß der Kirchenlehrer hier an den stoisch-neuplatonischen λόγος[263]
denkt. Die vierte und letzte kausale Aussage bringt den λόγος als
Prädikat Gottes in Verbindung mit dessen Einfachheit und Erhabenheit.
Wie der Autor der Areopagitica zu dieser Assoziation kommt, bleibt
aber unklar.

Wie es sich herausgestellt hat, basiert die Prädizierung Gottes als
λόγος für Pseudo-Dionys unter anderem darauf, daß Gott die Ursachen
(αἰτία) aller Dinge in sich enthält. Durch diese Einsicht entzündet
sich die Frage nach dem dionysischen Verständnis der λόγοι. Hierbei
ist das Augenmerk vor allem auf *De divinis nominibus* V, 8, wo die
Ursachen und die λόγοι vergleichend nebeneinandergestellt werden,
zu richten:

Εἰ γὰρ ὁ καθ᾽ ἡμᾶς ἥλιος τὰς τῶν αἰσθητῶν οὐσίας καὶ ποιότητας καίτοι
πολλὰς καὶ διαφόρους οὔσας ὅμως
αὐτὸς εἰς ὢν καὶ μονοειδὲς ἐπιλάμπων
φῶς ἀνανεοῖ καὶ τρέφει καὶ φρουρεῖ ...
πάντα καὶ τῶν ὅλων ἕκαστον οἰκείως
ἑαυτῷ τοῦ ταὐτοῦ καὶ ἑνὸς ἡλίου
μετέχει καὶ τὰς τῶν πολλῶν μετεχόντων
ὁ εἷς ἥλιος αἰτίας ἐν ἑαυτῷ μονοειδῶς
προείληφε, πολλῷ γε μᾶλλον ἐπὶ τῆς
καὶ αὐτοῦ καὶ πάντων αἰτίας προϋφε-
στάναι τὰ πάντων τῶν ὄντων παραδείγματα κατὰ μίαν ὑπερούσιον ἕνωσιν
συγχωρητέον, ἐπεὶ καὶ οὐσίας παράγει
κατὰ τὴν ἀπὸ οὐσίας ἔκβασιν. Παραδείγματα δέ φαμεν εἶναι τοὺς ἐν θεῷ

Wenn sogar unsere Sonne im Hinblick auf die Seinsstufen und Eigenschaften des sinnlich Wahrnehmbaren,
obwohl diese (Seinsstufen und Eigenschaften) viele und verschiedene
sind, während die Sonne selbst eine
einzige ist und ein einfaches Licht
ausstrahlt, alles erneuert, nährt, bewahrt ... und wenn jedes einzelne
Seiende der Welt in einer ihm entsprechenden Weise an der gleichen
und einen einzigen Sonne Anteil hat,
und wenn die eine einzige Sonne die
Ursachen (αἰτία) des vielen Teilneh-
menden in einfacher Art und zuvor
in sich enthält, so müssen zugestan-

---

[262] An diesem Punkt ist der Quellenapparat der kritischen Ausgabe von Dion.
Div. nom. zu ergänzen.
[263] Vgl. den Abschnitt 1. 1. 11.

τῶν ὄντων οὐσιοποιοὺς καὶ ἑνιαίως προϋφεστῶτας λόγους, οὓς ἡ θεολογία προορισμοὺς καλεῖ καὶ θεῖα καὶ ἀγαθὰ θελήματα, τῶν ὄντων ἀφοριστικὰ καὶ ποιητικά, καθ' οὓς ὁ ὑπερούσιος τὰ ὄντα πάντα καὶ προώρισε καὶ παρήγαγεν.[264]

denermaßen viel eher die Vorbilder (παράδειγμα) von allem Seienden einer einzigen überwesentlichen Einung zufolge in der Ursache der Sonne selbst und alles Seienden zuvor Existenz aufweisen, denn sie erschafft die Seinsstufen ihrem Ausgang gemäß. Wir sagen weiter, daß als Vorbilder (παράδειγμα) die in Gott vorausbestehenden, auf einfache Weise wesenschaffenden λόγοι der Seienden gelten, die die göttliche Offenbarung Vorherbestimmungen (vgl. Ps 15, 8 LXX; Apg 2, 25; Röm 8, 29; 1 Kor 2, 7; Eph 1, 5) sowie göttliche und gütige Willensbeschlüsse (vgl. Ps 110, 2 LXX; Eph 1, 5) nennt, welche die Seienden abgrenzen/definieren und schaffen und nach denen der Überwesentliche alles Seiende sowohl vorausbestimmt als auch hervorgebracht hat.

In diesem Abschnitt werden Gott als Ursache (αἰτία) und die Sonne parallelisiert, was freilich bei Pseudo-Dionys keine Seltenheit ist.[265] Anhand dieser Parallele, die einen Schluß a minori ad maius (πολλῷ γε μᾶλλον) darstellt, wird ein Erklärungsversuch dessen unternommen, wie sich das absolute Einssein Gottes zur Vielfalt der Seienden verhält. So wie die Sonne für die Entstehung, das Wachstum und die Bewahrung der verschiedenartigen Seienden verantwortlich ist, obgleich sie selbst eine einzige ist und ein einfaches Licht hervorgehen läßt, sind die Vorbilder (παράδειγμα) der vielen Seienden nach einer überwesentlichen Einung in Gott enthalten. Dem, daß die Sonne alle Ursachen (αἰτία) der an ihr teilhabenden Dinge in einfacher Art (μονοειδῶς) umfaßt, entspricht, daß die Vorbilder (παράδειγμα) der Seienden in Gott einheitlich und überwesentlich existieren. Pseudo-Dionys macht aber einen weiteren Schritt, indem er die λόγοι als Vorbilder bestimmt. Dadurch werden die αἰτίαι (Ursachen) im sinnlich wahrnehmbaren Bereich einerseits und die παραδείγματα (Vorbilder)/λόγοι im intelligiblen Bereich andererseits zu den zwei Polen

---

[264] Dion. Div. nom. 824BC.
[265] Vgl. z. B. ibid. 693B u. 697C. Das Motiv geht auf Platon zurück, der in Plat. Resp. VI das Gute (τὸ ἀγαθόν) mit der Sonne vergleicht.

des Parallelismus. Zwar sind die Termini nicht ohne weiteres aus-
tauschbar, da im Bereich des Wahrnehmbaren die αἰτίαι nicht unbedingt als λόγοι gelten müssen. Allein aber die Annahme, daß die
λόγοι auch als αἰτίαι aufgefaßt und bezeichnet werden können, vermag zu verdeutlichen, warum Pseudo-Dionys in *De divinis nominibus*
VII, 4 Gott als Ort der αἰτίαι den Titel λόγος verleihen kann, ohne
zu meinen, weitere Erläuterungen dazu geben zu müssen. Dieser
Schluß wird auch begrifflich bestätigt, da jeweils im Blick auf Gott
und die Sonne in De divinis nominibus VII, 4 und V, 8 dieselbe
Wortkombination ἐν ἑαυτῷ μονοειδῶς προείληφε (in einfacher Art
und zuvor in sich enthält) auftaucht.

Nun komme ich zu einer näheren Untersuchung der dionysischen
Aussagen über die λόγοι in De divinis nominibus V, 8. Es ist augenfällig, daß Pseudo-Dionys die λόγοι nicht als reine Urbilder (παράδειγμα)
im platonischen Sinne, sondern ebenfalls als Vorherbestimmungen
(προορισμός) und Willensbeschlüsse (θέλημα) deutet. Die λόγοι sind
demnach keine bloßen passiven Muster der Seienden, sondern sie
bilden in erster Linie ein Moment des göttlichen Wollens. Hierbei
wird also das platonische Urbild-Abbild-Deutungsmuster der λόγοι
insofern bereichert *und* modifiziert, als es mit einem neuen, sich auf
die göttliche Intentionalität beziehenden Element verkoppelt wird.[266]
Demzufolge beschränkt sich Pseudo-Dionys nicht auf die traditionelle
Formel, daß Gott den λόγοι gemäß (καθ᾽ οὕς) alle Seienden vorherbestimmt und hervorgebracht hat, sondern nennt sie wesenschaffend
(οὐσιοποιός), als ob sie selbst Urheber des Schöpfungsaktes wären.
Dieses Wollensmoment, das die λόγοι darstellen, bezieht sich nicht
nur auf das Dasein der Einzeldinge, sondern auch auf deren Sosein,
weil die Willensbeschlüsse sowohl erschaffend (ποιητικός) als auch
definierend und abgrenzend (ἀφοριστικός) sind. Dieser *dynamische*
Aspekt der λόγοι beim Areopagiten, welcher mit deren Konzeption
als Willensbeschlüsse gegeben ist, wird von vielen Maximusforschern
hervorgehoben,[267] da der Bekenner gerade *De divinis nominibus* V, 8
zweimal zitiert.[268] Im Zusammenhang dieses Kapitels ist es jedoch
noch zu früh, sich auf einen Vergleich zwischen dem dionysischen

---

[266] Gegen O. Semmelroth (1950) 398, der den dionysischen λόγος als eine reine
„Exemplarursache" interpretiert.
[267] Vgl. z. B. I.-H. Dalmais (1952, La théorie) 244; P. Sherwood (1955, The
Earlier) 175f.; L. Thunberg (1995) 73, Anm. 157.
[268] Vgl. Max. Amb. Io. 7, 1085A; Max. Thal. 13 (S. 95, Z. 8).

und dem maximinischen Logosbegriff einzulassen.[269] Hier soll zunächst nach den weiteren Zügen der dionysischen Logoslehre gefragt werden.

Die Forscher, die sich mit der Logoslehre des Pseudo-Dionys auseinandergesetzt haben, konnten mit Recht nicht umhin zu konstatieren, daß die λόγοι bei ihm eine relativ marginale Rolle spielen.[270] Gerade deren oben erwähnter Aspekt als eine dynamische Willensbestimmung wird sonst nirgendwo weiterentwickelt. Dieser Aspekt wird jedoch von *De coelesti hierarchia* VII, 2 und *Epistula* 9, 2 bestätigt, wo jeweils die λόγοι in Beziehung zu den Akten des göttlichen Wirkens (θεουργία) gesetzt[271] und in die Nähe der göttlichen Vorsehungen (πρόνοια) gerückt werden.[272] Darüber hinaus wird der abgrenzende Charakter der λόγοι in *De coelesti hierarchia* XI, 2 vorausgesetzt, da ein überweltlicher λόγος angesprochen wird, nach dem alle göttlichen Intellekte in Wesen (οὐσία), Potenz (δύναμις) und Akt (ἐνέργεια) aufgeteilt sind.[273] Gehören die λόγοι also der Konstellation des göttlichen Wollens an, so kann man mit C. Kern, der sie dem immanenten Bereich zuordnet,[274] kaum übereinstimmen. Zwar gibt es bei Pseudo-Dionys Stellen, wo von den λόγοι im immanenten Sinne geredet wird,[275] aufgrund der semantischen Vielfalt des dionysischen

---

[269] Vgl. dazu den Abschnitt 1. 3.

[270] Vgl. z. B. W. Völker (1958) 133f., Anm. 6: „Aufs Ganze gesehen spielt die Ideenlehre bei Dionys nur eine recht untergeordnete Rolle"; B. Brons (1976) 137, Anm. 249: „. . . für das System des Areopagiten haben sie (sc. die Begriffe εἶδος und λόγος) als rein ideale Größen keine konstitutive Bedeutung . . . und stellen insofern einen Reflex der areopagitischen Ideenlehre dar".

[271] Vgl. Dion. Coel. hier. 208D–209A: „πρὸς τὸ πάναγνον καὶ κατὰ πᾶν ἀρρεπὲς ἱδρύονται (sc. die höchsten Ränge der himmlischen Hierarchie) καὶ πρὸς τὴν ἄϋλον καὶ νοητὴν εὐπρέπειαν ὡς θεμιτὸν εἰς θεωρίαν προσάγονται καὶ τοὺς τῶν θεουργιῶν ἐπιστημονικοὺς λόγους ὡς πρῶται καὶ περὶ θεὸν οὖσαι μύονται".

[272] Vgl. Dion. Ep. 9, 1108D: „Καὶ ἄλλως χρὴ τὴν αὐτὴν τοῦ πυρὸς εἰκόνα κατὰ τοῦ ὑπὲρ νόησιν θεοῦ λεγομένην ἐκλαβεῖν, ἄλλως δὲ κατὰ τῶν νοητῶν αὐτοῦ προνοιῶν ἢ λόγων καὶ ἄλλως ἐπὶ τῶν ἀγγέλων".

[273] Vgl. Dion. Coel. hier. 284D: „. . . εἰς τρία διῄρηνται τῷ κατ' αὐτοὺς ὑπερκοσμίῳ λόγῳ πάντες οἱ θεῖοι νόες, εἰς οὐσίαν καὶ δύναμιν καὶ ἐνέργειαν"; vgl. auch Dion. Div. nom. 645CD (S. 132, Z. 16f.).

[274] Vgl. C. Kern (1956) 207–209.

[275] Vgl. Dion. Div. nom. 821AB: „Ἀλλὰ καὶ ἐν τῇ ὅλῃ τῶν ὅλων φύσει πάντες οἱ τῆς καθ' ἕκαστον φύσεως λόγοι συνειλημμένοι εἰσὶ κατὰ μίαν ἀσύγχυτον ἕνωσιν". Gegen W. Völker bemerkt P. Brons (1976) 136, Anm. 247 mit Recht, daß der dionysische Zusammenhang dieser Stelle nicht gestattet, die λόγοι hier als transzendent aufzufassen. Dasselbe dürfte wohl für Dion. Div. nom. 724D gelten: „τῇ ἐλλείψει τῆς κατὰ φύσιν τάξεως ὁ τῆς ἁρμονίας καὶ τῆς συμμετρίας λόγος ἀσθενεῖ μένειν ὡσαύτως ἔχων". Es ist hier unwahrscheinlich, daß Pseudo-Dionys mit diesem λόγος, der schwach wird, auf dieselbe Weise fest auszuhalten, eine transzendente Größe meint.

λόγος[276] legt sich jedoch nahe, daß die λόγοι in ihrer ideellen, transzendenten Bedeutung als Willensbeschlüsse mit den λόγοι in der
Natur nicht zu verwechseln sind. Diese letzteren sollten viel eher als
Einzelerscheinungen des umfassenden Naturgesetzes angesehen werden.[277] Da dieses Gesetz dennoch durch die schöpferischen, definierenden und erhaltenden Intentionen Gottes bedingt ist, haben die
λόγοι, wiewohl transzendent, einen immanenten Wirkungsbereich.
Dies dürfte wohl erklären, warum sich das Bedeutungsfeld der dionysischen λόγοι auch auf die immanente Sphäre erstrecken kann.[278]
    Zuletzt muß kurz die Aufmerksamkeit einem weiteren Aspekt des
dionysischen Logosbegriffs geschenkt werden, nämlich dem λόγος als
tieferem Inhalt eines Symbols. Privilegierter Ort des Symbolismus
sind für den Areopagiten die Schrift und die kirchlichen Zelebratio-
nen.[279] Dabei handelt es sich im Grunde um eine Rezeption der alexandrinischen Hermeneutik[280] und die Übertragung des durch die
platonische Ideenlehre gelieferten Urbild-Abbild-Schemas in der
Ontologie auf die Schrift und die Liturgie. Die biblischen und kirchlichen Symbole seien nicht zu verachten, da sich dadurch eine tiefere semantische Ebene manifestieren könne, wenn diese Symbole
auf adäquate Weise angeblickt werden.[281] Derart eröffnet sich dem

---

[276] Vgl. Anm. 255; ferner P. Brons (1976) 134, Anm. 236.
[277] Brons' Zurückführung von idiomatischen λόγος-Ausdrücken auf die transzendenten λόγοι kann ich nicht akklamieren; vgl z. B. Dion. Coel. hier. 301BC: „Κατὰ
τὸν αὐτὸν οὖν τῆς φυσικῆς εὐταξίας λόγον ὑπερφυῶς ἡ πάσης εὐκοσμίας ὁρατῆς
καὶ ἀοράτου ταξιαρχία... τὴν λαμπρότητα... ἀναφαίνει". Hier kann der Ausdruck
„κατὰ τὸν ... λόγον" einfach im Sinne von „analog zu" verstanden werden und
braucht nicht ein Verweis weder auf einen transzendenten noch immanenten λόγος
zu sein; gegen P. Brons (1976) 135. Dasselbe gilt für κατὰ τὸν αὐτὸν λόγον (auf
dieselbe Art und Weise) in Dion. Div. nom. 821D (S. 186, Z. 8f.), was freilich von
Brons selbst so gut wie zugegeben wird; vgl. P. Brons (1976) 135, Anm. 242. Vgl.
auch Dion. Div. nom. 693B (S. 144, Z. 3) u. 704A (S. 152, Z. 1), wo nicht auszuschließen ist, daß die Wendung κατὰ τὸν οἰκεῖον λόγον einfach „auf eigene/cha-
rakteristische Weise" bedeutet.
[278] Vgl. dazu P. Brons (1976) 136. Bei einigen dionysischen Stellen läßt sich
schwer sagen, ob es sich um einen transzendenten oder immanenten λόγος handelt; vgl. z. B. Dion. Div. nom. 704C (S. 153, Z. 2).
[279] Vgl. Dion. Div. nom. 592B; Dion. Eccl. hier. 376D–377A u. 397AB; P. Rorem
(1984) 66–83.
[280] Vgl. die Abschnitte 1. 1. 7 (S. 12) und 1. 1. 10 (S. 22f.) zu Philo bzw. Origenes.
[281] Vgl. Dion. Ep. 9, 1108C: „Χρὴ τοιγαροῦν καὶ ἡμᾶς ... εἴσω τῶν ἱερῶν
συμβόλων ἱεροπρεπῶς διαβαίνειν καὶ μὴ ἀτιμάζειν αὐτά, τῶν θείων ὄντα χαρακτήρων
ἔκγονα καὶ ἀποτυπώματα καὶ εἰκόνας ἐμφανεῖς τῶν ἀπορρήτων καὶ ὑπερφυῶν
θεαμάτων"; ferner ibid. 1104BC.

Mystiker die Welt der in der symbolischen Struktur der Schrift und der Liturgie inhärierenden λόγοι.[282] Diese Struktur besitzt eine innere Affinität zu der menschlichen Natur, welche des sinnlich Wahrnehmbaren bedarf, um dadurch zu den intelligiblen Wahrheiten zu gelangen.[283] Daß die λόγοι hierbei zum Gegenstand noëtischer Schau werden, bildet einen Überschneidungspunkt zwischen Evagrius Ponticus und Pseudo-Dionys, deren spirituelle Systeme in aller Regel als diametral beurteilt werden.[284] Doch trotz der Zentralität des biblischen und gottesdienstlichen Symbolismus für den Autor der Areopagitica erfährt diese Bedeutung des λόγος bei ihm nur spärliche Ausführungen. Dies bestätigt nochmals die obige Feststellung, daß auf das Ganze gesehen dem λόγος als metaphysischer Größe keine enorme Signifikanz in der dionysischen Synthese zuzusprechen ist.

1.2.2. *Die Logoslehre des Maximus Confessor*

Nachdem der Logosbegriff des Pseudo-Dionys Areopagita in den Blick gekommen ist, soll nun die Logoslehre des Maximus Confessor dargelegt werden. Hierbei ist mit der Lehre des Bekenners von den λόγοι einzusetzen, um in einem zweiten Stadium auf deren Verhältnis zum göttlichen Logos einzugehen. Diese Verfahrensweise wird mir durch die Überzeugung diktiert, daß eine vorausgehende Erörterung der verschiedenen semantischen Ebenen, die der Confessor in seinem λόγος-Verständnis zusammenbringt, die später erfolgende Beschreibung der Relation zwischen dem Logos und den λόγοι erleichtert. Bei den λόγοι handelt es sich für Maximus offensichtlich um eine zentrale Thematik, die von ihm in zahlreichen Zusammenhängen und aus

---

[282] Vgl. Dion. Eccl. hier. 429AB: „Κατὰ τὸν αὐτὸν δὴ θεοειδῆ τρόπον ὁ θεῖος ἱεράρχης, εἰ καὶ τὴν ἑνιαίαν αὐτοῦ τῆς ἱεραρχίας ἐπιστήμην ἀγαθοειδῶς εἰς τοὺς ὑποβεβηκότας κατάγει τοῖς τῶν ἱερῶν αἰνιγμάτων πλήθεσι χρώμενος, ἀλλ᾽ αὖθις ὡς ἀπόλυτος καὶ τοῖς ἥττοσιν ἀκατάσχετος εἰς τὴν οἰκείαν ἀρχὴν ἀμειώτως ἀποκαθίσταται καὶ τὴν εἰς τὸ ἓν ἑαυτοῦ νοερὰν ποιησάμενος εἴσοδον ὁρᾷ καθαρῶς τοὺς τῶν τελουμένων ἑνοειδεῖς λόγους"; ibid. 377A: „Ἀνακεκαλυμμένοι δὲ ὅμως εἰσὶν οἱ τῶν συμβόλων λόγοι τοῖς θείοις ἱεροτελεσταῖς, οὓς οὐ θεμιτὸν ἐξάγειν εἰς τοὺς ἔτι τελειουμένους εἰδότας"; ferner 376D u. 397AB.
[283] Vgl. ibid. 377A: „συμβολική τίς ἐστιν ὅπερ ἔφην ἀναλόγως ἡμῖν αὐτοῖς ἡ καθ᾽ ἡμᾶς ἱεραρχία δεομένη τῶν αἰσθητῶν εἰς τὴν ἐξ αὐτῶν τὰ νοητὰ θειοτέραν ἡμῶν ἀναγωγήν".
[284] Vgl. z. B. I. Hausherr (1936) 351–362 u. Kap. 2, Anm. 211.

verschiedenen Blickpunkten ausgearbeitet wird.[285] Wurde die maximinische Logoslehre in der Forschung mehrmals thematisiert,[286] so
erscheint hier eine Rückbesinnung darauf insofern gerechtfertigt, als
diese Lehre eine nicht zu entbehrende Grundlage für die Befassung
mit der Schrifthermeneutik des Maximus darstellt. Schon am Anfang
dieses Kapitels wurde darauf hingewiesen, daß die Logostheorie des
Bekenners seiner Bibelhermeneutik in ontologischer Hinsicht zugrundeliegt. Dies sollte jedoch nicht zum falschen Schluß verleiten, daß
sich die Bedeutsamkeit der λόγοι auf die Ontologie beschränkt. Gerade
die Erörterung der Logoslehre als Vorstufe zur Beschäftigung mit der
Hermeneutik des Confessors deutet ihre Wichtigkeit für sein gesam-
tes Denken an. Paradigmatisch wird in der folgenden Analyse die
christologische und mystische Tragweite des maximinischen λόγος –
wenn auch in einem ontologischen Kontext – deutlich zutagetreten.
Im weiteren Verlauf der vorliegenden Arbeit wird sich zeigen, daß
diese Mehrdimensionalität des maximinischen λόγος – vor allem seine
kosmologische und christologische Bedeutung – für die Schrifthermeneutik des Confessors weitreichende Folgen hat. Natürlich wird
das anschließende Wiederaufgreifen der Logoslehre des Bekenners
bei manchem Detail zu einer kritischen Auseinandersetzung mit den
bisher in der Forschung vertretenen Positionen Anlaß geben.

1.2.2.1. *Zur Bestimmung der λόγοι*

Die λόγοι der Seienden fungieren bei Maximus als ontologische Basis
für die Schöpfung Gottes ex nihilo. Jedes sichtbare wie unsichtbare
Geschöpf wurde nach einem bestimmten λόγος erschaffen.[287] Für

---

[285] Vgl. dazu I.-H. Dalmais (1952, La théorie) 244; J.-C. Larchet (1994, Introduction)
19 u. (1996) 112.

[286] Zur Logoslehre bei Maximus vgl. J. Loosen (1940) 39–49; I.-H. Dalmais (1952,
La théorie) 244–249; P. Sherwood (1955, The Earlier) 164–180; W. Völker (1965)
301–312; A. Riou (1973) 54–63; G. C. Berthold (1975) 65–68 u. 108–120; N. Ματσούκας (1980) 82–92; H. U. von Balthasar (³1988) 110–117; V. Karayiannis (1993)
201–222; Σ. Κ. Κουρούνης (1994) 17–36; Ἡ. Ρεράκης (1995) 107–137; L. Thunberg
(1985) 132–137 u. (1995) 72–80; J.-C. Larchet (1996) 112–123; K. Savvidis (1997)
106–116.

[287] Vgl. Max. Amb. Io. 7, 1080A: „Τοὺς γὰρ λόγους τῶν γεγονότων ἔχων (sc. der
Logos) πρὸ τῶν αἰώνων ὑφεστῶτας βουλήσει ἀγαθῇ κατ᾽ αὐτοὺς τήν τε ὁρατὴν καὶ
ἀόρατον ἐκ τοῦ μὴ ὄντος ὑπεστήσατο κτίσιν"; ibid. 42, 1329A: „Πάντων οὖν τῶν
κατ᾽ οὐσίαν ὑπαρκτικῶς ὄντων τε καὶ ἐσομένων, ἢ γενομένων, ἢ γενησομένων ἢ
φαινομένων, ἢ φανησομένων, ἐν τῷ Θεῷ προϋπάρχουσι παγίως ὄντες οἱ λόγοι, καθ᾽
οὓς καὶ εἰσὶ τὰ πάντα καὶ γεγόνασι καὶ διαμένουσι".

jedes Seiende bildet der λόγος also das ontologisch definierende Prinzip, den Seinsgrund und das Muster.[288] Dies führe aber nicht zur vermeintlichen Konstatation, daß die unsichtbare[289] λόγοι-Welt eine Kopie der sichtbaren Welt sei. Eher stellt sich Maximus die Welt der λόγοι als ein vielgefächertes Ganzes vor, dessen Bestandteile für ein kohärentes Zusammensein von unterschiedlichen Elementen innerhalb der Schöpfung sorgen und der Aufrechterhaltung des Gleichgewichtes zwischen Allgemeinem und Partikularem dienen.[290] So gibt es λόγοι, die das Allgemeine regulieren,[291] andere, die der Identität und Operation des Einzelnen zugrundeliegen und es vor der *Mutation* und dem Sich-Verwischen schützen,[292] und andere, welche die Einheitlichkeit und Harmonie aller Teile der Schöpfung gewährleisten.[293] Demzufolge kann jedes Einzelwesen an mehreren λόγοι beteiligt sein und sie mit anderen gemeinsam haben.

Daß die λόγοι bei dem Bekenner der Schöpfung Harmonie und Stabilität verleihen, erweckt mit Recht den Eindruck, daß es sich bei ihnen um feste Entitäten handelt. Diesen Aspekt der λόγοι-Theorie bestätigt die maximinische Definition des λόγος als μέτρον und ὅρος (Maß, Richtschnur, etc.).[294] Indes ist der maximinische λόγος keineswegs als starr anzusehen, weil er sich nicht nur als Archetyp zu erkennen gibt, sondern auch als causa finalis und – im Anschluß an Pseudo-Dionys – als Willensbeschluß (θέλημα). Demnach gelingt es Maximus, in seinem λόγος-Begriff verschiedene Momente zusammenzubringen, nämlich das definierende, schöpferische, erhaltende, teleologische und nicht zuletzt das dynamische. Von besonderer Bedeutung scheint das maximinische Verständnis des λόγος als Abschluß der

---

[288] Vgl. Max. Thal. 64 (S. 211, Z. 410): „ὅρος ὑπάρχει καὶ μέτρον τῶν ὄντων ὁ λόγος". In Max. Amb. Io. 7, 1080C sagt der Confessor, daß der λόγος für jedes intelligible und rationale Seiende ἀρχὴ und αἰτία ist.

[289] Vgl. Max. Thal. 13 (S. 95, Z. 6f.): „Οἱ τῶν ὄντων λόγοι προκαταρτισθέντες τῶν αἰώνων ἐν τῷ θεῷ, καθὼς οἶδεν αὐτός, ἀόρατοι ὄντες".

[290] Vgl. Max. Amb. Io. 17, 1228A–1229A.

[291] Vgl. ibid. 1228D: „τίς ὁ λόγος τῆς τοῦ καθ᾽ ἕκαστον οὐσίας, φύσεως, εἴδους, σχήματος, συνθέσεως, δυνάμεως, ἐνεργείας, πάθους;".

[292] Vgl. ibid. 1228AB: „Τίνες οἱ ἑκάστῳ τῶν ὄντων τῇ ὑπάρξει πρώτως ἐγκαταβληθένετες λόγοι, καθ᾽ οὓς καὶ ἔστι καὶ πέφυκε τῶν ὄντων ἕκαστον, καὶ εἰδοπεποίηται, καὶ ἐσχημάτισται, καὶ συντέθειται, καὶ δύναται, καὶ ἐνεργεῖ καὶ πάσχει"; ibid. 1217A: „Ἀκινήτως δὲ κινεῖσθαί τε καὶ φέρεσθαι τὰ ὁρώμενα ... τῷ μὲν λόγῳ, ᾧ γέγονε ταῦτα (...) καὶ μὴ ἐξίστασθαι ... τῆς φυσικῆς ἰδιότητος καὶ μεταβάλλειν εἰς ἄλλο καὶ φύρεσθαι".

[293] Vgl. ibid. 1228A–1229A.

[294] Vgl. Max. Thal. 64 (S. 211, Z. 410) [zitiert in Anm. 288].

Bewegung eines rationalen Geschöpfes sowie die Anknüpfung an den dionysischen λόγος als Wollen. Um diesen zwei Aspekten gerecht werden zu können, muß die Aufmerksamkeit vor allem auf das *Ambiguum ad Ioannem* 7 gerichtet werden, wo der Bekenner eine systematische Darlegung seiner Logoslehre liefert und sich auf den Areopagiten bezieht. Den Kontext dafür bietet eine tiefgreifende Widerlegung der origenistischen Henadenlehre mit deren kosmogenischen, anthropologischen und soteriologischen Implikationen, die sich an der Auslegung eines dunklen Passus Gregors von Nazianz entzündet.[295] Laut der origenistischen Auffassung, wie sie von dem Confessor geschildert wird, zerstreuten sich die rationalen Wesen nach einem ursprünglichen Zustand der Einheit (ἑνάς) mit Gott, was zur Folge hatte, daß die materielle Welt entstanden ist (γένεσις). Die Leiber, in welche die Vernunftwesen nach diesem Abfall von der göttlichen Sphäre einzogen, werden als Strafe betrachtet.[296] Dieser origenistischen Welt-

---

[295] Der maximinischen Auseinandersetzung mit dem Origenismus in Max. Amb. Io. 7 hat P. Sherwood den größten Teil seiner 1955 erschienenen Monographie „The Earlier Ambigua" gewidmet. In diesem wichtigen Beitrag zur Maximusforschung werden die origenistischen Positionen, auf die der Bekenner in Max. Amb. Io. reagiert, sowie dessen Gegenargumente meisterhaft analysiert. Daher werde ich mich hier darauf beschränken, allein die für ein besseres Verständnis der Logostheorie bei Maximus erforderlichen Aspekte dieser Auseinandersetzung kurz anzusprechen. Vgl. auch die Analysen von Max. Amb. Io. 7 bei A. Riou (1973) 45–71 u. K. Savvidis (1997) 85–116; ferner I.-H. Dalmais (1961) 411–421; H. U. von Balthasar (³1988) 122–131; Einleitung, Anm. 95.

[296] Vgl. Max. Amb. Io. 7, 1069AB. Das Pendant zum Abfall vom göttlichen Bereich ist nach dem origenistischen Modell die endgültige Apokatastasis, d. h. die Rückkehr aller Vernunftwesen zu dem seligen Urzustand. Bereits 1902 wurde Maximus von E. Michaud zu einem Apokatastasisanhänger erklärt. Die maximinische Rede vom ewigen Feuer habe nach Michaud keinen dogmatischen Wert und sei eine bloße Reaktion auf den Sittenverfall der Mönche im 7. Jahrhundert; vgl. E. Michaud (1902) 271. Dagegen schrieb M. Viller (1930) 260, daß die origenistische Apokatastasislehre bei dem Bekenner nicht zu finden ist. Diese Meinungsdivergenz läßt sich bei den zwei Wissenschaftlern, welche die Maximusforschung am meisten geprägt haben, nämlich H. U. von Balthasar und P. Sherwood, weiterhin beobachten. Während Balthasar von einem maximinischen „Esoterismus" [vgl. H. U. von Balthasar (1941, Die Gnostischen) 156; (³1988) 358] ausgeht, der dazu tendiert, stillschweigend die Apokatastasis gutzuheißen, weist Sherwood darauf hin, daß sich der Bekenner in Max. Qu. d. 19 (S. 17) [Sherwood geht von der Echtheit dieser Quaestio aus] unverkennbar von Gregor von Nyssa distanziert, der die *Restauration* des Teufels lehrte; vgl. P. Sherwood (1955, The Earlier) 205–222, insbes. 215f. u. 218; Greg. Nys. V. Mos. 349BC. Zudem weist Sherwood (1955, The Earlier) 219f. auf zwei Stellen hin (Max. Amb. Io. 42 u. 65), wo Maximus die Endgültigkeit des Gerichtes positiv zur Debatte stellt und verteidigt. Mit der präzisen Untersuchung Sherwoods zu dieser Frage hat sich Balthasar meines Wissens nie richtig auseinandergesetzt. In einem 1988 kurz vor seinem Tod verfaßten Beitrag reagierte er kurz auf B. E.

anschauung nach geht die Bewegung (κίνησις) der Werdung (γένεσις) voraus und wird insofern abgewertet, als sie im Sinne eines Sich-Zerstreuens und Sich-Entfernens von Gott gedeutet wird.[297] Der *Verteufelung* der Bewegung setzt Maximus eine Konzeption entgegen, der zufolge die Bewegung eine naturgemäße (κατὰ φύσιν) Eigenschaft alles Geschaffenen ist.[298] Anhand dieses Prinzips, das durch Rekurs auf ontologische Prämissen peripatetischer Art zur Geltung gebracht wird,[299] ist der Kirchenvater in der Lage, sowohl die origenistische Reihenfolge von Bewegung und Werdung umzukehren wie der ersteren einen positiven Wert zuzusprechen. Ist die Bewegung ein Charakteristikum der geschaffenen Seienden, so ist es völlig ausgeschlossen, daß sie vor der Werdung der materiellen Welt eingesetzt hat.[300] Zudem ist die Bewegung jener seinshafte Zustand, wodurch die Rationalen zu Gott, dem allein Unbewegten, gelangen können.[301] Derart erweist sich Gott als Anfang/Prinzip (ἀρχή) und Ende (τέλος) jeder Bewegung. Unter Voraussetzung dieser von der aristotelischen Metaphysik geprägten und an Gregor von Nyssa[302] und Pseudo-Dionys[303] erinnernden Ausführungen zu der Bewegung fährt der Confessor mit der Darlegung seiner Logoslehre fort. Diese Lehre operiert hier offensichtlich als

---

Daley (1982) 309–339, der seine Deutung im Blick auf eine maximinische Apokatastasis nochmals in Abrede gestellt hatte; vgl. H. U. von Balthasar (1988) 179f., Anm. 36. Hier scheint Balthasar seine ursprüngliche Meinung nicht modifiziert zu haben. Daß er einerseits zugibt, daß Maximus den Versuch unternahm, „Gregor von Nyssa durch eine Distinktion zu retten", andererseits aber Maximus die Apokatastasis zuschreibt (vgl. ibid. 179), scheint mir allzu psychologisierend. Zudem ist sein Argument, der Bekenner sei der Gewährsmann für Johannes Scotus Eriugena in bezug auf die Apokatastasislehre (vgl. ibid. 179f., Anm. 36), hinfällig, da in erster Linie die maximinischen Texte selbst befragt werden sollten und nicht deren Rezeption bei Eriugena. Insofern bleibt Sherwoods Analyse in ihrer Grundthese immer noch unangefochten; dazu vgl. auch F. W. Norris (1992) 35–72.

[297] Vgl. E. von Ivánka (1958, Korreferat) 13; D. Staniloae (1994) 384, Anm. 24.

[298] Vgl. Max. Amb. Io. 7, 1073BC: „Πάντα γὰρ ὅσα γέγονε πάσχει τὸ κινεῖσθαι, ὡς μὴ ὄντα αὐτοκίνησις ἢ αὐτοδύναμις. Εἰ τοίνυν γενητὰ ὑπάρχει τὰ λογικὰ καὶ κινεῖται πάντως, ὡς ἐξ ἀρχῆς κατὰ φύσιν διὰ τὸ εἶναι".

[299] Vgl. ibid. 1072BC. Dazu P. Sherwood (1955, The Earlier) 25 u. 96–100; L. Thunberg (1995) 82.

[300] Vgl. ibid. 1072A: „Οὐ γὰρ οἷόν τε πρὸ γενέσεως εἶναι κίνησιν".

[301] Vgl. ibid. 1073C: „ἐξ αὐτοῦ (sc. Gott) γὰρ καὶ τὸ ἁπλῶς κινεῖσθαι ἡμᾶς, ὡς ἀρχῆς, καὶ τὸ πῶς κινεῖσθαι πρὸς αὐτὸν ὡς τέλος ἐστίν"; ibid. 1073B: „Μόνον γὰρ Θεοῦ τὸ τέλος εἶναι καὶ τὸ τέλειον καὶ τὸ ἀπαθές, ὡς ἀκινήτου καὶ πλήρους καὶ ἀπαθοῦς"; vgl. ferner Max. Th. ec. I, 69, 1108CD.

[302] Vgl. Greg. Nys. Virg. VI, 2 (Z. 26–28): „Οὔτε γὰρ στῆναί ποτε δύναται τὸ ἀεικίνητον ὑπὸ τοῦ πεποιηκότος εἰληφὸς τὴν φύσιν".

[303] Vgl. Max. Amb. Io. 7, 1072B mit Dion. Div. nom. 705A–C; ferner Dion. Div. nom. 705C: „Διὸ πᾶσα στάσις καὶ κίνησις καὶ εἰς ὃ καὶ οὗ ἕνεκα".

ein Gegenstück zur origenistischen Henadenlehre, da sie als eine Korrektur der origenistischen Interpretation dessen, was Gregor von Nazianz in der von Maximus kommentierten Stelle sagt, nämlich daß die Menschen „Teil Gottes" (μοῖρα θεοῦ)[304] seien, entfaltet wird.[305] Während die Origenisten darunter verstanden, daß die Vernunftwesen vor der Werdung zur Henade gehörten, deutet der Bekenner den Ausdruck des Nazianzers in dem Sinne, daß jedes vernünftige Geschöpf wegen des λόγος, dem zufolge es geschaffen wurde und der in Gott und bei Gott ist, als Teil Gottes qualifiziert werden kann.[306] Die Voraussetzung dieser antiorigenistischen Deutung der Stelle des kappadozischen Lehrers hatte Maximus bereits evoziert, indem er auf das enge korrelative Verhältnis zwischen dem göttlichen Logos und den λόγοι der Seienden hingewiesen hatte.[307] Der nächste Schritt des Bekenners ist eine weitere Deutung des Ausdrucks „Teil Gottes", nun aber nicht im Sinne des Schöpfungsaktes, sondern aus der Perspektive des göttlichen Zieles im Blick auf jede intelligible und rationale Kreatur:

Ἀμέλει τοι, καὶ εἰ κατ᾽ αὐτὸν κινηθείη, ἐν τῷ Θεῷ γενήσεται, ἐν ᾧ ὁ τοῦ εἶναι αὐτοῦ λόγος προένεστιν, ὡς ἀρχὴ καὶ αἰτία, κἂν μηδενὸς ἄλλου πρὸ τῆς ἰδίας ἀρχῆς κατὰ πόθον ἐπιλαβέσθαι θελήσοι, οὐκ ἀπορρέει Θεοῦ, ἀλλὰ μᾶλλον τῇ πρὸς αὐτὸν ἀνατάσει Θεὸς γίνεται καὶ μοῖρα Θεοῦ, λέγεται τῷ μετέχειν προσηκόντως Θεοῦ, ὡς κατὰ φύσιν σοφῶς τε καὶ λελογισμένως δι᾽ εὐπρεποῦς κινήσεως τῆς οἰκείας ἐπιλαβόμενος ἀρχῆς καὶ αἰτίας, οὐκ ἔχων λοιπὸν ἄλλοθί ποι μετὰ τὴν ἰδίαν ἀρχὴν καὶ τὴν πρὸς τὸν καθ᾽ ὃν ἐκτίσθη λόγον ἄνοδόν τε καὶ ἀποκατά-

Und übrigens wenn er sich (sc. jeder der intelligiblen und rationalen Engel und Menschen) ihm (sc. dem λόγος) gemäß bewegt, wird er in Gott (sein), in dem der λόγος seines Seins als Prinzip und Grund zuvor war. Und wenn er aus Sehnsucht nichts anderes als das eigene Prinzip erreichen will, fällt er von Gott nicht ab, sondern vielmehr wird er Gott durch das Sich-Emporstrecken zu ihm und wird Teil Gottes genannt durch die Teilnahme an Gott, wie es sich gehört, da er naturgemäß, weise, und mit Vernunft durch geziemende Be-

---

[304] Vgl. Max. Amb. Io. 7, 1068D.
[305] So I.-H. Dalmais (1966) 362.
[306] Vgl. Max. Amb. Io. 7, 1080BC: „Ἕκαστον οὖν τῶν νοερῶν τε καὶ λογικῶν ἀγγέλων τε καὶ ἀνθρώπων αὐτῷ τῷ καθ᾽ ὃν ἐκτίσθη λόγῳ τῷ ἐν τῷ Θεῷ ὄντι, καὶ πρὸς τὸν Θεὸν ὄντι, μοῖρα καὶ λέγεται καὶ ἔστι θεοῦ, διὰ τὸν αὐτοῦ προόντα ἐν τῷ Θεῷ, καθὼς εἴρηται, λόγον". Vgl. auch in Max. Amb. Io. 7, 1072CD den Ausdruck προγεγενημένη ἑνάς (zuvor entstandene/gewesene Henade) mit der maximinischen Assertion in Max. Amb. Io. 7, 1080A, daß die λόγοι bei Gott πρὸ τῶν αἰώνων (vor den Zeiten) existierten; dazu auch H. U. von Balthasar (³1988) 126.
[307] Vgl. Max. Amb. Io. 7, 1077CD; dazu vgl. den Abschnitt 1.2.2.2.

στασιν κινηθῆναι, ἢ πῶς κινηθῆναι, τῆς ἐπὶ τῷ θείῳ δηλονότι σκοπῷ κινήσεως αὐτοῦ αὐτὸν πέρας λαβούσης τὸν θεῖον σκοπόν.[308]

wegung das eigene Prinzip und den eigenen Grund erreicht hat. Nunmehr kann er sich nach dem eigenen Prinzip und dem Aufstieg und der Wiederkehr zum λόγος, dem gemäß er erschaffen wurde, nirgendwohin und auf keine Weise bewegen. Seine Bewegung hin zum göttlichen Ziel kommt offensichtlich zu deren Ende, welches das göttliche Ziel selbst ist.

In diesem Passus knüpft Maximus an seine vorherigen antiorigenistischen Ausführungen zur Bewegung an. Vollzieht sich die Bewegung des intelligiblen und rationalen Geschöpfes auf geziemende Art und Weise, d. h. nach dem ontologischen λόγος, dem gemäß es zur Existenz gebracht wurde, so wird sie zum Mittel, wodurch dieses Geschöpf zu Gott gelangen kann. Demzufolge werden Bewegung und λόγος insofern in Verbindung gesetzt, als der λόγος als *Wegweiser* für eine zu Gott führende Bewegung fungiert.[309] Die Bestimmung der Bewegung zu Gott hin ist aber nichts anderes als der λόγος selbst, welcher nicht nur den ontologischen Anfang (ἀρχή) und die begleitende Mitte bildet, sondern auch den zu erreichenden Endpunkt. Gerade diese Wiederkehr (ἀποκατάστασις) des Vernunftwesens zum λόγος ist das, was hier mit der Vergottung (θεὸς γίνομαι) gleichgesetzt wird[310] und ermöglicht, daß das vergöttlichte Geschöpf vom Standpunkt des Endes seiner Bewegung aus als Teil Gottes gilt. Zuallererst muß das teleologische Moment des maximinischen λόγος, das sich hier deutlich manifestiert, pointiert werden. Im λόγος ist nicht nur das ontologische Prinzip jeder Kreatur vorgezeichnet, sondern auch das Ziel (σκοπός), das ihr von Gott zugeteilt ist.[311] Daß sich der maximinische λόγος-Begriff hier um eine zusätzliche Komponente erweitert, nämlich die der Bewegung und der *sinnvollen* Finalität, erinnert, formal gesehen, an Aristoteles.[312] Bei dem Bekenner

---

[308] Max. Amb. Io. 7, 1080C (Übersetzung von mir).

[309] Vgl. auch dazu Max. Amb. Io. 42, 1329A.

[310] Zum Verhältnis von λόγοι und göttlichem Logos vgl. den Abschnitt 1.2.2.2.

[311] Zum engen Verhältnis von λόγος und σκοπός vgl. auch Max. Thal. 13 (S. 95, Z. 9–13): „Πάντα γὰρ τὰ ποιήματα τοῦ θεοῦ . . . γνωστικῶς ὑφ᾽ ἡμῶν θεωρούμενα τοὺς καθ᾽ οὓς γεγένηνται λόγους κρυφίως ἡμῖν ἀπαγγέλλουσι καὶ τὸν ἐφ᾽ ἑκάστῳ ποιήματι θεῖον σκοπὸν ἑαυτοῖς συνεκφαίνουσιν"; Max. Th. ec. II, 76, 1160D: „τὸν λόγον, ἤγουν τὸν σκοπόν, καθ᾽ ὃν ὁ Θεὸς γέγονεν ἄνθρωπος, πλήρη χάριτος ἐθεάσατο (sc. der Evangelist Johannes), καὶ ἀληθείας".

[312] Vgl. dazu den Abschnitt 1. 1. 5.

wird aber dieses aristotelische Motiv der Entelechie insofern von dem
rein physischen auf einen mystischen Bereich transponiert, als der
Abschluß der Bewegung die Vergottung ist. Zweitens berechtigt die
Betrachtungsweise des Maximus, der zufolge das Geschöpf zu seinem λόγος zurückkehrt, zur Annahme, daß sich der Kirchenvater das
der Henadenlehre zugrundeliegende origenische[313] Prinzip der Konvergenz von Anfang und Ende zu eigen macht. Trotzdem bleibt dieses Prinzip nicht ohne beträchtliche Uminterpretation. Bereits die
maximinische Kritik an der Henadentheorie hat dessen kosmogenischen Rahmen tief in Frage gestellt. Im obigen Text wird die Identität
von Anfang und Ende nicht wie in dem Origenismus von einem
Zustand behauptet,[314] sondern von einem in Gott[315] ruhenden Prinzip,
auf dem das Sein der Rationalen und deren gottgefällige Bewegung
beruht. Somit wird das auf Origenes zurückgehende Axiom einer
weitreichenden *Entfremdung* unterzogen, indem es nun von der kos-
mogonischen Ebene der Henade auf die mystische Ebene der an
Gott orientierten Bewegung übertragen wird. Diese kühne Aufnahme
des Axioms und seine Umdeutung durch *Transplantation* in einen
neuen, dem maximinischen Anliegen angemesseneren Kontext bewirkt
eine noch radikalere Entkräftung des Origenismus.[316]

---

[313] Vgl. Anm. 316.

[314] Vgl. dazu P. Sherwood (1955, The Earlier) 91, Anm. 40.

[315] Vgl. Max. Amb. Io. 7, 1080BC (zitiert in Anm. 306). Die schon erwähnte
maximinische Charakterisierung von Gott als Anfang und Ende fußt letztendlich
auf dieser Verankerung des λόγος in der göttlichen Sphäre; näheres dazu im Abschnitt
1.2.2.2.

[316] Dazu vgl. P. Sherwood (1958, Maximus) 7; K. Savvidis (1997) 105 u. 111.
Es fällt auf, daß für die Wiederkehr zum λόγος der Begriff ἀποκατάστασις verwendet wird. Obwohl Sherwood (1955, The Earlier) 214 darin einen theologisch neu-
tralen Gebrauch sieht, kann meiner Meinung nach eine *korrigierende* Anspielung auf
die origenistische Apokatastasislehre nicht ausgeschlossen werden. Vgl. auch Max.
Amb. Io. 7, 1084A: „πᾶς δηλονότι ἄνθρωπος ἀρετῦς καθ᾽ ἕξιν παγίαν μετέχων
ἀναμφηρίστως Θεοῦ μετέχει τῆς οὐσίας τῶν ἀρετῶν, ὡς τὴν κατὰ φύσιν σπορὰν
τοῦ ἀγαθοῦ γνησίως κατὰ προαίρεσιν γεωργήσας καὶ ταυτὸν (sic) δείξας τῇ ἀρχῇ
τὸ τέλος, καὶ τὴν ἀρχὴν τῷ τέλει, μᾶλλον δὲ ταυτὸν (sic) ἀρχὴν οὖσαν καὶ
τέλος ... εἴπερ παντὸς πράγματος ἀρχὴ καὶ τέλος ὁ ἐπ᾽ αὐτῷ σκοπὸς ὑπάρχειν
πεπίστευται, τὴν μὲν ὡς ἐκεῖθεν εἰληφὼς πρὸς τῷ εἶναι καὶ τὸ κατὰ μέθεξιν φύσει
ἀγαθόν, τὸ δὲ ὡς κατ᾽ αὐτὴν γνώμῃ τε καὶ προαιρέσει τὸν ἐπαινετὸν καὶ πρὸς
αὐτὴν ἁπλανῶς ἄγοντα ἐξανύσας δρόμον διὰ σπουδῆς, καθ᾽ ὃν γίνεται Θεός". Dieser
Abschnitt bietet sozusagen eine Variation derselben Thematik von Vergottung und
Zusammenfallen von Anfang und Ende in einem anthropologischen Kontext und
aus der Perspektive der Tugendentfaltung. P. Sherwood (1958, Maximus) 5–8 hat
gezeigt, daß die explizite maximinische Gleichsetzung von ἀρχή und τέλος in diesem Passus eine direkte Bezugnahme auf Origenes in Orig. Princ. I, 6, 1 bildet.

Die Übernahme des eben erwähnten origenischen Prinzips erfolgt bei Maximus indessen nicht undifferenziert. Durch eine weitere, subtile Spezifizierung zielt er darauf, die Gleichheit von Anfang und Ende mit der Idee eines fortschreitenden mystischen Weges zu versöhnen. Der Kirchenvater erreicht dies, indem er im λόγος des Menschen drei Momente unterscheidet, die auch als λόγοι bezeichnet werden, nämlich λόγος τοῦ εἶναι (des Seins), λόγος τοῦ εὖ εἶναι (des Gutseins) und λόγος τοῦ ἀεὶ εἶναι (des Immerseins).[317] Es kommt nicht selten vor, daß Maximus diese εἶναι-Triade mit anderen bei ihm wiederkehrenden Triaden parallelisiert,[318] was unter anderem

---

Daß beide Begriffe auf eine Stufe mit dem göttlichen σκοπός gestellt werden, erinnert an die eben behandelte Stelle (Max. Amb. Io. 7, 1080C), wo die Rückkehr zum λόγος-ἀρχή als Realisierung des göttlichen σκοπός angesehen wird. Vgl. auch dazu K. Savvidis (1997) 103–105, der κατ' αὐτήν und πρὸς αὐτήν als sich auf ἀρετή beziehend versteht. Dies aber ist nicht nur syntaktisch – aufgrund des ziemlich großen Abstandes zwischen ἀρετή und den zwei Pronomina – sondern auch sachlich unwahrscheinlich, weil die Rede von einem Weg (δρόμος), der in die ἀρετή mündet, dem Anliegen des Bekenners an dieser Stelle nicht entsprechen würde. Eigentlich ist die maximinische Kernaussage hier die Konvergenz von ἀρχή und τέλος. Infolgedessen ist es viel plausibler, die Pronominalform αὐτή auf ἀρχή zurückzuführen: Der Mensch schlägt den Weg nach seiner ἀρχή (κατ' αὐτήν) ein, d. h. er richtet seine Bewegung durch die Willensfreiheit (γνώμη τε καὶ προαιρέσει) nach ihr, und dieser Weg führt zu dieser ἀρχή (πρὸς αὐτήν). Vgl. auch die Übersetzung dieses Passus bei A. Riou (1973) 64f. und meine folgenden Ausführungen zur Triade εἶναι, εὖ εἶναι, ἀεὶ εἶναι, wo Tugend offenkundig mit dem mittleren Glied in Verbindung gebracht wird.

[317] Vgl. Max. Amb. Io. 7, 1084B: „Γίνεται (sc. der Mensch) γὰρ ἐν τῷ Θεῷ διὰ προσοχῆς, τὸν ἐν τῷ θεῷ προόντα τοῦ εἶναι λόγον μὴ παραφθείρας, καὶ κινεῖται ἐν τῷ θεῷ κατὰ τὸν προόντα ἐν τῷ Θεῷ τοῦ εὖ εἶναι λόγον, διὰ τῶν ἀρετῶν ἐνεργούμενος, καὶ ζῇ ἐν τῷ Θεῷ κατὰ τὸν προόντα ἐν τῷ Θεῷ τοῦ ἀεὶ εἶναι λόγον". H. U. von Balthasar (³1988) 623 macht darauf aufmerksam, daß die Triade ζῆν, εὖ ζῆν, ἀεὶ ζῆν Klemens bekannt ist (vgl. Klem. Prot. 7, 3). Freilich ist das Paar εἶναι, εὖ εἶναι auch bei Klemens (vgl. Klem. Prot. 7, 1) und sonst bei Pseudo-Dionys anzutreffen [vgl. Dion. Coel. hier. 304D (S. 47, Z. 9); Dion. Div. nom. 696A (S. 144, Z. 14f.); 821D (S. 186, Z. 9); Dion. Ep. 9, 1109C (S. 202, Z. 8)], während der Ausdruck ἀεὶ εἶναι bei Proklus belegt ist; vgl. Prokl. Inst. 43; 91; 172; 192; P. Sherwood (1955, The Earlier) 67, Anm. 27. Der Ausdruck ἀεὶ εἶναι kommt auch bei Pseudo-Dionys in Dion. Div. nom. 892C (S. 202, Z. 4) im Blick auf die Engel vor. Die dreigliedrige εἶναι-Kombination geht – vielleicht in Anlehnung an Klemens – auf Maximus zurück, bei dem diese Triade mehrere Ausführungen erfährt; vgl. z. B. Max. Amb. Io. 10, 1116B; 42, 1325B; 1329AB; 1348D; 65, 1389D–1392D; Max. Char. III, 23–25 (S. 152 u. 154); IV, 11–13 (S. 198); Max. Th. ec. I, 56, 1104C. Zu diesem maximinischen Leitmotiv vgl. H. U. von Balthasar (³1988) 139–141; J.-C. Larchet (1994, Introduction) 35–39 u. (1996) 165–174; K. Savvidis (1997) 93–96.

[318] Zu diesen Triaden vgl. P. Sherwood (1955, The Earlier) 103–123; J.-C. Larchet (1994, Introduction) 35–39; K. Savvidis (1997) 96–102.

dazu dient, die erstere inhaltlich zu erhellen. Im *Ambiguum ad Ioannem*
7 entspricht die εἶναι-Triade der lukanisch-paulinischen Dreierreihe
vom Leben, Sich-Bewegen und Sein (vgl. Apg 17, 28), welche von
dem Bekenner vom Ende bis zum Anfang interpretiert wird, damit
sie sich mit der dreigliedrigen εἶναι-Kette zur Deckung bringen läßt.[319]
Damit ist klar, daß das mittlere Glied der εἶναι-Dreiheit durch die
Bewegung bestimmt wird, während das erste die Existenz unter ihrem
rein physischen Aspekt und das dritte das ewige Leben in Gott
signifiziert. In diesem Kontext betont Maximus, daß die *Aktivierung*
des λόγος τοῦ εὖ εἶναι mit der Entfaltung der Tugend zusammenhängt.[320] Das *Ambiguum ad Ioannem* 65 bietet eine ziemlich ausführliche Analyse der fraglichen Triade anläßlich einer Stelle Gregors von
Nazianz zur Identität vom ersten und achten Tag. Die εἶναι-Kombination wird hier durch eine auf aristotelische Begrifflichkeit rekur-
rierende Dreierreihe, nämlich δύναμις (Potenz), ἐνέργεια (Akt), ἀργία
(Untätigkeit) gedeutet.[321] Die nun als eine Verwirklichung der naturhaft (φυσικῶς) gegebenen Potenz gedachte Bewegung wird von dem
freien Willen (γνώμη) und der freien Wahl (προαίρεσις) der Rationalen
abhängig gemacht, weil sie selber bestimmen, in welche Richtung
ihre Bewegung erfolgt.[322] Dieser dem Bekenner am Herzen liegende
Gedanke harmoniert mit der obigen maximinischen Verknüpfung
von εὖ εἶναι und Tugend, ohne zu besagen, daß diese Seinsmodalität
von der Gnade Gottes losgelöst werden kann. In dieser Hinsicht hebt
K. Savvidis mit Recht hervor, daß Gott bei dem Confessor auch als
Gewährer des εὖ εἶναι aufgefaßt wird.[323] Wird also dem Entscheidungs-

---

[319] Vgl. Max. Amb. Io. 7, 1084B.
[320] Vgl. Max. Amb. Io. 7, 1084A (zitiert in Anm. 316).
[321] Vgl. Max. Amb. Io. 65, 1392A.
[322] Vgl. ibid. 1392B: „ὁ μὲν τοῦ εἶναι λόγος μόνην φυσικῶς ἔχων τὴν πρὸς ἐνέργειαν δύναμιν, αὐτὴν πληρεστάτην δίχα τῆς προαιρέσεως τὴν ἐνέργειαν ἔχειν οὐ
δύναται παντελῶς". In Max. Amb. Io. 65, 1392A–D kommt der Begriff γνώμη nicht
vor, sondern das Adverb γνωμικῶς; vgl. ibid. 1392D. Zu γνώμη vgl. Max. Amb.
Io. 10, 1116B: „καὶ τοὺς μὲν δύο ἄκρους ὄντας, καὶ μόνου Θεοῦ ἐχομένους, ὡς
αἰτίου, τὸν δὲ ἕτερον μέσον, καὶ τῆς ἡμετέρας ἠρτημένον γνώμης τε καὶ κινήσεως";
ferner Max. Amb. Io. 7, 1084A (zitiert in Anm. 316). Die deutsche Wiedergabe
von γνώμη mit Wille ist eine ungefähre Übersetzung und kann nur deshalb berechtigt sein, weil der Begriff hier seine spezifische Bedeutung, die ihm Maximus nach
dem Ausbruch des monotheletischen Streites geben wird, noch nicht hat. Später
wird der Bekenner Christus die γνώμη (Einstellung des Wollens) [vgl. J.-C. Larchet
(1998, Introduction. Opuscules) 87, der mit „disposition du vouloir" übersetzt] und
die προαίρεσις (Wahl) absprechen, weil sie ein *deliberatives* Entscheiden und ein
Zögern implizieren, die der vergöttlichte Wille Jesu nicht hatte; vgl. auch Kap. 2,
Anm. 103.
[323] Vgl. K. Savvidis (1997) 95f. u. Max. Amb. Io. 7, 1073C.

vermögen der Vernunftwesen bei der konkreten Entfaltung ihrer seinshaften Möglichkeiten eine fundamentale Wichtigkeit zugewiesen, ist diese Entfaltung jedoch kein reiner Entwicklungsprozeß der kreatürlichen Natur, sondern auch ein geschenktes Wachstum. Diese Logik kommt zu ihrer *Überspitzung* dadurch, daß die zwei Randglieder der εἶναι-Dreiheit auf Gott allein zurückgeführt werden,[324] auch wenn der Bekenner bisweilen nuanciert, daß das εἶναι wesenhaft (κατ' οὐσίαν) und das ἀεὶ εἶναι gemäß der Gnade (κατὰ χάριν)[325] gegeben werden. Indes hütet sich Maximus vor jeder denkbaren Nivellierung der Entscheidungsfreiheit[326] der Rationalen so weit, daß er bezüglich

---

[324] Vgl. Max. Amb. Io, 10, 1116B (zitiert in Anm. 322); auch dazu Max. Char. IV, 13 (S. 198).

[325] Vgl. Max. Amb. Io. 65, 1392A.

[326] Um der Polarität zwischen dem *Prädeterminiertsein* des göttlichen Zwecks im Hinblick auf die rationalen Kreaturen und dem dezidierten Festhalten an deren Willensfreiheit terminologisch gerecht zu werden, bedient sich Maximus unter anderem des Begriffspaars λόγος-τρόπος. Dabei handelt es sich um eine Dyade, die in der Trinitätslehre der Kappadozier wurzelt und sich bei dem Bekenner auf vielerlei Weise als sehr fruchtbar erweist; vgl. dazu die diachronen Untersuchungen von P. Sherwood (1955, The Earlier) 155–164 und F. Heinzer (1980) 30–58. Zum Gebrauch des Begriffspaars bei Maximus vgl. P. Sherwood (1955, The Earlier) 164–166; A. Riou (1973) 73–88; F. Heinzer (1980) 117–145; V. Karayiannis (1993) 210–215; L. Thunberg (1995) 90–93; J.-C. Larchet (1996) 141–151; K. Savvidis (1997) 59–67 u. 74–78. Ungeachtet der Vielfalt von Zusammenhängen, in denen der Bekenner auf das Begriffspaar λόγος-τρόπος zurückgreift, kann man mit M. Doucet (1979) 277 grob sagen, daß λόγος für das Invariante steht, während τρόπος auf das Variable und Veränderliche hindeutet; vgl. auch J. Loosen (1940) 39. So kann der Bekenner [vgl. Max. Th. pol. 4, 60C–634–640; vgl. P. Sherwood (1952) 41] in einem christologischen Kontext sagen, daß der Unterschied zwischen der menschlichen Natur Christi und unserer Natur nicht im λόγος τῆς φύσεως (λόγος der Natur) besteht, sondern im τρόπος τῆς γενέσεως (Art und Weise der Werdung), da das Menschliche (τὸ ἀνθρώπινον) des Logos im Unterschied zu uns der Samenlosigkeit gemäß (κατὰ τὴν ἀσπορίαν), d. h. durch eine geschlechtslose Zeugung, entstanden ist. In anthropologischer Hinsicht assoziiert Maximus den τρόπος mit der Freiheit der Vernunftwesen, ihre Bewegung zu lenken. Während das im λόγος kodifizierte göttliche Ziel bezüglich jedes vernünftigen Geschöpfes unwandelbar bleibt, entscheidet das Geschöpf selbst über den τρόπος, d. h. über das Wohin seiner Bewegung; vgl. Max. Th. pol. 1, 28D–29A [645–646; vgl. P. Sherwood (1952) 53–55]: „Εἰ δὲ προαιρετικόν (sc. der Wille/θέλημα), ὅπερ καλοῦσι γνωμικόν, ἢ κατὰ φύσιν ἔσται πάντως, τὸν τρόπον τῆς τῶν ἐπὶ Χριστῷ πρακτῶν χρήσεως ἔχον διὰ πάντων συνεύοντα τῷ λόγῳ τῆς φύσεως (. . .) ἢ παρὰ φύσιν, καὶ τὸν τρόπον τῆς τῶν ἐπ' αὐτῷ χρήσεως δείξει φθαρτικὸν τοῦ λόγου γεγενημένον τῆς φύσεως". Daß Maximus die Dyade λόγος-τρόπος gelegentlich benutzt, um zwischen dem der menschlichen Natur innewohnenden Willensvermögen einerseits und der konkreten Weise, wie vereinzelte Menschen diese Fähigkeit artikulieren [vgl. z. B. Max. Th. pol. 10, 137A – 645–46; vgl. P. Sherwood (1952) 53], andererseits zu unterscheiden, sollte nicht zur vermeintlichen Konklusion führen, daß diese Dyade bei dem Bekenner als ein technisches Ausdrucksmittel fungiert, in dem λόγος eine naturbezogene Kategorie ist, während τρόπος auf die Person bzw. die Hypostase reduziert werden

derjenigen, die ihre Bewegung nicht naturgemäß, sondern naturwidrig (παρὰ φύσιν) orientieren, von einem φεῦ εἶναι (Übelsein) redet.[327]
Ist das ἀεὶ εἶναι ein Zustand, wo jede Bewegung zu ihrem Ende
kommt,[328] so mündet sowohl das εὖ εἶναι wie das φεῦ εἶναι in eine
Ewigkeit, welche für die zu Gott hin Bewegten eine endgültige
Glückseligkeit (ἀεὶ εὖ εἶναι), für die von ihm Abgefallenen eine immer-
während *Finsternis* (ἀεὶ φεῦ εἶναι) bedeutet.[329] Daraus kann man
ableiten, daß die maximinische Interpretation des mystischen Weges
durch die dreistufige εἶναι-Kette den Vorteil hat, Anfang und Ende
differenziert zu betrachten, ohne jedoch das sie gleichsetzende origenische Axiom preiszugeben. Dieser Versuch, das origenische, zykli-
sche Modell mit dem linearen, aufsteigenden[330] Schema der Mystik
zusammenzudenken, ergibt bei Maximus ein sozusagen spiralförmi-
ges Deutungsmuster, wo der Abschluß des Bewegungsvorgangs zwar
in einer Rückkehr zum Ausgangspunkt aber auf einer höheren Ebene
und gemäß einer anderen Seinsmodalität besteht. An diesem Beispiel
läßt sich also das synthetische Denkvermögen des Confessors paradigmatisch beobachten.

   Nachdem der teleologische Aspekt des maximinischen λόγος bearbeitet wurde, ist nun der λόγος als Willensbeschluß zu behandeln.
Vorweggenommen wurde schon, daß sich Maximus bei diesem Zug

---

kann. Diese Neigung macht sich vor allem in den Maximusmonographien von
A. Riou und J.-M. Garrigues spürbar. Während der erstere von einer antinomi-
schen [vgl. A. Riou (1973) 78] Spannung zwischen Natur und Hypostase redet, bil-
det diese negativ bewertete Spannung eine philosophische Grundprämisse der ganzen
Monographie des letzteren; vgl. vor allem J.-M. Garrigues (1976, Maxime) 83–152.
Dagegen signalisiert Marcel Doucet (1979) 276–278 die Vielfalt der maximinischen
Kontexte, wo das Paar λόγος-τρόπος verwendet wird, und verwahrt sich gegen dessen *Mystifizierung*. Auch in Auseinandersetzung mit der Interpretation von Riou und
Garrigues macht F. Brune (1978) 147f. mit Recht geltend, daß sich der maximinische τρόπος, wenn er eine Seinsmodalität (mode d'être) bezeichnet, auch auf die in
einer Person enhypostasierte Natur bezieht, da die Hypostase ohne Natur unvorstellbar sei; vgl. auch die Kritik von J.-C. Larchet (1996) 145f. Somit ist den
Ausdrucksweisen von A. Riou, wo Natur und Hypostase gegeneinander ausgespielt
werden, nicht zuzustimmen, denn die Natur kann nur in einer Hypostase existieren und die Hypostase ist sozusagen die einzig mögliche *Konkretisierung* einer Natur.
   [327] Vgl. Max. Amb. Io. 65, 1392C.
   [328] Vgl. ibid.: „τὸ ἀεὶ εἶναι, ἐν ᾧ σαββατίζουσιν αἱ ψυχαί, πάσης λαβοῦσαι
παῦλαν κινήσεως".
   [329] Vgl. ibid. 1392D; ferner ibid. 42, 1329AB.
   [330] Vgl. bei Maximus Begriffe wie ἄνοδος (Max. Amb. Io. 7, 1080C) und ἀνάβασις
(ibid. 7, 1084A).

seines λόγος-Begriffs explizit an dionysisches Gut anlehnt. In der Tat
sind die Anknüpfungen an Pseudo-Dionys im *Ambiguum ad Ioannem* 7
nicht zu verkennen. Bereits P. Sherwood hat die Affinität zwischen
diesem Ambiguum und *De divinis nominibus* V signalisiert.[331] In diesem Sinne wurde darauf aufmerksam gemacht, daß die maximinischen Ausführungen zur Bewegung an die dionysischen Ansätze
erinnern, so daß ein direkter Einfluß nicht auszuschließen ist. Läßt
sich also nicht leugnen, daß Maximus mehrere typisch dionysische
Termini und Motive entlehnt, so erscheint es um so wichtiger zu
pointieren, daß vieles davon eine beträchtliche Adaptation an seine
eigene Perspektive erhält. So wird der Ausdruck ἀρχὴ καὶ αἰτία
(Anfang/Prinzip und Ursache), welcher beim Areopagiten dem tri-
nitarischen Gott zugesprochen wird, bei dem Confessor sowohl auf
den göttlichen Logos als auch auf den ontologischen λόγος transfe-
riert.[332] Auch die Stelle Kol 1, 16f., die sich nach Pseudo-Dionys in
ihrem zweiten Teil auf die Dreieinigkeit bezieht, gewinnt bei Maximus,
der ihren ersten Teil zitiert, ihren ursprünglichen Bezugspunkt, den
Logos-Sohn, wieder.[333] Ähnliches gilt für das Bild des Kreises und
das Verbenpaar δείκνυμαι/πληθύνομαι (sich zeigen/sich vermehren),
welche der Bekenner von Pseudo-Dionys übernimmt, im Unterschied
zu ihm aber nicht auf die Gottheit überhaupt, sondern auf den Logos
anwendet.[334] Zudem beruft sich Maximus in der Darlegung seiner
Logoslehre im *Ambiguum ad Ioannem* 7 zweimal ausdrücklich auf den
Autor der Areopagitica.[335] Von großer Bedeutung scheint die zweite
Stelle zu sein, wo der Confessor, dem Areopagiten folgend, seinen
λόγος als Willensbeschluß definiert. Diese Stelle soll hier näher betrachtet werden:

---

[331] Vgl. P. Sherwood (1955, The Earlier) 173.

[332] Vgl. Dion. Div. nom. 820A (S. 183, Z. 14f.) mit Max. Amb. Io. 7, 1077C;
1080C; 1084D.

[333] Vgl. Dion. Div. nom. 820A (S. 183, Z. 15f.) mit Max. Amb. Io. 7, 1077C–1080A.

[334] Das Bild des Kreises kommt bei Pseudo-Dionys in Dion. Div. nom. zweimal
vor; vgl. Dion. Div. nom. 644A u. 821A. Daß der Bekenner bei dem Aufgreifen
dieses Bildes in Max. Amb. Io. 7, 1081C an den Autor der Areopagitica denkt,
scheint mir durch die dionysische Färbung der ganzen Stelle erwiesen; vgl. dazu.
P. Sherwood (1955, The Earlier) 172f.; W. Völker (1961) 336f.; dazu mehr im
Abschnitt 1. 2. 2. 2 (S. 70–73). Zum Verbenpaar δείκνυμαι/πληθύνομαι vgl. Dion.
Div. nom. 821A (S. 185, Z. 3) mit Max. Amb. Io. 7, 1080B.

[335] Vgl. Max. Amb. Io. 7, 1080B u. 1085A–C.

Τούτους δὲ οὓς ἔφην τοὺς λόγους ὁ μὲν Ἀρεοπαγίτης ἅγιος Διονύσιος προορισμοὺς καὶ θεῖα θελήματα καλεῖσθαι ὑπὸ τῆς Γραφῆς ἡμᾶς ἐκδιδάσκει. Ὁμοίως δὲ καὶ οἱ περὶ Πάνταινον τὸν γενόμενον καθηγητὴν τοῦ Στρωματέως μεγάλου Κλήμεντος θεῖα θελήματα τῇ Γραφῇ φίλον καλεῖσθαί φασι. Ὅθεν ἐρωτηθέντες ὑπό τινων τῶν ἔξω παίδευσιν γαύρων, πῶς γινώσκειν τὰ ὄντα τὸν Θεὸν δοξάζουσιν οἱ Χριστιανοί, ὑπειληφότων ἐκείνων, νοερῶς τὰ νοητά, καὶ αἰσθητικῶς τὰ αἰσθητά, γινώσκειν αὐτὸν τὰ ὄντα ἀπεκρίναντο, μήτε αἰσθητικῶς τὰ αἰσθητά, μήτε νοερῶς τὰ νοητά. Οὐ γὰρ εἶναι δυνατὸν τὸν ὑπὲρ τὰ ὄντα κατὰ τὰ ὄντα τῶν ὄντων ἀντιλαμβάνεσθαι. ἀλλ᾽ ὡς ἴδια θελήματα γινώσκειν αὐτὸν τὰ ὄντα φαμέν, προσθέντες καὶ τοῦ λόγου τὸ εὔλογον. Εἰ γὰρ θελήματι τὰ πάντα πεποίηκε, καὶ οὐδεὶς ἀντερεῖ λόγος, γινώσκειν δὲ τὸ ἴδιον θέλημα τὸν Θεὸν εὐσεβές τε λέγειν ἀεὶ καὶ δίκαιόν ἐστιν, ἕκαστον δὲ τῶν γεγονότων θέλων πεποίηκεν, ἄρα ὡς ἴδια θελήματα ὁ Θεὸς τὰ ὄντα γινώσκει, ἐπειδὴ καὶ θέλων τὰ ὄντα πεποίηκεν. Ἐντεῦθεν δὲ ὁρμώμενος ἔγωγε οἶμαι κατὰ τούτους εἰρῆσθαι τῇ Γραφῇ τοὺς λόγους, τό, Ἔγνων σὲ παρὰ πάντας, πρὸς Μωϋσῆν, καὶ περί τινων τό, Ἔγνω Κύριος τοὺς ὄντας αὐτοῦ, καὶ πάλιν πρός τινας τό, Οὐκ οἶδα ὑμᾶς· ὡς ἕκαστον δηλονότι ἢ κατὰ τὸ θέλημα καὶ τὸν λόγον, ἢ παρὰ τὸ θέλημα καὶ τὸν λόγον, Θεοῦ προαιρετικὴ κίνησις τῆς θείας ἀκοῦσαι φωνῆς παρεσκεύασε.[336]

Der Areopagit, der Heilige Dionys, lehrt uns, daß diese λόγοι, von denen ich geredet habe, von der Schrift Vorherbestimmungen und göttliche Willensbeschlüsse genannt werden. Ähnlich meinen die um Pantainos, der Lehrer des großen Klemens, des Verfassers der Stromata, (geworden) war, daß sie (sc. die λόγοι) gern von der Schrift göttliche Willensbeschlüsse genannt werden. Von daher als sie von einigen Außenseitern, die stolz auf (ihre) Bildung waren, gefragt wurden nach der Meinung der Christen darüber, wie Gott das Seiende kennt – jene glaubten, (Gott kenne) das Intelligible intelligibel und das sinnlich Wahrnehmbare sinnlich – antworteten sie, er (sc. Gott) kenne weder das sinnlich Wahrnehmbare sinnlich noch das Intelligible intelligibel. Denn es ist nicht möglich, daß derjenige, der über dem Seienden ist, nach dem Seienden das Seiende erkennt, sondern wir sagen, daß er als eigene Willensbeschlüsse die Seienden kennt, und fügen dem Gesagten das Vernünftige hinzu. Denn wenn er durch (seinen) Willen alles schuf, und dies bestreitet kein Wort, so ist es immer fromm und recht zu behaupten, daß Gott den eigenen Willen kennt. Jedes Ding schuf er wollend; demnach kennt Gott die Seienden als eigene Willensbeschlüsse, da er wollend das Seiende erschuf. Von daher stütze ich mich darauf und meine, daß diesen λόγοι gemäß Mose in der Schrift gesagt wurde: ,Ich kenne dich von allen' (vgl. Ex 33, 17 LXX); und von einigen: 'Der Herr kennt die Seinen' (vgl. Num 16, 5 LXX; 2 Tim 2, 19); und wieder zu einigen: ,Ich kenne

---

[336] Max. Amb. Io. 7, 1085A–C (Übersetzung von mir).

euch nicht' (vgl. Mt 7, 23), wie
offenbar die Bewegung der (freien)
Wahl jeden in die Lage versetzte, die
göttliche Stimme entweder gemäß
oder zuwider dem λόγος und Willen
Gottes zu hören.

In diesem langen Passus bezieht sich Maximus auf zwei Quellen,
nämlich auf Pseudo-Dionys und auf diejenigen, die sich im Kreise
von Pantainos, dem Lehrer des Klemens, befanden.[337] Den Grund,
weswegen der Bekenner jetzt patristische Belege ins Spiel setzt, nachdem er seine Logoslehre als tauglichen Interpretationsschlüssel der
Stelle des Nazianzers zur Geltung gebracht hat, verraten unmißverständlich die ersten Zeilen. Es geht ihm primär nicht darum, daß
die λόγοι bei Pseudo-Dionys und im Kreise des Pantainos erwähnt
werden, sondern vielmehr daß diese Väter bezeugen, daß die maximinische Fassung der Logostheorie biblisch verankert ist. Daß die
λόγοι zum Allgemeingut der damaligen philosophischen Begrifflichkeit
gehörten, ist nicht zu bestreiten. Was Maximus aber am Herzen
liegt, ist, daß seine Deutung der λόγοι einen biblischen Sachverhalt
wiedergibt, auch wenn die Termini unterschiedlich sind. In diesem
Rahmen situiert sich sein Verständnis der λόγοι als Vorherbestimmungen und göttliche Willensbeschlüsse. Es ist beachtenswert, daß
Maximus diese dionysische Definition der λόγοι übernimmt, ohne sie

---

[337] Über die zweite Bezugnahme wurde lange debattiert. P. Sherwood (1955, The
Earlier) 175, Anm. 70 bemerkt mit Recht, daß mit der Wendung οἱ περὶ Πάνταινον
(die um Pantainos) Klemens nicht gemeint sein kann, sondern entweder Pantainos
selbst oder seine Genossen. Maximus dürfte dieses Fragment in einem der klemen-
tischen Schriften gefunden haben; vgl. dazu O. Stählin (1909) LXV. Was den
Umfang des Zitats anbelangt, gibt es zwei Möglichkeiten, den Text zu beschneiden: Entweder nach ἀντιλαμβάνεσθαι oder vor Ἐντεῦθεν. Im ersten Fall muß der
restliche Teil der zitierten Stelle dem Bekenner zugeschrieben werden. H. U. von
Balthasar (³1988) 114, Anm. 5 tendiert zu dieser Lösung. Im zweiten Fall ist der
Abschnitt zwischen ἀντιλαμβάνεσθαι und Ἐντεῦθεν als ein zusätzlicher Kommentar
anzusehen, der auf Klemens zurückgeht; vgl. P. Sherwood (1955, The Earlier) 175,
Anm. 70. Ich selbst bin für die erste Weise, den Text zu beschneiden, da die
Wendung καὶ οὐδεὶς ἀντερεῖ λόγος (und dies bestreitet kein Wort) maximinisch
zu sein scheint; vgl. Max. Amb. Io. 10, 1189D; Max. Ep. 2, 397A [ca. 626; vgl.
P. Sherwood (1952) 25]; 15, 565C [634–640; vgl. P. Sherwood (1952) 40]; Max.
Th. pol. 1, 28C [645–646; vgl. P. Sherwood (1952) 53–55]; 3, 53A [645–646; vgl.
P. Sherwood (1952) 34]; ferner Max. Amb. Io. 31, 1276C; Max. Th. pol. 20, 244B
[ca. 640; vgl. P. Sherwood (1952) 41f.]; 6, 65B [640–642; vgl. P. Sherwood (1952)
44f.]; 16, 201D [nach 643?; vgl. P. Sherwood (1952) 51].

bedeutend weiterzuentwickeln.[338] Setzt man voraus, daß der Kommentar nach ἀντιλαμβάνεσθαι aus seiner Feder stammt,[339] so beschränkt er sich offenbar darauf, die Argumentation der Pantainosgenossenschaft leicht zu verdeutlichen und auf biblische Stellen hinzuweisen, die seine Kernaussage, nämlich daß die λόγοι inhaltlich der Bibel nicht fremd sind, transparenter machen. Am Ende des Passus präzisiert er, daß die Kodifizierung einer göttlichen Intention im λόγος die Willensfreiheit des Menschen nicht beeinträchtigt. All dies darf aber nicht zur Folgerung führen, daß der Bekenner an dem Punkt Pseudo-Dionys gedanklich einfach kopiert. Die λόγοι als Vorherbestimmungen und göttliche Willensakte sind jetzt die *maximinischen* λόγοι, wie sie vom Bekenner selbst dargelegt wurden. Diese Beobachtung mag auf den ersten Blick tautologisch und banal klingen. Sie besagt aber, daß der göttliche Willensbeschluß fortan nur im Sinne des Maximus verstanden werden darf. In dieser Hinsicht ist es höchstbedeutsam, daß der Verfasser der Areopagitica im Unterschied zum Confessor, auch wenn er Gott als λόγος und τέλος auffaßt,[340] meines Wissens weder das teleologische Moment mit seinem λόγος als Willensbeschluß assoziiert noch diesem Begriff eine mystische Bedeutung – im Sinne einer Bewegung, die auf die Vergöttlichung zielt – beilegt. Die Analyse des Logosbegriffs[341] des Pseudo-Dionys hat gezeigt, daß der Areopagit seinen transzendenten λόγος nur als schöpferisch (ποιητικός) und definierend/abgrenzend (ἀφοριστικός) betrachtet. Natürlich kann man vermuten, daß der teleologisch-mystische Aspekt in der Definition und Abgrenzung der Seienden durch die λόγοι impliziert ist. Da aber der Autor der Areopagitica diese Annahme nirgendwo zu bestätigen scheint, ist es berechtigt, nicht nur mit P. Sherwood zu behaupten, daß die maximinische Logoslehre präziser ist als die des Pseudo-Dionys,[342] sondern es ist hinzuzufügen, daß sie auch dadurch einen weiteren Schritt vollzieht, daß sie die teleologisch-mystische Dimension

---

[338] Vgl. auch Max. Thal. 13 (S. 95, Z. 8); ferner die maximinischen Ausführungen zu den λόγοι in Max. Amb. Io. 42, 1328f., wo Gottes πρόθεσις (Vorsatz) als Ausdruck des göttlichen Willens zu einem Schlüsselbegriff wird; vgl. z. B. ibid. 1329B: „Ὧν δὲ παρὰ τῷ Θεῷ προϋπάρχουσιν ὄντες τῆς οὐσίας οἱ λόγοι, τούτων δηλαδὴ κατὰ πρόθεσιν θείαν πάντως ἐστὶν ἡ γένεσις".

[339] Vgl. Anm. 337.

[340] Vgl. z. B. Dion. Div. nom. 697C (S. 147, Z. 10); 716C (S. 163, Z. 17); 732B (S. 176, Z. 14); 825B (S. 189, Z. 8); ferner den Abschnitt 1. 2. 1 (S. 40–42).

[341] Vgl. den Abschnitt 1. 2. 1.

[342] Vgl. P. Sherwood (1955, The Earlier) 173.

des Schöpfungsaktes Gottes mit dem λόγος in Verbindung setzt und
diese Dimension als Moment des göttlichen Wollens auffaßt. Damit
gibt sich meines Erachtens ein nicht zu übersehender Unterschied
zwischen der dionysischen und maximinischen Logostheorie deutlich
zu erkennen. Freilich mag diese Differenz winzig aussehen. Im weiteren Verlauf der Analyse[343] wird sich aber herausstellen, daß sie keineswegs die einzige ist. In diesem Sinne wurde schon gezeigt, daß
viele dionysische Aussagen zur Dreifaltigkeit von Maximus logoschristologisch umgedeutet werden. Nun gilt es, diesen Faden weiterzu-
verfolgen, indem nach dem Verhältnis von λόγοι und Logos bei dem
Bekenner gefragt wird. Hat diese Vorgehensweise den Vorteil, andere
Unähnlichkeitszüge zwischen Pseudo-Dionys und Maximus aufzudek-
ken, so ermöglicht sie nichtsdestoweniger, einen weiteren grundlegenden Aspekt der maximinischen Logoslehre ins Auge zu fassen.

1.2.2.2. *Zum Verhältnis von λόγοι und göttlichem Logos*

In der obigen Untersuchung zu den definierenden Zügen des λόγος
bei Maximus Confessor war es mehrmals notwendig, die enge Relation
zwischen den λόγοι und dem göttlichen Logos zu erwähnen.[344] Ohne
diese Relation bleiben z. B. die Ausführungen des Bekenners zur Art
und Weise, wie eine rationale Kreatur Teil Gottes sein kann, unverständlich. Vor allem setzt die maximinische Gleichsetzung der Vergottung mit der Rückkehr zum λόγος[345] eine enge Affinität zwischen
den λόγοι und dem göttlichen Logos voraus. Um der Klarheit willen aber wurde, wie bereits gesagt, eine detaillierte Befassung mit
den λόγοι aus der Perspektive ihrer Beziehung zum Logos auf diesen Abschnitt verschoben. Im folgenden werde ich mich also der
Herausarbeitung der Grundaspekte dieser Beziehung zuwenden.

Zu Beginn muß dennoch akzentuiert werden, daß Maximus die
Problematik des Verhältnisses zwischen den λόγοι und dem göttlichen Logos nicht rein ontologisch behandelt, obwohl seine Erwägungen
dazu vor allem im *Ambiguum ad Ioannem* 7 ein tiefes ontologisches
Gepräge tragen. Diese ontologische Färbung wird ihm aber dadurch
diktiert, daß sich die origenistische Henadenlehre als eine umfassende
Theorie darstellt, welche die Entstehung des erschaffenen Seins zu

---

[343] Vgl. den Abschnitt 1. 2. 2. 2.
[344] Vgl. den Abschnitt 1. 2. 2. 1 (S. 52) u. Anm. 315.
[345] Vgl. dazu den Abschnitt 1. 2. 2. 1 (S. 52–54).

erklären versucht. Im innersten Kern aber ist der Ausgangspunkt der maximinischen Logosspekulation wie der Theologie insgesamt das Christusgeschehen selbst, das sich in der Inkarnation, dem Tod und der Auferstehung des Logos artikuliert.[346] Diese Grundoffenbarung gilt bei dem Bekenner im allgemeinen als der Leitfaden, wodurch die vielen Manifestationen der göttlichen Heilsordnung zu erschließen sind, und im besonderen als der Schlüssel, welcher Zugang zu den λόγοι verschafft. Mit anderen Worten ist das Heilsgeschehen, vor allem aber die Menschwerdung des Logos, das, was überhaupt alle Vorstellung und Rede von den λόγοι ermöglicht. Diese Einsicht wird nicht nur durch die Schlüsselaussage des Maximus deutlich, daß das μυστήριον (Mysterium) der Verleiblichung das Wissen um das kreatürliche Dasein beinhaltet,[347] sondern auch dadurch, daß er gegen Ende seines *Ambiguum ad Ioannem* 7 eine weitere, diesmal rein christologische Deutung der Wendung „Teil Gottes" liefert:

Οὐκ οἶμαι λοιπὸν ἄλλης ἐπιδεῖσθαι μαρτυρίας τὸν εὐσεβεῖν ἐγνωκότα πρὸς φανέρωσιν τῆς κατὰ Χριστιανοὺς ἀληθῶς πεπιστευμένης ἀληθείας, σαφῶς μαθόντες δι' αὐτῆς "Ότι καὶ μέλη καὶ σῶμα καὶ πλήπωμά ἐσμεν τοῦ τὰ πάντα ἐν πᾶσι πληρουμένου Χριστοῦ τοῦ Θεοῦ, κατὰ τὸν πρὸ τῶν αἰώνων ἐν τῷ Θεῷ καὶ Πατρὶ ἀποκεκρυμμένον σκοπὸν ἀνακεφαλαιούμενοι εἰς αὐτὸν διὰ τοῦ Υἱοῦ αὐτοῦ καὶ Κυρίου Ἰησοῦ Χριστοῦ τοῦ Θεοῦ ἡμῶν. Τὸ γὰρ μυστήριον τὸ ἀποκεκρυμμένον μὲν ἀπὸ τῶν αἰώνων καὶ ἀπὸ τῶν γενεῶν, νῦν δὲ φανερωθὲν διὰ τῆς τοῦ Υἱοῦ καὶ Θεοῦ ἀληθινῆς καὶ τελείας ἐνανθρωπήσεως, τοῦ ἑνώσαντος ἑαυτῷ καθ' ὑπόστασιν ἀδιαιρέτως τε καὶ ἀσυγχύτως τὴν ἡμετέραν φύσιν, καὶ ἡμᾶς διὰ τῆς ἐξ ἡμῶν καὶ	Ich glaube also nicht, daß derjenige, der gottesfürchtig zu sein weiß, eines anderen Zeugnisses zur Offenbarung der den Christen zufolge wahrlich geglaubten Wahrheit bedarf. Auf klare Weise lernten wir durch sie (sc. die Wahrheit), daß wir, Glieder (vgl. Eph 5, 30), Leib und Fülle des alles in allem erfüllenden Christus (vgl. Eph 1, 23; 1 Kor 12, 27), des Gottes, sind, zusammengefaßt (vgl. Eph 1, 10) zu Gott (wörtlich: zu ihm) durch seinen Sohn, den Herrn Jesus Christus, unseren Gott, gemäß dem vor den Zeiten in Gott, dem Vater, verborgenen Ziel. Denn das von den Zeiten und Generationen an verborgene und nun durch die wahre und vollständige Menschwerdung des Sohnes und

---

[346] Vgl. Einleitung, Abschnitt III (S. l–li) u. die folgenden Ausführungen.
[347] Vgl. Max. Th. ec. I, 66, 1108AB: „Τὸ τῆς ἐνσωματώσεως τοῦ Λόγου μυστήριον, πάντων ἔχει τῶν τε κατὰ τὴν Γραφὴν αἰνιγμάτων καὶ τύπων τὴν δύναμιν, καὶ τῶν φαινομένων καὶ νοουμένων κτισμάτων τὴν ἐπιστήμην. Καὶ ὁ μὲν γνοὺς σταυροῦ καὶ ταφῆς τὸ μυστήριον, ἔγνω τῶν προειρημένων τοὺς λόγους· ὁ δὲ τῆς ἀναστάσεως μυηθεὶς τὴν ἀπόρρητον δύναμιν, ἔγνω τὸν ἐφ' ᾧ τὰ πάντα προηγουμένως ὁ Θεὸς ὑπεστήσατο σκοπόν". Zum Begriff μυστήριον bei Maximus vgl. den Abschnitt 3.1.3.2.1.

ἡμετέρας νοερῶς τε καὶ λογικῶς ἐψυχωμένης ἁγίας αὐτοῦ σαρκός ... ἐν καὶ
ταὐτὸν ἑαυτῷ εἶναι κατὰ τὴν αὐτοῦ
ἀνθρωπότητα καταξιώσαντος, καθὼς
προορίσθημεν πρὸ τῶν αἰώνων ἐν αὐτῷ
εἶναι ὡς μέλη τοῦ σώματος αὐτοῦ ...
ἔδειξε καὶ ἡμᾶς ἐπὶ τούτῳ γεγενῆσθαι
(. . .) Ἆρ᾿ οὖν χρησίμως εἴρηται τῷ
διδασκάλῳ ἡ τῆς μοίρας φωνῆς, κατὰ
τοὺς ἀποδοθέντας τρόπους, καὶ πᾶς
εὐγενὴς καὶ ψυχὴν καὶ τρόπον δέξαιτο
ἂν οὕτω λεγομένην τὴν φωνήν, μηδεμίαν ἑαυτῷ κυβείαν λογισμῶν παρα-
γεννῶν, εἰδὼς ταὐτὸν εἶναι τῷ μέλει
τὴν μοῖραν ἐν τοῖς τοιούτοις. Εἰ γὰρ
μέρος τοῦ σώματος ὑπάρχει τὸ μέλος,
τὸ δὲ μέρος ταὐτόν ἐστι τῇ μοίρᾳ,
ταυτὸν (sic) ἄρα τὸ μέλος τῇ μοίρᾳ
ἔσται.[348]

Gottes geoffenbarte μυστήριον (vgl.
Kol 1, 26) – welcher (sc. der Sohn)
unsere Natur hypostatisch, untrenn-
bar und unvermischt, mit sich selbst
vereinigte und uns durch sein von
uns (genommenes) und uns gehören-
des intelligibel und rational beseeltes,
heiliges Fleisch würdigte, ... eins und
dasselbe wie er nach seiner Menschheit zu sein, wie wir vor den Zeiten
dazu vorherbestimmt worden waren
(vgl. Eph 1, 11), wie Glieder seines
Leibes in ihm zu sein – ... zeigte,
daß auch wir zu diesem Zweck wurden (. . .). Infolgedessen wird vom
Lehrer das Wort ,Teil' (μοίρα) nach
den dargelegten Ausdrucksweisen
nützlich verwendet (wörtlich: gesagt).
Und jeder Edelgesinnte hinsichtlich
der Seele sund des Charakters dürfte
wohl annehmen, daß das Wort auf
diese Art verwendet (wörtlich: gesagt)
wird, ohne sich selbst fälschlicher-
weise ein trügerisches Gedankenspiel
zu bereiten, da er weiß, daß Teil in
diesem Zusammenhang dasselbe ist
wie Glied. Denn, wenn das Glied
eine Portion (μέρος) des Leibes und
Portion dasselbe ist wie Teil, wird
Glied also dasselbe sein wie Teil.

Es ist augenfällig, daß dieser Text von der Gedankenwelt des Epheserbriefs durchtränkt ist.[349] Eigentlich folgt diese maximinische Stelle
einem langen Zitat aus dem Epheserbrief (Eph 1, 17–23 und 4,
11–16)[350] und dient als eine Art Kommentar dazu. Genauso heraus-
ragend ist die starke christologische Atmosphäre, die nicht zuletzt
durch die Verwendung herkömmlicher antiapollinaristischer (νοερῶς,
λογικῶς) wie chalzedonensischer (ἀδιαιρέτως, ἀσυγχύτως) Begrifflichkeit

---

[348] Max. Amb. Io. 7, 1097A–1100A (Übersetzung von mir).
[349] Vgl. die Verweise in der obigen deutschen Übersetzung. Das Zitat über das
verborgene und geoffenbarte μυστήριον ist Kol 1, 26 entnommen. Daß aber der
Epheser- und der Kolosserbrief gedanklich verwandt sind, steht fest. Zu μυστήριον
im Epheserbrief vgl. Eph 1, 9; 3, 3–5 u. 9; 5, 32; 6, 19.
[350] Vgl. Max. Amb. Io. 7, 1096B–1097A.

gegeben ist. Mir geht es jedoch hier nicht um eine unfassende Deutung dieses Passus, sondern nur um die Betonung der Maximus durch den Rückgriff auf den Epheserbrief- und auf die paulinische Idee des Leibes Christi überhaupt (vgl. 1 Kor 12, 12–31) – gelungenen Verknüpfung seiner Theorie von den λόγοι mit der Christologie. Nachdem der Bekenner der origenistischen Interpretation des Begriffs „Teil Gottes" mit Hilfe der Logoslehre eine orthodoxe Interpretation entgegensetzte, in der mystische Akzente nicht zu verkennen waren, empfindet er nun die Notwendigkeit, eine christologische Lektüre seiner Deutung zu bieten. Ihm geht es nicht um eine neue Interpretation, sondern um die Verankerung seiner bisherigen Ausführungen zum Begriff „Teil Gottes" in den biblischen Schriften.[351] Daß die rationalen Geschöpfe also dank ihrer λόγοι als „Teil Gottes" bezeichnet werden können, bedeute nichts anderes als das, was durch die Menschwerdung des Gottessohnes ermöglicht wurde, nämlich daß die getauften Menschen als Glieder seines Leibes gelten. Diese Behauptung kann insofern problematisch erscheinen, als der Übergang von der ontologischen Ebene der λόγοι zur christologischen Ebene des kirchlich zu verwirklichenden Corpus Christi nicht selbstverständlich ist. Die Lösung dieser Aporie scheint mir darin zu bestehen, daß für den Confessor gerade die durch die Fleischwerdung vollzogene Aufnahme der Menschheit seitens des Logos und deren daraus resultierende Vereinigung mit der Gottheit jene Bewegungsdynamik *signifiziert*, die allen Kreaturen allein durch den Schöpfungsakt verliehen wird. Diese in den λόγοι enthaltene Dynamik, die im obigen Zitat unter anderem der Begriff σκοπός (Ziel) nahelegt, wird für den Confessor durch die Menschwerdung des Sohnes geoffenbart. Allein diese Menschwerdung ist in der Lage, die in den λόγοι kodifizierte Vorherbestimmung (προορίζομαι), ja die λόγοι selbst als Träger der göttlichen Intentionalität in bezug auf die gesamte Schöpfung und jedes Geschöpf im einzelnen, zu Wort (λόγος) kommen zu lassen, weil die den Vernunftwesen im Schöpfungsakt vermittelte Dynamik auf jene Vereinigung zwischen Gottheit und Menschheit zielt (σκοπός), welche durch die Verleiblichung des Logos realisiert wurde. Somit fühlt sich Maximus berechtigt, dem Bild des Leibes Christi kosmische Implikationen zu geben und es auf die ontologische Rede von den λόγοι zu übertra-

---

[351] Vgl. ibid. 1096B: „Ἵνα δὲ πιστότερος γένηται (sc. die obige Darlegung dessen, was unter dem Begriff ‚Teil Gottes' zu verstehen ist) τοῖς τοῦ πνεύματος ἐρειδόμενος λόγοις".

gen, da er davon überzeugt ist, daß allein die Menschwerdung jenes μυστήριον des Ratschlusses Gottes, also der λόγοι, erschließt und kon-kretisiert. Diese maximinische Einsicht wird dadurch ermöglicht, daß die Intuitionen des Briefes an die Epheser den ursprünglichen Ratschluß Gottes mit dem Erscheinen des Sohnes im Fleisch verbinden. Diese Intuitionen treten bei dem Bekenner hier in den Vordergrund und dienen ihm dazu, dem christologischen Ausgangspunkt seiner durch die origenistische Problematik ontologisch kolorierten Ausführungen zu den λόγοι in seinem ganzen Umfang Ausdruck zu verleihen. Die Inkarnation entziffert das μυστήριον der λόγοι, denn sie fungiert als hermeneutischer Schlüssel zum Erschließen und Verbalisieren aller Erscheinungen des Logos, der immer und in allem das μυστήριον seiner Verleiblichung verwirklichen will.[352]

Im Lichte des eben Gesagten dürfte es nicht auffallen, daß der Bekenner auf die Metaphorik des Leibes rekurriert, um der engen Relation der λόγοι zum Logos Rechnung zu tragen. Daß Maximus anhand des Verleiblichungsbildes prinzipiell Sachverhalte zu schil-dern vermag, die mit der historischen Menschwerdung des Logos nicht zusammenfallen,[353] bestätigt die obige Analyse zur Zentralität

---

[352] Vgl. Max. Amb. Io. 7, 1084CD: „Βούλεται γὰρ ἀεὶ καὶ ἐν πᾶσιν ὁ τοῦ Θεοῦ Λόγος καὶ Θεὸς τῆς αὐτοῦ ἐνσωματώσεως ἐνεργεῖσθαι τὸ μυστήριον". Die von A. Riou (1973) 88.-91 vertretene und von I.-H. Dalmais (1984) 287f. akklamierte Meinung, daß der Bekenner in Max. Amb. Io. 42 seine Logoslehre von Max. Amb. Io. 7 im Sinne einer „existentiellen Christologie" [vgl. I.-H. Dalmais (1984) 288] „korrigiert", ermangelt jeglichen Fundaments. Daß der Confessor in Max. Amb. Io. 42 von der Geburt (γέννησις) Christi spricht, ist ihm durch die zu kommentierende Stelle des Gregor von Nazianz nahegelegt und kann kaum als eine *Korrektur* seiner Aussagen von Max. Amb. Io. 7 gelten, da die christologische Perspektive, wie schon gesehen, trotz des ontologischen Kontexts der Logostheorie keineswegs fehlt. Sie ist nicht nur durch die christologische Interpretation des Begriffs „Teil Gottes" am Ende des Max. Amb. Io. 7 gegeben, sondern auch durch die maximinische Auffassung, daß der Logos, *Jesus Christus*, Wesen der Tugenden ist; vgl. Max. Amb. Io. 7, 1081D–1084A. Daß der Bekenner in Max. Amb. Io. 42 die Logoslehre auf der Basis „paulinischer Themen" wie πρόθεσις und βούλησις aufbaut [vgl. A. Riou (1973) 90], besagt nicht, daß er nun seine vorausgehenden Ausführungen *bedauert* und korrigieren will. Erstens kommt der Begriff βούλησις im Neuen Testament nicht vor. Zweitens hatte A. Riou (1973) 56 selbst darauf hingewiesen, daß sich Maximus in Max. Amb. Io. 7 vom ersten Kapitel des Epheserbriefs inspirieren läßt. Drittens entspricht der Begriff πρόθεσις sachlich dem Begriff θέλημα, der in Max. Amb. Io. 7, Eph 1, 9 und Kol 4, 12 dem göttlichen Willen gilt. Viertens ist der Kontext der Logostheorie in Max. Amb. Io. 42 wie in Max. Amb. Io. 7 die Wider-legung des Origenismus [vgl. dazu den Abschnitt 2.1.1 (S. 83f.)], was freilich A. Riou (1973) 89 zugibt, ohne daraus die notwendigen Konsequenzen zu ziehen.

[353] Zur Verleiblichung Gottes durch die Tugenden vgl. Max. Amb. Io. 7, 1084CD; Max. Th. ec. II, 37, 1141CD. Zur Fleischwerdung des Logos durch die biblischen

der Inkarnation und des Heilsgeschehens überhaupt in seinem Denken. Daher gelten für Maximus die λόγοι der sinnlich wahrnehmbaren und intelligiblen Seienden jeweils als Fleisch und Blut des Logos.[354] Diese Verleiblichung tritt im Schöpfungsakt zutage, wenn der Logos die Seienden aus dem Nichtsein gemäß den λόγοι hervorbringt.[355] Mit Hilfe von dionysischer Terminologie, die, wie bereits gesagt, nicht mehr trinitarisch, sondern logoschristologisch operiert,[356] beteuert Maximus, daß sich der Logos in der ins Dasein getretenen Schöpfung zeigt (δείκνυμαι) und vermehrt (πληθύνομαι).[357] Das Sich-Vermehren des Logos besagt, daß er in der Verschiedenheit (διαφορά) der nach den λόγοι erschaffenen Dinge als vielfältig wahrnehmbar wird. Dieser sich differenzierenden Dynamik des Logos entspricht eine sich vereinheitlichende Dynamik der λόγοι; durch ihre in den Dingen sich zeigende Referenz (ἀναφορά) zum Logos werden die λόγοι als eins erkennbar. So kommt eine lebendige Wechselbeziehung und korrelative Referenz zwischen dem Logos und den λόγοι zustande.[358]

Die Metaphorik des Leibes und das an den stoischen Logosbegriff erinnernde Vermehrung-Vereinheitlichung-Schema sind indes nicht das einzige maximinische Mittel, um die Relation zwischen dem

---

Worte vgl. Max. Th. ec. II, 60, 1149C–1152A (zitiert in Kap. 3, Anm. 65); ferner Max. Amb. Io. 33, 1285D–1288A [zitiert u. übersetzt im Abschnitt 3. 1. 2 (S. 148f.)]. Die Leibwerdung des Logos kann jedoch bei Maximus wie bei Origenes gelegentlich negativ bewertet werden; vgl. z. B. Max. Th. ec. II, 41, 1144AB u. Orig. Hom. Lev. I, 1 (zitiert in Kap. 3, Anm. 82). Näheres zu dieser Problematik, die mit der maximinischen Schrifthermeneutik zusammenhängt, im dritten Kapitel der Dissertation, vor allem in den Abschnitten 3. 1. 2 u. 3. 1. 3. 1; vgl. auch Kap. 3, Anm. 143.
[354] Vgl. Max. Thal. 35 (S. 239, Z. 11–13): „ὧν (sc. die λόγοι), τῶν μὲν νοητῶν οἱ λόγοι, εἶεν τὸ αἷμα τοῦ λόγου· τῶν αἰσθητῶν δὲ οἱ λόγοι, ἡ φαινομένη τοῦ λόγου ἔστω σάρξ".
[355] Vgl. dazu L. Thunberg (1995) 76.
[356] Vgl. dazu den Abschnitt 1. 2. 2. 1 (S. 59) u. Anm. 334.
[357] Vgl. Max. Amb. Io. 7, 1080AB: „καὶ τὸν αὐτὸν (sc. der Logos) ἐν πᾶσι τοῖς ἐξ αὐτοῦ κατὰ τὴν ἑκάστου ἀναλογίαν ἀγαθοπρεπῶς δεικνύμενόν τε καὶ πληθυνόμενον".
[358] Vgl. ibid. 1077C: „Τίς γὰρ λόγῳ εἰδὼς καὶ σοφίᾳ τὰ ὄντα ἐκ τοῦ μὴ ὄντος παρὰ Θεοῦ εἰς τὸ εἶναι παρῆχθαι, εἰ τῇ φυσικῶν τῶν ὄντων ἀπείρῳ διαφορᾷ τε καὶ ποικιλίᾳ ἐμφρόνως τὸ τῆς ψυχῆς θεωρητικὸν προσαγάγοι, καὶ τῷ ἐξεταστικῷ συνδιακρίνοι λόγῳ κατ᾽ ἐπίνοιαν τὸν καθ᾽ ὃν ἐκτίσθησαν λόγον, οὐχὶ πολλοὺς εἴσεται λόγους τὸν Λόγον, τῇ τῶν γεγονότων ἀδιαιρέτῳ συνδιακρινόμενον διαφορᾷ, διὰ τὴν αὐτῶν πρὸς ἄλληλά τε καὶ ἑαυτὰ ἀσύγχυτον ἰδιότητα; Καὶ πάλιν ἕνα τοὺς πολλούς, τῇ πρὸς αὐτὸν τῶν πάντων ἀναφορᾷ δι᾽ ἑαυτὸν ἀσυγχύτως ὑπάρχοντα, ἐνούσιόν τε καὶ ἐνυπόστατον τοῦ Θεοῦ καὶ Πατρὸς Θεὸν Λόγον". Zu dieser dynamischen Wechselbeziehung von διαφορά und ἀναφορά, die bei Maximus auch durch andere Termini zum Ausdruck kommt, vgl. die vortrefflichen Ausführungen von L. Thunberg (1995) 51–61.

Logos und den λόγοι zu schildern. Wie in der traditionellen alexandrinischen Logosspekulation erscheint der Logos bei dem Bekenner auch als Ort der in Gott ruhenden und befestigten λόγοι.[359] Die enge Verbundenheit von Logos und λόγοι kann sogar bewirken, daß Begriffe, die dem ersteren gelten, für die letzteren selbstverständlich gebraucht werden. Diesbezüglich wurde schon festgemacht, daß die dionysische Wendung ἀρχὴ καὶ αἰτία sowohl auf den göttlichen Logos wie auf die λόγοι appliziert wird.[360] In derselben Linie sagt der Bekenner daß der ontologische λόγος bei Gott (πρὸς τὸν θεόν) ist,[361] was an den göttlichen Logos des Joh 1, 1 erinnert. Die Aussage des Confessors, daß die λόγοι vor den Zeiten (πρὸ τῶν αἰώνων) existierten,[362] ruft außerdem die im Nizänum erwähnte Zeugung des Sohnes vor aller Zeit ins Gedächtnis. Im Blick auf das Verhältnis der λόγοι zu den Geschöpfen andererseits laufen die Ausführungen des Maximus auf eine Warnung davor hinaus, die erschaffenen Dinge mit deren λόγοι, d. h. mit deren Mustern und jenen göttlichen Willensbestimmungen, welche ihrem Entstehen und Bestehen zugrundeliegen, zu verwechseln. Die Kreaturen wurden nicht zugleich mit ihren λόγοι ins Dasein gerufen, sondern jede zur angemessenen Zeit. Während Gott durch die λόγοι immer in actu (κατ' ἐνέργειαν) Schöpfer ist, bestehen die noch nicht existierenden Dinge nur als Potenzen (δυνάμει) in seinem Wissen und schöpferischen Wollen.[363] Gleichwohl trägt jedes Geschöpf sozusagen das Siegel seines λόγος, so daß der Confessor von einem Erscheinen der intelligiblen in der sinnlich wahrnehmbaren Welt sowie von einer Präsenz der letzteren in der ersteren reden kann.[364] Darüber hinaus bezieht sich der Bekenner häufig auf die

---

[359] Vgl. Max. Amb. Io. 7, 1081A: „Παρ' ᾧ (sc. Gott) βεβαίως πάντων οἱ λόγοι πεπήγασι καθ' οὓς καὶ γινώσκειν τὰ πάντα"; Max. Myst. 5 (S. 215, Z. 198–200; PG 91, 681B): „ἐν ᾧ (sc. der Logos) κατὰ μίαν ἀπερινόητον ἁπλότητα πάντες οἱ τῶν ὄντων λόγοι ἑνοειδῶς καί εἰσι καὶ ὑφεστήκασιν".

[360] Vgl. den Abschnitt 1. 2. 2. 1 (S. 59).

[361] Vgl. Max. Amb. Io. 7, 1080B.

[362] Vgl. ibid. 1080A.

[363] Vgl. Max. Amb. Io. 7, 1081A: „αὐτὰ τὰ πάντα, τά τε ὄντα καὶ τὰ ἐσόμενα, οὐχ ἅμα τοῖς ἑαυτῶν λόγοις, ἢ τῷ γνωσθῆναι ὑπὸ Θεοῦ, εἰς τὸ εἶναι παρήχθησαν, ἀλλ' ἕκαστα τῷ ἐπιτηδείῳ καιρῷ κατὰ τὴν τοῦ Δημιουργοῦ σοφίαν πρεπόντως, κατὰ τοὺς ἑαυτῶν λόγους δημιουργούμενα καὶ καθ' ἑαυτὰ εἶναι τῇ ἐνεργείᾳ λαμβάνῃ. Ἐπειδὴ ὁ ἀεὶ κατ' ἐνέργειάν ἐστι Δημιουργός, τὰ δὲ δυνάμει μέν ἐστι, ἐνεργείᾳ δὲ οὐκ ἔτι".

[364] Vgl. Max. Thal. 63 (S. 177 u. 179, Z. 497–502): „Εἰ δὲ καὶ τοὺς δύο κόσμους, τόν τε νοητὸν λέγω καὶ τὸν αἰσθητόν, διὰ τῶν δύο ἐλαιῶν ὁ τῆς γραφῆς αἰνίττεται λόγος, καλῶς ἂν ἔχοι καὶ οὕτω νοούμενος· ὧν ἵσταται μέσος, ὡς θεός, ὁ λόγος,

λόγοι der πρόνοια (Vorsehung) und der κρίσις (Gericht), die *in*[365] der
Schöpfung sind und von denen die ersteren zusammenhaltend (συνεκ-
τικός) und erhaltend (συντηρητικός), während die letzteren abgrenzend (ἀφοριστικός) wirken.[366] Handelt es sich hierbei ursprünglich um
einen evagrianischen Topos,[367] so wird er im *Ambiguum ad Ioannem* 10
einer radikalen Korrektur unterzogen. Die πρόνοια und κρίσις im
ontologischen Bereich sind nicht mehr jene erzieherische Vorsehung
und jenes punitive, die Verschiedenheit der Seienden als Strafe anse-
hende Gericht, wodurch Gott die rationalen Geschöpfe für die Henade
zurückgewinnt, sondern das positive Wirken Gottes in dem Kosmos
zu dessen Erhaltung und Vereinheitlichung in der Verschiedenheit.[368]
In diesem Kontext gehören bei dem Bekenner die Seienden und
deren ontologische λόγοι in dem Maße zusammen, daß er die ersteren als mit den letzteren verknüpft (συνάπτω) ansieht.[369] Sind die
λόγοι also durch ihre Verortung in dem Logos transzendent, so besitzen sie doch einen immanenten Charakter nicht nur insofern, als sie
in der Schöpfung durch ihre Figuren (τύπος)[370] anwesend sind, sondern auch weil es λόγοι gibt, die Artikulationen der Vorsehung und
des Gerichtes Gottes sind, welche die Schöpfung durchdringen.[371]

Die enge Verbundenheit und korrelative referentielle Beziehung
zwischen dem Logos und den λόγοι besagt aber nicht, daß sie mit

---

τὸν μὲν νοητὸν ἐν τῷ αἰσθητῷ φαίνεσθαι τοῖς τύποις μυστικῶς διαγράφων, τὸν δὲ
αἰσθητὸν ἐν τῷ νοητῷ τοῖς λόγοις ὄντα νοεῖσθαι διδάσκων"; ferner Max. Myst. 2
(S. 203, Z. 40–43; PG 91, 669BC): „Ὅλος γὰρ ὁ νοητὸς κόσμος ὅλῳ τῷ αἰσθητῷ
μυστικῶς τοῖς συμβολικοῖς εἴδεσι τυπούμενος φαίνεται τοῖς ὁρᾶν δυναμένοις καὶ
ὅλος ὅλῳ τῷ νοητῷ ὁ αἰσθητὸς γνωστικῶς κατὰ νοῦν τοῖς λόγοις ἁπλούμενος ἔνεστιν"
[zur Übersetzung und Deutung dieser Stelle vgl. den Abschnitt 3. 1. 3. 2. 3 (S. 187–
191)]; ferner Max. Qu. d. 116 (S. 85).

[365] Vgl. Max. Amb. Io. 60, 1384D–1385A: „Ὁ διὰ πολλὴν περιουσίαν γνώσεως
(. . .) ἀπὸ τῶν παραπεμπόντων ὥσπερ ἀγγέλων τινῶν τῶν ἐν τοῖς οὖσι τῆς προνοίας
λόγων ἐπὶ τὴν τῶν ὑποδεχομένων ἀρρήτων τῆς θεολογίας λόγων τε καὶ μυστηρίων
χώραν ἀναγόμενος"; ferner ibid. 10, 1137A.

[366] Vgl. Max. Amb. Io. 10, 1133D: „πρόνοιαν δέ φημι νοῦ, οὐ τὴν ἐπιστρεπτικήν,
καὶ οἷον οἰκονομικὴν τῆς τῶν προνοουμένων ἀφ᾽ ὧν οὐ δεῖ ἐφ᾽ ἃ δεῖ ἐπαναγωγῆς,
ἀλλὰ τὴν συνεκτικὴν τοῦ παντός, καὶ καθ᾽ οὓς τὸ πᾶν προηγουμένως ὑπέστη λόγους
συντηρητικὴν· καὶ κρίσιν, οὐ τὴν παιδευτικὴν καὶ οἷον κολαστικὴν τῶν ἁμαρ-
τανόντων, ἀλλὰ τὴν σωστικὴν καὶ ἀφοριστικὴν τῶν ὄντων διανομήν, καθ᾽ ἥν τῶν
γεγονότων ἕκαστα τοῖς καθ᾽ οὓς γεγένηται συνημμένα λόγοις ἀπαράβατον ἔχει τὴν
ἐν τῇ φυσικῇ ταυτότητι (sic) ἀναλλοίωτον νομιμότητα".

[367] Vgl. den Abschnitt 1. 1. 13 (S. 34f.).

[368] Näheres dazu bei P. Sherwood (1955, The Earlier) 36f. u. L. Thunberg (1995)
66–72; ferner V. Croce u. B. Valente (1982) 247–259; P. M. Blowers (1992, The
Logology) 570.

[369] Vgl. Max. Amb. Io. 10, 1133D (zitiert in Anm. 366).

[370] Vgl. Max. Thal. 63 (S. 177 u. 179, Z. 497–502) [zitiert in Anm. 364].

[371] Dazu vgl. L. Thunberg (1985) 138.

ihm identisch sind. Anders ausgedrückt, besteht der Logos nicht einfach aus der Addition aller λόγοι.[372] In dieser Hinsicht sagt der
Confessor, daß selbst die λόγοι vor den Zeiten in Gott bereitgemacht
(προκαταρτίζω) und vollendet (συμπληρόω) wurden.[373] Diese Erhabenheit
des göttlichen Logos gegenüber den λόγοι drückt sich exemplarisch
im *Ambiguum ad Ioannem* 7 aus:

Ὑπεξῃρημένης οὖν τῆς ἄκρας καὶ
ἀποφατικῆς τοῦ λόγου θεολογίας, καθ᾽
ἣν οὔτε λέγεται, οὔτε νοεῖται, οὔτε
ἔστι τὸ σύνολόν τι τῶν ἄλλῳ συνεγνω-
σμένων, ὡς ὑπερούσιος, οὐδὲ ὑπό τινος
οὐδαμῶς καθ᾽ ὁτιοῦν μετέχεται, πολλοὶ
λόγοι ὁ εἷς λόγος ἐστί, καὶ εἷς οἱ πολ-
λοί· κατὰ μὲν τὴν ἀγαθοπρεπῆ εἰς τὰ
ὄντα τοῦ ἑνὸς ποιητικήν τε καὶ συνεκτικὴν πρόοδον πολλοὶ ὁ εἷς, κατὰ δὲ
τὴν εἰς τὸν ἕνα τῶν πολλῶν ἐπιστρεπτικήν τε καὶ συνεκτικήν τε καὶ χειρα-
γωγικὴν ἀναφοράν τε καὶ πρόνοιαν,
ὥσπερ εἰς ἀρχὴν παντοκρατορικὴν ἢ
κέντρον τῶν ἐξ αὐτοῦ εὐθειῶν τὰς
ἀρχὰς προειληφὸς καὶ ὡς πάντων
συναγωγός, εἷς οἱ πολλοί.[374]

Wenn also die erhabenste und nega-
tive/apophatische Theologie des Logos ausgeschlossen wird, der gemäß
er als überwesentlich weder gesagt
noch erdacht wird noch gar zu dem
gehört, was mit anderem erkannt
wird, noch man an ihm auf irgend-
eine Weise teilhaben kann, dann ist
der eine Logos viele λόγοι und die
Vielen Einer. Nach dem dem Guten
geziemenden schöpferischen und zusammenhaltenden Ausgang des Einen zu den Seienden einerseits ist
der Eine Viele. Andererseits gemäß
der zurückbringenden und leitenden
Emporführung und Vorsehung der
Vielen zum Einen wie zu einem allherrschenden Prinzip oder Zentrum,
das die Anfänge der aus ihm ausgehenden Geraden zunächst empfängt,
sind die Vielen Einer, der der Ver-
sammler aller ist.

Dieser Text bildet in seinem zweiten Teil eine weitere maximinische
Betrachtung der Wechselbeziehung zwischen dem Logos und den
λόγοι, die begrifflich und inhaltlich auf Pseudo-Dionys zurückgreift.
Durch seinen kreativen und zusammenhaltenden Ausgang aus sich
selbst erweist sich der Logos als viele λόγοι. Die bereits begegnende
Referenz (ἀναφορά) der λόγοι zum einen Logos erscheint hier in der
Tat als eine in ihn mündende Rückbewegung und wird mit jener
Vorsehung verknüpft, durch welche der Logos die Schöpfung regiert
und sich in ihr gegenwärtig zeigt. Das zirkuläre, vom Areopagiten
aufgegriffene neuplatonische Schema von πρόοδος und ἐπιστροφή ist

---

[372] So J.-C. Larchet (1996) 118.
[373] Vgl. Max. Thal. 13 (S. 95, Z. 6); 2 (S. 51, Z. 9).
[374] Max. Amb. Io. 7, 1081BC (Übersetzung von mir).

hier mühelos zu identifizieren.[375] Um die Wechselbeziehung zwischen dem Logos und den λόγοι zu veranschaulichen, läßt sich der Confessor, wie bereits erwähnt, vom dionysischen Bild des Kreises inspirieren.[376] Während Pseudo-Dionys dieses Bild für Gott und dessen Ausgänge benutzt,[377] wird damit bei dem Bekenner die Dialektik von Einheit und Vielfalt in der Logos-λόγοι-Relation illustriert.[378] Die λόγοι ähneln den Radien eines Kreises, die im göttlichen Logos als Mittelpunkt konvergieren. Diese ganzen positiven Aussagen zum Logos-λόγοι-Verhältnis stehen indes für Maximus unter einer Einschränkung, die im ersten Teil der zitierten Stelle zur Sprache kommt. Nur wenn man von der erhabensten Theologie des Logos absieht, kann eine Beziehung zu dessen λόγοι in Frage kommen und verbalisiert werden. Wird diese unzugängliche Theologie herangezogen, so ist man weder im Stande, vom Logos zu sprechen, noch an ihm zu partizipieren, noch sich eine Logos-λόγοι-Relation vorzustellen. Daraus ist zu folgern, daß der Logos für Maximus eine Seinsmodalität hat, die nicht nur über die Schöpfung, sondern selbst über die λόγοι hinausgeht. Im Innersten seiner Theologie ist der göttliche Logos transzendent auch im Blick auf seine λόγοι. Diese Feststellung harmoniert damit, daß Maximus die λόγοι der Seienden als Willensbeschlüsse versteht und sie infolgedessen dem Bereich der göttlichen Intentionalität subsumiert.[379] Es ist aber nicht zu übergehen, daß der Kirchenvater Texte hat, wo eine besondere Klasse von λόγοι auch mit dem höheren Seinsmodus des Logos assoziiert wird. So erwähnt der Confessor in der *Quaestio ad Thalassium* 35 jene λόγοι der Gottheit, welche die Knochen des Logos bilden und jeder Natur der Seienden entzogen bleiben.[380] In dem *Caput de charitate* I, 100 unterscheidet der Bekenner zwischen den λόγοι gemäß Gott (κατ' αὐτόν), welche dem bei ihm

[375] Vgl. z. B. Dion. Div. nom. 916CD; ferner 640D (S. 126, Z. 10); 641D (S. 128, Z. 15); 704B (S. 152, Z. 17); 712A (S. 159, Z. 3). So A. Riou (1973) 58; dazu auch W. Völker (1964) 63.
[376] Vgl. den Abschnitt 1.2.2.1 (S. 59) u. Anm. 334.
[377] Vgl. Dion. Div. nom. 644A u. 821A.
[378] Die Behauptung von A. Riou (1973) 58, daß sich Maximus mit dem Bild des Kreises gegen das hierarchische Modell des Pseudo-Dionys abgrenzt, ist absurd, denn gerade dieses Bild hat der Bekenner bei dem Autor der Areopagitica auf Gott angewendet gefunden.
[379] So J.-C. Larchet (1996) 118.
[380] Vgl. Max. Thal. 35 (S. 239, Z. 20–22): „τὰ δὲ ὀστᾶ, τουτέστι τοὺς ὑπὲρ νόησιν περὶ θεότητος λόγους, πάσῃ γενητῇ φύσει κατὰ τὸ ἴσον ἀπείρως ἀπέχοντας, οὐ δίδωσιν (sc. der Logos)".

angelangten νοῦς (Intellekt) verschlossen bleiben, und den λόγοι um
Gott (περὶ αὐτόν), die diesem νοῦς zugänglich sind.[381] Gehören die
λόγοι der Seienden also zur Sphäre des göttlichen Wollens, so scheut
sich Maximus nicht davor, auch den Begriff λόγος zu gebrauchen,
um den Bereich der unsäglichen Theologie Gottes zu bezeichnen.
Hier mag die maximinische Ausdrucksweise der Bestrebung einer
aufklärerischen Präzision nicht unbedingt entsprechen. Diese *Ambivalenz*
dürfte aber angesichts der breiten Verwendung des Begriffs λόγος bei
dem Bekenner nicht überraschen.[382]

---

[381] Vgl. Max. Char. I, 100 (S. 88): „Ἐν δὲ Θεῷ γενόμενος (sc. der νοῦς), τοὺς
περὶ τῆς οὐσίας αὐτοῦ πρῶτον λόγους ζητεῖ μὲν ὑπὸ τοῦ πόθου φλεγόμενος, οὐκ
ἐκ τῶν κατ' αὐτὸν δὲ παραμυθίαν εὑρίσκει· ἀμήχανον γὰρ τοῦτο καὶ ἀνένδεκτον
πάσῃ γενετῇ φύσει ἐξ ἴσου. Ἐκ δὲ τῶν περὶ αὐτὸν παραμυθεῖται"; ferner ibid. II,
27 (S. 102 u. 104).

[382] Es wurde lange darüber diskutiert, ob die maximinischen λόγοι in die Nähe
der palamitischen Energien gerückt werden können. Zu dieser Ansicht, die vor allem
auf V. Lossky (1944) 91 zurückgeht, meldete P. Sherwood (1955, The Earlier)
178–180 Vorbehalte an, ohne sich damit auf Gundlage der Texte auseinanderzusetzen; vgl. auch ibid. (1964) 435f. Obwohl sich A. Riou (1973) 59–62 von einer
Beteiligung an der Debatte des Palamismus distanziert, scheint er Losskys These zu
unterstützen. Er verweist sogar auf Max. Amb. Io. 22, wo Maximus λόγοι und
Energien verbindet; vgl. ferner V. Karayiannis (1993) 215–222. Während L. Thunberg
(1985) 137–143 die Frage behandelt, ohne definitiv Stellung zu nehmen, weist J. van
Rossum (1993) 213–217 auf den kosmologischen Kontext des Bekenners in sei-
ner λόγοι-Theorie im Unterschied zur theologischen Fragestellung des Gregor
Palamas. Natürlich benötigt die Frage, wie L. Thunberg (1995) 64, Anm. 109 nahe-
legt, eine eigene Studie und kann nicht in einer Fußnote beantwortet werden.
Deshalb sei hier nur auf das Folgende hingewiesen: Daß der Confessor in Max.
Amb. Io. 22 λόγοι mit Energien verknüpft, reicht nicht aus, um gesicherte Schlüsse
zur Relation beider Begriffe bei ihm zu ziehen. Zu fragen ist auch, ob der
Energiebegriff bei dem Bekenner mit dem des Palamas deckungsgleich ist. Leider
wird diese Frage in der Studie von K. Savvidis zur Rezeption der maximinischen
Vergöttlichungslehre bei Gregor Palamas (1997) nur flüchtig behandelt; vgl.
K. Savvidis (1997) 153–174. Darüber hinaus trifft der Hinweis von J. van Rossum,
daß man den eventuell verschiedenen Kontext bei Maximus und Palamas beachten sollte, prinzipiell zu. Seine Ansicht aber, daß die maximinischen λόγοι nur kosmologischen Charakters sind, kann ich nicht teilen. Mir scheint, daß die Theorie
des Bekenners von den λόγοι sowohl ontologische als auch christologische, kosmologische und anthropologisch-mystische Aspekte und Implikationen hat; vgl. dazu
I.-H. Dalmais (1952, La théorie) 245. Außerdem ist die Unterscheidung zwischen
einem erkennbaren und einem unerkennbaren Seinsmodus Gottes bei Maximus an
zahlreichen Stellen zu belegen; vgl. z. B. Max. Char. IV, 7 (S. 196): „Κατά τι μὲν
γνωστὸν τὸ θεῖον καὶ τὰ θεῖα, κατά τι δὲ ἄγνωστον· καὶ γνωστὸν μέν, τοῖς περὶ
αὐτὸ θεωρήμασιν· ἄγνωστον δέ, τοῖς κατ' αὐτό"; ibid. I, 96 (S. 86) „Οὐκ ἐκ τῆς
οὐσίας αὐτοῦ τὸν Θεὸν γινώσκομεν, ἀλλ' ἔκ τῆς μεγαλουργίας αὐτοῦ καὶ προνοίας
τῶν ὄντων"; Max. Th. ec. II, 76, 1160C: „Ἐκ γὰρ τῶν *ἐνεργειῶν*, ποσῶς μόνον
γινώσκεται (sc. der Logos). Ἡ γὰρ ἐπ' αὐτῷ κατ' *οὐσίαν* τε καὶ *ὑπόστασιν* γνῶσις,
ὁμοίως πᾶσιν ἀγγέλοις τε καὶ ἀνθρώποις, καθέστηκεν ἄβατος" (Hervorhebung von

Die Erträge dieser Untersuchung zum Verhältnis von λόγοι und göttlichem Logos können wie folgt zusammengefaßt werden: Die ontologische Prägung der maximinischen Erwägungen zu den λόγοι – vor allem im *Ambiguum ad Ioannem 7* – darf darüber nicht hinwegtäuschen, daß die Theologie des Confessors dem Christusgeschehen entspringt. Gerade die Menschwerdung des Logos erscheint bei Maximus als der *Ariadnefaden*, anhand dessen die erhabene Struktur der λόγοι der Seienden erschlossen und artikuliert werden kann. Als definierende, schöpferische, erhaltende, teleologische und dynamische Größen wurden diese λόγοι vor aller Zeit von Gott bereitet und sind in seinem Logos verankert. Durch eine gegenseitige Wechselbeziehung und Referenz dehnen die λόγοι den göttlichen Logos als dessen Fleisch und Blut in der Schöpfung aus – ein Bild, das offenbar an die historische Inkarnation des Logos anknüpft – und bewirken seine Allgegenwärtigkeit,[383] während er ihre Einheitlichkeit und organische Zusammengehörigkeit gewährleistet. Damit erweisen sich die λόγοι als immanent und transzendent zugleich. Trotz ihrer Korrelation zu

---

mir); ferner Max. Amb. Io. 34, 1288A–C; Max. Th. ec. I, 48–50, 1100C–1101B; Max. Cap. XV, 7, 1180C–1181A; J.-C. Larchet (1996) 503–509. Diese Unterscheidung kann, wie die obige Analyse gezeigt hat, an der Thematik der λόγοι der Seienden illustriert werden. Gerade die maximinische Definition dieser λόγοι als göttliche Willensakte kann es nahelegen, daß sie zu jenem Bereich gehören, der traditionell in der Ostkirche als die Energien Gottes bezeichnet wird; vgl. dazu V. Lossky (1962) 106. Es bleibt aber, daß der maximinische λόγος, wie es sich herausgestellt hat, gelegentlich dazu dienen kann, den höheren und unaussprechlichen Seinsmodus Gottes zu signifizieren. Eine verallgemeinernde Gleichsetzung der maximinischen λόγοι überhaupt mit den palamitischen Energien, wie V. Karayiannis (1993) 469 geltend macht und K. Savvidis (1997) 196 nahezulegen scheint, ist von daher risikoreich, weil Maximus mit dem Begriff λόγος ziemlich differenziert umgeht. Übrigens meint der Bekenner in Max. Amb. Io. 22, daß sich die göttlichen Energien *in* den λόγοι beobachten lassen, und nicht daß sie mit ihnen identifizierbar sind. Diesbezüglich achtet J.-C. Larchet (1996) 505, Anm. 76 darauf, auf die maximinischen Klassen von λόγοι aufmerksam zu machen und davor zu warnen, sie zu verwechseln. Es sei hier auch darauf hingewiesen, daß die Studie von Π. Τρεμπέλας „Μυστικισμός – Ἀποφατισμός – Καταφατικὴ θεολογία. Μάξιμος ὁ Ὁμολογητὴς – Γρηγόριος ὁ Παλαμᾶς" (1973), was Maximus angeht, völlig unbrauchbar ist, da sie jeglicher wissenschaftlichen Problematik entbehrt und sich unter anderem auf Werke stützt, die dem Bekenner zwar zugeschrieben werden, die aber als zweifelhaft oder unecht gelten.

[383] Vgl. Max. Amb. Io. 33, 1285D: „τοῖς τῶν ὄντων ἑαυτὸν . . . ἐγκρύψας (sc. der Logos) λόγοις (. . .) ὅλος ἐν ὅλοις ἅμα πληρέστατος, καὶ τὸ καθ᾽ ἕκαστον ὁλόκληρος, ὅλος καὶ ἀνελάττωτος, ἐν τοῖς διαφόροις ὁ ἀδιάφορος καὶ ὡσαύτως ἀεὶ ἔχων, ἐν τοῖς συνθέτοις ὁ ἁπλοῦς καὶ ἀσύνθετος, καὶ ἐν τοῖς ὑπὸ ἀρχὴν ὁ ἄναρχος, καὶ ὁ ἀόρατος ἐν τοῖς ὁρωμένοις, καὶ ἐν τοῖς ἁπτοῖς ὁ ἀναφής" (zur Übersetzung und Deutung dieser Stelle vgl. den Abschnitt 3.1.2).

ihm bleibt aber der Logos den λόγοι gegenüber nach dem Modus seiner unsagbaren Theologie völlig erhaben. Der Begriff λόγος des Bekenners kann indes in dem Maße vielfältig sein, daß Maximus nicht nur jene λόγοι häufig anspricht, die sich speziell auf eine umfassende göttliche Wirkung in der Schöpfung beziehen, wie die der Vorsehung und des Gerichtes, sondern daß er auch die höchste Sphäre der göttlichen Existenz mit einer besonderen λόγοι-Klasse verbindet. Mit dieser kurzen Zusammenfassung wird der zweite Teil dieses Kapitels zu dem Logosbegriff des Pseudo-Dionys und Maximus Confessor abgeschlossen. Eine Verortung der Logoslehre des Bekenners im Vergleich zu der ihm vorausgegangenen Logostradition werde ich im nächsten Teil versuchen.

1.3. DIE MAXIMINISCHE LOGOSLEHRE UND IHR VERHÄLTNIS ZUR VORAUSGEGANGENEN LOGOSSPEKULATION

Die Logoslehre des Maximus Confessor dient nicht nur als ein theologisches Mittel, mit Hilfe dessen sich der Kirchenvater mit dem im siebten Jahrhundert in den monastischen Kreisen immer noch einflußreichen Origenismus[384] auseinandersetzt, dessen gefährliche ontologische und soteriologische Prämissen bekämpft und ihn hierdurch tiefgreifend korrigiert. Diese Lehre bildet, um noch einmal den Ausdruck von I.-H. Dalmais aufzugreifen, nicht weniger als ein „organisatorisches Prinzip"[385] innerhalb der Theologie des Confessors, ohne das die anderen Facetten seines reichen Denkens, seien sie kosmologischer, christologischer, anthropologisch-mystischer oder hermeneutischer Art, nicht zu verstehen sind. Dies dürfte kaum auffallen, da die Mitte der maximinischen Synthese Christus selbst ist, der sich in der Logostheorie als der kosmische Logos zu erkennen gibt, welcher wie das Zentrum eines Kreises[386] alles um sich versammelt und *konzentriert*. Durch die λόγοι verleiht der Logos dem Universum insgesamt und jedem seiner Einzelteile sogar vor dem Schöpfungsakt ein göttliches Ziel, bringt dieses Universum zur Existenz, macht sich in seiner Verschiedenheit und Materialität gegenwärtig – nicht zuletzt

---

[384] Vgl. dazu I.-H. Dalmais (1961) 411–416.
[385] Ibid. (1952, La théorie) 244.
[386] Vgl. den Abschnitt 1. 2. 2. 2 (S. 71f.).

durch die Menschwerdung – bewahrt und lenkt es, ohne die Willensfreiheit der rationalen Wesen anzutasten, und führt es zu sich nach
der ursprünglichen, durch den λόγος bestimmten Intention. Dieses
maximinische Weltbild bewirkt die Wiedergutmachung der in der
platonisch-origenistischen Denklinie diskreditierten Materie und verschafft der in dieser Linie lang als makelhaft angesehenen Vielfalt
und Verschiedenheit der Schöpfung einen positiven Wert, indem
diese letzteren auf die Differenzierung des λόγοι-Gefüges und nicht
auf einen ontologischen Abfall zurückgeführt werden.[387] Dies kommt
vor allem zum Ausdruck durch die kühnen Aussagen des Bekenners,
daß sich der göttliche Logos in der Schöpfung vermehrt und die
intelligible Welt in der sinnlich wahrnehmbaren Welt erkennbar ist.
Diese positive Wertung des Materiellen durch seine Verankerung im
Bereich der göttlichen λόγοι bleibt bei Maximus nicht dem ontologischen Bereich verhaftet, sondern es werden folgerichtig Konsequenzen
in die Mystik und Hermeneutik hineingezogen, was im weiteren
Verlauf dieser Arbeit zur Sprache kommen wird.[388]

Stellt sich die Frage, wie sich Maximus in seiner Logoslehre zur
Tradition verhält, kann nicht angefochten werden, daß er verschiedene Momente aus der Überlieferung seiner Vorgänger zusammenbringt. Hier kommen nicht nur die alexandrinische Logosspekulation,
die Origenes und Evagrius vertreten, und die dionysische Ideenwelt,
sondern auch das aristotelische Erbe in Frage. Es wurde bereits signalisiert, daß die antike λόγος-Lehre erst bei Origenes, der dabei
vom Beitrag der Apologeten und des Klemens profitiert, zu einer
soliden christlichen Fassung findet. Die innerchristliche Entwicklung
des Logosbegriffs wird aber stark von der Notwendigkeit beeinflußt,
sich vor allem aufgrund der arianischen Krise von einem philosophischen Begriff zu distanzieren, der die Gefahr birgt, den λόγος als
bloßes Mittelwesen zu betrachten. Diese Abgrenzung, die vor allem
bei Athanasius und Gregor, Bischof von Nyssa, auftritt, läßt sich teilweise bis Origenes zurückverfolgen, der die mittelplatonische, von
Klemens rezipierte Idee des λόγος als göttlichen Gedanken zurück-
weist. Ähnliches gilt für die justinische, aus der Stoa herrührende
Idee des σπερματικὸς λόγος und die Auffassung des λόγος als intelligible Welt, welche bei den späteren Kirchenlehrern keine Akzeptanz

---

[387] So H. U. von Balthasar (³1988) 116; J. C. Larchet (1994, Introduction) 20.
[388] Vgl. vor allem die Abschnitte 2. 2. 2; 3. 1. 1 (S. 131–134); 3. 1. 2; 3.
1. 3. 2. 1 (S. 174–177).

finden, obwohl sie hier und da noch Spuren hinterlassen können. Daß die Logostheorie des Maximus, wie bereits gesagt, zu einem organisatorischen Prinzip seines Denkens wird, ist also im Grunde eine Weiterführung des origenischen Anliegens, auch wenn er durch die Übernahme der λόγοι der Vorsehung und des Gerichtes direkt an Evagrius anknüpft. Dies wird nicht nur dadurch bestätigt, daß der Logosbegriff beim Areopagiten von geringer Bedeutung ist und die Logoslehre bei Evagrius, auch wenn sie vorausgesetzt wird, kaum zur Entwicklung kommt, sondern auch dadurch, daß Maximus die origenistische Deutung einiger Texte des Nazianzers im Sinne der Henadenlehre durch eine entwickelte und reflektierte Logostheorie, d. h. durch origenisches Gut schlechthin, widerlegt. Dieses alexandrinische Moment wird jedoch mit dionysischen Ansätzen verquickt. Dabei ragt vor allem die dynamische Auffassung des λόγος als Wollen heraus. Maximus geht aber unbefangen mit den dionysischen Elementen um. Er *rehabilitiert* den marginalen λόγος des Pseudo-Dionys und deutet seine sich in diesem Zusammenhang auf die Gottheit überhaupt beziehenden Ausdrücke logoschristologisch. Zudem wird vom Bekenner die vage Verortung der dionysischen λόγοι in der göttlichen Sphäre durch tiefsinnige Reflexionen zu der engen Relation von Logos und λόγοι präzisiert. All dies kann in letzter Analyse als eine Anpassung des Dionysischen an die alexandrinische Perspektive gelten, in der die Logoschristologie im Vordergrund steht und der Logos und die λόγοι eng zusammengehören. Sogar das dionysische Verständnis des λόγος als Willensbeschluß bleibt bei dem Confessor nicht ohne Modifikation. Es wird mit der aristotelischen Entelechie verkoppelt, indem der Bekenner dem λόγος einen teleologischen Zug verleiht, der mit der Intention Gottes in bezug auf jedes rationale Wesen, d. h. der Vergöttlichung, zusammenfällt. Somit füllt Maximus die Idee des λόγος als Wollen mit einem mystischen Inhalt, der sich weder von Evagrius noch von Pseudo-Dionys ableiten läßt, und verschafft ihr unter anderem in Anlehnung an den Epheserbrief eine christologische Basis, weil die Vergöttlichung im Sinne der Vereinigung göttlicher und menschlicher Natur in der konkreten Hypostase Christi modellhaft gedeutet wird. In der Verknüpfung der Logosidee des Platonismus mit aristotelischem Gut sieht E. von Ivánka den eigentlichen philosophischen Beitrag des Bekenners.[389] Dank der auf Aristoteles fußenden

---

[389] Vgl. E. von Ivánka (1958, der philosophische) 25f. u. (1990) 293–305.

Auffassung von einer positiven Bewegung des Geschöpf-Abbildes
zum λόγος-Urbild erbringt Maximus nicht nur ein Korrektiv für die
origenistische Henadenlehre, sondern befreit auch die platonische
Aufeinanderbezogenheit der intelligiblen und sinnlich wahrnehmbaren Welt von einer starren Urbild-Abbild-Relation. Alldem gemäß
kann aber von einer Wiedergeburt des philosophischen Logosbegriffs
in seiner Gesamtbedeutung bei Maximus kaum die Rede sein. Für
den Bekenner ist der λόγος primär der Christustitel, der bei den
Kirchenvätern des vierten Jahrhunderts einen wichtigen Teil seiner
philosophischen Tragweite irreversibel einbüßte. Dennoch führt das
maximinische, in der nachjustinianischen Ära des siebten Jahrhunderts
nicht mehr ganz selbstverständliche Aufgreifen und Vertiefen der alexandrinischen Logoschristologie zu einer Wiederbelebung der Auffassung vom λόγος als intelligibler Welt. Diese Idee wird aber durch die
Erhebung des Christusgeschehens zum alleinigen Interpretationsmaßstab
seitens des Bekenners in die das Christentum kennzeichnende Kon-
kretheit hineingezogen und gewinnt dank der Intuitionen des Autors
der Areopagitica eine neue Dynamik. Auch die stoische Vorstellung
vom λόγος, der – dank seiner Ausdehnung durch die λόγοι – allge-
genwärtig wird, steht bei dem Confessor im Vordergrund, insofern
sie mit dem biblischen Gottesbild vereinbar ist und durch frühere
Kirchenväter, wie etwa Athanasius, zu einem christlichen Gemeinplatz
wurde.

Im Lichte des eben Gesagten kann behauptet werden, daß der
Einfluß des Pseudo-Dionys auf Maximus angesichts der Logoslehre
zwar beträchtlich ist, aber nicht auf Kosten anderer Züge überbe-
tont werden darf. Jedenfalls bleibt der Gesamtrahmen, in dem sich
die Logostheorie des Confessors artikuliert und entfaltet, alexandrinisch. Darüber hinaus kann man keineswegs mit W. Völker annehmen, daß der Bekenner nicht „wirklich schöpferisch"[390] in seiner
Logoslehre gewesen ist. Führt man jedes maximinische Element auf
seine angebliche Quelle zurück, so wird man notwendigerweise zu
dem Schluß Völkers gelangen. In seiner Logostheorie ist Maximus
jedoch kein blinder Kompilator, sondern ein Synthetiker.[391] Nun aber
unterscheidet sich Synthese von Kompilation, indem sie vorgegebene
Elemente nicht nebeneinanderreiht, sondern selektiert, verkoppelt,

---

[390] W. Völker (1965) 304.
[391] Vgl. H. U. von Balthasar (³1988) 47–49; ferner I.-H. Dalmais (1966) 357.

versöhnt und vereint. Dadurch wird den alten Elementen nicht nur eine dem tiefsinnigen Geist des Synthetikers entspringende Kohärenz vermittelt, sondern auch ein neues Leben und eine neue Dynamik. Verzichtet man also darauf, den Confessor zu analytisch zu betrachten, so stellt sich heraus, daß er durchaus kreativ war, indem er in seiner Logoslehre eine lebendige Synthese liefern konnte, die innerhalb seines Denkens einflußreich und produktiv sein wird. In diesem Sinne bildet die in diesem Kapitel dargelegte Logostheorie des Maximus unter anderem eine Grundlage für seine Schrifthermeneutik, die noch behandelt werden soll. Aber bevor dies geschieht, muß das Augenmerk auf eine zweite Konstellation des Denkens des Bekenners, ohne die die Befassung mit dessen Bibelhermeneutik unmöglich wäre, gerichtet werden. Gemeint ist die Auffassung des Maximus vom mystischen Aufstieg, die im nächsten Kapitel bearbeitet wird.

ZWEITES KAPITEL

DER MYSTISCHE AUFSTIEG BEI
MAXIMUS CONFESSOR

Das anthropologisch-mystische Fundament der maximinischen Bibelhermeneutik

θεὸς ὁ πτωχός, διὰ τὴν τοῦ δι᾽ ἡμᾶς πτωχεύσαντος
θεοῦ συγκατάβασιν καὶ ἑαυτὸν τὰ ἑκάστου συμ-
παθῶς ἀναδεχομένου πάθη μέχρι „τῆς συντελείας
τοῦ αἰῶνου" κατὰ τὴν ἀναλογίαν τοῦ ἐν ἑκάστῳ
πάθους ἀεὶ δι᾽ ἀγαθότητα πάσχοντος μυστικῶς

Max. Myst. 24 (S. 253, Z. 243–246)

2.1. Grundlagen des mystischen Aufstiegs

Im ersten Kapitel dieser Dissertation ging es darum, die Logoslehre
des Maximus Confessor als ontologische Grundlage seiner Schrifthermeneutik zu erörtern. Im Laufe der Behandlung stellte sich aber
heraus, daß die Logostheorie des Kirchenvaters weitere Implikationen
hat, die über die Ontologie hinausgehen. Dabei ragte die anthropologisch-mystische Tragweite des λόγος-Begriffs heraus, welche vor
allem durch die Bedeutung des ontologischen λόγος für die Vergöttlichung des Menschen gegeben war.[1] Dies hängt nicht zuletzt damit
zusammen, daß der Bekenner ein Mönch war, für den die Mitte des
christlichen Lebens die zwar geschenkte Vereinigung mit Gott ist,
der man sich aber durch Liebe und Entfaltung der Tugenden öffnet.
Auch die maximinische Schrifthermeneutik ist nicht unabhängig von
dieser Problematik zu verstehen, weil die Bibellektüre für den Confessor
zu jenem „geistlichen Weg"[2] gehört, den vor allem jeder Mönch,
aber auch jeder Christ[3] einschlagen soll. Im folgenden wird also der
Blick auf jenen Bereich der maximinischen Anthropologie gerichtet,

---

[1] Vgl. den Abschnitt 1. 2. 2. 1 (S. 52–58).
[2] Max. Char. IV, 65 (S. 222). Zum Lesen der biblischen Schriften in der Liturgie
und dessen spirituellem Nutzen vgl. Max. Myst. 10 u. 13 [S. 225; PG 91, 689BC
u. S. 227 (Z. 4–12); PG 91, 692B].
[3] Vgl. Max. Char. IV, 66 (S. 222).

den der mystische Weg bildet.[4] Bevor aber die eigentlichen Stufen
des mystischen Weges zur Sprache kommen, sind dessen psychologische, soteriologische und ekklesiologische Grundlagen ins Auge zu
fassen. In einem ersten Stadium werden einige Elemente der Psychologie des Kirchenvaters dargestellt.[5] Anschließend ist auf die maximinische Soteriologie[6] einzugehen, weil die Mystik bei dem Bekenner
keine Selbständigkeit genießt, sondern der Mitte des maximinischen
Denkens überhaupt, nämlich dem Christusgeschehen, entstammt. Ort
des mystischen Entfaltens des Menschen ist für den Confessor aber
die Kirche.[7] Deshalb werden in einem dritten Abschnitt die dafür
relevanten ekklesiologischen Elemente thematisiert. Es versteht sich
von selbst, daß meine folgenden Ausführungen der Forschungsar-
beit, die auf den oben erwähnten Gebieten geleistet wurde, stark
verpflichtet ist.

---

[4] Die Anthropologie des Maximus Confessor in ihren verschiedenen Aspekten
steht im Mittelpunkt der 1965 erschienenen und 1995 in einer zweiten Auflage
aktualisierten Monographie von L. Thunberg „Microcosm and Mediator"; vgl. ferner J. J. Prado „Voluntad y naturaleza. La antropologia filosofica de Maximo el
Confessor" (1974). Der mystischen Anthropologie des Bekenners sind vor allem die
Studien von M.-Th. Disdier „De vita contemplativa secundum doctrinam sancti
Maximi Confessoris" (1928), I. Hausherr „Philautie. De la tendresse pour soi à la
charité" (1952) und W. Völker „Maximus Confessor als Meister des geistlichen
Lebens" (1965) sowie die meisten Beiträge von I.-H. Dalmais zu Maximus gewid-
met; vgl. ferner 'A. 'Ραντοσαβλιέβιτς (1975) 100–210; N. Ματσούκας (1980) 187–205;
J.-C. Larchet (1996) 437–640; A. Louth (1996, Maximus) 33–47; K. Savvidis (1997)
124–149. Zu den christologischen und pneumatologischen Bezügen des mystischen
Aufstiegs ist auch die Studie von J. Loosen „Logos und Pneuma im begnadeten
Menschen bei Maximus Confessor" (1941) zu konsultieren.
[5] Zur Psychologie des Bekenners vgl. vor allem die detaillierten Ausführungen
von L. Thunberg (1995) 95–114 u. 169–230; ferner W. Völker (1965) 88–102. Die
Ergebnisse der handschriftlichen Dissertation von G. Schönfeld (1918) zur Psychologie
des Maximus wurden in der Forschung kaum rezipiert, da diese Arbeit nie veröffentlicht
wurde und schwer erhältlich ist. Als Freund ihres Verfassers konnte M. Garbas
1925 deren Manuskript konsultieren. Er schreibt, darüber urteilend, daß die Arbeit
„eine systematische, quellenanalytische Darstellung der Psychologie enthält und wertvolle Aufschlüsse über die Abhängigkeit des hl. Maximus bringt"; vgl. M. Garbas
(1925) 6. Heutzutage ist diese Dissertation meines Wissens in Breslau, ihrem
Erscheinungsort, nicht mehr vorhanden.
[6] Vgl. vor allem 'A. 'Ραντοσαβλιέβιτς (1975) u. die 1996 veröffentlichte Monographie von J.-C. Larchet zur Vergöttlichung bei Maximus Confessor; ferner B. Studer
(1978) 212–223; F. Heinzer (1982, Die leidende) 55–79; R. Schwager (1983) 32–57.
[7] Vgl. vor allem W. Völker (1965) 139–156; A. Riou (1973) 123–200; 'A.
'Ραντοσαβλιέβιτς (1975) 83–99; N. Ματσούκας (1980) 219–252; H. U. von Balthasar
(³1988) 313–330; J.-C. Larchet (1996) 399–435.

2.1.1. *Zur Struktur des Menschen als psychologischer Grundlage des mystischen Aufstiegs*

Für Maximus Confessor stellt der Mensch eine zusammengesetzte Natur (φύσις σύνθετος)[8] dar, die aus Leib (σῶμα) und Seele (ψυχή) besteht. Diese dichotomische Komposition gehört nach Meinung des Bekenners zum λόγος der menschlichen Natur und bildet somit eine ontologische Konstante.[9] Solide argumentierend, verteidigt Maximus im *Ambiguum ad Ioannem* 42 die Gleichzeitigkeit des Entstehens von Körper und Seele vor allem gegen die origenistische Lehre, indem er die Präexistenz der Seele bzw. des Leibes theologisch und anthropologisch widerlegt.[10] Die origenistische Unterstellung, die Leiber seien nach den Seelen als Strafe entstanden, besagt, daß die Schöpfung nichts anderes als eine bloße Reaktion auf das Böse ist und somit Gott bei dem Schöpfungsakt unter einem Zwang (ἀνάγκη) und einer Tyrannei (τυραννίς) stand.[11] Zieht man jedoch den durch die λόγοι der Seienden gegebenen, unveränderlichen Ratschluß Gottes in bezug auf die Geschöpfe heran, so wird die origenistische Unterstellung absurd und unvertretbar.[12] Aus christologischer Perspektive bildet die Tatsache, daß der Logos einen menschlichen Leib übernommen, vergöttlicht und erhöht hat, den Beweis dafür, daß dieser Leib mit der Seele zusammen gerettet wird.[13] Durch dieses christologische Argument will Maximus die origenistische Auffassung abwehren, der Leib habe in der Heilsgeschichte nur eine vorübergehende, rein pädagogische

---

[8] Vgl. Max. Ep. 12, 488CD [November-Dezember 641; vgl. P. Sherwood (1952) 45]. Zur maximinischen Abgrenzung von der Anthropologie des Leontius von Byzanz mittels dieses Terminus vgl. V. Grumel (1926) 393–406 u. L. Thunberg (1995) 97–104; ferner dazu N. Madden (1993) 175–182.

[9] Vgl. Max. Amb. Io. 42, 1341D: „Λόγος δὲ φύσεως ἀνθρωπίνης ἐστὶ ψυχὴν καὶ σῶμα καὶ ἐκ ψυχῆς λογικῆς εἶναι τὴν φύσιν καὶ σώματος"; ferner ibid. 7, 1088D; 1092B; 1100A u. C; Max. Qu. d. 44 (S. 37f., Z. 20f.); Max. Myst. 5 (S. 206, Z. 5f.; PG 91, 672D); Max. Thal. Prol. (S. 35, Z. 319f.); ibid. 15 (S. 103, Z. 36); Max. Ep. 15, 553AB [634–640; vgl. P. Sherwood (1952) 40]; Max. Th. pol. 1, 16C [645–646; vgl. P. Sherwood (1952) 53–55].

[10] Vgl. Max. Amb. Io. 42, 1321–1345. Die maximinische Beweisführung wurde von E. Stéphanou (1932) 308–315 analysiert. Spricht sich Stéphanou (vgl. 309) für einen Einfluß des Gregor von Nyssa, der die origenistische Idee der Präexistenz der Seele bekämpft hatte, auf Maximus aus, so zeigt der Autor, daß das maximinische Denken an dem Punkt entwickelter und reicher als das Gregors ist. Vor allem betont Stéphanou die christologische Perspektive des Bekenners; vgl. ibid. 314f.

[11] Vgl. Max. Amb. Io. 42, 1328A u. 1329D.

[12] Vgl. ibid. 1328–1332.

[13] Vgl. ibid. 1332C–1333A u. 1336A.

Funktion und werde letztendlich verschwinden.[14] Dadurch gelingt es
ihm, die ontologische Zusammengehörigkeit von Leib und Seele von
der Soteriologie her zu begründen. Selbst nach dem Tod wird diese
Zusammengehörigkeit durch die Auflösung des Körpers und das
Weiterbestehen der Seele nicht gefährdet, da Leib und Seele sozusagen das Siegel jenes Ganzen weitertragen, zu dem sie gehörten,
und auf diese Weise mit ihm und miteinander verbunden bleiben.[15]
Wird nun andererseits der integrale Charakter des menschlichen
Kompositums durch die Lehre von der Präexistenz der Leiber in
Frage gestellt, so kann der Bekenner dagegen zwar biologische Argu-
mente geltend machen, die unter anderem auf die Lebenskraft des
Embryos zurückgreifen.[16] Entscheidend bleibt aber für ihn das christologische Argument: Die vermeintliche Präexistenz des Leibes hat
christologisch verheerende Konsequenzen, denn sie streitet dem
Heiland als Embryo eine menschliche Seele ab und läuft dadurch
der kirchlichen Lehre zuwider, daß Jesus bereits im Bauch seiner
Mutter vollständiger Mensch war.[17] Obgleich der Confessor im *Ambiguum ad Ioannem* 42 auf den ontologischen Unterschied zwischen Körper und Seele hinweist, da sie einen unterschiedlichen λόγος des
Wesens haben und auf eine unterschiedliche Art und Weise hervorgebracht werden,[18] hebt er ihre enge organische Beziehung hervor.
Die ganze Seele durchdringt den ganzen Leib, verleiht ihm Leben
und Bewegung und nimmt dank ihres rezeptiven Vermögens an dem
ihm zugefügten Schmerz und Leid teil.[19]

---

[14] Vgl. ibid. 1333B–D.
[15] Vgl. Max. Amb. Io. 7, 1101B: „Οὐχ ἁπλῶς γὰρ λέγεται ψυχὴ μετὰ τὸν τοῦ
σώματος θάνατον ἡ ψυχή, ἀλλὰ ἀνθρώπου ψυχή, καὶ τοῦ τινος ἀνθρώπου ψυχή.
Ἔχει γὰρ καὶ μετὰ τὸ σῶμα ὡς εἶδος αὐτῆς τὸ ὅλον κατὰ τὴν σχέσιν ὡς μέρους
κατηγορούμενον τὸ ἀνθρώπινον. Ὡσαύτως δὲ καὶ τὸ σῶμα ... Οὐ γὰρ ἁπλῶς λέγεται
σῶμα μετὰ τὸν χωρισμὸν τῆς ψυχῆς ... ἀλλ᾽ ἀνθρώπου σῶμα, καὶ τοῦ τινος ἀνθρώπου
σῶμα, κἂν εἰ φθείρεται καὶ εἰς τὰ ἐξ ὧν ἐστιν ἀναλύεσθαι στοιχεῖα πέφυκεν. Ἔχει
γὰρ καὶ οὕτως ὡς εἶδος τὸ ὅλον αὐτοῦ κατὰ τὴν σχέσιν ὡς μέρους κατηγορούμενον
τὸ ἀνθρώπινον".
[16] Vgl. ibid. 42, 1336C–1340A.
[17] Vgl. ibid. 42, 1341A–C. Zum Menschsein des Embryos bei Maximus vgl.
M.-H. Congourdeau (1984) 163–171 u. (1989) 693–709.
[18] Vgl. Max. Amb. Io. 42, 1324D: „ὡς τὸ θεῖον ἡμᾶς μεγαλοφυῶς ἐμυσταγώγησε
γράμμα, μὴ συγχωροῦν τὴν ψυχὴν καὶ τὸ σῶμα καθ᾽ ἕνα καὶ τὸν αὐτὸν τρόπον
τῆς γενέσεως ἀλλήλοις συμπεσόντα φυρῆναι κατὰ τὴν φύσιν καὶ τὸν ἑκάστου τῆς
οὐσίας λόγον ἀγνοηθῆναι, καὶ τὸν τῆς γενέσεως τρόπον".
[19] Vgl. ibid. 7, 1100A: „δι᾽ ὅλου δὲ τοῦ σώματος ὅλη χωροῦσα ἡ ψυχὴ τὸ ζῆν
αὐτῷ καὶ κινεῖσθαι δίδωσιν"; ferner Max. Ep. 12, 488D [November–Dezember

Im Rahmen dieser maßgeblichen Dichotomie von Leib und Seele greift Maximus auf mehrere trichotomische Schemata zurück, mit denen er die Komposition des Menschen beschreibt.[20] Hierzu gehört beispielsweise die Dreierreihe von νοῦς (Intellekt), λόγος (Vernunft/ Ratio) und αἴσθησις (Sinnesvermögen),[21] deren zwei erste Bestandteile der Seele entsprechen, während αἴσθησις mit dem Leib zusammenhängt. Eine andere dem Bekenner geläufige Trichotomie ist die von νοῦς (Intellekt), ψυχή (Seele) und σῶμα (Leib),[22] wo die dichotomische Einteilung auf ein drittes Element, den νοῦς, ausgeweitet wird. Viele Maximusforscher haben mit Recht darauf hingewiesen, daß diesen Dreierreihen beim Confessor – im Unterschied zur zweigliedrigen Teilung von Leib und Seele – kein ontologischer Wert beizumessen ist.[23] Die freie Art und Weise, wie Maximus mit diesen

---

641; vgl. P. Sherwood (1952) 45]: „Τῆς ψυχῆς ἀκουσίως τε κρατούσης τὸ σῶμα, καὶ ὑπ᾽ αὐτοῦ κρατουμένης, καὶ ζωὴν ἀπροαιρέτως αὐτῷ, κατ᾽ αὐτὸ μόνον τὸ ἐν αὐτῷ εἶναι παρεχούσης, καὶ πάθους καὶ ἄλγους φυσικῶς μεταλαμβανούσης διὰ τὴν ἐγκειμένην αὐτῇ τούτων δεκτικὴν δύναμιν". Daß L. Thunberg (1995) 104 die Begriffe μετενσωματοῦσθαι (zu einem anderen Körper übergehen) und μετεμψυχοῦσθαι (zu einer anderen Seele übergehen) in Max. Amb. Io. 7, 1100D „antiorigenistisch" und im Sinne eines gegenseitigen Hindurchdringens von Leib und Seele begreift, ist ein Mißverständnis des maximinischen Textes. Hier geht es gerade um die *origenistische* Körper- und Seelenwanderung, die in den Augen des Maximus ein Absurdum ist. Denn sie würde aus einer naturhaften *Sehnsucht* des Körpers und der Seele nacheinander resultieren, während gemäß dem Confessor ihre Einigung auf dem schöpferischen Ratschluß Gottes, eine ganze Gattung (εἶδος ὅλον) zu schaffen, beruht; vgl. Max. Amb. Io. 7, 1101A: „᾽Αλλ᾽ οὐκ ἔστιν, ὡς οἶμαι, τοῦ πάθους ἢ τῆς τῶν μερῶν φυσικῆς δυνάμεως κατὰ τὴν πρὸς θατέρου θάτερον σύνοδον ἢ τοῦ ὅλου κατ᾽ εἶδος ἐκπλήρωσις, ἀλλὰ τῆς ἐπ᾽ αὐτοῖς ἅμα κατ᾽ εἶδος ὅλον γενέσεως". Dasselbe Argument benutzt der Bekenner in Max. Amb. Io. 42, 1324AB und meint, daß die vermeintliche Körper- und Seelenwanderung entweder naturhaft oder naturwidrig sein muß. Wäre sie naturwidrig, so würde sie zum Zugrundegehen von Seele und Körper führen, was nicht der Fall ist. Würde sie nun aus einem naturhaften Zustand stammen, so hätte das zur Folge, daß die Körper- und Seelenwanderung nie aufhören würde, was an sich *absurd* ist. Aber gerade diese absurde Folge spricht für Maximus gegen die origenistische Lehre von der Präexistenz der Seele, da diese letztere immer auf einen Leib angewiesen sein würde. Die Origenisten müßten also in diesem Fall das annehmen, was sie zu bestreiten versuchen (ἐναχθεῖσι βίᾳ πρὸς ὅπερ φεύγειν ἐσπούδασαν). Demzufolge ist die Interpretation Thunbergs, Maximus wolle durch die Begriffe μετενσωματοῦσθαι und μετεμψυχοῦσθαι ein Hindurchdringen von Leib und Seele andeuten, unakzeptabel.

[20] Dazu vor allem L. Thunberg (1995) 169–176.

[21] Vgl. Max. Amb. Io. 10, 1112D; Max. Th. ec. I, 13, 1088BC.

[22] Vgl. Max. Char. IV, 46 (S. 212); Max. Myst. 4 (S. 205, Z. 5–9; PG 91, 672B). Dazu L. Thunberg (1995) 107–113.

[23] Vgl. J. Loosen (1941) 89; P. Sherwood (1955, Introduction) 84; L. Thunberg (1995) 106.

Triaden umgeht, zeigt, daß er, ohne inkohärent zu sein, funktional und nicht in starren Schemata denkt. Demzufolge kann er die von ihm gebrauchten Trichotomien je nach Kontext und Intention variieren. Den sich im Menschen abspielenden, mystischen Vorgängen wird der Kirchenvater aber meistens gerecht, indem er die Triade vom Vernünftigen (τὸ λογιστικόν), Eifrigen (τὸ θυμικόν) und Begehrenden (τὸ ἐπιθυμητικόν), welche auf die platonische Psychologie zurückgeht,[24] verwendet.[25] Hierbei ist vor allem zu beachten, daß es sich um Elemente der Seele handelt und ein sich auf den Körper beziehender Teil fehlt. Außerdem hat L. Thunberg gezeigt, daß sich Maximus dabei von Evagrius Ponticus distanziert, indem er sich meistens von der platonischen Form inspirieren läßt und darauf verzichtet, das Vernünftige durch νοῦς zu ersetzen.[26] Obschon die durch den Artikel substantivierten Adjektivformen der Elemente den Gedanken an seelische Teile nahelegen,[27] assoziiert Maximus mit dieser Aufteilung auch Kräfte der Seele[28] und scheint keinen wesentlichen Unterschied zwischen Teil und Kraft zu sehen, weil er substantivierte Adjektive und Substantive ohne weiteres parallelisieren kann.[29]

Eben wurde darauf aufmerksam gemacht, daß dem νοῦς bei Maximus der Zutritt in die häufig wiederkehrende Triade von dem Vernünftigen, Eifrigen und Begehrenden meistens verweigert wird. Nichtsdestoweniger genießt der νοῦς in den asketischen Ausführungen des Bekenners wie bei Evagrius Ponticus[30] eine übergeordnete Rolle

---

[24] Vgl. den Abschnitt 1. 1. 4.

[25] Vgl. Max. Char. II, 12 (S. 94); III, 20 (S. 150); IV, 44 (S. 212); IV, 80 (S. 230).

[26] Vgl. L. Thunberg (1995) 175.

[27] Vgl. Max. Char. II, 98 (S. 142); III, 51 (S. 166); IV, 57 (S. 218), wo von einem παθητικὸν μέρος (affektiver *Teil*) der Seele geredet wird.

[28] Vgl. ibid. III, 3 (S. 144): „Κατὰ παράχρησιν αἱ κακίαι τῶν τῆς ψυχῆς δυνάμεων ἡμῖν ἐπισυμβαίνουσιν, οἷον τῆς τε ἐπιθυμητικῆς καὶ τῆς θυμοειδοῦς καὶ τῆς λογιστικῆς"; ferner ibid. III, 35 (S. 160); Max. Ep. 2, 397A [ca. 626; vgl. P. Sherwood (1952) 25]; Max. Thal. 16 (S. 109, Z. 72–75) u. 49 (S. 353, Z. 58–60).

[29] Vgl. Max. Char. II, 70 (S. 126): „Τὸ μὲν *ἐπιθυμητικὸν* τῆς ψυχῆς πυκνότερον ἐρεθιζόμενον ἕξιν φιληδονίας δυσκίνητον τῇ ψυχῇ ἐντίθησιν· ὁ δὲ *θυμὸς* συνεχῶς ταρασσόμενος δειλὸν καὶ ἄνανδρον τὸν νοῦν ἀπεργάζεται" (Hervorhebung von mir); ferner ibid. III, 20 (S. 152); Max. Qu. d. 41 (S. 34f., Z. 13f.); Max. Ps. 59 (S. 8, Z. 75). Zur Freiheit des Maximus, die Termini innerhalb der fraglichen Triade zu variieren, vgl. L. Thunberg (1995) 175.

[30] Vgl. z. B. Evagr. Gnost. 4; 42; 45; Evagr. Pract. 3; 11; 15; 21; 23; 61; 62; 64; 65; 66; 71. L. Thunberg (1995) 107–113 zeigt, daß Maximus an dem Punkt trotz seiner Abhängigkeit von Evagrius das Verständnis des νοῦς von den origenistischen Implikationen bewußt und deutlich reinigt.

und wird mehrmals mit den anderen Elementen der oben genannten seelischen Struktur zusammen erwähnt.[31] Faßt Maximus den νοῦς
als eine Kraft der Seele auf, setzt er ihn mit deren Vermögen zur
Betrachtung (θεωρία) in Verbindung.[32] Somit ist der νοῦς jene obere
theoretische Kraft der menschlichen Seele, mit welcher der Confessor
die Fähigkeit zu assoziieren scheint, etwas intuitiv und unmittelbar
zu erkennen.[33] Daher läßt sich nachvollziehen, warum der νοῦς beim
Bekenner vor allem als die geistliche *Mitte* des Menschen fungiert
und sozusagen das „spirituelle Subjekt"[34] bildet, ein Organ, wodurch
die Beziehung des gesamten Menschen zu Gott erlebt wird. Demnach
vermag der Kirchenvater den νοῦς als das leitende Prinzip (τὸ ἡγεμο-
νικόν) der Seele anzusehen,[35] da dieser letztere gewissermaßen für den
ganzen Menschen steht, und ihn mit biblischen Termini wie Herz
(καρδία)[36] und innerem Menschen (ἔσω ἄνθρωπος)[37] zu identifizieren.

Gerade die maximinische Bezeichnung der Seele als rational (λογικός)
und intelligibel (νοερός)[38] spricht für die enge Verwandtschaft von
λόγος und νοῦς. Je enger aber das Verhältnis dieser beiden scheint,

---

[31] Vgl. Max. Char. IV, 80 (S. 230): „Τὸ θυμικὸν τῆς ψυχῆς ἀγάπῃ χαλίνωσον
καὶ τὸ ἐπιθυμητικὸν αὐτῆς ἐγκρατείᾳ μάρανον καὶ τὸ λογιστικὸν αὐτῆς προσευχῇ
πτέρωσον, καὶ τὸ φῶς τοῦ νοῦ οὐκ ἀμαυροῦταί ποτε"; ferner Max. Thal. 16 (S.
109, Z. 72–85) u. 49 (S. 355, Z. 68–79).
[32] Vgl. Max. Myst. 5 (S. 207, Z. 37–40; PG 91, 673C): „τῆς ψυχῆς τὸ μὲν ἔλεγεν
(sc. der Ältere, dem Maximus seine Lehre in der Mystagogia entnimmt) εἶναι
θεωρητικὸν ... τὸ δὲ πρακτικόν. Καὶ τὸ μὲν θεωρητικὸν ἐκάλει νοῦν, τὸ δὲ πρακτικὸν λόγον, ὡς πρώτας δηλονότι δυνάμεις τῆς ψυχῆς"; ferner Max. Amb. Io. 10,
1109B; Max. Thal. 43 (S. 295, Z. 41–44).
[33] Vgl. Max. Thal. 59 (S. 65, Z. 311): „ζητεῖ γὰρ φυσικῶς ὁ νοῦς, ἐρευνᾷ δὲ
κατὰ φύσιν ὁ λόγος. Ζήτησις γάρ ἐστιν ... ἁπλῆ τοῦ νοὸς πρός τι γνωστὸν μετ᾽
ἐφέσεως κίνησις· ἐρεύνησις δέ ἐστιν ἁπλῆ τοῦ λόγου πρός τι γνωστὸν μετά τινος
ἐννοίας διάκρισις". Das, was in diesem maximinischen Text den νοῦς vom λόγος
unterscheidet, ist die Art und Weise, wie sich in jedem Fall das erkenntnistheoretische Moment darstellt. Im Fall des νοῦς handelt es sich um eine durch Verlangen
(ἔφεσις) begleitete Bewegung. Im Falle des λόγος aber geht es eher um einen dis-
kursiven Akt, um eine durch Erwägung (ἔννοια) vollzogene Beurteilung (διάκρισις).
I.-H. Dalmais (1967) 190, der auf diesen Text hingewiesen hat, betont mit Recht,
daß er auf eine Unmittelbarkeit bei der Wahrnehmungsweise des νοῦς schließen
läßt; ferner H. Straubinger (1906) 27f.; W. Völker (1965) 97f.
[34] L. Thunberg (1995) 112.
[35] Vgl. Max. Amb. Io. 10, 1112B u. 1124B; Max. Thal. 49 (S. 355, Z. 65).
[36] Vgl. Max. Char. IV, 73 (S. 226).
[37] Vgl. ibid. IV, 50 (S. 214) u. 78 (S. 228); ferner 2 Kor 4, 16. Der Ausdruck
ἔσω ἄνθρωπος als Bezeichnung für den νοῦς spielt eine bedeutende Rolle in den
Homilien des Pseudo-Macarius; vgl. z. B. Macar. Hom. spir. XX, 4 (S. 189, Z. 54f.);
ferner I, 12 (S. 12, Z. 261); XV, 32 (S. 145, Z. 453); XLIX, 1 (S. 316, Z. 8).
[38] Vgl. Max. Amb. Io. 15, 1220A; ferner ibid. 7, 1092B u. 1097B.

desto mehr wird die Notwendigkeit empfunden, die Demarkationslinie
zwischen ihnen zu finden. Ein Unterschied dürfte darin bestehen,
daß der λόγος für das diskursive Vermögen des Menschen verantwortlich ist, während der νοῦς eher intuitiv und direkt wahrnimmt.[39]
Überdies besitzt der λόγος mehr Affinität zu den anderen Seelenkräften,
dem Eifrigen und dem Begehrenden, weil ihm zukommt, sie zur
Vernunft zu bringen und auf diese Weise zum νοῦς zu führen.[40] Steht
der νοῦς also für das *theoretische* Vermögen der Seele, so ist der λόγος
praktisch orientiert (πρακτικός),[41] weil er die Bewegungen der niedrigeren Seelenkräfte und des Leibes kontrollieren soll.[42] Werden die
Seelenbewegungen aus der Perspektive der höheren mystischen Schau
erblickt, so behält der λόγος seine Mittlerrolle zwischen Sinnesvermögen
und νοῦς, indem er dem letzteren die auf der Ebene des ersteren
gesammelten λόγοι der Sichtbaren zukommen läßt.[43]

2.1.2. Das Christusgeschehen als soteriologische Grundlage des mystischen Aufstiegs

Nach dieser kurzen Bearbeitung einiger sich auf die Komposition
des Menschen beziehender Elemente der Psychologie des Maximus
Confessor gehe ich jetzt zu der Frage nach seinem Verständnis vom
Sündenfall und Heilsgeschehen über. Dabei geht es selbstverständlich nicht darum, das maximinische Material dazu erschöpfend zu
behandeln, zumal der Bekenner in seinen Schriften immer wieder
diese Thematik reflektiert und deren verschiedene Aspekte zu vertiefen versucht. Ich begnüge mich also damit, die Grundzüge dieser
Thematik zu Wort kommen zu lassen. Hier ist zu bemerken, daß
Adams Sündenfall und das Christusgeschehen als die zwei Pole der

---

[39] Vgl. Anm. 33.
[40] Vgl. Max. Amb. Io. 6, 1068A: „τῷ τὰς ἀλόγους δυνάμεις τῆς ψυχῆς λογίσαι
τε πρεπόντως καὶ νῷ διὰ λόγου προσαγαγεῖν καὶ οἰκειώσασθαι, θυμὸν λέγω καὶ
ἐπιθυμίαν"; ferner ibid. 10, 1108A: „λόγου μὲν τὸ τάσσειν τὴν τοῦ σώματος κίνησιν,
οἷον χαλκινῷ τινι τῷ ὀρθῷ λογισμῷ τῆς πρὸς ἀτοπίαν φορᾶς ἐπιστημόνως ἀναχαιτί-
ζοντος".
[41] Vgl. Max. Myst. 5 (S. 207, Z. 37–40; PG 91, 673C) [zitiert in Anm. 32].
[42] Vgl. z. B. Max. Qu. d. 3 (S. 4) u. 8 (S. 7). Es kann allerdings bei Maximus
vorkommen, daß er alle drei Seelenvermögen als im Dienste des νοῦς stehend darstellt; vgl. z. B. Max. Thal. 49 (S. 355, Z. 68–81).
[43] Vgl. Max. Amb. Io. 10, 1113A. Zur gesamten Thematik des Abschnittes
2. 1. 1 vgl. G. Telepneff (1991) 313–322.

Heilsgeschichte im engeren Sinne in einer dialektischen Beziehung zueinander stehen. Einer langen christlichen Tradition folgend, die bis Paulus zurückreicht (vgl. Röm 5, 12–20), geht der Confessor von der Parallelität beider Geschehnisse aus, so daß sie gegenseitig Licht aufeinander werfen und sich dadurch besser erschließen lassen.[44]

2.1.2.1. *Maximinisches Verständnis des Sündenfalls*[45]

Zu der Zeit des Maximus Confessor war es ein Stück maßgeblicher Tradition, die Entstehung und Wirkungen der Sünde mit Hilfe des im dritten Kapitel des Genesisbuches geschilderten Vergehens der Ureltern zu analysieren. Für den Bekenner, der dieses Ereignis mehrmals und aus verschiedenen Blickwinkeln kommentiert,[46] hierbei unter anderem an Gregor von Nyssa anknüpfend, geht es dabei um eine Geschichte mit dramatischen Konsequenzen bezüglich der aus Adam und Eva stammenden Menschheit. Maximus, der keinen – oder einen sehr kurzen – Zeitabschnitt zwischen dem Werden und dem Fall Adams zu sehen scheint (ἅμα τῷ γενέσθαι), situiert wie sein kappadozischer Gewährsmann die Ursünde in einem freiwilligen Akt des Urvaters, der seine noëtische Kraft von Gott ablenkte und auf die Sinneswahrnehmung konzentrierte.[47] Der Mensch hatte ein angeborenes, naturhaftes Vermögen, sich zu Gott hin zu bewegen und ihn

---

[44] Vgl. z. B. Max. Ep. 2, 396D–400B [ca. 626; vgl. P. Sherwood (1952) 25]; Max. Amb. Io. 42, 1316C–1317C; Max. Thal. 21 (S. 127–133); 42 (S. 285–289); 61 (S. 85–113).

[45] Dazu vgl. M.-Th. Didier (1930) 307–311; W. Völker (1965) 103–135; J. Boojamra (1976) 19–30; H. U. von Balthasar (³1988) 176–191; L. Thunberg (1995) 144–168; J.-C. Larchet (1996) 187–207.

[46] Vgl. vor allem Max. Ep. 2, 396D–400B [ca. 626; vgl. P. Sherwood (1952) 25]; Max. Qu. d. 64 (S. 50f., Z. 4–22); Max. Amb. Io. 7, 1092D–1093A–C; 10, 1156C–1157A; Max. Thal. Prol. (S. 29–39); 42 (S. 285–289); 61 (S. 85–89).

[47] Vgl. Max. Thal. 61 (S. 85, Z. 8–16): „Ὁ τὴν φύσιν τῶν ἀνθρώπων δημιουργήσας θεὸς οὐ συνέκτισεν αὐτῇ κατὰ τὴν αἴσθησιν οὔτε ἡδονὴν οὔτε ὀδύνην, ἀλλὰ δύναμίν τινα κατὰ νοῦν αὐτῇ πρὸς ἡδονήν, καθ’ ἣν ἀρρήτως ἀπολαύειν αὐτοῦ δυνήσεται, ἐνετέκτηνατο. Ταύτην δὲ τὴν δύναμιν – λέγω δὲ τὴν κατὰ φύσιν τοῦ νοῦ πρὸς τὸν θεὸν ἔφεσιν – ἅμα τῷ γενέσθαι τῇ αἰσθήσει δοὺς ὁ πρῶτος ἄνθρωπος πρὸς τὰ αἰσθητὰ κατ’ αὐτὴν τὴν πρώτην κίνησιν διὰ μέσης τῆς αἰσθήσεως ἔσχε παρὰ φύσιν ἐνεργουμένην τὴν ἡδονήν“; ferner Max. Amb. Io. 7, 1092D: „γὰρ ἦν (sc. der Urvater) αὐτεξούσιος... καὶ τοῦ κολληθῆναι τῇ πόρνῃ καὶ ἓν σῶμα γενέσθαι ἀπατηθεὶς προείλετο“; Max. Thal. 42 (S. 285, Z. 7f.): „Φθαρεῖσα πρότερον τοῦ κατὰ φύσιν λόγου τοῦ Ἀδὰμ ἡ προαίρεσις τὴν φύσιν ἑαυτῇ συνέφθειρεν“; ferner Greg. Nys. Virg. XII, 2 (Z. 39–41): „ἐθελοντὴς δὲ καθ’ ἑαυτοῦ τὰ παρὰ φύσιν ἐκαινοτόμησε, τὴν τοῦ κακοῦ πεῖραν ἐν τῇ ἀποστροφῇ τῆς ἀρετῆς τῇ ἰδίᾳ προαιρέσει δημιουργήσας“. Zur Frage, ob es für Maximus das Paradies historisch gegeben hat, vgl. P. Sherwod

zu genießen (ἀπολαύω). Jedoch durch eine naturwidrige und fehler-
hafte Entscheidung lenkte der Mensch diese sich im νοῦς, seinem
zur Etablierung und Vertiefung der Beziehung zu Gott bestimmten
Organ, befindende Kraft auf das Sinnesvermögen und die ihm korrelative Materie. Die Ursünde – und jede Sünde – ist für den Kirchenvater somit eine unvernünftige Bewegung (ἀλόγιστος κίνησις) jener
Kräfte, die von Natur aus den Menschen zu Gott führen würden,
in eine nicht in Gott als ursprüngliches Ziel mündende Richtung.[48]
Es ergibt sich daraus erstens die Frage, weshalb der Urmensch den
freiwilligen Entschluß gefaßt hat, Gottes Gebot zu übertreten und
die eigenen Kräfte zu mißbrauchen, und zweitens, ob die Sinne und
die Materie schlecht sind. Die maximinische Antwort auf die erste
Frage geht nicht über die Konturen der biblischen Erzählung hinaus.
Der Urmensch ließ sich von der Schlange täuschen, indem er das
für Gott hielt, was ihm bereits das göttliche Wort für verboten erklärt
hatte.[49] Zur zweiten Frage bekräftigt Maximus, daß die sichtbare
Schöpfung an sich gut ist,[50] daß sie aber in sich die Gefahr birgt,
den menschlichen νοῦς zu verdrehen, wenn man sie rein leiblich
betrachtet und die geistlichen λόγοι in ihr übersieht.[51] Deswegen hatte
Gott Adam die Teilnahme an der durch den Baum der Erkenntnis
symbolisierten Schöpfung untersagt, bis der Urvater durch die
Vertiefung seiner Beziehung zu Gott stabil werden und die Vergöttlichung erlangen würde, so daß er die Geschöpfe nicht als bloßer,
sondern als vergöttlichter Mensch betrachtete.[52]

Daraus läßt sich folgern, daß für Maximus zum Zustand des Menschen vor dem Sündenfall zwar eine Kapazität gehörte, Gott direkt
und unabhängig von dessen Schöpfung zu erkennen. Der Mensch
war aber dazu aufgefordert, die in seiner Natur steckenden Potentia-
litäten durch Begleitung der göttlichen Gnade bis zur geschenkten

---

(1955, St. Maximus) 229, Anm. 260 u. (1958) 8f.; J. Boojamra (1976) 22f.; H. U.
von Balthasar (³1988) 184f.; J. C. Larchet (1996) 187.

[48] Vgl. Max. Thal. Prol. (S. 29 u. 31, Z. 220–222).

[49] Vgl. ibid. (S. 31, Z. 229–231). Derselbe Gedanke ist bei Gregor von Nyssa zu
finden, der meint, daß der Mensch durch eine Täuschung (ἀπάτη) gefallen ist; vgl.
Greg. Nys. Virg. XII, 2 (Z. 18).

[50] Vgl. Max. Char. II, 15 (S. 96): „οὔτε ὁ νοῦς κακὸν . . . οὔτε δὲ τὰ πράγματα
οὔτε ἡ αἴσθησις· Θεοῦ γάρ εἰσι ταῦτα τὰ ἔργα".

[51] Vgl. Max. Thal. Prol. (S. 37, Z. 331–336).

[52] Vgl. Max. Thal. Prol. (S. 37, Z. 338–349); Max. Qu. d. 35 (S. 28f., Z. 35–39).

Vergöttlichung zu verwirklichen und auf diese Weise seiner Berufung als Bindeglied innerhalb der Schöpfung und zwischen ihr und Gott zu entsprechen.[53] Der paradiesische Zustand des Menschen zeichnete sich daher durch eine auf die vollständige Kommunion mit Gott zielende Dynamik aus und war keineswegs ein bereits abgeschlossener Prozeß. Nun aber hatte die Übertretung des Urahnen zur Folge, daß er zum einen seine Berufung als kosmischer Vereinigungsfaktor verfehlte[54] und zum anderen die ihm geschenkte Unsterblichkeit und Affektlosigkeit (ἀπάθεια) einbüßte.[55] Der Tod im weitesten Sinne ist für den Confessor die Trennung von Gott. Da sich Adam freiwillig von dem Schöpfer entfernte, war es eine notwendige Konsequenz, daß er den Tod im engeren Sinne erlebt, d. h. daß sein Körper stirbt.[56] Das Elend des Menschen nach dem Sündenfall kommt aber nicht nur durch den am Ende seines Lebens eintretenden Tod zum Ausdruck, sondern auch durch die seine Existenz zu jeder Zeit belastende Vergänglichkeit (φθορά) sowie durch eine allgemeine Instabilität des Seins, durch Verletzlichkeit und die Fähigkeit zum Leiden, die Maximus meistens mit Derivaten von πάσχω wiedergibt.[57] Bei all diesem handelt es sich um *Sünden* im weitesten Sinne, d. h. um nicht zu tadelnde (ἀδιάβλητος) Folgen der Ursünde, die nicht dem freien Willen des Menschen entstammen, sondern seinem verfallenen Zustand von Natur her anhaften.[58]

---

[53] Diese doppelte Mediation des Menschen behandelt der Bekenner paradigmatisch in Max. Amb. Io. 41; vgl. ibid. 1304D–1308C; ferner die Studie von L. Thunberg „Microcosm and Mediator", welche die Anthropologie des Bekenners unter diesem Gesichtspunkt thematisiert (vgl. vor allem S. 373–432).

[54] Vgl. Max. Amb. Io. 41, 1308C.

[55] Vgl. ibid. 10, 1156D; Max. Thal. 42 (S. 285, Z. 9 u. 17f.). Auch Gregor von Nyssa meint, daß der Mensch vor der Sünde unsterblich und affektlos war; vgl. Greg. Nys. Virg. XII, 2 (Z. 6f.); Greg. Nys. V. Mos. 398B.

[56] Vgl. Max. Char. II, 93 (S. 140): „Θάνατος μέν ἐστι κυρίως ὁ τοῦ Θεοῦ χωρισμός. κέντρον δὲ τοῦ θανάτου, ἡ ἁμαρτία· ὃ δεξάμενος ὁ Ἀδὰμ ὁμοῦ τοῦ τῆς ζωῆς ξύλου καὶ τοῦ παραδείσου καὶ τοῦ Θεοῦ ἐξόριστος γέγονεν· ᾧ ἐπεκολούθησεν ἐξ ἀνάγκης καὶ ὁ τοῦ σώματος θάνατος"; ferner Max. Thal. 42 (S. 287, Z. 58–63).

[57] Z. B. πάθος und παθητόν in Max. Thal. 42 (S. 285, Z. 22f. u. 25f.; S. 287, Z. 59), πάθημα in Max. Amb. Io. 42, 1316D; ferner ibid. 1317B und Max. Thal. 21 (S. 127–133), wo παθητόν der Hauptbegriff ist. Diese Ausführungen des Maximus sind stark von der Tradition geprägt. Die Dialektik von Sünde und Tod begegnet schon bei Paulus (vgl. z. B. Röm 5, 12–14), während die Korrelativität von Tod und Vergänglichkeit ein athanasianischer Topos ist; vgl. den Abschnitt 1. 1. 12 u. Athan. Inc. 5 (Z. 18); 6 (Z. 1f. u. 22); 8 (Z. 7 u. 27); 9 (Z. 15).

[58] Vgl. Max. Thal. 42 (S. 285, Z. 7–28).

Durch die Übertretung ist der Mensch aber für eine Reihe von
tadelnswerten (εὐδιάβλητος) Sünden anfällig geworden.[59] Diese finden
zwar ohne die Bejahung des freien Willens nicht statt, sie kommen
aber bei allen Menschen nach dem Sündenfall vor,[60] da die Natur
jetzt eine angeborene Neigung zum Sündigen hat, die durch ihr
παθητόν bedingt ist.[61] Es geht um die unzähligen Affekte (πάθος), welche insbesondere mit den niedrigeren Kräften des Menschen zusammenhängen.[62] Dadurch, daß sich der todverfallene Mensch auf diese
Affekte einläßt, gibt er seine Würde als rationales Wesen preis und
wird den unvernünftigen Tieren gleich.[63] In einem nach P. Sherwood
zu den ältesten maximinischen Schriften zählenden Brief,[64] der sich
an Johannes, den Kämmerer des byzantinischen Kaisers, wendet und
in dem der Bekenner die Liebe thematisiert, erwähnt Maximus drei
durch die Ursünde aufgetretene Hauptübel, welche jedes andere Übel
in der menschlichen Natur hervorrufen.[65] Es handelt sich dabei um
die Unwissenheit (ἄγνοια), die sich auf die Ratio des Menschen bezieht
und bewirkt, daß der Mensch Gott nicht mehr als seine Ursache
erkennt.[66] Aus dieser Unwissenheit entsteht die Eigenliebe (φιλαυτία),
welche Maximus für die Mutter aller Affekte hält.[67] Sie steht in enger

---

[59] Vgl. ibid.

[60] Vgl. ibid. 21 (S. 127, Z. 16).

[61] Vgl. Anm. 57; ferner Max. Thal. 21 (S. 127 u. 129, Z. 27–35): „Ἐν αὐτῷ
γὰρ τῷ παθητῷ διὰ τὴν φυσικὴν περίστασιν ἔχουσα (sc. die Natur) τῆς ἁμαρτίας
τὴν αὔξησιν, πασῶν εἶχε τῶν ἐναντίων δυνάμεων ἀρχῶν τε καὶ ἐξουσιῶν κατὰ τὴν
ἐν τῷ παθητῷ γενικὴν ἁμαρτίαν διὰ τῶν παρὰ φύσιν παθῶν ἐγκεκρυμμένας τοῖς
κατὰ φύσιν πάθεσιν τὰς ἐνεργείας· δι᾽ ὧν πᾶσα πονηρὰ δύναμις ἐνήργει, κατὰ τὸ
παθητὸν τῆς φύσεως εἰς τὴν φθορὰν τῶν παρὰ φύσιν παθῶν τὴν γνώμην διὰ τῶν
κατὰ φύσιν ἐλαύνουσα". In diesem Abschnitt unterscheidet Maximus zwischen den
naturhaften Affekten (κατὰ φύσιν πάθη), die mit dem παθητόν gleichzusetzen sind,
und den naturwidrigen Affekten (παρὰ φύσιν πάθη). Die Entstehung der letzteren
hängt damit zusammen, daß sich der freie Wille (γνώμη) in die sündhafte Richtung
treiben läßt (ἐλαύνω). Die naturhaften Affekte bieten aber sozusagen einen angemessenen Boden dafür, so daß Maximus behaupten kann, daß die naturwidrige
Sünde durch (διά) diese Affekte zum Vorschein kommt, obwohl sie an sich nicht
tadelnswert ist; vgl. dazu auch ibid. 42 (S. 285, Z. 7–28).

[62] Vgl. ibid. Prol. (S. 33 u. 35, Z. 265–302). In Max. Char. II, 16 (S. 96) definiert
der Confessor das πάθος folgendermaßen: „Πάθος ἐστι κίνησις ψυχῆς παρὰ φύσιν
ἢ ἐπὶ φιλίαν ἄλογον ἢ ἐπὶ μῖσος ἄκριτον ἤ τινος ἢ διά τι τῶν αἰσθητῶν".

[63] Vgl. Max. Thal. Prol (S. 31, Z. 234–239); Max. Amb. Io. 42, 1348A.

[64] Vgl. P. Sherwood (1952) 25.

[65] Vgl. Max. Ep. 2, 397AB [ca. 626; vgl. P. Sherwood (1952) 25].

[66] Vgl. ibid.

[67] Vgl. ibid. 397C; ferner Max. Char. II, 8 (S. 92); II, 59 (S. 122); III, 7 (S. 146).
Diesem maximinischen Begriff hat I. Hausherr seine Monographie „Philautie. De

Affinität zu der begehrenden Kraft der Seele[68] und wird als die affektvolle und unvernünftige Zuneigung (φιλία) zum Leib definiert.[69] Die Eigenliebe liegt der Tyrannei (τυραννίς) zugrunde, die mit dem Eifrigen verbunden und gegen den Nächsten gerichtet ist.[70]

Das tragische Schicksal des Menschen nach dem Sündenfall vermag der Confessor mit Hilfe zweier dialektischer Begriffe, nämlich Lust (ἡδονή) und Schmerz (ὀδύνη) zu schildern.[71] Es wurde bereits angesprochen, daß der Mensch nach dem Bekenner seine noëtische Kraft, Gott zu genießen, auf das Sichtbare richtete. So verzichtete er auf den göttlichen Genuß (ἡδονή) zugunsten eines Verstricktseins im Sinnlichen, das für ihn nun zu der Quelle einer sündhaften Lust (ἡδονή) wurde, welche letztlich das Produkt seiner Eigenliebe und des Kultes seines Körpers ist.[72] Den Schmerz gleichwohl führte Gott als Strafe und pädagogisches Mittel ein, damit sich der Mensch nicht grenzenlos dem Sinnlichen hingibt.[73] So ist die Lust immer von Schmerz begleitet. Der Mensch aber versucht, um die Lust erfahren zu können und nicht in den Schmerz zu geraten, diese beiden voneinander zu trennen, was von der Natur her unmöglich ist.[74] Somit stößt er dauernd auf eine ontologische Frustration. Ein Bereich, wo diese Dialektik von Lust und Schmerz besonders augenfällig zutagetritt, ist die durch Geschlechtsverkehr stattfindende Fortpflanzung, die dafür sorgt, daß alle Nachkommen Adams an seiner Strafe und

---

la tendresse pour soi à la charité" (1952) gewidmet. Zur Vorgeschichte der φιλαυτία bei Philosophen und christlichen Denkern vor Maximus vgl. ibid. 11–42 u. L. Thunberg (1995) 231–247. Zur eventuellen Abhängigkeit des Maximus von Augustin an diesem Punkt vgl. unten Anm. 80. Die Rolle der maximinischen Eigenliebe (φιλαυτία) kann bei Gregor von Nyssa gelegentlich der Übermut (ὑπερηφάνεια) oder der Neid (φθόνος) übernehmen; vgl. Greg. Nys. Virg. IV, 2 (Z. 12f.): „ὅ (sc. der Affekt des Übermuts) δὴ μάλιστα σπέρμα τις εἰπὼν ἢ ῥίζαν πάσης τῆς κατὰ τὴν ἁμαρτίαν ἀκάνθης"; Greg. Nys. V. Mos. 409B: „φθόνος . . . ἡ τῆς κακίας ῥίζα". Nach W. Völkers Urteil findet sich bei Gregor kein systematischer Versuch, „die einzelnen Sünden aus einer gemeinsamen Wurzel abzuleiten"; vgl. W. Völker (1955) 85.

[68] Vgl. Max. Ep. 2, 397AB [ca. 626; vgl. P. Sherwood (1952) 25].

[69] Vgl. Max. Char. III, 8 (S. 146).

[70] Vgl. Max. Ep. 2, 397A [ca. 626; vgl. P. Sherwood (1952) 25].

[71] Dazu vgl. J. Pégon (1945) 36–38; Χ. Γ. Σωτηρόπουλος (1973) 531f. u. 577f.; C. Schönborn (1982) 273–284; M. Pratesi (1987) 72–90.

[72] Vgl. Max. Thal. Prol. (S. 31, Z. 240–249); 61 (S. 85, Z. 8–12). Von einem göttlichen und seligen Genuß (θεία τε καὶ μακάρια ἡδονή) weiß auch Gregor von Nyssa zu berichten; vgl. Greg. Nys. Virg. V (Z. 16f.).

[73] Vgl. Max. Thal. 61 (S. 85, Z. 16–21).

[74] Vgl. ibid. Prol. (S. 31 u. 33, Z. 249–264); 61 (S. 89 u. 91; Z. 94–100).

somit an dem nach der Ursünde herrschenden Zustand des Todes und der Vergänglichkeit Anteil haben.[75] Um den Unterschied zwischen diesem Gesetz der Fortpflanzung und dem ersten, sündenfreien Werden des Adams durch die Schöpfung zu illustrieren, greift der Kirchenvater häufig auf das Wortspiel von γέννησις (Geburt/Zeugung) und γένεσις (Werden) zurück.[76] Infolge der Übertretung also wurde der Mensch zu einer Art und Weise des Sich-Vermehrens verurteilt, welche zwar durch Lust gekennzeichnet ist,[77] aber durch den Schmerz in den Tod mündet.[78] So herrscht nach dem Bekenner die Sünde durch (κατά) die Lust und der Tod durch (κατά) den Schmerz.[79] Die die Entstehung jedes Menschen begleitende Lust wird nach dieser Logik zum Zeichen, welches das tragische Ende signalisiert.[80]

---

[75] Vgl. Max. Thal. 61 (S. 91, Z. 117–120): „πάντας τοὺς ἐξ αὐτοῦ (sc. Adam) σαρκὶ κατ᾽ αὐτὸν γεννωμένους διὰ τὴν ἐξ ἡδονῆς ἄδικον ἀρχὴν εἶχε συνυπαγομένους αὐτῷ δικαίως πρὸς τὸ διὰ πόνου κατὰ τὸν θάνατον τέλος"; ferner ibid. (S. 97, Z. 218–222); Max. Qu. d. I, 3 (S. 138): „ἡ δὲ παράβασις τῆς ἐντολῆς τὸν γάμον εἰσήγαγεν διὰ τὸ ἀνομῆσαι τὸν Ἀδάμ... πάντες οὖν οἱ ἐξ Ἀδὰμ γεννώμενοι ἐν ἀνομίαις συλλαμβάνονται, ὑποπίπτοντες τῇ τοῦ προπάτορος καταδίκῃ". Mir scheint, daß der Einfluß des Gregor von Nyssa auf Maximus angesichts der Lehre vom Sündenfall nirgendwo stärker als an diesem Punkt zu beobachten ist; vgl. Greg. Nys. Virg. XIV, 1 (Z. 3–6): „Ἡ γὰρ σωματικὴ παιδοποιία... οὐ μᾶλλον ζωῆς ἀλλὰ θανάτου τοῖς ἀνθρώποις ἀφορμὴ γίνεται· ἀπὸ γὰρ γενέσεως ἡ φθορὰ τὴν ἀρχὴν ἔχει".

[76] Vgl. z. B. Max. Amb. Io. 42, 1316f.; Max. Thal. 21 (S. 127, Z. 9–18): „ὁ πρῶτος ἄνθρωπος, ἐκ θεοῦ τὸ εἶναι λαβὼν καὶ γενόμενος κατ᾽ αὐτὴν τοῦ εἶναι τὴν γένεσιν... ὅτε δὲ τὴν ἐντολὴν παραβὰς ἥμαρτε, γέννησιν καταδικάζεται διὰ πάθους καὶ ἁμαρτίας συνισταμένην, ἐν τῷ δι᾽ αὐτὴν παθητῷ τῆς ἁμαρτίας ἐχούσης, ὡς ἐν νόμῳ, λοιπὸν κατὰ τὴν φύσιν τὴν γένεσιν· καθ᾽ ὃν οὐδείς ἐστιν ἀναμάρτητος, ὑποκείμενος φύσει τῷ νόμῳ τῆς μετὰ τὴν γένεσιν διὰ τὴν ἁμαρτίαν ἐπεισαχθείσης γεννήσεως".

[77] Vgl. Max. Thal. 61 (S. 87, Z. 36–38): „μετὰ τὴν παράβασιν πάντες ἄνθρωποι τὴν ἡδονὴν εἶχον τῆς ἰδίας φυσικῶς προκαθηγουμένην γενέσεως, καὶ οὐδεὶς ἦν τὸ σύνολον ὁ τῆς καθ᾽ ἡδονὴν ἐμπαθοῦς γενέσεως φυσικῶς ὑπάρχων ἐλεύθερος".

[78] Vgl. Max. Thal. 61 (S. 91, Z. 111–115): „Ἀδάμ... τὴν θείαν ἐντολὴν παραβάς, ἄλλην ἀρχὴν γενέσεως, ἐξ ἡδονῆς συνισταμένην, εἰς δὲ τὸν διὰ πόνου θάνατον τελευτῶσαν... παρεισήγαγε"; ferner ibid. (S. 85, Z. 17–20 u. S. 87, Z. 36–44).

[79] Vgl. Max. Thal. 61 (S. 89, Z. 90–92).

[80] Diese maximinischen Ausführungen machen die Frage unvermeidbar, ob sich der Bekenner an dem Punkt von Augustin inspirieren ließ. Die Frage nach einem augustinischen Einfluß auf den Confessor wurde zwar von den Maximusforschern nicht übersehen, sie bleibt aber nach wie vor ohne befriedigende Antwort. Bereits 1961 hatte H. U. von Balthasar (³1988) 13 den Wunsch nach einer Studie geäußert, die das mutmaßliche Verhältnis von Maximus zu Augustin klären würde. J. Pelikan (1982) 399–402 warnte vor einer vermeintlichen augustinischen Interpretation des Confessors, die von der oberflächlichen Ähnlichkeit einiger Termini ausgehen würde. Im selben Jahr griff G. C. Berthold (1982, Did Maximus) 14–17 das Thema auf

2.1.2.2. *Maximinisches Verständnis der Menschwerdung und Erlösung*

Das sich durch die Fortpflanzung in der menschlichen Natur durchsetzende Gesetz des Todes und der Neigung zur Sünde machte in den Augen des Maximus die Situation des Menschen nach dem Sündenfall hoffnungslos. Es ging um einen Teufelskreis, der sich mit menschlichen Mitteln nicht durchbrechen ließ.[81] Deshalb bedurfte es, um die Menschen davon zu befreien, eines göttlichen Eingriffs, nämlich des von dem Logos vollzogenen Heilsgeschehens. Freilich handelt es sich bei der Menschwerdung Gottes nach Ansicht des Bekenners um das Ziel, wozu alles Seiende in die Existenz gebracht wurde.[82]

---

und versuchte, Überschneidungen zwischen dem Bekenner und dem Bischof von Hippo vor allem im Bereich der Geschichtstheologie zu finden. Es bleibt jedoch dabei, daß die bisher geleistete Arbeit eine Abhängigkeit des Bekenners von Augustin nicht nachweisen konnte. Außerdem ist zu beachten, daß Maximus in seinen *offiziellen* Schriften den Autor der Confessiones nie unter seinen Quellen erwähnt. Andererseits läßt sich schwer vorstellen, daß der Confessor, der jahrelang in Nordafrika gelebt hat, die Schriften des großen afrikanischen Lehrers nicht gekannt hat, zumal Augustin auf der Lateransynode zweimal zitiert wird; vgl. Act. concil. Lat. (S. 94, Z. 27 u. S. 254, Z. 38f.); ferner Einleitung, Anm. 24 zur Rolle des Maximus bei der Abfassung der Akten dieses Konzils. Bezüglich der obigen Lehre des Bekenners vom Sündenfall muß darauf hingewiesen werden, daß die maximinische Diskreditierung der den Geschlechtsverkehr begleitenden Lust nicht besagt, daß die Ehe an sich schlecht ist. Dies hieße, daß Gott selbst als Geber der Ehe schlecht sei; vgl. Max. Amb. Io. 42, 1340B; Max. Qu. d. 27 (S. 22f.). Eigentlich kann Maximus auch die Fortpflanzung als etwas Positives betrachten; vgl. Max. Char. II, 17 (S. 98) u. 33 (S. 108). Der entscheidende Punkt liegt für ihn darin, daß die menschliche Art der Fortpflanzung durch Lust dafür verantwortlich ist, einen Zustand zu verewigen, in dem der Mensch nicht nur stirbt, sondern auch dazu neigt, Sünden zu begehen. Die Befreiung aus diesem Teufelskreis von Lust und Sünde wird erst durch Christus möglich, dessen jungfräuliche Geburt ohne Lust für Maximus eine übergeordnete Rolle spielt. Demnach ist die negative Wertung der Sexualität bei ihm aus der Perspektive des Christusgeschehens zu verstehen; vgl. dazu den Abschnitt 2.1.2.2. Darüber hinaus hat J.-C. Larchet (1996) 206f., Anm. 155 mit Recht bemerkt, daß Maximus, wie schon gesehen, zwischen der Sünde als tadelnswerter Entscheidung des freien Willens und dem nicht zu tadelnden Zustand des Todes und der Tendenz zur Sünde eine klare Grenze zieht. Daraus ergibt sich, daß die Interpretation einiger seiner Aussagen im Sinne einer augustinischen Erbsündenlehre, in der alle Menschen für die Übertretung Adams verantwortlich gemacht werden, zurückzuweisen ist; vgl. ferner J.-C. Larchet (1998, Maxime) 8 u. 120–124; (1998, Ancestral) 42–44. Vgl. auch die Ausführungen von L. Thunberg (1995) 237–247, wo der vorzügliche Maximusforscher beweist, daß der Bekenner bei seiner Lehre von der Eigenliebe (φιλαυτία) vom augustinischen Modell zugunsten der Tradition der griechischen Kirchenväter abweicht.

[81] Vgl. Max. Thal. 21 (S. 127, Z. 19–24); 61 (S. 87, Z. 36–43).

[82] Vgl. ibid. 60 (S. 75, Z. 32–36): „Τοῦτό (die ohne Veränderung geschehene Menschwerdung des Schöpfers) ἐστιν τὸ μέγα καὶ ἀπόκρυφον μυστήριον. Τοῦτό

So sehr aber Maximus dies bekräftigen kann, so sehr vermag er die soteriologische Tragweite dieses Ereignisses zu unterstreichen. Durch die ontologische und kosmologische Bedeutung des Christusgeschehens, d. h. die Vereinigung von Geschaffenem und Ungeschaffenem, Begrenztem und Unbegrenztem, Meßbarem und Unermeßlichem,[83] wird die Aussage keineswegs entkräftet, der Logos sei aus Menschenliebe Fleisch geworden,[84] um die Menschen zu retten[85] und deren Natur zu befreien.[86]

ἐστιν τὸ μακάριον, δι᾽ ὃ τὰ πάντα συνέστησαν, τέλος, Τοῦτό ἐστιν ὁ τῆς ἀρχῆς τῶν ὄντων προεπινοούμενος θεῖος σκοπός, ὃν ὁρίζοντες εἶναί φαμεν προεπινοούμενον τέλος, οὗ ἕνεκα μὲν τὰ πάντα, αὐτὸ δὲ οὐδενὸς ἕνεκεν" [für eine Übersetzung dieser Stelle vgl. den Abschnitt 3. 1. 3. 2. 1 (S. 173f.)].

[83] Vgl. Max. Thal. 60 (S. 75, Z. 49–54).

[84] Vgl. ibid. 21 (S. 129, Z. 36).

[85] Vgl. Max. Asc. (S. 5, Z. 5f.).

[86] Vgl. Max. Thal. 21 (S. 131 u. 133, Z. 103f.); ferner Max. Amb. Io. 42, 1321A u. 1348A. Es gibt bei Maximus Texte, die im Sinne einer Unabhängigkeit der Menschwerdung vom Heil interpretiert werden können. Dies ist z.B. der Fall in der teilweise in Anm. 82 zitierten Stelle von Max. Thal. 60 [vgl. auch den Abschnitt 3.1.3.2.1 (S. 173f.)], wo die Inkarnation kosmische Dimensionen erhält und als jenes μυστήριον auftritt, das keine Ursache zu haben scheint (αὐτὸ δὲ οὐδενὸς ἕνεκεν); vgl. auch Max. Thal. 22 (S. 137–147). Die Überspitzung solcher maximinischen Aussagen würde bedeuten, die Inkarnation hätte auch ohne den Sündenfall geschehen können, um die im Wollen Gottes ohnehin vorgesehene Vergottung der menschlichen Natur zu ermöglichen. Obwohl H. U. von Balthasar (³1988) 270 mit Entschiedenheit darauf hinweist, daß Maximus den scholastischen Spekulationen zu einer sündenfreien Seinsordnung fremd bleiben, vertritt er die Meinung, daß die Menschwerdung für den Bekenner nicht auf die Erlösung zielt, sondern auf die Einigung der Welt mit Gott. Dieser Deutung scheinen auch J. Huber (1859) 349, B. Geyer (1958) 129, P. Christou (1982) 268, 'A. 'Ραντοσαβλιέβιτς (1982) 193–206 u. G. Florovsky (1987) 216 u. 227 zu folgen. Dagegen hebt J.-C. Larchet (1996) 87–105 jene maximinischen Texte hervor, in denen für Adam eine Möglichkeit der Vergöttlichung vor dem Sündenfall, also unabhängig von der Menschwerdung, affirmiert wird; vgl. vor allem. Max. Amb. Io. 41, 1305B–1308B; 42, 1345D u. 1348C; ferner ibid. 7, 1097A–C; 'A. Θεοδώρου (1972) 295–340; J.-M. Garrigues (1982) 173–192. Gewiß darf die Spannung innerhalb der maximinischen Texte selbst nicht heruntergespielt werden. Mir scheint aber, daß die wenigen maximinischen Stellen, in denen sich die Menschwerdung vom soteriologischen Moment loszulösen scheint, im Sinne jener Texte interpretiert werden sollen, in denen der Zusammenhang zwischen Inkarnation und Erlösung betont wird, und nicht umgekehrt. Ansonsten würde man dem Confessor eine Inkohärenz beimessen müssen, die gerade an diesem zentralen Punkt seines Denkens nicht zu erwarten wäre. Im Sinne Larchets (1996) 99–101 sowie meiner Ausführungen im Abschnitt 1.2.2.2 (S. 63–67) stellt die Menschwerdung des Logos für Maximus den konkreten Ausgangspunkt für die Reflexion über den ewigen Ratschluß Gottes dar. Sie ist, wie sich in diesem Kapitel noch herausstellen wird, auch das konkrete Medium, wodurch die Vergöttlichung der menschlichen Natur ermöglicht wird (vgl. den Abschnitt 2.2.3). Von daher darf es nicht überraschen, daß Maximus in einigen seiner Texte die Inkarnation als

In seiner Lehre von der Menschwerdung erweist sich der Confessor bereits in seinen vor dem monotheletischen Streit verfaßten Schriften als dem chalzedonensischen Erbe treu, indem er die Vollständigkeit beider in Christus vereinigten Naturen unter anderem durch den Gebrauch der chalzedonensischen Adverbien mit Alphaprivativen hervorhebt.[87] Die Auseinandersetzung mit den Monotheleten stimulierte den Bekenner indessen dazu, seine Begrifflichkeit zu präzisieren und die chalzedonensische Christologie nun aus der Perspektive des jeder Natur innewohnenden Willens zu reflektieren und zu vertiefen.[88] Als zusammengesetzte Hypostase (ὑπόστασις σύνθετος)[89] besteht

---

ontologisches Ziel des gesamten Schöpfungsaktes betrachtet, ohne die Erlösung als solche zu betonen. Der Ausdruck αὐτὸ δὲ οὐδενὸς ἔνεκεν [es (sc. das μυστήριον der Menschwerdung) aber (ist) um keines Dinges willen] in Max. Thal. 60 dürfte das Anliegen des Bekenners widerspiegeln, daß der Menschwerdung ein freier Entschluß Gottes zugrundeliegt, daß sie also keiner Notwendigkeit entstammt.

[87] Zum Anfang des monotheletischen Streites 633 vgl. Einleitung, Anm. 19; ferner Max. Amb. Io. 42, 1320C: „πράγματι καὶ ἀληθείᾳ τὴν ἀνθρωπίνην προσλαβὼν φύσιν ἥνωσεν (sc. Gott) ἑαυτῷ καθ᾽ ὑπόστασιν ἀτρέπτως καὶ ἀναλλοιώτως καὶ ἀμειώτως καὶ ἀδιαιρέτως"; ibid. 31, 1280BC: „καὶ ἔστιν ἀληθῶς ὅλος Θεὸς ὁ αὐτός, καὶ ὅλος ἄνθρωπος ὁ αὐτός"; Max. Thal. 60 (S. 73, Z. 5–25); ibid. 61 (S. 87, Z. 62f.). Als Beleg für das chalzedonensische Anliegen bei Maximus auch in Schriften, die nach 633 entstanden sind, vgl. z.B. Max. Ep. 12, 469A–C [November-Dezember 641; vgl. P. Sherwood (1952) 45]; 15, 556AB; 565BC; 568A–C; 572BC [634–640; vgl. P. Sherwood (1952) 40].

[88] Zur Christologie des Maximus vgl. vor allem die Monographie von G. Bausenhart „In allem uns gleich außer der Sünde" (1992) und die Dissertation von M. Doucet „Dispute de Maxime le Confesseur avec Pyrrhus" (1972); ferner H. Straubinger (1906); F.-M. Léthel (1979); F. Heinzer (1980); P. Piret (1983); J.-C. Larchet (1996) 221–362. Mit der These von F.-M. Léthel, Maximus habe erst nach dem Psephos des Patriarchen Sergius von Konstantinopel 634 den menschlichen Willen des Logos entdeckt, hat sich M. Doucet in zwei Aufsätzen auseinandergesetzt und gezeigt, daß Léthels Interpretation den maximinischen Schriften nicht gerecht wird; vgl. F.-M. Léthel (1979) 60f., 64 u. 67; M. Doucet (1983) 64–76 u. (1985) 141–143; vgl. auch dazu das Urteil von W. Völker (1965) 98f.: „Aber der Kampf der letzten Jahre hat nur die theoretische Besinnung und die dogmatische Verarbeitung von Anschauungen gebracht, die Maximus immer besessen hat". Zum Verhältnis des Maximus zum sogenannten Neuchalzedonismus des 6. Jahrhunderts vgl. N. Madden (1993) 175–197; L. Thunberg (1995) 36–48; J.-C. Larchet (1996) 296–309. Über dieses Verhältnis urteilend, meint L. Thunberg (1995) 48, daß die Rezeption der neuchalzedonensischen Christologie bei dem Bekenner in voller Treue zu Chalzedon geschieht, dessen Erträge Maximus in vielerlei Hinsicht entwickelt und vertieft; vgl. ferner F. Heinzer (1980) 70–145. Zu einer jüngeren Reflexion über das Wesen des Neuchalzedonismus und dessen Verhältnis zum Monotheletismus vgl. K.-H. Uthemann (1997) 373–413.

[89] Vgl. Max. Ep. 15, 556CD; ferner ibid. 553D [634–640; vgl. P. Sherwood (1952) 40]. Durch diesen Begriff grenzt sich Maximus gegen Severus (gest. 538) ab, der Christus zu einer zusammengesetzten Natur (φύσις σύνθετος) erklärt hat. Für

der menschgewordene Logos aus zwei, in zwei Naturen und ist zwei Naturen.[90] Dessen menschliche Natur besteht aus einem Leib sowie einer rationalen und intelligiblen Seele.[91] Sie wurde von dem Logos enhypostasiert und hat nur in ihm Existenz und Beständigkeit.[92] Dank der Vereinigung und der aus ihr resultierenden gegenseitigen Durchdringung (περιχώρησις) beider Naturen wird einerseits dem Logos das Menschliche vermittelt und andererseits die Menschheit vergöttlicht, ohne ihre Eigenschaften, einschließlich der Energie (ἐνέργεια) und des Willens (θέλημα),[93] einzubüßen.[94] So kann der Bekenner sagen,

---

den Bekenner birgt die Terminologie des Severus unter anderem die Gefahr in sich, die Menschheit als eine reine Qualität (ποιότης) des Logos zu verstehen, und nicht als etwas Wirkliches (πρᾶγμα); vgl. Max. Ep. 15, 569D–572B [634–640; vgl. P. Sherwood (1952) 40]. Zur maximinischen Auseinandersetzung mit Severus vgl. J.-C. Larchet (1998, Introduction. Lettres) 8–25.

[90] Vgl. z. B. Max. Th. pol. 6, 68A u. D [640–642; vgl. P. Sherwood (1952) 44f.]; 19, 221B; 224A [ca. 642; vgl. P. Sherwood (1952) 51f.]; 15, 160C u. 169AB [646–647; vgl. P. Sherwood (1952) 55]; 9, 121A u. D [646–648; vgl. P. Sherwood (1952) 55]; ferner Max. Ep. 15, 573A [634–640; vgl. P. Sherwood (1952) 40]; Max. Pyr. 289B; vgl. dazu M. Doucet (1972) 114–120 u. P. Piret (1982) 215–222.

[91] Vgl. Max. Ep. 15, 553D [634–640; vgl. P. Sherwood (1952) 40]: „τέλειος γέγονεν (sc. der Logos) ἄνθρωπος, κατὰ πρόσληψιν δηλονότι σαρκός, ψυχὴν ἐχούσης νοεράν τε καὶ λογικήν, ἐν αὐτῷ τήν τε φύσιν λαβούσης καὶ τὴν ὑπόστασιν· τουτέστιν, τὸ εἶναί τε καὶ τὸ ὑφεστᾶναι (sic)"; ferner Max. Amb. Th. 5, 1048D; Max. Thal. 61 (S. 87, Z. 61–63).

[92] Vgl. Max. Ep. 15, 557D–560C u. ibid. 553D (zitiert in Anm. 91) [634–640; vgl. P. Sherwood (1952) 40].

[93] Vgl. Max. Th. pol. 6, 68A [640–642; vgl. P. Sherwood (1952) 44f.]; 16, 189CD [nach 643?; vgl. P. Sherwood (1952) 51]; 1, 36B [ca. 645; vgl. P. Sherwood (1952) 54].

[94] Vgl. Max. Amb. Th. 5, 1053B: „Καὶ ὑπὲρ ἄνθρωπον ἐνήργει (sc. der Logos) τὰ ἀνθρώπου, κατ᾽ ἄκραν ἕνωσιν δίχα τροπῆς συμφυεῖσαν δεικνὺς τῇ θεικῇ δυνάμει τὴν ἀνθρωπίνην ἐνέργειαν· ἐπειδὴ καὶ ἡ φύσις ἀσυγχύτως ἐνωθεῖσα τῇ φύσει δι᾽ ὅλου περικεχώρηκε, μηδὲν ἀπόλυτον παντάπασιν ἔχουσα, καὶ τῆς ἡνομένης αὐτῇ καθ᾽ ὑπόστασιν κεχωρισμένον θεότητος"; Max. Th. pol. 4, 60B [634–640; vgl. P. Sherwood (1952) 41]: „πάντα γέγονε (sc. Gott) δι᾽ ἡμᾶς, καὶ δέδρακεν ἑκουσίως ὑπὲρ ἡμῶν, μήτε τὴν ἡμετέραν οὐσίαν, μήτε τι τῶν αὐτῆς ἀδιαβλήτων καὶ φυσικῶν τὸ παράπαν ψευσάμενος· εἰ καὶ ταύτην μετ᾽ ἐκείνων ἀπάντων ἐθέωσε, πυρακτωθέντος δίκην σιδήρου, πᾶσαν θεουργὸν ἀποφήνας, ὡς διόλου κατ᾽ ἄκρον αὐτὴν περιχωρίσας διὰ τὴν ἕνωσιν· καὶ ἐν μετ᾽ αὐτῆς ἀσυγχύτως κατὰ τὴν αὐτὴν καὶ μίαν ὑπόστασιν γεγονώς"; Max. Pyr. 296D: „Πρόδηλον δὲ ὡς ἡ ἀντίδοσις ἑνὸς οὐκ ἔστιν ἀλλὰ δύο καὶ ἀνίσων, κατ᾽ ἐπαλλαγὴν τῶν φυσικῶς ἑκατέρῳ μέρει τοῦ Χριστοῦ προσόντων κατὰ τὴν ἄρρητον ἕνωσιν θατέρων πεποιημένων χωρὶς τῆς θατέρου μέρους πρὸς τὸ ἕτερον κατὰ τὸν φυσικὸν λόγον μεταβολῆς καὶ συμφύρσεως"; ferner Max. Amb. Io. 42, 1320B; Max. Ep. 19, 593A–C [633–634; vgl. P. Sherwood (1952) 37]. Mutmaßlich knüpft Maximus bei dieser Lehre von der Durchdringung, welche ja ein Charakteristikum seiner Christologie darstellt, an Gregor von Nazianz an; vgl. Greg. Naz. Ep. 101, 181C: „κιρναμένων ὥσπερ τῶν φύσεων, οὕτω δὴ καὶ τῶν κλήσεων καὶ περιχωρουσῶν εἰς ἀλλήλας τῷ λόγῳ τῆς συμφυΐας". Ferner dazu F. Heinzer (1980) 123–125; P. Piret (1983) 349–351; L. Thunberg (1995) 23–36 u. (1997) 364–372; J.-C. Larchet (1996) 333–346.

daß Christus das Göttliche leiblich bewirkt und das Leibliche göttlich.[95] Maximus folgt also bei seiner Lehre von der Vergöttlichung
der menschlichen Natur Christi dem sogenannten physischen Modell,
das ein Allgemeingut der ihm vorausgegangenen Patristik ist.[96] Die
Kreativität des Confessors kommt aber unter anderem durch die
Weise zum Vorschein, wie er der Menschwerdung terminologisch
Rechnung trägt, sowie durch seine weiteren Ausführungen zum Heilsgeschehen. Die vom Logos angenommene Menschheit entspricht in
allem dem λόγος der Natur,[97] da eine Änderung des letzteren die
Zerstörung der Natur bedeuten würde.[98] Diese Natur wurde aber
dadurch erneuert, daß der Logos die Weise (τρόπος) ihrer Entstehung
änderte.[99] Es geht hier um die jungfräuliche Geburt, welche ermöglicht, daß die von Maria genommene Menschheit die Kette der

---

[95] Vgl. Max. Ep. 19, 593A–C [633–634; vgl. P. Sherwood (1952) 37]; 15, 573B
[634–640; vgl. P. Sherwood (1952) 40]. Die verbale communicatio idiomatum, d.
h. der rein sprachliche Austausch der Eigenschaften beider Naturen, basiert also
bei dem Bekenner auf einer realen communicatio, die in einem seinshaften Austausch
besteht; vgl. dazu J.-C. Larchet (1996) 333f.

[96] Vgl. z. B. Greg. Nys. Ep. 3, 15: „ὁ ἐλλάμψας τῇ ἐσκοτισμένῃ φύσει, διὰ
παντὸς τοῦ συγκρίματος ἡμῶν τῆς θεότητος τὴν ἀκτῖνα διαγαγών, διὰ ψυχῆς λέγω
καὶ σώματος, ὅλον τὸ ἀνθρώπινον τῷ ἰδίῳ φωτὶ προσῳκείωσε τῇ πρὸς ἑαυτὸν ἀνα-
κράσει ὅπερ ἐστὶν αὐτός, κἀκεῖνο ἀπεργασάμενος‟; ferner J.-C. Larchet (1996) 287f.
Die von J.-M. Garrigues (1974, La personne) 201 vertretene Position, daß sich der
Existenzmodus der menschlichen Natur Christi nach Maximus auf einen „geschaffenen
habitus" beschränkt und somit keine wirkliche *physische* Eindringung der ungeschaffenen
Gottheit in die menschliche Natur voraussetzt, wurde von F. Brune (1978) 141–171
und J.-C. Larchet (1996) 342–346 u. 351–358 überzeugend widerlegt. Diese Auffassung
würde auf ein rein moralisches Verständnis der Vergöttlichung im Sinne einer bloßen
Begegnung von zwei Intentionen hinauslaufen; vgl. J.-M. Garrigues (1974, L'énergie) 288–290; ferner die Kritiken von C. Yannaras (1975) 232–245, M. Doucet
(1979) 269–302 u. (1985) 147–152; L. Thunberg (1995) 16f.

[97] Vgl. Max. Amb. Io. 42, 1344D: „τὸ ... μυστήριον τῆς αὐτοῦ δι᾿ ἡμᾶς ἐνανθρωπήσεως ἐπιτελέσας περὶ τὸν τρόπον, ἀλλ᾿ οὐ περὶ τὸν λόγον· τὴν φύσιν ἐκαινοτόμησε, προσλήψει σαρκὸς διὰ μέσης ψυχῆς νοερᾶς, ἀρρήτως κυηθεὶς ἄνευ σπορᾶς,
καὶ γεννηθεὶς ἀληθῶς ἄνευ φθορᾶς‟.

[98] Vgl. Max. Amb. Io. 42, 1341D: „Πᾶσα γὰρ καθόλου φάναι καινοτομία περὶ
τὸν τρόπον τοῦ καινοτομουμένου πράγματος πέφυκεν, ἀλλ᾿ οὐ περὶ τὸν λόγον τῆς
φύσεως γίνεσθαι, διόπερ ὁ μὲν λόγος καινοτομούμενος φθείρει τὴν φύσιν, οὐκ ἔχουσαν τὸν καθ᾿ ὅν ἐστι λόγον ἀραδιούργητον, ὁ δὲ τρόπος καινοτομούμενος φυλατ-
τομένου δηλαδὴ τοῦ κατὰ φύσιν λόγου θαύματος ἐνδείκνυται δύναμιν‟.

[99] Zur Unterscheidung von λόγος und τρόπος vgl. Kap. 1, Anm. 326. In Max.
Amb. Io. 42, 1344D (zitiert in Anm. 97) wird klar, daß der neue τρόπος (Art und
Weise), den Christus durch seine Geburt inauguriert, eine Erneuerung der Natur
(φύσις) bewirkt. Der τρόπος hier ist die neue Art und Weise, wie die menschliche
Natur Christi im Unterschied zur normalen menschlichen Fortpflanzung ins Dasein
tritt. Von daher ist die Interpretation des τρόπος bei A. Riou und J.-M. Garrigues
als einer rein hypostatischen Kategorie eine Entstellung der maximinischen Position;
zu den Stellen bei Riou und Garrigues vgl. Kap. 1, Anm. 326.

durch Lust stattfindenden Fortpflanzung unterbricht.[100] Dies hat für Maximus eine übergeordnete funktionale Bedeutung, weil seiner Auffassung nach die Abschaffung des Teufelskreises von Lust und dem durch sie hervorgerufenen Schmerz nur durch Schmerzen verwirklicht werden kann, die nicht aus Lust resultieren.[101] Wie beim Urvater unterscheidet der Confessor auch im Fall Christi zwischen Werden (γένεσις) und Geburt (γέννησις). Durch das Werden nimmt der Logos die Sündlosigkeit (ἀναμάρτητον) ohne die Adam vor der Sünde kennzeichnende Unvergänglichkeit (ἀφθαρσία) an, durch die Geburt aber das παθητόν ohne Sünde (ἁμαρτία).[102] Demnach läßt sich der menschgewordene Logos auf jene Leidensfähigkeit und Verletzlichkeit der Natur ein, die der Bekenner mit dem Begriff παθητόν ausdrückt. Diese Übernahme des παθητόν seitens des Logos erfolgt indessen ohne jegliche Neigung zur Sünde, da er das Menschliche auf göttliche Weise vollzieht. Als Mensch ist er aber den Versuchungen der feindlichen Mächte ausgesetzt, denen er dank der Stabilität seines vergöttlichten freien Willens[103] nicht erliegt, sondern vielmehr

---

[100] Vgl. Max. Thal. 61 (S. 87 u. 89, Z. 61–66). Der Gedanke scheint auf Gregor von Nyssa zurückzugehen; vgl. Greg. Nys. Virg. XIV, 1 (Z. 16f.): „Ἐν τούτῳ (sc. der jungfräuliche Leib) γὰρ διεκόπη τὸ συνεχὲς τῆς τοῦ φθείρεσθαι καὶ ἀποθνήσκειν ἀκολουθίας".

[101] Vgl. Max. Thal. 61 (S. 87, Z. 44–53); ferner dazu R. Schwager (1989) 47.

[102] Vgl. Max. Thal. 21 (S. 129, Z. 36–42); ferner Max. Amb. Io. 42, 1316D–1317C.

[103] Vgl. Max. Th. pol. 7, 80D [ca. 642; vgl. P. Sherwood (1952) 51]: „Ὅτι δὲ πάλιν τεθέωτο (sc. der Logos seinen menschlichen Willen), πρὸς αὐτὸ τὸ θεῖον θέλημα συννεύων, ἐξ αὐτοῦ καὶ κατ᾽ αὐτὸ κινούμενον ἀεὶ καὶ τυπούμενον"; ibid. 81D; 4, 60C [634–640; vgl. P. Sherwood (1952) 41]: „τὸ θέλειν αὐτοῦ (sc. der Logos) κυρίως μὲν ὂν φυσικὸν καθ᾽ ἡμᾶς, τυπούμενον δὲ θεϊκῶς ὑπὲρ ἡμᾶς". Die Vergöttlichung des menschlichen Willens Christi besagt nicht, wie R. Schwager (1983) 38–44 urteilt, daß Christus in seiner menschlichen Natur unfrei war. M. Doucet (1983) 78 bemerkt mit Recht, daß es im 7. Jahrhundert nicht um die menschliche Freiheit Jesu ging, sondern um die Existenz einer menschlichen Fähigkeit zum Wollen bei ihm. Eine Freiheit im Sinne einer Fähigkeit zur Selbstbestimmung (αὐτεξούσιον) in Christus als Mensch scheint aber für Maximus in dem Maße eine Selbstverständlichkeit zu sein, als er auf diese Fähigkeit verweist, um die Existenz eines menschlichen Wollens in Christus zu beweisen; vgl. Max. Pyr. 301C u. 304C. Das, was der Bekenner Christus verweigert, ist das *deliberative* Entscheiden, welches Unwissenheit, Zweifeln und Zögern voraussetzt; vgl. Max. Pyr. 308D–309A; Max. Th. pol. 1, 32AB [645–646; vgl. P. Sherwood (1952) 53–55]. Dabei handelt es sich, gerade im moralischen Sinne, um ein Element, das zur Sünde führen kann und daher Christus, dessen vergöttlichter Wille im Guten stabil war, abgesprochen werden muß. Daß die menschliche Natur Christi aber freiwillig dem göttlichen Willen folgte, ergibt sich beispielsweise aus der maximinischen Analyse der Gethsemaneperikope; vgl. Max. Th. pol. 6, 68A [zitiert, übersetzt u. kommentiert im Abschnitt 3. 3. 2; 640–642; vgl. P. Sherwood (1952) 44f.]: „Εἰ δὲ μὴ τοῦ καθ᾽ ἡμᾶς, ἀλλὰ

durch seinen Widerstand jenen Teil des menschlichen παθητόν heilt, der der Lust gegenüber anfällig ist.[104] Das letzte Stadium der göttlichen Kenosis ist jener heftigste und tiefste Ausdruck des παθητόν, nämlich der Tod, durch den die Sünde über alle Nachkommen Adams geherrscht hat und der mit dem zweiten Moment des oben erwähnten Teufelskreises, d. h. mit dem Schmerz, stark verbunden ist.[105] Durch seinen Tod am Kreuz beseitigt Christus jenes Prinzip des Sündigens, welches die Menschen generationenlang geplagt hat, und heilt den zweiten Teil des παθητόν, nämlich den Schmerz, mit dem Tod als dessen höchste Ausformung.[106] Die Schmerzen und der Tod des Logos sind heilschaffend, weil sie weder durch die Lust der

---

τοῦ κατὰ τὸν Σωτῆρα νοουμένου ἀνθρώπου λαμβάνῃς τό, Οὐχ ὃ ἐγὼ θέλω, ἀλλὰ τὸ σὸν ἰσχυέτω θέλημα, τὴν ἄκραν τοῦ ἀνθρωπικοῦ πρὸς τὸ θεῖον αὐτοῦ θέλημα καὶ πατρικὸν ὡμολόγησας σύννευσιν"; Max. Th. pol. 7, 81D [ca. 642; vgl. P. Sherwood (1952) 51]; 20, 241C [ca. 640; vgl. P. Sherwood (1952) 41f.]. Auch die Behauptung von B. Studer (1982) 246, die Frage, „wie das Schwanken und Zögern des menschlichen Wollens durch die göttliche Hypostase aufgehoben wird", bleibe beim Bekenner unbeantwortet [vgl. auch F. Heinzer (1981) 385–392], trifft nicht zu. Denn der Bekenner spricht in Max. Th. pol. 20, 237BC [ca. 640; vgl. P. Sherwood (1952) 41f.] zwei Arten von Affekten an, die der Strafe (ἐπιτιμία) und die der Schande (ἀτιμία). Während der Heiland die ersteren wesenhaft (οὐσιωδῶς) auf sich nahm, eignete er sich die letzteren, wie ein Arzt die Leiden seiner Patienten, nur um der Heilsordnung willen (οἰκονομικῶς) an. Nun aber dürfte mit den Affekten der Strafe die nicht zu tadelnden Sünden gemeint sein; vgl. Max. Th. pol. 19, 220C [ca. 642; vgl. P. Sherwood (1952) 51f.], wo der Confessor diese Affekte der Strafe auflistet [das Schlafen (ὑπνόω), das Hungern (πεινάω), das Dürsten (διψάω), das Weinen (δακρύω) usw.] und ihnen das Sich-Ängstigen (ἀγωνιάω) und die Neigung, dem Tod zu entgehen (ὑποδύομαι), zurechnet. Es liegt also nahe, daß mit den Affekten der Schande jene gemeint sind, die, wie etwa die Unwissenheit und das Gefühl des Verlassenseins (vgl. Max. Th. pol. 19, 221B), zur Sünde führen können, keine Sünde aber im eigentlichen Sinn sind; vgl. Max. Th. pol. 1, 29D–32A [645–646; vgl. P. Sherwood (1952) 53–55]: „ἡμῖν γέγονεν ἄνθρωπος ὁ ποιητὴς τῶν ἀνθρώπων, ἡμῖν δηλονότι καὶ τὴν ἀτρεψίαν κατώρθωσε τῆς προαιρέσεως, ὡς ἀτρεψίας δημιουργός· τὰ μὲν τῆς ἡμῶν ἐπιτιμίας δι' αὐτῆς τῆς πείρας, οὐσιωδῶς κατ' ἐξουσίαν πάθη δεχόμενος. τὰ (sic) δὲ τῆς ἀτιμίας, κατ' οἰκείωσιν φιλανθρώπως ἀναδεχόμενος· ὧν τὴν μὲν οἰκείωσιν, τῆς προαιρετικῆς ἀπαθείας αἰτίαν τῷ γένει πεποίηται· τὴν δὲ πεῖραν, τῆς ἑπομένης φυσικῆς ἀφθαρσίας πιστὸν ἀρραβῶνα δεδώρηται". Diese Affekte der Schande brauchte Jesus dem Bekenner gemäß nicht wesenhaft zu haben, weil sie nicht zur eigentlichen Natur des Menschen gehören; vgl. Max. Th. pol. 20, 237A [ca. 640; vgl. P. Sherwood (1952) 41f.]; zur gesamten Problematik vgl. ferner J.-C. Larchet (1998, Introduction. Opuscules) 68–73. Treffen diese Beobachtungen zu, so darf man dem Confessor nicht unterstellen, er habe sich mit dem von B. Studer angesprochenen Problem gar nicht auseinandergesetzt, auch wenn man mit der Lösung des Kirchenvaters nicht unbedingt zufrieden sein muß.

[104] Vgl. Max. Thal. 21 (S. 129, Z. 42–65).
[105] Vgl. ibid. (S. 131, Z. 72–85).
[106] Vgl. ibid. (S. 131, Z. 72–85) u. 61 (S. 91, Z. 113f.).

Fortpflanzung hervorgerufen sind (ἀναίτιος) noch als gerechte Strafe
eines sündhaften Lebens gelten (ἄδικος).[107] Indem sich der Herr also
auf das παθητόν der Natur, einschließlich der Vergänglichkeit und
des Todes, einließ, ohne daß es eine der Fortpflanzung durch Lust
entstammende Macht über ihn hatte, erneuerte er die Natur dadurch,
daß er den Gebrauch des Todes änderte. Statt Verurteilung der Natur
zu sein, ist der Tod in Jesus zur Verurteilung der Sünde geworden.[108] Der aus dem Tod auferstandene Christus ist der neue Adam,[109]
das neue Prinzip, in dem Schmerzen und Tod nicht aus Lust und
Sünde herrühren, sondern zum Sieg über die Schmerzen und den
Tod werden.[110] Dieses durch Christus vollzogene Heil versteht der
Confessor in dem *Liber asceticus*[111] als eine Verwirklichung des Liebes-
gebotes zu Gott und zum Nächsten, das Adam nicht zu befolgen
vermochte und dem der Herr als Mensch bis zum Tode treu blieb.[112]
Hierbei geht es um eine vereinigende ἀγάπη, die den absoluten
Gegensatz jener Eigenliebe (φιλαυτία), der Quelle aller Affekte, bildet.[113] Durch sein Heilswerk erweist sich der Gottmensch außerdem
als derjenige, welcher anstelle des Urahnen die unterschiedlichsten
Elemente des Kosmos, nämlich Mann und Frau, *Ökumene* und Paradies,
Erde und Himmel, sinnlich Wahrnehmbares und Intelligibles, zusammenbringt und die Menschheit mit Gott vereinigt.[114] Das letzte Ziel
der Heilsordnung hat somit weitere kosmologische Implikationen, da
es nicht weniger ist als die nun durch Christus ermöglichte unvermischte Durchdringung von Schöpfer und Geschöpf.

2.1.3. *Ekklesiologische Grundlage: Kirche als Ort der mystischen Erfahrung*

Das von Christus vollbrachte Heil betrifft zwar insofern das gesamte
menschliche Geschlecht, als der Heiland durch den von ihm genom-
menen Leib mit allen Menschen verbunden ist. Der Confessor betont

---

[107] Vgl. ibid. 61 (S. 87, Z. 51–53).
[108] Vgl. ibid. (S. 95, Z. 183–191).
[109] Vgl. Max. Amb. 42, 1317A.
[110] Vgl. Max. Thal. 64 (S. 195 u. 197, Z. 154f.).
[111] Vgl. dazu Einleitung, II. D.
[112] Vgl. Max. Asc. (S. 23–31; Z. 174–251).
[113] Vgl. Max. Ep. 2, 397B–400B [ca. 626; vgl. P. Sherwood (1952) 25].
[114] Vgl. Max. Amb. Io. 41, 1312C–1313B; ferner Max. Thal. 48 (S. 333 u. 335,
Z. 65–81).

aber, daß jeder Mensch auf persönliche Art und Weise aufgerufen ist, sich dieses Heil anzueignen, und daß diese Teilnahme am Heilsgeschehen die Annahme und Mitwirkung des individuellen freien Willens voraussetzt.[115] Dies entspricht den ontologischen Ausführungen des Bekenners, die im ersten Kapitel dieser Arbeit begegnet sind und in denen Maximus die Bewegung des Geschöpfes zum λόγος hin von der freien Akzeptanz der Rationalen abhängig macht. Nun aber ist die Kirche der Ort schlechthin, wo sich der Mensch in das μυστήριον Christi hineinbegeben und das vom letzteren realisierte Heil empfangen kann.

Im ersten Kapitel seiner *Mystagogia*[116] stellt der Confessor eine Parallele zwischen Gott und Kirche her. Als Abbild Gottes, welcher als Prinzip und Ursache alles von ihm Erschaffene zur Einigung und Harmonie bringt, hat die Kirche eine vereinigende Energie, indem sie Männer, Frauen und Kinder verschiedener Nationen, Sprachen, Meinungen usw. zusammenbringt und zur Einigung führt. Dies geschieht dadurch, daß diese Menschen von der Kirche durch den Geist neu geboren und erschaffen werden. Diesen Menschen gewährt die Kirche eine göttliche Form (μορφή) und einen göttlichen Namen (προσηγορία), so daß sie sich trotz ihrer zahlreichen Unterschiede dank der Gnade und Kraft des Glaubens als verbunden und vereinigt erweisen. Daß diese Einheit in Christus verwurzelt ist, bringt der Bekenner unter anderem dadurch zur Sprache, daß er auf das paulinische Bild des Leibes mit Christus als Haupt rekurriert (vgl. z. B. 1 Kor 12, 12–31), mit Hilfe dessen im *Ambiguum ad Ioannem* 7 die Lehre von den λόγοι christologisch interpretiert wurde.[117] Auch das Bild des Kreises, das in dem selben Ambiguum zur Veranschaulichung des Verhältnisses von göttlichem Logos und λόγοι diente,[118] wird hier aufgegriffen, um dem Rechnung zu tragen, daß Christus wie das Zentrum eines Zirkels im Verhältnis zu den Radien alles kontrolliert und zu sich führt.[119]

---

[115] Vgl. Max. Thal. 61 (S. 97 u. 99, Z. 216–260).
[116] Zur Mystagogia des Maximus vgl. vor allem die exzellente Studie von R. Bornert (1966) 83–124; ferner ders. (1967) 323–327; I.-H. Dalmais (1962, Place) 277–283; (1972) 55–62; (1975) 145–153; (1980, L'église) 107–117; J. Stead (1974) 233–238 u. (1982) 5–56; E. Braniste (1980) 67–79; G. D. Dragas (1985) 385–403; V. M. Zhivov (1987) 349–376; V. Dupont (1991) 363–388.
[117] Vgl. den Abschnitt 1. 2. 2. 2 (S. 63–67).
[118] Vgl. den Abschnitt 1. 2. 2. 2 (S. 70–72).
[119] Vgl. Max. Myst. 1 (S. 197–200; PG 91, 664D–668C).

In diesem Passus aus der *Mystagogia*, von welchem einige wichtige
Aspekte kurz dargestellt wurden, basiert die alle Unterschiede überwindende Zugehörigkeit zur Kirche auf der durch den Geist vollzogenen neuen Geburt. Dabei handelt es sich unmißverständlich um
die Taufe, welche in den Augen des Bekenners jedem einzelnen
Menschen die Früchte des Heiles Christi vermittelt.[120] In voller Treue
zu den johanneischen Intuitionen (vgl. Joh 1, 12f.; 3, 8) wird dem
Menschen in der Taufe nach Maximus eine geistliche (κατὰ πνεῦμα)
Geburt geschenkt,[121] die ihn von der leiblichen, durch Lust geprägten Geburt befreit.[122] Auf diese Art und Weise erhält der getaufte
Mensch eine aus Gott entspringende Sohnschaft (υἱοθεσία),[123] die der
des Leibes und des Blutes zuwiderläuft,[124] so daß er jenes Gesetz der
Sünde und des Todes, das über ihn bis zur Taufe geherrscht hat,
überwinden kann. Dies besagt natürlich nicht, daß der Getaufte nicht
mehr stirbt, sondern daß der Gebrauch des Todes bei ihm, genauso
wie bei Christus, zur Verurteilung der Sünde wird.[125] Indessen verwahrt sich der Confessor sozusagen gegen jeden übernatürlichen
Automatismus, indem er betont, daß die Taufe bewahrt werden soll,
d. h. daß deren Gnade nur dann wirken kann, wenn der Getaufte
seine Akzeptanz durch die Befolgung der Gebote zum Ausdruck
bringt.[126] Dies impliziert keinen Pelagianismus, weil der Mensch diese
Gnade weder mit eigener Kraft verdient noch dazu fähig ist, sich
selbst zu erlösen bzw. auf eigene Faust zu Gott zu gelangen.[127] Die
obige Analyse zum maximinischen Verständnis des Christusgeschehens[128] zeigte, daß das Heil für den Bekenner aus göttlicher Menschenliebe hervorgeht und keine Antwort auf menschliches Tun ist.

---

[120] Vgl. Max. Thal. 61 (S. 99, Z. 237–239), wo Maximus zwischen dem Heil,
das durch die Menschwerdung auf der Ebene der Natur generell (γενικῶς) geschieht, und der Gnade der Sohnschaft, die jeder Mensch im einzelnen (ἰδικῶς)
durch die Taufe erhält, unterscheidet. Zur Taufe im maximinischen Denken vgl.
vor allem P. Sherwood (1955, Introduction) 77–79; W. Völker (1965) 143–146;
J.-C. Larchet (1991, Le baptême) 51–70 u. (1996) 409–424.
[121] Vgl. Max. Amb. Io. 42, 1348CD.
[122] Vgl. Max. Thal. 61 (S. 97–101, Z. 216–297).
[123] Vgl. Max. Amb. Io. 42, 1348B; Max. Thal. 6 (S. 69, Z. 10); 61 (S. 99,
Z. 240f.).
[124] Vgl. Max. Amb. Io. 42, 1348CD.
[125] Vgl. Max. Thal. 61 (S. 97 u. 99, Z. 216–260).
[126] Vgl. ibid; ferner ibid. 6 (S. 69–71).
[127] So J.-C. Larchet (1991, Le baptême) 70.
[128] Vgl. den Abschnitt 2. 1. 2. 2.

Zudem betont der Confessor, daß die bei der Taufe empfangene Gnade vollständig ist[129] und es nichts Größeres als sie gibt,[130] und schreibt Gott jeden Schritt auf dem Weg der Tugendentfaltung bis zur Vergöttlichung zu.[131] Indem aber das geschenkte Heil vom Menschen angenommen wird, ohne zu einem verfügbaren Besitz zu werden, erwirbt die dem Getauften gewährte, potentielle Gnade (δυνάμει) einen Existenzmodus in actu (κατ᾽ ἐνέργειαν), dessen Gipfel die Vergottung ist, die den höchsten Ausdruck jener am Anfang bei der Taufe gegebenen Gottessohnschaft darstellt.[132] In anderer Hinsicht hebt der Confessor in den meisten seiner Stellen, wo auf die Taufe eingegangen wird, die Rolle des Heiligen Geistes hervor. Die Taufe bzw. die aus ihr resultierenden Charismata sind im Geist (ἐν πνεύματι), durch den Geist (διὰ πνεύματος) und ihm gemäß (κατὰ πνεῦμα).[133] In dem *Caput theologicum et œconomicum* II, 63 bezieht der Confessor die Elemente Wasser, Geist, Feuer und heiligen Geist auf vier Wirkungen des Heiligen Geistes: Als Wasser reinigt er die Befleckungen des Leibes, als Geist bewirkt er die Güter der Tugend (ἀρετή), als Feuer reinigt er die Flecken der Seele und als heiliger Geist gewährt er Weisheit und Erkenntnis.[134] Faßt der Bekenner die Taufe also als jenes Sakrament auf, durch das dem Menschen das Heil Christi vermittelt wird und dessen Gnade im Herzen des Getauften wohnt,[135] so ist doch die Taufe nicht weniger das Sakrament des Heiligen Geistes, der als Schöpfer (δημιουργικός) jener Gnade der Gottessohnschaft fungiert.[136]

Zur Eucharistie ist der Quellenbestand der maximinischen Schriften so dürftig, daß W. Völker die erheblichen Schwierigkeiten signalisiert, wenn es darum geht, die Abendmahlslehre des Bekenners zu

---

[129] Vgl. Max. Thal. 6 (S. 69, Z. 1–3).
[130] Vgl. Max. Char. IV, 77 (S. 228).
[131] Vgl. z. B. Max. Thal. 6 (S. 69–71), wo die Reinigung des Gewissens, der Aufstieg von der Erde zum Himmel, die Unveränderlichkeit im Guten und die Vergöttlichung als Wirkungen des Heiligen Geistes im Menschen betrachtet werden. Im 1. Kapitel dieser Arbeit [vgl. den Abschnitt 1. 2. 2. 1 (S. 56)] wurde erwähnt, daß sogar das Stadium des εὖ εἶναι, das Maximus vom freien Willen des Menschen abhängig macht, als Geschenk Gottes gilt, da der letztere zu dessen Gewährer erklärt wird.
[132] Vgl. Max. Thal. 6 (S. 69–71).
[133] Vgl. Max. Amb. Io. 42, 1348CD; Max. Myst. 24 (S. 251, Z. 195f.; PG 91, 712B); Max. Thal. 61 (S. 99, Z. 242); Max. Th. ec. II, 87, 1120B.
[134] Vgl. Max. Th. ec. II, 63, 1152CD; ferner Max. Qu. d. 4 (S. 4f.).
[135] Vgl. Max. Char. IV, 77 (S. 228).
[136] Vgl. Max. Thal. 15 (S. 103, Z. 34f.).

rekonstruieren, und sich darauf beschränkt, auf die „spiritualistische
Auslegung der Eucharistie" bei Maximus aufmerksam zu machen.[137]
Dieses Problem wird noch dadurch erschwert, daß der Confessor
in der *Mystagogia*, seinem Kommentar zur göttlichen Liturgie, das
Anaphoragebet ohne jegliche Deutung läßt.[138] In einer tiefergehenden Untersuchung weist L. Thunberg darauf hin, daß der Bekenner
die Eucharistie als jenes Sakrament betrachtet, das die Vergöttlichung
vermittelt,[139] und schließt daraus auf eine inkarnatorische Perspektive[140]
dieses Sakraments bei Maximus. Wird man angesichts der Frage

---

[137] Vgl. W. Völker (1965) 472. Trotz der Spärlichkeit des Beweismaterials meinte
C. G. Steitz (1866) 229–238 ausmachen zu können, daß Maximus in seiner
Eucharistielehre der alexandrinischen Tradition folgt, d. h. daß er das Abendmahl
nur symbolisch versteht. W. Lampen (1925/1926) 373–382 vertritt die entgegenge-
setzte Ansicht. Während H. U. von Balthasar (³1988) 316 u. 364f. kein deutliches
Urteil zu fällen scheint, geht P. Sherwood (1955, Introduction) 79–81 von einer
realistischen Eucharistieauffassung bei Maximus aus, ohne jedoch das Bedürfnis zu
empfinden, dies großartig belegen zu müssen. Ein Fortschritt in der Diskussion läßt
sich bei R. Bornert (1966) 117f. beobachten, der zwei Textgruppen bei dem Bekenner
unterscheidet, von denen die erste eine symbolische Konzeption der Eucharistie
nahelegt [vgl. z. B. Max. Qu. d. 13 (S. 10f.)], während die zweite eher in eine rea-
listische Richtung gedeutet werden kann [vgl. Max. Myst. 21 (S. 235f., Z. 11–18;
PG 91, 697A); ibid. 24 (S. 244f., Z. 50–67; PG 91, 704D–705A)]. Die 1989 erschienene Dissertation von N. Λουδοβίκος zur eucharistischen Ontologie des Bekenners – indem sie von der Prämisse auszugehen scheint, daß *fast alles* bei Maximus
eucharistisch interpretiert werden kann – scheint mir dieser Debatte nicht gerecht
zu werden.
[138] Daß Maximus selbst auf den Liturgiekommentar des Pseudo-Dionys in Dion.
Eccl. hier. verweist [vgl. Max. Myst. Prol. (S. 193f., Z. 55–75; PG 91, 660D–661B)],
wurde als unzureichend empfunden, um dieses Schweigen zu erklären. Deshalb
wurde über eine Arkandisziplin bei dem Bekenner spekuliert, da er ein bloßer
Mönch ohne jegliche priesterliche Weihe gewesen war; vgl. R. Bornert (1966) 107;
H. U. von Balthasar (³1988) 364; A. Riou (1973) 165, Anm. 37. R. Bornert (1966)
107f. u. H. U. von Balthasar (³1988) 364f. stellen weiterhin die Frage, ob Maximus
nicht das Anaphoragebet vielleicht stillschweigend übergeht, um zu vermeiden, es
in der Linie seiner Mystagogia allegorisierend zu deuten. Erwähnenswert in dieser
Hinsicht ist auch der Erklärungsversuch von V. M. Zhivov (1987) 360, Anm. 10,
der meint, Maximus wolle in seiner Mystagogia die Liturgie als eine Vergöttlichungs-
dynamik beschreiben. Da sich das Anaphoragebet jedoch auf die Dynamik des
Sakraments als solches, d. h. auf die Wandlung, und nicht auf die Vergöttlichung
beziehe, beschränke sich der Bekenner darauf, die Kommunion zu kommentieren.
[139] Vgl. L. Thunberg (1982) 303–308; die hier angesprochene Studie wurde in
L. Thunberg (1985) 149–173 mit leichten Modifikationen wieder veröffentlicht. Vgl.
ferner J.-C. Larchet (1996) 426–432; Max. Myst. 21 (S. 235f., Z. 11–18; PG 91,
697A); ibid. 24 (S. 244f., Z. 50–67; PG 91, 704D–705A): „Διὰ δὲ τῆς ἁγίας
μεταλύψεως τῶν ἀχράντων καὶ ζωοποιῶν μυστηρίων τὴν πρὸς αὐτὸν (sc. Gott) κατὰ
μέθεξιν ἐνδεχομένην δι' ὁμοιότητος κοινωνίαν τε καὶ ταυτότητα (sic), δι' ἧς γενέσθαι
θεὸς ἐξ ἀνθρώπου καταξιοῦται ὁ ἄνθρωπος".
[140] Vgl. L. Thunberg (1982) 308.

nach dem Abendmahl beim Confessor immer mit der Schwierigkeit konfrontiert bleiben, daß dessen Ausführungen dazu dürftig sind, so ist meines Erachtens den Folgerungen Thunbergs insofern zuzustimmen, als sie aus einer präzisen Ergründung der eucharistischen Stellen des Kirchenvaters resultieren und der Gesamtperspektive des maximinischen Denkens entsprechen.

2.2. Stufen des mystischen Aufstiegs

Nach der obigen Erörterung der psychologischen, soteriologischen und ekklesiologischen Grundlagen des mystischen Aufstiegs bei Maximus Confessor soll sich die folgende Behandlung auf die Stufen dieses Aufstiegs als solche konzentrieren.[141] Zunächst aber seien zwei einleitende Bemerkungen vorausgeschickt. Erstens gebraucht der Bekenner keine einheitliche Begrifflichkeit, um über die Stufen des mystischen Aufstiegs Rechenschaft abzulegen. Öfters begnügt er sich mit der traditionellen Dyade von vita practica und vita contemplativa, der bei ihm vor allem durch das Wortpaar πρᾶξις-θεωρία[142] bzw. ἀρετή-γνῶσις[143] Ausdruck gegeben wird.[144] Am prägendsten bleibt aber für

---

[141] Die Doktorarbeit von Σ. Σταυρίδης „Ἡ ὁδὸς πρὸς τὸν Θεὸν ἢ περὶ τοῦ τέλους τοῦ ἀνθρώπου κατὰ Μάξιμον τὸν Ὁμολογητήν" (1894) beschränkt sich darauf, auf Grundlage von maximinischen Zitaten einige Gedanken des Confessors zu paraphrasieren. Sie entbehrt aber jeglicher strengen Wissenschaftlichkeit und gilt für W. Völker (1965) 12, Anm. 3 als „ganz unzureichend". Für eine junge Studie zum mystischen Aufstieg bei Maximus vgl. P. Argárate (1997) 107–130.

[142] Vgl. z. B. Max. Amb. Io. 10, 1145D u. 1152A; Max. Ep. 19, 592B [633–634; vgl. P. Sherwood (1952) 37]; Max. Thal. 3 (S. 55, Z. 23f.); ibid. 63 (S. 169, Z. 372); Max. Th. ec. II, 87, 1165BC; Max. Th. pol. 4, 57B [634–640; vgl. P. Sherwood (1952) 41]; ibid. 1, 12A [645–646; vgl. P. Sherwood (1952) 53–55]; ibid. 15, 156A [646–647; vgl. P. Sherwood (1952) 55]; ferner Max. Amb. Io. 6, 1068C.

[143] Vgl. z. B. Max. Amb. Io. Prol. 1064C; 10, 1136D u. 1152A; Max. Thal. Prol. (S. 17, Z. 3–5; S. 19, Z. 27; S. 21, Z. 85; S. 23, Z. 104); ibid. 3 (S. 57, Z. 52f.); Max. Th. ec. I, 78, 1112C; I, 80, 1113B; II, 100, 1172D; Max. Ep. 19, 597A [633–634; vgl. P. Sherwood (1952) 37]; Max. Ep. 1, 388C [642; vgl. P. Sherwood (1952) 49]; Max. Ep. 38, 632D [?; vgl. P. Sherwood (1952) 43]; Max. Th. pol. 7, 72A [ca. 642; vgl. P. Sherwood (1952) 51].

[144] Dazu vgl. W. Völker (1965) 232–236. Zu anderen Bezeichnungen dieser Zweiteilung vgl. Max. Thal. 3 (S. 55, Z. 18–20) u. ibid. 24 (S. 157, Z. 12), wo jeweils die Paare πρακτικὴ φιλοσοφία-θεωρητικὴ μυσταγωγία und πρακτικὴ φιλοσοφία-φυσικὴ φυσικὴ ἐν πνεύματι θεωρία anzutreffen sind; ferner Max. Char. II, 95 (S. 140); J. Loosen (1941) 9; W. Völker (1965) 236–248, der die maximinische, sich auf die vita contemplativa beziehende Terminologie untersucht und auf deren fluktuierenden Charakter schließt.

den Confessor die Aufteilung des mystischen Weges in drei Stadien, nämlich πρᾶξις, φυσικὴ θεωρία und θεολογία.[145] Hochbedeutsam in dieser Hinsicht ist dennoch die Tatsache, daß der Bekenner die Zusammengehörigkeit von der vita practica und vita contemplativa akzentuiert[146] und sich dadurch gezielt von Evagrius Ponticus absetzt, welcher die πρᾶξις als eine bloße und zu überwindende Voraussetzung für die θεωρία ansieht.[147] Zweitens erklärt Maximus die Liebe (ἀγάπη) zur Muttertugend, die alle anderen Tugenden zusammenfaßt,[148] den

---

[145] Vgl. z. B. Max. Thal. 5 (S. 67, Z. 40–44). Zur Vorgeschichte dieser dreigliedrigen Aufteilung bei Klemens, Origenes und Gregor von Nyssa vgl. L. Thunberg (1995) 333f.; ferner W. Völker (1965) 290–296. Maximus scheint aber direkt an Evagrius Ponticus anzuknüpfen; vgl. M. Viller (1930) 164–166; L. Thunberg (1995) 334f.; Evagr. Pract. 1: „Χριστιανισμός ἐστι δόγμα τοῦ Σωτῆρος ἡμῶν Χριστοῦ ἐκ πρακτικῆς καὶ φυσικῆς καὶ θεολογικῆς συνεστός"; Evagr. Schol. Prov. 2: „Βασιλεία Ἰσραήλ ἐστιν γνῶσις πνευματικὴ . . . τὴν περὶ ἠθικῆς καὶ φυσικῆς καὶ θεολογικῆς ἀποκαλύπτουσα θεωρίαν". Hier auch ist die maximinische Terminologie alles andere als einheitlich. Die Dreiteilung ἠθικὴ φιλοσοφία, φυσικὴ θεωρία, μυστικὴ θεολογία begegnet beispielsweise in Max. Myst. 4 (S. 205, Z. 10–13; PG 91, 672B). In Max. Thal. 5 (S. 67, Z. 29–39) ist die Rede von πρακτικὴ φιλοσοφία, φυσικὴ θεωρία, θεολογία, in ibid. 27 (S. 195, Z. 71f.), Max. Th. ec. I, 36, 1097B u. II, 96, 1172A von πρακτικὴ φιλοσοφία, φυσικὴ φιλοσοφία, θεολογικὴ φιλοσοφία [vgl. auch Max. Amb. Io. 50, 1369C; Max. Thal. 27 (S. 195, Z. 71f.); in Max. Amb. Io. 10, 1129A wird ἠθική statt πρακτική benutzt]. In Max. Thal. 27 (S. 195, Z. 86–91) kommt auch die Triade ἀρετή, φυσικὴ θεωρία, ἀληθὴς θεολογία vor. Zur Triade ἀρετή, γνῶσις, θεολογία vgl. ibid. 35 (S. 239, Z. 25f.) u. Max. Th. ec. II, 16, 1132C; ferner J. Loosen (1941) 8–10, der auch andere, bei Maximus seltener begegnende Aufteilungen in Betracht zieht.

[146] Vgl. z. B. Max. Thal. 58 (S. 31, Z. 64–69): „φημὶ δὲ τὴν πρᾶξιν καὶ τὴν θεωρίαν ἀλλήλαις συνεχομένας καὶ μηδεμίαν τῆς ἑτέρας διεζευγμένην, ἀλλὰ τὴν μὲν πρᾶξιν τῆς θεωρίας τὴν γνῶσιν διὰ τῶν τρόπων προφαίνουσαν, τὴν δὲ θεωρίαν οὐχ ἧττον τοῦ λόγου τὴν ἀρετὴν τεθωρακισμένην τῆς πράξεως"; ibid. 63 (S. 171, Z. 392–395): „τὴν μὲν πρᾶξιν θεωρίαν ἐνεργουμένην, τὴν δὲ θεωρίαν πρᾶξιν μυσταγωγουμένην, καί . . . τὴν μὲν ἀρετὴν φανέρωσιν γνώσεως, τὴν δὲ γνῶσιν ἀρετῆς συντηριτικὴν ἐργαζόμενον (sc. das μυστήριον unserer Erlösung) δύναμιν"; Max. Amb. Th. Prol. 1032A: „Σοφίας δὲ κάλλος ἐστὶ γνῶσις ἔμπρακτος, ἢ πρᾶξις ἔνσοφος"; ferner Max. Char. II, 28 (S. 104); Max. Amb. Io. 57, 1380D–1381A; Max. Ep. 20, 601A [628–630; vgl. P. Sherwood (1952) 34]; Max. Th. ec. I, 22, 1092BC u. 78, 1112C.

[147] Vgl. z. B. Evagr. Pract. 68: „Ὁ τέλειος οὐκ ἐγκρατεύεται, καὶ ὁ ἀπαθὴς οὐχ ὑπομένει"; ferner Evagr. Gnost. 1f.; I.-H. Dalmais (1953, La doctrine) 23–26 u. (1967) 200f.; P. M. Blowers (1991) 133–136; L. Thunberg (1995) 339–343; J.-C. Larchet (1996) 452f.; H. U. von Balthasar (³1988) 330–335. Die Zusammengehörigkeit von πρᾶξις und θεωρία bei Maximus hatte schon Σ. Σταυρίδης (1894) 25f. gesehen.

[148] Vgl. Max. Ep. 2, 393B [ca. 626; vgl. P. Sherwood (1952) 25]: „Οὐδὲν γὰρ ὄντως τῆς θείας ἀγάπης θεοειδέστερον, οὐδὲ μυστηριοδέστερον, οὐδὲ ἀνθρώποις πρὸς θέωσιν ὑψηλότερον· ὅτι πάντα ἐν ἑαυτῇ συλλαβοῦσα ἔχει τὰ καλά, ὅσα τῆς ἀληθείας ὁ λόγος ἐν ἀρετῆς εἴδει διέξεισι".

Menschen auf seinem geistlichen Weg bis zur Vergöttlichung beglei-tet[149] und auf diese Weise diesem Weg Kohärenz verleiht. Diese Liebe zu Gott und zum Nächsten,[150] der Adam beim Sündenfall durch seine Hinwendung zur Materie nicht entsprach, wurde dank des Heilsgeschehens in Christus wieder ermöglicht, weil dieser durch seine Erniedrigung, um die Werke des Teufels abzuschaffen, die Kraft der Liebe erneuerte.[151] Diese christozentrische Perspektive des Con-fessors, in welcher die Liebe als eine umfassende Größe erscheint, bildet eine dezidierte Kritik am evagrianischen Intellektualismus, wo die Liebe auf eine Vorstufe für die Erkenntnis (γνῶσις) Gottes redu-ziert wird.[152]

2.2.1. Πρᾶξις

Die πρᾶξις[153] erscheint bei Maximus negativ als eine Bekämpfung der durch die Sünde in der menschlichen Natur hervorgetretenen Affekte[154] und positiv als eine Entfaltung der Tugenden.[155] In dem bereits erwähnten Brief an Johannes den Kämmerer über die Liebe beteuert der Confessor die dialektische Beziehung zwischen der Über-windung der Affekte einerseits und der Entwicklung der Tugenden

---

[149] Vgl. ibid. 396B: „πάντων ἐστὶ τῶν ἀγαθῶν ἡ ἀγάπη τέλος, ὡς πρὸς Θεὸν τὸ τῶν ἀγαθῶν ἀκρότατον, καὶ παντὸς αἴτιον ἀγαθοῦ, τοὺς ἐν αὐτῇ περιπατοῦντας ἄγουσα καὶ προσάγουσα, ὡς πιστή, καὶ ἀδιάπτωτος καὶ μένουσα" (Hervorhebung von mir); ferner Max. Char. II, 26 (S. 102); W. Völker (1965) 369.
[150] Zur Liebe insgesamt bei Maximus vgl. vor allem W. Völker (1965) 423–445.
[151] Vgl. Max. Ep. 2, 396D–397C [ca. 626; vgl. P. Sherwood (1952) 25].
[152] Im Unterschied zu Evagrius versteht Maximus die Liebe nicht nur als unerläßliche Voraussetzung für die Erkenntnis [vgl. Max. Char. I, 9 (S. 52); 12 (S. 54); 31f. (S. 60)], sondern als Gefolgsmann des Apostels Paulus (vgl. 1 Kor 13) hebt er die Notwendigkeit der Liebe auch nach der Erlangung der Erkenntnis hervor und macht dadurch die letztere von der ersteren abhängig; vgl. z. B. Max. Char. III, 67 (S. 174 u. 176); IV, 59 (S. 218); 61 (S. 220); 62 (S. 220): „Ὁ τοῦ χαρίσματος τῆς γνώσεως καταξιωθεὶς καὶ λύπην ἢ μνησικακίαν ἢ μῖσος πρὸς ἄνθρωπον ἔχων, ὅμοιός ἐστι τοῦ ἀκάνθαις καὶ τριβόλοις τοὺς ὀφθαλμοὺς κατακεντοῦντος. Διὸ ἀναγκαίως δέεται ἡ γνῶσις τῆς ἀγάπης"; Evagr. Pract. 84: „Πέρας μὲν πρακτικῆς ἀγάπη· γνώσεως δὲ θεολογία"; ferner J. Pégon (1945) 50–57; P. Sherwood (1955, Introduction) 29f. u. 91–94; H. U. von Balthasar (³1988) 408–412; L. Thunberg (1995) 309–322; A. Louth (1996, Maximus) 35–43.
[153] Dazu vgl. vor allem W. Völker (1965) 174–231; J.-C. Larchet (1992) 29–34; L. Thunberg (1995) 337–334; ferner J. Pégon (1945) 40–42; I.-H. Dalmais (1967) 200–202.
[154] Vgl. z. B. Max. Amb. Io. 45, 1356B; Max. Ps. 59 (S. 9, Z. 108f.).
[155] Vgl. z. B. Max. Thal. 25 (S. 163, Z. 81f.); Max. Th. ec. I, 52, 1101C u. 77, 1112B.

andererseits. Dank der Agape, welche man der Selbstliebe (φιλαυτία),
jener Wurzel aller Affekte, entgegensetzen kann, wird die Schar dieser Affekte zugrunde gerichtet und entstehen automatisch die Tugenden.[156] Es handelt sich demgemäß bei der Überwindung der Affekte
und der Tugendentfaltung sozusagen um zwei Parallelvorgänge, die
sich durchdringen und einander bedingen. Die diesem Doppelvorgang
zugrundeliegende psychologische Voraussetzung ist konsequenterweise
ein guter Gebrauch der Seelenkräfte,[157] da Maximus, wie bereits
gezeigt wurde, der Ansicht ist, daß die Sünde durch einen Mißbrauch
des seelischen Vermögens verursacht wurde. In der *Quaestio ad Thalassium* 50 schildert der Bekenner dies im Sinne einer Entscheidung des
Begehrenden für das sinnlich Wahrnehmbare auf Kosten des Intelligiblen und eines Kampfes des Eifrigen zugunsten des vom Begehrenden
Gewählten. Das Vernünftige seinerseits denkt sich bei dieser Verflechtung der unteren Seelenteile mit der Materie Weisen (τρόπος) der Lust
aus.[158] Aus dieser Analyse resultiert, daß der Kirchenvater die Sünde
als einen Zustand betrachtet, von dem alle Seelenkräfte, jede auf
ihre Weise, betroffen werden. Das Verhindern dieses Sich-Verführen-
Lassens durch das Sinnliche kommt dem νοῦς als geistlicher Mitte
des Menschen zu, welcher die Verflechtung der Kräfte der Seele mit
dem sinnlich Wahrnehmbaren vermeiden kann, indem er die materiellen Dinge, das Sinnesvermögen und die Seelenkräfte getrennt
voneinander, d. h. ohne deren affektvolle Affinität zueinander, betrachtet.[159] Hierbei sollte der νοῦς das rationale Vermögen zum Mittel
machen, wodurch die unteren Seelenkräfte in ihrem verhängnisvollen Elan zum Sündigen gezügelt werden,[160] um sie so dazu zu bringen, das Göttliche zu begehren und um seinetwillen zu kämpfen.

Diese psychologischen Erwägungen dürfen allerdings vom christozentrischen Charakter der maximinischen πρᾶξις nicht hinwegtäu-

---

[156] Vgl. Max. Ep. 2, 397C–400B [ca. 626; vgl. P. Sherwood (1952) 25].
[157] Vgl. z. B. Max. Qu. d. 17 (S. 15, Z. 45–47) u. 23 (S. 20f.).
[158] Vgl. Max. Thal. 50 (S. 387, Z. 149–160).
[159] Vgl. Max. Thal. 16 (S. 109, Z. 72–93). Zum Verhältnis der Affekte zu der
Dreiteilung der Seelenkräfte bei Maximus und seinen Vorgängern vgl. L. Thunberg
(1995) 248–284. Im engeren Sinn betrachtet der Confessor die Liebe als jene Tugend,
welche die Affekte des Eifrigen heilt, während Enthaltsamkeit (ἐγκράτεια) und Gebet
jeweils dem Begehrenden und dem Vernünftigen gelten; vgl. Max. Char. IV, 72
(S. 226); 79f. (S. 230); 86 (S. 232). Daß aber die Liebe zu Gott auch das Begehrende
vor dem Sündigen schützen kann, wird aus Max. Char. IV, 75 (S. 226 u. 228)
ersichtlich.
[160] Vgl. die Zitate in Anm. 40.

schen. Eigentlich sind die Bekämpfung der Affekte und die Tugendentfaltung nur deshalb möglich, weil Gott der Sohn durch sein Heilswerk
die Liebe erneuert[161] und dem Menschen die Taufe gewährt hat.[162]
Durch die Taufe, die als Gnade Christi und Angeld (ἀρραβών) des
Heiligen Geistes (vgl. 2 Kor 1, 22) gilt,[163] wird einem der Glaube an
die Dreieinigkeit geschenkt,[164] welcher für den Bekenner den Ausgangspunkt allen geistlichen Bemühens darstellt.[165] Daher tritt die πρᾶξις als
ein synergischer Vorgang auf, der von der Begegnung der geschenkten Gnade Christi und des freien menschlichen Willens zum Sich-
Reinigen von der Sünde lebt.[166] Daß die Liebe außerdem von Maximus
zum Motor des geistlichen Voranschreitens erhoben wird,[167] hängt
mit jenem Gedanken der Imitatio Christi zusammen, der ein Leitmotiv
des *Liber asceticus* darstellt.[168] In diesem Traktat, der vom Geist der im
Evangelium gepredigten Liebe zu Gott und zu dem Nächsten durchtränkt ist, bindet der Bekenner die mönchische Frömmigkeit, die bei
Evagrius Ponticus riskierte, sich allzu sehr zu intellektualisieren und
ihren christozentrischen Boden preiszugeben,[169] an Jesus zurück, indem
er lebhaft schildert, wie der Sohn Gottes als Mensch seinem Vater
gehorchte und dem Liebesgebot bis zu seiner Passion und seinem
Tod folgte, um den Menschen ein Liebesvorbild zu liefern.[170] Im
Sinne der Bergpredigt erscheint hier die von Christus geoffenbarte
Liebe als das Leitprinzip des menschlichen Benehmens, welches alle
Gebote in sich schließt[171] und von den Menschen befolgt werden
soll. Die maximinische Hervorhebung der Imitatio Christi gipfelt in
der Auffassung von der Verleiblichung des Logos durch die Tugenden,
einem Gedanken, der in die chalzedonensische Gesamtschau des
Maximus gut hineinpaßt, obschon er letztlich auf die origenische

---

[161] Vgl. Max. Ep. 2, 397BC [ca. 626; vgl. P. Sherwood (1952) 25].
[162] Vgl. Max. Char. IV, 77f. (S. 228); ferner Max. Ps. 59 (S. 9f., Z. 104–115
u. S. 19f., Z. 293–299).
[163] Vgl. Max. Char. IV, 77f. (S. 228).
[164] Vgl. ibid.
[165] Vgl. ibid. I, 2 (S. 50).
[166] Vgl. ibid. IV, 76–78 (S. 228).
[167] Vgl. z. B. ibid. I, 9 (S. 52); 17 (S. 56); 31 (S. 60).
[168] Vgl. z. B. Max. Asc. (S. 9–11, Z. 50–60); ferner Max. Char. I, 24 (S. 56);
61 (S. 72); 71 (S. 76); III, 47 (S. 164); IV, 55 (S. 216) u. 90 (S. 234); Max. Ps. 59
(S. 4, Z. 20–22).
[169] Vgl. I.-H. Dalmais (1953, La doctrine) 18–26; A. Louth (1986) 192.
[170] Vgl. Max. Asc. (S. 23–31).
[171] Vgl. ibid. (S. 15, Z. 92–100; S. 23–25, Z. 182–186).

Identifikation Christi mit der Tugend zurückgeführt werden kann.[172]
So rühmt der Bekenner im Prolog seiner *Ambigua ad Thomam* die spirituelle Reife seines Adressaten, der Gott nachahmt, indem er es
nicht für unwürdig hält, sich zur Nichtigkeit des Maximus zu erniedri-
gen, und durch seine Tugend Gott sich verleiblichen läßt.[173] In
dieser Hinsicht befindet sich sonst bei dem Confessor ein zweigliedri-
ges Denkschema, nach dem der Logos einerseits durch die πρᾶξις
sich verdickt und Fleisch wird und andererseits durch die θεωρία
sich wieder verdünnt und Gott wird.[174]

Die erfolgreiche Überwindung der Affekte wird zur Affektlosigkeit
(ἀπάθεια) führen, jenem Zustand, den der Urvater durch seinen
Mangel an Liebe und seine Verwicklung ins Sinnliche einbüßte. Im
Caput de Charitate I, 36 definiert Maximus die Affektlosigkeit als einen
Zustand der Seele, in dem ihre Anfälligkeit für die Sünde äußerst
gering wird.[175] Die Maximuskenner haben aber auf den etwas schwankenden Gebrauch des Apathiebegriffs bei dem Kirchenvater aufmerksam gemacht.[176] Jedenfalls kennt der Bekenner in der *Quaestio ad
Thalassium* 55 vier Arten der Affektlosigkeit, von denen zwei dem
Bereich der πρᾶξις anzugehören scheinen.[177] Hierbei handelt es sich
zum einen um die vollständige Enthaltsamkeit von den bösen Werken,
die sich bei den Anfängern (εἰσαγόμενος) beobachten läßt, und zum
anderen um den Verzicht derjenigen, welche die ἀρτεή mit Vernunft
weitertreiben, auf jeden Gedanken, der das Böse billigen könnte.[178]
Daraus läßt sich folgern, daß der mühsame Weg der πρᾶξις sich
darauf erstreckt, jede geistige Affinität zum Bösen zu eliminieren,

---

[172] Vgl. Orig. Com. Io. XXXII, 127: „καὶ ἀπαξαπλῶς ὁ κύριος, ἡ πᾶσα ἔμψυχος
καὶ ζῶσα ἀρετή"; dazu. H. Crouzel (1956) 230f.; L. Thunberg (1995) 323–330.

[173] Vgl. Max. Amb. Th. Prol. 1032AB.

[174] Vgl. Max. Th. ec. II, 37, 1141CD; dazu H. U. von Balthasar (³1988) 518–520.
Zu diesen zwei Erscheinungsweisen des Logos vgl. den Abschnitt 3. 1. 3. 1. Das
Schema vom Abstieg und Aufstieg kann durch die Polarität von Menschwerdung
und Himmelfahrt nahegelegt worden sein. Zu den verschiedenen Verleiblichungen
des Logos vgl. auch Anm. 772.

[175] Vgl. Max. Char. I, 36 (S. 60): „Ἀπάθειά ἐστιν εἰρηνικὴ κατάστασις ψυχῆς,
καθ᾽ ἣν δυσκίνητος γίνεται πρὸς κακίαν".

[176] Vgl. vor allem W. Völker (1965) 410–423, insbes. 423. Die Studie von
E. Montmasson (1911) 36–41 zur ἀπάθεια bei Maximus hat den Nachteil, daß sie
sich zuweilen auf Werke bezieht, die heute als unecht gelten; ferner L. Thunberg
(1995) 299–309, wo der Unterschied zum evagrianischen Apathiebegriff ausgearbeitet wird; Χ. Γ. Σωτηρόπουλος (1979) 588–593.

[177] Vgl. J.-C. Larchet (1992) 33.

[178] Vgl. Max. Thal. 55 (S. 493, Z. 200–211).

wie winzig oder vorübergehend auch immer sie sein mag. Allein diese durch die Liebe zu Gott und zum Nächsten stimulierte, fortwährende Gewissensreinigung ermöglicht den Tugenden, tief im Boden der menschlichen Seele ihre Wurzeln auszudehnen, so daß sich dem Menschen die Türen der φυσικὴ θεωρία eröffnen.

2.2.2. Φυσικὴ θεωρία

Durch die πρᾶξις gelangt man zur φυσικὴ θεωρία[179] (Naturbetrachtung), die in der Schau der ontologischen λόγοι der Seienden besteht. Die Idee, daß sich die intelligible Welt durch eine angemessene Betrachtung des Sinnlichen erschließt, bildet ein Allgemeingut des Platonismus und ist in der auf der Urbild-Abbild-Relation basierenden platonischen Hermeneutik des Seins verwurzelt. Es war aber die paulinische Aussage, daß die Kraft und Gottheit Gottes aus seinen Werken in der Schöpfung ersichtlich werden (vgl. Röm 1, 20), welche die christlichen Denker zur Aufnahme des platonischen Gedanken und dessen christlicher Umformung veranlaßte. So erhielt der Gedanke, der bis Klemens von Alexandrien zurückzuverfolgen ist,[180] bei Origenes mehrere Entfaltungen[181] und wurde von Gregor von Nyssa[182] aufgegriffen. Auch der Verfasser der Areopagitica kennt eine mystische Schau der λόγοι im Bereich der Liturgie.[183] Maximus scheint sich hierbei aber auf Evagrius Ponticus nicht zuletzt deshalb zu beziehen, weil er der φυσικὴ θεωρία die Betrachtung der λόγοι des Gerichtes und der Vorsehung subsumiert, was stark an Evagrius erinnert.[184]

---

[179] Vgl. dazu W. Völker (1965) 296–318; I.-H. Dalmais (1967) 200–202; J.-C. Larchet (1992) 34–37; L. Thunberg (1995) 343–355.

[180] Klemens scheint der erste zu sein, der den Begriff φυσικὴ θεωρία benutzt hat; vgl. z. B. Klem. Str. II, 2 (S. 115, Z. 9–16); L. Thunberg (1995) 343.

[181] Vgl. Orig. Hom. Is. IX (S. 289): „Multi enim hominum putant, inspicientes creaturas et mundum istum contemplantes, videre se ea. Et quid dico hominum? Ecce volucres et quadrupedia vident solem et lunam et universum simul caelum cum stellarum choro, sed rationes eorum non intelligunt, soli vero iusti et sancti per sapientiae Dei rationem comprehendentes inspiciunt ea"; ferner Orig. Cels. VII, 46; Orig. Com. Cant. III, 13, 9f.

[182] Vgl. z. B. Greg. Nys. Virg. XI, 1 (Z. 21–25): „ὁ δὲ κεκαθαρμένος τὸν τῆς ψυχῆς ὀφθαλμὸν καὶ δυνατὸς τὰ τοιαῦτα βλέπειν, χαίρειν ἐάσας τὴν ὕλην τὴν ὑποβεβλημένην τῇ τοῦ καλοῦ ἰδέᾳ, οἷον ὑποβάθρᾳ τινὶ τῷ ὁρωμένῳ χρήσεται, πρὸς τὴν τοῦ νοητοῦ θεωρίαν κάλλους"; ferner Greg. Nys. V. Mos. 380A.

[183] Vgl. die Zitate in Kap. 1, Anm. 282.

[184] Vgl. z. B. Max. Thal. 5 (S. 67, Z. 31–36) u. den Abschnitt 1.1.13 (S. 34f.); zur gesamten Problematik vgl. M. Viller (1930) 243–246.

Zudem kennt er wie Evagrius eine fünfgliedrige Aufteilung der φυσικὴ θεωρία.[185] Dazu bemerkte dennoch L. Thunberg mit Recht, daß die origenistischen Implikationen, die der φυσικὴ θεωρία des Evagrius anhaften, bei Maximus verschwinden.[186]

Worum geht es *sachlich* bei der maximinischen φυσικὴ θεωρία? Die menschlichen Kräfte kooperieren miteinander, um die λόγοι, welche in den leiblichen Formen der Seienden durch ihr Siegel gegenwärtig sind, zu lesen und nachzubilden.[187] Hier kommt dem Sinnesvermögen (αἴσθησις) eine bedeutende Rolle zu, weil es den Kontakt zu den materiellen Einzeldingen ermöglicht.[188] Die auf der Ebene der Sinneswahrnehmung gesammelten λόγοι werden von dem Vernünftigen an den νοῦς übermittelt.[189] Zu einem höheren Moment der φυσικὴ θεωρία gehört auch die Schau der intelligiblen Wesenheiten[190] und der νοῦς der Vorsehung und des Gerichtes[191]. Durch die Betrachtung der λόγοι steigt die Seele zur Erkenntnis des Logos selbst hinauf, der sich in den λόγοι vervielfältigt.[192] Daß es sich bei dieser Stufe des Aufstiegs um eine authentische mystische Erfahrung und nicht um ein diskursives Wissen handelt, kann daraus entnommen werden, daß der Bekenner vielerorts explizit oder implizit den Akzent auf die Rolle des Heiligen Geistes für die φυσικὴ θεωρία setzt.[193] In diesem

---

[185] Vgl. Max. Char. I, 78 (S. 80); Evagr. Cent. gnost. I, 27; Evagr. Schol. Prov. 2; ferner. Max. Amb. Io. 10, 1133A–1137C. Dazu vgl. L. Thunberg (1995) 344–349.

[186] Vgl. L. Thunberg (1955) 347–349.

[187] Vgl. z. B. Max. Amb. Io. 21, 1248BC; Max. Thal. Prol. (S. 27, Z. 167–170); ibid. 25 (S. 161, Z. 39–42); ferner Max. Qu. d. 30 (S. 25, Z. 4–6) u. 44 (S. 37, Z. 9–15).

[188] Vgl. Max. Thal. 58 (S. 33, Z. 111–115): „οὐκ ἔστι δυνατὸν πρὸς τὰ συγγενῆ νοητὰ τὸν νοῦν διαβῆναι δίχα τῆς τῶν διὰ μέσου προβεβλημένων αἰσθητῶν θεωρίας, ταύτην δὲ γενέσθαι παντελῶς ἀμήχανον χωρὶς τῆς, αὐτῷ μὲν συγκειμένης τοῖς αἰσθητοῖς δὲ κατὰ φύσιν συγγενοῦς, αἰσθήσεως"; ferner Max. Amb. Io. 10, 1113A; Max. Qu. d. 17 (S. 15, Z. 46f.); Max. Thal. Prol. (S. 17, Z. 7–15); Max. Thal. 49 (S. 363, Z. 214–222).

[189] Vgl. Max. Amb. Io. 10, 1113A.

[190] Vgl. z. B. Max. Thal 40 (S. 267 u. 269, Z. 29–36); ibid. Prol. (S. 27, Z. 167–175).

[191] Vgl. Max. Thal. 5 (S. 67, Z. 31–36); Max. Amb. Io. 10, 1133A–1137C.

[192] Vgl. z. B. Max. Amb. Io. 21, 1248AB: „Καὶ αὐτὰς δὲ τὰς αἰσθήσεις τοῦ σώματος, κατὰ τὸν αὐταῖς ἐμπρέποντα θειότερον λόγον, στοιχειωτικὰς εἶναί φασι τῶν τῆς ψυχῆς δυνάμεων, στοιχειούσας αὐτὰς ἠρέμα πρὸς ἐνέργειαν, ταῖς δὴ ἑαυτῶν ἀντιλήψεσι τῶν ἐν τοῖς οὖσι λόγων, δι᾽ ὧν ὡς διὰ γραμμάτων τινῶν τοῖς ὀξυωποῦσι πρὸς τὴν ἀλήθειαν ὁ Θεὸς Λόγος ἀναγινώσκεται"; ferner Max. Ps. 59 (S. 17, Z. 251–258); Max. Qu. d. 64 (S. 51, Z. 26–30) u. I, 68 (S. 157, Z. 40–42).

[193] Vgl. z. B. Max. Thal. Prol. (S. 27, Z. 168f.): „διὰ τῆς ἐν πνεύματι φυσικῆς θεωρίας"; ibid. 5 (S. 67, Z. 36); 24 (S. 157, Z. 16); 25 (S. 161, Z. 34f.); Max. Myst.

Sinne ordnet der Confessor der φυσικὴ θεωρία die zwei weiteren
Arten der Affektlosigkeit zu, bei denen es jeweils um die völlige
Bewegungslosigkeit (ἀκινησία) den Affekten gegenüber und die per-
fekte Reinigung von jeder bloßen Vorstellung (φαντασία) dieser Affekte
geht.[194] Noch relevanter für das Thema meiner Arbeit ist die Beobachtung, daß Maximus die φυσικὴ θεωρία mit einer mystischen Erkenntnis
(γνῶσις) der Heiligen Schrift parallelisiert.[195] Dieser Aspekt braucht
hier jedoch nicht erörtert zu werden, da er im dritten Kapitel dieser Dissertation noch ausführlich zu behandeln ist.[196] Beachtenswert
ist weiterhin die Tatsache, daß der Kirchenvater die durch die φυσικὴ
θεωρία vermittelte Erkenntnis Gottes insofern relativiert, als er öfters
ihre Angewiesenheit auf die Seienden ins Blickfeld rückt.[197] Gott wird
hierbei nicht an sich, sondern als Schöpfer und durch die Wirkungen
seiner Vorsehung und seines Gerichtes in der Schöpfung erkennbar.[198]
Eine Frage, die ich für wichtig erachte, ist die nach der Bewertung
der maximinischen Lehre von der φυσικὴ θεωρία angesichts der Beziehung von den Seienden zur λόγοι-Welt. In den Ausführungen des
ersten Kapitels dieser Arbeit zur Relation von dem göttlichen Logos
und den λόγοι wurde auf die enge Aufeinanderbezogenheit von sinnlich Wahrnehmbarem und Intelligiblem bei Maximus hingewiesen.
Der Bekenner macht sogar die Präsenz des Ersteren im Letzteren
und das Erscheinen des Letzteren im Ersteren geltend.[199] Andererseits
aber hat sich herausgestellt, daß Maximus die Ursünde auf die
Hinwendung Adams zum Materiellen zurückführt.[200] W. Völker warnt
davor, den ersten Aspekt auf Kosten des zweiten allzu stark zu pointieren.[201] Mir scheint, daß der Kirchenvater durch seine Lehre von
der φυσικὴ θεωρία beiden Aspekten gleichzeitig gerecht werden will.
Er wird nicht müde zu wiederholen, daß das sinnlich Wahrnehmbare
an sich nicht schlecht ist, sondern daß es nur darum gehen kann,

---

23 (S. 238, Z. 20; PG 91, 697D); Max. Ps. 59 (S. 10, Z. 128; S. 15, Z. 209;
S. 19, Z. 290); Max. Th. ec. I, 38, 1097C; dazu R. Bornert (1966) 95f.
   [194] Vgl. Max. Thal. 50 (S. 493, Z. 200–211); J.-C. Larchet (1992) 34f.
   [195] Vgl. Max. Amb. Io. 10, 1128CD [zitiert und übersetzt im Abschnitt 3.1.1
(S. 135f.)]; ferner Max. Amb. Io. 10, 1160AB.
   [196] Vgl. vor allem den Abschnitt 3. 1. 1.
   [197] Vgl. Max. Amb. Io. 10, 1113AB.
   [198] Vgl. Max. Amb. Io. 10, 1133A–1137C.
   [199] Vgl. den Abschnitt 1. 2. 2. 2 (S. 68–70) u. die Zitate in Kap. 1, Anm. 364.
   [200] Vgl. den Abschnitt 2. 1. 2. 1 (S. 89–91).
   [201] Vgl. W. Völker (1965) 306.

wie dieses sinnlich Wahrnehmbare betrachtet bzw. gebraucht wird.[202] Adams Fall bestand darin, daß er sich allzu schnell auf das Materielle einließ, d. h. bevor er zu jener spirituellen Reife gelangte, die ihm hätte ermöglichen können, das Sinnliche in seiner Beziehung zu Gott zu betrachten.[203] Nun gilt es bei der φυσικὴ θεωρία, sich dies zu vergegenwärtigen, daß die Seienden zum einen und die Welt der λόγοι zum anderen ineinander verflochten sind, ohne dennoch miteinander zusammenzufallen. Eine Betrachtung der materiellen Einzeldinge kann nur dann tauglich sein, wenn man in ihnen ihre λόγοι entdeckt, wenn man sich ihrer also als eines Sprungbretts bedient, um sich zu den λόγοι, und dadurch zu dem Logos, Zugang zu verschaffen. Man merkt schon, daß für diese Auffassung beide oben erwähnten Züge des maximinischen Denkens notwendig sind: Erstens die enge Zusammengehörigkeit von dem Sein und den λόγοι, die überhaupt ermöglicht, daß das Materielle eine Dimension für die geistliche Erfahrung erlangt, zweitens aber die Warnung vor einem Stehenbleiben bei dem Sinnlichen, weil dies in denselben Fehler münden würde, den Adam einst beging. Zieht man in Betracht, daß einerseits die λόγοι bei Maximus im Logos situiert und als dessen Ausdehnung konzipiert werden und daß andererseits Christus im Mittelpunkt seiner Synthese steht,[204] so ist unausweichlich zu fragen, inwiefern die chalzedonensische Christologie dem Confessor ein Modell liefert, mit dessen Hilfe die Beziehung von Seiendem und λόγοι beschrieben wird. In diese Richtung scheint auch die maximinische Auffassung der λόγοι als Fleisch und Blut des Logos zu weisen, wobei hier die unsichtbaren λόγοι selbst als Verleiblichung des Logos angesehen werden. Indessen wird eine Beantwortung dieser Frage auf das nächste Kapitel verlegt,[205] denn dank der maximinischen Gleichstellung von Naturbetrachtung und Schrifterkenntnis[206] läßt sich diese Frage im Kontext der Bibelhermeneutik des Bekenners angemessen behandeln. Mit dieser offenen Fragestellung möchte ich die Ausführungen zur φυσικὴ θεωρία abschließen und zur dritten Stufe des mystischen Aufstiegs, nämlich der θεολογία, übergehen.

---

[202] Vgl. Max. Thal. Prol. (S. 37, Z. 331–338); Max. Char. II, 15 (S. 96); II, 76 (S. 130); II, 82 (S. 132 u. 134); III, 1 (S. 144); III, 3f. (S. 144).

[203] Vgl. den Abschnitt 2. 1. 2. 1 (S. 89–91).

[204] Vgl. dazu Einleitung, Abschnitt III (S. 1–li). u. den Abschnitt 1.2.2.2 (S. 63–68).

[205] Vgl. vor allem den Abschnitt 3. 1. 5.

[206] Vgl. Anm. 195 u. den Abschnitt 3. 1. 1 (S. 131–143).

2.2.3. Θεολογία und Vergöttlichung

Die θεολογία[207] erscheint bei Maximus als eine Erkenntnis Gottes, welche die Überwindung der φυσικὴ θεωρία voraussetzt und deshalb unabhängig von den Seienden und deren λόγοι erfolgt. Weil aber eine eigentliche menschliche Erkenntnis nur die Schöpfung und die aus ihr abgeleiteten Konzepte zum Gegenstand haben kann, ist die θεολογία im Unterschied zu der φυσικὴ θεωρία apophatisch, d. h. sie besteht in der Erfahrung der absoluten Unerkennbarkeit Gottes.[208] Demnach gibt sich die θεολογία als ein mystisches Moment zu erkennen, das über jedes rationale bzw. intelligible Begreifen hinausgerückt ist, und läßt sich als eine negative Erfahrung Gottes bestimmen, bei welcher der νοῦς auf sein noëtisches Vermögen verzichtet und sich damit begnügt, das unaussprechliche göttliche Licht passiv zu empfangen.[209] Daher faßt der Bekenner die θεολογία folgerichtig als eine Art Ekstase auf,[210] da hierbei der menschliche νοῦς gerade auf das verzichten soll, was ihn sozusagen definiert, nämlich die intelligible Kraft, um sich Gott ganz und gar hingeben zu können. Bei dieser Auffassung von der θεολογία scheint sich Maximus von Evagrius

---

[207] Vgl. dazu W. Völker (1965) 335–370; J.-C. Larchet (1992) 38–40 u. (1996) 495–526; L. Thunberg (1995) 355–373.

[208] Vgl. z. B. Max. Thal. 25 (S. 165, Z. 105–117): „Καὶ πᾶς νοῦς μυστικῆς γενόμενος ἐραστὴς θεολογίας, προσευχόμενος ἢ προφητεύων κατὰ κεφαλῆς ἔχων, τουτέστι τοῖς ἀδύτοις ἐμβατεύων ἀγνώστως θεωρίαις ἢ διδάσκων καὶ μυσταγωγῶν ἄλλους πρὸς θεολογίαν, εἴ τινα μορφὴν σχοίη νοήσεως, τὸν ὑπὲρ νόησιν λόγον μυσταγωγούμενος ἢ μυσταγωγῶν, καταισχύνει τὴν κεφαλὴν αὐτοῦ, τὸν ἁπλοῦν καὶ ὑπερέκεινα πάσης νοήσεως ὑποθεὶς τινι τῶν ὄντων καὶ γινωσκομένων, δέον πάσης αὐτὸν γυμνὸν ἐννοίας καὶ γνώσεως ἀνομμάτως ὁρᾶν τὸν ἀληθῆ θεὸν λόγον, γινώσκοντα σαφῶς ὡς ἐπὶ θεοῦ μᾶλλον αἱ καθ᾽ ὑπεροχὴν στηρήσεις ἀληθεύουσι, ποσῶς μηνύουσαι τὴν θείαν θέσιν διὰ τῆς τῶν ὄντων παντελοῦς ἀφαιρέσεως"; Max. Char. III, 99 (S. 190): „Νοῦς ἐστι τέλειος, ὁ διὰ πίστεως ἀληθοῦς τὸν ὑπεράγνωστον ὑπεραγνώστως ὑπερεγνωκώς".

[209] Vgl. z. B. Max. Char. II, 6 (S. 92). Diese Passivität drückt Maximus öfters durch das Verb πάσχω aus; vgl. Max. Thal. Prol. (S. 27, Z. 177f.): „ὡς πάντα τὰ ὄντα περάσασα (sc. die Seele) μετὰ τῶν αὐτοῖς προσφυῶν νοημάτων, πάσης ἀπολελυμένη καθαρῶς καὶ αὐτῆς τῆς πρὸς τὸ νοεῖν οἰκείας δυνάμεως, πρὸς αὐτὸν πάθη τὸν θεὸν τὴν ὑπὲρ νόησιν ἕνωσιν"; Max. Amb. Io. 7, 1073C.

[210] Vgl. Max. Th. ec. I, 39: „Σάββατα Σαββάτων ἐστίν, ἠρεμία πνευματικὴ ψυχῆς λογικῆς· καὶ ἀπ᾽ αὐτῶν πάντων τῶν ἐν τοῖς οὖσι θειοτέρων λόγων τὸν νοῦν συστειλάσης· καὶ μόνῳ τῷ Θεῷ κατ᾽ ἐρωτικὴν ἔκστασιν ὁλικῶς ἐνδησάσης, καὶ παντελῶς ἀκίνητον αὐτὸν τοῦ Θεοῦ διὰ τῆς μυστικῆς θεολογίας ποιησάσης". Zum Begriff „Ekstase" bei Maximus vgl. P. Sherwood (1955, The Earlier) 124–154; W. Völker (1965) 351–359; L. Thunberg (1995) 418–425; J.-C. Larchet (1996) 533–540.

Ponticus deutlich abzugrenzen und Pseudo-Dionys zu nähern.[211] Zudem stellt der Confessor eine enge Verbindung zwischen der θεολογία und dem Gebet her.[212] Die dritte Phase des mystischen Weges entspricht einer höheren Gebetsstufe,[213] in welcher der nun nackt,[214]

---

[211] Traditionell wird Evagrius Ponticus als Vertreter einer origenistischen Mystik angesehen, der gemäß dem νοῦς die Schau der Trinität erst dann gelingen kann, wenn er sich von dem Sinnlichen und dessen Bildern befreit und jene Reinheit zurückerlangt hat, die er im Henadenzustand genossen hatte. Laut dieser Auffassung soll der νοῦς sozusagen *zu sich selbst* zurückkehren, da er im reinen Zustand eine angeborene Kapazität hat, Gott zu beschauen; vgl. z. B. Evagr. Pract. 3: „Βασιλεία Θεοῦ ἐστι γνῶσις τῆς ἁγίας Τριάδος συμπαρεκτεινομένη τῇ συστάσει τοῦ νοός"; ibid. 4: „Ἀπαθείας τεκμήριον, νοῦς ἀρξάμενος τὸ οἰκεῖον φέγγος ὁρᾶν"; Evagr. Gnost. 45; ferner P. Sherwood (1955, The Earlier) 137–139. Diesem Schema wird das dionysische Modell entgegengesetzt, das die Schau Gottes von einem Heraustreten aus sich selbst, also von einer Ekstase des νοῦς, abhängig macht; vgl. Dion. Myst. theol. 1000A: „σὺ δέ, . . . τὰς αἰσθήσεις ἀπόλειπε καὶ τὰς νοερὰς ἐνεργείας καὶ πάντα αἰσθητὰ καὶ νοητὰ καὶ πάντα οὐκ ὄντα καὶ ὄντα καὶ πρὸς τὴν ἕνωσιν, ὡς ἐφικτόν, ἀγνώστως ἀνατάθητι τοῦ ὑπὲρ πᾶσαν οὐσίαν καὶ γνῶσιν· τῇ γὰρ ἑαυτοῦ καὶ πάντων ἀσχέτῳ καὶ ἀπολύτῳ καθαρῶς ἐκστάσει πρὸς τὸν ὑπερούσιον τοῦ θείου σκότους ἀκτῖνα, πάντα ἀφελῶν καὶ ἐκ πάντων ἀπολυθείς, ἀναχθήσῃ". Während M. Viller (1930) 248, Anm. 141 urteilte, daß Maximus das Evagrianische und das Dionysische als deckungsgleich verstanden hatte, arbeitete I. Hausherr (1936) 351–362 den nicht zu nivellierenden Unterschied zwischen dem Pontiker und dem Autor der Areopagitica heraus, folgerte aber trotzdem im Sinne Villers (vgl. ibid. 361), daß der Bekenner bloß evagrianische Ideen mit dionysischen Termini zum Ausdruck gebracht hatte. Dank der späteren, grundlegenden Studien zu Maximus bahnte sich aber ein differenzierteres Urteil über diese Frage an. So warnten H. U. von Balthasar (³1988) 87f. und W. Völker (1965) 357 vor einer schroffen Gegenüberstellung von Evagrius und Pseudo-Dionys, während J. Pégon (1945) 57–59, P. Sherwood (1955, The Earlier) 141 und L. Thunberg (1995) 355–368 mit Recht beobachteten, daß sich Maximus vom Intellektualismus des Evagrius gezielt distanzieren wollte. Das Aufgreifen der dionysischen Ekstase bei dem Bekenner dient somit als Korrektiv für die *introspektive* Mystik des Pontikers. Obwohl die Maximusforscher aber im Einverständnis darüber sind, daß der Bekenner Evagrius durch Pseudo-Dionys korrigiert, ohne sich mit dem letzteren völlig zu identifizieren [vgl. z. B. P. Sherwood (1955, The Earlier) 153f., Anm. 57; W. Völker (1965) 356f.; L. Thunberg (1995) 424], besteht immer noch kein Konsens darüber, wie sich Maximus im einzelnen zum dionysischen Modell verhält; vgl. z. B. die Kritik von W. Völker (1965) 351–359 an der Analyse von P. Sherwood (1955, The Earlier) 124–154 zum Ekstasenbegriff bei Maximus. Einen produktiven Ansatz für die weitere Analyse bieten die Ausführungen von J.-C. Larchet (1996) 533–540, der in semantischer Hinsicht drei Bedeutungen für den maximinischen Ekstasenbegriff zu unterscheiden vermag.

[212] Vgl. Max. Char. IV, 64 (S. 220): „Ὁ ἀδιαλείπτως περὶ τὰ ἔνδον τὰς δατριβὰς ποιούμενος σωφρονεῖ, μακροθυμεῖ, χρηστεύεται, ταπεινοφρονεῖ· οὐ μόνον, ἀλλὰ καὶ θεωρεῖ καὶ θεολογεῖ καὶ προσεύχεται".

[213] Vgl. Max. Char. IV, 86 (S. 232): „Ἀγάπη καὶ ἐγκράτεια παθῶν τὴν ψυχὴν ἐλευθεροῦσιν· ἀνάγνωσις καὶ θεωρία ἀγνοίας τὸν νοῦν ἀπαλάττουσιν· ἡ δὲ τῆς προσευχῆς κατάστασις αὐτῷ παρίστησιν αὐτὸν τῷ Θεῷ".

[214] Vgl. Max. Asc. (S. 41, Z. 361f.).

immateriell und formlos[215] gewordene νοῦς jenseits aller Seienden und Gedanken ununterbrochen mit Gott kommuniziert.[216]

Bereits im ersten Kapitel dieser Dissertation und im Zusammenhang der Herausarbeitung der mystischen Tragweite des λόγος bei Maximus stellte sich heraus, daß die Vergöttlichung eine herausragende Funktion im Denken des Bekenners erfüllt.[217] Dort faßte er sie als Realisierung der durch die λόγοι gegebenen Intentionalität Gottes bezüglich der Rationalen und als mystischen Gehalt des Ausdrucks „Teil Gottes" auf. Zudem wurde im ersten Kapitel darauf hingewiesen, daß Maximus unter anderem an den Epheserbrief anknüpft, um eine Verbindung zwischen dem in den λόγοι vorgezeichneten Wollen Gottes zum einen und der Menschwerdung des Logos zum anderen herzustellen.[218] Nun gilt es hier, darauf aufmerksam zu machen, daß für den Bekenner diese Vergöttlichung als Krönung der θεολογία und „Gipfel der Vollkommenheitslehre"[219] fungiert. Dies kommt z. B. in den *Capita theologica et œconomica* I zum Ausdruck, nämlich in den allegorischen Erwägungen des Maximus zum sechsten, siebten und achten Tag.[220]

---

[215] Vgl. Max. Char. II, 61 (S. 122).

[216] Vgl. Max. Char. II, 61 (S. 122): „Τὴν τῆς προσευχῆς ἀκροτάτην κατάστασιν ταύτην εἶναι λέγουσιν· τὸ ἔξω σαρκὸς καὶ κόσμου γενέσθαι τὸν νοῦν καὶ ἄϋλον πάντη καὶ ἀνείδεον ἐν τῷ προσεύχεσθαι. Ὁ οὖν ταύτην ἀλώβητον διατηρῶν τὴν κατάστασιν, οὗτος ὄντως ἀδιαλείπτως προσεύχεται"; ibid. 62 (S. 124): „ὁ νοῦς ἐν τῷ ἄκρως προσεύχεσθαι ἀποθνήσκων πάντων χωρίζεται τῶν τοῦ κόσμου νοημάτων"; ferner Max. Asc. (S. 41, Z. 355–364).

[217] Vgl. den Abschnitt 1. 2. 2 (S. 52–58). Zur Vergöttlichung in der griechischen Patristik überhaupt vgl. vor allem J. Gross „La divinisation du chrétien d'après les pères grecs. Contribution historique à la doctrine de la grâce" (1938) u. M. Lot-Borodine „La déification de l'homme selon la doctrine des pères grecs" (1970); ferner die bibliographischen Angaben bei J.-C. Larchet (1996) 727–733. Die vollständigste Studie zur Vergöttlichung bei Maximus Confessor stellt die Monographie von J.-C. Larchet „La divinisation de l'homme selon saint Maxime le Confesseur" (1996) dar, in der der Verfasser die Zentralität der Vergöttlichung für das maximinische Denken und deren anthropologische, christologische, pneumatologische, ekklesiologische und mystische Grundlage erarbeitet. Meine folgenden Ausführungen zur Vergöttlichung bei dem Bekenner sind an dieser Studie von J.-C. Larchet stark orientiert. Vgl. ferner H. Weser (1869) und die Kritik von W. Völker (1965) 12, Anm. 2 u. J.-C. Larchet (1996) 62; W. Völker (1965) 471–489; L. Thunberg (1995) 427–432; K. Savvidis (1997) 23–151.

[218] Vgl. den Abschnitt 1. 2. 2. 2 (S. 64–67).

[219] W. Völker (1965) 489. Daß die maximinischen Schriften gelegentlich einen Gebrauch des Begriffs θέωσις (Vergöttlichung) im weitesten Sinne aufweisen, der auch niedrigere Momente des spirituellen Aufstiegs umfassen kann, belegt J.-C. Larchet (1996) 641f. Darin sieht Larchet ein Zeichen für die Einheitlichkeit des mystischen Weges in den Augen des Bekenners.

[220] So J.-C. Larchet (1996) 641f.

Dort wird der siebte Tag mit der θεολογία identifiziert, die das Aufgeben aller Seienden voraussetzt, während der achte Tag für die Auferstehung und Vergottung steht.[221] Ermöglicht wird diese Vergottung dank der Kenosis des Logos, welche den Willen des Vaters angesichts seiner Schöpfung verwirklichte.[222] In dieser Hinsicht ist der durch die Inkarnation des Logos und die *physische* Durchdringung beider Naturen ineinander gegebene – wirkliche und nicht nominalistische – Austausch der Eigenschaften (communicatio idiomatum) für die Vergöttlichung von besonderer Bedeutung, weil nur dadurch der Menschheit göttliche Eigenschaften vermittelt werden können.[223] Außerdem wird durch das erlösende Werk Christi im engeren Sinne, d. h. sein Sieg über die Vergänglichkeit und den Tod, die Natur erneuert, so daß die Menschen die Vergöttlichung ungehemmt wieder empfangen können.[224] Daß somit das Heilsgeschehen der Vergöttlichung zugrundeliegt, erklärt, weswegen Maximus wiederholt akzentuiert, daß die Vergottung ein Geschenk Gottes und keine Entwicklung der der menschlichen Natur innewohnenden Kapazitäten darstellt.[225] In diesen Zusammenhang paßt auch die maximinische

---

[221] Vgl. Max. Th. ec. I, 54, 1104AB: „Ὁ τὴν ἕκτην θεϊκῶς μετὰ τῶν προσφόρων καὶ ἐννοιῶν ἑαυτῷ συμπληρώσας ἡμέραν, καὶ αὐτὸς μετὰ τοῦ Θεοῦ καλῶς τὰ ἑαυτοῦ συντελέσας ἔργα, διέβη τῇ κατανοήσει πᾶσαν τὴν τῶν ὑπὸ φύσιν καὶ χρόνον ὑπόστασιν, καὶ εἰς τὴν τῶν αἰώνων καὶ τῶν αἰωνίων μετετάξατο μυστικὴν θεωρίαν· σαββατίζων ἀγνώστως κατὰ νοῦν, τὴν ὁλικὴν τῶν ὄντων ἀπόλειψίν τε καὶ ὑπέρβασιν. Ὁ δὲ καὶ τῆς ὀγδόης ἀξιωθείς, ἐκ τῶν νεκρῶν ἀνέστη· τῶν μετὰ Θεὸν λέγω πάντων, αἰσθητῶν τε καὶ νοητῶν, καὶ λόγων καὶ νοημάτων· καὶ ἔζησε τὴν τοῦ Θεοῦ μακαρίαν ζωήν, τοῦ μόνου κατ' ἀλήθειαν κυρίως ζωῆς καὶ λεγομένου καὶ ὄντος· οἷα καὶ αὐτὸς γενόμενος τῇ θεώσει θεός"; ferner ibid. I, 55, 1104B u. J.-C. Larchet (1996) 512–518.
[222] Vgl. Max. Pater (S. 29, Z. 41–43): „βουλὴν μὲν τυχὸν φήσας τοῦ θεοῦ καὶ πατρὸς τὴν ἐπὶ θεώσει τῆς ἡμετέρας φύσεως ἀπόρρητον κένωσιν τοῦ μονογενοῦς Υἱοῦ".
[223] Entscheidend für die Vergöttlichung ist natürlich das Hindurchdringen des Göttlichen in das Menschliche. Maximus faßt aber die περιχώρησις als ein Hindurchdringen in beide Richtungen auf. Vgl. dazu die Zitate in Anm. 94; ferner L. Thunberg (1995) 23–34; J.-C. Larchet (1996) 333–346.
[224] Vgl. z. B. Max. Thal. 61 (S. 91, Z. 103–108): „διὰ πάθους γὰρ τὴν ἀπάθειαν καὶ διὰ πόνων τὴν ἄνεσιν καὶ διὰ θανάτου τὴν ἀίδιον ζωὴν τῇ φύσει δούς (sc. der Herr), πάλιν ἀποκατέστησεν, ταῖς ἑαυτοῦ κατὰ σάρκα στερήσεσι τὰς ἕξεις ἀνακινίσας τῆς φύσεως καὶ διὰ τῆς ἰδίας σαρκώσεως τῆς ὑπὲρ φύσιν χάριν δωρησάμενος τῇ φύσει, τὴν θέωσιν".
[225] Vgl. z. B. Max. Amb. Io. 20, 1237A: „οὔτε κατὰ φύσιν οὔτε κατὰ σχέσιν ἔχων (sc. der Mensch) τὸ εἶναι ἢ καλεῖσθαι θεός, ἀλλὰ κατὰ θέσιν καὶ χάριν γενόμενός τε καὶ ὀνομαζόμενος"; Max. Thal. 22 (S. 141, Z. 93–96): „Θεώσεως γὰρ οὐδὲν γενητὸν κατὰ φύσιν ἐστὶ ποιητικόν, ἐπειδὴ μηδὲ θεοῦ καταληπτικόν. Μόνης γὰρ τῆς θείας χάριτος ἴδιον τοῦτο πέφυκεν εἶναι τὸ ἀναλόγως τοῖς οὖσι χαρίζεσθαι θέωσιν"; ferner Max. Ep. 2, 408B [ca. 626; vgl. P. Sherwood (1952) 25].

Betonung der Rolle des Heiligen Geistes bei der Vergöttlichung,[226] dessen Bedeutung für die geschenkte Taufe bereits Erwähnung fand.[227] Dieser Charakter der Vergottung als Geschenk harmoniert mit der eben erworbenen Einsicht, daß die θεολογία durch eine vollständige Preisgabe des noëtischen Vermögens bedingt ist.

Fragt man nun nach dem Wesen der Vergöttlichung,[228] so bekräftigt Maximus, daß sie in einer Einigung mit dem Logos besteht,[229] welche den Menschen dazu befähigt, die Grenzen seiner eigenen Natur, insbesondere die des Raumes und der Zeit, zu überwinden.[230] Positiv betrachtet, tritt die Vergöttlichung als eine wirkliche Veränderung der menschlichen Natur,[231] als eine Wegnahme menschlicher Merkmale und Rezeption göttlicher Merkmale zutage.[232] Daraus darf aber nicht deduziert werden, daß der Vergöttlichte aufhört, Mensch zu sein.[233] Die durch die Vergöttlichung geschenkte Verwandlung der menschlichen Natur kann nur in dem Maße vorkommen, als die definierenden Wesensmerkmale der Natur, vor allem die Tatsache, daß der Mensch aus Leib und rationaler Seele besteht, nicht angetastet werden. Der Mensch wird Gott nicht nach seinem inneren Wesen (κατὰ φύσιν), sondern gemäß der Gnade (κατὰ χάριν).[234] Dies beschreibt J.-C. Larchet, indem er mit Recht auf maximinische Terminologie rekurriert. Vergöttlicht wird der Mensch keineswegs nach dem λόγος der Natur, dem es zukommt, deren Integrität zu bewahren, sondern nach der Art und Weise (τρόπος) der Existenz dieser Natur.[235] Zuletzt muß auch kurz auf das Wann der maximinischen Vergottung eingegangen werden. Es trifft zwar zu, daß

---

[226] Vgl. z. B. Max. Thal. 38 (S. 257, Z. 43f.): „θεωθεῖσαν (sc. die menschliche Natur) . . . διὰ πνεύματος"; Max. Amb. Io. 7, 1076C u. 1097B.

[227] Vgl. dazu den Abschnitt 2. 1. 3 (S. 104f.).

[228] Zu dieser Problematik vgl. die umsichtige Studie von J.-C. Larchet (1996) 527–640, vor allem 582–608.

[229] Vgl. Max. Amb. Io. 10, 1137BC.

[230] Vgl. z. B. ibid. 20, 1240A.

[231] Vgl. ibid. 10, 1176: „τιμιωτέρα (. . .) τῆς φυσικῆς ἀφθαρσίας ἡ ἐν χάριτι πρὸς τὸν Θεὸν κατὰ τὴν θέωσιν μεταποίησις".

[232] Vgl. Max. Ep. 2, 408B [ca. 626; vgl. P. Sherwood (1952) 25]: „τὴν ὑμᾶς μὲν Θεῷ κατὰ χάριν θεουργοῦσαν (sc. die Tugend), τῇ ἀφαιρέσει τῶν ἀνθρωπίνων γνωρισμάτων· ὑμῖν δὲ τὸν Θεὸν κατὰ συγκατάβασιν ἀνθρωπίζουσαν, τῇ ἀναλήψει κατὰ τὸ ἐφικτὸν ἀνθρώπῳ τῶν θείων γνωρισμάτων".

[233] Vgl. Max. Amb. Io. 7, 1088C: „ὅλος μὲν ἄνθρωπος μένων κατὰ ψυχὴν καὶ σῶμα διὰ τὴν φύσιν, καὶ ὅλος γινόμενος Θεὸς κατὰ ψυχὴν καὶ σῶμα διὰ τὴν χάριν".

[234] Vgl. die Zitate in Anm. 225; ferner Max. Qu. d. 61 (S. 48).

[235] Vgl. J.-C. Larchet (1996) 605–608.

Maximus an zahlreichen Stellen vom zukünftigen Charakter der
Vergottung ausgeht. Dabei handelt es sich um einen Zustand, der
erst im kommenden Äon in Erscheinung treten kann.[236] Viele Forscher
des Maximus beteuerten aber, daß er auch eine Vergöttlichung kennt,
die sich als hic et nunc zu erlebende Möglichkeit darstellt.[237] Daraus
läßt sich folgern, daß die eschatologische Vergöttlichung in diesem
Leben als Vorgeschmack und als Zustand, der im kommenden Äon
vollständig zu realisieren ist, erlebt werden kann.[238]

2.3. Zusammenfassung

Das maximinische Verständnis des mystischen Aufstiegs zeigt nochmals die Zentralität des Christusgeschehens im Denken des Maximus
Confessor. Dies verrät nicht nur die Tatsache, daß der Bekenner die
Liebe, welche der Logos durch das von ihm vollzogene Heilsgeschehen
erneuerte, zum Faktor erhebt, der den ganzen mystischen Weg vereinheitlicht, sondern auch daß der mystische Aufstieg auf die Vergottung zielt, die allein durch Zusammenkommen und gegenseitige
Durchdringung von göttlicher und menschlicher Natur in Christus
ermöglicht wurde. Auch die psychologischen und ekklesiologischen
Grundlagen der Mystik sind bei dem Confessor stark von der
Christologie geprägt. So rekurriert Maximus vor allem auf christologische Argumente, um Tendenzen zu bekämpfen, welche die Einheit
und Gleichzeitigkeit des Erschaffens von Leib und Seele in Abrede
stellen. Überdies legt der Bekenner der Einheit der Kirchenmitglieder
das paulinische Bild des Leibes Christi zugrunde und läßt die Taufe
in der Christologie wurzeln, indem er bekräftigt, daß sie dem Einzelnen
die Sohnschaft vermittelt, die seinshaft allein Jesus zukommt. Haben
also mehrere Maximusforscher mit Recht auf die Berührungspunkte
zwischen dem Confessor und Evagrius Ponticus aufmerksam gemacht,

---

[236] Vgl. z. B. Max. Qu. d. 81 (S. 65): „Αὐτὸς ὁ κύριος λέγεται μεθ᾽ ἡμῶν εἶναι
ἐν τῷ νῦν αἰῶνι, ἐν δὲ τῷ μέλλοντι οἱ ἅγιοι μετ᾽ αὐτοῦ ἔσονται, τῇ χάριτι θεωθέντες“;
ferner ibid. 180 (S. 123); Max. Amb. Io. 7, 1076A; Max. Thal. 22 (S. 141, Z.
74–80) u. 35 (S. 241, Z. 42).
[237] Vgl. z. B. Max. Amb. Io. 7, 1080C [zitiert und übersetzt im Abschnitt 1. 2.
2. 1 (S. 52f.)] u. 1092BC; ferner I. Hausherr (1952) 160f.; M. Doucet (1979) 295;
J.-C. Larchet (1996) 643.
[238] So I. Hausherr (1952) 160f.; M. Doucet (1979) 295; J.-C. Larchet (1996)
643–647; ferner Max. Th. ec. II, 87, 1165BC.

so scheint die Zentralität der Christologie innerhalb der maximinischen Mystik der Punkt zu sein, an dem der Bekenner am stärksten
von dem Pontiker abweicht und dessen unter den Mönchen einfluß-
reiche Theorie des spirituellen Aufstiegs am tiefgehendsten korrigiert.
Bevor der Blick auf die Bibelhermeneutik des Confessors gelenkt
wird, war die Auseinandersetzung mit der maximinischen Auffassung
vom mystischen Aufstieg insofern vonnöten, als für Maximus die
Auslegung der Heiligen Schrift eine spirituelle Dimension hat und
sich eng zum geistlichen Fortschritt verhält. Zudem zieht der Bekenner,
wie schon erwähnt, eine Parallele zwischen der Naturbetrachtung
(φυσικὴ θεωρία) und der Schrifterkenntnis. Näher zu bestimmen sind
aber diese hier grob skizzierten Relationen erst im nächsten Kapitel,
wo die Schrifthermeneutik des Maximus Confessor als solche im einzelnen dargestellt wird.

DRITTES KAPITEL

DIE MAXIMINISCHE BIBELHERMENEUTIK

Κρύπτεται γὰρ φαινόμενος ὁ τοῦ παντὸς δημιουργὸς
καὶ νομοθέτης λόγος, κατὰ φύσιν ὑπάρχων ἀόρατος,
καὶ ἐκφαίνεται κρυπτόμενος

Max. Amb. Io. 10, 1129BC

3.1. Die Christologie als theologische Grundlage bibelhermeneutischer Reflexion

Die Beschäftigung mit der Logoslehre des Maximus Confessor im ersten Kapitel dieser Arbeit hat gezeigt, daß es die Menschwerdung des göttlichen Logos ist, die für den Bekenner jenes μυστήριον des Ratschlusses Gottes in bezug auf die rationalen Geschöpfe, jenes μυστήριον der λόγοι also, zugänglich macht und jede Rede von ihm ermöglicht. Mit anderen Worten dient die Fleischwerdung als hermeneutischer Schlüssel zur Welt der λόγοι und deren Bedeutung für die menschliche, auf die Vereinigung mit Gott zielende Dynamik.[1] Dies aber legt nahe – gerade im Blick auf die Wichtigkeit der Logostheorie für den Kirchenvater – daß die Inkarnation des Logos die gleiche Funktion für andere Bereiche des maximinischen Denkens erfüllt. Tatsächlich haben die Maximusforscher seit H. U. von Balthasar immer wieder betont, daß Christus, der menschgewordene Logos, die Mitte der maximinischen Synthese darstellt.[2] Wenn es sich so verhält, dann ist es berechtigt zu fragen, inwieweit die Christologie – und vor allem die Fleischwerdung – dem Confessor als theologische Grundlage bibelhermeneutischer Reflexion dient. Und wenn diese Frage mit einem prinzipiellen Ja beantwortet werden kann, dann gilt es, nach dem sich daraus ergebenden bibelhermeneutischen Modell, der eventuellen Existenz anderer Modelle und dem Verhältnis jener zum christologischen weiterzufragen. Auf diese Fragen, die in der Maximusforschung bisher zwar berührt, aber nie im einzelnen und

---

[1] Vgl. den Abschnitt 1. 2. 2. 2 (vor allem S. 64–67).
[2] Vgl. Einleitung, Abschnitt III (S. l–li).

zur Genüge erörtert wurden, soll im folgenden detailliert eingegangen werden. Bevor aber die Texte des Maximus auf diese Fragen hin untersucht werden, erachte ich es für sinnvoll, die in der Forschung wohlbekannte Lehre des Bekenners von den drei Gesetzen[3] umrißhaft zu skizzieren. Grund dafür ist der Eindruck – welcher desto stärker wird, je mehr man sich mit der maximinischen Bibelhermeneutik befaßt – daß die Drei-Gesetze-Lehre ein Grundgefüge des Denkens des Kirchenvaters ist, das zahlreichen Zügen seiner bibelhermeneutischen Reflexion zugrundeliegt.[4]

3.1.1. *Die maximinische Lehre von den drei Gesetzen*

In der *Quaestio ad Thalassium* 19 setzt sich Maximus mit der Frage auseinander, wie Paulus sagen kann, Gott werde gemäß seinem Evangelium das Verborgene des Menschen durch Jesus Christus richten (vgl. Röm 2, 16), während er einige Verse davor schreibt, daß alle, die ohne Gesetz gesündigt haben, ohne Gesetz verlorengehen und alle, die unter dem Gesetz gesündigt haben, durch das Gesetz gerichtet werden (vgl. Röm 2, 12). Um diese Aporie zu lösen, rekurriert der Bekenner auf eine bei ihm immer wiederkehrende Lehre von drei Gesetzen, nämlich dem Naturgesetz, dem geschriebenen Gesetz und dem Gesetz der Gnade, die alle auf Christus als göttlichen Logos zurückzuführen sind:

Ὁ τοῦ θεοῦ λόγος Ἰησοῦς Χριστός, ὡς μὲν πάντων δημιουργός, καὶ νόμου τοῦ κατὰ φύσιν ἐστὶ ποιητής, ὡς δὲ προνοητὴς καὶ νομοθέτης, καὶ τοῦ ἐν γράμματι σαφῶς καὶ τοῦ ἐν πνεύματι, τουτέστιν ἐν χάριτι, νόμου ἐστὶ δοτήρ· τέλος γὰρ νόμου Χριστός, δηλονότι τοῦ γραπτοῦ νοουμένου πνευματικῶς. Εἰ τοίνυν εἰς Χριστόν, ὡς δημιουργὸν προνοητήν τε καὶ νομοθέτην καὶ ἱλασμόν, ὅ τε κατὰ φύσιν καὶ ὁ γραπτὸς καὶ ὁ τῆς χάριτος συνάγεται νόμος,

Der Logos Gottes, Jesus Christus, ist, als Schöpfer von allem, auch Verfertiger des Gesetzes gemäß der Natur. Als Vorseher und Gesetzgeber ist er deutlich auch Gewährer des Gesetzes im Buchstaben sowie des Gesetzes im Geist, d. h. in der Gnade. Denn Christus ist des Gesetzes Ende (vgl. Röm 10, 4), gewiß des geschriebenen, wenn es geistlich verstanden wird. Wenn also zu Christus als Schöpfer, Vorseher, Gesetzgeber und

---

[3] Vgl. dazu vor allem H. U. von Balthasar (³1988) 288–312; J.-C. Larchet (1992) 25–28; V. Karayiannis (1993) 333–393; ferner I.-H. Dalmais (1964) 47–49 u. (1982) 18–22; P. M. Blowers (1992, The Logology) 571.
[4] Vgl. dazu P. M. Blowers (1991) 102–106 u. 117–122; (1993, The Analogy) 145–149.

ἀληθεύει φάσκων ὁ θεῖος ἀπόστολος ὅτι ὁ θεὸς τὰ κρυπτὰ τῶν ἀνθρώπων μέλλει κρίνειν κατὰ τὸ εὐαγγέλιον αὐτοῦ, τουτέστι καθὼς εὐαγγελίζεται διὰ Ἰησοῦ Χριστοῦ τοῦ μονογενοῦς κατ' οὐσίαν οἰκείου λόγου, χωρῶν διὰ πάντων, καὶ τοὺς μὲν ἐλέγχων, τοὺς δὲ προσφόρως ἀποδεχόμενος, καὶ τοῖς κατὰ φύσιν καὶ νόμον καὶ χάριν διὰ τοῦ συνόντος αὐτῷ κατ' οὐσίαν μονογενοῦς ἀφράστου λόγου τὰ κατ' ἀξίαν ἀπονέμων. Πάσης γὰρ φύσεως καὶ παντὸς νόμου καὶ θεσμοῦ καὶ τάξεως ὁ τοῦ θεοῦ λόγος ἐστὶ ποιητής, καὶ τῶν ἐν φύσει καὶ νόμῳ καὶ θεσμῷ καὶ τάξει κριτής· τοῦ γὰρ διαγορεύοντος λόγου χωρίς, νόμος οὐκ ἔστιν. Εἴτε οὖν ἐν νόμῳ τις κρίνεται, ὡς ἐν Χριστῷ κριθήσεται, εἴτε χωρὶς νόμου, πάλιν ἐν αὐτῷ πάντως κριθήσεται· πάντων γὰρ τῶν ὄντων καὶ λεγομένων καὶ νοουμένων ἐστὶ καὶ ἀρχὴ καὶ μεσότης καὶ τέλος, ὡς δημιουργός, ὁ λόγος.[5]

Sühnopfer sowohl das Gesetz gemäß der Natur als auch das geschriebene wie das der Gnade zusammenkommen, dann spricht der göttliche Apostel die Wahrheit, wenn er sagt, daß Gott das Verborgene der Menschen nach seinem Evangelium richten wird (vgl. Röm 2, 16), d. h. wie er (sc. Gott) durch Jesus Christus, seinen dem Wesen nach eigenen eingeborenen Logos verkündet wird. Er (sc. Gott) schreitet durch alles (vgl. Weish 7, 24 LXX), prüft die einen, nimmt die anderen angemessen auf und teilt durch seinen eingeborenen und unaussprechlichen Logos, der wesensgemäß bei ihm ist, denen, die gemäß der Natur, dem Gesetz und der Gnade sind, das Gebührende zu. Denn der Logos Gottes ist Verfertiger von aller Natur, allem Gesetz, aller Ordnung und allem Rang und Richter all derjenigen, die unter Natur, Gesetz, Ordnung und Rang sind. Denn ohne den bestimmenden λόγος gibt es kein Gesetz. Wird jemand also im Gesetz gerichtet, so wird er wie in Christus gerichtet. Wird er ohne Gesetz gerichtet, so wird er auf jeden Fall wieder in ihm gerichtet. Denn als Schöpfer ist der Logos Anfang, Mitte und Ende von allem Seienden, Gesagten und Gedachten.

Aus diesem maximinischen Kommentar zu den zwei sich *widersprechenden* paulinischen Aussagen geht hervor, daß der Confessor seine Drei-Gesetze-Lehre in Kontinuität mit den Intuitionen der ersten zwei Kapitel des Römerbriefes verstanden wissen will. Obwohl die drei Gesetze inhaltlich nicht näher bestimmt werden, läßt sich aus dem Passus schließen, daß der Bekenner das geschriebene Gesetz gemäß paulinischer Ansicht mit dem des Alten Testaments identifiziert.[6] Daß

---

[5] Max. Thal. 19 (S. 119, Z. 7–30) [Übersetzung von mir].
[6] Vgl. ibid. (S. 119, Z. 11f.): „τέλος γὰρ νόμου Χριστός, δηλονότι τοῦ γραπτοῦ νοουμένου πνευματικῶς".

das Naturgesetz zur Lehre des Paulus, die Heiden hätten das Wesen
Gottes durch die Schöpfung erkennen können (vgl. Röm 1, 19f.), in
Affinität steht, liegt auch auf der Hand, während das Gnadengesetz
hier mit dem Tod Christi, also mit dem historischen Heilsgeschehen
als solchem, in Zusammenhang gebracht wird. Demnach scheinen
die drei Gesetze sich auf drei Etappen der Heilsgeschichte zu beziehen. Dies wird durch die Attribute, welche dem Logos verliehen
werden, nämlich Schöpfer, Gesetzgeber und Sühnopfer, illustriert.
Aber die Art und Weise, wie sich die drei Gesetze zueinander verhalten, wird in dieser *Quaestio ad Thalassium* 19 nicht weiter erläutert.
Dem Confessor geht es lediglich darum zu betonen, daß der göttliche Logos Urheber aller drei Gesetze ist. Dies erinnert mutatis mutandis an das Bild des λόγοι-Kreises, in dessen Mittelpunkt der Logos
steht, das im ersten Kapitel meiner Studie besprochen wurde.[7] Daß
die Drei-Gesetze-Lehre des Bekenners mit dessen Logostheorie zusammenhängt, wird sich im folgenden zeigen.[8] Als nächstes aber wird
das Augenmerk auf einen anderen Text des Confessors gerichtet, der
über das maximinische Verständnis der drei Gesetze mehr Aufschluß
gibt. Dieser Passus, der aus der *Quaestio ad Thalassium* 39 stammt,
stellt eine Deutung der drei Tage dar, die das Volk mit Jesus in der
Wüste verbrachte (vgl. Mt 15, 32):

Καθ' ἕτερον δὲ τρόπον, τοὺς τρεῖς γενικωτέρους νόμους αἱ τρεῖς ἡμέραι σημαίνουσι, τὸν γραπτὸν φημι καὶ τὸν φυσικὸν καὶ τὸν πνευματικὸν ἤγουν τὸν τῆς χάριτος. Πᾶς γὰρ νόμος οἰκείως ἑαυτῷ τῆς ἀνθρωπίνης φύσεως ὑπάρχει φωτιστικός, τοῦ φωτὸς ἔχων δημιουργὸν τὸν τῆς δικαιοσύνης ἥλιον. Ὡς γὰρ ἡλίου χωρὶς ἡμέραν γενέσθαι παντελῶς ἀμήχανον, οὕτω δίχα τῆς οὐσιώδους καὶ ὑφεστώσης σοφίας νόμος εἶναι δικαιοσύνης οὐ δύναται, τῆς ἐν ἑκάστῳ νόμῳ τὴν οἰκείαν ποιουμένης ἀνατολὴν καὶ τοὺς νοεροὺς τῶν ψυχῶν ὀφθαλμοὺς νοητοῦ φωτὸς ἐμπιπλώσης. Ὅπερ εἰδὼς Δαυὶδ ὁ μακάριός φησι· Λύχνος τοῖς ποσί μου ὁ νόμος σου καὶ φῶς τοῖς τρίβοις μου· λύχνον τὸν γραπτὸν

Auf eine andere Weise bedeuten die drei Tage die drei allgemeineren Gesetze, das geschriebene, meine ich, das naturhafte und das geistliche, nämlich das der Gnade. Denn jedes Gesetz erleuchtet auf eine ihm entsprechende Art und Weise die menschliche Natur, weil es als Schöpfer des Lichtes die Sonne der Gerechtigkeit (vgl. Mal 3, 20 LXX) hat. Denn, so wie es absolut unmöglich ist, daß ein Tag ohne Sonne entsteht, kann es ohne die wesentliche und (in sich) bestehende Weisheit, die in jedem Gesetz deren eigenen Aufgang hat und die intelligiblen Augen der Seelen mit noëtischem Licht erfüllt, kein Gerechtigkeitsgesetz geben. Dies

[7] Vgl. den Abschnitt 1. 2. 2. 2 (S. 71–73).
[8] Vgl. die weiteren Ausführungen dieses Abschnitts, vor allem auf S. 131–143.

καλέσας νόμον, ὡς τεχνικῶς τοῖς τῶν σωματικῶν συμβόλων αἰνιγμάτων τε καὶ τύπων διαφόροις συνθήμασι τὸ καυστικὸν φῶς τῆς τῶν παθῶν μοχθηρίας πυρσεύοντα τοῖς διὰ πράξεως κατὰ τῶν ἐναντίων δυνάμεων πλατύνουσι τῆς ψυχῆς τὰ διαβήματα, φῶς δὲ τὸν πνευματικὸν τῆς χάριτος νόμον, ὡς ἀτέχνως δίχα τῶν αἰσθητῶν συμβόλων τὰς αἰωνίους δεικνύοντα τρίβους· ἐν αἷς τὸν δρόμον ὁ θεωρητικὸς νοῦς ποιούμενος πρὸς τὸ ἀκρότατον τῶν ἀγαθῶν πέρας ἄγεται, τὸν θεόν, μηδενὶ τῶν ὄντων ὁρίζων τῆς διανοίας τὴν κίνησιν. Ἀνέσπερον γὰρ τὸ φῶς ὑπάρχει τοῦ νόμου τῆς χάριτος, οὐκ ἔχον τὴν οἱανοῦν γνῶσιν τὰς αὐτοῦ παμφαεῖς ἀκτῖνας ὁρίζουσαν. Ἡ τυχὸν πόδας ἐκάλεσεν ὁ προφήτης ὅλον τοῦ κατὰ θεὸν βίου τὸν δρόμον ἢ τὰς κατὰ ψυχὴν κινήσεις τῶν ἀγαθῶν λογισμῶν, ὁδηγουμένας καθάπερ λύχνῳ τῷ ἐν τῷ γράμματι τοῦ νόμου φωτί, τρίβους δὲ τοὺς κατὰ τὸν φυσικὸν νόμον τρόπους τῶν ἀρετῶν καὶ τοὺς κατὰ τὸν πνευματικὸν νόμον τῆς γνώσεως λόγους, τῇ παρουσίᾳ τοῦ θεοῦ λόγου δεικνυμένους καὶ πρὸς ἑαυτὴν τὴν φύσιν καὶ τὴν αἰτίαν δι᾽ ἀρετῆς τε καὶ γνώσεως ἐπανάγοντας.[9]

wußte der selige David und sagte: ‚Eine Leuchte für meine Füße ist dein Gesetz und ein Licht für meine Wege‘ (vgl. Ps. 118, 105 LXX). Leuchte nannte er das geschriebene Gesetz, weil es künstlich (τεχνικῶς) durch die verschiedenen Zeichen der leiblichen Symbole (σύμβολον), Rätsel (αἴνιγμα) und Figuren (τύπος) das brennende Licht der Schlechtigkeit der Affekte durch Feuer signalisiert bei denjenigen, die durch die πρᾶξις gegen die feindlichen Mächte die Schritte der Seele breiter machen. Licht (nennt David) auch (vgl. Ps. 118, 105 LXX) das geistliche Gnadengesetz, da es kunstlos (ἀτέχνως) ohne die sichtbaren Symbole (σύμβολον) die ewigen Wege zeigt, auf denen der theoretische (θεωρητικός) νοῦς, wenn er sich auf den Weg macht, zum Gipfel des Guten geführt wird, (nämlich) zu Gott, ohne die intelligible Bewegung auf eines der Seienden zu beschränken. Denn das Licht des Gnadengesetzes kennt keinen Abend, da es kein Wissen hat, das seine leuchtenden Strahlen begrenzen (würde). Oder vielleicht bezeichnete der Prophet als Füße (vgl. Ps. 118, 105 LXX) den ganzen Weg des gottgemäßen Lebens bzw. die seelischen Bewegungen der guten Gedanken, die (sc. die Bewegungen) durch das sich im Buchstaben des Gesetzes befindende Licht wie durch eine Leuchte geführt werden; und als Wege (bezeichnete der Prophet) die Tugendweisen, die gemäß dem Naturgesetz sind, und die dem geistlichen Gesetz entsprechenden λόγοι der Erkenntnis (γνῶσις), die durch die Anwesenheit des Gottes und Logos gezeigt werden und zur Natur und Ursache selbst durch Tugend (ἀρετή) und Erkenntnis (γνῶσις) hinaufführen.

---

[9] Max. Thal. 39 (S. 259 u. 261, Z. 14–45) [Übersetzung von mir].

Daß Maximus in diesem Passus die drei Gesetze als „allgemeiner"
bezeichnet, kann darauf zurückgehen, daß er bereits in der vorausgehenden Quaestio die sieben Brüder, die dieselbe Frau heirateten
(vgl. Mt 22, 23–28), allegorisch im Sinne von sieben Gesetzen, welche der menschlichen Natur vor Christus gegeben wurden, deutet.[10]
Sonst zieht der Kirchenvater hier eine deutliche Konsequenz aus
dem in der *Quaestio ad Thalassium* 19 formulierten Prinzip, nämlich,
daß alle drei Gesetze im Logos wurzeln, weil hier behauptet wird,
daß jedes Gesetz in sich vollständig ist, da es durch den in ihm
gegenwärtigen Logos die menschliche Natur zur Erleuchtung führen
kann. Dies darf indes nicht zu dem Schluß verleiten, daß alle drei
Gesetze *gleich* sind. Die Vollkommenheit jedes Gesetzes kann nur
insofern gelten, als es sozusagen nach innerer Logik (οἰκείως ἑαυτῷ)
Zugang zum ganzen und selben Logos verschafft. Es bleibt jedoch
ein irreduktibler Wertunterschied bestehen, der im obigen Abschnitt
exemplarisch aus dem Vergleich, den der Confessor zwischen dem
geistlichen und dem geschriebenen Gesetz aufstellt, ersichtlich wird.
Während das geschriebene Gesetz künstlich (τεχνικῶς), d.h. mittelbar durch Symbole (σύμβολον), Rätsel (αἴνιγμα) und Figuren (τύπος)
wirkt, bedarf das Gesetz der Gnade keiner symbolischen Vermittlung.
Hermeneutisch gesehen, geht es hierbei um wichtige Termini, die
im weiteren Verlauf der Arbeit behandelt werden sollen.[11] Hier ist
nur festzuhalten, daß Maximus durch dieses Kriterium der Unmittelbarkeit dem Gnadengesetz mehr Wert zubilligt. Dieser Eindruck wird
dadurch intensiviert, daß, während beide Gesetze, das naturhafte und
das geschriebene, vom Standpunkt des mystischen Aufstiegs aus mit
der πρᾶξις und der Tugendentfaltung in Verbindung gesetzt werden, die höheren spirituellen Stufen, sprich die γνῶσις, allein dem
Gnadengesetz vorbehalten werden. Dies darf natürlich keineswegs
systematisch, sondern nur funktional, verstanden werden, weil der
Kirchenvater sonst Heiligen, welche unter dem naturhaften bzw.
geschriebenen Gesetz gelebt haben, zuerkennt, höhere spirituelle
Stufen erreicht zu haben.[12] Zum Wesen der drei Gesetze läßt sich

---

[10] Vgl. Max. Thal. 38 (S. 255, Z. 5–26).
[11] Vgl. den Abschnitt 3. 1. 3. 2. 2.
[12] Vgl. z. B. Max. Ep. 2, 401B [ca. 626; vgl. P. Sherwood (1952) 25]; Max.
Amb. Io. 10, 1137C–1141C; Max. Th. ec. II, 66, 1153AB; vgl. dazu J.-C. Larchet
(1996) 208–219.

überdies folgendes sagen: Während die obige Stelle in dem Eindruck bestärkt, daß es sich bei dem geschriebenen Gesetz um den alttestamentlichen Nomos handelt, der sich schriftlich vermittelt, geht es bei dem Gnadengesetz um Christus selbst, und weniger um die Schriften des Neuen Testaments als solche. Verhielte es sich nicht so, wäre die maximinische Aussage, das Gesetz der Gnade wirke unmittelbar, völlig absurd, zumal weil sich der Confessor nicht scheut, auch neutestamentliche Texte zu allegorisieren.[13] Zum Naturgesetz hat der obige Passus nicht viel zu sagen. Deshalb ist, bevor ein maximinischer Schlüsseltext aus dem *Ambiguum ad Ioannem* 10, in welchem unter anderem das Verhältnis der drei Gesetze thematisiert wird, zur Sprache kommt, noch eine Stelle aus der *Quaestio ad Thalassium* 32 zu konsultieren:

Ὁ πᾶσαν τὴν φαινομένην τοῦ νόμου σωματικὴν λατρείαν μὴ κατ᾽ αἴσθησιν ὁρῶν, ἀλλὰ ταῖς κατὰ νοῦν ἐφόδοις ἕκαστον τῶν ὁρωμένων συμβόλων διασκοπήσας, τὸν ἐν ἑκάστῳ κεκρυμμένον θεοτελῆ λόγον ἐκδιδασκόμενος, ἐν τῷ λόγῳ τὸν θεὸν εὑρίσκει, καλῶς ψηλαφῶν διὰ τῆς νοερᾶς δυνάμεως ὡς ἐν φορυτῷ τῇ ὕλῃ τῶν νομικῶν διατάξεων εἴ που κεκρυμμένον εὕροι τῇ σαρκὶ τοῦ νόμου τὸν τὴν αἴσθησιν παντελῶς διαφεύγοντα μαργαρίτην λόγον. Ὡσαύτως δὲ καὶ ὁ τὴν φύσιν τῶν ὁρωμένων μὴ τῇ αἰσθήσει μόνῃ περιγράφων, ἀλλὰ κατὰ νοῦν σοφῶς τὸν ἐν ἑκάστῳ κτίσματι λόγον διερευνώμενος, εὑρίσκει θεόν, ἀπὸ τῆς προβεβλημένης τῶν ὄντων μεγαλουργίας τὴν αὐτῶν τῶν ὄντων διδασκόμενος αἰτίαν.[14]

Derjenige, der den ganzen erscheinenden leiblichen Kult des Gesetzes nicht nach dem Sinnesvermögen betrachtet, sondern mit den noëtischen Mitteln jedes der zu sehenden Symbole (σύμβολον) durchforscht, wird über den göttlich vollkommenen λόγος, der sich in jedem (Symbol) verbirgt, gründlich belehrt und in diesem λόγος Gott finden, indem er durch die intelligible Kraft wie in einem Gemisch, (nämlich) der Materie der gesetzlichen Ordnungen, wohl fühlt, ob er irgendwo die Perle, den durch das Fleisch des Gesetzes verborgenen λόγος, der sich dem Sinnesvermögen völlig entzieht, finden kann. Auf dieselbe Weise wird derjenige, der die Natur des Sichtbaren nicht durch das Sinnesvermögen allein umschreibt, sondern mit dem νοῦς weise den λόγος in jedem Geschöpf durchsucht, Gott finden und aus der (ihm) vorgestellten Großartigkeit des Seienden über die Ursache dieses Seienden selbst belehrt.

---

[13] Vgl. z. B. Max. Thal. 3 (S. 55–59); 20 (S. 121–125); 24 (S. 157); 25 (S. 159–167).
[14] Max. Thal. 32 (S. 225, Z. 4–16) [Übersetzung von mir].

Es ist keineswegs irrelevant zu erwähnen, daß Maximus diese Antwort
auf eine Frage nach Apg 17, 27 formuliert. Dieser Vers stammt aus
der Rede des Paulus auf dem Areopag, in der der Apostel unter
anderem die Möglichkeit einräumt, daß Heiden unabhängig von der
historischen Offenbarung Christi zu einer gewissen Erkenntnis Gottes
gelangen können. Der vom Bekenner ausgelegte Vers bezieht sich
auf jene Menschen, die naturgemäß Gott suchen, „ob sie ihn wohl
fühlen und finden könnten". Der Gesamtkontext des Kommentars
des Confessors ist demzufolge die relative Offenbarung Gottes vor
der Menschwerdung des Logos. Daher fällt es keineswegs auf, daß
der Kirchenvater gerade hier auf seine Lehre vom Natur- und vom
geschriebenen Gesetz zurückgreift, um zu erhellen, wie dieses Finden
Gottes funktioniert. Die Art und Weise, wie der zweite Teil der Frage
(wie findet man Gott, indem man fühlt)[15] formuliert ist, legt aber
nahe, daß es dem Fragenden – und eventuell Maximus selbst – nicht
nur um einen heilsgeschichtlichen Sachverhalt geht, sondern auch
um jeden Menschen, der sich hic et nunc mit dem Alten Testament
und der Natur beschäftigt.[16] Dies soll zunächst einmal festgehalten
werden. Darüber hinaus ist in diesem Text zu beachten, daß das
Naturgesetz und das geschriebene Gesetz deutlich und völlig parallelisiert werden. Sie werden sozusagen als gleichberechtigte Mittel
angesehen, durch die man sich Zugang zu Gott verschaffen kann.
Der obige Passus wirft zudem Licht auf den *Mechanismus*, gemäß dem
diese Erkenntnis Gottes erfolgen soll. Bedeutsam ist, daß Maximus, um
Rechenschaft über die Art und Weise dieser Erkenntnis abzulegen,
seine Logoslehre, jenes „organisatorische Prinzip"[17] seiner Synthese,
ins Spiel bringt. Es verhält sich beim Erforschen der alttestamentlichen Institutionen und Ordnungen genauso wie bei der φυσικὴ
θεωρία[18] des Kosmos: In beiden Fällen gilt es, nicht bei dem Sinnlichen
zu verharren, sondern sich seiner zu bedienen, um zum λόγος, welcher sich in ihm verbirgt und es zugleich transzendiert, und dadurch

---

[15] Vgl. ibid. (S. 225, Z. 1f.): „Τί ἐστιν εἰ ἄρα ψηλαφήσαιεν καὶ εὕροιεν θεόν;
Πῶς τις ψηλαφῶν εὑρίσκει θεόν;".
[16] Die Tatsache, daß Maximus im zweiten, nicht zitierten Teil seiner Antwort zu
einer Reflexion über die Schrift (γραφή) *überhaupt*, die Schöpfung und den Menschen
kommt, scheint meinen Eindruck zu bestätigen; vgl. Max. Thal. 32 (S. 225, Z.
17–33, teilweise zitiert in Anm. 227).
[17] Vgl. I-H. Dalmais (1952, La théorie) 244.
[18] Vgl. den Abschnitt 2. 2. 2.

zu Gott, dem Logos,[19] zu gelangen. Dem Naturgesetz liegt also der
Übergang vom Sinnlichen zum λόγος zugrunde, der bei dem Bekenner
seinen Ausdruck in der Lehre von der φυσικὴ θεωρία findet. Dem obigen Abschnitt zufolge entspricht aber dieser φυσικὴ θεωρία (Naturbetrachtung), wie es bereits im zweiten Kapitel vorweggenommen
wurde,[20] eine Schrifterkenntnis,[21] deren Gegenstand die alttestamentlichen Ordnungen sind. Indes, weder die Betrachtung der Natur noch
die des Alten Testaments vermag in sich ein Garant dafür zu sein,
daß man den darin zu findenden λόγος entdeckt.[22] Hier begnügt sich
der Confessor damit zu akzentuieren, daß dies weise und mit Hilfe
der noëtischen Mittel vollzogen werden soll. Im vorausgegangenen
Kapitel zeigte sich aber, daß er bei der φυσικὴ θεωρία dem Heiligen Geist eine zentrale Rolle beimißt.[23] Daß dies sowohl dem geschriebenen wie dem naturhaften Gesetz als zum Logos führenden
Parallelwegen gilt, wird aus der als nächstes zu behandelnden Stelle
ersichtlich. Bibelhermeneutisch findet man im obigen Abschnitt wiederum den Begriff σύμβολον, der sich als Korrelat zum Begriff λόγος
darstellt. Außerdem ist dieser Passus stark von der Metaphorik des
Leibes, welche in der Quaestio 39 im Zusammenhang mit σύμβολον
auftrat,[24] geprägt.[25] Inwieweit diese aus der alexandrinischen Hermeneutik wohlbekannte Terminologie[26] bei Maximus einen eigenen

---

[19] Zum Verhältnis von λόγοι und göttlichem Logos vgl. den Abschnitt 1. 2. 2. 2.

[20] Vgl. den Abschnitt 2. 2. 2 (S. 115).

[21] Zum Begriff γραφικὴ θεωρία (Schriftbetrachtung) bei Maximus vgl. vor allem
Max. Amb. Io. 37, 1293B; dazu mehr im Abschnitt 3. 2. 1.

[22] Vgl. J.-C. Larchet (1992) 26.

[23] Vgl. den Abschnitt 2. 2. 2 (S. 114).

[24] Vgl. die Kombination σωματικὰ σύμβολα (leibliche Symbole) im oben zitierten Max. Thal. 39 (S. 99).

[25] Vgl. die Kombinationen σωματικὴ λατρεία (leiblicher Kult) u. σάρξ τοῦ νόμου
(Fleisch des Gesetzes).

[26] Daß der wörtliche Sinn eines heiligen Textes dem Leib, der tiefere und allegorische aber der Seele entspricht, geht über Philo von Alexandrien auf die Therapeuten zurück; vgl. Phil. V. contemp. 78f.: „αἱ δὲ ἐξηγήσεις τῶν ἱερῶν γραμμάτων
γίνονται δι᾽ ὑπονοιῶν ἐν ἀλληγορίαις· ἅπασα γὰρ ἡ νομοθεσία δοκεῖ τοῖς ἀνδράσι
τούτοις (sc. die Therapeuten) ἐοικέναι ζῴῳ καὶ σῶμα μὲν ἔχειν τὰς ῥητὰς διατάξεις,
ψυχὴν δὲ τὸν ἐναποκείμενον ταῖς λέξεσιν ἀόρατον νοῦν, ἐν ᾧ ἤρξατο ἡ λογικὴ
ψυχὴ διαφερόντως τὰ οἰκεῖα θεωρεῖν, ὥσπερ διὰ κατόπτρου τῶν ὀνομάτων ἐξαίσια
κάλλη νοημάτων ἐμφαινόμενα κατιδοῦσα καὶ τὰ μὲν σύμβολα διαπτύξασα καὶ
διακαλύψασα, γυμνὰ δὲ εἰς φῶς προαγαγοῦσα τὰ ἐνθύμια τοῖς δυναμένοις ἐκ
μικρᾶς ὑπομνήσεως τὰ ἀφανῆ διὰ τῶν φανερῶν θεωρεῖν"; ferner Orig. Princ. IV,
3, 5 (Z. 143f.): „Διακείμεθα γὰρ ἡμεῖς περὶ πάσης τῆς θείας γραφῆς, ὅτι πᾶσα μὲν
ἔχει τὸ πνευματικόν, οὐ πᾶσα δὲ τὸ σωματικόν"; Greg. Nys. Eun. III, 5, 9: „οἷον

Geschmack haben kann, ist später noch zu untersuchen.[27] Im folgenden aber soll noch die Aufmerksamkeit auf den wichtigen Passus aus dem maximinischen *Ambiguum ad Ioannem* 10 gelenkt werden:[28]

Οὕτω καὶ τῶν Χριστοῦ μαθητῶν ... τινές, οἷς συναναβῆναί τε καὶ συνεπαρθῆναι αὐτῷ πρὸς τὸ ὄρος τῆς αὐτοῦ φανερώσεως δι᾽ ἀρετῆς ἐπιμέλειαν ἐξεγένετο μεταμορφωθέντα θεασάμενοι, τῷ τε φωτὶ τοῦ προσώπου ἀπρόσιτον, καὶ τῇ τῶν ἐσθημάτων λαμπρότητι κατάπληκτοι, καὶ τῇ τῶν ἑκατερώθεν συνόντων τιμῇ Μωσέως καὶ Ἠλίου γεγενημένον αἰδεσιμώτερον ἐπεγνωκότες, ἀπὸ τῆς σαρκὸς εἰς τὸ πνεῦμα μετέβησαν, πρὶν τὴν διὰ σαρκὸς ἀποθέσθαι ζωήν, τῇ ἐναλλαγῇ τῶν κατ᾽ αἴσθησιν ἐνεργειῶν ἣν αὐτοὺς τὸ πνεῦμα ἐνήργησε, περιελὸν τῆς ἐν αὐτοῖς νοερᾶς δυνάμεως τῶν παθῶν τὰ καλύμματα, δι᾽ οὗ καθαρθέντες τὰ τῆς ψυχῆς καὶ σώματος αἰσθητήρια τῶν παραδειχθέντων αὐτοῖς μυστηρίων τοὺς πνευματικοὺς ἐκπαιδεύονται λόγους. Τὴν μὲν ἀκτινοφανῶς ἐκλάμπουσαν τοῦ προσώπου πανόλβιον αἴγλην, ὡς πᾶσαν ὀφθαλμῶν νικῶσαν ἐνέργειαν, τῆς ὑπὲρ νοῦν καὶ αἴσθησιν καὶ οὐσίαν καὶ γνῶσιν θεότητος αὐτοῦ σύμβολον εἶναι μυστικῶς ἐδιδάσκοντο, ἀπὸ τοῦ μὴ ἔχειν αὐτοῦ εἶδος μήτε κάλλος καὶ τοῦ σάρκα τὸν λόγον γεγενημένον γινώσκειν ἐπὶ τὸν ὡραῖον κάλλει παρὰ τοὺς υἱοὺς τῶν ἀνθρώπων καὶ τὴν ἐν ἀρχῇ αὐτὸν εἶναι καὶ πρὸς τὸν Θεὸν εἶναι καὶ Θεὸν εἶναι, ἔννοιαν χειραγωγούμενοι, καὶ πρὸς τὴν ὡς Μω-

So ... einige der Jünger Christi, denen es durch Tugendübung geschah, mit ihm zum Berg seiner Offenbarung hinaufzusteigen und miterhoben zu werden (vgl. Mt 17, 1–13; Mk 9, 2–8; Lk 9, 28–36), schauten, wie er, durch das Licht seines Antlitzes unzugänglich (vgl. 1 Tim 6, 16), sich verklärte (wörtlich: schauten ihn verklärt an), staunten über den Glanz seiner Kleider und erkannten durch die (ihm) von denjenigen, die auf beiden Seiten mit ihm waren, (erwiesene) Ehre, daß er ehrwürdiger als Moses und Elias war. Sie gingen, bevor sie das fleischliche Leben ablegten, vom Fleisch zum Geist hinüber durch die Veränderung der Energien des Sinnesvermögens, die der Geist in ihnen bewirkte, indem er der intelligiblen Kraft in ihnen die Hüllen der Affekte wegnahm. Durch diesen Geist wurden sie, nachdem sie bezüglich der Sinneswerkzeuge der Seele und des Leibes gereinigt worden waren, über die geistlichen λόγοι der μυστήρια, die ihnen gezeigt wurden, belehrt. Sie wurden mystisch (μυστικῶς) belehrt, daß der strahlend leuchtende, glückliche Glanz seines Antlitzes, als jede Augenenergie besiegend, ein Symbol (σύμβολον) seiner Gottheit war, die über Intellekt, Sinnesvermögen, Wesen

---

παραπετάσματί τινι τῷ σώματι τῆς γραφῆς τὸ θεῖον ὑποκρύπτεται βούλημα"; ferner ibid. III, 5, 15f.; Greg. Nys. Eun. II, 222; Greg. Nys. Cant. Prol. (S. 6, Z. 10f. u. 18).

[27] Vgl. vor allem die Abschnitte 3. 1. 2 u. 3. 1. 3. 1.

[28] Die weiteren Übersetzungen dieser Arbeit nehmen teilweise die Ergebnisse des Abschnitts 3. 2. 3. 1 vorweg, wo einige bibelhermeneutische Begriffe des Bekenners nach deren Bedeutung hin befragt werden.

νογενοῦς Παρὰ (sic) πατρὸς πλήρη χάριτος καὶ ἀληθείας δόξαν διὰ τῆς παντελῶς πᾶσιν ἀχώρητον αὐτὸν ἀνυμνούσης θεολογικῆς ἀποφάσεως γνωστικῶς ἀναγόμενοι.[29]

und Erkenntnis hinausgeht. Sie wurden an der Hand geführt von (der Erkenntnis), daß er (sc. Christus) weder Gestalt noch Schönheit hatte (vgl. Jes 53, 2 LXX) und daß der Logos Fleisch wurde (vgl. Joh 1, 14), zum Schönen (wörtlich: dem Hübschen in Schönheit) unter den Menschenkindern (vgl. Ps 44, 3 LXX) und zur Erkenntnis, daß er am Anfang, mit Gott und Gott war (vgl. Joh 1, 1). Sie wurden erkenntnishaft (γνωστικῶς) hinaufgeführt (ἀνάγω) zu seiner Herrlichkeit als des eingeborenen Sohnes vom Vater, voller Gnade und Wahrheit (vgl. Joh 1, 14), durch die theologische Verneinung (ἀπόφασις), die hinausruft (wörtlich: jauchzt), daß er allen durchaus unfaßbar ist.

Anschließend schreibt Maximus weiter:

τὰ δὲ λευκανθέντα ἱμάτια τῶν ῥημάτων τῆς ἁγίας Γραφῆς φέρειν σύμβολον, ὡς τηνικαῦτα λαμπρῶν καὶ τρανῶν καὶ σαφῶν αὐτοῖς γενομένων, καὶ παντὸς γριφώδους αἰνίγματος καὶ συμβολικοῦ σκιάσματος χωρὶς νοουμένων, καὶ τὸν ἐν αὐτοῖς ὄντα τε καὶ καλυπτόμενον παραδηλούντων λόγον, ὁπηνίκα τήν τε λείαν καὶ ὀρθὴν περὶ Θεοῦ γνῶσιν ἔλαυνον,[30] καὶ τῆς πρὸς τὸν κόσμον καὶ τὴν σάρκα προσπαθείας ἠλευθερώθησαν· ἢ τῆς κτίσεως αὐτῆς κατὰ περιαίρεσιν τῆς δοκούσης τέως ἐμφαίνεσθαι αὐτῇ τῶν ἠπατημένων καὶ μόνῃ αἰσθήσει προσδεδεμένων ῥυπαρᾶς ὑπολήψεως, διὰ τῆς

Die weißgewordenen Gewänder waren ein Symbol (σύμβολον) der Worte der Heiligen Schrift, weil sie ihnen (sc. den Jüngern) dann leuchtend, deutlich und klar wurden und (von ihnen) ohne jegliches dunkle Rätsel (αἴνιγμα) und ohne jede symbolische Verhüllung (σκίασμα) verstanden wurden, den in ihnen sich befindenden und verhüllenden Logos zeigend, als sie (sc. die Jünger) die gänzliche (λίαν) und rechte Erkenntnis über Gott empfingen und von der Leidenschaft zur Welt und dem Fleisch befreit wurden. Oder (die Gewänder waren) ein Symbol (σύμβολον)

---

[29] Max. Amb. Io. 10, 1125D–1128B (Die gesamte Übersetzung dieses Passus stammt von mir).

[30] Y. de Andia (1997, Transfiguration) 299, Anm. 26 weist mit Recht darauf hin, daß die Übersetzung des Johannes Scotus Eriugena nahelegt, daß ἔλαυνον durch ἔλαβον zu korrigieren ist; vgl. Max. Amb. Io(lat.). 6 (S. 57, Z. 412): „cum perfectam et rectam de Deo scientiam accipiebant".

τῶν αὐτὴν συμπληρούντων διαφόρων εἰδῶν σοφῆς ποικιλίας ἀναλόγως ἱματίου τρόπον τὴν ἀξίαν τοῦ φοροῦντος τὴν τοῦ γενεσιουργοῦ λόγου δύναμιν μηνυούσης. Ἄμφω γὰρ ἐπὶ τοῦ λόγου ἁρμόσει τὰ λεγόμενα ἐπεὶ καὶ ἀμφοῖν δι᾽ ἀσαφείας κεκάλυπται δι᾽ ἡμᾶς εἰκότως, πρὸς τὸ μὴ τολμᾶν τοῖς ἀχωρήτοις ἀναξίως προσβάλλειν, τῷ μὲν ῥητῷ τῆς ἁγίας Γραφῆς, ὡς λόγος, τῇ δὲ κτίσει, ὡς κτίστης καὶ ποιητὴς καὶ τεχνίτης. Ὅθεν ἀναγκαίως ἀμφοτέρων ἐπιδεῖσθαί φημι τὸν πρὸς Θεὸν ἀμέμπτως εὐθυπορεῖν βουλόμενον, τῆς τε γραφικῆς ἐν πνεύματι γνώσεως, καὶ τῆς τῶν ὄντων κατὰ πνεῦμα φυσικῆς θεωρίας· ὥστε ἰσοτίμους καὶ τὰ αὐτὰ ἀλλήλοις παιδεύοντας τοὺς δύο νόμους, τόν τε φυσικὸν καὶ τὸν γραπτόν, καὶ μηδέτερον θατέρου ἔχοντα πλέον ἢ ἔλαττον, δύνασθαι δεῖξαι, ὡς εἰκός, τὸν τελείας ἐραστὴν γενέσθαι τῆς σοφίας τέλειον ἐπιθυμοῦντα.[31]

der Schöpfung selbst gemäß der Abschaffung der sündenbefleckten Vorstellung, welche sich in ihr (sc. der Schöpfung) bisher scheinbar zeigen ließ und die den Getäuschten und nur an das Sinnesvermögen Gebundenen gehört; (ein Symbol dieser Schöpfung), die durch die weise Vielfalt der verschiedenen sie erfüllenden Arten die Kraft des Schöpfers (und) Logos entsprechend, so wie ein Gewand den Wert des (es) Anhabenden, verkündet. Denn beides, was gesagt wurde, paßt zum Logos, weil er sich in beidem durch Undeutlichkeit begreiflicherweise um unseretwillen verhüllt, damit wir nicht wagen, uns unwürdig auf das Unfaßbare zu stürzen: (er verhüllte sich) als λόγος einerseits im Text der Heiligen Schrift und als Schöpfer (κτίστης), Verfertiger (ποιητής) und Handwerker (τεχνίτης) andererseits in der Schöpfung. Daher meine ich, daß derjenige, der tadellos geradewegs zu Gott gehen will, notwendigerweise beider bedarf, der Schrifterkenntnis (γραφικὴ γνῶσις) im Geist und der Naturbetrachtung (φυσικὴ θεωρία) des Seienden nach dem Geist. Derjenige also, der begehrt, ein vollkommener Liebhaber der vollkommenen Weisheit zu werden, kann logischerweise zeigen, daß beide Gesetze, das naturhafte und das geschriebene, gleichwertig sind, gegenseitig dasselbe lehren und daß keines von beidem mehr oder weniger hat als das andere.

Dann fährt Maximus fort, indem er die Parallele zwischen Natur- und geschriebenem Gesetz ausarbeitet:

---

[31] Max. Amb. Io. 10, 1128B–D.

Νοῶ τὸν μὲν ὁμαλῶς ὅτι μάλιστα κατὰ λόγον διευθυνόμενον διὰ τῶν ἐν αὐτῷ συμφυῶν θεαμάτων βίβλου τρόπον τὸ ἐναρμόνιον τοῦ παντὸς ὕφασμα ἔχοντα, γράμματα μὲν καὶ συλλαβὰς ἐχούσης, τὰ πρὸς ἡμᾶς πρῶτα, προσεχῆ τε καὶ μερικά, καὶ πολλαῖς παχυνόμενα κατὰ σύνοδον ποιότησι σώματα, ῥήματα δέ, τὰ τούτων καθολικώτερα, πόρρω τε ὄντα καὶ λεπτότερα, ἐξ ὧν σοφῶς ὁ διαχαράξας καὶ ἀρρήτως ἐγκεχαραγμένος λόγος ἀναγινωσκόμενος ἀπαρτίζεται, τὴν ὅτι μόνον ἐστίν, οὐχ ὅτι ποτὲ δέ ἐστιν οἰανοῦν παρεχόμενος ἔννοιαν, καὶ διὰ τῆς εὐσεβοῦς τῶν διαφόρων φαντασιῶν συλλογῆς εἰς μίαν τοῦ ἀληθοῦς εἰκασίαν ἐνάγων, ἀναλόγως ἑαυτὸν διὰ τῶν ὁρατῶν ὡς γενεσιουργὸς ἐνορᾶσθαι διδούς· τὸν δὲ μαθήσει κατορθούμενον, διὰ τῶν αὐτῷ σοφῶς ὑπηγορευμένων ὥσπερ κόσμον ἄλλον ἐξ οὐρανοῦ καὶ γῆς καὶ τῶν ἐν μέσῳ, τῆς ἠθικῆς φημι καὶ φυσικῆς καὶ θεολογικῆς φιλοσοφίας συνιστάμενον, τὴν ἄφατον καταμηνύειν τοῦ ὑπαγορεύσαντος δύναμιν, καὶ ταὐτὸν ἀλλήλοις κατ' ἐπαλλαγὴν ὄντας δεικνύοντα τὸν μὲν γραπτὸν τῷ φυσικῷ κατὰ τὴν δύναμιν, τὸν δὲ φυσικὸν ἔμπαλιν τῷ γραπτῷ κατὰ τὴν ἕξιν, καὶ τὸν αὐτὸν μηνύοντας καὶ καλύπτοντας λόγον, τὸν μὲν τῇ λέξει καὶ τῷ φαινομένῳ, τὸ δὲ τῇ νοήσει καὶ τῷ κρυπτομένῳ. Ὡς γὰρ τῆς ἁγίας Γραφῆς τὰ μὲν ῥήματα ἱμάτια λέγοντες, τὰ δὲ νοήματα σάρκας τοῦ λόγου νοοῦντες, τοῖς μὲν καλύπτομεν, τοῖς δὲ ἀποκαλύπτομεν, οὕτω καὶ τῶν γεγονότων τὰ πρὸς τὸ ὁρᾶσθαι προβεβλημένα εἴδη τε καὶ σχήματα ἱμάτια λέγοντες, τοὺς δὲ καθ' οὓς ἔκτισται ταῦτα λόγους σάρκας νοοῦντας, ὡσαύτως τοῖς μὲν καλύπτομεν, τοῖς δὲ ἀποκαλύπτομεν· Κρύπτεται γὰρ φαινόμενος ὁ τοῦ παντὸς δημιουργὸς καὶ νομοθέτης λόγος, κατὰ φύσιν ὑπάρχων ἀόρατος, καὶ

Ich denke, daß das eine (sc. das Naturgesetz) eben ist, denn es ist ganz besonders dem λόγος gemäß gegründet durch die naturhaften Gegenstände des Beschauens, die in ihm enthalten sind. Es hat das harmonische Gewebe des Alls wie ein Buch, das zum einen Buchstaben und Silben hat, nämlich die Leiber, die uns zuerst (begegnen), uns nahe und partiell sind und sich durch Zusammenkommen (ihren) vielen Eigenschaften nach verdicken, und zum anderen die Worte, die allgemeiner als jene sind, da sie entfernt und dünner sind, aus denen sich der Logos, der (sie) einprägte und sich in ihnen unsagbar eingeprägt hat, weise (als Sinn) vervollständigt, wenn er gelesen wird. Er gewährt nur die Erkenntnis, daß er ist und nicht wie/was er ist. Durch die fromme Auswahl der verschiedenen Erscheinungen bringt er (uns) zu einer (einzigen) Vorstellung des Wahren und gibt, daß er entsprechend durch das Sichtbare als Schöpfer (γενεσιουργός) wahrgenommen wird. Das andere aber (sc. das geschriebene Gesetz) wird durch Erlernen erreicht/vollzogen; durch das in ihm weise Diktierte besteht es, wie ein anderer Kosmos, aus Himmel, Erde und dem dazwischen, ich meine der ethischen, naturhaften und theologischen Philosophie, drückt die unsagbare Kraft des Diktierenden aus und zeigt, daß beide (Gesetze) wechselseitig einander gleich sind, das geschriebene dem naturhaften potentiell und wiederum das naturhafte dem geschriebenen der Beschaffenheit gemäß; sie verkünden und verhüllen denselben Logos, einerseits durch das Wort und das Erscheinende, andererseits durch den Sinn und das Verborgene. Denn, wie wir die Worte

ἐκφαίνεται κρυπτόμενος, μὴ λεπτὸς[32] εἶναι φύσει τοῖς σοφοῖς πιστευόμενος.[33]

der Heiligen Schrift Gewänder nennen, die Sinngehalte aber als Fleisch des Logos betrachten und mit den einen verhüllen und mit den anderen enthüllen, so nennen wir die zum Sehen vorgeführten Arten und Formen (σχῆμα) der Dinge Gewänder, die λόγοι aber, denen gemäß diese erschaffen wurden, betrachten wir als Fleisch, und ebenso verhüllen wir mit den einen und enthüllen mit den anderen. Denn der Logos, der Schöpfer und Gesetzgeber von allem, verbirgt sich, wenn er erscheint, da er gemäß seiner Natur unsichtbar ist, und erscheint, wenn er sich verbirgt, da die Weisen glauben, daß er naturgemäß ungreifbar ist.

Daraufhin schreibt der Bekenner ermahnend:

Εἴη δὲ ἡμῖν τοῦτο δι᾿ ἀποφάσεως ἐκφαίνειν κρυπτόμενον, καὶ πᾶσαν σχημάτων τε καὶ αἰνιγμάτων τὸ ἀληθὲς εἰκονίζουσαν δύναμιν παρελθεῖν μᾶλλον καὶ πρὸς αὐτὸν τὸν λόγον ἀπὸ τοῦ γράμματος καὶ τῶν φαινομένων κατὰ τὴν τοῦ πνεύματος δύναμιν ἀρρήτως ἀναβιβάζεσθαι, ἢ τοῦτο φαινόμενον κρύπτειν διὰ τῆς θέσεως γίνεσθαι, ἵνα μὴ καὶ ἡμεῖς φονευταὶ τοῦ λόγου γενόμενοι Ἑλληνικῶς τῇ κτίσει λατρεύσωμεν παρὰ τὸν κτίσαντα, μηδὲν ἀνώτερον τῶν ὁρωμένων εἶναι πιστεύοντες καὶ τῶν αἰσθητῶν μεγαλοπρεπέστερον, ἢ μέχρι μόνου τοῦ γράμματος διαβλέποντες τὸ σῶμα μόνον Ἰουδαϊκῶς περὶ πολλοῦ ποιησώμεθα, τὴν κοιλίαν θεοποιήσαντες, καὶ τὴν αἰσχύνην ἡγησάμενοι δόξαν, τὸν αὐτὸν τοῖς θεοκτόνοις κλῆρον ἀπενεγκώμεθα,

Mögen wir dieses, was verborgen ist, durch Verneinung erscheinen lassen, an jeder Kraft von Formen (σχῆμα) und Rätseln (αἴνιγμα), die das Wahre verbildlicht, vorbeigehen und eher unsagbar vom Buchstaben und dem Erscheinenden zu dem Logos selbst gemäß der Geisteskraft hinaufgeführt werden, als das Erscheinende durch eine bejahende Behauptung (θέσις) zu verbergen, damit wir auch nicht, zu Mördern des Logos geworden, auf griechische Weise die Schöpfung mehr als den Schöpfer anbeten, indem wir meinen, es gäbe nichts Höheres als das Sichtbare und Prachtvolleres als das Sinnliche; oder (damit wir nicht), nur bis zum Buchstaben hinblickend, auf jüdische Weise allein den Leib hoch schätzen, indem wir den Bauch

---

[32] Noch einmal zeigt Eriugenas Übersetzung, daß λεπτός mit ληπτός zu korrigieren ist; vgl. Y. de Andia (1997, Transfiguration) 305, Anm. 44 u. Max. Amb. Io(lat.). 6 (S. 59, Z. 457f.): „dum inacceptibilis esse natura sapientibus creditur".

[33] Max. Amb. Io. 10, 1128D–1129C.

ὡς τὸν καθ᾽ ἡμᾶς δι᾽ ἡμᾶς πρὸς ἡμᾶς γενόμενον διὰ σώματος καὶ συλλαβαῖς καὶ γράμμασι παχυθέντα διὰ τὴν αἴσθησιν, ὅλην τοῦ ἐν ἡμῖν νοεροῦ τὴν δύναμιν πρὸς ἑαυτὴν ἐπικλίνασαν, οὐ διαγινώσκοντες λόγον.[34]

zu Gott machen (vgl. Phil 3, 19) und die Schande für Ruhm halten, und denselben Anteil wie die Gottesmörder tragen, weil wir den Logos, der leiblich uns gemäß, für uns und zu uns wurde und sich in Silben und Buchstaben verdickte, durch das Sinnesvermögen, welches die ganze Kraft des Intelligiblen in uns an sich anlehnt, nicht erkennen.

Bei diesem Passus aus dem *Ambiguum ad Ioannem* 10 handelt es sich um eine umfangreiche exegetische Reflexion des Maximus zum Verklärungsgeschehen, das im Zusammenhang des Ambiguums – nach vielen alttestamentlichen Beispielen – als einziges neutestamentliches *Paradigma* zu einer mystischen Hinaufführung (ἀνάγομαι)[35] dient. Gerade bibelhermeneutisch wird sich dieser Kommentar zur Verklärung als zentral und äußerst aufschlußreich erweisen. Deshalb werde ich mich im Laufe dieses dritten Kapitels immer wieder darauf beziehen und Einzelteile davon deuten. Hier aber beschränke ich mich darauf, auf jene Aspekte aufmerksam zu machen, die direkt mit der Thematik der Lehre von den drei Gesetzen bei dem Confessor zusammenhängen.

Im obigen Abschnitt wird die Parallele, welche in der *Quaestio ad Thalassium* 32 begegnet ist, weitergeführt und vertieft. Dem Natur- und dem geschriebenen Gesetz wird die gleiche Fähigkeit zugebilligt, zum Logos zu führen. Beide Gesetze werden auf die gleiche Ebene gestellt, da sich der Logos in ihnen gleichermaßen zu erkennen gibt. Dabei handelt es sich aber nicht um einen einseitigen Weg von dem Kosmos bzw. der Schrift zum Logos, da die Offenbarung des Logos allein durch das Wirken des Heiligen Geistes ermöglicht werden kann. Es ist kein Zufall, daß der Rahmen, in welchem sich der Logos seinen Jüngern auf dem Verklärungsberg offenbart, wie gesagt, eine mystische Hinaufführung ist, in der die Rolle des Heiligen Geistes durchgehend hervorgehoben wird. Infolgedessen hat der *Mechanismus*, nach dem das Natur- und das geschriebene Gesetz operieren, in dem Maße etwas Zirkuläres, als der Übergang zum Göttlichen

---

[34] Max. Amb. Io. 10, 1129CD. Zu einer jüngeren Interpretation des gesamten zitierten Passus im Blick auf die apophatische Theologie und das Verhältnis zu Pseudo-Dionys vgl. Y. de Andia (1997, Transfiguration) 293–328.

[35] Zu ἀναγωγή bei Maximus vgl. den Abschnitt 3. 2. 3. 1 (S. 225–231).

dadurch bedingt ist, daß sich ein göttliches Element, nämlich der
Heilige Geist, in die menschliche Sphäre hineinbegibt. Dies entspricht
logischerweise, wie bereits gesagt, den Ausführungen zur φυσικὴ
θεωρία im letzten Kapitel,[36] die hier zum Muster für die schriftliche
Erkenntnis (γραφικὴ γνῶσις) erhoben wird. Mit diesem Wirken des
Heiligen Geistes hängt die Dialektik vom Sich-Verbergen und Sich-
Offenbaren des Logos, die sich im obigen Text wie ein Refrain wiederholt, zusammen. Es geht nicht nur darum, daß sich der Logos
im Kosmos und in der Schrift enthüllt, sondern auch darum, daß
er sich in ihnen verhüllt. In letzter Analyse obliegt es dem Heiligen
Geist, das Sich-Verhüllen des Logos in ein Sich-Enthüllen zu verwandeln. Diese Dialektik von Sich-Verbergen und Sich-Offenbaren,
welche sich, wie später zu zeigen ist, eng zur Christologie verhält
und weitreichende Konsequenzen für die Bibelhermeneutik des
Maximus hat, soll im weiteren Verlauf dieses Kapitels noch gründ-
licher untersucht werden.[37]

Bisher stellte sich heraus, daß der obige Abschnitt die in der *Quaestio
ad Thalassium* 32 gegebene Parallele zwischen naturhaftem und geschriebenem Gesetz fortsetzt und die schriftliche Erkenntnis (γραφικὴ γνῶσις)
wie die φυσικὴ θεωρία vom Heiligen Geist abhängig macht. Maximus
zieht die Parallele soweit aus, daß sich durch den Vergleich des
Kosmos mit einem Buch und der Schrift mit einem Kosmos eine
nahezu völlige Symmetrie zwischen beiden zu erkennen gibt. Von
welchem Kosmos und von welcher Schrift aber ist hier die Rede? An
der vorausgegangenen Analyse von Texten der *Quaestiones ad Thalassium*
ließ sich festmachen, daß die Lehre vom naturhaften und vom
geschriebenen Gesetz dem Bekenner dazu dienen kann, heilsgeschichtlich zu erklären, wie Menschen vor der Menschwerdung des Logos
eine Erkenntnis Gottes haben konnten. Meistens assoziierte der Confessor das geschriebene Gesetz mit dem Alten Testament und dessen Institutionen und das Naturgesetz mit dem Wissen um den einen
Gott, das die Heiden der Natur entnehmen konnten. Ein Verständnis
der Gesetze, welches über das heilsgeschichtliche Moment hinausgeht, hat sich aber nahegelegt.[38] Der hier behandelte Text scheint
dieses Verständnis zu bestätigen. Freilich kann ἁγία γραφή (Heilige

---

[36] Vgl. den Abschnitt 2. 2. 2.
[37] Vgl. den Abschnitt 3. 1. 3. 1.
[38] Vgl. S. 132f.

Schrift) im Kontext des Passus aus dem *Ambiguum ad Ioannem* 10 nur
das Alte Testament bedeuten, weil es zur Zeit des Verklärungsereignisses kein Neues Testament gab. Trotzdem ist es aber bezeich-
nend, wie Maximus hier die Lehre von den Gesetzen für seine
Leserschaft aktualisiert und diese Leserschaft im zweiten Teil des
Abschnitts mit einem sich wiederholenden „wir" mit einzubeziehen
versucht. Seine Ausführungen zur Gleichwertigkeit von naturhaftem
und geschriebenem Gesetz gelten für jeden „Liebhaber der vollkommenen Weisheit". Auch seine Ermahnungen, sich auf Natur und
Schrift weder auf griechische noch auf jüdische Weise einzulassen,
weisen in diese Richtung. Daraus kann man schließen, daß die Drei-
Gesetze-Lehre des Bekenners zum einen eine horizontale Achse hat,
durch die er der Heilsgeschichte gerecht werden kann, und zum
anderen eine vertikale Achse, die jedem seiner Leser gilt, der Heilige
Schrift und Natur erforschen will, und die mit dem maximinischen
Verständnis vom mystischen Aufstieg eng verbunden ist. Somit gelten die bibelhermeneutischen Ausführungen, die im obigen Passus
zur Sprache kommen und im weiteren Verlauf dieser Arbeit noch
näher zu betrachten sind, nicht nur den alttestamentlichen Büchern,
sondern der gesamten Heiligen Schrift.

Wie ist in sonstiger Hinsicht das Verhältnis der drei Gesetze zu
beschreiben? In der Analyse der *Quaestio ad Thalassium* 39 ließ sich
feststellen, daß der Bekenner das Gnadengesetz mit Christus selbst
assoziiert und ihm mehr Wert als den anderen zwei Gesetzen beimißt, da es im Unterschied zu ihnen auf keine symbolische Vermittlung
angewiesen ist. Eigentlich herrscht zwischen Natur- und geschriebenem Gesetz eine Gleichwertigkeit und Wechselbeziehung gerade aus
dem Grund, daß der Logos, Gegenstand des Gnadengesetzes auf
unmittelbare Art und Weise, auch in ihnen beiden enthalten ist. Daß
sich also das Natur- und das geschriebene Gesetz erfüllen, heißt, daß
sie dem Betrachter durch ihre symbolische Struktur − indessen auch
über sie hinaus − den Zugang zum Logos ermöglichen. Somit kann
das Sich-Erfüllen beider Gesetze nur darin bestehen, daß sie überwunden werden.[39] Horizontal ist diese Überwindung darin zu sehen,

---

[39] Vgl. Max. Th. ec. II, 62, 1152B: „Ὁ τὴν ἐν Χριστῷ ζήσας ζωήν, τήν τε τοῦ
νόμου καὶ τῆς φύσεως ὑπερέβη δικαιοσύνην"; ibid. I, 71, 1109AB: „Ὁ Πιλάτος,
τοῦ κατὰ φύσιν νόμου τύπος ἐστί· τοῦ δὲ γραπτοῦ νόμου, τὸ πλῆθος τῶν Ἰουδαίων.
Ὁ τοίνυν κατὰ πίστιν ὑπὲρ τοὺς δύο μὴ γενόμενος νόμους, οὐ δύναται δέξασθαι
τὴν ὑπὲρ φύσιν καὶ λόγον ἀλήθειαν· ἀλλὰ σταυροῖ πάντως τὸν Λόγον· ἢ ὡς

daß durch das Christusgeschehen Natur- und alttestamentliche Offenbarung überboten werden. Vertikal aber transzendiert die unmittelbare Begegnung mit dem Logos sozusagen auf dem Gipfel des
mystischen Aufstiegs die symbolische Vermittlung von Natur und
Schrift. Hier ist es wichtig, sich zu vergegenwärtigen, daß der Kirchenvater am Anfang seiner theologischen Reflexion zur Verklärung,
d. h. bevor er die Gewänder des Logos zum Symbol für Kosmos
und Schrift erklärt, den Glanz des Antlitzes Jesu als Symbol für dessen göttliche Natur auffaßt. Diese göttliche Natur, obgleich sie durch
das Fleisch des Herrn zum Vorschein kommt, geht über jede Sinneswahrnehmung und jeden Intellekt hinaus, so daß man sich ihr nur
apophatisch, d. h. durch eine theologische Verneinung, nähern kann.
Schrift und Natur erscheinen somit als jene Symbole, die dem
Menschen dazu verhelfen sollen, indem er sich ihrer bedient, sie
aber gleichzeitig auch überwindet, den Logos in seiner verherrlich-
ten, quasi ursprünglichen und eschatologischen,[40] Form, in der ihn
die Jünger auf dem Verklärungsberg erlebten, anzublicken. Da aber
die Gewänder des Logos dort nicht verschwinden, sondern mit ihm
glänzend erscheinen, kann man mit H. U. von Balthasar sagen, daß
die Überwindung für den Confessor gleichzeitig eine Bestätigung ist,[41]
da so naturhaftes und geschriebenes Gesetz zu ihrem letzten Sinn
gelangen. Aber auch das Verhältnis von Natur- und geschriebenem
Gesetz vermag der Bekenner nicht nur unter dem Aspekt völliger
Symmetrie zu betrachten, da er in mancherlei Hinsicht dieses von
jenem abhängig zu machen scheint. So beteuert Maximus in der
Quaestio ad Thalassium 65, die Ausübung schriftlicher Wissenschaft sei
unmöglich für jemand, der die λόγοι des Seienden ablehnt.[42] Diese
Beobachtung, welche der vertikalen Achse der Drei-Gesetze-Lehre

---

Ἰουδαῖος, σκάνδαλον· ἢ ὡς ῞Ελλην, μωρίαν ἡγούμενος τὸ Εὐαγγέλιον"; ferner
H. U. von Balthasar (³1988) 289–295; P.-M. Blowers (1991) 117–119.
   [40] Vgl. dazu den Abschnitt 3. 1. 3. 1 (S. 162–168). Es versteht sich von selbst nach
den Ausführungen über den mystischen Aufstieg im zweiten Kapitel, daß eine völlige Überwindung des Symbolismus von Schrift und Natur nur im Eschaton stattfinden
kann. Daß man aber eine direkte Begegnung mit dem Logos schon in diesem Leben
haben kann, einen Vorgeschmack der endzeitlichen Vergöttlichung also, ist für Maximus durchaus möglich; vgl. den Abschnitt 2. 2. 3 (S. 121f.); ferner 3. 2. 2. 1 (S. 218f.).
   [41] Vgl. H. U. von Balthasar (³1988) 311.
   [42] Vgl. Max. Thal. 65 (S. 267, Z. 256f.): „Ἐπιμελεῖσθαι γὰρ παντελῶς οὐ δύναται
τῆς νοητῆς τῶν γραφῶν ἐπιστήμης ὁ τοὺς μὲν φυσικοὺς τῶν ὄντων κατὰ τὴν θεωρίαν
ἀποθούμενος λόγους".

gilt, ist hermeneutisch von Belang, weil Maximus hier trotz Gleichsetzung eine Abstufung einführt[43] und dadurch dem Naturgesetz zwar einen zeitlichen Vorrang zugesteht, das geschriebene aber im Blick auf mystische Reife auf eine etwas höhere Stufe stellt.[44]

Terminologisch gesehen, taucht in diesem Passus wiederum mehrmals der Begriff σύμβολον auf, dessen Adjektiv (συμβολικός) in einer negativ beladenen Zusammenstellung mit αἴνιγμα (Rätsel) begegnet.[45] Zudem ist der Begriff μυστήριον (Mysterium) in Verbindung mit λόγος anzutreffen.[46] So scheint der λόγος das Mittel zu sein, das zum Eindringen in das μυστήριον verhilft. Begrifflich ist auch zu registrieren, daß im Unterschied zur negativen Prägung der Leib-Metaphorik in den früheren Stellen das Fleisch des Logos hier nicht für die Oberfläche in der Schrift (ῥῆμα, λέξις) oder im Kosmos (εἶδος, σχῆμα) steht, sondern für den zu erhebenden Sinn (νόημα, νόησις) bzw. den λόγος des Dinges. Dies ist Maximus natürlich durch seine Deutung des Verklärungsgeschehens diktiert, in der er die Gewänder des Logos mit dem Symbolischen identifizierte. Daß er aber mühelos und gewissermaßen mechanisch zur negativen Leib-Metaphorik übergehen kann, belegt der letzte Teil des Zitats, in dem er wieder vom σῶμα (Leib) im Sinne des Oberflächlichen redet.[47] Hier entspricht der Leib des Logos erneut jener zu überwindenden Ebene der schriftlichen Buchstaben und Silben.[48]

---

[43] Vgl. J.-C. Larchet (1992) 26.

[44] In seinem Verklärungskommentar erwähnt Maximus einen weiteren Unterschied zwischen naturhaftem und geschriebenem Gesetz, nämlich daß das eine eben (ὁμαλῶς) ist, während das andere durch Erlernen (μάθησις) vollzogen wird (vgl. S. 137). Um diese wiederum sehr dunkle maximinische Aussage zu erläutern, zieht V. Karayiannis (1993) 364–369 Max. Thal. 64 (S. 233 u. 235, Z. 738–775) heran, wo der Bekenner dem Naturgesetz die Fähigkeit zuerkennt, auf angeborene Art (ἀδιδάκτως) die Menschen dazu zu bringen, einander liebzuhaben. Demgegenüber bedürfe das geschriebene Gesetz, um die undisziplinierten Triebe beherrschen lassen zu können, eines *didaktischen* Mittels, nämlich der Furcht vor der Strafe (φόβῳ τῶν ἐπιτιμιῶν). Diese Interpretation des Karayiannis scheint mir sehr plausibel zu sein, obwohl sie angesichts des vagen Charakters der oben erwähnten maximinischen Aussage aus dem Verklärungskommentar nicht als ganz sicher gelten kann. Ob der Kirchenvater mit jenem rätselhaften Satz in dem Verklärungspassus, das geschriebene Gesetz entspräche dem naturhaften potentiell und das naturhafte dem geschriebenen der Beschaffenheit gemäß (vgl. S. 137), gerade diesen von Karayiannis gedeuteten Unterschied im Sinn hat, bleibt offen.

[45] Vgl. Max. Amb. Io. 10, 1128B: „παντὸς γριφώδους αἰνίγματος καὶ συμβολικοῦ σκιάσματος χωρίς".

[46] Vgl. ibid. 1128A: „τῶν . . . μυστηρίων . . . λόγους".

[47] Vgl. Max. Amb. Io. 10, 1129C: „διαβλέποντες (sc. wir) τὸ σῶμα μόνον".

[48] Vgl. ibid. 1129D: „γενόμενον (sc. der Logos) διὰ σώματος καὶ συλλαβαῖς καὶ

Nach dieser synchronen Darstellung der maximinischen Drei-Gesetze-Lehre,[49] stellt sich logischerweise die Frage nach den Quellen der Erwägungen des Confessors zum Verklärungsgeschehen. In der Maximusforschung wurde schon längst darauf hingewiesen, daß der Passus stark von Origenes geprägt ist,[50] für den die Verklärung Jesu eine übergeordnete Funktion hat.[51] Als Beleg dafür kommt nicht nur die origenische Deutung der Verklärung im *Commentarius in Matthaeum* in Frage,[52] sondern auch eine Reihe anderer Stellen des alexandrinischen Lehrers.[53] Maximus adaptiert aber die origenische Auslegung

γράμμασι παχυθέντα". Dieselbe Erscheinung ist in Max. Th. ec. II, 73, 1157B–D (zitiert in Anm. 71 u. 111) zu finden, wo Maximus von der Leib-Metaphorik zur Gewänder-Metaphorik übergeht, indem er das Stehenbleiben bei der schriftlichen Oberfläche als Leib (σῶμα) des Logos mit der Situation von Potifars Frau vergleicht, die bei dem Versuch, Josef zu verführen, nur seine Gewänder zu fassen bekam; vgl. ferner Orig. Princ. IV, 2, 8 (Z. 260–262): „προέκειτο γὰρ καὶ τὸ ἔνδυμα τῶν πνευματικῶν, λέγω δὲ τὸ σωματικὸν τῶν γραφῶν, ἐν πολλοῖς ποιῆσαι οὐκ ἀνωφελὲς δυνάμενόν τε τοὺς πολλούς, ὡς χωροῦσι, βελτιοῦν" (Hervorhebung von mir).
   [49] Zu anderen maximinischen Ausführungen zur Drei-Gesetze-Lehre vgl. Max. Thal. 15 (S. 101–103), wo die Rolle des Heiligen Geistes in den durch die drei Gesetze gegebenen drei heilsgeschichtlichen Perioden erörtert wird, u. Max. Thal. 64 (S. 233–237), wo die drei Gesetze aus der Perspektive der Liebe gedeutet werden.
   [50] Vgl. z. B. H. U. von Balthasar (³1988) 526; P.-M. Blowers (1991) 102 u. 155, Anm. 36.
   [51] Vgl. dazu M. Harl (1958) 250–254.
   [52] Vgl. P.-M. Blowers (1991) 155, Anm. 36; Y. de Andia (1997, Transfiguration) 300f.; Orig. Com. Mt. Bd. 1, XII, 38 (S. 154, Z. 19–21): „ἱμάτια δὲ τοῦ Ἰησοῦ αἱ λέξεις καὶ ἃ ἐνεδύσατο τῶν εὐαγγελίων γράμματα". Während Origenes hier die Gewänder des Herrn nur auf die Worte der Evangelien bezieht, symbolisieren die verklärten Kleider Jesu für Maximus die Schrift überhaupt. Der Bekenner nähert sich hier Orig. Phil. 15, 19 (Z. 3–5): „Τὰ ἱμάτια τοῦ λόγου αἱ λέξεις εἰσὶ τῆς γραφῆς· ἔνδυμα τῶν θείων νοημάτων τὰ ῥήματά ἐστι ταῦτα". Vgl. auch Max. Th. ec. II, 14, 1132A: „Ὅταν περιφανὴς καὶ λαμπρὸς ἐν ἡμῖν ὁ τοῦ Θεοῦ γένηται λόγος, καὶ τὸ πρόσωπον αὐτοῦ λάμψοι καθάπερ ἥλιος, τότε καὶ τὰ ἱμάτια αὐτοῦ φαίνεται λευκά· τουτέστι, τὰ ῥήματα τῆς ἁγίας τῶν Εὐαγγελίων Γραφῆς, τρανὰ καὶ σαφῆ, καὶ μηδὲν ἔχοντα κεκαλυμμένον. Ἀλλὰ καὶ Μωϋσῆς καὶ Ἡλίας μετ᾽ αὐτοῦ παραγίνονται· τουτέστιν, οἱ τοῦ νόμου καὶ τῶν προφητῶν πνευματικώτεροι λόγοι".
   [53] Vgl. z. B. Orig. Cels. VI, 76f., wo Origenes sich auf die Verklärung Christi bezieht und den Versteil „er hatte weder Gestalt noch Schönheit [οὐκ εἶχεν εἶδος οὐδὲ κάλλος; vgl. Jes 53, 2 LXX (Übersetzung von mir)]", den Maximus hier aufgreift, kommentiert. Hier entfaltet Origenes auch seine Lehre von den zwei Erscheinungsformen des Herrn, nämlich der eines Knechtes am Hang des Berges und der verklärten auf dem Berg, von der sich der Bekenner in seiner obigen Verklärungsdeutung mit Sicherheit beeinflussen ließ; vgl. dazu den Abschnitt 3.1.3.1 (S. 161–168); ferner Orig. Cels. VI, 77 (Z. 17–35): „ἔχει δέ τι καὶ μυστικώτερον ὁ λόγος, ἀπαγγέλλων τὰς τοῦ Ἰησοῦ διαφόρους μορφὰς ἀναφέρεσθαι ἐπὶ τὴν τοῦ θείου λόγου φύσιν, οὐχ ὁμοίως φαινομένου τοῖς τε πολλοῖς καὶ τοῖς ἀκολουθεῖν αὐτῷ ,εἰς ὑψηλόν, ὃ ἀποδεδώκαμεν, ‚ὄρος‘ δυναμένοις. Τοῖς μὲν γὰρ ἔτι κάτω τυγχάνουσι

an seine Drei-Gesetze-Lehre insofern, als die Gewänder des Herrn bei ihm nicht nur wie bei Origenes für die Worte der Heiligen Schrift,[54] sondern auch – mutmaßlich in Anlehnung an Philo[55] – für den

καὶ μηδέπω ἐπὶ τὸ ἀναβαίνειν παρεσκευασμένοις ὁ λόγος ,οὐκ ἔχει εἶδος οὐδὲ κάλλος'· τὸ γὰρ ,εἶδος αὐτοῦ' τοῖς τοιούτοις ἐστὶν ,ἄτιμον καὶ ἐκλεῖπον παρὰ τοὺς' ὑπὸ ἀνθρώπων γεγενημένους λόγους, τροπικῶς ἐν τούτοις καλουμένους ,υἱοὺς ἀνθρώπων. Εἴπομεν γὰρ ἂν πολλῷ ὡραιοτέρους φαίνεσθαι τοὺς τῶν φιλοσοφούντων λόγους, ὄντας ,υἱοὺς ἀνθρώπων, παρὰ τὸν τοῖς πολλοῖς κηρυσσόμενον θεοῦ λόγον, ὃς ἐμφαίνει καὶ μωρίαν ,κηρύγματος'· καὶ διὰ τὴν ἐμφαινομένην μωρίαν ,τοῦ κηρύγματος λέγουσιν οἱ τοῦτο μόνον θεωροῦντες· ,Εἴδομεν αὐτὸν, καὶ οὐκ εἶχεν εἶδος οὐδὲ κάλλος.' Τοῖς μέντοι ἐκ τοῦ ἀκολουθεῖν αὐτῷ δύναμιν ἀνειληφόσι πρὸς τὸ ἕπεσθαι καὶ ἀναβαίνοντι αὐτῷ ,εἰς τὸ ὑψηλὸν ὅρος' θειοτέραν μορφὴν ἔχει"; vgl. auch ibid. II, 64 u. IV, 15f.; Orig. Hom. Luc. III, 3f.; Orig. Com. Mt. Bd. 1, XII, 36f.; Max. Th. ec. I, 97, 1121C–1124A (zitiert in Anm. 125). Die andere biblische Stelle „schön unter den Menschenkindern [ὡραῖος κάλλει παρὰ τοὺς υἱοὺς τῶν ἀνθρώπων vgl. Ps 45, 3 LXX (Übersetzung von mir)]", die Maximus auf die verklärte Form des Herrn anwendet, kann wohl auch durch den zitierten origenischen Passus inspiriert worden sein, da Origenes auf diese Stelle anzuspielen scheint; vgl. die Worte υἱοὶ ἀνθρώπων u. ὡραιότεροι. Eine andere Stelle des Origenes, die Maximus bekannt gewesen sein muß, als er seinen Kommentar zur Verklärung schrieb, ist Orig. Phil. 15, 19 (Z. 26–49): „Τὰ γὰρ ἐνθάδε λαλούμενα καὶ λόγος εἶναι θεοῦ νομιζόμενα, τοῦ λόγου σαρκωθέντος, καὶ καθ᾽ ὃ θεός ἐστι πρὸς τὸν θεὸν ἑαυτὸν κενοῦντος, ἀπαγγέλλεται. Διόπερ τὸν τοῦ θεοῦ λόγον ἐπὶ γῆς, ἐπεὶ ἄνθρωπος γέγονε, ἀνθρώπινον βλέπομεν· ἀεὶ γὰρ ἐν ταῖς γραφαῖς ὁ λόγος σὰρξ ἐγένετο, ἵνα κατασκηνώσῃ ἐν ἡμῖν· ἀλλ᾽, ἐὰν εἰς τὸ στῆθος τοῦ σαρκωθέντος λόγου ἀνακλιθῶμεν, ἐροῦμεν τὸ ,Εἴδομεν τὴν δόξαν αὐτοῦ', τάχα μέν τινων καὶ ἑτέρων παρὰ τοὺς ἀνακλιθέντας ἐπὶ τοῦ στήθους αὐτοῦ καὶ ἀκολουθήσαντας αὐτῷ εἰς τὸ ὄρος τὸ ὑψηλὸν λεξόντων τό· ,Εἴδομεν τὴν δόξαν αὐτοῦ·' οὐκέτι δὲ προσθησόντων τό· ,Δόξαν ὡς μονογενοῦς παρὰ πατρός, πλήρης χάριτος καὶ ἀληθείας.' Ἰωάννῃ γὰρ καὶ τοῖς ὁμοίοις πρέπουσα αὕτη ἡ φωνή. Καὶ καθ᾽ ἑτέραν δὲ ὑψηλότεραν διήγησιν οἱ δυνηθέντες τοῖς ἴχνεσιν Ἰησοῦ κατακολουθεῖν ἀναβαίνοντος καὶ μεταμορφουμένου ἀπὸ τῆς ἐπὶ γῆς ὄψεως, ὄψονται αὐτοῦ τὴν μεταμόρφωσιν καθ᾽ ἑκάστην γραφήν, οἱονεὶ τοῦ μὲν τοῖς πολλοῖς φαινομένου Ἰησοῦ τῆς προχείρου λέξεως ὄντος, τοῦ δὲ εἰς ὄρος ὑψηλὸν ἀνιόντος καὶ μεταμορφουμένου, σφόδρα ὀλίγοις τῶν μαθητῶν καὶ τοῖς ἀκολουθῆσαι εἰς τὰ ὑψηλὰ δεδυνημένοις, τοῦ ἀνωτάτου καὶ ὑψηλοτάτου νοῦ περιέχοντος λόγια τῆς ἐν μυστηρίῳ ἀποκεκρυμμένης σοφίας, ἣν προώρισεν ὁ θεὸς πρὸ τῶν αἰώνων εἰς δόξαν τῶν δικαίων αὐτοῦ"; Abgesehen von den hier angesprochenen bibelhermeneutischen Gedanken, die beachtenswerte Parallelitäten zu den Erwägungen des Bekenners zu der Schrift im obigen Passus aufweisen, spricht die Tatsache, daß sowohl der alexandrinische Lehrer als auch Maximus die Thematik der Verklärung und der zwei Erscheinungsformen Jesu mit denselben Zitaten aus dem Johannesevangelium (vgl. Joh 1, 1 u. 14) in Verbindung setzen, für einen direkten Einfluß des ersteren auf den letzteren. Dieser Befund zeigt, daß der Confessor, schon als er seine Ambigua ad Ioannem verfaßte, mit mehreren Werken bzw. Teilen von Werken des Origenes vertraut war; vgl. auch P. Sherwood (1958, Maximus) 5–8 u. das Urteil von P. M. Blowers (1995) 653; gegen J.-C. Larchet (1996) 11; zum ursprünglichen Ort der eben zitierten Stelle im origenischen Corpus vgl. R. P. C. Hanson (1980) 293–303.

[54] Vgl. die Zitate von Origenes in Anm. 52.

[55] Vgl. Phil. Fug. 110: „ἐνδύεται δ᾽ ὁ μὲν πρεσβύτατος τοῦ ὄντος λόγος ὡς ἐσθῆτα τὸν κόσμον".

Kosmos stehen. Doch selbst das Schema „Kosmos, Schrift, Christus"
dürfte Maximus wohl Origenes entliehen haben.[56] In dieser Hinsicht
aber bemerkt H. U. von Balthasar mit Recht, daß der Confessor im
Unterschied zu seinem Gewährsmann „nicht . . . das geschriebene
Gesetz dem naturhaften eindeutig überordnet und es als eine zweite
und mittlere Stufe zwischen der Natur und der Offenbarung Christi
versteht, (sondern) vielmehr Naturgesetz und Schriftgesetz, Offenbarung
in Natur und Offenbarung in Geschichte als eine Spannung gleich-
wertiger Pole deutet, die sich gegenseitig ergänzen".[57] Nach innerer
Logik des origenischen Denkens ist faktisch kaum zu erwarten, daß
die Schöpfung auf eine gleiche Stufe wie die Schrift gesetzt wird,
weil der alexandrinische Lehrer das Materielle vor allem als das versteht, was die Seele für die Kluft zwischen ihr und Gott sensibilisie-
ren soll.[58]

Zur maximinischen Drei-Gesetze-Lehre kann man abschließend
folgendes sagen: Die Lehre des Bekenners von den drei Gesetzen, dem
naturhaften, dem geschriebenen und dem der Gnade, bildet einen
wichtigen Angelpunkt seines Denkens. Hierbei werden vor allem origenische Intuitionen aufgegriffen, ausgearbeitet und einer starken
Schematisierung unterzogen. Die fast vollständige Gleichsetzung von
naturhaftem und geschriebenem Gesetz, die umfassende Tragweite
dieser Gesetze als heilsgeschichtliches und mystisches Interpretament
und deren enges Verhältnis zu Christus, Kern des geistlichen Gesetzes,

---

[56] Vgl. z. B. Orig. Com. Cant. III, 13, 27–29: „Ita igitur cuncta secundum ea
quae praefati sumus ex visibilibus referri possunt ad invisibilia et a corporalibus ad
incorporea et a manifestis ad occulta, ut ipsa creatura mundi tali quadam dispen-
satione condita intelligatur per divinam sapientiam, quae rebus ipsis et exemplis
invisibilia nos de visilibus doceat et a terrenis nos transferat ad caelestia. Haec autem
rationes non solum in creaturis omnibus habentur, sed et ipsa scriptura divina tali
quadam sapientiae arte conscripta est. Propter quaedam namque occulta et mystica
visibiliter populus *educitur de Aegypto* ista terrena et iter agit per desertum, ubi ser-
pens mordens et scorpius et sitis, ubi non erat aqua et cetera quae in his gesta
referuntur. Quae omnia, ut diximus, occultorum quorundam formas et imagines
tenent. Et hoc non in scripturis tantum veterum, sed et in gestis Domini et Salvatoris
nostri, quae in evangeliis referuntur, invenies"; Orig. Com. Mt. Bd. 1, X, 6: „ἐλθὼν
δέ τις ἄνθρωπος εἰς τὸν ἀγρόν, εἴτε τὰς γραφὰς εἴτε τὸν Χριστὸν τὸν ἐκ φανερῶν
καὶ κρυπτῶν συνεστηκότα, εὑρίσκει τὸν κεκρυμμένον τῆς σοφίας θησαυρόν, εἴτε
ἐν Χριστῷ εἴτε ἐν ταῖς γραφαῖς"; Orig. Com. Io. XIII, 284: „προτρέποντος τοῦ
παρόντος τοῖς μαθηταῖς λόγου τοὺς ἀκροατὰς ἐπαίρειν τοὺς ὀφθαλμοὺς ἐπί τε τὰς
χώρας τῆς γραφῆς καὶ ἐπὶ τὰς χώρας τοῦ ἐν ἑκάστῳ τῶν ὄντων λόγου"; ferner
Orig. Hom. Lev. V, 1 (Z. 29–48). Zur Parallele zwischen Schrift und Kosmos bei
Origenes vgl. H. de Lubac (1950) 350–355; ferner R. Gögler (1963) 261f.
[57] H. U. von Balthasar (³1988) 289.
[58] Vgl. dazu das Urteil von K. J. Torjesen (1986) 114, Anm. 23.

in einer Dialektik von Immanenz und Transzendenz[59] machen die Drei-Gesetze-Lehre trotz Entlehnungen zu einem authentischen Element des maximinischen Gedankenguts. Darüber hinaus geht es dabei – und gerade aufgrund des Aufeinanderbezogenseins der Einzelelemente des maximinischen Systems – um ein gedankliches Grundgefüge, um das sich zahlreiche Elemente der Schrifthermeneutik des Confessors organisieren. Dies wird im weiteren Verlauf dieses Kapitels stark zu spüren sein.

3.1.2. *Die maximinische Lehre von den drei Fleischwerdungen des Logos*

Während der vorangehenden Analyse der Drei-Gesetze-Lehre bei Maximus Confessor war oft von der Leib-Metaphorik die Rede, die hermeneutisch der Oberfläche der Schrift, jener Ebene der Buchstaben und Silben, galt. Hier geht es um eine der exegetischen Schule Alexandriens geläufige Sprache, die schon seit Philo nicht mehr als originell gelten kann. Das Gegenstück zum Leib (σῶμα) der Schrift war der Geist (πνεῦμα) – bzw. die Seele (ψυχή) – der mit einem *tieferen* Sinn identisch war.[60] Diese Metaphorik des Leibes aber begegnete beim Bekenner bereits im ersten Kapitel in Verbindung mit seiner Logostheorie. Dort wurde deutlich, daß der Confessor die λόγοι als eine Art leibliche Ausdehnung des göttlichen Logos auffaßt.[61]

---

[59] Vgl. H. U. von Balthasar (³1988) 291.

[60] Vgl. die entsprechenden Zitate in Anm. 26. Ist der Vergleich zwischen wörtlichem und allegorischem Sinn heiliger Texte einerseits und Leib und Seele andererseits bei Philo von Alexandrien belegt, so entfaltet Origenes vor allem in De principiis IV eine systematische Theorie vom *dreifachen* Sinn der Schrift in Anlehnung an ein trichotomisches anthropologisches Modell; vgl. Orig. Princ. IV, 2, 4 (Z. 122–125): „Ὥσπερ γὰρ ὁ ἄνθρωπος συνέστηκεν ἐκ σώματος καὶ ψυχῆς καὶ πνεύματος, τὸν αὐτὸν τρόπον καὶ ἡ οἰκονομηθεῖσα ὑπὸ θεοῦ εἰς ἀνθρώπων σωτηρίαν δοθῆναι γραφή"; Orig. Hom. Lev. V, 1 (Z. 42–46): „. . . sanctam Scripturam credendum est ex visibilibus constare et invisibilibus, veluti ex corpore quodam, litterae scilicet, quae videtur, et anima sensus, qui intra ipsam deprehenditur, et spiritu secundum id, quod etiam quaedam in se caelestia teneat"; ferner Orig. Com. Mt. Bd. 2, 27 (Zitat in Anm. 82); in der Auslegungspraxis aber begnügt sich Origenes öfters damit, eine wörtliche und eine spirituelle Ebene zu unterscheiden; vgl. dazu das Urteil von R. Gögler (1963) 305; W. Bienert (1972) 47; K. J. Torjesen (1986) 41; J. Pépin (1988) 762; L. Lies (1995) 370; ferner Orig. Princ. IV, 3, 5 (Z. 143f.) [Zitat in Anm. 26].

[61] Vgl. den Abschnitt 1. 2. 2. 2 (S. 67f.); ferner Max. Amb. Io. 10, 1129B: „οὕτω καὶ τῶν γεγονότων τὰ πρὸς τὸ ὁρᾶσθαι προβεβλημένα εἴδη τε καὶ σχήματα ἱμάτια λέγοντες, τοὺς δὲ καθ᾽ οὓς ἔκτισται ταῦτα λόγους σάρκας νοοῦντας" [vgl. die Übersetzung der fraglichen Stelle im Abschnitt 3. 1. 1 (S. 137)].

Somit ergibt sich eine Parallele zwischen den λόγοι und der Schrift, welche durch die Verwendung derselben Leib-Metaphorik für beide gegeben ist und der im vorhergehenden Abschnitt behandelten Parallele zwischen dem Kosmos und der Schrift[62] zu entsprechen scheint. Hieran entzündet sich die Frage, ob der Bekenner die Gegenwart des Logos im Kosmos durch die λόγοι und dessen Gegenwart in der Schrift als eine Art Fleischwerdung betrachtet. Diese Frage ist bejahend zu beantworten, weil Maximus vielerorts – auch abgesehen von der historischen Inkarnation – von einer schriftlichen und kosmischen Verleiblichung des Logos redet. Ein locus classicus, an dem diese dreifache Verleiblichungslehre kurz aber inhaltsvoll zu Wort kommt, ist das *Ambiguum ad Ioannem* 33, wo ein Text Gregors von Nazianz, in dem von der Verdickung (παχύνεσθαι) des Logos die Rede ist, ausgelegt wird. Ich zitiere das ganze Ambiguum:

Παχύνεσθαι ὁ λόγος εἴρηται τῷ θεοφόρῳ διδασκάλῳ κατὰ τήνδε, ὡς οἶμαι, τὴν ἔννοιαν, ἢ ὅτι λόγος ὢν ἁπλοῦς τε καὶ ἀσώματος, καὶ πάσας καθεξῆς πνευματικῶς τρέφων τὰς ἐν οὐρανῷ θείας δυνάμεις, κατηξίωσε καὶ διὰ τῆς ἐνσάρκου αὐτοῦ παρουσίας ἐξ ἡμῶν δι' ἡμᾶς καθ' ἡμᾶς ἁμαρτίας χωρὶς παχυνθῆναι, καὶ ὑμῖν προσφυῶς φωναῖς τε καὶ παραδείγμασι τὴν περὶ τῶν ἀπορρήτων καὶ παντὸς λόγου δύναμιν ὑπερβαίνουσαν ἐκθέσθαι διδασκαλίαν (διὰ παραβολῶν γὰρ εἴρηται πάντα λελαληκέναι, καὶ χωρὶς παραβολῆς μηδὲν διεξιέναι· φίλον γὰρ οὕτω τοῖς διδασκάλοις χρῆσθαι, ἐπὰν οἱ ἀκροαταὶ μὴ παρακολουθῶσι τοῖς πρωτοτύπως λεγομένοις, καὶ εἰς συναίσθησιν αὐτοὺς ἄγειν τῶν λεγομένων)· ἢ ὅτι τοῖς τῶν ὄντων ἑαυτὸν δι' ἡμᾶς ἀπορρήτως ἐγκρύψας λόγοις ἀναλόγως δι' ἑκάστου τῶν ὁρωμένων ὡς διά τινων γραμμάτων ὑποσημαίνεται, ὅλος ἐν ὅλοις ἅμα πληρέστατος, καὶ τὸ καθ' ἕκαστον ὁλόκληρος, ὅλος καὶ ἀνελάττωτος, ἐν τοῖς διαφόροις ὁ ἀδιάφορος

Es wird, glaube ich, vom Gott tragenden Lehrer gesagt, daß sich der Logos im folgenden Sinn verdickt: Entweder weil der Logos, obwohl er einfach und leiblos ist und der Reihe nach alle im Himmel göttlichen Kräfte geistlich ernährt, es für würdig hielt, sich durch seine Anwesenheit im Fleisch von uns, um unseretwillen und uns gemäß ohne Sünde (vgl. Hebr 4, 15) zu verdicken und uns angemessen mit Reden und Gleichnissen die Lehre vom Unsagbaren, die jede Vernunftskraft übersteigt, darzulegen [denn es wird gesagt, daß er alles mit Gleichnissen lehrte und nichts ohne Gleichnis vortrug (vgl. Mt 13, 34; Mk 4, 33f.); denn es gefällt den Lehrern, immer wenn die Zuhörer das ursprünglich Gesagte nicht verstehen, so zu verfahren und sie zu der Wahrnehmung des Gesagten zu bringen]; oder weil er (sc. der Logos) entsprechend, sich um unseretwillen in den λόγοι der Seienden unsagbar verbergend, durch jedes der zu sehen-

---

[62] Vgl. den Abschnitt 3.1.1 (S. 134–143).

καὶ ὡσαύτως ἀεὶ ἔχων, ἐν τοῖς συνθέτοις ὁ ἁπλοῦς καὶ ἀσύνθετος, καὶ
ἐν τοῖς ὑπὸ ἀρχὴν ὁ ἄναρχος, καὶ ὁ
ἀόρατος ἐν τοῖς ὁρωμένοις, καὶ ἐν τοῖς
ἁπτοῖς ὁ ἀναφής· ἢ ὅτι δι᾿ ἡμᾶς, τοὺς
παχεῖς τὴν διάνοιαν, σωματωθῆναί τε
δι᾿ ἡμᾶς καὶ γράμμασι καὶ συλλαβαῖς
καὶ φωναῖς τυπωθῆναι κατεδέξατο, ἵνα
ἐκ πάντων τούτων ἡμᾶς ἑπομένους
αὐτῷ κατὰ βραχὺ πρὸς ἑαυτὸν συνα-
γάγῃ, ἑνοποιηθέντας τῷ πνεύματι, καὶ
εἰς τὴν ἁπλῆν περὶ αὐτοῦ καὶ ἄσχετον
ἔννοιαν ἀναγάγοι, τοσοῦτον ἡμᾶς δι᾿
ἑαυτὸν πρὸς ἕνωσιν ἑαυτοῦ συστείλας,
ὅσον αὐτὸς δι᾿ ἡμᾶς ἑαυτὸν συγκατα-
βάσεως λόγῳ διέστειλεν.[63]

den Dinge wie durch gewisse Buchstaben angedeutet wird; er ist zugleich
ganz und vollkommen in allem und
vollständig, ganz und unverringert
im Blick auf das einzelne, im Unterschiedlichen (ist er) derjenige, der
ohne Unterschied und immer derselbe ist, im Zusammengesetzten der
Einfache und nicht Zusammengesetzte, unter denen, die einen Anfang
haben, der Anfangslose, der Unsichtbare im Sichtbaren und im Berühr-
baren der Unberührbare; oder weil er
um unseretwillen, die wir im Verstand
dick sind, akzeptierte, sich zu verleiblichen und sich um unseretwillen
durch Buchstaben, Silben und Klänge
auszudrücken (τυπωθῆναι), um uns,
die ihm folgen, im Geist vereinigt,
allmählich von all diesem zu ihm hin
zusammenzuführen und zur einfachen und beziehungslosen Vorstellung
von ihm hinaufzubringen, indem er
uns seinetwegen in dem Maße zur
Vereinigung mit ihm zusammenzieht,
wie er sich um unseretwillen aufgrund
seiner Erniedrigung ausdehnte.

Dieses Ambiguum bildet ein gutes Beispiel dafür, wie ein Text Gregors
von Nazianz für den Bekenner zum Anlaß wird, eine eigene Lehre
herauszuarbeiten. Ein Blick auf die gedeutete Stelle Gregors würde
reichen, um festzustellen, daß im ursprünglichen Kontext der Begriff
παχύνεσθαι für die historische Fleischwerdung des Logos stand.[64] Für
Maximus aber wird dieser Begriff zum Ausgangspunkt dafür, eine
dreifache Verleiblichung des Logos geltend zu machen. Der zitierte
Passus bietet eine klare Gliederung: Nach einem einleitenden Satz
spricht Maximus drei Weisen an, wie sich der Logos verdicken kann.
Jeder Erläuterung des Begriffs παχύνεσθαι geht die Einleitungsformel
ἢ ὅτι (oder weil) voraus. Inhaltlich ist zuallererst zu beachten, daß

---

[63] Max. Amb. Io. 33, 1285C–1288A (Übersetzung von mir).
[64] Vgl. Greg. Naz. Or. XXXVIII, 313B: „Ὁ ἄσαρκος σαρκοῦται, ὁ Λόγος
παχύνεται, ὁ ἀόρατος ὁρᾶται, ὁ ἀναφὴς ψηλαφᾶται, ὁ ἄχρονος ἄρχεται, ὁ Υἱὸς
τοῦ Θεοῦ Υἱὸς ἀνθρώπου γίνεται".

der Kirchenvater mit der historischen Fleischwerdung des Logos ein-
setzt. Dies kann ihm selbstverständlich durch den ursprünglichen
Kontext der Gregorschen Stelle vorgegeben worden sein, legt aber
jedenfalls nahe, daß die geschichtliche Verleiblichung des Logos
Ausgangspunkt dafür ist, daß andere Logoserscheinungen auch als
Verleiblichungen angesehen werden. Diese Annahme scheinen andere
Texte des Maximus zu bestätigen.[65] Eine zweite Beobachtung, welche mir von Relevanz zu sein scheint, ist die Tatsache, daß der
Bekenner die geschichtliche Fleischwerdung des Logos mit dessen
Tätigkeit als Lehrer zusammendenkt, der sich der Gleichnisse bedient,
um seine Schüler zum Verstehen jener göttlichen Wahrheit, die sonst
unzugänglich bleiben würde, zu bringen. Bei der zweiten Verleiblichung
werden die λόγοι der Seienden ins Spiel gebracht. Im Unterschied
aber zum Modell, das im ersten Kapitel dieser Arbeit und in der
Interpretation der Verklärungsperikope zur Geltung kam,[66] nämlich
daß sich die λόγοι als Fleisch des Logos verhalten, bilden sie hier
vielmehr den Ort, an dem sich der Logos verbirgt (ἐγκρύπτω). Das,
wodurch sich der Logos verdickt, ist das Sichtbare, die Einzeldinge
also, die auf ihn hindeuten, indem sie sich zu ihm wie Buchstaben
zum Wort verhalten.[67] Kann man dem Kirchenvater eine Inkonsequenz

---

[65] Vgl. z. B. Max. Th. ec. II, 60, 1149C–1152A: „Ὁ τοῦ Θεοῦ Λόγος, οὐ μόνον
καθότι σεσάρκωται λέγεται σάρξ· ἀλλὰ καθότι Θεὸς Λόγος ἁπλῶς νοούμενος ἐν
ἀρχῇ πρὸς τὸν Θεὸν καὶ Πατέρα (vgl. Joh 1, 1), καὶ σαφεῖς καὶ γυμνοὺς τοὺς τῆς
ἀληθείας περὶ τῶν ὅλων ἔχων τύπους, οὐ περιέχει παραβολὰς καὶ αἰνίγματα· οὐδὲ
ἱστορίας δεομένας ἀλληγορίας· ἐπὰν δὲ ἀνθρώποις ἐπιδημήσῃ μὴ δυναμένοις γυμνῷ
τῷ νοΐ γυμνοῖς προσβάλλειν τοῖς νοητοῖς· ἀπὸ τῶν αὐτοῖς συνήθων διαλεγόμενος,
διὰ τῆς τῶν ἱστοριῶν καὶ αἰνιγμάτων καὶ παραβολῶν καὶ σκοτεινῶν λόγων (vgl.
Spr 1, 6 LXX) ποικιλίας συντιθέμενος, γίνεται σάρξ. Κατὰ γὰρ τὴν πρώτην
προσβολήν, οὐ γυμνῷ προσβάλλει Λόγῳ ὁ ἡμέτερος νοῦς· ἀλλὰ Λόγῳ σεσαρκωμένῳ·
δηλαδὴ τῇ ποικιλίᾳ τῶν λέξεων· Λόγῳ μὲν ὄντι, τῇ φύσει· σαρκὶ δὲ τῇ ὄψει· ὥστε
τοὺς πολλοὺς, σάρκα καὶ οὐ Λόγον ὁρᾶν δοκεῖν κἂν εἰ κατὰ ἀλήθειάν ἐστι Λόγος.
Οὐ γὰρ ὅπερ δοκεῖ τοῖς πολλοῖς, τοῦτο τῆς Γραφῆς ἐστιν ὁ νοῦς, ἀλλὰ ἕτερον
παρὰ τὸ δοκοῦν. Ὁ γὰρ Λόγος, δι᾽ ἑκάστου τῶν ἀναγεγραμμένων ῥημάτων γίνεται
σάρξ"; ferner L. Thunberg (1985) 159 u. den Abschnitt 1. 2. 2. 2 (S. 67f.).
[66] Vgl. den Abschnitt 1. 2. 2. 2 (S. 67f.) u. Max. Amb. Io. 10, 1129B (zitiert in
Anm. 61).
[67] Diese Interpretation wird dadurch bestätigt, daß die sichtbaren Einzeldinge bei
der zweiten Verleiblichung mit Buchstaben (γράμμα) verglichen werden; die Buchstaben
aber sind – mit den Silben und Klängen – Ort der dritten Verleiblichung. Außerdem
ist zu merken, daß Maximus der ersten Verleiblichung nicht mit einem Partizip
(ὤν/τρέφων), sondern mit einer finiten Verbform (καταξιόω) Ausdruck verleiht. Dies
legt nahe, daß die zweite Verleiblichung, bei der eine ähnliche syntaktische Struktur
anzutreffen ist, auch durch das finite Verb (ὑποσημαίνομαι), und nicht durch das
Partizip (ἐγκρύψας), ausgedrückt wird.

unterstellen, weil er die leibliche Ausdehnung des Logos mal in den λόγοι selbst und mal in den Dingen, welche nach diesen λόγοι erschaffen wurden, situiert? Mir scheint, daß die Frage positiv zu beantworten ist, wenn man allein nach systematischen Maßstäben das Denken des Bekenners werten will. Indes hat sich bereits mehrmals herausgestellt, daß der Confessor nicht nach festen Schemata, sondern flexibel und funktional denkt.[68] Zieht man überdies in Betracht, daß er trotz seiner Warnung, λόγοι und Einzeldinge seien nicht zu verwechseln, die Zusammengehörigkeit von Sichtbarem und Intelligiblem unterstreicht,[69] so dürfte diese Inkonsequenz unproblematisch sein. Diese Zusammengehörigkeit wird im obigen Abschnitt durch die Art und Weise, wie das Paradoxon der Gegenwart des Logos in der Schöpfung und seiner Erhabenheit ihr gegenüber beschrieben wird, veranschaulicht. Bei der dritten Verleiblichungsweise erhebt sich die Schwierigkeit, daß Maximus, obwohl er von Buchstaben, Silben und Klängen redet, nicht ausdrücklich erwähnt, daß es sich hierbei um die Heilige Schrift handelt. Jedoch im Lichte der Gleichsetzung von Schrift und Schöpfung, die bei der Darlegung der Drei-Gesetze-Lehre bearbeitet wurde,[70] ist die Annahme, nur die Heilige Schrift könne hier gemeint sein, nicht zu widerlegen. Ein Blick auf die eröffnenden Worte des *Caput theologicum et œconomicum* II, 73 kann diese These untermauern.[71] Alledem zufolge ist zu schließen, daß Maximus die Anwesenheit des Logos in der Schöpfung und in der Heiligen Schrift, die bei der Drei-Gesetze-Lehre der Parallelität derselben zugrundelag, als Offenbarung versteht, die zwar mit der historischen Menschwerdung nicht zusammenfällt, die aber durchaus mit inkarnatorischer Begrifflichkeit geschildert werden kann. Metaphorisch gilt die Offenbarung des Logos in dem Kosmos und der Schrift als Fleischwerdung. Daraus ergibt sich zunächst die Frage, wie das

---

[68] Vgl. z. B. die Abschnitte 2.1.1 (S. 86), 2.2 (S. 107f.) u. 3.1.1 (S. 130); ferner Anm. 48, wo gezeigt wurde, daß der Bekenner ohne weiteres zwischen Leib- und Gewänder-Metaphorik pendeln kann.

[69] Vgl. den Abschnitt 1. 2. 2. 2 (S. 69f.).

[70] Vgl. den Abschnitt 3. 1. 1 (S. 134–143).

[71] Vgl. Max. Th. ec. II, 73, 1157B: „Ἕως τὸν ἐν τῷ ῥητῷ τῆς ἁγίας Γραφῆς ποικίλως διὰ τῶν αἰνιγμάτων σεσωματωμένον ὁρῶμεν τὸν τοῦ Θεοῦ Λόγον, οὔπω τὸν ἀσώματον καὶ ἁπλοῦν καὶ ἑνιαῖον καὶ μόνον, ὡς ἐν ἀσωμάτῳ καὶ ἁπλῷ καὶ ἑνιαίῳ καὶ μόνῳ Υἱῷ νοητῶς τεθεάμεθα Πατέρα, κατὰ τό, Ὁ ἑωρακὼς ἐμὲ ἑώρακε τὸν Πατέρα. Καὶ· Ἐγὼ ἐν τῷ Πατρί, καὶ ὁ Πατὴρ ἐν ἐμοί (vgl. Joh 14, 9f.)". Zur negativen Wertung der Fleischwerdung des Logos in der Schrift, die hier deutlich zu spüren ist, vgl. die Ausführungen des folgenden Abschnitts.

Verhältnis zwischen den drei Logosinkarnationen präziser zu beschreiben ist. Diesbezüglich zeigte die Analyse der Drei-Gesetze-Lehre, daß Maximus dem Gnadengesetz im Blick auf die Art und Weise, wie sich der Logos vermittelt, mehr Wert als den zwei anderen Gesetzen zuerkennt.[72] Überdies legte der obige Passus nahe, daß die historische Inkarnation für den Confessor als Ausgangspunkt gilt, wodurch die zwei anderen Offenbarungsweisen des Logos als Verleiblichungen aufzufassen sind. Zudem erwies sich die geschichtliche Menschwerdung des Logos im ersten Kapitel dieser Arbeit[73] als hermeneutisches Mittel zum Erschließen der λόγοι-Welt. All dies macht die Annahme, die historische Fleischwerdung des Logos genieße im Vergleich zu dessen anderen Verleiblichungen einen Vorrang, sehr plausibel. Indes muß eine genauere Antwort auf die obige Frage auf den zweiten Teil dieses Kapitels verschoben werden,[74] weil sich dieses Problem leichter behandeln läßt, wenn dieser erste Teil zur Christologie als Basis bibelhermeneutischer Reflexion zum Abschluß gebracht worden ist. Zweitens bricht die Frage auf, wie Maximus der schriftlichen Fleischwerdung des Logos Rechnung trägt und inwieweit sie sich begrifflich und inhaltlich auf die geschichtliche Inkarnation bezieht bzw. in Entsprechung zu ihr gedeutet wird. Diese Fragenkonstellation soll im nächsten Abschnitt bearbeitet werden. Nun – bevor ich mich hier auf die Frage einlasse, aus welchen Quellen der Bekenner bei seiner Lehre von den drei Verleiblichungen geschöpft hat – möchte ich kurz dem nachgehen, wie der Confessor im obigen Text die drei Verleiblichungen als eine Accomodatio des Logos an die menschliche Wirklichkeit versteht.

Es ist für den obigen Passus kennzeichnend, daß der Bekenner bei jeder der drei geschilderten Inkarnationen des Logos den Akzent darauf setzt, daß das Sich-Verdicken um unseretwillen (δι' ἡμᾶς) geschieht. Die historische Fleischwerdung ermöglichte, daß sich der Logos an die Menschen mit Worten wenden konnte, die an ihren geistlichen Zustand adaptiert waren. Da es sich um eine unsagbare Lehre handelte, die über jede Vernunft hinausgeht, griff der Logos auf Gleichnisse zurück. Auch das Sich-Verdicken im Seienden geschah mit der Absicht, daß die Menschen dadurch den Logos *nachlesen* können. Die

---

[72] Vgl. den Abschnitt 3. 1. 1 (S. 131–134).
[73] Vgl. den Abschnitt 1. 2. 2. 2 (vor allem S. 63–67).
[74] Vgl. den Abschnitt 3. 2. 2. 1.

Parallelität zwischen der Erniedrigung des Logos zum Zustand der Menschen einerseits und deren Hinaufsteigen zu ihm andererseits ist im zitierten Text am prägnantesten bei der Beschreibung der Inkarnation in der Schrift. Der Logos verdickt sich in Worten, da der menschliche Verstand selbst dick ist; der Logos dehnt sich aus, um uns zu seiner Einfachheit hinaufzuführen. Das Sich-Verdicken wird demnach in jedem Fall positiv bewertet als das Mittel, wodurch sich der Logos den Menschen zugänglich macht und sein *Wesen* an ihren Zustand anpaßt. Dabei handelt es sich um den sogenannten Accomodatio-Gedanken, der bei den Kirchenvätern einen Gemeinplatz darstellt. So meinen Origenes und Gregor von Nyssa jeweils, daß der Logos jeden Menschen nach der eigenen Aufnahmefähigkeit[75] bzw. dem eigenen Bedarf[76] ernährt, während Athanasius die sichtbare Menschwerdung des Logos damit assoziiert, daß die Menschen nach der Sünde ihre Aufmerksamkeit nur dem Sichtbaren gewidmet haben.[77] Auch Pseudo-Dionys ist davon überzeugt, das göttliche Licht bliebe für die Menschen unerfahrbar, würde es sich nicht mit einer Vielfalt von Vorhängen verhüllen.[78] Demzufolge scheint mir jeglicher Versuch, präziser zu bestimmen, an welche patristische Quelle Maximus hier anknüpft, zum Scheitern verurteilt; es reicht, sich zu vergegenwärtigen, daß er in der Linie dieser sehr verbreiteten Tradition der Patristik steht. Die jeweilige Inkarnation des Logos ist somit ein Akt göttlicher Erniedrigung zu den Menschen, in dem der erstere seine Daseinsweise auf den Zustand der letzteren einstellt, um sie dadurch zu einer tieferen Erkenntnis von ihm zu führen.

---

[75] Vgl. Orig. Cels. IV, 18 (Z. 25f.): „ὁ λόγος, ἑκάστῳ τρόφιμος γινόμενος, ὡς χωρεῖ αὐτὸν παραδέξασθαι"; ferner Orig. Com. Mt, Bd. 1, XII, 36 (S. 152). Zur Adaptation des Logos an die menschliche Wirklichkeit bei Origenes vgl. R. Gögler (1963) 307–319.

[76] Vgl. dazu das Zitat des Nysseners in Kap. 1, Anm. 228.

[77] Vgl. Athan. Inc. 15 (Z. 7–16): „ἐπειδὴ γὰρ οἱ ἄνθρωποι ἀποστραφέντες τὴν πρὸς τὸν Θεὸν θεωρίαν καὶ ὡς ἐν βυθῷ βυθισθέντες κάτω τοὺς ὀφθαλμοὺς ἔχοντες, ἐν γενέσει καὶ τοῖς αἰσθητοῖς τὸν Θεὸν ἀνεζήτουν... τούτου ἕνεκα ὁ φιλάνθρωπος καὶ κοινὸς πάντων Σωτήρ, ὁ τοῦ Θεοῦ Λόγος, λαμβάνει ἑαυτῷ σῶμα, καὶ ὡς ἄνθρωπος ἐν ἀνθρώποις ἀναστρέφεται, καὶ τὰς αἰσθήσεις πάντων ἀνθρώπων προσλαμβάνει, ἵνα οἱ ἐν σωματικοῖς νοοῦντες εἶναι τὸν Θεόν, ἀφ᾽ ὧν ὁ Κύριος ἐργάζεται διὰ τῶν τοῦ σώματος ἔργων, ἀπ᾽ αὐτῶν νοήσωσι τὴν ἀλήθειαν, καὶ δι᾽ αὐτοῦ τὸν Πατέρα λογίσωνται".

[78] Vgl. Dion. Coel. hier. 121B–121C: „Καὶ γὰρ οὐδὲ δυνατὸν ἑτέρως ἡμῖν ἐπιλάμψαι τὴν θεαρχικὴν ἀκτῖνα μὴ τῇ ποικιλίᾳ τῶν ἱερῶν παραπετασμάτων ἀναγωγικῶς περικεκαλυμμένην καὶ τοῖς καθ᾽ ἡμᾶς προνοίᾳ πατρικῇ συμφυῶς καὶ οἰκείως διεσκευασμένην".

Wie verhält es sich mit der Frage nach den Quellen, denen Maximus bei seiner Lehre von den drei Fleischwerdungen des Logos verpflichtet ist? Im vorhergegangenen Abschnitt wurde die Beobachtung gemacht, daß der Bekenner vermutlich das Schema „Kosmos, Schrift, Christus" bei Origenes gefunden hat.[79] Dasselbe scheint mir für die Verleiblichungsmetaphorik, die auf die Heilige Schrift appliziert wird, zu gelten.[80] Freilich kennt der alexandrinische Lehrer meines Wissens keine Inkarnation des Logos in der Schrift im eigentlichen Sinne,[81] die Analogie zwischen dem biblischen Wort und dem Fleisch des Herrn ist aber bei ihm sehr entwickelt.[82] Eine Fleischwerdung des

---

[79] Vgl. den Abschnitt 3. 1. 1 (S. 146).

[80] Bereits H. de Lubac (1950) 344 schloß diesbezüglich auf eine Abhängigkeit des Maximus von Origenes.

[81] Vgl. das Urteil von H. de Lubac (1950) 364: „Origène ne parle pas en propres termes d'une incarnation du Logos dans le livre sacré".

[82] Vgl. dazu H. de Lubac (1950) 336–346; ferner Orig. Hom. Lev. I, 1: „Sicut in *novissimus diebus* Verbum Dei ex Maria carne vestitum processit in hunc mundum et aliud quidem erat, quod videbatur in eo, aliud, quod intelligebatur – carnis namque adspectus in eo patebat omnibus, paucis vero et electis dabatur divinitatis agnitio –, ita et cum per prophetas vel legislatorem Verbum Dei profertur ad homines, non absque competentibus profertur indumentis. Nam sicut ibi carnis, ita hic litterae velamine tegitur, ut littera quidem adspiciatur tamquam caro, latens vero intrensicus spiritalis sensus tamquam divinitas sentiatur"; Orig. Com. Mt. Bd. 2, 27: „sicut Christus celatus venit in corpore, ut a carnalibus quidem speciem corporis eius aspicientibus et non virtutes considerantibus homo videretur, a spiritalibus autem non speciem corporis adtendentibus sed opera virtutum eius considerantibus deus intellegatur – sic est et omnis scriptura divina incorporata, maxime autem veteris testamenti. spiritalis enim et propheticus sensus scripturae celatus est in historia rei propositae, ut omnis scriptura a mediocribus quidem secundum historiam intellegatur, a spiritalibus autem et perfectis secundum mysterium spiritale"; Orig. Com. Mt. Bd. 3, 11: „ὥσπερ ὁ λόγος οὗτος ὁ προφορικὸς κατὰ τὴν οἰκείαν φύσιν ἀναφής ἐστι καὶ ἀόρατος, ὅταν δὲ ἐν βίβλῳ γραφῇ καὶ οἰονεὶ σωματωθῇ τότε καὶ ὁρᾶται καὶ ψηλαφᾶται, οὕτως καὶ ὁ ἄσαρκος τοῦ θεοῦ λόγος καὶ ἀσώματος, οὔτε ὁρώμενος οὔτε γραφόμενος κατὰ τὴν θεότητα, ἐπειδὴ ἐσαρκώθη, καὶ ὁρᾶται καὶ γράφεται· διὰ τοῦτο ὡς σαρκωθέντος καὶ 'βίβλος' ἐστὶ τῆς αὐτοῦ 'γενέσεως'"; vgl. auch den Abschnitt 1. 1. 10 (S. 28). Im ersten Kapitel [vgl. den Abschnitt 1. 1. 13 (S. 34)] wurde darauf hingewiesen, daß Gregor von Nyssa den Schriftsinn mit den zwei Naturen Christi zu verknüpfen scheint; vgl. Greg. Nys. Or. catech. 80C: „Τί οὖν ἔξω τοῦ εἰκότος ἐν τῷ μυστηρίῳ μανθάνω, εἰ κύπτει πρὸς τὸν πεπτωκότα ὁ ἑστώς, ἢ ἐπὶ τὸ ἀναστῆσαι τὸν κείμενον; ὁ δὲ σταυρὸς εἰ μή τινα καὶ ἕτερον περιέχει λόγον βαθύτερον, εἰδοῖεν ἂν οἱ τῶν κρυπτομένων ἐπίστορες. Ὁ δ᾽ οὖν εἰς ἡμᾶς ἐκ παραδόσεως ἥκει, τοιοῦτόν ἐστιν· Ἐπειδὴ πάντα κατὰ τὸν ὑψηλότερόν τε καὶ θειότερον βίον ἐν τῷ Εὐαγγελίῳ εἴρηται καὶ γεγένηται· καὶ οὐδὲν τοιοῦτόν ἐστιν, ἐν ᾧ οὐχὶ πάντως μῖξίς τις ἐμφαίνεται τοῦ θείου πρὸς τὸ ἀνθρώπινον, τῆς μὲν φωνῆς ἢ τῆς πράξεως ἀνθρωπικῶς διεξαγομένης, τοῦ δὲ κατὰ τὸ κρυπτὸν νοουμένου τὸ θεῖον ἐμφαίνοντος· ἀκόλουθον ἂν εἴη καὶ ἐν τῷ μέρει τούτῳ, μὴ τὸ μὲν βλέπειν, παρορᾶν δὲ τὸ ἕτερον· ἀλλ᾽ ἐν μὲν τῷ ἀθανάτῳ καθορᾶν τὸ ἀνθρώπινον, ἐν δὲ τῷ ἀνθρώπῳ πολυπραγμονεῖν τὸ θειότερον". Obwohl Gregor hier den verborgenen

Logos in der Schrift wird bei Origenes zwar nicht wie bei Maximus expressis verbis zum Ausdruck gebracht, sie ist aber, wie viele Origenesforscher mit Recht bemerkt haben, implizit vorhanden und hat beim Alexandriner weitreichende sprachliche und gedankliche Konsequenzen.[83] Hierbei scheint der Confessor die Ansätze des alexandrinischen Kirchenlehrers in eine explizite Lehre von der Verleiblichung des Logos in der Schrift *radikalisiert* zu haben. So illustriert das zitierte *Ambiguum ad Ioannem* 33, wie der Bekenner einen Begriff des Gregor von Nazianz aufgreifen kann,[84] um ihn weiterinterpretierend mit origenischem Gedankengut zu füllen. Diese Überspitzung origenischer Lehre wird sich im folgenden als keineswegs marginal innerhalb des maximinischen Denkens erweisen. Gerade für die theologische bibelhermeneutische Reflexion des Confessors hat sie eine Schlüsselfunktion inne.

3.1.3. Die Fleischwerdung des Logos als theologisches Modell bibelhermeneutischer Reflexion

Nun empfiehlt es sich, kurz zurückzublicken, um die hermeneutisch relevantesten Ergebnisse, die sich bisher herauskristallisiert haben, zusammenzufassen und im Lichte derer die leitenden Fragen der weiteren Analyse präziser zu formulieren: Die Drei-Gesetze-Lehre, ein theologisch durchdachtes Interpretament, ermöglicht dem Bekenner, das Sich-Vermitteln Gottes sowohl horizontal in der Geschichte als auch vertikal in der mystischen Erfahrung synthetisch zusammenzudenken und auf den Logos zurückzuführen. Hier ragt die nahezu

---

Sinn (τὸ κρυπτὸν νοούμενον) mit der göttlichen Natur Christi assoziiert, zeigt die Art und Weise, wie er dieses hermeneutische Prinzip auf das Kreuz anwendet, daß es ihm eigentlich darum geht, daß der Tod Christi nicht als ein bloßes menschliches Ereignis verstanden wird. Es gilt also, bei den Evangeliumserzählungen nicht nur das Menschliche wahrzunehmen, sondern auch dem Göttlichen nachzuspüren. Demnach kann anhand dieses Textes von einer Gregorschen Lehre der Fleischwerdung des Logos in der Schrift kaum die Rede sein; gegen W. Völker (1965) 277, der den Unterschied zwischen Gregor von Nyssa und Maximus an dem Punkt zu nivellieren scheint.

[83] Vgl. außer H. de Lubac (1950) 336–346 die wichtige Studie von R. Gögler „Zur Theologie des biblischen Wortes bei Origenes" (1963), vor allem 299–364.

[84] Vergleicht man Greg. Naz. Or. XXXVIII, 313B (zitiert in Anm. 64) und Orig. Com. Mt. Bd. 3, 11 (zitiert in Anm. 82), kann man sich aufgrund der gebrauchten Terminologie des Eindrucks nicht erwehren, daß Gregor hier origenische *Reminiszenzen* aufweist.

völlige Gleichsetzung von Kosmos und Schrift heraus, die bewirkt, daß die Logostheorie des Confessors, die seinen ontologischen Symbolismus beseelt, auch zum inneren Gewebe seiner Schrifttheorie wird.[85] Die Lehre von einer schriftlichen Fleischwerdung, durch die Maximus der Präsenz des Logos in der Bibel Rechnung trägt, gestattet, die zu Beginn des ersten Teiles dieses Kapitels gestellte Frage nach einer eventuellen christologischen Basis bibelhermeneutischer Reflexion bei dem Bekenner positiv zu beantworten. Fragt man nach der Beschaffenheit dieser Christologie, so legt sich im Lichte des maximinischen Kontexts und der Analysen der früheren Kapitel nahe, daß es sich dabei um eine von Chalzedon geprägte Christologie handeln muß, welche mit der umfassenden Logostheorie des Confessors verknüpft wird.[86] Im weiteren ist also zu fragen, inwiefern bei Maximus die historische Inkarnation des Logos als ein hermeneutisches Modell für dessen Verleiblichung in der Schrift fungiert. Mit anderen Worten: Die bisherige Analyse hat gezeigt, daß der Confessor die Anwesenheit des Logos in der Schrift als Fleischwerdung beschreibt. Nun ist zu erkunden, inwieweit er sie auch gemäß der historischen Fleischwerdung interpretiert. Methodisch sollen terminologische sowie semantische Gemeinsamkeiten und Divergenzen zwischen beiden Inkarnationen verfolgt und befragt werden. Da Maximus aber Kosmos und Schrift parallel denkt, beides in Zusammenhang mit der Menschwerdung bringt und mit demselben organisatorischen System, der Logostheorie, versieht, werden folgerichtig seine *kosmischen* Ausführungen herangezogen. Insofern wird die Gleichsetzung von Schrift und Kosmos vorausgesetzt und fruchtbar gemacht.

3.1.3.1. *Zum zweifachen Charakter der Fleischwerdung des Logos in der Schrift*

Um diesen Leitfaden weiterverfolgen zu können, muß jedoch zunächst die Art und Weise, wie Maximus die Fleischwerdung des Logos in der Schrift beschreibt, näher betrachtet werden. Es wurde bisher beobachtet, daß diese Inkarnation des Logos sozusagen mit der oberflächlichen Ebene der Schrift zusammenhängt. Terminologisch bedient

[85] Dieser Aspekt kam im Abschnitt 3. 1. 1 vor allem bei der Analyse der Quaestio ad Thalassium 32 (S. 131–133) zur Sprache; vgl. ferner dazu den Abschnitt 3. 2. 1.
[86] Vgl. Einleitung, Abschnitt III (S. 1–li) u. die Abschnitte 1. 2. 2. 2 (S. 63–68) u. 2. 1. 2. 2 (vor allem S. 97–99).

sich der Bekenner einer Reihe von Begriffen, um diese Ebene zu bezeichnen. Im bereits kommentierten *Ambiguum ad Ioannem* 33 besteht die schriftliche Oberfläche aus Buchstaben (γράμμα), Silben (συλλαβή) und Klängen (φωνή).[87] Auch in der maximinischen Deutung des Verklärungsgeschehens verdickt sich der Logos durch Buchstaben und Silben.[88] Ansonsten sind es Worte (ῥῆμα, λέξις),[89] der Text (ῥητόν)[90] und Erzählungen (ἱστορία),[91] wodurch über die Fleischwerdung des Logos in der Schrift Rechenschaft abgelegt wird. Handelt es sich hierbei um Begriffe, die eher benennend und neutral sind, tauchen in demselben Kontext auch bereits erwähnte Termini[92] wie „Figur" (τύπος)[93] und „Symbol" (σύμβολον)[94] auf, welche die Präsenz eines *Signifikats* voraussetzen, sowie „Rätsel" (αἴνιγμα)[95] bzw. die Kombination „dunkle Worte" (σκοτεινὸς λόγος),[96] die eine gewisse Wertung beinhalten. Selbstverständlich schöpft Maximus hier aus dem reichhaltigen hermeneutischen Lexikon der alexandrinischen Schule[97] und des

---

[87] Vgl. die komplette Übersetzung dieses Ambiguums im Abschnitt 3. 1. 2 (S. 148f.).

[88] Vgl. Max. Amb. Io. 10, 1129D [zitiert und übersetzt im Abschnitt 3. 1. 1 (S. 137)].

[89] Vgl. Max. Th. ec. II, 60, 1152A (zitiert in Anm. 65).

[90] Vgl. II, 73, 1157C (zitiert in Anm. 111).

[91] Vgl. Max. Th. ec. II, 60, 1149D (zitiert in Anm. 65).

[92] Vgl. den Abschnitt 3.1.1 (vor allem S. 130 u. 143).

[93] Vgl. Max. Thal. 62 (S. 115 u. 117, Z. 25–28): „Ὁ τοῖς τύποις ἑαυτὸν πολυειδῶς ταῖς τῶν προφητῶν ὁράσεσι μυστικῶς διαπλάσας, τὴν ἡμετέραν ἑκουσίως κατ᾽ ἀλήθειαν ὑπελθεῖν φύσει διάπλασιν, ἵνα δείξῃ παροῦσαν τοῖς πράγμασι τὴν προμυνηθεῖσαν διὰ τῶν τύπων ἀλήθειαν".

[94] Vgl. Max. Amb. Io. 10, 1128B [zitiert und übersetzt im Abschnitt 3.1.1 (S. 134f.)]; hier geht es nicht expressis verbis um eine Fleischwerdung, sondern darum, daß sich der Logos durch die als symbolische Verhüllung fungierenden Worte in der Schrift verbirgt.

[95] Vgl. Max. Th. ec. II, 60, 1149D (zitiert in Anm. 65); ibid. II, 73, 1157BC (zitiert in Anm. 71 u. 111).

[96] Vgl. Max. Th. ec. II, 60, 1149D (zitiert in Anm. 65) u. Spr 1, 6 LXX.

[97] Zu γράμμα vgl. z. B. Orig. Princ. IV, 2, 2 (Z. 50); Greg. Nys. V. Mos. 356D; Greg. Nys. Cant. Prol. (S. 6, Z. 15). Zu συλλαβή vgl. Greg. Nys. Eun. III, 1, 33 (Z. 10). Zu ῥητόν vgl. Phil. Abr. 131; Phil. Mig. Abr. 89; Phil. Spec. leg. II, 147; Greg. Nys. Cant. Prol. (S. 3, Z. 5; S. 12, Z. 3); Greg. Nys. Eun. III, 1, 32 (Z. 3). Zu λέξις vgl. Phil. V. contemp. 78f. (zitiert in Anm. 26); Greg. Nys. Cant. Prol. (S. 4, Z. 1 u. 11); Greg. Nys. Eun. III, 1, 33 (Z. 9). Zu ἱστορία vgl. Greg. Nys. Cant. Prol. (S. 7, Z. 3); Greg. Nys. Eun. III, 1, 25 (Z. 15). Zu τύπος vgl. Phil. Op. mund. 157; Klem. Str. I, 31, 3; Orig. Princ. IV, 2, 2 (Z. 68, 70 u. 73); Greg. Nys. V. Mos. 340D; 372A; 381A; 398B; ferner Röm 5, 14; 1 Kor 10, 11. Zu αἴνιγμα vgl. Greg. Nys. V. Mos. 336B; 337A u. D; 344A; 348D; 357C; Greg. Nys. Cant. Prol. (S. 4, Z. 12; S. 6, Z. 10); ferner 1 Kor 13, 12. Zu σκοτεινὸς λόγος vgl. Orig.

Pseudo-Dionys,[98] so daß er keinen Anspruch auf begriffliche Innovation erheben kann. Jedoch ist hier festzuhalten, daß diese Begriffe bei ihm keiner reinen, aus der Tradition zu erklärenden Neigung zur Allegorese wie etwa bei Gregor von Nyssa oder dem Areopagiten entspringen, sondern einer inkarnatorischen Schriftlehre dienen. Nichtsdestotrotz geht Maximus wie seine Vorgänger von einer doppelten Struktur der Schrift aus, indem er Fleisch mit wörtlichem, Geist mit tieferem Schriftsinn gleichsetzt.[99]

Darüber hinaus faßt Maximus die Fleischwerdung des Logos in der Schrift als eine Bewegung auf, in der der Logos seine einfache Daseinsweise aufgibt und in die Vielfalt übergeht.[100] Der Einfachheit des Logos, die durch seine göttliche Natur gegeben ist und meistens durch Rekurs auf das Johannesevangelium veranschaulicht wird,[101] steht die Vielfalt der biblischen Rätsel und Geschichten gegenüber, die der Logos durch seine schriftliche Verleiblichung sozusagen auf sich nimmt. Nun aber belegt das bereits behandelte *Ambiguum ad Ioannem* 33,[102] daß das Schema, dem entsprechend sich der Logos von der Einfachheit in die Vielfalt begibt, jeder Inkarnation des letzteren, sei es in der Geschichte, im Kosmos oder in der Schrift, gilt.[103] Die Vielfalt charakterisiert das, was im Unterschied zur absoluten göttlichen Natur steht, das also, was zum Bereich des Erschaffenen gehört. Bei jeder Verleiblichung übernimmt der Logos eine eigent-

---

Princ. IV, 2, 2 (Z. 80); Greg. Nys. Cant. Prol. (S. 5, Z. 5; S. 8, Z. 9). Zu σύμβολον vgl. Phil. Cher. 28; Phil. Mig. Abr. 89 u. 93; Phil. Praem. 61; Phil. V. contemp. 78f. (zitiert in Anm. 26); Klem. Str. VI, 87, 2; Greg. Nys. V. Mos. 392D; 416B.

[98] Der aus dem Mysterienkult stammende Begriff σύμβολον hat in der dionysischen Hermeneutik – vor allem in bezug auf die Schrift und die Liturgie – eine zentrale Stellung inne; vgl. dazu den Abschnitt 1. 2. 1 (S. 46f.) u. die Zitate in Kap. 1, Anm. 281 u. 282; ferner Dion. Coel. hier. 137A (S. 10, Z. 8); Dion. Ep. 9, 1104B (S. 193, Z. 12); 1108C (S. 200, Z. 1). Zu αἴνιγμα vgl. Dion. Coel. hier. 140B (S. 11, Z. 17); Dion. Ep. 9, 1104B (S. 193, Z. 8). Zu τύπος vgl. z. B. Dion. Div. nom. 592B (S. 114, Z. 4); 597A (S. 120, Z. 14).

[99] Vgl. Max. Th. ec. I, 91, 1120D–1121A: „Τὴν ἁγίαν ὅλην Γραφήν, σαρκὶ διαιρεῖσθαι λέγομεν καὶ πνεύματι...Ὁ γὰρ τὸ ῥητὸν τῆς Γραφῆς εἰπὼν εἶναι σάρκα· τὸν δὲ ταύτης νοῦν, πνεῦμα...τῆς ἀληθείας οὐκ ἁμαρτήσεται".

[100] Vgl. Max. Th. ec. II, 60, 1149C–1152A (zitiert in Anm. 65); Max. Th. ec. II, 73, 1157BC (zitiert in Anm. 48 u. 111).

[101] Vgl. ibid.

[102] Vgl. den Abschnitt 3. 1. 2.

[103] Vgl. ibid.: „λόγος ὢν ἁπλοῦς (...) κατηξίωσε (...) παχυνθῆναι (...)· ἐν τοῖς συνθέτοις ὁ ἁπλοῦς καὶ ἀσύνθετος (...)· ἵνα (...) εἰς τὴν ἁπλῆν περὶ αὐτοῦ καὶ ἄσχετον ἔννοιαν ἀναγάγοι" (Hervorhebung von mir).

lich ihm fremde Existenzweise, um die Menschen zu seiner göttlichen
Wirklichkeit hinaufzuführen. Der herabsteigenden Bewegung des
Logos in die Vielfalt entspricht demnach eine hinaufsteigende Bewegung der Menschen zur einfachen Gottheit. Hierbei handelt es sich um
ein zirkuläres Schema, um eine Bewegungsdynamik, welche im Grunde
der, die im ersten Kapitel dieser Arbeit hinsichtlich des Verhältnisses
der λόγοι zum Logos zutagetrat, ähnlich ist. Dort wurde geltend
gemacht, daß sich der Logos durch die λόγοι vervielfältigt, während
sie durch ihre Referenz zu ihm eine sich vereinheitlichende Bewegung aufweisen.[104] Natürlich gehören die λόγοι nicht zur Sphäre des
Erschaffenen, sie stehen aber als dessen ontologische Grundlage in
engem Verhältnis zu ihm.[105] Diese Vervielfältigung-Vereinheitlichung-
Dynamik vermochte Maximus mit Hilfe des neuplatonisch-dionysi-
schen Schemas von πρόοδος (Ausgang) und ἐπιστροφή (Rückkehr) zu
beschreiben.[106] Während es dort um den Schöpfungsakt ging, aus
der Sicht der dreifachen Verleiblichung also um die Inkarnation des
Logos im Kosmos, wird hier das neuplatonisch-dionysische Modell
auf die schriftliche Fleischwerdung des Logos appliziert. Ist das erste,
herabsteigende Moment des Schemas eine Initiative des Logos, der,
wie es im vorherigen Abschnitt erläutert wurde,[107] seine Daseinsweise
der der Menschen anpaßt, so sind die Menschen am zweiten, hin-
aufsteigenden Moment beteiligt, weil es ihnen zukommt – wenn auch
mit Hilfe des Heiligen Geistes und des Logos selbst –[108] von der
Ebene der zahlreichen Rätsel und Geschichten der Schrift zum ihr
innewohnenden Logos zu gelangen. So gibt sich die Schrift als ein
Symbolgefüge zu erkennen, das der Begegnung des Menschen mit
dem Logos wiederum in seiner einfachen, quasi ursprünglichen und
eschatologischen,[109] Gestalt dient. Dies ist mit dem allein durch die
Erfahrung des Mystikers in der φυσικὴ θεωρία – und über sie hinaus – zu vollziehenden Übergang von der Vielfalt der Dinge und

---

[104] Vgl. den Abschnitt 1. 2. 2. 2 (S. 67f.).
[105] Vgl. ibid.
[106] Vgl. ibid. (S. 71f.).
[107] Vgl. den Abschnitt 3. 1. 2 (S. 152f.).
[108] Die adäquate Schriftauslegung ist für Maximus ein synergischer Akt der
Begegnung zwischen Menschlichem und Göttlichem. Dieser Aspekt soll im zweiten
Teil dieses Kapitels noch eingehend besprochen werden; vgl. dazu die Abschnitte
3. 2. 2. bis 3. 2. 2. 3. Bisher wurde die Wichtigkeit des Beistands des Heiligen
Geistes mehrmals akzentuiert; vgl. den Abschnitt 3. 1. 1 (vor allem S. 133 u. 139).
[109] Vgl. S. 162–168.

deren ontologischen λόγοι zum einfachen Logos zu vergleichen.[110]
Hier zeigt sich ein weiteres Zeichen für die Kohärenz des Denkens
des Maximus und die starke Symmetrie seiner Lehre von der dreifachen Inkarnation.

Allein aber die vorausgegangenen Ausführungen zur Art und Weise,
wie Maximus begrifflich und formal die schriftliche Fleischwerdung
des Logos schildert, werfen zugegebenermaßen eine Aporie auf: Zum
einen wird die schriftliche Inkarnation als ein Akt göttlicher Anpassung
an die Menschen positiv bewertet, zum anderen aber werden die sie
ausmachenden Elemente, etwa die Rätsel und der Buchstabe, als
etwas, was zu überwinden ist, so gut wie diffamiert.[111] Könnte diese
Diffamierung allein aus der herkömmlichen Apologetik der Allegorese
erklärt werden,[112] wäre sie unproblematisch. Gerade bei dem Bekenner aber gehört sie, wie ich zuvor beteuert habe, zu einer weiteren Gedankenkonstellation, nämlich der Lehre von der dreifachen
Verleiblichung, in der die historische Inkarnation des Logos eine
musterhafte Funktion und eine Schlüsselstellung zu haben scheint.[113]
Dementsprechend drängt sich die Frage auf, wie die schriftliche
Fleischwerdung des Logos zugleich positiv und negativ bewertet werden kann und wie eng sich diese doppelte Bewertung zur historischen Inkarnation verhält. Bevor ich dieser Frage nachgehe, muß
ich darauf aufmerksam machen, daß im vorangehenden Kapitel im
Zusammenhang der Beschäftigung mit der φυσικὴ θεωρία eine ähnliche doppelte Bewertung der Dinge im Blick auf die maximinischen

---

[110] Vgl. die Ausführungen zu den Stufen des mystischen Aufstiegs im vorangehenden Kapitel, vor allem in den Abschnitten 2. 2. 2 u. 2. 2. 3.

[111] Vgl. Max. Amb. Io. 10, 1129CD [zitiert und übersetzt im Abschnitt 3. 1. 1
(S. 138f.)]; ferner Max. Th. ec. II, 73, 1157CD: „Διόπερ ἀνάγκη τὸν εὐσεβῶς τὸν
Θεὸν ἐπιζητοῦντα, μηδενὶ κρατεῖσθαι ῥητῷ, ἵνα μὴ ἀντὶ Θεοῦ, τὰ περὶ Θεὸν λάθῃ
λαβών· τουτέστιν, ἀντὶ τοῦ Λόγου, τὰ ῥητὰ στέργων ἐπισφαλῶς τῆς Γραφῆς, τοῦ
Λόγου διαφυγόντος τὸν νοῦν ἐκ τῶν περιβλημάτων κρατεῖν δοκοῦντα τὸν ἀσώματον
Λόγον· κατά γε τὴν Αἰγυπτίαν, τὴν μὴ τοῦ Ἰωσήφ, ἀλλὰ τῶν αὐτοῦ ἐπιλαβομένην
ἱματίων (vgl. Gen 39, 11–14 LXX) καὶ τοὺς παλαιοὺς ἀνθρώπους, οἱ μόνῃ τῇ
εὐπρεπείᾳ τῶν ὁρωμένων ἐναπομείναντες, ἔλαθον τῇ κτίσει λατρεύοντες παρὰ τὸν
κτίσαντα"; Max. Th. ec. II, 42, 1144BC.

[112] Es kann hier nicht darum gehen, die Geschichte der Allegorese wieder zu
schreiben. Zu dieser Geschichte in der Antike und Spätantike vgl. vor allem die
ausführliche Monographie von J. Pépin „Mythe et Allégorie" (1958); ferner ders.
(1988) 722–771; J. H. Waszink (1950) 283–293; W. A. Bienert (1972) 32–50; ders.
[und andere] (1998) 303–309. Zur Apologetik einer allegorisierenden Deutung der
Heiligen Schrift vgl. vor allem Orig. Princ. IV, 2–3; ferner Greg. Nys. Cant. Prol.
(S. 3–13).

[113] Vgl. den Abschnitt 3. 1. 2 (S. 149–152).

λόγοι festgestellt wurde: Einerseits könne das Materielle auf die λόγοι-Welt hindeuten, andererseits dennoch zu einem Anlaß des Sündigens werden.[114] Wiederum wird also die Parallelität zwischen dem Kosmos und der Schrift, wenn auch in der Aporie, bestätigt.

Die Lösung dieser Aporie liegt wie im Falle der Einzeldinge und deren λόγοι[115] darin, daß die schriftlichen Rätsel, Figuren und Symbole auf zweifache Art erblickt werden können. Indem sie eine an die menschliche Natur angepaßte Erscheinungsweise des Logos darstellen, können sie dem Schriftleser dazu verhelfen, ihn zu erkennen. Demnach enthüllt sich der Logos durch das Wörtliche der Schrift, weil er sonst den Menschen unzugänglich bliebe.[116] Jedoch gerade durch diese Enthüllung verhüllt er sich, wie der Bekenner in seiner Deutung des Verklärungsgeschehens sagt,[117] da er sich seiner wahren Natur *entfremdet*. Daher kann das Oberflächliche der Schrift, wenn es nur an und für sich betrachtet wird, als eine Schranke fungieren und den Zugang zum Logos versperren, statt ihn sichtbar zu machen. In seinem Kommentar zum Verklärungsereignis meint Maximus sogar, es wirke *präventiv* gegen jene, die es wagen könnten, sich unwürdig auf das Unfaßbare zu stürzen.[118] So verhüllt sich der göttliche Logos durch die schriftlichen Worte und schützt derart sozusagen seine eigentliche Natur vor geistlicher Hast. Gerade aber durch diese verhüllenden Worte enthüllt er sich wiederum denen, die sie in deren Referenz zu ihm wahrnehmen, da sie daran glauben, daß diese Worte nicht seine wahre Natur ausdrücken.[119] Daraus läßt sich folgern, daß die wörtliche Ebene der Schrift einen doppelten Charakter aufweist, der die Dialektik vom Sich-Verhüllen und Sich-Enthüllen des Logos und die paradoxale Rede des Bekenners von den schriftlichen Symbolen erklärt. Denn diese Ebene kann im Blick auf den Logos sowohl transparent wie dicht sein. Dieser doppelten Beschaffenheit des biblischen Symbolismus wird Maximus meistens durch das paulinische Begriffspaar σάρξ-πνεῦμα (Fleisch-Geist; vgl. z. B. Röm 8, 1–11; auch Mk 14, 38) gerecht. So umschreibt er in seiner Auslegung des Verklärungsgeschehens mit diesen Begriffen den Zustand der Jünger vor und

---

[114] Vgl. den Abschnitt 2. 2. 2.
[115] Vgl. ibid.
[116] Vgl. Max. Th. ec. II, 60, 1149CD (zitiert in Anm. 65).
[117] Vgl. den Originaltext und dessen Übersetzung im Abschnitt 3. 1. 1 (S. 134–139).
[118] Vgl. ibid. (S. 136).
[119] Vgl. ibid. (S. 138).

nach dem Eingriff des Heiligen Geistes, der sie dazu befähigt, die
Worte der Bibel deutlich zu verstehen und den in ihnen sich verhüllenden Logos zu entdecken.[120] So erscheint die gesamte Heilige
Schrift als ein aus Fleisch und Geist bestehendes Gewebe,[121] wobei
man sich immer wieder in Erinnerung rufen soll, daß der spirituelle
Zustand des Schriftauslegers mit entscheidend dafür ist, ob das Fleisch
den Übergang zum Geist zuläßt oder blockiert.[122]

Dieser doppelte Aspekt des schriftlichen Symbolismus, also der
schriftlichen Fleischwerdung des Logos, ist aber mit der historischen
Inkarnation verbunden, weil Maximus die Dialektik vom Enthüllen
und Verhüllen auch im Blick auf den historischen Leib des Herrn
gelten läßt. Eigentlich unterscheidet der Bekenner in Anlehnung an
Origenes[123] zwei Erscheinungsformen des Logos im Fleisch, zum einen
die des Knechtes, die seine göttliche Natur verbirgt, und zum anderen die verklärte Gestalt, welche sein *logoshaftes* Wesen verrät (vgl.
Phil 2, 6–11). Diese Lehre, die in der Auslegung der Verklärungsgeschichte zur Sprache kommt,[124] wird ebenfalls im *Caput theologicum
et œconomicum* I, 97 prägnant ausgedrückt.[125] Hier werden die zwei

---

[120] Vgl. den Abschnitt 3. 1. 1 (S. 134); ferner Max. Th. ec. II, 47, 1145B: „Τοῖς
μὲν κατὰ σάρκα τὸν περὶ τοῦ Θεοῦ λόγον ἐρευνῶσιν, ὁ Κύριος οὐκ ἀναβαίνει
πρὸς τὸν Πατέρα· τοῖς δὲ κατὰ πνεῦμα διὰ τῶν ὑψηλῶν θεωρημάτων ἐκζητοῦσιν
αὐτόν, ἀναβαίνει πρὸς τὸν Πατέρα". Zu dem hier angesprochenen Motiv der
Himmelfahrt vgl. die folgenden Ausführungen.
[121] Vgl. Max. Th. ec. I, 91, 1120D–1121A (zitiert in Anm. 99).
[122] Vgl. den maximinischen Kommentar zum Verklärungsgeschehen im Abschnitt
3. 1. 1 (S. 134–139) u. Max. Th. ec. II, 47, 1145B (zitiert in Anm. 120).
[123] Zu den einschlägigen Stellen bei Origenes vgl. Anm. 53; Zur Dialektik vom
Sich-Enthüllen und Sich-Verhüllen des Logos durch seinen Leib bei Origenes vgl.
z. B. Orig. Hom. Lev. I, 1; Orig. Com. Mt. Bd. 2, 27 (beide Stellen sind in Anm.
82 zitiert); ferner dazu R. Gögler (1963) 299–302.
[124] Vgl. den Abschnitt 3. 1. 1 (S. 134–139).
[125] Vgl. Max. Th. ec. I, 97, 1121C–1124A: „Τοῖς σπουδαιοτέροις τῶν θείων
Γραφῶν ἐπιμεληταῖς, δύο ἔχων ἀναφαίνεται μορφὰς ὁ κατὰ Κύριον Λόγος· τὴν μὲν
κοινὴν καὶ δημωδεστέραν καὶ οὐκ ὀλίγοις θεατήν, καθ᾽ ἣν λέγεται τό, Εἴδομεν
αὐτόν, καὶ οὐκ εἶχεν εἶδος οὐδὲ κάλλος (vgl. Jes 53, 2 LXX)· τὴν δὲ κρυφιωτέραν
καὶ ὀλίγοις ἐφικτήν, τοῖς ἤδη κατὰ Πέτρον καὶ Ἰάκωβον καὶ Ἰωάννην τοῖς ἁγίοις
ἀποστόλοις γεγονόσιν, ἐφ᾽ ὧν ὁ Κύριος μετεμορφώθη πρὸς δόξαν νικῶσαν τὴν αἴσθησιν (vgl. Mt 17, 1–13; Mk 9, 2–8; Lk 9, 28–36)· καθ᾽ ἣν ἔστιν ὡραῖος κάλλει
παρὰ τοὺς υἱοὺς τῶν ἀνθρώπων (vgl. Ps 45, 3 LXX). Τούτων δὲ τῶν δύο μορφῶν,
ἡ μὲν προτέρα, τοῖς εἰσαγομένοις ἁρμόδιος· ἡ δευτέρα δέ, τοῖς κατὰ τὴν γνῶσιν
ὡς ἐφικτὸν τελειωθεῖσιν ἀνάλογος. Καὶ ἡ μέν, τῆς πρώτης τοῦ Κυρίου παρουσίας
ἐστὶν εἰκών, ἐφ᾽ ἧς τὸ ῥητὸν τοῦ Εὐαγγελίου θετέον τῆς διὰ παθημάτων καθ-
αιρούσης τοὺς πρακτικούς· ἡ δέ, τῆς δευτέρας καὶ ἐνδόξου παρουσίας ἐστὶ προδιατύπωσις, ἐφ᾽ ἧς τὸ πνεῦμα νοεῖται· τῆς διὰ σοφίας τοὺς γνωστικοὺς μεταμορφούσης
πρὸς θέωσιν· ἐκ τῆς ἐν αὐτοῖς τοῦ λόγου μεταμορφώσεως, ἀνακεκαλυμμένῳ προσώπῳ

Erscheinungsweisen des Logos jeweils mit den Stadien des mystischen Weges nach seiner Zweiteilung in πρᾶξις und γνῶσις,[126] den
zwei Parusien des Herrn und der doppelten Struktur der Schrift, der
nun durch das Begriffspaar ῥητόν-πνεῦμα (Text-Geist)[127] Ausdruck
verliehen wird, in Zusammenhang gebracht. Diese Beobachtungen
scheinen mir hinreichend zu beweisen, daß der enthüllend-verhül-
lende Aspekt der schriftlichen Symbole für den Bekenner auf eine
ähnliche, aber tiefergehende Eigenschaft des materiellen Leibes des
Herrn zurückgeht. Doch gegen diese christologische Verwurzelung
des maximinischen Schriftsymbolismus kann man einwenden, daß es
sich hierbei nur um eine wenig reflektierte Übernahme origenischen
Gedankenguts handelt, zumal die Formulierungen des Confessors in
dem *Caput theologicum et œconomicum* II, 60 in eine *doketische* Richtung
zu weisen scheinen, als ob das schriftliche Fleisch des Logos ihm nur
scheinbar angehörte.[128] Da aber ein sich auf die historische Inkarnation des Logos beziehender Doketismus bei dem Kirchenvater

---

τὴν δόξαν Κυρίου κατοπτριζομένους"; ferner ibid. II, 13, 1129D–1132A: „Οὐ γὰρ
πᾶσιν ἀεὶ μετὰ δόξης ὁ Κύριος ἐπιφαίνεται τοῖς παρ᾽ αὐτῷ ἱσταμένοις, ἀλλὰ τοῖς
μὲν εἰσαγομένοις, ἐν δούλου μορφῇ (vgl. Phil 2, 7) παραγίνεται· τοῖς δὲ δυναμένοις
ἀκολουθῆσαι αὐτῷ ἐπὶ τὸ ὑψηλὸν ἀναβαίνοντι τῆς αὐτοῦ μεταμορφώσεως ὄρος, ἐν
μορφῇ Θεοῦ (vgl. Phil 2, 6) ἐπιφαίνεται· ἐν ᾗ ὑπῆρχε, πρὸ τοῦ τὸν κόσμον εἶναι
(vgl. Joh 17, 5). Δυνατὸν οὖν ἐστι, μὴ κατὰ τὸ αὐτὸ τὸν αὐτὸν πᾶσι τοῖς παρ᾽
αὐτῷ τυγχάνουσιν ἐπιφαίνεσθαι Κύριον· ἀλλὰ τοῖς μὲν οὕτως, τοῖς δὲ ἑτέρως, κατὰ
τὸ μέτρον τῆς ἐν ἑκάστῳ πίστεως δηλονότι ποικίλλων τὴν θεωρίαν"; vgl. ferner
Max. Theop. (S. 89, Z. 7–9).
[126] Vgl. dazu den Abschnitt 2. 2.
[127] Im Unterschied zur Dyade σάρξ-πνεῦμα können die Begriffspaare ῥητόν-
πνεῦμα und γράμμα-πνεῦμα nur für die Verleiblichung des Logos in der Schrift
verwendet werden. Sonst aber erfüllen sie bei Maximus in hermeneutischer Hinsicht
die gleiche Funktion. Zu γράμμα-πνεῦμα vgl. Max. Th. ec. II, 61, 1152AB: „Ἡ
ἀπαρχὴ τῆς πρὸς εὐσέβειαν μαθητείας τῶν ἀνθρώπων, ὡς πρὸς σάρκα γίνεσθαι
πέφυκε. Γράμματι γάρ, ἀλλ᾽ οὐ πνεύματι κατὰ τὴν πρώτην εἰς θεοσέβειαν προσβολὴν
ὁμιλοῦμεν. Κατὰ μέρος δὲ προσβαίνοντες τῷ πνεύματι, καὶ τὸ παχὺ τῶν ῥημάτων
τοῖς λεπτοτέροις θεωρήμασιν ἀποξέοντες, ἐν καθαρῷ καθαρῶς τῷ Χριστῷ γινόμεθα
κατὰ τὸ δυνατὸν ἀνθρώποις"; ferner Max. Thal. 17 (S. 111, Z. 14) [zitiert in Anm.
174]; 50 (S. 379, Z. 9–12); 52 (S. 417, Z. 38–42). Zur Bedeutung von ῥητὸν und
γράμμα bei Maximus vgl. den Abschnitt 3. 2. 3. 1 (S. 234f.).
[128] Vgl. Max. Th. ec. II, 60, 1149C–1152A: „῾Ο τοῦ Θεοῦ Λόγος, οὐ μόνον καθότι
σεσάρκωται λέγεται σάρξ· ἀλλὰ καθότι Θεὸς Λόγος ἁπλῶς νοούμενος ἐν ἀρχῇ πρὸς
τὸν Θεὸν καὶ Πατέρα (vgl. Joh 1, 1), καὶ σαφεῖς καὶ γυμνοὺς τοὺς τῆς ἀληθείας
περὶ τῶν ὅλων ἔχων τύπους, οὐ περιέχει παραβολὰς καὶ αἰνίγματα· οὐδὲ ἱστορίας
δεομένας ἀλληγορίας· ἐπὰν δὲ ἀνθρώποις ἐπιδημήσῃ μὴ δυναμένοις γυμνῷ τῷ νοΐ
γυμνοῖς προσβάλλειν τοῖς νοητοῖς· ἀπὸ τῶν αὐτοῖς συνήθων διαλεγόμενος, διὰ τῆς
τῶν ἱστοριῶν καὶ αἰνιγμάτων καὶ παραβολῶν καὶ σκοτεινῶν λόγων (vgl. Spr 1, 6
LXX) ποικιλίας συντιθέμενος, γίνεται σάρξ. Κατὰ γὰρ τὴν πρώτην προσβολήν, οὐ

unvorstellbar sei, müßte jede gedankliche Verankerung der schriftlichen Inkarnation in der geschichtlichen Fleischwerdung bei ihm ausgeschlossen werden. Maximus aber beschränkt sich nicht darauf, das historische Sich-Verhüllen und Sich-Enthüllen des Logos in einem origenischen Kontext, d. h. in Verbindung mit der Verklärung und der Lehre von den zwei Erscheinungsweisen des Herrn, bzw. in dem Kontext eines Vergleichs mit der Verleiblichung in der Schrift oder eines In-Beziehung-Setzens zum mystischen Aufstieg[129] geltend zu machen. Der verbergend-manifestierende Charakter des Leibes des Logos erscheint ansonsten bei ihm an explizit christologischen Stellen, die unter anderem durch Adverbien mit Alphaprivativen (ἀσυγχύτως, ἀτρέπτως) eine chalzedonensische Inspiration verraten, und wird auf die gegenseitige Durchdringung (περιχώρησις) von Göttlichem und Menschlichem zurückgeführt,[130] wobei Maximus hier an eine Intuition

---

γυμνῷ προσβάλλει Λόγῳ ὁ ἡμέτερος νοῦς· ἀλλὰ Λόγῳ σεσαρκωμένῳ· δηλαδὴ τῇ ποικιλίᾳ τῶν λέξεων· *Λόγῳ μὲν ὄντι, τῇ φύσει· σαρκὶ δὲ τῇ ὄψει·* ὥστε τοὺς πολλούς, σάρκα καὶ οὐ Λόγον ὁρᾶν δοκεῖν κἂν εἰ κατὰ ἀλήθειάν ἐστι Λόγος. *Οὐ γὰρ ὅπερ δοκεῖ τοῖς πολλοῖς, τοῦτο τῆς Γραφῆς ἐστιν ὁ νοῦς, ἀλλὰ ἕτερον παρὰ τὸ δοκοῦν.* Ὁ γὰρ Λόγος, δι᾽ ἑκάστου τῶν ἀναγεγραμμένων ῥημάτων γίνεται σάρξ" (Hervorhebung von mir). Mir scheint, daß in letzter Analyse der Bekenner hier nichts anderes über die schriftliche Verleiblichung sagen will als das, was er über die historische Verleiblichung in Max. Ep. 2, 397BC [ca. 626; vgl. P. Sherwood (1952) 25] (zitiert in Anm. 130) sagt, nämlich, daß der Leib des Logos, obwohl er unauflöslich zu ihm gehört (σάρκα καὶ οὐ Λόγον ὁρᾶν δοκεῖν κἂν εἰ κατὰ ἀλήθειάν ἐστι Λόγος), irreführen kann, so daß der Logos von etlichen für einen bloßen Menschen gehalten wird.

[129] Vgl. dazu Max. Cap. XV, 8, 1181AB: „Ὁ τοῦ Θεοῦ Λόγος ἐφάπαξ κατὰ σάρκα γεννηθείς, ἀεὶ γεννᾶται θέλων κατὰ πνεῦμα διὰ φιλανθρωπίαν τοῖς θέλουσι· καὶ γίνεται βρέφος, ἑαυτὸν ἐν ἐκείνοις διαπλάττων ταῖς ἀρεταῖς· καὶ τοσοῦτον φαινόμενος, ὅσον χωρεῖν ἐπίσταται τὸν δεχόμενον· οὐ φθόνῳ σμικρύνων τοῦ οἰκείου μεγέθους τὴν ἔκφανσιν, ἀλλὰ μέτρῳ σταθμίζων τῶν ὁρᾶν ποθούντων τὴν δύναμιν. Οὕτως ἀεὶ καὶ φαινόμενος ὁ τοῦ Θεοῦ Λόγος τοῖς τρόποις τῶν μετόχων. ἀεὶ διαμένει κατὰ τὴν ὑπερβολὴν τοῦ μυστηρίου, τοῖς πᾶσιν ἀθέατος".

[130] Vgl. Max. Cap. XV, 9, 1181BC: „Γεννᾶται Χριστὸς ὁ Θεός, προσλήψει σαρκὸς ψυχὴν ἐχούσης νοερὰν γενόμενος ἄνθρωπος· ὁ παρασχόμενος τοῖς οὖσιν ἐκ μὴ ὄντων τὴν γένεσιν· ὃν Παρθένος ὑπερφυῶς τεκοῦσα, παρέλυσεν οὐδὲν τῆς παρθενίας τεκμήριον. Ὡς γὰρ αὐτὸς ἄνθρωπος γέγονεν, οὐκ ἀλλοιώσας τὴν φύσιν, οὐδ᾽ ἀμείψας τὴν δύναμιν· οὕτω τὴν τεκοῦσαν καὶ μητέρα ποιεῖ, καὶ παρθένον διατηρεῖ, θαύματι θαῦμα κατὰ ταυτὸ (sic) διερμηνεύων ἅμα, καὶ θατέρῳ κρύπτων τὸ ἕτερον. Ἐπειδὴ δι᾽ ἑαυτὸν ὁ Θεὸς ἀεὶ κατ᾽ οὐσίαν ὑπάρχει μυστήριον, τοσοῦτον ἑαυτὸν ἐξάγων τῆς φυσικῆς κρυφιότητος, ὅσον ταύτην πλέον διὰ τῆς ἐκφάνσεως κρυφιωτέραν ἐργάζεσθαι"; Max. Ep. 2, 397BC [ca. 626; vgl. P. Sherwood (1952) 25]: „ἑαυτὸν ἐκένωσε (sc. Gott) μορφὴν δούλου λαβών, *ἀτρέπτως* ἑαυτῷ καθ᾽ ὑπόστασιν ταύτην ἑνώσας, ὅλος καθ᾽ ἡμᾶς ἐξ ἡμῶν δι᾽ ἡμᾶς τοσοῦτον γενόμενος ἄνθρωπος, ὅσον τοῦ μὴ Θεὸς εἶναι τοῖς ἀπίστοις ἐνομίζετο"; Max. Amb. Io. 42, 1320AB: „ὁ τὴν φύσιν ἀνακαινίσας Θεός . . . πρὸς τὸ ἀρχαῖον κάλλος αὐτὴν τῆς ἀφθαρσίας ἐπαγαγὼν διὰ τῆς ἐξ ἡμῶν ἁγίας αὐτοῦ καὶ λογικῶς ἐψυχωμένης σαρκός, καὶ πλέον παρασχόμενος

des Pseudo-Dionys anzuknüpfen und sie zu präzisieren und auszuarbeiten scheint.[131] Das Zusammenkommen und Sich-Ineinander-
Verflechten von göttlicher und menschlicher Natur in dem inkarnierten

αὐτῇ φιλοδώρως τὴν θέωσιν, ἧς μεταπεσεῖν παντελῶς ἀμήχανον αὐτῷ τῷ σαρκωθέντι
Θεῷ ψυχῆς τρόπον ἐνούσης σώματι, δι᾽ ὅλου περιχωρήσασαν ἀσυγχύτως κατὰ τὴν
ἕνωσιν, καὶ τῆς αὐτοῦ κατ᾽ αὐτὴν ἐκφάνσεως τοσοῦτον ἀντιλαβοῦσαν τὸ κρύπτεσθαι ὅσον αὐτὸς δι᾽ αὐτὴν γέγονε φανερὸς καὶ τῆς οἰκείας κρυφιότητος ἐκβεβηκὼς
ἐνομίσθη" (alle Hervorhebungen von mir). In allen drei Zitaten wird die Dialektik
vom Sich-Enthüllen und Sich-Verhüllen anhand der sogenannten maximinischen Entsprechungsformel [τοσοῦτον-ὅσον / tantum-quantum; vgl. dazu z. B. Max. Amb. Io.
10, 1113BC; ibid. 33, 1288A (zitiert und übersetzt im Abschnitt 3. 1. 2 – S. 149);
ibid. 60, 1385BC; Greg. Naz. Or. XXIX, 19 (S. 218, Z. 9f.)] ausgedrückt, deren
Verwurzelung in der Lehre des Bekenners von der gegenseitigen Durchdringung
von Göttlichem und Menschlichem in Christus (vgl. dazu Kap. 1, Anm. 94) von
L. Thunberg (1995) 21–36 nachgewiesen wurde. In dieser Hinsicht wird im zuletzt
zitierten Passus das Verb περιχωρέω (durchdringen) explizit im Zusammenhang mit
dieser Dialektik gebraucht. Wie ist diese Dialektik in deren Beziehung zur gegenseitigen Durchdringung zu verstehen? Man stelle sich einen Bereich mit zwei Extremen vor, an dessen einer Seite „Gott" und an dessen anderer Seite „Mensch" steht.
Als Gott und Mensch zugleich befindet sich Jesus in der Mitte. Seine göttliche und
menschliche Natur sind aber nicht aufeinandergelegt wie zwei Blätter, sondern sie
durchdringen einander, was die Entstehung einer Dialektik vom Sich-Enthüllen und
Sich-Verhüllen überhaupt ermöglicht. Je mehr Jesus als Mensch erscheint, um so
mehr verbirgt sich das Göttliche in ihm. Dies illustriert der Bekenner in Max. Ep.
2, 397BC, indem er sagt, daß der Logos in dem Maße Mensch wurde, als ihn die
Ungläubigen für einen reinen Menschen hielten. Andererseits aber je mehr Jesus
als Gott erscheint, desto mehr verbirgt sich das Menschliche in ihm. Dies scheint
Maximus in Max. Amb. Io. 42, 1320AB zum Ausdruck zu bringen. Hier bezieht
sich meines Erachtens das Sich-Verbergen (κρύπτεσθαι), das die menschliche Natur
anstelle des Offenbarens (ἔκφανσις) erhält, nicht darauf, daß das Menschliche die
göttliche Natur des Logos verhüllt, sondern daß dieses Menschliche *sich* verbirgt.
Diese Interpretation wird nicht nur durch die Passivform κρύπτεσθαι nahegelegt,
sondern ist auch durch den Kontext der zitierten Stelle, bei dem es um die Vergottung
geht, gegeben; das vergöttlichte Menschsein – wie im Falle des Herrn auf dem
Verklärungsberg – verliert die Merkmale des Menschlichen und weist göttliche
Merkmale auf; vgl. dazu D. Staniloae (1994) 379f., Anm. 11. Um so merkwürdi-
ger erscheint das Urteil von Y. de Andia (1997, Transfiguration) 304, daß der
Bekenner in Max. Amb. Th. 5 (vgl. Anm. 156) diese Dialektik vom Sich-Enthüllen
und Sich-Verhüllen nicht im Sinne der gegenseitigen Durchdringung, sondern im
Sinne des Begriffspaars λόγος-τρόπος deutet, und meint daraus auf eine Entwicklung
im maximinischen Denken zwischen Max. Amb. Io. und Max. Amb. Th. schließen zu dürfen. Erstens scheint Y. de Andia die Kritik von M. Doucet (1979) 276–278
an A. Riou und J.-M. Garrigues bezüglich des Begriffspaars λόγος-τρόπος bei Maximus
nicht zu kennen; vgl. dazu Kap. 1, Anm. 326. Zweitens übersieht Andia die Tatsache,
daß der Confessor gerade in Max. Amb. Th. 5, 1049A, wo es um die Dialektik
vom Sich-Enthüllen und Sich-Verhüllen geht, wieder auf die Entsprechungsformel
zurückgreift, die bei ihm, wie oben erwähnt wurde, in der Lehre von der gegenseitigen Durchdringung verankert ist; vgl. Max. Amb. Th. 5, 1049A: „αὐτὸς (sc.
Gott) δὲ μείνας παντάπασιν ἄληπτος, καὶ τὴν οἰκείαν σάρκωσιν λαχοῦσαν γένεσιν
ὑπερούσιον μυστηρίου παντὸς δείξας ἀληπτοτέραν, τοσοῦτον καταληπτὸς δι᾽ αὐτὴν
γεγονὼς ὅσον πλέον ἐγνώσθη δι᾽ αὐτῆς ἀληπτότερος". Daß der Logos nach seiner

Logos gestattet, daß die Menschheit die Gottheit zum Vorschein
bringt. Dies stellt aber zugleich ein Verbergen der Gottheit dar, weil
sie zu allem Kreatürlichen unterschiedlich ist, so daß der fleisch-
gewordene Logos für einen reinen Menschen gehalten werden kann.
Hier wird also das Sich-Verhüllen des Logos nicht durch eine bloße
Ökonomie erklärt, welcher zufolge er sich nur den Würdigen offenbart,
sondern es ist vielmehr im Wesen der Gottheit selbst, die im eigentlichen Sinne unsichtbar und unerkennbar ist, verankert. Nichtsdestotrotz ist die gegenseitige Durchdringung der Naturen so real, daß
das Menschsein nicht nur in Stand gesetzt wird, den Logos seinshaft sichtbar und erfahrbar zu machen, sondern auch an seinem
Sich-Verbergen teilzuhaben, insofern nun die menschliche Natur
wegen deren Vergöttlichung die menschlichen Züge aufgibt und die
göttlichen gewinnt, ohne aufzuhören, menschliche Natur zu sein.[132]
In diesem Paradoxon wurzelt die Lehre des Maximus von den zwei
Erscheinungsformen Christi. Dessen *logoshafte* Erscheinungsweise ist
die der Herrlichkeit, bei welcher sein Leib durchsichtig wird, die mit
ihm vereinte Gottheit nach außen strahlt und auf diese Weise die
präinkarnatorische Natur des Logos widerspiegelt und seine eschatologische Form verkündet. Deswegen wird diese verklärte Erscheinungsweise nicht nur mit dem Zustand des Logos vor seiner Inkarnation[133]
und mit seiner endzeitlichen Wiederkunft[134] assoziiert, sondern auch
mit der Verklärung,[135] Auferstehung und Himmelfahrt,[136] mit jenen

---

Inkarnation menschliche Taten auf übermenschliche Art und Weise vollbringen
konnte, d. h. Taten, bei denen der λόγος der Natur erhaltenbleibt, ein neuer τρόπος
aber auftritt, basiert auf der *physischen* Durchdringung von Göttlichem und Menschlichem in der Hypostase Christi; vgl. dazu. Max. Amb. Th. 5, 1053BC.

[131] Vgl. Dion. Ep. 3, 1069B: „Ἐπὶ δὲ τῆς κατὰ Χριστὸν φιλανθρωπίας καὶ τοῦτο
οἶμαι τὴν θεολογίαν αἰνίττεσθαι, τὸ ἐκ τοῦ κρυφίου τὸν ὑπερούσιον εἰς τὴν καθ᾽
ἡμᾶς ἐμφάνειαν ἀνθρωπικῶς οὐσιωθέντα προεληλυθέναι. Κρύφιος δέ ἐστι καὶ μετὰ
τὴν ἐκφάνσιν ἤ, ἵνα τὸ θειότερον εἴπω, καὶ ἐν τῇ ἐκφάνσει. Καὶ τοῦτο γὰρ Ἰησοῦ
κέκρυπται, καὶ οὐδενὶ λόγῳ οὔτε νῷ τὸ κατ᾽ αὐτὸν ἐξῆκται μυστήριον, ἀλλὰ καὶ
λεγόμενον ἄρρητον μένει καὶ νοούμενον ἄγνωστον"; ferner Max. Amb. Th. 5,
1049A, wo sich Maximus ausdrücklich auf diese Stelle des Pseudo-Dionys bezieht
(zitiert in Anm. 156).

[132] Vgl. Anm. 130.

[133] Vgl. Max. Th. ec. II, 13, 1129D–1132A (zitiert in Anm. 125).

[134] Vgl. Max. Th. ec. I, 97, 1121C–1124A (zitiert in Anm. 125).

[135] Vgl. ibid. u. Max. II, 13, 1129D–1132A (zitiert in Anm. 125).

[136] Vgl. Max. Th. ec. II, 45, 1144D–1145A: „Ὁ μόνον τῶν ἐν γενέσει καὶ φθορᾷ
δημιουργὸν νομίζων τὸν Κύριον, εἰς κηπουρὸν αὐτὸν παραγνωρίζει, κατὰ τὴν
Μαγδαληνὴν Μαρίαν. Διὸ πρὸς ὠφέλειαν φεύγει τοῦ τοιούτου τὴν ἀφὴν ὁ Δεσπότης,
μήπω παρ᾽ αὐτῷ δυνηθεὶς ἀναβῆναι πρὸς τὸν Πατέρα"; ferner ibid. II, 47, 1145B
(zitiert in Anm. 120).

Ereignissen also, bei denen die menschliche Natur des Logos am meisten seine göttliche Herrlichkeit auftreten ließ. Die Form des Knechtes hängt ihrerseits mit der Vergänglichkeit und dem Gesetz des Werdens zusammen,[137] was zur Folge hat, daß sie den inkarnierten Logos als reinen Menschen vorführt und seine Gottheit verhüllt. Doch auch hier weiß der Bekenner, den geistlichen Zustand des Betrachters ins Spiel zu bringen, indem er ihn für mit verantwortlich dafür erklärt, ob der Herr als bloßer Mensch oder auch als Gott wahrgenommen wird.[138] Ebenfalls erscheint die Dyade σάρξ-πνεῦμα als das terminologische Mittel, mit Hilfe dessen der Kirchenvater beide Erscheinungsweisen des Logos differenziert. Dies veranschaulicht eine im *Ambiguum ad Ioannem* 21 anzutreffende Zweiteilung der Schrift, wobei die zwei Pole hier nicht mehr der Literal- und tiefere Sinn sind, sondern Gesetz und Evangelium.[139] Basiert das hiesige Modell des Kirchenvaters auf der paulinischen Idee, das Gesetz sei Zuchtmeister auf Christus hin gewesen (vgl. Gal 3, 24), so wird indessen das herkömmliche Schema „Gesetz-Christus/Evangelium" zur Wiederkunft Christi hin erweitert. Das gesamte Evangelium wird hier als eine Vorbereitung, als ein Gesamtsymbol für die Wiederkunft des Herrn aufgefaßt. Trotz origenischen Ursprungs[140] ist diese Erweiterung insofern interessant, als nun die Dyade σάρξ-πνεῦμα zu den zwei Parusien und demnach zu den zwei Erscheinungsformen des Logos im Leib in Beziehung gesetzt wird. Demnach ist der göttliche Zustand

---

[137] Vgl. Max. Th. ec. II, 45, 1144D–1145A (zitiert in Anm. 136).

[138] Für diese geistliche Veranlagung steht die ἀπιστία (Unglaube) in Max. Ep. 2, 397BC [ca. 626; vgl. P. Sherwood (1952) 25] (zitiert in Anm. 130); vgl. ferner Max. Th. ec. II, 13, 1129D–1132A (zitiert in Anm. 125).

[139] Vgl. Max. Amb. Io. 21, 1244D–1245A: „Ὥσπερ γὰρ ὁ νόμος στοιχείωσις ἦν, κατὰ τὴν τέως ἐμφαινομένην αὐτῷ γνῶσιν, τῶν δι᾽ αὐτοῦ εἰς Χριστὸν τὸν ἐν σαρκὶ Λόγον παιδαγωγουμένων, καὶ τῷ Εὐαγγελίῳ κατὰ τὴν αὐτοῦ πρώτην παρουσίαν συναγομένων· οὕτω καὶ τὸ ἅγιον Εὐαγγέλιον στοιχείωσίς ἐστι τῶν δι᾽ αὐτοῦ εἰς Χριστὸν τὸν ἐν πνεύματι Λόγον παιδαγωγουμένων, καὶ τῷ μέλλοντι κόσμῳ κατὰ τὴν δευτέραν αὐτοῦ παρουσίαν συναγομένων· ἐπειδὴ γὰρ σὰρξ καὶ πνεῦμά ἐστιν ὁ αὐτὸς κατὰ τὴν ἑκάστῳ τῆς γνώσεως ἀναλογίαν τοῦτο ἢ ἐκεῖνο γινόμενος" (Hervorhebung von mir); vgl. zudem die maximinische Auslegung des Verklärungsereignisses im Abschnitt 3. 1. 1 (S. 134f.), wo der Übergang des Jünger vom Fleisch (σάρξ) zum Geist (πνεῦμα) und deren Befähigung, den Logos in der Schrift sowie im Kosmos zu sehen, auch mit den zwei Erscheinungsweisen des Herrn, der des Knechtes und der verklärten, eng zusammenhängen. Zu einer Deutung von Max. Amb. Io. 21 vgl. C. Steel (1992) 2419–2432 – Freilich gilt dieses Ambiguum bei C. Steel als Amb. Io. 17.

[140] Vgl. Orig. Hom. Lev. V, 1 (Z. 49–53); Orig. Princ. III, 6, 8 u. IV, 3, 12f.; dazu H. U. von Balthasar (³1988) 550; R. Gögler (1963) 381–389; W. Bienert (1972) 45.

des Logos ein πνεῦμα-Zustand,[141] was Maximus erlaubt, bisweilen auf
den Begriff πνεῦμα zu verzichten und sich mit dem Begriffspaar σάρξ-
λόγος zu begnügen.[142] Aus dieser Analyse erhellt, daß das Sich-
Enthüllen und Sich-Verhüllen des Logos bei dem Confessor eine
christologische Dialektik ist, die ursprünglich und primär dem materiellen Leib des Herrn gilt, und nur deswegen auch auf die metapho-
rische Ebene der Verleiblichung des letzteren in der Schrift- und im
Kosmos – übertragen werden kann.[143]

Zusammenfassend sei das Folgende festgehalten: Die dem sensus
literalis entsprechende Verleiblichung des Logos in der Schrift bewertet Maximus sowohl positiv als auch negativ. Zum einen bildet der
Literalsinn ein Sich-Anpassen des Logos an das Menschsein der
Menschen, erweist sich für die Anfänger auf dem spirituellen Weg als
unumgänglich[144] und verschafft, wenn er als ein Sprungbrett zu einem
höheren Sinn wahrgenommen wird, einen Zugang zum Logos – er
enthüllt ihn. Andererseits aber kann dieser Sinn, wenn man bei ihm
verharrt, den Logos verhüllen und den Zugang zu ihm blockieren.
Diese Verhüllen-Enthüllen-Dialektik, die sich auf der Ebene des
schriftlichen Leibes des Logos beobachten läßt, ist aber für Maximus
in einer tiefergehenden Dialektik verwurzelt, deren Ort der materielle Leib des Logos ist, durch den sich die göttliche Natur sowohl
offenbart als auch verbirgt. Diese Lehre, die ansatzweise von Pseudo-

---

[141] Vgl. Max. Th. ec. II, 39, 1144A: „ὁ δὲ ἀποφατικῶς ἐκ τῶν ἀφαιρέσεως θεο-
λογῶν, πνεῦμα ποιεῖ τὸν λόγον, ὡς ἐν ἀρχῇ Θεὸν ὄντα, καὶ πρὸς Θεὸν ὄντα" (vgl.
Joh 1,1); vgl. auch Max. Theop. (S. 89, Z. 7–9), wo der πνεῦμα-Zustand des Herrn
mit dessen Auferstehung assoziiert wird.
[142] Vgl. z. B. Max. Th. ec. II, 60, 1149C–1152A (zitiert in Anm. 128), wo die
Spannung zwischen λόγος und σάρξ besteht; ferner ibid. II, 37, 1141CD: „Ἐν μὲν
πρακτικῷ, τοῖς τῶν ἀρετῶν τρόποις παχυνόμενος ὁ λόγος (sic), γίνεται σάρξ· ἐν δὲ
τῷ θεωρητικῷ, τοῖς πνευματικοῖς νοήμασι λεπτυνόμενος, γίνεται ὥσπερ ἦν ἐν ἀρχῇ,
Θεὸς Λόγος".
[143] Maximus kennt nicht nur eine Fleischwerdung des Logos in der Schrift und
im Kosmos. Eine Verleiblichung des Logos kann durch die Tugenden (ἀρετή) [vgl.
dazu den Abschnitt 2. 2. 1 (S. 111f.)], die ethische Deutung der göttlichen Lehre,
die kataphatische Rede von Gott, eine leibliche Lebensweise usw. bewirkt werden;
vgl. Max. Th. ec. II, 37–42, 1141C–1144C; Max. Thal. 22 (S. 143, Z. 102–104);
Max. Thal. 40 (S. 273, Z. 127f.). Wiederum entsprechen die θεωρία, die mystische
θεολογία, die apophatische Rede usw. dem Element πνεῦμα bzw. λόγος. Es versteht sich von selbst nach der Analyse dieses Abschnitts, daß einige dieser
Verleiblichungen wie bei Origenes auch negativ bewertet werden können; vgl. Orig.
Hom. Lev. I, 1 (zitiert in Anm. 82) u. Kap. 1, Anm. 353.
[144] Vgl. Max. Th. ec. I, 97, 1121C–1124A (zitiert in Anm. 125); Max. Th. ec.
II, 61, 1152AB (zitiert in Anm. 127).

Dionys angesprochen wurde, veranschaulicht der Bekenner dadurch,
daß er, an Origenes anknüpfend, zwei Erscheinungsformen des Herrn,
eine göttliche und eine des Knechtes unterscheidet. Die Gedanken
des Alexandriners und des Areopagiten werden aber vom Confessor
weitergeführt und – im Sinne der gegenseitigen Durchdringung von
göttlicher und menschlicher Natur in Christus – christologisch unter-
mauert. Zudem wird bei Maximus, der hier Origenes folgt, die Art
und Weise, wie der Herr wahrgenommen wird, zur geistlichen Veranlagung des Beobachters in Beziehung gesetzt.[145] Daraus resultiert,
daß im Blick auf die Dialektik vom Sich-Enthüllen und Sich-Verhüllen
des Logos in der Schrift dessen schriftliche Verleiblichung vom Confessor in seiner geschichtlichen Inkarnation verankert wird. Terminologisch wird dieser Dialektik sowohl in der Schrift als auch in der
Geschichte vielerorts mit dem paulinischen Begriffspaar σάρξ-πνεῦμα
Rechnung getragen. Insofern bildet für Maximus die historische Inkarnation des Logos ein hermeneutisches Modell für seine Verleiblichung
in der Schrift.

3.1.3.2. *Zur bibelhermeneutischen Begrifflichkeit des Maximus und deren Verwurzelung in der Christologie*

Wurde bisher erarbeitet, daß für Maximus die historische Fleischwerdung des Logos seiner schriftlichen Verleiblichung sowohl inhaltlich im Blick auf die Dialektik vom Sich-Enthüllen und Sich-Verhüllen
wie begrifflich vor allem durch die Dyade σάρξ-πνεῦμα zugrundeliegt, so muß nun die teilweise schon begegnende bibelhermeneutische Begrifflichkeit des Confessors näher betrachtet und danach
befragt werden, inwiefern auch hier Überschneidungen mit der
Christologie vorliegen. Zuerst soll der Begriff μυστήριον, der beim
Bekenner eine vorrangige Stellung zu genießen scheint, untersucht
werden. In einem zweiten Schritt komme ich zu einer Erörterung
der anderen, in christologischer Hinsicht wichtigsten bibelhermeneutischen Termini.[146] Drittens ist die Frage nach dem Verhältnis der
bibelhermeneutischen Begrifflichkeit des Confessors zu seiner Christologie zu behandeln.

---

[145] Zu Origenes vgl. die zitierten Stellen in Anm. 53.
[146] Ein Versuch, die genaue Bedeutung von sonst wichtigen schrifthermeneutischen Begriffen des Maximus zu bestimmen, wird ferner im Abschnitt 3. 2. 3. 1
unternommen.

3.1.3.2.1. Μυστήριον

Bei μυστήριον handelt es sich um einen Begriff, der religionsgeschicht-
lich offensichtlich mit jenen antiken Religionen mit Arkandisziplin
zusammenhängt[147] und seit Philo in Verbindung mit der Exegese
biblischer Texte steht.[148] Infolgedessen ist die Aufnahme dieses Begriffs
ins Sprachinstrumentarium der christlichen Schrifthermeneutik nicht
verwunderlich,[149] zumal die Unterscheidung zwischen einem Schriftsinn
für Anfänger und einem für Fortgeschrittene[150] oder die Auffassung,
nicht alle könnten direkt in bestimmte μυστήρια eingeweiht werden,[151]
in kirchlichen Kreisen keine Seltenheit waren. Mir scheint jedoch,
daß die paulinischen sowie deuteropaulinischen Aussagen des Neuen
Testaments, in denen das Wort μυστήριον für die verborgene Weisheit
Gottes bzw. für Christus gebraucht wird,[152] dezisiv dazu beitrugen,
diese Aufnahme zu beschleunigen.[153] Für die Theologen der Alten
Kirche ging es hierbei nicht um ein fremdes, anderen Religionen
zugehöriges Material, sondern um eine biblische Ausdrucksweise, egal
wie heute die terminologischen und gedanklichen Quellen der paulinischen und deuteropaulinischen Literatur bestimmt werden.

---

[147] Vgl. dazu D. Zeller (1994) 504–526.

[148] Vgl. dazu. J. Pépin (1967) 134–138; ferner Phil. Cher. 48f.

[149] Vgl. z. B. Orig. Princ. IV, 2, 2 (Z. 64); IV, 2, 3 (Z. 87f. u. 101); IV, 2, 7
(Z. 222); IV, 3, 1 (Z. 14); IV, 3, 9 (Z. 231); Greg. Nys. Cant. Prol. (S. 5, Z. 15;
S. 7, Z. 18; S. 10, Z. 15); Greg. Nys. Eun. III, 6, 32 (Z. 9); Greg. Nys. V. Mos.
382B; 364B; 365C; 384B; Dion. Ep. 9, 1104B (S. 193, Z. 10).

[150] Vgl. z. B. Orig. Princ. IV, 2, 4 (Z. 112–121): „ἵνα ὁ μὲν ἁπλούστερος οἰκοδομῆται ἀπὸ τῆς οἰονεὶ σαρκὸς τῆς γραφῆς, οὕτως ὀνομαζόντων ἡμῶν τὴν πρόχειρον ἐκδοχήν, ὁ δὲ ἐπὶ ποσὸν ἀναβεβηκὼς ἀπὸ τῆς ὡσπερεὶ ψυχῆς αὐτῆς, ὁ δὲ
τέλειος (...) ἀπὸ τοῦ πνευματικοῦ νόμου".

[151] Vgl. Greg. Nys. V. Mos. 376BC: „Εἰ δὲ οὐ χωρεῖ τὸ πλῆθος τὴν ἄνωθεν
γινομένην φωνήν, ἀλλ' ἐπιτρέπει τῷ Μωϋσεῖ γνῶναι μὲν δι' ἑαυτοῦ τὰ ἀπόρρητα
(sic), διδάξαι δὲ τὸν λαὸν ὅπερ ἂν διὰ τῆς ἄνωθεν διδασκαλίας τύχῃ μαθὼν δόγμα,
καὶ τοῦτο τῶν κατὰ τὴν Ἐκκλησίαν διοικουμένων ἐστί, τὸ μὴ πάντας ἑαυτοὺς εἰσ-
ωθεῖν πρὸς τὴν τῶν μυστηρίων κατάληψιν, ἀλλ' ἐπιλέξαντας ἐξ ἑαυτῶν τὸν χωρῆσαι
τὰ θεῖα δυνάμενον ἐκείνῳ τὴν ἀκοὴν εὐγνωμόνως ὑπέχειν".

[152] Vgl. z. B. 1 Kor 2, 1 u. 7; ferner Kol 1, 26f.; 2, 2; 4, 3; Eph 1, 9; 3, 3f.
u. 9; 5, 32; 6, 19.

[153] Vgl. z. B. Orig. Princ. IV, 2, 4 (Z. 115–122); IV, 2, 6 (Z. 176–180). Vgl.
auch den Gebrauch von μυστήριον bei Gregor von Nyssa in De vita Mosis, wo
sich der Begriff an mehreren Stellen auf das Christusgeschehen bezieht; vgl. z. B.
Greg. Nys. V. Mos. 332D u. 368C (τὸ κατὰ τὴν Παρθένον μυστήριον); 333D (τὸ
διὰ σαρκὸς ... τοῦ Κυρίου μυστήριον); 361C (τὸ κατὰ τὸ ὕδωρ μυστήριον; gemeint
ist die Taufe); 365B (τὸ τῆς ἀναστάσεως ... μυστήριον); 372C u. 416B (τὸ κατὰ
τὸν σταυρὸν ... μυστήριον); 376A (τὸ θεῖον τῆς κατὰ ἄνθρωπον οἰκονομίας μυστήριον);
381B u. 398C [τὸ (θεῖον) τῆς πίστεως ἡμῶν μυστήριον]; 413CD (τὰ ἐν τῷ μυστηρίῳ
πεπιστευμένα); ferner Dion. Coel. hier. 181B (τὸ θεῖον τῆς Ἰησοῦ φιλανθρωπίας

In den Schriften des Maximus kommt der Begrif μυστήριον an zahlreichen Stellen und in den verschiedensten Kombinationen vor. Damit will der Bekenner zwei Aspekten gerecht werden, nämlich dem Verborgen- und dem Unverständlichsein. Auf ersteres weisen jene Stellen hin, in denen μυστήριον als etwas dargestellt wird, was geoffenbart werden kann.[154] Indessen auch nach seiner Offenbarung bleibt das μυστήριον verborgen, weil es ein Element beinhaltet, das den Menschen immer unverständlich und von daher unzugänglich bleibt.[155] In diesem Sinne erweist sich die mysteriöse Natur eines μυστήριον als irreduktibel. Natürlich sind diese zwei Aspekte eines μυστήριον so alt wie der Begriff selbst, der Kirchenvater knüpft aber in seinem μυστήριον-Verständnis direkt an eine Stelle bei Pseudo-Dionys an,[156] die, wie bereits gesagt, seine Lehre vom Sich-Enthüllen

---

μυστήριον; τὸ θεαρχικὸν τῆς ἀφθέγκτου θεοπλαστίας μυστήριον). Es ist kein Zufall, daß der Begriff μυστήριον bei Pseudo-Dionys Areopagita am meisten in Dion. Eccl. hier. begegnet. Damit bezeichnet er oft die kirchlichen Sakramente; vgl. z. B. Dion. Eccl. hier. 393A (S. 70, Z. 1); 404D (S. 78, Z. 20); 425B (S. 80, Z. 7); 445A (S. 93, Z. 26); 473A (S. 95, Z. 8); 505B (S. 107, Z. 26); 509A (S. 110, Z. 9); 533B (S. 117, Z. 14); 536C (S. 119, Z. 3); 556 B (S. 122, Z. 22).

[154] Vgl. z. B. Max. Th. ec. II, 23, 1136A: „Μεγάλη βουλὴ τοῦ Θεοῦ καὶ Πατρός ἐστι, τὸ σεσιγημένον καὶ ἄγνωστον τῆς οἰκονομίας μυστήριον· ὅπερ πληρώσας διὰ τῆς σαρκώσεως ὁ μονογενὴς Υἱός, ἀπεκάλυψεν, ἄγγελος γενόμενος τῆς μεγάλης τοῦ Θεοῦ καὶ Πατρὸς καὶ προαιωνίου βουλῆς"; Max. Amb. Io. 7, 1097AB: „Τὸ γὰρ μυστήριον τὸ ἀποκεκρυμμένον ... νῦν δὲ φανερωθέν"; ferner Kol 1, 26; Ignat. Eph. 19, 1f.; Greg. Nys. Cant. Prol. (S. 10, Z. 15).

[155] Vgl. Max. Cap. XV, 12, 1184B: „Τὸ μέγα τῆς θείας ἐνανθρωπήσεως μυστήριον, ἀεὶ μένει μυστήριον· οὐ μόνον ὅτι συμμέτρως τῇ δυνάμει τῶν ὑπ' αὐτοῦ σωζομένων ἐκφαινόμενον, ἔχει μεῖζον τοῦ ἐκφανθέντος τὸ μήπω ὁρώμενον, ἀλλ' ὅτι καὶ αὐτὸ τὸ φανέν, ἔτι μένει πάμπαν ἀπόκρυφον, οὐδενὶ λόγῳ καθὼς ἔστι γινωσκόμενον ... Ὁ γὰρ Θεὸς ὑπερούσιος ὤν, καὶ ὑπερουσιότητος ἁπάσης ὑπερανεστηκώς, εἰς οὐσίαν ἐλθεῖν βουληθείς, ὑπερουσίως οὐσιώθη (...) ἄνθρωπος γεγονώς, τὸν τοῦ πῶς ἄνθρωπος γέγονε τρόπον, μένει διὰ παντὸς ἔχων ἀνέκφαντον· ὑπὲρ ἄνθρωπον γὰρ γέγονε ἄνθρωπος"; ibid. 13, 1184CD: „Σκοπήσωμεν πιστῶς τὸ μυστήριον τῆς θείας ἐνανθρωπήσεως, καὶ μόνον δοξάσωμεν ἀπεριέργως τὸν τοῦτο γενέσθαι δι' ἡμᾶς εὐδοκήσαντα. Τίς γὰρ δυνάμει θαρρῶν λογικῆς ἀποδείξεως, ἐξειπεῖν δύναται, πῶς Θεοῦ Λόγου γίνεται σύλληψις (...) Ταῦτα πίστις μόνη χωρεῖ τὰ μυστήρια, τῶν ὑπὲρ νοῦν καὶ λόγον ὑπάρχουσα πραγμάτων ὑπόστασις"; vgl. auch ibid. 8, 1181AB (zitiert in Anm. 129) u. 9, 1181BC (zitiert in Anm. 130).

[156] Vgl. Max. Amb. Th. 5, 1048D–1049A: „Οὐ γὰρ ὑπεζεύχθη (sc. der Über-wesentliche) τῇ φύσει γενόμενος ἄνθρωπος, τοὐναντίον δὲ μᾶλλον συνεπῆρεν ἑαυτῷ τὴν φύσιν, ἕτερον αὐτὴν ποιήσας μυστήριον, αὐτὸς δὲ μείνας ἄληπτος, καὶ τὴν οἰκείαν σάρκωσιν λαχοῦσαν γένεσιν ὑπερούσιον μυστηρίου παντὸς δείξας ἀληπτοτέραν, τοσοῦτον καταληπτὸς δι' αὐτὴν γεγονὼς ὅσον πλέον ἐγνώσθη δι' αὐτῆς ἀληπτότερος. Κρύφιος γάρ ἐστι καὶ μετὰ τὴν ἔκφανσιν,' φησὶν ὁ διδάσκαλος, 'ἤ, ἵνα τὸ θειότερον εἴπω, καὶ ἐν τῇ ἐκφάνσει. Καὶ τοῦτο γὰρ Ἰησοῦ κέκρυπται, καὶ οὐδενὶ λόγῳ οὔτε νῷ τὸ κατ' αὐτὸν ἐξῆκται μυστήριον, ἀλλὰ καὶ λεγόμενον ἄρρητον μένει, καὶ νοούμενον, ἄγνωστον'"; vgl. auch Anm. 131.

und Sich-Verhüllen des Logos inspiriert zu haben scheint.[157] Daraus wird klar, wie eng sich diese zuvor erörterte Dialektik zum Begriff μυστήριον selbst verhält. Das Sich-Verhüllen des Logos, das seiner leiblichen Enthüllung zum Trotz nicht zu nivellieren ist, hängt im Endeffekt nicht nur damit zusammen, daß er sich an die Menschen je nach geistlicher Veranlagung adaptiert, sondern vor allem damit, daß er in seiner Gottheit und seiner Art, Mensch zu werden, ein μυστήριον bleibt, das bei weitem über den menschlichen Verstand hinausgeht.[158]

Dies – sowie die bisher zitierten Stellen – legen nahe, daß der Begriff μυστήριον bei Maximus stark von der Christologie geprägt ist. In der Tat haben viele Maximusforscher längst darauf aufmerksam gemacht, daß dieser Begriff bei dem Bekenner eine Grundbedeutung hat, die für alle seine sonstigen Gebrauchsweisen entscheidend ist.[159] Darunter versteht der Kirchenvater jenen Ratschluß Gottes in bezug auf die Menschen, der durch die Fleischwerdung des Logos geoffenbart wurde.[160] Demnach können alle Aspekte und Wirkungen des Christusgeschehens, aber auch Christus selbst als μυστήριον bezeichnet werden.[161] Dies zeigt offensichtlich die *Quaestio ad Thalassium* 60, in welcher der Confessor 1 Petr 1, 19f. kommentiert:

---

[157] Vgl. den Abschnitt 3. 1. 3. 1 (S. 164–166).

[158] Vgl. Max. Cap. XV, 12, 1184B (zitiert in Anm. 155).

[159] Vgl. L. Thunberg (1985) 164; Zu μυστήριον bei Maximus vgl. vor allem R. Bornert (1966) 110–113; L. Thunberg (1985) 162–166; P. M. Blowers (1991) 122–130.

[160] Vgl. Max. Th. ec. II, 23, 1136A (zitiert in Anm. 154).

[161] Vgl. z. B. Max. Ep. 13, 528D–529A [633–634; vgl. P. Sherwood (1952) 39] (μυστήριον Χριστοῦ); Max. Amb. Th. 5, 1052B (μυστήριον Ἰησοῦ); Max. Ep. 17, 581AB [um 633; vgl. P. Sherwood (1952) 36]; Max. Ep. 19, 593B [633–634; vgl. P. Sherwood (1952) 37]; Max. Thal. 59 (S. 51, Z. 104); Max. Thal. 62 (S. 117, Z. 41f.); Max. Amb. Th. 5, 1060A; Max. Pyr. 316C (μυστήριον σαρκώσεως); Max. Thal. 22 (S. 137, Z. 26) [μυστήριον ἐνσωματώσεως]; Max. Th. ec. I, 66, 1108A (μυστήριον ἐνσωματώσεως, μυστήριον σταυροῦ καὶ ταφῆς); Max. Thal. 64 (S. 195, Z. 131f.) [τοῦ θανάτου καὶ τῆς ταφῆς καὶ τῆς ἀναστάσεως μυστήριον]; Max. Ep. 15, 576B [634–640; vgl. P. Sherwood (1952) 40] (μυστήριον παθημάτων); Max. Ep. 26, 617A [nach 628; vgl. P. Sherwood (1952) 34]; Max. Ep. 19, 596B [633–634; vgl. P. Sherwood (1952) 37]; Max. Pater (S. 36, Z. 164); Max. Thal. 62 (S. 117, Z. 53) [μυστήριον σωτηρίας]; Max. Ep. 16, 577D [642; vgl. P. Sherwood (1952) 49]; Max. Pater (S. 71, Z. 783) [μυστήριον θεώσεως]; Max. Thal. 27 (S. 195, Z. 91) [μυστήριον θεολογίας]; Max. Ep. 2, 393C [ca. 626; vgl. P. Sherwood (1952) 25] u. Max. Th. ec. II, 9, 1128D (μυστήριον ἀγάπης); Max. Ep. 21, 604B [627–633?; vgl. P. Sherwood (1952) 30]; Max. Th. ec. II, 23, 1136A; Max. Th. pol. 19, 225D [ca. 642; vgl. P. Sherwood (1952) 51f.]; Max. Th. pol. 21, 252C [633? 646?; vgl. P. Sherwood (1952) 36f. u. J.-C. Larchet (1998, Introduction. Opuscules) 22f.] (μυστήριον οἰκονομίας); Max. Ep. 44, 645AB [642; vgl. P. Sherwood (1952) 49]

Τὸ τοῦ Χριστοῦ μυστήριον Χριστὸν ὁ τῆς γραφῆς ὠνόμασε λόγος, καὶ μαρτυρεῖ σαφῶς οὑτωσὶ φάσκων ὁ μέγας ἀπόστολος· τὸ μυστήριον τὸ ἀποκεκρυμμένον ἀπὸ τῶν αἰώνων καὶ ἀπὸ τῶν γενεῶν νῦν ἐφανερώθη, ταὐτὸν λέγων δηλαδὴ τῷ Χριστῷ τὸ κατὰ Χριστὸν μυστήριον. Τοῦτο προδήλως ἐστὶν ἄρρητός τε καὶ ἀπερινόητος θεότητός τε καὶ ἀνθρωπότητος καθ᾽ ὑπόστασιν ἕνωσις, εἰς ταὐτὸν ἄγουσα τῇ θεότητι κατὰ πάντα τρόπον τῷ τῆς ὑποστάσεως λόγῳ τὴν ἀνθρωπότητα καὶ μίαν ἀμφοτέρων ἀποτελοῦσα τὴν ὑπόστασιν σύνθετον, τῆς αὐτῶν κατὰ φύσιν οὐσιώδους διαφορᾶς μηδεμίαν καθοτιοῦν ἐπάγουσα μείωσιν, ὥστε καὶ μίαν αὐτῶν γενέσθαι, καθὼς ἔφην, τὴν ὑπόστασιν καὶ τὴν φυσικὴν διαφορὰν ἀπαθῆ διαμένειν, καθ᾽ ἣν καὶ μετὰ τὴν ἕνωσιν ἀνελάττωτος αὐτῶν καὶ ἡνωμένων ἡ κατὰ φύσιν διασῴζεται ποσότης (...) Ἔπρεπε γὰρ τῷ ποιητῇ τῶν ὅλων καὶ γινομένῳ φύσει κατ᾽ οἰκονομίαν ὅπερ οὐκ ἦν καὶ ἑαυτὸν ὅπερ ἦν κατὰ φύσιν καὶ ὅπερ γέγονε φύσει κατ᾽ οἰκονομίαν ἄτρεπτον διασώσασθαι. Θεῷ γὰρ οὐ πέφυκεν ἐνθεωρεῖσθαι τροπή, ᾧ μηδεμία καθάπαξ κίνησις ἐπινοεῖται, περὶ ἣν ὑπάρχει τοῖς κινουμένοις τὸ τρέπεσθαι. Τοῦτό ἐστι τὸ μέγα καὶ ἀπόκρυφον μυστήριον. Τοῦτό ἐστι τὸ μακάριον, δι᾽ ὃ τὰ πάντα συνέστησαν, τέλος. Τοῦτό ἐστιν ὁ τῆς ἀρχῆς τῶν ὄντων προεπινοούμενος θεῖος σκοπός, ὃν ὁρίζοντες εἶναί φαμεν προεπινοούμενον τέλος, οὗ ἕνεκα μὲν τὰ πάντα, αὐτὸ δὲ οὐδενὸς ἕνεκεν· πρὸς τοῦτο τὸ τέλος ἀφορῶν τὰς τῶν ὄντων ὁ θεὸς παρήγαγεν οὐσίας. Τοῦτο κυρίως ἐστὶ τὸ τῆς προνοίας καὶ τῶν

Das μυστήριον Christi nannte das Wort der Schrift ‚Christus‘. Das bezeugt deutlich der große Apostel, wenn er sagt: ‚Das μυστήριον, das seit Äonen und Geschlechtern verborgen war, wurde jetzt offenbar‘ (vgl. Kol 1, 26). Er meint natürlich, daß das ‚μυστήριον Christi‘ dasselbe ist wie ‚Christus‘. Dies ist eben die unaussprechliche und unausdenkbare hypostatische Einigung der Gottheit und der Menschheit, die gemäß dem λόγος der Hypostase die Menschheit in allem zum Rang der Gottheit bringt und beide (Naturen) zu einer zusammengesetzten Hypostase macht, ohne ihre gemäß der Natur wesenhafte Verschiedenheit auch nur im geringsten zu mindern, so daß, wie ich gesagt habe, ihre Hypostase zwar eine wird, die naturhafte Verschiedenheit aber unverändert bestehen bleibt, der gemäß auch nach der Einigung die naturhafte Anzahl beider (Naturen), wiewohl vereint, keine Minderung erfährt (...). Denn es ziemte dem Schöpfer von allem auch da, wo er naturhaft gemäß der Heilsordnung das wurde, was er nicht gewesen war, sich unverändert zu erhalten, nämlich das, was er naturhaft war, und ebenso das, was er seiner Heilsordnung gemäß naturhaft wurde. Denn in Gott ist kein Wandel denkbar, weil ihm keinerlei Bewegung zugeschrieben werden kann, die an den bewegten Dingen eine Wandlung ermöglicht. Das ist das große und verborgene μυστήριον. Das ist das selige Ende, um dessentwillen alles entstand. Das ist das göttliche Endziel,

(μυστήριον ἐπιδημίας); Max. Th. ec. I, 56, 1104C; (μυστήριον τοῦ ἀεὶ εὖ εἶναι); vgl. auch die zitierten Stellen in Anm. 154, 155 u. 156. Natürlich redet Maximus gelegentlich auch von der Trinität als μυστήριον; vgl. z. B. Max. Thal. 62 (S. 117, Z. 43).

προνοουμένων πέρας, καθ᾿ ὃ εἰς τὸν
θεὸν ἡ τῶν ὑπ᾿ αὐτοῦ πεποιημένων
ἐστὶν ἀνακεφαλαίωσις. Τοῦτό ἐστι τὸ
πάντας περιγράφον τοὺς αἰῶνας καὶ
τὴν ὑπεράπειρον καὶ ἀπειράκις ἀπείρως προϋπάρχουσαν τῶν αἰώνων
μεγάλην τοῦ θεοῦ βουλὴν ἐκφαῖνον
μυστήριον, ἧς γέγονεν ἄγγελος αὐτὸς
ὁ κατ᾿ οὐσίαν τοῦ θεοῦ λόγος, γενόμενος ἄνθρωπος καὶ αὐτόν, εἰ θέμις
εἰπεῖν, τὸν ἐνδότατον πυθμένα τῆς πα-
τρικῆς ἀγαθότητος φανερὸν καταστήσας καὶ τὸ τέλος ἐν ἑαυτῷ δείξας,
δι᾿ ὃ τὴν πρὸς τὸ εἶναι σαφῶς ἀρχὴν
ἔλαβον τὰ πεποιημένα.[162]

das vor dem Anfang des Seienden
ausgedacht wurde, von dem wir, wollen wir es bestimmen, sagen, es sei
das vorausgedachte Ende, um dessentwillen alles, das selbst aber um
keines Dinges willen besteht. Im
Hinblick auf dieses Ende schuf Gott
die Wesen des Seienden. Das ist
eigentlich das letzte Ziel (πέρας) der
Vorsehung und des Vorgesehenen,
nach dem in Gott die Zusammenfassung dessen sein wird, was von
ihm geschaffen wurde. Das ist das
μυστήριον, das alle Äonen umfaßt
und den überendlichen und unend-
lich vor den Äonen bestehenden großen Ratschluß Gottes offenbar macht
(vgl. Eph 1, 10f.), dessen Bote/Engel
der wesenhafte Logos Gottes selbst
wurde, indem er Mensch wurde und,
wenn man so sagen darf, die inner-
ste Grundlage der väterlichen Güte
selbst offenbar werden ließ und das
Ende in sich zeigte, auf das hin das
Erschaffene deutlich das Prinzip seiner Existenz erhielt.

Zu Recht hat J.-C. Larchet angemerkt,[163] daß der Bekenner den
ursprünglichen Kontext der zu deutenden Stelle, in der es um den
Tod Christi geht, völlig ignoriert. Eigentlich geht Maximus von der
partiellen begrifflichen und inhaltlichen Verwandtschaft der Stelle des
Petrusbriefes mit Kol 1, 26 aus,[164] um eine detaillierte Ausführung
über das μυστήριον Christi zur Geltung zu bringen, was sicherlich
die von ihm vorausgesetzte innere Einheit des gesamten Christus-

---

[162] Max. Thal. 60 (S. 73 u. 75, Z. 5–48) [Übersetzung von mir auf Grundlage
der Übertragung von E. von Ivánka; vgl. E. von Ivánka; All-Eins in Christus,
Einsiedeln 1961, 76–78]. Der obige Text des Confessors erinnert unter anderem
an einige Stellen bei Gregor von Nazianz; vgl. z. B. Greg. Naz. Or. XV, 920C:
„καὶ μυστήριον ἓν μέγα, καὶ μέγιστον, καὶ τοῖς πολλοῖς ἀπόκρυφον"; ferner Greg.
Naz. Or. VII, 23 (S. 230 u. 240).

[163] Vgl. J.-C. Larchet (1996) 91f.

[164] Vgl. z. B. das Verb φανερόω (offenbar machen) in beiden Stellen sowie die
Ausdrücke πρὸ καταβολῆς κόσμου (ehe der Welt Grund gelegt wurde; 1 Petr 1,
20) und ἀπὸ τῶν αἰώνων καὶ ἀπὸ τῶν γενεῶν (seit ewigen Zeiten und Geschlechtern;
Kol 1, 26).

geschehens widerspiegelt. Mir geht es im übrigen nicht um eine umfassende Interpretation des obigen Passus. Es sei lediglich darauf hingewiesen, daß er trotz seiner Dichte keinen Zweifel am christologischen Charakter des maximinischen μυστήριον gestattet, das hier in Anlehnung an den Kolosserbrief, der das μυστήριον mit Christus selbst identifiziert (vgl. Kol 1, 26f.),[165] im Sinne Chalzedons als die Begegnung zweier vollkommenen und unverwandelten Naturen in Christus gedeutet wird. Um so bedeutsamer wird die Tatsache, daß der Confessor vom Begriff μυστήριον auch in bibelhermeneutischer Hinsicht Gebrauch macht. In seiner Deutung zum Verklärungsgeschehen bekräftigt er, daß die Jünger über die geistlichen λόγοι der ihnen gezeigten μυστήρια belehrt wurden.[166] Dort wie in der *Quaestio ad Thalassium* 32[167] steht der Begriff λόγος auch in einem engen Verhältnis zu dem Begriff σύμβολον. Sonst erscheint der biblische Text beim Confessor als ein Gewebe von μυστήρια, über deren λόγοι die Figuren (τύπος) Kunde geben.[168] Daß der Begriff λόγος als tieferer Inhalt eines Symbols fungieren kann, ist bei der Darlegung des Logosbegriffs von Pseudo-Dionys schon begegnet.[169] Auch als *semantische* Komponente eines μυστήριον ist der λόγος bei Gregor von

---

[165] Vgl. auch Max. Amb. Io. 7, 1097A–1100A [zitiert und übersetzt im Abschnitt 1. 2. 2. 2 (S. 64–67)], wo Maximus in Anlehnung an den Epheser- und Kolosserbrief (vgl. Kap. 1, Anm. 349) μυστήριον im Sinne der Vereinigung von Göttlichem und Menschlichem versteht.

[166] Vgl. den Abschnitt 3. 1. 1 (S. 134); zur Kombination λόγος τοῦ μυστηρίου vgl. auch Max. Th. ec. II, 23, 1136A.

[167] Vgl. den Abschnitt 3. 1. 1 (S. 133).

[168] Vgl. z. B. Max. Amb. Io. 10, 1120C: „Οὕτω πάλιν καθὼς γέγραπται (. . .) ἐδιδάσκετο, ὧν μυστηρίων τύπος προὺβέβλητο τοὺς λόγους"; ibid. 10, 1160D: „Διὰ δὲ Μωϋσέος καὶ Ἠλίου τῶν ἑκατερώθεν αὐτῷ (sc. Jesus) συνόντων . . . πολλοὺς κατὰ πολλὰς ἐπινοίας, ὧν τύποι προεβέβληντο μυστηρίων δι' ἀληθοῦς θεωρίας γνωστικοὺς ὑπεδέχοντο (sc. die drei Jünger) τρόπους"; ferner ibid. 1121A. Zu λόγος, σύμβολον und τύπος in bibelhermeneutischer Hinsicht vgl. z. B. Max. Thal. 55 (S. 481, Z. 15–26): „Τὸ μὲν δι' ἀκριβείας περὶ τούτων εἰπεῖν μόνων ἐκείνων ἐστὶ τῶν διὰ πολλὴν καθαρότητα νοῦ θεόθεν ὅλην εἰληφότων τὴν ἐφικτὴν ἀνθρώποις χάριν τοῦ πνεύματος· καθ' ἣν τῷ πελάγει τῶν μυστικῶν θεαμάτων γνωστικῶς ἐνδιαθέοντες, τοὺς λόγους μόνον ὁρῶσι τῶν γεγραμμένων γυμνοὺς τῶν ἐπ' αὐτοῖς τυπικῶν συνθημάτων, μηδενὸς τὸ σύνολον ποιούμενοι λόγον τῶν τυπούντων αὐτοὺς συμβόλων, εἰ μή που βουληθῶσι σοφῶς αὐτοὺς τυπῶσαι σωματικῶς, τοῖς διὰ νηπιότητα νοῦ γενέσθαι μὴ δυναμένοις ὑπὲρ τὴν αἴσθησιν, ἵνα τοῖς τύποις πρότερον ἐγγυμνασθέντες κατὰ τὴν αἴσθησιν, πρὸς τοὺς ἄνευ αἰσθήσεως ἀρχετύπους ἐλθεῖν ποθήσωσι λόγους" (Hervorhebung von mir); ferner ibid. 11 (S. 89, Z. 6–11). Zur praktischen Austauschbarkeit der Begriffe σύμβολον und τύπος bei Maximus im Blick auf die Bibelhermeneutik vgl. auch den Abschnitt 3. 1. 3. 2. 2.

[169] Vgl. den Abschnitt 1.2.1 (S. 46f.).

Nyssa und Origenes belegbar.[170] Dementsprechend arbeitet der Confessor mit schon bekannten hermeneutischen Wortkombinationen und
Termini. Es bleibt jedoch zu beachten, daß seine Verwendungsweise
dieser herkömmlichen Begrifflichkeit nur im Rahmen seines gesamten Denkens auszuwerten ist, d. h. in diesem Fall, indem seine Logostheorie sowie sein christologisches μυστήριον-Verständnis mit einbezogen
werden. So ist es berechtigt – auch im Lichte seiner Lehre von der
Fleischwerdung des Logos in der Schrift – zu folgern, daß sich für
Maximus das μυστήριον Christi in einer Vielfalt von schriftlichen
μυστήρια entfaltet, welche sich sozusagen durch die biblischen Symbole
und Figuren konkretisieren. Wie es L. Thunberg ausgedrückt hat,
stellt das Symbol beim Bekenner jenes Gefäß (vessel) dar, in dem
eine göttliche Wahrheit verborgen ist, sich aber gleichzeitig erschlie
ßen läßt, ohne jedoch nach der Erschließung aufzuhören, ein μυστήριον
zu sein.[171] Hier macht sich vor allem der oben besprochene zweite
Aspekt eines μυστήριον bemerkbar; dabei handelt es sich nicht nur
um eine verborgene, sondern auch zugleich um eine unverständliche göttliche Wahrheit, was eigentlich die Symbolisierung nötig macht.
Das erschließende Element aber, welches durch die symbolische
Struktur und über sie hinaus einen Zugang zum μυστήριον verschafft,
ohne es freilich verfügbar zu machen, ist der λόγος, der sich infolgedessen als Inhalt eines Symbols zu erkennen gibt. In letzter Analyse
ist der λόγος jenes Mittel, welches *semantisch* das Symbol erhellt und
derart ermöglicht, sich der mysteriösen Wahrheit zu nähern, wie sich
der Logos in der Schrift gegenwärtig macht. Zieht man hinzu, daß
Maximus Kosmos und Schrift parallelisiert, so ist dieses Ergebnis

---

[170] Vgl. Greg. Nys. V. Mos. 336AB: „Ἡ δὲ εἰς ὄφιν μεταβολὴ τῆς βακτηρίας
μὴ ταρασσέσθω τοὺς φιλοχρίστους ὡς ἀπεμφαίνοντι ζώῳ προσαρμοζόντων ἡμῶν
τὸν τοῦ μηστηρίου λόγον". Nach der allegorischen Exegese Gregors symbolisiert
Moses' Stock, der sich in Ägypten in eine Schlange verwandelt hat, Christus, der
am Kreuz zur Sünde für uns geworden ist. Im obigen Zitat fordert der Nyssener
seine Leserschaft dazu auf, nicht deshalb außer Fassung zu geraten, weil er den
λόγος des μυστήριον einem Tier angepaßt hat, das diesem λόγος zuwiderläuft. Daß
mit dem λόγος des μυστήριον hier nur Christus, der den allegorischen Sinn des
Stocks bildet, gemeint sein kann, scheint mir festzustehen; ibid. 360B: „Οὐκοῦν ὁ
ὑψηλότερος λόγος τῆς προχείρου διανοίας ἁρμοδιώτερος"; ferner Greg. Nys. Or.
catech. 80C (zitiert in Anm. 82). Zu Origenes vgl. Orig. Princ. I, 2, 3: „hoc modo
etiam verbum dei eam (sc. die Weisheit) esse intellegendum est per hoc, quod ipsa
ceteris omnibus, id est universae creaturae, mysteriorum et arcanorum rationem,
quae utique intra dei sapientiam continentur, aperiat"; vgl. dazu R. Gögler (1963)
269.
[171] Vgl. L. Thunberg (1985) 163.

alles andere als unerwartet. Ebenfalls bei der φυσικὴ θεωρία dienten die λόγοι dazu, dem Mystiker das Geheimnis der Gegenwart des Logos in der Welt zu offenbaren und ihm dazu zu verhelfen, zu diesem Logos zu gelangen.[172] Es zeigt sich also nochmals, wie die Logostheorie des Maximus der inneren Dynamik seiner Schrifthermeneutik zugrundeliegt und wie kohärent seine Synthese ist.

3.1.3.2.2. Zu den anderen, christologisch relevantesten bibelhermeneutischen Termini

Auch eine nicht besonders gründliche Lektüre der maximinischen Schriften würde reichen, um davon zu überzeugen, daß sie keine einheitliche bibelhermeneutische Begrifflichkeit aufweisen. Sogar den Begriff λόγος, der in eine *schriftliche* Logostheorie eingebettet ist,[173] kann Maximus mit anderen, christologisch weniger spezifischen Begriffen wie νοῦς, ἔννοια oder διάνοια ersetzen, um den allegorischen Sinn eines Textes zu bezeichnen.[174] Dazu gehört auch der Begriff πνεῦμα, der das Gegenstück zur *Oberfläche* der Schrift darstellt – sei sie als σάρξ, ῥητόν oder γράμμα aufgefaßt.[175] All diese Termini können *einer* Sinnlinie, der der Wahrheit (ἀλήθεια), zugeordnet werden.[176] Ob

---

[172] Vgl. dazu den Abschnitt 2. 2. 2.

[173] Vgl. dazu den Abschnitt 3. 2. 1.

[174] Zu νοῦς vgl. z. B. Max. Thal. 17 (S. 111, Z. 12–21): „Ὁ τῶν γραφικῶν αἰνιγμάτων φόβῳ Θεοῦ τὸν *νοῦν* διερευνώμενος, καὶ μόνης τῆς θείας ἔνεκεν δόξης, οἷον ὡς προκάλυμμα περιαιρῶν τὸ γράμμα τοῦ πνεύματος, εὑρήσει πάντα, κατὰ τὸν τῆς σοφίας λόγον, ἐνώπια, μηδενὸς εὑρισκομένου κωλύματος πρὸς τὴν ἄμεμπτον ἐπὶ τὰ θεῖα τῆς διανοίας κίνησιν. Τὴν μὲν οὖν ἱστορίαν ἤδη πληρωθεῖσαν σωματικῶς ἐν τοῖς κατὰ Μωσέα καιροῖς παρήσομεν· τὴν δὲ τῆς ἱστορίας ἐν πνεύματι δύναμιν νοεροῖς κατανοήσομεν ὄμμασιν, ἀεὶ γινομένην καὶ τῷ γίνεσθαι πλέον ἀκμάζουσαν“; zu ἔννοια vgl. Max. Thal. 52 (S. 425, Z. 172–176): „Γενώμεθα τοίνυν καὶ ἡμεῖς τῆς τῶν γεγραμμένων *ἐννοίας*. Κἂν γὰρ ἐκείνοις συνέβη τυπικῶς κατὰ τὴν ἱστορίαν, ἀλλὰ δι᾽ ἡμᾶς ἐγράφη πρὸς νουθεσίαν πνευματικήν, οἷς διαπαντὸς συμβαίνει τὰ γεγραμμένα, νοητῶς τῆς ἀντικειμένης καθ᾽ ἡμῶν ἀεὶ παρατατρομένης δυνάμεως“; zu διάνοια vgl. Max. Thal. 55 (S. 513, Z. 518–524): „Τῆς μὲν οὖν τῶν ἀπορηθέντων πνευματικῆς θεωρίας ὁ λόγος ἐνταῦθα, κατ᾽ ἐμὲ φάναι, τὸ πέρας εἴληφεν. Εἰ δέ τις εὑρεθῇ πλούτῳ κομῶν χάριτος γνωστικῆς . . . ἀποκαλύψει σαφῶς ἡμῖν τὴν τῷ ῥητῷ τῶν γεγραμμένων κατακειμένην *διάνοιαν* τὸ ὑψηλὸν φῶς τῆς ἐν ὅλοις ἀληθείας γνωστικῶς ἀπαστράπτουσαν“ (alle Hervorhebungen sind von mir).

[175] Vgl. dazu vor allem Max. Th. ec. I, 91, 1120D–1121A (zitiert in Anm. 99); I, 97, 1121C–1124A (zitiert in Anm. 125); II, 61, 1152AB (zitiert in Anm. 127); Max. Amb. Io. 21, 1244D–1245A (zitiert in Anm. 139).

[176] Zu ἀλήθεια vgl. z. B. Max. Thal. 62 (S. 115 u. 117, Z. 15–28): „Ὁ . . . θεός . . . τῆς ἐπὶ τῇ σωτηρίᾳ τοῦ γένους τῶν ἀνθρώπων διὰ σαρκὸς αὐτοῦ θαυμαστῆς ἐπιδημίας, τοῖς συμβόλοις διαποικίλας προκατεβάλετο τὰς ὑποτυπώσεις (. . .) τοῖς τύποις ἑαυτὸν πολυειδῶς ταῖς τῶν προφητῶν ὁράσεσι μυστικῶς διαπλάσας,

einige von ihnen auf andere Modelle schriftlicher Struktur, die bei
dem Bekenner vorkommen, zurückzuführen sind, soll im folgenden
noch erforscht werden.[177]

Demgegenüber steht dem Bekenner eine Reihe von Termini zur
Verfügung, durch die er dem symbolischen Charakter der schriftlichen *Oberfläche* Rechnung trägt.[178] Am häufigsten begegnen die zwei
Begriffe σύμβολον (Symbol) und τύπος (Figur), welche an mehreren
Stellen parallelisiert bzw. alternativ gebraucht werden, so daß man
davon ausgehen kann, daß sie im Blick auf die Schrifthermeneutik des
Confessors so gut wie Synonyme sind.[179] Freilich macht L. Thunberg
diesbezüglich darauf aufmerksam, daß, während sich τύπος auf ein
ἀρχέτυπος (Urfigur) bezieht, das σύμβολον keinen korrelativen Begriff
hat.[180] Hinzu kommt der Begriff εἰκών (Bild), welcher an vielen Stellen

---

τὴν ἡμετέραν ἑκουσίως κατ᾽ ἀλήθειαν ὑπελθεῖν φύσει διάπλασιν, ἵνα δείξῃ παροῦσαν
τοῖς πράγμασι τὴν προμηνυθεῖσαν διὰ τῶν τύπων ἀλήθειαν"; Max. Amb. Io. 10,
1161B: „ὅπερ Μωϋσῆς πεπραχὼς ἀνηγόρευται, προτυπῶν ἐν ἑαυτῷ τῆς ἀληθείας
τὰ σύμβολα"; ferner Max. Amb. Io. 21, 1244B.

[177] Vgl. dazu vor allem den Abschnitt 3. 1. 4. 1. Eine Analyse von weiteren
bibelhermeneutischen Termini des Maximus, die sozusagen christologisch nicht
besonders relevant sind – und deshalb hier nicht behandelt werden können – ist
noch im Abschnitt 3. 2. 3. 1 durchzuführen.

[178] Zu dieser Begrifflichkeit vgl. vor allem W. Völker (1965) 272–274; R. Bornert
(1966) 113–117.

[179] Zur Parallelisierung von σύμβολον und τύπος vgl. z. B. Max. Thal. 55 (S. 481,
Z. 15–26) [zitiert in Anm. 174]; Max. Amb. Io. 10, 1161B (zitiert in Anm. 176);
Max. Thal. 47 (S. 315, Z. 56–59): „φωνὴ τοῦ λόγου καὶ πρόδρομός ἐστιν Ἰωάννης
ὁ μέγας καὶ τῆς ἄνευ τύπων καὶ συμβόλων ἀληθοῦς τοῦ θεοῦ παρουσίας μηνυτής
τε καὶ κήρυξ" (Hervorhebung von mir); ferner Max. Amb. Io. 10, 1165D; ibid.
37, 1292AB; ibid. 56, 1380D; Max. Thal. 54 (S. 465, Z. 369–373); Max. Thal. 65
(S. 281, Z. 489–494).

[180] Vgl. L. Thunberg (1985) 162. Die maximinische Verwendungsweise von τύπος
weicht im Grunde nicht vom allgemeinen griechischen Gebrauch dieses Begriffs ab.
Der Bekenner benutzt ihn im Sinne von Vorbild bzw. Muster und wendet ihn auf
Christus an, der gerade durch seine Verhaltensweise zu einem τύπος wird, den die
Gläubigen nachahmen sollen; vgl. z. B. Max. Pyr. 305CD; Max. Th. pol. 7, 80D
[ca. 642; vgl. P. Sherwood (1952) 51]. Bibelhermeneutisch aber ist die zweite
Sinnkonstellation von τύπος wichtiger, nämlich wenn er Abdruck, Gepräge, Abbild,
Figur usw. bedeutet. Von *einer* Sinnkonstellation ist hier insofern die Rede, als all
diese Bedeutungen die Anwesenheit eines Originals bzw. einer Urfigur vorausset-
zen, von der etwas ein τύπος ist. L. Thunberg bemerkt auch mit Recht, daß der
Confessor τύπος im Vergleich zu σύμβολον mehr in bezug auf Personen verwen-
det; vgl. z. B. Max. Amb. Io. 10, 1161AB; Max. Thal. 48 (S. 333, Z. 35–37); Max.
Thal. 64 (S. 189, Z. 30); Max. Th. ec. I, 71, 1109AB (zitiert in Anm. 39); Max.
Th. ec. II, 16, 1132C. Zum Gebrauch von σύμβολον und τύπος in der alexandrinischen Tradition der Bibelhermeneutik vor Maximus und bei Pseudo-Dionys vgl.
Anm. 97 u. 98.

den beiden ersten entspricht.[181] Zu den restlichen, wohl zahlreichen verwandten Termini gehören vor allem αἴνιγμα (Rätsel),[182] σκιά (Schatten),[183] σχῆμα (Gestalt)[184] und προδιατύπωσις (Vorgestaltung).[185]

Selbstverständlich drängt sich nun die Frage auf, ob es für Maximus irgendeinen Unterschied zwischen diesen Begriffen gibt. In der Tat macht der Kirchenvater an zwei Stellen mindestens eine Differenzierung zwischen σκιά zum einen und εἰκών zum anderen. Eine dieser Stellen ist das *Ambiguum ad Ioannem* 21, in dem der Bekenner, wie bereits gesehen,[186] das herkömmliche Modell Gesetz-Christus/Evangelium in Beziehung zu der Wiederkunft des Herrn setzt. Während der eschatologische Logos sozusagen über die Heilige Schrift hinausgeht, da er von keiner geschriebenen bzw. gesprochenen Figur ausgedrückt werden kann,[187] erscheint diese Schrift in der Geschichte als ein Mittel, das seine Ankunft vorbereitet.[188] Hier unterscheidet Maximus aber zwischen dem Alten Testament, das als σκιά gilt und zur Annahme des Evangeliums erzieht, und dem Neuen Testament, das die eschatologische Seligkeit vorauskündigt und sich dadurch als εἰκών des

---

[181] Vgl. z. B. Max. Amb. Io. 37, 1289D–1292B: „Ἰωάννης ὁ μέγας (sc. der Täufer) οὐ μόνον μετανοίας καὶ τῆς κατὰ τὴν πρακτικὴν φιλοσοφίαν ἀπαθείας καὶ γνωστικῆς θεωρίας ἐστὶν εἰκών (...) ἀλλὰ καὶ τὴν ἐν τούτοις κατὰ τὴν ἕξιν ἀτρεψίας σύμβολον (...) Τύπος οὖν ἐστιν ὁ μὲν Ἰωάννης πάντων τῶν κατ' ἀρετὴν καὶ γνῶσιν διὰ μετανοίας ἐν πνεύματι γεννωμένων" (Hervorhebung von mir). Zur Parallelisierung von εἰκών und τύπος in einem liturgischen Kontext vgl. z. B. Max. Myst. 1 (S. 197, Z. 2f.; PG 91, 664C): „Πῶς τε καὶ ποίῳ τρόπῳ εἰκών ἐστι καὶ τύπος τοῦ Θεοῦ ἡ ἁγία ἐκκλησία"; ferner Max. Amb. Io. 10, 1141C; ibid. 67, 1404BC; Greg. Nys. V. Mos. 336B.
[182] Vgl. z. B. Max. Th. ec. II, 60 (zitiert in Anm. 128); ibid. I, 66, 1108A (zitiert in Kap. 1, Anm. 347) u. Max. Amb. Io. 21, 1256A, wo αἴνιγμα als parallel zu τύπος erscheint; ferner die maximinische Deutung des Verklärungsgeschehens im Abschnitt 3. 1. 1 (S. 134–136). Zur Parallelisierung von σύμβολον, αἴνιγμα und τύπος vgl. Max. Thal. 39 (S. 259, Z. 27) [zitiert im Abschnitt 3. 1. 1 (S. 129)]; Max. Thal. 64 (S. 225, Z. 609f.). Zu αἴνιγμα und σύμβολον vgl. Max. Amb. Io. 50, 1368D–1369A; Max. Thal. 53 (S. 433, Z. 49). Zum Begriff αἴνιγμα bei Vorgängern des Maximus vgl. Anm. 97 u. 98.
[183] Vgl. z. B. Max. Th. ec. I, 90, 1120C: „Ὁ μὲν νόμος, σκιὰν ἔχει τοῦ Εὐαγγελίου· τὸ δὲ Εὐαγγέλιον, εἰκών ἐστι τῶν μελλόντων ἀγαθῶν. Ὁ μὲν γὰρ κωλύει τὰς τῶν κακῶν ἐνεργίας· τὸ δὲ, τὰς πράξεις τῶν ἀγαθῶν παρατίθεται". Zur Parallelisierung von σκιά und τύπος vgl. Max. Thal. 20 (S. 123, Z. 46f.): „νόμον . . . τὸν ἐν σκιᾷ δηλονότι καὶ τύποις".
[184] Vgl. z. B. die maximinische Interpretation des Verklärungsgeschehens im Abschnitt 3. 1. 1 (S. 138); ferner Max. Amb. Io. 10, 1160B.
[185] Vgl. Max. Th. ec. I, 97, 1124A (zitiert in Anm. 125); Max. Th. ec. II, 52, 1148BC; Max. Thal. 64 (S. 229, Z. 665).
[186] Vgl. den Abschnitt 3. 1. 3. 1 (S. 167f.).
[187] Vgl. Max. Amb. Io. 21, 1244C.
[188] Vgl. Max. Amb. Io. 21, 1244D–1245A (zitiert in Anm. 139).

kommenden Äons erweist.[189] Während sich das Gesetz dunkel (κατ'
ἀμυδράν ἔμφασιν) zur Wahrheit verhält, weist das Evangelium eine
deutliche (τρανῶς) Ähnlichkeit zu ihr auf.[190] Daraus läßt sich berechtigterweise folgern, daß Maximus hier einen Wertunterschied zwischen σκιά und εἰκών voraussetzt,[191] der davon abhängt, wie transparent
das als σκιά bzw. εἰκών Prädizierte für die Wahrheit ist. Das μυστήριον
Christi dürfte in dem Bild (εἰκών) eine stärkere Präsenz aufweisen

---

[189] Vgl. Max. Amb. Io. 21, 1253B–D: „Εἰ γὰρ εἷς ἐστιν ὁ δι' αὐτῶν καταγ-
γελλόμενος, οἱ πάντες ὡς εἷς ὂν καταγγέλλουσι νοεῖσθαι δύνανται, καὶ ἀντὶ πάντων
ἕκαστος καὶ πάντες πάντων εὐσεβῶς ἀντιπαραλαμβάνεσθαι, τῶν τε διακονησαμένων
τῷ κατὰ τὴν Παλαιὰν Διαθήκην μυστηρίῳ καὶ τῶν πιστευθέντων τὸ κήρυγμα τῆς
κατὰ τὸ Εὐαγγέλιον χάριτος. Οὐκοῦν ὥσπερ εἰς ὅλην οὖσαν τῆς Καινῆς Διαθήκης
καὶ τῆς κατ' αὐτὴν λατρείας ὁ μέγας Βαπτιστὴς Ἰωάννης εὐσεβῶς παραλαμβάνεσθαι
δύναται, οὕτω δικαίως εἰς ὅλην τὴν Καινὴν Διαθήκην καὶ τὴν κατ' αὐτὴν λατρείαν,
πρόδρομον οὖσαν τῆς ἐν τῷ μέλλοντι αἰῶνι μυστικῆς τῶν ἀρρήτων ἀγαθῶν
κρυφιότητος, καὶ Ἰωάννης ὁ μέγας ἀληθῶς εὐαγγελιστὴς ληφθῆναι δύναται, ὡς
πρόδρομος φωνὴ τοῦ μέλλοντος τρανῶς λαλεῖσθαι θειοτέρου λόγου, καὶ εἰκὼν τῆς
δειχθησομένης ἀληθείας. Σκιᾷ γὰρ καὶ εἰκόνι καὶ ἀληθείᾳ τὸ καθ' ἡμᾶς ὅλον τῆς
σωτηρίας σοφῶς ᾠκονομήθη μυστήριον. Σκιὰν γὰρ εἶχεν ὁ νόμος, ὥς φησιν ὁ θεῖος
Ἀπόστολος, τῶν μελλόντων ἀγαθῶν, οὐκ αὐτὴν τὴν εἰκόνα τῶν πραγμάτων, δι' ἧς
τοὺς κατὰ νόμον οἰκείως ἑαυτοῖς κατ' ἀμυδράν τινα τῶν ἀληθῶν ἔμφασιν πρὸς
τὴν τοῦ Εὐαγγελίου παραδοχὴν ὁ λόγος ἐπαιδαγώγει. Τὸ δὲ Εὐαγγέλιον εἰκόνα κέκτηται τῶν ἀληθῶν, ὅλους ἔχων τρανῶς ἀπεντεῦθεν ἤδη τοὺς τῶν μελλόντων ἀγαθῶν
ὁμοιότητα κτησαμένους". Daraus, daß Maximus hier einerseits Altes Testament und
Evangelium gegenüberstellt und andererseits Evangelium und Neues Testament alternativ benutzt, wird ersichtlich, daß er mindestens an dieser Stelle Evangelium und
Neues Testament praktisch identifiziert. Zum Unterschied zwischen σκιά und εἰκών
vgl. ferner C. Steel (1992) 2428–2430.

[190] P. M. Blowers (1991) 125 u. (1995) 644 bemerkt zu Recht, daß es bei Maximus
unklar bleibt, ob das erfüllende Moment des Alten Testaments das Evangelium oder
die eschatologische Wahrheit ist. Max. Th. ec. I, 90, 1120C (zitiert in Anm. 183)
scheint in die Richtung zu weisen, daß sich das Gesetz als σκιά zum Evangelium
verhält. Es gibt aber bei dem Bekenner Texte, in denen sich σκιά auf das dritte
Element der symbolischen Dreierreihe bezieht; vgl. z. B. Max. Th. ec. I, 93, 1121AB:
„Σκιὰν μὲν εἶχεν ὁ νόμος, εἰκόνα δὲ οἱ προφῆται τῶν ἐν τῷ Εὐαγγελίῳ θείων καὶ
πνευματικῶν ἀγαθῶν. Αὐτὸ δὲ τὸ Εὐαγγέλιον, αὐτὴν παροῦσαν ἡμῖν διὰ τῶν
γραμμάτων ἔδειξε τὴν ἀλήθειαν". Mir scheint, daß das auch der Fall von Max.
Amb. Io. 21, 1253B–D (zitiert in Anm. 189) ist, wobei dort das dritte Element der
Triade σκιά, εἰκών, ἀλήθεια nicht das Evangelium ist, sondern die eschatologische
Glückseligkeit. Noch einmal setzt sich die Einsicht durch, daß Maximus seine
Schemata variiert und keineswegs auf eine starre Systematisierung bedacht ist.

[191] Dies wird auch von Max. Th. ec. I, 90, 1120C (zitiert in Anm. 183) bestätigt. In Th. ec. I, 93–96, 1121A–C geht Maximus von einer Dreiteilung der Schrift
aus. Während das Gesetz (νόμος) als σκιά für das Evangelium, das die Wahrheit
(ἀλήθεια) zeigt, gilt, verhalten sich die Propheten (προφῆται) als εἰκών zu ihm; vgl.
ibid. I, 93, 1121AB (zitiert in Anm. 190). Daß Maximus mit jedem Teil der Schrift
einen geistlichen Zustand assoziiert, der höher als der ihm vorausgegangene ist,
zeigt, daß der Kirchenvater hier auch einen Wertunterschied zwischen σκιά und
εἰκών geltend macht.

als im Schatten (σκιά). Dies darf jedoch nicht dazu veranlassen, den Unterschied zwischen σκιά und εἰκών auf die gesamte maximinische Begrifflichkeit auszudehnen und dadurch, wie R. Bornert es tut,[192] auf ein terminologisches *System* bei dem Confessor zu schließen. Eigentlich hat der Bekenner die Abstufung zwischen σκιά und εἰκών von der Tradition übernommen (vgl. Hebr 10, 1). Anhand der maximinischen Texte läßt sich aber, soweit ich sehe, nicht nachweisen, daß der Confessor seine symbolischen Termini *entweder* σκιά *oder* εἰκών zuordnet. Man begegnet im Gegenteil bei ihm zahlreichen Kombinationen,[193] die jeder Systematisierung trotzen. Vielmehr tendiert Maximus dazu, seine symbolische Begrifflichkeit *funktional* zu verwenden. Dies läßt sich z. B. dadurch illustrieren, daß er in der *Quaestio ad Thalassium* 22 die Tugendweisen und die durch die Natur erkennbaren λόγοι als Figuren (τύπος) der ewigen Güter auffaßt.[194] Handelt

---

[192] Vgl. R. Bornert (1966) 113–117. Bornert meint, daß sich σκιά und τύπος bei Maximus auf das Alte Testament beziehen, während εἰκών das Neue Testament bezeichnet. Der Begriff σύμβολον sei freilich τύπος ähnlich, habe aber in der Mystagogia unter dem Einfluß des Pseudo-Dionys εἰκών ersetzt. Liest man Bornert, kann man sich davon überzeugen lassen, daß er selbst manchmal zugeben muß, daß der maximinische Gebrauch dieser Systematisierung nicht entspricht, daß also der Bekenner mit diesen Termini freier umgeht, als Bornert es vermutet. Auch L. Thunberg (1985) 163 distanziert sich, wiewohl vorsichtig, vom Urteil Bornerts.

[193] Vgl. dazu vor allem Anm. 181 u. 182; ferner Max. Amb. Io. 37, 1296C [zitiert im Abschnitt 3.2.1 (S. 209f.)], wo Maximus τύπος, σκιά und εἰκών gleichsetzt; vgl. ferner Max. Thal. 46 (S. 309, Z. 16–25): „Πᾶσα τοίνυν ἐνταῦθα δικαιοσύνη, συγκρινομένη πρὸς τὴν μέλλουσαν, ἐσόπτρου λόγον ἐπέχει τὴν τῶν ἀρχετύπων πραγμάτων εἰκόνα, οὐκ αὐτὰ δὲ τὰ πράγματα κατ᾽ εἶδος ὑφιστάμενα ἔχουσα· καὶ πᾶσα γνῶσις ἐνταῦθα τῶν ὑψηλῶν, συγκρινομένη πρὸς τὴν μέλλουσαν, αἴνιγμά ἐστιν, ἔμφασιν τῆς ἀληθείας ἀλλ᾽ οὐκ αὐτὴν ὑφισταμένην ἔχουσα τὴν φανήσεσθαι μέλλουσαν ἀλήθειαν. Ἐπειδὴ γὰρ ἀρετὴ καὶ γνῶσις τὰ θεῖα συνέχεται, τῶν κατ᾽ ἀρετὴν πρωτοτύπων ἐστὶν ἐνδεικτικὸν τό ἔσοπτρον, καὶ τῶν κατὰ γνῶσιν ἀρχετύπων ἐμφαντικὸν ὑπάρχει τὸ αἴνιγμα" (Hervorhebung von mir). In dieser Quaestio geht es Maximus darum, die Differenz zwischen ἔσοπτρον (Spiegel) und αἴνιγμα (Rätsel) zu erhellen (vgl. 1 Kor 13, 12). Interessanterweise läßt er sich nicht auf Ausführungen über den *Wertunterschied* zwischen beiden Begriffen ein, sondern begnügt sich damit, ἔσοπτρον mit ἀρετή, αἴνιγμα mit γνῶσις zu verbinden. Natürlich kann man unterstellen, daß dadurch implizit ein Wertunterschied angesprochen wird, denn, mystisch gesehen, γνῶσις ist höher als ἀρετή. Gerade dies aber würde Bornerts Theorie zuwiderlaufen, denn der Confessor ἔσοπτρον in Verbindung mit εἰκών verwendet, der Bornert mehr Durchsichtigkeit im Blick auf das μυστήριον Christi zubilligt; vgl. ferner Max. Amb. Io. 63, 1389B, wo der Kirchenvater zuallererst einen Wertunterschied zwischen σύμβολον und εἰκών vorauszusetzen scheint, dann aber diesen *Wertunterschied* auf σύμβολον und τύπος *überträgt*.

[194] Vgl. Max. Thal. 22 (S. 141 u. 143, Z. 99–103): „Οὐκοῦν τὰ τέλη τῶν αἰώνων εἰς ἡμᾶς εἰκότως κατήντησε τοὺς ὅσον οὐδέπω διὰ τῆς ἐν Χριστῷ χάριτος ληψομένους τῶν ὑπὲρ αἰῶνας καὶ φύσιν ἀγαθῶν τὴν δωρεάν, ὧν τύποι καὶ προχαράγματα καθεστήκασιν οἱ τρόποι τῶν ἀρετῶν καὶ τῶν γνωσθῆναι φύσεως δυναμένων οἱ λόγοι".

es sich hierbei um einen mystischen – und nicht um einen schrift-hermeneutischen – Kontext, so zeigt dies nichtsdestoweniger, daß Maximus hier den λόγος, der in der Regel als Gegenstück zum τύπος angesehen wird, doch als τύπος gelten läßt, wenn er ihn aus der Perspektive der dritten Stufe des mystischen Weges deutet. Dieser funktionale Umgang mit der τύπος-λόγος-Dyade im Zusammenhang der φυσικὴ θεωρία[195] dürfte – gerade im Blick darauf, daß der Kirchenvater Kosmos und Schrift zusammendenkt[196] – Licht darauf werfen, warum Maximus so unbefangen und variabel seine bibelhermeneutischen Termini benutzt.

Kann man also auf der Grundlage des maximinischen Gebrauchs keine Hierarchie der symbolischen Begriffe hinsichtlich dessen, wie stark sie das μυστήριον Christi vergegenwärtigen, herausarbeiten, so läßt sich doch beobachten, daß Maximus den wichtigsten dieser Begriffe, vor allem σύμβολον, τύπος und εἰκών, sowohl eine negative wie eine positive Konnotation beilegen kann. Es wurde bereits darauf hingewiesen, daß der Bekenner in seinem Kommentar zum Verklä-rungsgeschehen das Adjektiv συμβολικός in einer negativen Zusam-menstellung mit αἴνιγμα verwendet.[197] Eigentlich fungiert der Begriff σύμβολον selbst bei dem Confessor vielerorts als das, was verhüllt und deswegen überschritten werden muß.[198] Ähnliches gilt für τύπος, der in durchaus negativen Zusammenstellungen begegnen kann,[199] sowie für αἴνιγμα und σχῆμα, welche so gut wie immer eine negative Färbung aufweisen.[200] Selbst den Begriff εἰκών, welchem R. Bornert eine intensivere Gegenwart des μυστήριον Christi – im Vergleich zu τύπος und σύμβολον – zuschreibt,[201] kann Maximus negativ werten.[202]

---

[195] Vgl. dazu den Abschnitt 2. 2. 2.

[196] Vgl. dazu die Abschnitte 3. 1. 1. u. 3. 1. 2.

[197] Vgl. den Abschnitt 3. 1. 1 (S. 135).

[198] Vgl. z. B. Max. Ep. 14, 540CD [634–640; vgl. P. Sherwood (1952) 40]: „ὕψιστος (sc. der Herr) δέ, ὡς τῆς ἀληθοῦς γνώσεως χορηγός, τοῖς πόθῳ σοφίας διὰ θεωρίας πρὸς τὴν γυμνὴν συμβόλων ἐπειγομένοις τῶν μυστηρίων κατάληψιν"; ferner Max. Thal. 47 (S. 315, Z. 56–59) [zitiert in Anm. 808].

[199] Vgl. Max. Th. pol. 20, 228B [ca. 640; vgl. P. Sherwood (1952) 41f.]: „ἵνα καὶ φύσιν ὑπερβῇς, καὶ τύπους ἅπαντας διαρρήψῃς"; ferner Max. Thal. 47 (S. 315, Z. 56–59) [zitiert in Anm. 179].

[200] Vgl. z. B. die maximinische Verklärungsdeutung im Abschnitt 3. 1. 1 (S. 135 u. 138); ferner Max. Th. ec. I, 70, 1109A: „καὶ τὰ ἔσοπτρα πάντα καὶ τὰ αἰνίγματα παρέρχονται". Im Unterschied zu σύμβολον und τύπος, die sinngemäß mehr oder weniger neutral sind, klingt der Begriff αἴνιγμα (Rätsel) von der Beudeutung her eher negativ.

[201] Vgl. Anm. 192.

[202] Vgl. den durchaus negativen Gebrauch des Verbes εἰκωνίζω – mit den Begriffen

Gleichwohl können dieselben Termini beim Bekenner auch in durchaus gutem Licht erscheinen, indem ihnen nun ein hohes Maß an Durchsichtigkeit im Hinblick auf die durch sie zu vermittelnde Wahrheit zugesprochen wird. So erfüllen die sinnlich wahrnehmbaren σύμβολα in der *Mystagogia* eine offenbarende Rolle insofern, als sie heute einen Vorgeschmack von den eschatologischen μυστήρια bieten.[203] Daß sich die Kirche zudem als εἰκών und τύπος Gottes zu erkennen gibt, da sie an seiner Energie teilhat,[204] läßt das enge Verhältnis zwischen dem Archetyp und seinem τύπος zum Vorschein kommen und legt dadurch nahe, daß der letztere den ersteren enthüllend widerspiegelt. Von daher begegnet hier im Blick auf den maximinischen Symbolbegriff im weitesten Sinne, d. h. hinsichtlich σύμβολον und dessen wichtigster Synonyme,[205] eine Dialektik von Verhüllen und Enthüllen, die jener, die sich bei der schriftlichen Fleischwerdung des Logos beobachten ließ, ähnlich ist. Mit anderen Worten beschränkt sich die schriftliche Verhüllung-Enthüllung-Dialektik des Logos beim Confessor nicht auf eine allgemeine Lehre schriftlicher Verleiblichung, sondern ihre Konsequenzen werden im einzelnen im

---

σχῆμα und αἴνιγμα – in der maximinischen Verklärungsauslegung [Abschnitt 3. 1. 1 (S. 138)]; ferner Max. Th. ec. II, 17, 1132D–1133A: „Ὁ δὲ γνωστικός, καὶ ἐν αὐτῇ τῇ ἀρετῇ λέγεται παροικεῖν· ὡς ἐν ἐσόπτροις ἔτι καὶ αἰνίγμασι θεωρῶν τὴν ἀλήθειαν. Οὔπω γὰρ αὐτῷ τὰ τῶν ἀγαθῶν αὐθυπόστατα εἴδη καθὼς εἰσιν ἐθεάσθησαν, διὰ τῆς πρόσωπον πρὸς πρόσωπον ἀπολαύσεως. Ἐν εἰκόνι γὰρ τῶν ἀγαθῶν, ὡς πρὸς τὸ μέλλον, πᾶς ἅγιος διαπορεύεται".

[203] Vgl. Max. Myst. 24 (S. 245, Z. 63–65; PG 91, 705A): „τῇ περιαιρέσει τῶν ἐν ἡμῖν τῆς φθορᾶς γνωρισμάτων καὶ τὰ παραδειχθέντα διὰ τῶν ἐνταῦθα αἰσθητῶν συμβόλων ἡμῖν ἀρχέτυπα χαριζομένου (sc. Jesus Christus) μυστήρια"; ibid. (S. 243, Z. 17–21; PG 91, 704A): „κἂν αὐτὸς (sc. der Mensch) μὴ αἰσθάνηται εἴπερ τῶν ἔτι κατὰ Χριστὸν νηπίων ἐστί, καὶ εἰς τὸ βάθος τῶν γινομένων ὁρᾶν ἀδυνατεῖ καὶ τὴν δηλουμένην δι᾽ ἑκάστου τῶν τελουμένων θείων συμβόλων τῆς σωτηρίας ἐν αὐτῷ χάριν ἐνεργοῦσαν". In diesem letzten Zitat ist der offenbarende Charakter der σύμβολα augenfällig. Daß der Mensch aber aufgrund seines spirituellen Zustands die durch die σύμβολα sich manifestierende Gnade nicht wahrnehmen kann, erinnert an den verhüllenden Aspekt eines σύμβολον. Demzufolge sind hier beide Züge anwesend. Darüber hinaus ist es zwar richtig, daß diese Stellen einem liturgischen (Mystagogia), und keinem bibelhermeneutischen Zusammenhang entstammen, ihre Verwendung als Beweismaterial ist aber durchaus legitim, da R. Bornert (1966) 83–124 u. (1967) 323–327 unter anderem die begriffliche Parallelität des schriftlichen und liturgischen Symbolismus des Maximus nachgewiesen hat. Indes spielt der liturgische Symbolismus beim Bekenner außerhalb der Mystagogia eine geringere Rolle und tritt vor dem schriftlichen und kosmologischen Symbolismus in den Hintergrund.

[204] Vgl. Max. Myst. 1 (S. 197, Z. 4–7; PG 91, 664CD): „Τὴν τοίνυν ἁγίαν ἐκκλησίαν ... τύπον καὶ εἰκόνα θεοῦ φέρειν ἔλεγεν ὁ μακάριος γέρων ἐκεῖνος, ὡς τὴν αὐτὴν αὐτῷ κατὰ μίμησιν καὶ τύπον ἐνέργειαν ἔχουσα".

[205] Wenn im folgenden vom Symbolbegriff die Rede ist, dann ist auch das gemeint.

Blick auf den Symbolbegriff gezogen, mit dessen Hilfe der Kirchenvater hermeneutisch der Oberfläche der Schrift Rechnung trägt. Diese zwei Aspekte des Symbolbegriffs, der verhüllende und der enthüllende, dürfen weder gegen einander ausgespielt werden, noch darf man den einen auf Kosten des anderen betonen.[206] Es gilt eher, um dem maximinischen Symbolbegriff gerecht zu werden, beide gleichzeitig im Blick zu behalten und hervorzuheben. Natürlich entzündet sich jetzt dieselbe Frage, die bei der allgemeinen Lehre von der schriftlichen Inkarnation gestellt wurde,[207] nämlich ob und inwiefern der enthüllende-verhüllende Aspekt des Symbolbegriffs vom Bekenner christologisch interpretiert und somit in der chalzedonensischen Zwei-Naturen-Lehre verankert wird. Im folgenden Abschnitt werde ich dieser Frage nachgehen.

3.1.3.2.3. Zur christologischen Verwurzelung des maximinischen Symbolbegriffs

Allein die Bemerkung des Confessors in seinem Kommentar zur Verklärungsgeschichte, daß sich der Glanz des *leiblichen* Antlitzes Christi auf dem Berg als σύμβολον für seine Gottheit erwies,[208] legt nahe, daß der maximinische Symbolbegriff – wenn darunter nicht nur das Bezeichnende, sondern auch das Bezeichnete verstanden wird – eine in der Zwei-Naturen-Lehre verwurzelte *Struktur* aufweist. In der Tat wird diese Beobachtung von einem kurzen, aber dichten Text im *Ambiguum ad Ioannem* 10 bestätigt:

Σκοπήσωμεν δὲ εἰ μὴ καλῶς ἑκάστῳ τῶν εἰρημένων τρόπων κατὰ τὴν θείαν ἐκείνην τοῦ Κυρίου μεταμόρφωσιν καὶ σοφῶς ἐνυπάρχει τὸ σύμβολον. Εἴδει[209] γὰρ αὐτὸν καθ᾽ ἡμᾶς ἀτρέπτως κτισθῆναι δι᾽ ἄμετρον φιλανθρωπίαν καταδεξάμενον ἑαυτοῦ γενέσθαι τύπον καὶ σύμβολον, καὶ παραδεῖξαι ἐξ ἑαυτοῦ συμβολικῶς ἑαυτόν, καὶ δι᾽ ἑαυτοῦ φαινομένου πρὸς ἑαυτὸν ἀφανῶς πάντη κρυπτόμενον χειραγωγῆσαι τὴν ἅπα-

Laßt uns also spähen, ob sich das Symbol etwa nicht tauglich (καλῶς) und weise in jeder der erwähnten Arten (sc. die apophatische und kataphatische Theologie) bei jener göttlichen Verklärung des Herrn befindet. Denn es war notwendig, daß er sich uns gemäß unverwandelt erschafft, aufgrund (seiner) unermeßlichen Menschenliebe akzeptierend, eine Figur (τύπος) und ein Symbol (σύμβολον)

---

[206] So scheint R. Bornert (1966) 113f. zu verfahren.
[207] Vgl. den Abschnitt 3. 1. 3.
[208] Vgl. den Abschnitt 3. 1. 1 (S. 134); ferner Max. Amb. Io. 10, 1160C.
[209] Die Übersetzung des Johannes Scotus Eriugena zeigt, daß Εἴδει durch Ἔδει korrigiert werden muß; vgl. Max. Amb. Io(lat.). 6 (S. 85; Z. 1201): „Oportebat enim . . . creari".

σαν κτίσιν καὶ τῆς ἀφανοῦς καὶ πάντων ἐπέκεινα κρυφιομύστου καὶ ὑπ'
οὐδενὸς τῶν ὄντων οὐδενὶ τὸ σύνολον
τρόπῳ νοηθῆναι ἢ λεχθῆναι δυναμένης
ἀπειρίας τὰς ἐκφανεῖς διὰ σαρκὸς
θεουργίας ἀνθρώποις παρέχειν φιλανθρώπως μηνύματα.[210]

für sich selbst zu werden. (Es war
notwendig), daß er sich selber aus
sich selber symbolisch zeigt, die ganze
Schöpfung durch sich selber als den
erscheinenden an der Hand zu sich
selber als dem unsichtbaren, durchaus sich verbergenden führt und
den Menschen die durch das Fleisch
sichtbar werdenden göttlichen Werke
seiner unsichtbaren, über alles hinausgehenden und mysteriösen Unendlichkeit, die von keinem der Seienden
auf gar keine Art begriffen oder ausgedrückt werden kann, aus Menschenliebe als Hinweise (μήνυμα) gewährt.

Innerhalb der vielen Reflexionen des *Ambiguum ad Ioannem* 10, zu
denen sich Maximus im Rahmen seiner Deutung des Verklärungsgeschehens veranlaßt fühlt, erscheint diese Stelle als eine der tiefsin-
nigsten und prägnantesten Synthesen des Confessors. Hier deklariert
Maximus, der Logos sei durch seine Menschwerdung, also durch seine
Aufnahme einer erschaffenen Natur, ohne sich dabei zu verwandeln
(ἀτρέπτως), ein Symbol (σύμβολον) und eine Figur (τύπος) für sich
selbst geworden, da nun die sichtbare menschliche Natur in ihm die
unsichtbare und unerkennbare Gottheit widerspiegelt, ohne sie freilich verfügbar zu machen, weil die göttliche Natur, auch wenn sie
erscheint, verborgen bleibt. Somit wird die Dialektik vom Sich-
Enthüllen und Sich-Verhüllen, die, wie bereits festgestellt wurde, bei
Pseudo-Dionys keimhaft vorhanden ist,[211] nochmals christologisch im
Sinne des Chalzedonense interpretiert. Überdies erhält hier auch die
maximinische Lehre von der Durchdringung des Menschlichen durch
das Göttliche einen starken Ausdruck, weil die Weise, wie die göttliche Natur für die Menschen wahrnehmbar wird, nichts anderes als
das Fleisch des Logos ist, das durch die Einigung zum Ort göttlicher Wirkungskräfte wird. Das Novum dieser Stelle besteht aber
darin, daß diese christologische Interpretation explizit in Verbindung
mit dem maximinischen Symbolbegriff gebracht wird, denn allein
die chalzedonensisch aufgefaßte und vom Kirchenvater – durch die

---

[210] Max. Amb. Io. 10, 1165D–1168A (Übersetzung von mir); ferner zu diesem
Text vgl. C. von Schönborn (1976, L'icône) 132–134; V. M. Zhivov (1987) 372.
[211] Vgl. Anm. 131.

Lehre von der gegenseitigen Durchdringung —[212] in ihrer Beschaffenheit präzisierte Einigung erklärt, *wie* der Herr zum σύμβολον für sich selbst wird, so daß der Betrachter von *ihm* ausgeht und zu *ihm* gelangt. Dadurch verschafft der Bekenner seinem Symbolbegriff eine feste christologische Grundlage, so daß man sagen kann, daß hierbei das Bezeichnende und das Bezeichnete wie die zwei Naturen des Herrn zusammengehören und sich gegenseitig durchdringen, ohne sich freilich aufeinander reduzieren zu lassen. Gilt also diesbezüglich eine wirkliche Einheit im Sinne der chalzedonensischen Adverbien „ungetrennt" (ἀδιαιρέτως) und „unzerteilt" (ἀχωρίστως), welche überhaupt gestattet, daß sich das Symbolisierte im Symbol gegenwärtig macht, so fallen doch diese letzteren, und hier wiederum gemäß den Adverbien „unverwandelt" (ἀτρέπτως) und „unvermischt" (ἀσυγχύτως), nicht zusammen, was zur Folge hat, daß der Betrachter dazu aufgerufen ist, nicht beim Symbol zu verharren, sondern durch es zum Symbolisierten überzugehen.[213]

Gibt es andere Texte des Bekenners, welche diese Interpretation bestätigen? Im folgenden sei die Aufmerksamkeit auf das zweite Kapitel der *Mystagogia* gelenkt, in welchem sich ebenfalls eine Stelle findet, die meiner Ansicht nach den ursprünglichen christologischen Charakter des maximinischen Symbolbegriffs aufweist. In diesem Kapitel geht der Kirchenvater darauf ein, inwiefern die Kirche ein Bild des Kosmos bildet, der aus sichtbaren und unsichtbaren Wesen besteht.[214] Daß Maximus hier das Wort „Wesen" (οὐσία) gebraucht, spricht dafür, daß er mit „sichtbar" und „unsichtbar" die sinnlich wahrnehmbaren und intelligiblen Geschöpfe meint. Dies belegt der weitere Verlauf des Kapitels, weil der Confessor einen Vergleich zwischen der Kirche und dem Kosmos, der durch den schöpferischen

---

[212] Vgl. dazu Kap. 2, Anm. 94 und die dort angegebene einschlägige Literatur.

[213] Auf diesen christologischen Charakter des maximinischen Symbolbegriffs hat A. Riou (1973) 107–115 mit Recht aufmerksam gemacht. Trotzdem hat man den Eindruck, daß er die Wichtigkeit der realen gegenseitigen Durchdringung der Naturen in der Hypostase Christi im allgemeinen und für den Symbolbegriff im besonderen zu minimieren versucht; vgl. ibid. 108: „En elles-mêmes l'hypostase et la périchorèse ne *sont* rien. Elles manifestent ... dans la personne du Christ, la non-synthèse des deux natures en autre chose que la tension antinomique de l'hypostase". Diese Neigung, das *physische* Moment der Durchdringung in den Hintergrund zu rücken oder gar zu bestreiten, kulminiert bei J.-M. Garrigues; vgl. Kap. 2, Anm. 96.

[214] Vgl. Max. Myst. 2 (S. 201, Z. 2–4; PG 91, 668C).

Akt Gottes[215] ins Dasein gerufen wurde, zieht. Wenn Maximus aber nachher die Zusammengehörigkeit beider Teile des Kosmos, d. h. seine Einheit trotz der in ihm anzutreffenden Vielfalt, betonen will, sind interessanterweise die Pole seines Vergleichs nicht mehr zwei geschaffene Sphären, eine sichtbare und eine unsichtbare, sondern die sichtbare Welt zum einen und die intelligible Welt der λόγοι zum anderen. Mir geht es hier nicht darum, diese Verschiebung im maximinischen Gedankengang zu erklären. Zweifellos darf man dem Bekenner nicht zuschreiben, er verwechsele jene Welt der himmlischen Mächte mit der der intelligiblen λόγοι, die bei ihm, wie im ersten Kapitel dieser Arbeit festgestellt wurde,[216] für das schöpferische Wollen Gottes stehen.[217] Jedenfalls aber kann unter κόσμος νοητός beides verstanden werden, wie dieses Kapitel aus der *Mystagogia* belegt. Von größerer Relevanz ist es, daß der Confessor, indem er im zweiten Moment seines Vergleichs die intelligible Welt mit der der λόγοι identifiziert, den christologischen Charakter des Symbolbegriffs, welchen er, wenn auch implizit, voraussetzt, verrät. Nun ist die fragliche Stelle näher zu betrachten:

Πάλιν εἷς ἐστι κόσμος τοῖς ἑαυτοῦ μὴ συνδιαιρούμενος μέρεσι, τοὐναντίον δὲ καὶ αὐτῶν τῶν μερῶν τὴν ἐξ ἰδιότητος φυσικῆς διαφορὰν τῇ πρὸς τὸ ἓν ἑαυτοῦ καὶ ἀδιαίρετον ἀναφορᾷ περιγράφων, καὶ ταὐτὸν ἑαυτῷ τε καὶ ἀλλήλοις ἀσυγχύτως ἐναλλὰξ ὄντας καὶ θατέρῳ θάτερον ὅλον ὅλῳ δεικνὺς ἐμβεβηκότα καὶ ἄμφω ὅλον αὐτὸν ὡς μέρη ἕνα συμπληροῦντας καὶ κατ᾽ αὐτὸν ὡς ὅλον μέρη ἑνοειδῶς τε καὶ ὁλικῶς συμπληρουμένους. Ὅλος γὰρ ὁ νοητὸς κόσμος ὅλῳ τῷ αἰσθητῷ μυστικῶς τοῖς συμβολικοῖς εἴδεσι τυπούμενος φαίνεται τοῖς ὁρᾶν δυναμένοις	Wiederum ist dieses Weltall eins und wird nicht von seinen Teilen mitzerteilt; vielmehr umgrenzt es durch eben das Emporbeziehen auf sein eigenes Eins- und Ungeteiltsein den Unterschied der Teile, der durch naturhafte Besonderung verursacht ist. Es erweist so, daß die Teile mit ihm und miteinander auf unvermischte Weise gegenseitig dasselbe sind, daß jedes Ganze jedem Ganzen innewohnt und daß beide das Eine Ganze selbst als Teile erfüllen und von ihm als Ganzem einsförmig und ganzheitlich erfüllt werden. Denn die

---

[215] Vgl. ibid. 2 (S. 202, Z. 24f.; PG 91, 669A): „ὁ ἐκ θεοῦ κατὰ γένεσιν παρηγμένος σύμπας τῶν ὄντων κόσμος".

[216] Vgl. den Abschnitt 1. 2. 2. 1 (S. 58–63).

[217] In Max. Amb. Io. 7, 1080A bekräftigt der Bekenner, daß jedes der Wesen (οὐσία), welche die höhere Welt erfüllen, seinen eigenen λόγος besitzt; vgl. auch Th. ec. II, 10, 1129A, wo Maximus von den λόγοι der sinnlich Wahrnehmbaren (αἰσθητά) und der Intelligiblen (νοητά) redet.

καὶ ὅλος ὅλῳ τῷ νοητῷ ὁ αἰσθητὸς γνωστικῶς κατὰ νοῦν τοῖς λόγοις ἁπλούμενος ἔνεστιν. Ἐν ἐκείνῳ γὰρ οὗτος τοῖς λόγοις ἐστὶ κἀκεῖνος ἐν τούτῳ τοῖς τύποις.[218]

ganze intelligible Welt erscheint geheimnisvoll in der ganzen sinnlich wahrnehmbaren Welt, durch die symbolischen Formen eingeprägt (τυπούμενος) für diejenigen, die sehen können; und die ganze sinnlich wahrnehmbare Welt, durch die λόγοι vereinfacht, wohnt der ganzen intelligiblen erkenntnishaft nach dem Intellekt ein. Jener nämlich wohnt diese durch die λόγοι ein, dieser aber jene den Figuren (τύπος) nach.

Dem kosmologisch-ontologischen Inhalt dieses gesamten Passus zum Trotz springt auf den ersten Blick dessen sprachlich christologische Färbung ins Auge. Eigentlich greift Maximus hier auf Begriffe zurück, die bei ihm zur christologischen Sprachpalette schlechthin gehören. Dies gilt nicht nur für Begriffe mit Alphaprivativen wie ἀδιαίρετος (ungetrennt) und ἀσυγχύτως (unvermischt), die in der nachchalzedonensischen Zeit ohnehin zur klassischen christologischen Terminologie gehörten, sondern auch für Kombinationen bzw. Termini wie φυσικὴ ἰδιότης (naturhafte Besonderung), διαίρεσις (Trennung) [vgl. συνδιαιρούμενος] und διαφορά (Unterschied), die bei Maximus oft in christologischen Zusammenhängen vorkommen.[219] Bei genauerem Hinsehen

---

[218] Max. Myst. 2 (S. 202f., Z. 33–45; PG 91, 669BC) [Übersetzung von H. U. von Balthasar (³1988) 373f. bis auf etliche Modifikationen].

[219] Vgl. Max. Ep. 12, 493C [November–Dezember 641; vgl. P. Sherwood (1952) 45]: „Ἀλλ᾽ εἰδότες καὶ ἐν τῇ καθ᾽ ὑπόστασιν ἑνώσει τὴν φυσικὴν ἰδιότητα ἄτρεπτον, καὶ τὴν σύγχυσιν ὁμοίως καὶ τὴν διαίρεσιν ἀποστρεφόμεθα· μήτε τὴν ἕνωσιν σύγχυσιν, ὡς ἀγνοοῦντες τὰ ἑνωθέντα· μήτε διαίρεσιν τὴν διαφοράν, ὡς καθ᾽ αὑτὰ ὑφεστάναι μεμερισμένως εἰδότες τὰ διαφέροντα, ἐργαζόμενοι" (Hervorhebung von mir). Für φυσικὴ ἰδιότης vgl. ferner Max. Ep. 12, 469D; 472C; 480C; 484A; 501A; Max. Ep. 17, 581B [um 633; vgl. P. Sherwood (1952) 36]; Max. Thal. 62 (S. 117, Z. 49); Max. Th. pol. 20, 229D u. 232A [ca. 640; vgl. P. Sherwood (1952) 41f.]; Max. Th. pol. 16, 209B [nach 643?; vgl. P. Sherwood (1952) 51]; für διαίρεσις und διαφορά vgl. z. B. Max. Amb. Th. 5, 1056C; Max. Ep. 14, 536CD [634–640; vgl. P. Sherwood (1952) 40]; Max. Ep. 12, 469A [November-Dezember 641; vgl. P. Sherwood (1952) 45]; Max. Th. pol. 3, 56CD [645–646; vgl. P. Sherwood (1952) 34]. Auch andere im obigen Passus verwendete Begriffe sind der Christologie nicht fremd. Dies gilt z. B. für den Begriff μέρος (Teil), der bei Maximus vielerorts die zwei Naturen Christi bezeichnet; vgl. z. B. Max. Ep. 15, 557C; 561A; 565D; 572CD; 573A [634–640; vgl. P. Sherwood (1952) 40]; Max. Th. pol. 16, 204A [nach 643?; vgl. P. Sherwood (1952) 51]; Max. Pyr. 321AB; Max. Th. pol. 9, 120A [646–648; vgl. P. Sherwood (1952) 55]. Auch das Verb συμπληρόω (erfüllen), das oben dem Rechnung trägt, daß die zwei Teile des Kosmos diesen letzteren erfüllen, wird vom Bekenner für die zwei Naturen benutzt, welche die eine Hypostase Christi erfüllen;

läßt sich aber ausmachen, daß es sich um *mehr* als rein sprachliche Überschneidungen handelt, weil auch die Art und Weise, wie der Kirchenvater die Beziehung zwischen der sinnlich wahrnehmbaren und intelligiblen λόγοι-Welt bestimmt, einem aus der Christologie herrührenden Grundaxiom folgt. Eigentlich verteidigte Maximus in seinen Auseinandersetzungen mit den Monophysiten unermüdlich die Auffassung, daß die menschliche Natur Christi nach der Menschwerdung erhalten bleibt[220] und daß somit die zwei Naturen in ihrer Verschiedenheit in Christus bestehen und daher auch gezählt werden können.[221] Auf der anderen Seite jedoch mußte er immer wieder beteuern, daß diese Verschiedenheit der Naturen keineswegs eine Trennung bzw. Zerteilung in der Person Christi verursachen kann.[222] Dieses an Chalzedon anknüpfende Grundaxiom zieht sich wie ein roter Faden durch die gegen die Monophysiten gerichteten Schriften des Confessors.[223] Nun aber greift der Bekenner im oben zitierten Passus den zweiten Teil dieses christologischen Prinzips auf und macht ihn in einem kosmologischen Kontext geltend, indem er der

---

vgl. z. B. Max. Ep. 15, 552D u. 561B [634–640; vgl. P. Sherwood (1952) 40]. Zu ἐνοειδῶς (einsförmig) in einem christologischen Kontext vgl. Max. Amb. Th. 4, 1044D; ibid. 5, 1052C; Max. Th. pol. 8, 108C [ca. 640; vgl. P. Sherwood (1952) 43f.]; ibid. 16, 192A [nach 643?; vgl. P. Sherwood (1952) 51].

[220] Vgl. Max. Ep. 13, 512D [633–634; vgl. P. Sherwood (1952) 39]: „παντελῶς ἀρνεῖται τὴν σάρκωσιν, ὁ μετὰ τὴν ἕνωσιν μὴ λέγων εἶναι, σώζεσθαί τε καὶ λέγεσθαι τῆς σαρκὸς τὴν φύσιν, ἀσυγχύτως τε καὶ ἀδιαιρέτως ἡνωμένην τῷ Θεῷ Λόγῳ καθ᾽ ὑπόστασιν".

[221] Vgl. Max. Ep. 13, 521A [633–634; vgl. P. Sherwood (1952) 39]: „Καὶ τὸ μὲν δύο ἐπὶ Χριστοῦ κατὰ τὸν τῆς φυσικῆς ἑτερότητος λόγον, ἤγουν διαφορᾶς τῶν ἐξ ὧν ἐστι φύσεων σωζομένων καὶ μετὰ τὴν ἕνωσιν, ὡς ἐν ὅλῳ μερῶν, εὐσεβῶς ὁμολογήσωμεν"; vgl. auch Max. Ep. 15, 561C [634–640; vgl. P. Sherwood (1952) 40] (zitiert in Anm. 222).

[222] Vgl. Max. Ep. 13, 521AB [633–634; vgl. P. Sherwood (1952) 39]: „ὁμολογήσωμεν ... τὸ δὲ ἓν κατὰ τὸν τῆς ὑποστατικῆς ταυτότητος λόγον, καθ᾽ ὃν οὐδεμίαν τὸ σύνολον πρὸς ἑαυτὸν ὁ Χριστὸς ὡς ὅλον τὴν ἐκ διαφορᾶς διάκρισιν, ἤγουν μερισμὸν ἐπιδέχεται"; Max. Ep. 15, 561C [634–640; vgl. P. Sherwood (1952) 40]: „Οὐκοῦν εἴπερ διαφορὰν ἐπὶ Χριστοῦ μετὰ τὴν ἕνωσιν λέγομεν, πάσῃ δὲ πάντως ἐξ ἀνάγκης διαφορᾷ συνεισάγεσθαι πέφυκε ποσόν, οὗ δηλωτικὸν τὸν ἀριθμὸν εἶναι γνωρίζομεν, εἰκότως πρὸς δήλωσιν μόνην τῆς τῶν διαφερόντων διαφορᾶς μετὰ τὴν ἕνωσιν τὸν ἀριθμὸν παραλαμβάνοντες, οὐ διαιροῦμεν τῷ ἀριθμῷ τὰ σημαινόμενα παντελῶς"; Max. Ep. 14, 536B [634–640; vgl. P. Sherwood (1952) 40]: „Ἡ γὰρ καθ᾽ ὑπόστασιν ἕνωσις, πρὸς τὴν διαίρεσιν ἔχουσα τὴν ἀντιδιαστολήν, ἀλλ᾽ οὐ πρὸς τὴν φυσικὴν τῶν κατ᾽ αὐτὴν ἡνωμένων διαφοράν, τῆς μὲν ποιεῖται τελείαν ἀναίρεσιν, τῆς δὲ παγίαν ἐργάζεται τήρησιν"; ferner Max. Ep. 15, 565A [634–640; vgl. P. Sherwood (1952) 40; Max. Ep. 16, 577BC [642; vgl. P. Sherwood 49]; Max. Thal. 62 (S. 119, Z. 76–84).

[223] Vgl. vor allem Max. Ep. 12–19, 460A–597B.

naturhaften Verschiedenheit (ἡ ἐξ ἰδιότητος φυσικῆς διαφορά) der kosmologischen Elemente die Fähigkeit abspricht, die Zerteilung (συνδιαίρεσις) des Kosmos zu bewirken. Mit anderen Worten möchte Maximus hier betonen, daß die Verschiedenheit der Bestandteile des Kosmos keine Zerteilung des letzteren und keine Beeinträchtigung seiner Einheit bedeutet, genauso wie in der Christologie die Verschiedenheit der Naturen die Einheit der Hypostase des Herrn nicht gefährdet.

Die Bedeutsamkeit dieser christologischen Deutung kosmologischer Relationen gelangt zu ihrem Höhepunkt aber erst im zweiten Teil der aus der *Mystagogia* zitierten Stelle, da hier klar wird, daß es Maximus nicht darum geht, einer weltimmanenten Ordnung gerecht zu werden, sondern vielmehr das Verhältnis zwischen dem sichtbaren Kosmos einerseits und jener λόγοι-Welt der göttlichen Intentionalität andererseits zu beschreiben. Bei diesem sichtbaren Kosmos handelt es sich um symbolische Gestalten (συμβολικὸν εἶδος) und Figuren (τύπος), durch welche die in ihnen eingeprägten λόγοι den Erleuchteten zugänglich werden. Daraus läßt sich schließen, daß im maximinischen Denken die dialektische Beziehung zwischen einem Symbol und seinem korrelativen λόγος nach dem Modell jenes Verhältnisses zwischen den zwei Naturen Christi verstanden wird, das in Chalzedon mit negativen Adverbien beschrieben wurde. Wiederum gilt es also, daß es zwischen dem Symbol und dem Symbolisierten – in diesem Fall dem λόγος – eine ungetrennte, aber unvermischte Einheit gibt.[224] Handelt es sich dabei um ein Ergebnis, das aus der Analyse eines *kosmologischen* Textes des Confessors hervorging, so ist angesichts der fast symmetrischen Parallelität zwischen Kosmos und Heiliger Schrift, die sich bisher bei Maximus auf mehreren Ebenen feststellen ließ,[225]

---

[224] In dieser Hinsicht ist darauf hinzuweisen, daß der Bekenner meines Wissens nirgendwo die gegenseitige Durchdringung zwischen dem Symbol und dem Symbolisierten bzw. dem λόγος mit dem christologischen Terminus περιχώρησις (Durchdringung) beschreibt. Dieselbe Idee wird aber im obigen Passus mit dem Verb ἐμβαίνω (innewohnen) und dem Adverb ἐναλλάξ (gegenseitig) ausgedrückt, welches dem Begriff ἐπαλλαγή (Austausch/wechselseitige Beziehung), der bei Maximus mehrmals in einem christologischen Kontext begegnet, verwandt ist; vgl. Max. Pyr. 296D: „Τῷ τῆς ἀντιδόσεως τρόπῳ τοῦτο ἁγίοις εἴρηται Πατράσι. Πρόδηλον δὲ ὡς ἡ ἀντίδοσις ἑνὸς οὐκ ἔστιν ἀλλὰ δύο καὶ ἀνίσων, κατ' ἐπαλλαγὴν τῶν φυσικῶς ἑκατέρῳ μέρει τοῦ Χριστοῦ προσόντων κατὰ τὴν ἄρρητον (sic) ἕνωσιν θατέρων πεποιημένων χωρὶς τῆς θατέρου μέρους πρὸς τὸ ἕτερον κατὰ τὸν φυσικὸν λόγον μεταβολῆς καὶ συμφύρσεως"; ferner Max. Amb. Th. 4, 1044D; ibid. 5, 1057D; Max. Th. pol. 20, 240A [ca. 640; vgl. P. Sherwood (1952) 41f.].

[225] Vgl. vor allem den Abschnitt 3. 1. 1 (S. 131–143); ferner die Abschnitte 3. 1. 3. 1 (S. 160f.) u. 3. 1. 3. 2. 1 (S. 176f.).

ein entsprechendes Verhältnis zwischen einem schriftlichen Symbol und dem von ihm Bezeichneten anzunehmen.

Gemäß den obigen Analysen stellt sich heraus, daß für Maximus Confessor die geschichtliche Fleischwerdung des Logos ein Modell für die Verleiblichung des letzteren in der Schrift bildet und zwar nicht nur im Blick auf eine allgemeine Lehre, die vor allem durch die Dialektik vom Sich-Enthüllen und Sich-Verhüllen illustriert wird, sondern auch im Blick auf das einzelne Symbol (σύμβολον, τύπος, usw.), welches das μυστήριον des Logos verschiedenartig in der Schrift konkret macht. Infolgedessen verhält sich das Symbol zum Symbolisierten bzw. zum λόγος wie die menschliche Natur zur göttlichen in Christus, indem beide eine Einheit bilden und sich gegenseitig durchdringen, ohne daß ihre *naturhafte* Verschiedenheit angetastet oder nivelliert wird. Insofern wird der schriftliche Symbolbegriff von Maximus im Sinne der Zwei-Naturen-Lehre Chalzedons und der eigenen Lehre von der περιχώρησις[226] interpretiert. Dies wird zwar vom Kirchenvater nirgendwo so explizit behauptet, es gibt aber bei ihm, wie es sich oben herauskristallisiert hat, genug Beweismaterial, das zeigt, daß es sich dabei um eine *feste* Struktur seines Denkens handelt.

3.1.4. *Zu weiteren maximinischen bibelhermeneutischen Modellen*

In den vorangehenden Abschnitten dieses Kapitels wurde der Frage nach der Christologie als theologischer Grundlage bibelhermeneutischer Reflexion bei Maximus Confessor und dem daraus resultierenden hermeneutischen Modell nachgegangen. Nun ist es Zeit, die am Anfang dieses Kapitels gestellte Frage nach der Existenz anderer Modelle der Bibelhermeneutik beim Bekenner und deren Verhältnis zum christologischen Modell zu behandeln. Eigentlich hat der maximinische Kommentar des Verklärungsereignisses schon gezeigt, daß der Kirchenvater die Heilige Schrift mit einem Kosmos vergleicht. Darüber hinaus zieht der Confessor in der *Quaestio ad Thalassium* 32 eine Parallele zwischen Schrift, Schöpfung und Mensch, indem er allen drei eine ähnliche symbolische Struktur zuerkennt.[227] Daher

---

[226] Vgl. dazu. Kap. 2, Anm. 94.
[227] Vgl. Max. Thal. 32 (S. 225, Z. 17–26): „Ἐπειδὴ τοίνυν ἴδιον τοῦ ψηλαφῶντος ἡ διάκρισίς ἐστιν, ὁ τὰ νομικὰ σύμβολα γνωστικῶς ἐπερχόμενος καὶ τὴν φαινομένην τῶν ὄντων φύσιν ἐπιστημονικῶς θεώμενος, διακρίνων τὴν γραφὴν καὶ τὴν κτίσιν καὶ ἑαυτόν, τὴν μὲν γραφὴν εἰς γράμμα καὶ πνεῦμα, τὴν δὲ κτίσιν εἰς λόγον καὶ ἐπιφάνειαν, ἑαυτὸν δὲ εἰς νοῦν καὶ αἴσθησιν, καὶ τῆς μὲν γραφῆς τὸ πνεῦμα,

liegt es nahe, daß Maximus zwei weitere bibelhermeneutische Modelle,
ein kosmologisches und ein anthropologisches, benutzt, was tatsächlich von anderen Texten, welche aus seiner Feder flossen, bestätigt
wird. Gerade das anthropologische Modell wird in der Mystagogia
ausführlich dargelegt. Im folgenden seien diese zwei Modelle näher
untersucht.

3.1.4.1. *Der Mensch als theologisches Modell bibelhermeneutischer Reflexion*
In dem sechsten Kapitel seiner *Mystagogia* scheint Maximus, nachdem er die Kirche als Bild für Gott, den Kosmos, den Menschen
und die menschliche Seele ausgelegt hat, seinen Symbolismus auf die
Heilige Schrift ausdehnen zu wollen. So zieht er als nächstes eine
Parallele zwischen Bibel und Mensch, zu der er dadurch inspiriert
gewesen sein kann, daß er soeben Kirche und Mensch miteinander
verglichen hatte. Dieses Kapitel sei hier in seiner Gesamtheit zitiert:

Ὥσπερ δὲ τῇ κατὰ ἀναγωγὴν²²⁸ θεωρίᾳ
τὴν ἐκκλησίαν ἔλεγεν ἄνθρωπον εἶναι
πνευματικὸν μυστικὴν δὲ ἐκκλησίαν
τὸν ἄνθρωπον, οὕτω δὴ καὶ τὴν ἁγίαν
πᾶσαν κατὰ συναίρεσιν Γραφὴν ἄνθρωπον ἔφασκεν εἶναι, τὴν μὲν Παλαιὰν Διαθήκην ἔχουσαν σῶμα, ψυχὴν
δὲ καὶ πνεῦμα καὶ νοῦν τὴν Καινήν.
Καὶ πάλιν, ὅλης τῆς ἁγίας Γραφῆς,
Παλαιᾶς τέ φημι καὶ Νέας, τὸ καθ᾽
ἱστορίαν γράμμα σῶμα, τὸν δὲ νοῦν
τῶν γεγραμμένων καὶ τὸν σκοπόν, πρὸς
ὃν ὁ νοῦς ἀποτέτακται, ψυχήν. Ὅπερ
ἀκούσας ἔγωγε, μάλιστα τῆς εἰκασίας
ἠγάσθην τὸ ἀκριβὲς καὶ τὸν κατ᾽ ἀξίαν
ἑκάστῳ διανέμοντα χαρίσματα δεόντως
ἀνύμνυσα κατὰ δύναμιν. Ὡς γὰρ θνη-
τὸς ὁ καθ᾽ ἡμᾶς ἄνθρωπος κατὰ τὸ

Wie er (sc. der Ältere, dem Maximus
seine Lehre in der Mystagogia entnimmt) aber gemäß der durch Emporhebung [ἀναγωγή] (operierende)
Betrachtung (θεωρία) die Kirche als
einen geistlichen Menschen bezeichnete, den Menschen hingegen als eine
mystische Kirche, so nannte er auch
die in ihrer Ganzheit genommene
Heilige Schrift einen Menschen: Sie
habe das Alte Testament zu ihrem
Leib, zu Seele, Geist und Intellekt
das Neue (vgl. 1 Thess 5, 23). Und
wiederum sei der erzählende Buchstabe der gesamten Heiligen Schrift,
der Alten wie der Neuen, Leib; der
(tiefere) Sinn (νοῦς) und das Ziel
der aufgezeichneten Dinge, worauf

τῆς δὲ κτίσεως τὸν λόγον, ἑαυτοῦ δὲ τὸν νοῦν λαβὼν καὶ ἀλλήλοις ἀλύτως ἑνώσας,
εὗρε θεόν, ὡς ἐπιγνούς, καθὼς δεῖ καὶ δυνατόν ἐστιν, τὸν θεὸν τὸν ἐν νῷ καὶ
λόγῳ καὶ πνεύματι". Diese Stelle veranschaulicht, wie funktional Maximus mit seiner Begrifflichkeit umgeht. Da es hier sein Hauptanliegen ist, daß man durch eine
angemessene Betrachtung von Schrift, Schöpfung und sich selbst zu Gott gelangen
kann, verwendet er, um das Symbolisierte zu bezeichnen, die Begriffe νοῦς, λόγος
und πνεῦμα, die jeweils dem Vater, dem Sohn und dem Heiligen Geist entsprechen. Zum ersten Teil dieser Quaestio vgl. den Abschnitt 3. 1. 1 (131–134).
²²⁸ Zu ἀναγωγή bei Maximus vgl. den Abschnitt 3. 2. 3. 1 (S. 225–231).

φαινόμενον, κατὰ δὲ τὸ μὴ φαινόμενον ἀθάνατος, οὕτω καὶ ἡ ἁγία Γραφή,
τὸ μὲν φαινόμενον γράμμα παρερχό-
μενον ἔχουσα, τὸ δὲ κρυπτόμενον τῷ
γράμματι πνεῦμα μηδέποτε τοῦ εἶναι
παυόμενον, ἀληθῆ τὸν λόγον τῆς
θεωρίας συνίστησι. Καὶ ὥσπερ οὗτος
ὁ καθ᾽ ἡμᾶς ἄνθρωπος φιλοσοφίᾳ
κρατῶν τῆς ἐμπαθοῦς ὀρέξεώς τε καὶ
ὁρμῆς μαραίνει τὴν σάρκα, οὕτω καὶ
ἡ ἁγία Γραφὴ νοουμένη πνευματικῶς
τὸ γράμμα ἑαυτῆς περιτέμνει. Φησὶ
γὰρ ὁ μέγας ἀπόστολος, ὅσον ,ὁ ἔξω
ἡμῶν ἄνθρωπος διαφθείρεται‘, τοσοῦτον ,ὁ ἔσω ἀνακαινοῦται ἡμέρᾳ καὶ
ἡμέρᾳ‘. Τοῦτο νοείσθω καὶ λεγέσθω
καὶ ἐπὶ τῆς ἁγίας Γραφῆς ἀνθρώπου
τροπικῶς νοουμένης. Ὅσον γὰρ αὐτῆς
τὸ γράμμα ὑποχωρεῖ, τοσοῦτον τὸ
πνεῦμα πλεονεκτεῖ· καὶ ὅσον αἱ σκιαὶ
τῆς προσκαίρου λατρείας παρατρέ-
χουσι, τοσοῦτον ἡ ἀλήθεια τῆς πίστεως
ἡ παμφαής τε καὶ ὁλολαμπὴς καὶ
ἄσκιος ἐπεισέρχεται, καθ᾽ ἣν καὶ δι᾽
ἣν προηγουμένως καὶ ἔστι καὶ γέγραπται καὶ Γραφὴ λέγεται, τῷ νῷ διὰ
χάριτος πνευματικῆς ἐγχαραττομένη·
ὥσπερ καὶ ὁ καθ᾽ ἡμᾶς ἄνθρωπος διὰ
τὴν ψυχὴν τὴν λογικήν τε καὶ νοερὰν
προηγουμένως ἄνθρωπος μάλιστα καὶ
ἔστι καὶ λέγεται καθ᾽ ἣν καὶ δι᾽ ἣν
εἰκών τε καὶ ὁμοίωσις, ἐστι θεοῦ τοῦ
ποιήσαντος αὐτὸν καὶ τῶν λοιπῶν
ζώων φυσικῶς ἀποδιώρισται μηδεμίαν
πρὸς αὐτὰ σχετικῆς δυνάμεως τὴν
οἱανοῦν ἔμφασιν ἔχων.[229]

der Intellekt hingelenkt wird, Seele.
Als ich dies hörte, bewunderte ich
gar sehr die Trefflichkeit des Gleich-
nisses und pries nach Vermögen den,
der jedem nach Maß der Würdigkeit
die Gnadengaben verteilt. Denn wie
der Mensch, der wir sind, in seiner
Erscheinung sterblich ist, in seinem
Nichterscheinenden aber unsterblich
(vgl. 1 Kor 15, 53), so besitzt auch
die Heilige Schrift einen erscheinenden Buchstaben, der vorübergeht,
und einen im Buchstaben verborgenen Geist, der niemals zu sein aufhört (vgl. 2 Kor 3, 6); und so erweist
sie die Wahrheit solcher Betrachtung
(θεωρία). Und wie dieser Mensch, der
wir sind, durch tätige Lebensweisheit
(φιλοσοφία) die sinnlichen Regungen
und Triebe in Zucht nimmt und das
Fleisch zum Schwinden bringt, so
beschneidet auch die Heilige Schrift,
wenn sie geistlich verstanden wird,
ihren eigenen Buchstaben (vgl. Röm
8, 1–11; Gal 5, 13–26). Denn es sagt
der göttliche Apostel: Im Maße, wie
,unser äußerer Mensch verdirbt, wird
der innere erneuert von Tag zu Tag‘
(vgl. 2 Kor 4, 16). Dies muß denn
auch von der Heiligen Schrift gedacht
und gesagt werden, sofern sie übertra-
generweise als ein Mensch begriffen
wird. Im selben Maße nämlich, wie
ihr Buchstabe wegschwindet, nimmt
der Geist überhand (vgl. 2 Kor 3, 6),
und im selben Maße, wie die Schatten
des zeitlich bedingten Gottesdienstes
vorübereilen (vgl. Hebr 8, 5 u. 10,
1; 2 Kor 4, 18; Kol 2, 17), gewinnt
die Wahrheit des Glaubens, die all-
leuchtende, ganz helle und schatten-
lose, an Raum. Nach ihr und durch

---

[229] Max. Myst. 6 (S. 217f., Z. 4–36; PG 91, 684A–D) [Übersetzung von H. U.
vom Balthasar (³1988) 383f. bis auf einige Modifikationen].

sie vor allem hat ja die Schrift Bestand, wurde niedergeschrieben und
trägt ihren Namen und wird durch
geistliche Gnade dem Intellekt einge-
graben, ebenso wie der Mensch, der
wir sind, durch die rationale und
intelligible Seele vornehmlich und in
eigentlichem Sinne Mensch ist und
Mensch heißt, nach der und durch die
er Bild und Ähnlichkeit Gottes ist,
der ihn schuf (vgl. Gen 1, 27 LXX),
und naturhaft sich von den übrigen
Lebewesen abscheidet, indem er keinerlei Erscheinung eines Vermögens
zeigt, das ihn in Beziehung zu ihnen
setzen würde.

Das anthropologische Modell der Heiligen Schrift hat Maximus nicht
erfunden. Wie ich schon erwähnt habe, reicht die für die Schrift
verwendete Leib-Metaphorik mindestens bis Philo zurück,[230] während
der Vergleich der Bibel mit einem Menschen origenischer Herkunft
ist.[231] Daß der Confessor hier im Unterschied zu Origenes, der in
De Principis IV in Anlehnung an Thes 5, 23 von einem trichotomi-
schen anthropologischen Modell ausgeht, eine dichotomische Struktur
des menschlichen Kompositums vorzieht, stellt ja an sich keine
Innovation dar, weil die Zweiteilung der Schrift im Rahmen der
Metaphorik des Leibes auch schon seit Philo ein Gemeinplatz war.[232]
Auch die Art und Weise, wie der Bekenner hier dieses Modell anwendet, nämlich im Sinne der Zweiteilung von Altem und Neuem
Testament[233] bzw. der Zweiteilung der gesamten Schrift in wörtlichen und tieferen Sinn, bleibt der Tradition stark verpflichtet.[234]

---

[230] Vgl. Anm. 26.

[231] Vgl. Anm. 60.

[232] Vgl. Anm. 26.

[233] Vgl. den obigen Text aus dem sechsten Kapitel der Mystagogia. Mit dieser
Zweiteilung in Altes und Neues Testament kann Maximus seiner funktionalen
Denkweise gemäß verschiedenes assoziieren, z. B. ἀρετή und γνῶσις im Blick auf
den mystischen Aufstieg oder σῶμα und νοῦς im Blick auf das menschliche Kompositum; vgl. dazu Max. Thal. 63 (S. 165, Z. 299–326).

[234] Vgl. ibid.; 1 Kor 10, 11; Hebr 10, 1; ferner Max. Th. ec. I, 91, 1120D–1121A:
„Τὴν ἁγίαν ὅλην Γραφήν, σαρκὶ διαιρεῖσθαι λέγομεν καὶ πνεύματι· καθάπερ τινὰ
πνευματικὸν ἄνθρωπον οὖσαν. Ὁ γὰρ τὸ ῥητὸν τῆς Γραφῆς εἰπὼν εἶναι σάρκα·
τὸν δὲ ταύτης νοῦν, πνεῦμα, ἤγουν ψυχήν, τῆς ἀληθείας οὐκ ἁμαρτήσεται"; vgl.
ferner Max. Thal. 63 (S. 171, Z. 397–400); Max. Thal. 65 (S. 265, Z. 238f. u. S.

Jedenfalls erklärt dieses anthropologische Modell, warum der Bekenner an zahlreichen Stellen den tieferen Sinn eines Textes als πνεῦμα bzw. νοῦς bezeichnet oder mit einem dem Begriff νοῦς verwandten Terminus wie διάνοια oder ἔννοια beschreibt.[235]

Viel relevanter ist die Frage, wie sich dieses von Maximus dem bibelhermeneutischen Erbe seiner Vorgänger entliehene anthropologische Modell zu seinem bereits bearbeiteten christologischen Schriftmodell verhält. Eigentlich vergleicht der Bekenner in Anlehnung an Leontius von Byzanz (1. Hälfte des sechsten Jahrhunderts) die Einheit von menschlicher und göttlicher Natur in Christus mit der Einheit von Leib und Seele im Menschen.[236] Außerdem dient das Beispiel von Leib und Seele bei Maximus dazu, die Durchdringung des Menschlichen durch das Göttliche beim vergöttlichten Menschen, die ja auf der gegenseitigen Durchdringung der letzteren in der Hypostase Christi basiert, zu veranschaulichen.[237] So stellt sich die Frage, ob der

---

273, Z. 351–354). Im Unterschied zu Origenes identifiziert Maximus in bibelhermeneutischer Hinsicht πνεῦμα (Geist) und ψυχή (Seele). Auch wenn der Bekenner gelegentlich von einer *Dreiteilung* der Schrift im Sinne der Leib-Metaphorik ausgeht, zieht er die Grenze, um Origenes zu korrigieren, nicht im seelisch-pneumatischen Bereich, sondern zwischen σάρξ (Fleisch) und αἴσθησις (Sinnesvermögen); vgl. Max. Th. ec. I, 92, 1121A: „Ὁ μὲν νόμος, σάρξ ἐστι τοῦ κατὰ τὴν ἁγίαν Γραφὴν πνευματικοῦ ἀνθρώπου· αἴσθησις δέ, οἱ προφῆται· τὸ δὲ Εὐαγγέλιον, ψυχὴ νοερά".

[235] Vgl. dazu den Abschnitt 3. 1. 3. 2. 2 (S. 177).

[236] Vgl. z. B. Max. Th. pol. 13, 145BC–148A [ca. 626–627?; vgl. P. Sherwood (1952) 27]: „Ἐπὶ δὲ τοῦ ἀνθρώπου, ταυτότης (sic) μέν ἐστι προσώπου· ἑτερότης δὲ οὐσιῶν· ἑνὸς γὰρ ὄντος ἀνθρώπου, ἄλλης οὐσίας ἐστὶν ἡ ψυχή, καὶ ἄλλης ἡ σάρξ. Ὁμοίως δὲ καὶ ἐπὶ τοῦ Δεσπότου Χριστοῦ· ταυτότης (sic) μέν ἐστι, προσώπου· ἑτερότης δέ, οὐσιῶν· ἑνὸς γὰρ ὄντος προσώπου, ἤτοι ὑποστάσεως, ἑτέρας οὐσίας ἐστὶν ἡ θεότης, καὶ ἑτέρας ἡ ἀνθρωπότης". Viele Maximusforscher haben aber darauf hingewiesen, daß sich der Confessor dabei von Leontius unter anderem dadurch abgrenzt, daß das menschliche Kompositum für seine Begriffe primär als zusammengesetzte Natur (φύσις σύνθετος) und nur dadurch auch als zusammengesetzte Hypostase (ὑπόστασις σύνθετος) gilt, während der inkarnierte Logos nur eine zusammengesetzte Hypostase (ὑπόστασις σύνθετος) darstellt; vgl. dazu Max. Ep. 12, 488C–489C [November–Dezember 641; vgl. P. Sherwood (1952) 45]; ferner V. Grumel (1926) 393–406; L. Thunberg (1995) 97–104; N. Madden (1993) 175–182.

[237] Vgl. Max. Amb. Io. 7, 1088C: „ἀλλὰ Θεὸς ὅλος ὅλοις (sc. die Rationalen) μετεχόμενος, καὶ ψυχῆς τρόπον πρὸς σῶμα τῇ ψυχῇ, καὶ διὰ μέσης ψυχῆς πρὸς σῶμα γινόμενος, ὡς οἶδεν αὐτός, ἵν᾿ ἡ μὲν ἀτρεψίαν δέξηται, τὸ δὲ ἀθανασίαν, καὶ ὅλος ἄνθρωπος θεωθῇ τῇ τοῦ ἐνανθρωπήσαντος Θεοῦ χάριτι θεουργούμενος"; ferner Max. Amb. Io. 42, 1320AB (zitiert in Anm. 130). Daß die Vergöttlichung des Menschen beim Confessor auf der Durchdringung des Menschlichen durch das Göttliche auf der Ebene der Hypostase Christi und somit auf der Vergottung der menschlichen Natur Christi beruht, haben eminente Maximusforscher bewiesen; vgl. L. Thunberg (1995) 23–34; J.-C. Larchet (1996) 333–346 u. 363–365; ferner Kap. 2, Anm. 223.

obige Passus, der das anthropologische Modell auf die Heilige Schrift
überträgt, Spuren enthält, die diese christologische Dimension des
Modells irgendwie verraten. Dies ist meines Erachtens nur implizit
der Fall: Ein Indiz dafür kann die Terminologie von Erscheinen
(φαίνομαι) und Sich-Verbergen (κρύπτομαι) sein, welche an die in der
Christologie verankerte Dialektik vom Sich-Enthüllen und Sich-
Verhüllen[238] erinnert. Bei weitem aufschlußreicher ist aber die Art und
Weise, wie der Confessor den paulinischen Vers 2 Kor 4, 16 *verwandelt* und dadurch interpretiert. Maximus zitiert den Apostel, indem
er den Verben διαφθείρομαι (verderben) und ἀνακαινοῦμαι (erneuert werden) seine berühmte Entsprechungsformel (τοσοῦτον/ὅσον)[239]
hinzufügt, so daß nun das Maß innerer Erneuerung vom Maß des
äußeren Verderbens abhängig gemacht wird, was der ursprünglichen
Stelle des Paulus nicht unbedingt zu entnehmen ist. Weiterhin wird
diese Interpretation auf die Heilige Schrift übertragen, deren Geist
(πνεῦμα), also das Innere in ihr, in dem Maße die Oberhand hat,
wie der Buchstabe (γράμμα) und das Äußere in den Hintergrund tritt.
Es ist keineswegs verwunderlich, daß dies stark an meine Interpretation
der christologischen Dialektik vom Sich-Enthüllen und Sich-Verhüllen
erinnert,[240] weil die Entsprechungsformel des Kirchenvaters, wie von
L. Thunberg gezeigt wurde, einen christologischen Hintergrund hat,
denn sie wurzelt in der maximinischen Lehre von der gegenseitigen
Durchdringung göttlicher und menschlicher Natur in Christus.[241]
Somit ist das anthropologische Modell biblischer Struktur bei dem
Bekenner nicht unabhängig vom christologischen Modell zu verstehen, auch wenn das Verhältnis beider meines Wissens vom Kirchenvater nirgendwo bestimmt wird. Jedenfalls gibt es bei ihm Anzeichen,
die in die Richtung zu weisen scheinen, daß die Auffassung der
Schrift als Mensch, obwohl sie im Prinzip unabhängig von der Idee
der Verleiblichung des Logos in der Schrift gelten kann, insofern mit
dieser Verleiblichung zusammenhängt, als das menschliche Kompositum
selbst bei dem Kirchenvater ein Modell für die aus zwei Naturen
bestehende Hypostase des Herrn darstellt. Insofern vermag der Confessor seine christologisch bedingte Entsprechungsformel auch für das

---

[238] Vgl. dazu den Abschnitt 3. 1. 3. 1.
[239] Vgl. dazu Anm. 130; ferner L. Thunberg (1995) 21–36.
[240] Vgl. Anm. 130.
[241] Vgl. L. Thunberg (1995) 21–36.

anthropologische Modell zu gebrauchen, um dadurch über die Dialektik vom Sich-Enthüllen und Sich-Verhüllen des allegorischen Sinnes Rechenschaft abzulegen.

3.1.4.2. *Der Kosmos als theologisches Modell bibelhermeneutischer Reflexion*
Angesichts der fast symmetrischen Parallelität zwischen Kosmos und Heiliger Schrift, die sich als eine Hauptachse des Denkens des Maximus erwiesen hat,[242] mag es nicht auffallen, daß er auch ein kosmologisches Modell der biblischen Struktur verwendet. Dieses Modell begegnete schon bei der maximinischen Auslegung des Verklärungsereignisses, in der der Kirchenvater die Schrift mit einem Kosmos vergleicht, in dem die drei Stufen des mystischen Aufstiegs für den Himmel, die Erde und das, was dazwischen liegt, stehen.[243] Daraus läßt sich entnehmen, daß Maximus die gesamte Schrift für einen Ort erachtet, an dem sich der spirituelle Weg des Menschen – auch in seinen Einzelheiten und feinen Variationen – erschließt und zur Sprache kommt.[244] Anders gesagt, beziehen sich die Einzeltexte der Schrift auf den geistlichen Zustand des Lesers bzw. Hörers und können im Sinne dieses Zustands interpretiert werden – ein Prinzip, das seit Origenes einen Topos der alexandrinischen Bibelhermeneutik bildet.[245] Doch auch mit diesem kosmologischen Modell geht der Confessor sehr frei um, indem er es z. B. im *Ambiguum ad Ioannem* 21 nicht auf die Schrift insgesamt anwendet, sondern lediglich auf die vier Evangelien. Durch hohes spekulatives Vermögen, welches bisweilen

---

[242] Vgl. vor allem den Abschnitt 3. 1. 1 (S. 131–143); ferner die Abschnitte 3. 1. 3. 1 (S. 160f.) u. 3. 1. 3. 2. 1 (S. 176f.).

[243] Vgl. den Abschnitt 3.1.1 (S. 137); ferner Kap. 2, Anm. 145. In seinem Beitrag „The Analogy of Scripture and Cosmos in Maximus the Confessor" (1993) geht P. M. Blowers von der Parallelität zwischen Schrift und Kosmos bei dem Bekenner aus, um dem maximinischen Verständnis der Heiligen Schrift als Welt Rechnung zu tragen. Dabei greift er aber unter anderem auf Elemente zurück (z. B. Max. Amb. Io. 37; vgl. dazu den Abschnitt 3. 2. 1), die nach dem Konzept meiner Darlegung in diesem Kapitel zum sogenannten christologischen Schriftmodell des Maximus gehören. Diese Vorgehensweise von Blowers mag zwar im Blick auf die starke Symmetrie des maximinischen Denkens, gerade was Schrift und Kosmos angeht, berechtigt erscheinen, kann aber insofern in die Irre führen, als der Confessor diese Elemente nie zu einem Teil eines kosmologischen Modells in genauerem Sinne erklärt. Deshalb werde ich in meiner obigen Darlegung nur jene Elemente behandeln, die bei Maximus ausdrücklich zur Auffassung der Bibel als eines Kosmos gehören.

[244] Vgl. dazu den Abschnitt 3. 2. 1.

[245] Vgl. dazu Orig. Princ. IV, 2, 4; näheres zur maximinischen Anwendung dieses Prinzips im Abschnitt 3. 2. 3. 2.

manche Unklarheit auslösen kann, stellt Maximus dort eine Parallele
zwischen den vier Elementen des sinnlich wahrnehmbaren Kosmos, der
Erde (γῆ), dem Wasser (ὕδωρ), der Luft (ἀήρ) und dem Äther (αἰθήρ),
den vier Tugenden der geistlichen Welt, nämlich der Gerechtigkeit
(δικαιοσύνη), der Besonnenheit (σωφροσύνη), der Mannhaftigkeit (ἀν-
δρεία) und der Gesinnung (φρόνησις) und den vier Evangelien her.[246]
Wie der Bekenner zu seinen Assoziationen kommt, bleibt, obwohl
er bemüht ist, Gründe zu nennen, manchmal undeutlich. Indessen
besteht meines Erachtens die Pointe der Parallele weniger in den
dadurch entstandenen Relationen als in der ihr zugrundeliegenden
maximinischen Auffassung, daß die Evangelien sowohl den materiellen Kosmos als auch die spirituelle Welt der Tugenden enthalten.[247]
Demnach erscheinen die Evangelien als ein allumfassender Kosmos,
der zum einen durch die Elemente unserer alltäglichen Welt konsti-
tuiert ist, dem zum anderen aber die Sinngehalte der spirituellen
Tugendwelt innewohnen. Es liegt auf der Hand, diese doppelte
Struktur mit der geläufigen Zweiteilung von Literal- und tieferem
Sinn zu identifizieren, obwohl der Kirchenvater dies nicht ausdrücklich bestätigt. Jedenfalls verhalten sich die materielle Welt und die
Tugendwelt ungetrennt (ἀδιαιρέτως) und unvermischt (ἀσυγχύτως)
zueinander, was nicht nur an die zwei Naturen Christi erinnert, sondern auch an das christologische Modell der Schrift, dem zufolge der
Literal- und der allegorische Sinn von Maximus im Sinne der Zusammenkunft dieser Naturen gedeutet werden.[248] Mit seinen Erwägungen
über die Evangelien im *Ambiguum ad Ioannem* 21 fährt der Bekenner

---

[246] Daraus ergibt sich das folgende Modell:

Sinnlich wahrnehmbare Welt (κόσμος αἰσθητός)	geistliche Welt (κατὰ διάνοιαν πνευματικὸς κόσμος)	Evangelien
Erde (γῆ)	Gerechtigkeit (δικαιοσύνη)	Matthäusevangelium
Wasser (ὕδωρ)	Besonnenheit (σωφροσύνη)	Markusevangelium
Luft (ἀήρ)	Mannhaftigkeit (ἀνδρεία)	Lukasevangelium
Äther (αἰθήρ)	Gesinnung (φρόνησις)	Johannesevangelium

Vgl. dazu Max. Amb. Io. 21, 1245A–D; ferner Max. Thal. 63 (S. 175, Z. 463–470);
C. Steel (1992) 2423–2426.
[247] Vgl. Max. Amb. Io. 21, 1245A: „ἵνα τὸν τέως ἐν ἡμῖν νοητὸν κόσμον (sc.
jene Welt der Tugenden), καὶ τὸν ἐν ᾧ ἐσμεν, περιγράφῃ τῆς ἀληθείας ὁ λόγος,
καὶ ἀλλήλοις αὐτοὺς ἀσυγχύτως καθ᾽ ἕνωσιν συμβάλλῃ, καὶ ἀλλήλων πάλιν
ἀδιαιρέτως διακρίνῃ".
[248] Vgl. dazu den Abschnitt 3. 1. 3. 2. 2.

aber fort, indem er jetzt an sein erstes kosmologisches Modell anknüpft und die Evangelien mit den Stufen des mystischen Aufstiegs in Beziehung setzt. Die durch die Zahlenungleichheit herbeigeführte Schwierigkeit – vier Evangelien gegen drei Stufen – wird dadurch behoben, daß der Bekenner den drei Stadien des mystischen Weges den Glauben (πίστις) als Voraussetzung jeder spirituellen Bewegung hinzusetzt und mit dem Matthäusevangelium in Beziehung setzt. Das Johannesevangelium entspricht selbstverständlich der höchsten Stufe des Aufstiegs.[249]

Alldem zufolge scheint es nicht einfach zu sein, auf die Frage, wie sich für den Confessor das kosmologische und das christologische Modell der biblischen Struktur zueinander verhalten, eine Antwort zu geben. In dieser Hinsicht sind nicht nur die maximinischen Äußerungen sehr spärlich, sondern der Bekenner scheint auch sein kosmologisches Modell je nach Kontext zu variieren. Jedenfalls verdeutlicht die Lehre des Confessors von den drei Verleiblichungen des Logos, im Kosmos, in der Schrift und in der Geschichte, weshalb der Kirchenvater *mit gutem Gewissen* die Bibel unter anderem auch als Kosmos betrachten und dabei auf christologische Begrifflichkeit sowie Deutungsmuster rekurrieren kann. Hat also das kosmologische Schriftmodell des Confessors seine Existenzbegründung in der das Denken des letzteren prägenden Parallelität zwischen Schrift und Kosmos, so muß die gelegentlich zu findende christologische Art, dieses Modell zu schildern, auf die Zentralität der geschichtlichen Inkarnation, die ja auch der Idee von der schriftlichen Verleiblichung zugrundeliegt, zurückgeführt werden. Insofern sind beide Modelle, das kosmologische und das christolgische, nicht zusammenhanglos, auch wenn der funktional denkende Kirchenvater sie unabhängig voneinander und je nach Kontext oder Bedarf geltend macht.[250]

---

[249] Vgl. dazu Max. Amb. Io. 21, 1245D–1248A.

[250] Eine Verbindung zwischen dem kosmologischen und dem anthropologischen Schriftmodell scheint der Bekenner in Max. Thal. 65 herzustellen, wo er Leib der Schrift mit deren Erde, Geist und Seele der Schrift aber mit deren Himmel gleichsetzt; vgl. Max. Thal. 65 (S. 273, Z. 351–356): „τῆς γραφῆς τὴν γῆν, ἤγουν τὸ σῶμα, κατὰ τὸν ἀπατηλὸν ὄφιν ἐσθίειν ἑαυτὸν καταδικάσας, ἀλλ᾽ οὐ κατὰ Χριστὸν τὸν οὐρανόν, ἤγουν τῆς γραφῆς τὸ πνεῦμα καὶ τὴν ψυχήν, τουτέστι τὸν οὐράνιον καὶ ἀγγελικὸν ἄρτον, λέγω δὲ τὴν ἐν Χριστῷ τῶν γραφῶν πνευματικὴν θεωρίαν καὶ γνῶσιν". Hier begegnet insofern ein differenzierteres kosmologisches Modell, als sich dieses letztere nur aus zwei Elementen, nämlich Himmel und Erde, besteht. Wieder ist man also mit der Einsicht konfrontiert, daß Maximus sozusagen kein einziges kosmologisches Schriftmodell hat. Gerade aber die hier anzutreffende starke

3.1.5. *Zusammenfassung und Auswertung der Ergebnisse*

Die Schrifthermeneutik des Maximus Confessor bildet keine Lehre
an sich, sondern gehört zu einer umfassenden Hermeneutik der göttlichen Offenbarung, in deren Mittelpunkt Christus, der menschgewordene Logos, steht und deren „organisatorisches Prinzip"[251] die
Logostheorie des Bekenners ist, also seine Lehre von den λόγοι in ihrer
Beziehung zum göttlichen Logos. Die *Wirbelsäule* dieser Bibelhermeneutik ist der auf die platonische Ontologie zurückgehende und durch
das Urbild-Abbild-Schema operierende Symbolismus, der beim Bekenner über die Heilige Schrift hinausgeht und vor allem auch Kosmos
und Liturgie[252] erfaßt. Das theologische *Konstrukt*, wodurch für den
Kirchenvater die starke Zusammengehörigkeit von Schrift und Kosmos
zum Ausdruck kommt, ist die Drei-Gesetze-Lehre, bei welcher Maximus freilich an Origenes anknüpft, die sich aber innerhalb seines Denkens als eine der fruchtbarsten und tiefgreifendsten Synthesen erweist.
Dank dieser Lehre, der zufolge er eine fast vollständige Symmetrie
zwischen Kosmos und Schrift geltend macht, verbindet Maximus
durch die Logostheorie seine Schrifthermeneutik mit der Kosmologie
und verschafft ihr eine christologische Grundlage,[253] denn es ist der
göttliche Logos selbst, der im Kosmos und in der Schrift sowohl
horizontal heilsgeschichtlich wie vertikal mystisch seine Gegenwart
spürbar macht. Hierbei macht sich der Kirchenvater zwar die origenische Auffassung von Kosmos und Schrift als Erscheinungsort des
Logos zu eigen, unterscheidet sich aber insofern vom Alexandriner,
als er ihnen eine nahezu völlige Gleichwertigkeit zuerkennt, und geht
über Origenes hinaus, indem er die Lehre von den drei Gesetzen
durch einen starken Schematismus als ein umfassendes theologisches
Interpretament gebraucht, das über die Gegenwart des Logos in der
Schöpfung und im inspirierten Wort Rechenschaft ablegt.

Parallelisierung von anthropologischem und kosmologischem Muster auf Grundlage
der Unterscheidung zwischen wörtlichem und tieferem Sinn rückt das kosmologische Schriftmodell in die Nähe des christologischen, für das die Spannung von
Wörtlichem und Allegorischem auch charakteristisch ist. Dies zeigt nochmals, daß
Maximus seine Schriftmodelle nicht für unabhängig voneinander hält, obwohl er
deren Verhältnis zueinander nicht tiefer reflektiert.

[251] I.-H. Dalmais (1952, La théorie) 244.

[252] Zur Parallelität zwischen schriftlichem und liturgischem Symbolismus bei
Maximus vgl. R. Bornert (1966) 83–124 u. (1967) 323–327; ferner Anm. 203.

[253] Vgl. den Abschnitt 1. 1 (S. 1f.).

Dieser Gegenwart wird Maximus durch die Verleiblichungsmetapher gerecht, der zufolge das Sichtbar- und Erfahrbarwerden des Logos im Kosmos und in der Schrift als eine Fleischwerdung verstanden wird, die sich zunächst einmal bildlich an der geschichtlichen Inkarnation orientiert. Durch seine drei Verleiblichungen entäußert sich der Logos seines göttlichen Existenzmodus und paßt sich der menschlichen Wahrnehmungsweise an. Gerade im Blick auf die Inkarnation des Logos in der Schrift greift Maximus Ansätze des Origenes auf, welcher eine weitreichende Analogie zwischen dem biblischen Wort und dem Leib des Herrn entwickelt hat, die ja vom Bekenner überspitzt und in eine ausdrückliche Lehre von der Fleischwerdung des Logos in der Schrift verwandelt wird. Wie für den alexandrinischen Lehrer situiert sich für den Confessor diese Verleiblichung des Logos auf der Ebene des schriftlichen Literalsinns, der als Symbol für höhere Wahrheiten fungiert, die dem Logos in seiner quasi ursprünglichen *und* eschatologischen Einfachheit entsprechen. Insofern wird die schriftliche Fleischwerdung von Maximus positiv bewertet, weil sie den Menschen ermöglicht, den Logos wahrzunehmen. Zugleich aber gilt sie als negativ, weil das Moment des Fleischlichen und Symbolischen überwunden werden soll. Demzufolge kann der Logos von seinem schriftlichen Leib sowohl verhüllt als auch enthüllt werden. Diese Dialektik vom Sich-Verhüllen und Sich-Enthüllen des Logos in der Schrift ist aber insofern in der historischen Fleischwerdung verankert, als der materielle Leib des Logos im Blick auf die *Logoshaftigkeit* des letzteren eine ähnliche Funktion hatte. Hier bezieht sich Maximus wiederum auf Paulus und Origenes, indem er zwei Erscheinungsweisen des Logos differenziert, zum einen die des Knechtes, die seine Gottheit verhüllt, zum anderen aber die der Herrlichkeit, welche unter anderem in der Verklärung zutagetrat und die eschatologische Vollendung ankündigt, in der jede symbolische Verhüllung abgeschafft wird. Diese Dialektik vom Sich-Verhüllen und Sich-Enthüllen des Logos führt der Bekenner auf die gegenseitige Durchdringung (περιχώρησις) von göttlicher und menschlicher Natur in der Person Christi zurück – eine Lehre, die wohl den eigenen maximinischen Beitrag zur Klärung der Art der Einheit von Göttlichem und Menschlichem in Christus darstellt.[254] Diese christologische Verankerung der maximinischen Lehre von der schriftlichen Fleischwerdung des Logos, die demnach

---

[254] Vgl. dazu L. Thunberg (1995) 21–36.

über das Bildliche hinausgeht, wird auch im Blick auf die bibelhermeneutischen Einzelbegriffe bestätigt, denn selbst der Symbolbegriff
des Bekenners weist einen christologischen Aspekt auf, indem Maximus
die Einheit von Literal- und allegorischem Sinn als ungetrennt und
unvermischt betrachtet. Läßt man sich dementsprechend von der
Auffassung R. Göglers inspirieren, die Einheit von „göttlich-pneu-
matischem Logos" und „irdisch-sinnenhaftem Ausdruck" bei Origenes
arte weder monophysitisch in eine Identität noch dualistisch-anti-
ochenisch in eine Scheidung aus,[255] – egal inwieweit diese Behauptung
zutrifft – so verwirklicht sich dieses Ideal beim Confessor insofern,
als man bei ihm mit dem hermeneutischen Schriftmodell des Origenes
zu tun hat, welches nun im Sinne der christologischen Lehre von
Chalzedon und von deren Weiterführung bei dem Bekenner selbst
explizit interpretiert wird. Diese christologische Interpretation beschränkt
sich nicht auf die Heilige Schrift, sondern gilt auch dem Kosmosver-
ständnis des Maximus, weil, wie bereits gesagt, er auch eine Verleiblichung des Logos im Kosmos kennt, welche sowohl inhaltlich als
auch terminologisch jener in der Schrift entspricht. Insofern kann
man jetzt die im zweiten Kapitel dieser Arbeit gestellte Frage, inwieweit das Verhältnis von ontologischen λόγοι und Einzeldingen vom
Kirchenvater nach einem christologischen Modell konzipiert wurde,[256]
im Lichte der bisherigen Ergebnisse dieses Kapitels beantworten.
Dieses Modell gibt es ja in der Tat, und es ist in der Einheit von
göttlicher und menschlicher Natur in Christus zu erkennen. Die
Anwendung vom christologischen Modell auf die Heilige Schrift hält
aber den Confessor nicht davon ab, andere, teilweise auch aus der
Tradition entnommene Modelle zu gebrauchen. Hierbei sind vor
allem das anthropologische, wiederum auf Origenes zurückgehende
und das kosmologische Modell zu erwähnen. Indessen wird, soweit
ich weiß, das Verhältnis beider Modelle zum christologischen vom
Bekenner nie ausdrücklich bestimmt. Jedenfalls kann das anthropologische Modell mit dem christologischen insofern in Verbindung stehen, als die Einheit von Göttlichem und Menschlichem in Christus
bei Maximus mit der Einheit von Leib und Seele verglichen wird,
während dem kosmologischen Modell angesichts der Zentralität der
Menschwerdung im Denken des Kirchenvaters durchaus mit christologischen Begriffen Rechnung getragen werden kann.

---

[255] Vgl. R. Gögler (1963) 305.
[256] Vgl. den Abschnitt 2. 2. 2.

Im Lichte der bisherigen Analysen stellt sich erneut die in der Maximusforschung immer noch offene Frage nach dem Verhältnis von Maximus und Origenes. Während H. U. von Balthasar bereits 1941 in den *Capita theologica et œconomica* auf direkte Bezüge zwischen Maximus und Origenes hingewiesen hat,[257] und P. Sherwood in den *Ambigua ad Ioannem* eine direkte Anknüpfung an *De principiis* finden konnte,[258] meint J.-C. Larchet, daß es keineswegs offenbar sei, daß der Bekenner die origenischen Werke direkt gekannt hat,[259] ohne sich damit auseinanderzusetzen, wie Balthasars und Sherwoods Ergebnisse zu erklären seien. Tatsächlich ist es schwierig, in den zwei Hauptwerken des Confessors, nämlich den *Ambigua ad Ioannem* und den *Quaestiones ad Thalassium*, direkte Zitate aus dem origenischen Corpus ausfindig zu machen. Nichtsdestoweniger wird Maximus sowohl in seiner syrischen Vita[260] wie während seines ersten Prozesses in Konstantinopel[261] der Vorwurf gemacht, er sei Origenist. Natürlich kann man nicht erwarten, daß der Held der Orthodoxie des siebten Jahrhunderts den alexandrinischen Lehrer namentlich erwähnt oder gar wörtlich zitiert, obgleich dieses letzte, sei es auch nur an *wenigen* Stellen, der Fall ist. Ich denke aber, daß der entscheidende Punkt weniger wörtliche Zitate sind als gesamte Denkschemata und theologische Konstrukte, die zu bezeugen scheinen, daß der Bekenner den großen Lehrer Alexandriens gelesen und assimiliert hat. Diesbezüglich wurde im ersten Kapitel dieser Arbeit argumentiert, daß die Logoslehre des Bekenners im Grunde eine Weiterführung eines origenischen Grundmotivs bildet, obwohl sie der Widerlegung origenistischer Tendenzen dient.[262] Auf Ähnliches scheinen die vorangehenden Analysen dieses Kapitels hinzudeuten, nicht nur weil die maximinischen Ausführungen zur Verklärung,[263] der Dialektik vom Sich-Enthüllen und Sich-Verhüllen des Logos und dessen zwei Erscheinungsweisen – auch in den *Ambigua ad Ioannem* – stark von Origenes beeinflußt sind,[264] sondern vor allem deshalb, weil die maximinische Lehre von

---

[257] Vgl. H. U. von Balthasar (1941, Die Gnostischen) 25–29 u. (³1988) 510–514.
[258] P. Sherwood (1958, Maximus) 5–8, ferner P. Sherwood (1955, The Earlier) 88–90.
[259] Vgl. J.-C. Larchet (1996) 11.
[260] Vgl. Max. Vit. syr. 6f. (S. 315).
[261] Vgl. Max. Rel. mot. (S. 29, Z. 225–229); dazu W. Brandes (1998) 200f.
[262] Vgl. dazu den Abschnitt 1.3.
[263] Vgl. dazu auch P. M. Blowers (1995) 653f., Anm. 96.
[264] Vgl. dazu die Abschnitte 3.1.1 (S. 144–147) u. 3. 1. 3. 1.

der schriftlichen Inkarnation des Logos und das christologische Schriftmodell des Confessors ohne direkten Rückgriff auf Origenes schwer
vorstellbar sind. Mir scheint, daß diese Überschneidungspunkte, welche ja sozusagen weit über eine punktuelle Anknüpfung hinausgehen
und den Charakter einer Begegnung, wie bereits gesagt, in Grund-
schemata und theologischen Gesamtmodellen besitzen, nicht erklärt
werden können, wenn man davon ausgeht, daß sich der Confessor
nur mittelbar, etwa über Evagrius und die Kappadozier, mit seinem
alexandrinischen Gewährsmann auseinandergesetzt hat. Insofern bin
ich der Ansicht, daß eine direkte Abhängigkeit des Maximus von
Origenes anzunehmen ist, auch wenn sie nicht mit absoluter Sicherheit
nachgewiesen werden kann.[265]

3.2. Auf dem Weg zur Begegnung mit dem Logos in der Schrift: Die synergisch-dynamische Hermeneutik

Im ersten Teil dieses Kapitels wurde deutlich, daß Maximus Confessor
die Menschwerdung des Logos als theologische Grundlage bibelhermeneutischer Reflexion betrachtet und somit die Schrift für einen
Ort hält, an dem sich der Logos durch die Worte verleiblicht. Durch
seine biblische Inkarnation erniedrigt sich der Logos zu dem Zustand
der Menschen, um sie zu sich hinaufzuführen.[266] Der erste Teil dieses
Kapitels beschäftigte sich insbesondere mit dem ersten Moment dieser
Dynamik, d. h. mit der Inkarnation des Logos in der Bibel als hin-
absteigender Bewegung zum Menschen hin. Nun soll der vorliegende
Teil auf die zweite Komponente der eben erwähnten Bewegungsdynamik eingehen, nämlich wie der Mensch zu dem Logos in der
Schrift hinaufsteigen kann. Zuallererst drängt sich die Frage auf,
inwiefern der Confessor die wörtliche Ebene der Heiligen Schrift mit
dem in ihr fleischgewordenen Logos hermeneutisch verknüpft. Mit
anderen Worten: Gibt es bei Maximus eine operationelle Theorie,
welche eine Verbindung zwischen der Vielfalt der in der Bibel existierenden Elemente und dem einen Logos herstellt und auf diese
Art und Weise erklärt, wie ein Schriftausleger von der Ebene des
Wörtlichen zu diesem Logos gelangen kann? Diese Frage ist insofern

---

[265] Vgl. dazu auch die Meinung von P. M. Blowers (1995) 653f., Anm. 96.
[266] Vgl. den Abschnitt 3. 1. 2 (S. 152f.).

berechtigt, als ein Bibel interpret nicht mit dem Logos unmittelbar, sondern mit einer Unzahl von Personen und historischen Geschehnissen konfrontiert ist. Nun aber zeigten die vorangehenden Analysen, daß die Logostheorie des Confessors nicht nur die innere Dynamik seines ontologischen,[267] sondern auch seines biblischen Symbolismus[268] bewirkt. Es legt sich somit nahe, daß es wiederum die Logoslehre ist, die dem Bekenner Bausteine für solch eine operationelle Theorie liefert. Eine weitere Frage, die in einem zweiten Schritt zu erörtern ist, ist die nach den Faktoren, die dem Interpreten dazu verhelfen, bei dem Auslegungsvorgang den Logos nicht zu verfehlen. Hierbei handelt es sich dementsprechend um die Rahmenbedingungen einer nach Maximus adäquaten Schriftauslegung. Hat man diese zwei Fragen zu der operationellen Theorie und den Rahmenbedingungen beantwortet, gilt es, auf die Begegnung mit dem Logos in der Schrift als Prozeß einzugehen und die hierbei vom Kirchenvater ins Spiel gebrachten wichtigsten heuristischen Verfahrensmittel zu ergründen. Hierzu gehört auch eine eingehende Analyse einiger wichtiger bibelhermeneutischer Begriffe des Maximus, die im Rahmen seiner allegorisierenden Schriftdeutung begegnen. Die folgenden Ausführungen konzentrieren sich also auf diese drei Fragen konstellationen.

3.2.1. *Die maximinische Logoslehre als operationelle Theorie bibelhermeneutischer Reflexion*

In dem *Ambiguum ad Ioannem* 37 beschäftigt sich der Bekenner anläßlich einer aporetischen Stelle des Gregor von Nazianz mit den Gestalten Davids und Johannes des Täufers, indem er deren paradigmatische Bedeutung für das geistliche Leben erörtert.[269] Dem Confessor geht es dabei um eine *theoretische* Deutung gemäß dem Geschlecht (γένος) und dem Wert (ἀξία).[270] Was er damit meint, erläutert Maximus im folgenden, indem er eine Art operationelle Theorie entwickelt, die dem zu entsprechen scheint, sozusagen eine hermeneutische Brücke zwischen der wörtlichen Ebene der Heiligen Schrift und dem in ihr inkarnierten Logos zu schlagen:

---

[267] Vgl. den Abschnitt 1. 2. 2.
[268] Vgl. z. B. die Abschnitte 3. 1. 1 u. 3. 1. 3. 2. 1.
[269] Vgl. Max. Amb. Io. 37, 1289D–1293A.
[270] Vgl. Max. Amb. Io. 37, 1293A: „τῷ κατ᾽ ἀξίαν καὶ γένος τῆς θεωρίας τρόπῳ".

Φασὶ γὰρ οἱ τῶν τοιούτων ἀκριβεῖς ἐπιμεληταὶ μυστηρίων καὶ τῶν ἐπ᾽ αὐτοῖς πνευματικῶν λόγων ἐρασταὶ καὶ φιλοθεάμονες, τὸν καθόλου τῆς Γραφικῆς θεωρίας λόγον, ἕνα τυγχάνοντα, δεκαχῶς πλατυνόμενον θεωρεῖσθαι, τόπῳ, χρόνῳ, γένει, προσώπῳ, ἀξίᾳ, ἤγουν ἐπιτηδεύματι, πρακτικῇ, φυσικῇ, θεολογικῇ φιλοσοφίᾳ, ἐνεστῶτι, καὶ μέλλοντι, ἤγουν τύπῳ καὶ ἀληθείᾳ, καὶ αὖθις συναγόμενον τοὺς πέντε τρισὶ περιγράφειν τρόποις, καὶ πάλιν δυσὶ τοὺς τρεῖς, καὶ τοὺς δύο ἑνὶ συγκλείειν παντελῶς μὴ ἀριθμουμένῳ λόγῳ· οἷον τοὺς κατὰ χρόνον καὶ τόπον καὶ γένος καὶ πρόσωπον καὶ ἀξίαν, πέντε τυγχάνοντες,[271] εἰς τρεῖς συνάγειν, τοὺς τῆς πρακτικῆς καὶ φυσικῆς καὶ θεολογικῆς, τούτους δὲ πάλιν τρεῖς ὄντας, εἰς δύο, τοὺς τὸ παρόν τε καὶ τὸ μέλλον σημαίνοντας, καὶ τούτους εἰς τὸν τελεστικὸν καὶ ἁπλοῦν, ὡς φασι, καὶ πάντων περιεκτικὸν ἄῤῥητον λόγον, ἐξ οὗ κατὰ πρόοδον γέγονεν ἡ καθολικὴ τῶν ὑπὸ θεωρίαν τῆς Γραφῆς τρόπων δεκάς, καὶ εἰς ὃν ὡς ἀρχὴν κατὰ περιγραφὴν ἡ αὐτὴ δεκὰς ἀνατατικῶς εἰς μονάδα πάλιν συνάγεται.[272]

Denn diejenigen, die solche μυστήρια sorgfältig studieren, die sich auf sie beziehenden geistlichen λόγοι lieben und an deren (sc. die λόγοι) Schau Lust haben, sagen, daß der allgemeine λόγος der Schriftbetrachtung (γραφικὴ θεωρία) zwar einer ist, er aber so wahrgenommen wird, daß er sich zehnfach ausbreitet in Ort, Zeit, Geschlecht, Person, Wert, d. h. Geschäft, praktische, naturhafte und theologische Philosophie, Gegenwart und Zukunft, d. h. Figur (τύπος) und Wahrheit; und daß er wiederum, zusammenkommend, die fünf in drei Arten umschreibt; und wieder die drei in zwei; und die zwei zu einem λόγος verbindet, der keineswegs gezählt wird. Weil er/sie (sc. der allgemeine λόγος/die Schriftbetrachtung) ja die (Arten) der Zeit, des Ortes, des Geschlechts, der Person und des Wertes, obwohl sie fünf sind, zu drei zusammenführt, (nämlich) die der praktischen, naturhaften und theologischen Philosophie; diese wiederum, obgleich sie drei sind, zu zwei, (nämlich) die, die Gegenwart und Zukunft bedeuten; und diese, wie sie sagen, zu dem abschließenden, einfachen, allumfassenden unsagbaren λόγος, aus dem ausgangsmäßig die allgemeine Zehnzahl der Arten, die gemäß (ὑπό) der Schriftbetrachtung sind, entstand und zu dem als Anfang/Prinzip dieselbe Zehnzahl nach Art der Umschreibung, sich erhebend, wieder zu einer Einheit/Monas zusammengeführt wird.

---

[271] Nach der Übertragung des Johannes Scotus Eriugenas ist die grammatikalisch falsche Partizipform τυγχάνοντες durch τυγχάνοντας zu korrigieren; vgl. Max. Amb. Io(lat.). 33 (S. 172, Z. 64): „quinque constitutos in tres congregando".

[272] Max. Amb. Io. 37, 1293A–C (Übersetzung von mir).

Von vornherein wird die Bedeutung klar, die der maximinischen Logoslehre bei diesen einleitenden, doch gleichzeitig die fragliche Theorie resümierenden Ausführungen beigemessen wird. Es geht nämlich um einen allumfassenden λόγος der Schrift, welcher sich in ihr in zehn Arten (τρόπος) vervielfältigt und wiederum nach einer von ihnen ausgehenden Rückbewegung in seiner unzerteilbaren Einheit wahrgenommen wird. Das neuplatonisch-dionysische Schema von πρόοδος (Ausgang) und ἐπιστροφή (Rückkehr), wodurch der Confessor die Dynamik der drei Fleischwerdungen des Logos im allgemeinen[273] und dessen Verhältnis zu den λόγοι im besonderen[274] beschrieb, springt hier wieder ins Auge. Es liegt also auf der Hand, daß es sich hierbei um des Logos schriftliche Inkarnation selbst handelt,[275] welche nun in der Form einer *Kategorienlehre* zum Ausdruck gebracht wird. In diesem Eindruck bestärkt die Benutzung der Kombination γραφικὴ θεωρία (Schriftbetrachtung), die an die φυσικὴ θεωρία (Naturbetrachtung) und dadurch an die Parallele von Natur und Schrift erinnert,[276] sowie die Bezeichnung des schriftlichen λόγος als einfach (ἁπλοῦς), ein Prädikat, das im *Ambiguum ad Ioannem* 33, in dem der Kirchenvater die drei Verleiblichungen thematisierte, dem göttlichen Logos galt.[277] Doch in diesem Stadium des *Ambiguum ad Ioannem* 37 scheint Maximus derartige Assoziationen noch nicht zu bestätigen. Gerade dieser mysteriöse schriftliche λόγος wird nicht weiter bestimmt, außer, daß er sich durch τρόποι (Art/Weise) entfaltet. Fehlt demnach hier jede Rede von schriftlichen Symbolen, so steht man vor einem beachtenswerten schrifthermeneutischen Gebrauch des Wortpaares λόγος-τρόπος, das sich ansonsten beim Bekenner – vor allem aber in dessen Ontologie und Christologie – als sehr hilfreich erweist.[278] Der unveränderliche λόγος der Schrift vergegenwärtigt sich in zehn Erscheinungs*weisen* (τρόπος), ohne seine Einheit und Einfachheit einzubüßen.

Wie verhält es sich nun mit dieser Zehnzahl (δεκάς)? In der obigen Stelle erläutert Maximus noch nicht, was er mit den zehn Erscheinungsweisen des schriftlichen λόγος konkret meint. Es ist aber

---

[273] Vgl. den Abschnitt 3. 1. 3. 1 (S. 158–160).
[274] Vgl. den Abschnitt 1. 2. 2. 2 (S. 71–73).
[275] Vgl. die Abschnitte 3. 1. 2 u. 3. 1. 3. 1.
[276] Vgl. den Abschnitt 3. 1. 1.
[277] Vgl. den Abschnitt 3. 1. 2 (S. 148f.).
[278] Vgl. Kap. 1, Anm. 326.

von anderen Texten bekannt, daß praktische, naturhafte und theologische Philosophie bei ihm für die drei Stufen des mystischen
Aufstiegs stehen.[279] Aus formaler Sicht ist es weiterhin relevant, daß
nach dieser Dreier-Stufe eine Zweier-Stufe kommt, die nicht nur als
Gegenwart und Zukunft, sondern auch als Figur (τύπος) und Wahrheit
definiert wird. Durch diese weitere Präzisierung dürfte der Bekenner
die Verwechselung von der zeitlichen Dyade „Gegenwart-Zukunft"
mit dem zweiten Glied, der Zeit, der Fünfer-Ebene ausräumen wollen. Auf eine Erklärung dieser Fünfer-Stufe läßt sich der Confessor
in den unmittelbar folgenden Ausführungen des fraglichen Ambiguums
ein, welche hier nicht zitiert werden. Diesbezüglich reicht es zu
erwähnen, daß die ersten zwei Glieder jeweils alle Zeit- und Ortsbestimmungen umfassen, während Maximus dem „Geschlecht" (γένος) besonders kollektives Dasein (z. B. Engel, Sterne, Tiere, Völker) und der
„Person" (πρόσωπον) bestimmte Individuen unter den Engeln und
Menschen zuordnet. Unter „Wert" (ἀξία) versteht er zuletzt ein Geschäft, das sich auf eine bestimmte Person bezieht.[280] Doch viel wichtiger als eine inhaltliche Definition dieser Begriffe ist die Tatsache,
daß der Kirchenvater dadurch alles umfassen möchte, was in der
Schrift der Ebene des Erzählten und somit vor allem dem Literalsinn
entspricht. Um von der Bibel Wahrheiten über die Stadien des mystischen Weges erfahren zu können, muß man einen Übergang vollziehen, einen Schritt, der über die Vielfalt der durch die fünf ersten
Kategorien gegebenen Bestimmungen zu mehr Einfachheit hin hinausgeht. Kann man daraus entnehmen, daß für den Bekenner die
bloße, durch die Vielfalt von Personen, Zeit- und Ortsbestimmungen
charakterisierte Erzählung in ihrem wörtlichen Sinn nichts Relevantes
für das geistliche Leben enthält? Dies dürfte wohl unwahrscheinlich
sein, weil Maximus auch den positiven Wert der biblischen Fleischwerdung des Logos zu schätzen weiß.[281] In dem besprochenen Passus
aber scheint Maximus an dieser Frage kaum interessiert zu sein und
sie daher nicht zu beantworten. Ihm ist allerdings die umgekehrte
Frage wichtig, nämlich, wie die zahlreichen schriftlichen *Elemente*,
welche, wörtlich verstanden, – was das auch immer heißen mag –[282]

---

[279] Vgl. den Abschnitt 2. 2 u. dort Anm. 145.
[280] Vgl. Max. Amb. Io. 3 7, 1293C–1296A.
[281] Vgl. den Abschnitt 3. 1. 2 (S. 158–160).
[282] Zu den absurden Stellen in der Schrift vgl. den Abschnitt 3. 2. 3. 2 (242f.).

der spirituellen Theorie, von der er ausgeht, *fremd* bleiben, mit den Stadien des mystischen Weges, also mit dem gegenwärtigen asketischen Anliegen seiner monastischen Leserschaft, in Zusammenhang gebracht werden können. So fährt der Confessor derart fort:

Ταῦτα γὰρ πάντα ὅσα τοῖς πέντε περιεχόμενα τρόποις ἔδειξεν ὁ λόγος (…) ἢ ποιοῦντα ἢ πάσχοντα τὴν πρακτικὴν καὶ τὴν φυσικὴν καὶ τὴν θεολογικὴν κατὰ συμπλοκὴν δι᾽ ἀλλήλων ποικίλως ἡμῖν εἰσηγοῦνται φιλοσοφίαν, ἑκάστου δηλαδὴ τῶν ὠνομασμένων πολυτρόπως ταῖς περὶ αὐτὸ κατὰ τὴν θεωρίαν ἐπινοίαις ἐπαινετῶς ἢ ψεκτῶς λαμβανομένου, καὶ τοὺς ἐπ᾽ αὐτῷ ποιητέους ἢ οὐ ποιητέους, ἢ φυσικοὺς ἢ ἀφυσίκους, ἢ νοητοὺς ἢ ἀνοήτους λόγους ἐκφαίνοντος. Διττὸς γὰρ, ὡς ἔφην, ὁ ἐφ᾽ ἑκάστῳ λόγῳ τρόπος ἐστί, κατὰ τὸ δυνατὸν τῷ ποιουμένῳ τὴν ἐπ᾽ αὐτοῖς συνετῶς τῆς θεωρίας ἐξέτασιν, ἵνα ἔκ τε τῆς τῶν ποιητέων καὶ φυσικῶν καὶ νοητῶν λόγων θέσεως, καὶ ἐκ τῆς τῶν οὐ ποιητέων καὶ ἀφυσίκων καὶ ἀνοήτων φαντασιῶν ἀφαιρέσεως, ἡ πρακτικὴ καὶ ἡ φυσικὴ καὶ ἡ θεολογικὴ περιποιηθῇ τοῖς εὐσεβέσι φιλοσοφία, ταῦτον (sic) δέ ἐστιν εἰπεῖν, φιλοθεΐα. Καὶ αὗται δὲ πάλιν τῷ τε παρόντι καὶ τῷ μέλλοντι διαιροῦνται, ὡς σκιὰν ἔχουσαι καὶ ἀλήθειαν, καὶ τύπον καὶ ἀρχετυπίαν. Ὡς δ᾽ ἂν ὑπερφυῶς τε καὶ ὑψηλῶς δυνατόν ἐστι κατὰ τὸν αἰῶνα τοῦτον τῷ ἀνθρώπῳ τὸ ἀκρότατον φθάσαντες[283] μέτρον τῆς ἀρετῆς καὶ τῆς γνώσεως καὶ τῆς σοφίας περιγενέσθαι τὴν τῶν θείων ἐπιστήμην, ἐν τύπῳ καὶ εἰκόνι τῶν ἀρχετύπων ἐστί. Τύπος γάρ ἐστιν ὡς ἀληθῶς πᾶσα παρ᾽ ἡμῶν νῦν εἶναι νομιζομένη ἀλήθεια, καὶ σκιὰ τοῦ

Denn all diese (Elemente), die das Wort (λόγος) als in den fünf Arten enthalten zeigte, (…) aktiv oder passiv, unterrichten uns durch ihre Verflechtung miteinander mannigfaltig über die praktische, naturhafte und theologische Philosophie. Es ist offenbar, daß jedes der Genannten durch die sich auf es gemäß der Betrachtung (θεωρία) beziehenden Überlegungen (ἐπίνοια), verschiedenartig lobenswert (ἐπαινετῶς) oder tadelnswert (ψεκτῶς) verstanden wird und die im Blick auf es zu machenden oder nicht zu machenden, naturhaften oder nicht naturhaften, intelligiblen oder nicht intelligiblen Bedeutungen (λόγος) zeigt. Denn, wie ich sagte, doppelt ist die Art (τρόπος) in Hinblick auf jedes Wort (λόγος) und entspricht der Fähigkeit desjenigen, der klug die Betrachtung (θεωρία) in bezug auf sie (sc. λόγος/τρόπος) untersucht, damit aus der Bejahung der zu machenden, naturhaften und intelligiblen Bedeutungen (λόγος) und aus der Verneinung der nicht zu machenden, nicht naturhaften und nicht intelligiblen Vorstellungen (φαντασία) die praktische, naturhafte und theologische Philosophie – die, so kann man sagen, dasselbe ist wie Gottesliebe – von den Frommen erworben wird. Und diese (sc. drei Arten der Philosophie) werden wiederum in Gegenwart und Zukunft geteilt, da sie Schatten (σκιά)

---

[283] Nach Eriugenas Übersetzung muß die grammatikalisch falsche Pluralform φθάσαντες durch die Singularform φθάσας korrigiert werden; vgl. Max. Amb. Io(lat.). 33 (S. 173, Z. 117f.): „possibile est in hoc saeculo homini sublimissimam accipienti virtutis .... mensuram".

μείζονος λόγου καὶ εἰκών. Ὁ ἐν ὅλοις
κατὰ τὸ παρὸν πρὸς τὸ μέλλον καὶ
τῶν ὅλων ποιητικὸς λόγος κατανο-
ούμενός ἐστιν ὡς ἐν τύπῳ καὶ ἀληθείᾳ,
καὶ ὢν καὶ φαινόμενος,[284] ὡς ὑπὲρ τὸ
παρὸν καὶ τὸ μέλλον ὤν, καὶ ὑπὲρ
τύπον καὶ ἀλήθειαν, τῷ μηδὲν ἔχειν
ἀντικείμενον συνθεωρούμενον. Ἀντί-
κειται δὲ τῇ ἀληθείᾳ τὸ ψεῦδος. Ὑπὲρ
ἀλήθειαν ἄρα ὁ πρὸς ὃν πάντα συνάγεται λόγος, καὶ αὖθις, ὡς ἄνθρωπος
καὶ Θεὸς ὑπάρχων, καὶ ὑπὲρ πᾶσαν ὢν
ἀληθῶς ἀνθρωπότητά τε καὶ θεότητα.[285]

und Wahrheit (ἀλήθεια) sowie Figur
(τύπος) und Urfigur (ἀρχετυπία) haben.
Wenn es also in diesem Äon dem
Menschen auf übernatürliche und
erhabene Weise möglich ist, nachdem er das höchste Maß der Tugend
(ἀρετή), Erkenntnis (γνῶσις) und Weisheit erreicht hat, das Wissen um das
Göttliche zu gewinnen, so ist das
(möglich) durch Figur und Bild der
Urfiguren. Denn jede Wahrheit, die
von uns nun für eine solche gehalten wird, ist wahrhaftig eine Figur,
ein Schatten und Bild des höheren
λόγος. Der λόγος, der in der Gegenwart und im Blick auf die Zukunft
in allem und Schöpfer von allem
ist, wird als in Figur und Wahrheit
begriffen. Er ist aber und zeigt sich,
weil er über Gegenwart und Zukunft
ist, über (jeder) Figur und Wahrheit,
weil er kein Gegenüber hat, das mit
ihm betrachtet wird. Das Gegenüber
von Wahrheit ist ja die Lüge. Über
der Wahrheit ist also der λόγος, der
alles zu sich zusammenführt; und ferner existiert er zwar als Mensch und
Gott, er ist aber in Wahrheit auch
über jeder Menschheit und Gottheit.

Jedes Element also, das zur Stufe des bloß Erwähnten bzw. Erzählten
in der Bibel gehört, sei es eine Zeit- oder Ortsbestimmung, ein Geschlecht, eine Person oder ein Geschäft, kann auf verschiedene Art und
Weise und entsprechend der Kombination, in welcher es vorkommt,
so gedeutet werden, daß diese Deutung über die Stufen des mystischen Aufstiegs Aufschluß gibt und einige ihrer zahlreichen Facetten
verdeutlicht. Hierbei ragt zudem die Einsicht heraus, daß ein Element
positiv oder negativ, lobenswert (ἐπαινετῶς) oder tadelnswert (ψεκτῶς),
je nach dem Kontext, in den es eingebettet ist, und dem Licht, in
welchem es steht, aufgefaßt werden kann.[286] Es handelt sich hierbei

---

[284] Hier fügt Eriugenas Übersetzung hinzu: „et in nullo ullum omnino subsistens
aut apparens"; vgl. Max. Amb. Io(lat.). 33 (S. 173, Z. 123f.).
[285] Max. Amb. Io. 37, 1296A–D (Übersetzung von mir).
[286] Vgl. Max. Amb. Io. 37, 1293D: „ἢ ἕτερόν τινα τῶν ἐν ἐπαίνῳ ἢ ψόγῳ τῇ

um ein hermeneutisches Verfahrensmittel der Allegorese, von dem besonders Didymus der Blinde (ca. 313–398) Gebrauch machte.[287] Wichtig ist Maximus indes, daß der durch die zwei Prädikate „lobenswert" bzw. „tadelnswert" jeweils implizierten Bejahung oder Verneinung auf der Interpretationsebene eine Bejahung bzw. Verneinung auf der Ebene des Rezipienten, d. h. des Schriftlesers, entsprechen soll, so daß er sich die Schriftworte je nach geistlicher Veranlagung aneignet. Vom Kirchenvater wird diese Veranlagung im Sinne der drei Stufen des mystischen Weges schematisiert. Es ist aber kaum zu bestreiten, daß diese maximinischen Ausführungen sehr vage sind und selber klärungsbedürftig bleiben. Der Confessor geht jedenfalls nicht darauf ein, wie sich diese Aneignung im einzelnen ereignen soll, sondern geht einfach zur nächsten Stufe über, bei der es darum geht, sich von der Dreier-Ebene der Stadien des mystischen Weges zu der Ebene der Bipolarität von Figur (τύπος) und Wahrheit (ἀλήθεια) zu begeben.

Wie bereits im ersten Teil dieses Kapitels besprochen wurde, greift der Bekenner bei dieser Bipolarität ein Thema auf, welches seit Origenes zur herkömmlichen christlichen Typologie gehört.[288] Hierbei wird nicht nur das Alte Testament als Figur des Neuen verstanden, sondern auch das Evangelium gilt als Symbol für die endzeitliche Vollendung. Außer, daß Maximus τύπος (Figur) und σκιά (Schatten) semantisch die gleiche Bedeutung zu verleihen scheint,[289] ist die hiesige Übernahme des typologischen Gedankens bei ihm insofern interessant, als diese Gegenwart, die zum *Vor*bild des Eschaton wird, nicht direkt mit der Bibel – oder mit einem Teil von ihr wie dem Neuen

---

Γραφῇ κειμένων"; ferner Max. Thal. 64 (S. 213, Z. 436–439): „ἀνδρῶν κατ᾽ ἀλήθειαν μὴ γινωσκόντων τὴν ψεκτὴν αὐτῶν δεξιὰν ἢ ἀριστεράν, ἐπειδὴ πάντα σχεδὸν ἐπαινετῶς λαμβάνεται τῇ γραφῇ καὶ ψεκτῶς".

[287] Vgl. z. B. Didym. ZaT. 276: „Ἔστιν ὀνόματα πολλὰ ζῴων ψεκτῶς ἀνθρώποις ἐφαρμοζόμενα"; ibid. 278: „Αὐτάρκως μαρτυρίων π[α]ρατεθέντων πρὸς δεῖξιν τοῦ παραβεβλῆσ[θ]αι τοὺς ἀνθρώπους ψεκτῶς κτήνεσιν ἀνοήτοις, ἐκθετέον λοιπὸν γραφὰς παριστάσας ὡς καὶ ἐπαινετῶς ὁμοιοῦνται ἤθεσιν καὶ κινήμασιν ἐνίων ζῴων οἱ ἄνθρωποι". In Didym. ZaT. 122 unterscheidet der Alexandriner zwei Arten von Fasten, eine lobenswerte und eine tadelnswerte. Vgl. ferner dazu W. Bienert (1972) 95, Anm. 68; Evagr. Schol. Prov. 313: „Λύπη ἐστὶ ψεκτὴ στέρησις φθαρτῆς ἡδονῆς· λύπη δέ ἐστιν ἐπαινετὴ στέρησις ἀρετῶν καί γνώσεως θεοῦ"; ibid. 152; Evagr. Gnost. 21 (zitiert in Anm. 380); zu ψεκτῶς bei Origenes vgl. Orig. Com. Io. XX, 220; Orig. Hom. Ier. IV, 4 (S. 268, Z. 31). Im übrigen scheint die Kategorienlehre – selbstverständlich abgesehen von der Zahl „zehn", die an Aristoteles erinnert – eigenes Gedankengut des Bekenners zu sein, obwohl er sie zu Beginn des zitierten Passus *bibelhermeneutischen Autoritäten* zuschreibt.

[288] Vgl. den Abschnitt 3. 1. 3. 1 (S. 167f.).

[289] Vgl. den Abschnitt 3. 1. 3. 2. 2.

Testament – identisch ist, sondern vielmehr mit jenem geistlichen
Zustand des Mystikers, für dessen Dynamik und vielerlei Schattierungen
die Schrift durch ihre zahlreichen Gestalten und Geschichten ein
Zeugnis ablegt. Als eine gegenwärtige Figur für eine zukünftige, eschatologische Wahrheit, die ja Maximus am Ende des analysierten Passus
mit dem göttlichen Logos, der gleichzeitig Mensch und Gott ist,
gleichsetzt, kann die Schrift nur in dem Maße gelten, als in ihr das
spirituelle Voranschreiten des Menschen kodifiziert ist. Wird es dadurch
deutlich, wie eng in den Augen des Bekenners Schriftverständnis und
Mystik zusammengehören, so gestattet uns außerdem das Ende des
zitierten Textes, wo Maximus die letzte Phase der Vereinheitlichungs-
dynamik im Blick auf die Schrift schildert, zu folgern, daß die
Auffassung vom schriftlichen λόγος und vom göttlichen Logos in seinem Denken konvergieren. Wäre es nicht so, wäre der Übergang zu
diesem λόγος, der Mensch und Gott ist, nicht zu erklären. Im Lichte
der maximinischen Lehre von der Inkarnation des Logos in der
Schrift ist dies alles andere als auffällig. Dennoch will man schriftlichen λόγος und göttlichen Logos nicht ganz identifizieren, so muß
man mit P. M. Blowers annehmen, daß sich der schriftliche λόγος
im göttlichen Logos befindet.[290] Dementsprechend wäre dieser λόγος
als das Siegel des göttlichen Logos in der Schrift zu verstehen, das
ihm in ihr Allgegenwärtigkeit und Immanenz verschafft, obwohl der
Logos ihr gegenüber völlig erhaben bleibt.[291]

Selbstverständlich entzündet sich nun die Frage, inwieweit diese
schriftliche Kategorienlehre operationell ist und bibelhermeneutisch
eine Brücke zwischen der vielfältigen Oberfläche der Bibel und dem
einen Logos schlägt, der in dieser Bibel Fleisch wird. Mir scheint,
daß die fragliche Kategorienlehre insofern als operationell bezeichnet werden kann, als sie eine Deutung der wörtlichen Schriftebene im
Sinne der Stufen des mystischen Aufstiegs immer für möglich hält,
und insofern, als die biblischen Einzelelemente im Blick auf eine solche Deutung je nach Kontext als lobenswert oder tadelnswert ausgelegt werden können. Daran zeigt sich, wie stark die Aktualisierung

---

[290] Vgl. P. M. Blowers (1991) 143.
[291] Zum Verhältnis des göttlichen Logos zu den ontologischen λόγοι vgl. den
Abschnitt 1. 2. 2. 2; vgl. ferner zu diesem allgemeinen λόγος der Schrift Max. Amb.
Io. 21, 1252CD: „Πᾶς γὰρ λόγος θεόθεν τοῖς ἀνθρώποις κατὰ τὸν αἰῶνα τοῦτον
γραφεὶς πρόδρομός ἐστι τοῦ δι᾽ αὐτοῦ ἀγράφως ἐν πνεύματι κατὰ νοῦν μηνυομένου
καὶ ἐς ὕστερον φανησομένου τελεωτέρου λόγου".

schriftlichen Gedankenguts im Sinne des monastischen Lebens Maximus am Herzen liegt. Dieselbe Beobachtung wird ebenfalls für die anderen Stufen des Vereinheitlichungsvorgangs gelten. Somit ist der Schriftausleger dazu aufgefordert, die gesamte Schrift für eine in die Zeit eingebettete Figur (τύπος) zu erachten, welche eine überzeitliche Wahrheit voraussagt. Offenbart sich diese Wahrheit, die ja in letzter Analyse der göttliche Logos selbst ist, werden die Schrift sowie jede Figur und jeder Schatten (σκιά) überwunden. Indes gibt die Kategorienlehre, wie sie im *Ambiguum ad Ioannem* 37 zur Sprache kommt, keine konkreten Regeln bzw. Anhaltspunkte, wie die Übergänge von der Vielfalt zur Einheit vollzogen werden sollen und in welchem Ausmaß die Allegorese dabei zu Rate gezogen werden darf.[292] Jedenfalls entsteht der Eindruck, daß diese auf den schriftlichen λόγος hin zielenden Übergänge selbst und die Unerläßlichkeit ihres Vollzugs bei weitem wichtiger sind als die Frage nach der adäquaten und zu befolgenden Methode. Dies besagt natürlich nicht, daß der Bekenner keine heuristischen Vorgehensweisen der Allegorese kennt.[293] Vielmehr aber scheint es sein Ziel im *Ambiguum ad Ioannem* 37 zu sein, anhand seiner Logoslehre die organische Verbindung der schriftlichen Vielfalt in ihrer konkreten Ausformung mit dem einen Logos zu betonen und ein *Grundmuster* zu skizzieren, anhand dessen diese Vielfalt stufenmäßig überwunden werden kann.

3.2.2. *Die Rahmenbedingungen der Begegnung*: Die synergische Hermeneutik

Noch einmal, nun freilich vom Blickpunkt der Kategorienlehre aus, wurde deutlich, wie stark Maximus seine schrifthermeneutische Reflexion mit seiner Auffassung vom mystischen Weg verknüpft. Diese Verknüpfung besteht ja nicht nur darin, daß die Bibel, wenn sie richtig interpretiert und verstanden wird, über die Stufen dieses Wegs Aufschluß gibt, sondern auch darin, daß die Schriftauslegung selbst als ein zur mystischen Naturbetrachtung (φυσικὴ θεωρία) paralleler Vorgang, als eine γραφικὴ θεωρία, aufgefaßt wird.[294] Daß der Confessor also Natur und Schrift zusammendenkt, bewirkt, daß die Schriftauslegung spirituell keineswegs *neutral* sein kann, sondern immer in einen

---

[292] Eine Analyse dessen, was für eine Rolle die Kategorienlehre in der maximinischen Auslegungspraxis spielt, wird im Abschnitt 3. 3. 1 gemacht.
[293] Vgl. dazu ferner den Abschnitt 3. 2. 3. 3.
[294] Vgl. auch den Abschnitt 3. 1. 1 (S. 131–134).

mystischen Prozeß eingebettet ist, denselben nämlich, der für jeden
Mönch – und jeden Menschen – gilt und dessen Hauptzüge im zweiten Kapitel dieser Arbeit geschildert wurden. Dort zeigte sich, daß
die ersten Stadien des mystischen Aufstiegs, nämlich die πρᾶξις und
φυσικὴ θεωρία, einen synergischen Charakter aufweisen, insofern für
deren dynamischen *Vollzug* eine Begegnung zwischen göttlicher und
menschlicher Wirkkraft vorausgesetzt wird.[295] Dies legt aber nahe,
daß ähnliches auch für die Schriftbetrachtung gilt, daß sie somit kein
rein menschliches Bemühen, sondern ein harmonisches Zusammen-
wirken von Gott und Mensch ist.[296] Diese Synergie gibt sich als *die*
Rahmenbedingung zu erkennen, innerhalb der die Schrift adäquat
zu verstehen ist. Was hier also analytisch mit „Rahmenbedingung*en*"
bezeichnet wird, sind die Hauptmomente des synergischen *Vollzugs*
unter dem Gesichtspunkt der darin wirkenden *Akteure*, nämlich des
Logos, des Heiligen Geistes und des Menschen.

3.2.2.1. *Zur Rolle des Logos*: Die Menschwerdung als hermeneutischer Schlüssel

In dem *Caput theologicum et œconomicum* II, 46, das eine allegorisierende
Reflexion über die Jünger darstellt, die sich nach dem Tod des Herrn
aus Furcht vor den Juden versammelten und die Türen verschlossen (vgl. Joh 20, 19), beteuert Maximus, daß der Logos denen, die
sich zur Höhe der göttlichen Beschauungen (θεώρημα) erhoben haben,
die σύμβολα seiner μυστήρια zeigt.[297] Geht es hier um herkömmliche

---

[295] Vgl. die Abschnitte 2. 2. 1 u. 2. 2. 2.

[296] Seine Überzeugung, daß der Mensch auf göttliche Hilfe angewiesen ist, um
die Schrift *richtig* auslegen zu können, drückt Maximus z. B. im Proömium der
Quaestiones ad Thalassium aus; vgl. Max. Thal. Prol. (S. 19 u. 21, Z. 55–57): „καὶ
ἵλεώ μοι τὸν θεὸν ταῖς εὐχαῖς κατάστησον καὶ τῶν λεγομένων συλλήπτορα, μᾶλλον
δὲ τῆς ὅλης καὶ ὀρθῆς γενέσθαι περὶ ἑκάστου κεφαλαίου χορηγὸν ἀποκρίσεως".
Obgleich Gott in diesem Zitat als *Gewährer* (χορηγός) der exegetischen Antworten
gilt, will der Kirchenvater damit die menschlichen Verstandeskräfte nicht ausklam-
mern. Dies geht nicht nur daraus hervor, daß die Eigenschaft Gottes als χορηγός
innerhalb eines maximinischen Wunsches zur Sprache kommt, so daß der Bekenner
über sie nicht *verfügen* kann, sondern auch aus den Ausführungen des Abschnitts
3. 2. 2. 3, in dem die Rolle des Menschen im Verstehensprozeß analysiert wird.
Vgl. auch Max. Thal. 38 (S. 255, Z. 5–10) [zitiert in Anm. 490], wo Maximus die
Eigenschaft Gottes als Gewährer der Weisheit mit dem menschlichen Bemühen
(φιλοπονεῖν) um den Sinn der Schrift parallelisiert.

[297] Vgl. Max. Th. œc. II, 46, 1145AB: „Οἱ διὰ τὸν φόβον τῶν Ἰουδαίων κατὰ
τὴν Γαλιλαίαν ἐν τῷ ὑπερῴῳ κλείσαντες τὰς θύρας καθήμενοι· τουτέστι, οἱ διὰ
τὸν φόβον τῶν πνευμάτων τῆς πονηρίας, κατὰ τὴν χώραν τῶν ἀποκαλύψεων, ἐν
τῷ ὕψει τῶν θείων θεωρημάτων ἀσφαλῶς βεβηκότες, θυρῶν δίκην μύσαντες τὰς

schrifthermeneutische Termini,[298] so hat L. Thunberg zu Recht darauf aufmerksam gemacht, daß die Pointe dieses Textes darin liegt, daß der Logos derjenige ist, der die σύμβολα beleuchtet und derart Zugang zu *seinen* μυστήρια verschafft.[299] Man vergegenwärtige sich die maximinische Auslegung des Verklärungsgeschehens, wo auch der Logos selbst, wenn er in Herrlichkeit erscheint, Natur und Schrift transparent macht.[300] Es geht dem Bekenner demnach nicht nur darum, daß sich der Logos in der Schrift verleiblicht, sondern auch darum, daß er selbst den Ausleger zur Wahrnehmung dieser Verleiblichung und dadurch zum richtigen Verständnis der Schrift führt.[301]

Wie ist diese Führung durch den Logos genauer zu erfassen? Bereits im ersten Kapitel dieser Arbeit habe ich auf die maximinische Schlüsselaussage aufmerksam gemacht, das μυστήριον der Verleiblichung des Logos habe die Kraft (δύναμις) aller in der Schrift enthaltenen Rätsel (αἴνιγμα) und Figuren (τύπος).[302] Es ist also die Menschwerdung des Herrn, welche nicht nur die Wirklichkeit der ontologischen λόγοι,[303] sondern auch die Heilige Schrift erschließt und so Zugang

---

αἰσθήσεις, παραγινόμενον ἀγνώστως δέχονται τὸν τοῦ Θεοῦ Λόγον, ἄνευ τῆς κατ᾽ αἴσθησιν ἐνεργείας αὐτοῖς ἐπιφαινόμενον· ἀπάθειάν τε διὰ τῆς εἰρήνης, καὶ μερισμοὺς Πνεύματος ἁγίου διὰ τῆς ἐμπνεύσεως δωρούμενον· καὶ τὴν κατὰ πνευμάτων πονηρῶν ἐξουσίαν παρέχοντα, καὶ δεικνύοντα τῶν αὐτοῦ μυστηρίων τὰ σύμβολα".

[298] Vgl. zu μυστήριον den Abschnitt 3.1.3.2.1; ferner den Abschnitt 3.1.3.2.2.

[299] Vgl. L. Thunberg (1985) 163f.

[300] Vgl. den Abschnitt 3. 1. 1 (S. 134–139); Max. Thal. 48 (S. 331, Z. 17–20): „Ἐλθέ, λόγε θεοῦ πανύμνητε, δὸς τῶν οἰκείων λόγων τὴν σύμμετρον ἡμῖν ἀποκάλυψιν καί, περιελὼν τὴν τῶν ἐπικαλυμμάτων παχύτητα, δεῖξον ἡμῖν, Χριστέ, τὸ κάλλος τῶν νοουμένων"; ferner Max. Pater (S. 30, Z. 76f.), wo Jesus selber die im Vaterunser enthaltenen μυστήρια wirkt (αὐτουργός) und lehrt; Max. Th. ec. II, 28, 1137BC.

[301] Vgl. z. B. Max. Thal. 11 (S. 89, Z. 6–11): „Ὁ μὲν ἀκριβὴς περὶ τούτων (sc. Jud 6) λόγος τοῖς ἀποστολικοῖς τὴν διάνοιαν μόνοις ἔστω τετηρημένος, τοῖς ἀμέσως παρὰ τοῦ λόγου διδαχθεῖσι τήν τε τῶν ὄντων γνῶσιν ἀψευδῆ, καὶ τοῖς ἐπὶ τοῖς οὖσι σοφῆς προνοίας τὴν ἀγαθὴν καὶ δικαίαν διεξαγωγήν, οἷα μηδὲν ἑαυτῶν καὶ τοῦ λόγου κατὰ νοῦν ἀφεῖσι κωλυτικὸν διατείχισμα". Wird hier die schriftliche Betrachtung von der Erkenntnis der Seienden abhängig gemacht, so stellt dies das Prinzip, der Logos bewirke das richtige Verständnis der fraglichen Stelle aus dem Judasbrief, nicht in Abrede. Im ersten Teil dieses Kapitels wurde schon darauf hingewiesen, daß für den Kirchenvater trotz Parallelisierung die Naturbetrachtung eine Voraussetzung für die Schriftbetrachtung bildet; vgl. dazu den Abschnitt 3. 1. 1 (S. 142f.) u. Anm. 44.

[302] Vgl. Kap. 1, Anm. 347; ferner Max. Th. ec. I, 66, 1108AB: „Τὸ τῆς ἐνσωματώσεως τοῦ Λόγου μυστήριον, πάντων ἔχει τῶν τε κατὰ τὴν Γραφὴν αἰνιγμάτων καὶ τύπων τὴν δύναμιν, καὶ τῶν φαινομένων καὶ νοουμένων κτισμάτων τὴν ἐπιστήμην. Καὶ ὁ μὲν γνοὺς σταυροῦ καὶ ταφῆς τὸ μυστήριον, ἔγνω τῶν προειρημένων τοὺς λόγους· ὁ δὲ τῆς ἀναστάσεως μυηθεὶς τὴν ἀπόρρητον δύναμιν, ἔγνω τὸν ἐφ᾽ ᾧ τὰ πάντα προηγουμένως ὁ Θεὸς ὑπεστήσατο σκοπόν".

[303] Vgl. dazu den Abschnitt 1. 2. 2. 2 (S. 63–68).

zur biblischen Inkarnation des Logos verschafft. Was ist aber hiermit gemeint? Daß es für den Bekenner die historische Inkarnation
des Logos ist, die ermöglicht, daß dessen Präsenz in der Bibel *überhaupt* als eine Fleischwerdung aufgefaßt wird, ist in den Analysen des
ersten Teiles dieses Kapitels ersichtlich geworden, die ja auch gezeigt
haben, *wie* Maximus die biblische Verleiblichung des Logos nach
dessen Menschwerdung deutet. Mir scheint aber, daß bei der eben
angesprochenen erschließenden Rolle der geschichtlichen Inkarnation
um *mehr* geht, nämlich um die – im Sinne der Kategorienlehre —[304]
gegebene Möglichkeit, *alles* in der Bibel im Blick auf den menschgewordenen Logos, und somit auf das Christusgeschehen im weitesten Sinn, hin zu deuten, und so zu zeigen, wie sich der Logos
überall in der Schrift befindet. Wenn indes diese meine Interpretation
zutrifft, scheint das Denken des Confessors zirkulär zu sein. Denn,
wie kann die Menschwerdung Christi als Schlüssel zu der Schrift
fungieren, wenn diese Menschwerdung selbst ohne die Schrift nicht
erkennbar wäre? Gewiß kann diese Aporie durch den Rückgriff auf
die klassische Unterscheidung zwischen klaren und dunklen Stellen
in der Schrift gelöst werden. Demzufolge kann die geschichtliche
Inkarnation, die in der Bibel auf klare Weise dokumentiert ist, zum
Verstehen *dunkler* biblischer Stellen verhelfen.[305] Mir scheint aber, daß
die erschließende Funktion der Menschwerdung des Herrn auch eine
mystische Pointe besitzt. Selbstverständlich würde der Kirchenvater
nicht unterstellen, daß sich die historische Inkarnation unabhängig
von der Heiligen Schrift erkennen läßt. Dennoch geht der inkarnierte Existenzmodus des Logos über die Schrift hinaus, denn der
Logos will immer und überall das μυστήριον seiner Verleiblichung

---

[304] Vgl. dazu den Abschnitt 3. 2. 1.
[305] Solch eine Theorie legt sich dadurch nahe, daß Maximus sagt, das μυστήριον
der Verleiblichung habe die Kraft der schriftlichen *Rätsel* und *Figuren*. Wenn Maximus
biblische Texte im Sinne des Christusgeschehens allegorisch interpretiert [vgl. dazu
den Abschnitt 3. 3. 1], dann macht er im Grunde nichts anderes, als diese Methode
anzuwenden. Daß der Kirchenvater außerdem von der Existenz klarer biblischer
Stellen, die keiner Auslegung bedürfen, ausgehen kann, läßt sich belegen; vgl. Max.
Ep. 7, 433CD [628 bzw. 643; vgl. P. Sherwood (1952) 31]: „οὐκ οἶδ᾽ ὅπως πρὸς
πάντα τὰ ἐν τῇ ἁγίᾳ Γραφῇ περί τε ψυχῆς καὶ ἀναστάσεως νεκρῶν διά τε προφητῶν
καὶ ἀποστόλων, καὶ αὐτοῦ τοῦ διὰ σαρκὸς ὁμιλήσαντος ἡμῖν Θεοῦ Λόγου, καὶ
μάλιστα Κορινθίοις ἰδιοτρόπως διὰ τοῦ θεσπεσίου Παύλου περὶ ἀναστάσεως δι-
ηγορευμένα, τήν τε ἀκοὴν ἑκουσίως βύσαντες (sc. einige Mönche, die meinen, die
Leiber würden nach der Auferstehung physiologisch genauso leben wie jetzt), καὶ
πρὸς κατανόησιν τὸ τῆς ψυχῆς ὄμμα ἐπιμύσαντες, οὕτω τρανὰ ὑπάρχοντα καὶ ἐξά-
κουστα καὶ μηδενὸς τοῦ ἑρμηνεύοντος πρὸς τὸ γνωσθῆναι δεόμενα".

wirkungsvoll machen.[306] In diesem Zusammenhang wurde bereits erwähnt, daß sich der Begriff μυστήριον bei Maximus auf *alle* Wirkungen des Christusgeschehens bezieht.[307] Ein Ort jedoch, auf den sich die Verleiblichung des Logos *ausdehnt* und an dem sie besonders stark zutagetritt, ist zweifelsohne die mystische Erfahrung des Menschen, da sich der mystische Aufstieg bei dem Kirchenvater ohne die christologische Grundlage nicht vorstellen läßt.[308] Hier scheint es angebracht zu sein, daran zu erinnern, daß Maximus wie Origenes sogar eine Verleiblichung des Logos im Mystiker durch die Tugenden kennt.[309] Infolgedessen fungiert die Inkarnation des Logos als hermeneutischer Schlüssel für die Heilige Schrift nicht nur in dem Sinne, daß jedes Element dieser Schrift in letzter Analyse in Beziehung zu dem Christusgeschehen in seiner gesamten Tragweite steht und daß durch die *Explizierung* dieser Beziehung[310] die allumfassende Gegenwart des Logos in der Bibel sichtbar wird, sondern auch insofern, als diese Menschwerdung in ihren Auswirkungen, wie der Gnade des Geistes,[311] im Mystiker präsent ist und ihm das Notwendige gewährt, um die Bibel *richtig* verstehen zu können.[312]

---

[306] Vgl. Max. Amb. Io. 7, 1084CD: „Βούλεται γὰρ ἀεὶ καὶ ἐν πᾶσιν ὁ τοῦ Θεοῦ Λόγος καὶ Θεὸς τῆς αὐτοῦ ἐνσωματώσεως ἐνεργεῖσθαι τὸ μυστήριον".

[307] Vgl. den Abschnitt 3. 1. 3. 2. 1.

[308] Vgl. dazu das zweite Kapitel dieser Dissertation, vor allem die Abschnitte 2. 1. 2. 2; 2. 2. 1; 2. 2. 3.

[309] Vgl. dazu den Abschnitt 2. 2. 1 (S. 111f.).

[310] Es wird sich im folgenden zeigen, daß die Aufgabe dieser Explizierung vor allem der Allegorese zukommt; vgl. dazu die Abschnitte 3. 2. 3. 2 u. 3. 3. 1.

[311] Zur Verbindung zwischen der Taufe und dem Heiligen Geist vgl. den Abschnitt 2. 1. 3 (104f.). Zur Rolle des Geistes im synergischen Prozeß der Schriftauslegung vgl. den Abschnitt 3. 2. 2. 2.

[312] Hierbei handelt es sich um zwei Aspekte, die sich ergänzen: Objektiv gesehen, d. h. unter dem Gesichtspunkt der schriftlichen Fleischwerdung muß jedes Rätsel und jede Figur in der Schrift auf den Logos zurückgehen; der Begriff δύναμις, den der Confessor in Max. Th. ec. I, 66, 1108AB (zitiert in Anm. 302) im Blick auf die Schrift verwendet, bezeichnet in anderen Zusammenhängen die Bedeutung der schriftlichen Erzählung über vergangene Ereignisse, wenn sie durch Allegorese aktualisiert wird; vgl. z. B. Max. Thal. 17 (S. 111, Z. 17–21): „Τὴν μὲν οὖν ἱστορίαν ἤδη πληρωθεῖσαν σωματικῶς ἐν τοῖς κατὰ Μωσέα καιροῖς παρήσομεν, τὴν δὲ τῆς ἱστορίας ἐν πνεύματι δύναμιν, νοεροῖς κατανοήσωμεν ὄμμασιν, ἀεὶ γινομένην καὶ τῷ γίνεσθαι πλέον ἀκμάζουσα"; ferner ibid. 26 (S. 181, Z. 149–152): „Καὶ εἰς ἄλλα δὲ πολλὰ σημαινόμενα ἕκαστος τῶν ἀπηριθμημένων τῇ γραφῇ βασιλέων λαμβάνεται, κατὰ μέντοι τὴν ὑποκειμένην τῇ προφητείᾳ δύναμιν" (Hervorhebung von mir). Subjektiv gesehen aber, ist die Rückführung der schriftlichen Elemente auf den Logos nur deshalb möglich, weil der Ausleger durch die Gnade zu ihr befähigt wird, die ja selber eine Konsequenz und Vergegenwärtigung der historischen Fleischwerdung des Logos ist.

In diesem Kontext ist noch eine Frage anzusprechen, die im ersten
Teil dieses Kapitels offen blieb, d. h. die nach dem genaueren Verhältnis zwischen den drei Inkarnationen des Logos.[313] Im Lichte dessen,
daß die historische Menschwerdung des Logos als Gesamtgeschehen,
das zwar in die Geschichte eingebettet ist, dessen Folgen dennoch
bis in die Gegenwart der Kirche und des Schriftauslegers hinein-
reichen, sowohl die ontologischen λόγοι der Seienden wie die Heilige Schrift hermeneutisch erschließt, kann man mit L. Thunberg
behaupten, daß zwischen den Fleischwerdungen in der Natur und
Schrift und der in der Geschichte ein Rangunterschied besteht.[314] Die
geschichtliche Inkarnation ist für den Kirchenvater nicht nur deshalb vorrangig, weil sie das *konzeptuelle* Mittel liefert, anhand dessen
die zwei anderen Offenbarungsweisen des Logos geschildert werden,
sondern auch weil diese Offenbarungsweisen *vertikal*[315] in der Erfahrung
des Mystikers und der Kirche ohne jene Inkarnation nicht greifbar
werden. Dieser Vorrang wird ebenfalls vom Standpunkt der dreifachen Typologie aus veranschaulicht, die der Confessor Origenes verdankt. Dabei erscheint das Evangelium als ein Gesamtsymbol, das
das Eschaton vorauskündigt, und der historische Herr sogar als Vorläufer für sich selbst.[316] Jedoch im Unterschied zu den kosmischen
und schriftlichen Symbolen, die im Eschaton ganz und gar überwunden werden, gehört das Fleisch des Herrn zu seiner endzeitlichen Erscheinungsweise, auch wenn es sich hierbei nicht um jene
Form des Knechtes, sondern um die der Herrlichkeit handelt, von
der die Jünger auf dem Verklärungsberg einen *Vor*geschmack hatten.[317] Insofern also, als der Logos, wenn die eschatologische Vollendung anbricht, von den Heiligen auch als Mensch wahrgenommen
wird, während die symbolische Funktion der schriftlichen Worte und
kosmischen Formen *völlig* aufhört, kann man behaupten, daß für den

---

[313] Vgl. den Abschnitt 3. 1. 2 (S. 151f.).
[314] Vgl. L. Thunberg (1985) 159–164.
[315] Zur Unterscheidung zwischen horizontaler und vertikaler Ebene im Blick auf
das naturhafte und schriftliche Gesetz vgl. den Abschnitt 3. 1. 1 (S. 140–143).
[316] Vgl. den Abschnitt 3. 1. 3. 1 (S. 167f.); ferner Max. Amb. Io. 21, 1253D–1256A:
„Ὡς πρόδρομος ἑαυτοῦ (sc. der Herr) πρὸς τοῦ θεοφόρου διδασκάλου (sc. Gregor
von Nazianz) προσηγόρευται νῦν, ὡς ἑαυτὸν ἀναλόγως τοῖς ὑποδεχομένοις κατά τε
τὴν Παλαιὰν κατά τε (sic) τὴν Νέαν Διαθήκην ἐκφαίνων, δι' αἰνιγμάτων τε καὶ
φωνῶν καὶ τύπων προτρέχων αὐτὸς ἑαυτοῦ, καὶ διὰ τούτων πρὸς τὴν χωρὶς τούτων
ἄγων ἀλήθειαν"; Max. Th. ec. II, 291137CD; C. Steel (1992) 2419–2432.
[317] Vgl. dazu die Abschnitte 3. 1. 1 (S. 134–139) u. 3. 1. 3. 1 (S. 162–168).

Bekenner die historische Fleischwerdung auch *sub specie aeternatis* höher ist als die schriftliche und kosmische.

3.2.2.2. *Zur Rolle des Heiligen Geistes*

Bereits bei der Analyse des maximinischen Kommentars zur Verklärung zeigte sich die Rolle, die der Heilige Geist bei der schriftlichen Erkenntnis spielt.[318] Dort war es der Geist, welcher die Veränderung der sinnlichen Energien der drei Jünger hervorrief und sie so dazu befähigte, über die λόγοι der naturhaften und schriftlichen μυστήρια belehrt zu werden. In der Tat wird die Schriftbetrachtung (γραφικὴ θεωρία) von dem Confessor als eine *geistliche* Betrachtung angesehen.[319] Dies ist nicht nur durch das anthropologische Schriftmodell zu erklären, gemäß dem der allegorische Sinn eines Textes auch als πνεῦμα bezeichnet werden kann,[320] sondern vornehmlich dadurch, daß der Heilige Geist der *Akteur* schlechthin ist, der durch seine Gnade den Ausleger zum richtigen Verstehen der Schrift und zu deren Aktualisierung leitet.[321] Dies hängt nicht nur mit dem altkirchlichen Prinzip zusammen, daß der dank dem Heilsgeschehen Christi gesandte Geist sozusagen in einer Rückbewegung zum göttlichen Logos führt (vgl. Joh 16, 5–15),[322] sondern auch damit, daß der Geist die biblischen Autoren bei der Abfassung ihrer Bücher inspirierte (vgl. 2 Petr 1, 21).[323] Diese Erkenntnis kann der Confessor noch überbieten, indem

---

[318] Vgl. den Abschnitt 3. 1. 1 (S. 134f.).

[319] Vgl. z. B. Max. Thal. 52 (S. 417, Z. 40f.): „χρὴ τοὺς φιλοθέους περὶ τὴν πνευματικὴν θεωρίαν τῶν γεγραμμένων τὴν πᾶσαν ποιεῖσθαι σπουδήν"; Max. Thal. 55 (S. 513, Z. 518f.): „Τῆς μὲν οὖν τῶν ἀπορηθέντων πνευματικῆς θεωρίας ὁ λόγος ἐνταῦθα, κατ᾽ ἐμὲ φάναι, τὸ πέρας εἴληφεν" (Hervorhebung von mir); ferner Max. Thal. 65 (S. 265, Z. 247f.). Sonst betont Maximus vielerorts, daß die Schrift geistlich (πνευματικῶς) zu verstehen sei; vgl. z. B. Max. Thal. 38 (S. 255, Z. 5–10) [zitiert in Anm. 490]; Max. Thal. 50 (S. 379, Z. 20–28) [zitiert in Anm. 324]; vgl. ferner den Ausdruck „ἡ γραφικὴ ἐν πνεύματι γνῶσις" in Max. Amb. Io. 10, 1128C [zitiert im Abschnitt 3. 1. 1 (S. 136)].

[320] Vgl. dazu den Abschnitt 3. 1. 4. 1.

[321] Vgl. z. B. Max. Thal. 55 (S. 481, Z. 15–18): „Τὸ μὲν δι᾽ ἀκριβείας περὶ τούτων εἰπεῖν μόνων ἐκείνων ἐστὶ τῶν διὰ πολλὴν καθαρότητα νοῦ θεόθεν ὅλην εἰληφότων τὴν ἐφικτὴν ἀνθρώποις χάριν τοῦ πνεύματος" (auch zitiert in Anm. 168); ferner Max. Thal. 50 (S. 379, Z. 20–28) [zitiert in Anm. 324]; R. Bornert (1966) 95f.

[322] Vgl. Max. Amb. Io. 10, 1125D–1128B [zitiert und übersetzt im Abschnitt 3. 1. 1 (S. 134f.)].

[323] Vgl. Max. Thal. 9 (S. 79, Z. 21–24): „Συνᾴδουσιν οὖν οἱ ἀπόστολοι, διὰ τῆς δοκούσης ἐναντιοφανοῦς διδασκαλίας ἀλλήλοις συμπνέοντες, ὡς ὑφ᾽ ἑνὸς καὶ τοῦ αὐτοῦ κινούμενοι πνεύματος" (Hervorhebung von mir); vgl. ferner Max. Thal. 4 (S. 61, Z. 10f.); Max. Thal. 10 (S. 87, Z. 69–73); Max. Thal. 55 (S. 503, Z. 375);

er den Geist zum eigentlichen Autor der Schrift erklärt,[324] woraus sich logischerweise ergibt, daß es in dieser nur oberflächliche Widersprüche geben kann,[325] die sich bei genauerem Zusehen und durch Anwendung der adäquaten Auslegungsmethode beheben lassen müssen.[326] Natürlich will der Bekenner damit nicht sagen, daß die Schrift keine Unterschiede aufweist.[327] Seine zuvor behandelte *Kategorienlehre* dürfte genügen, um vom Gegenteil zu überzeugen.[328] Daß sich alles dennoch auf den einen λόγος der Schrift zurückführen läßt, wurzelt darin, daß der Geist, der die Schrift hervorgebracht hat, ein Geist der Harmonie ist, welcher die innere Kohärenz der Bibel über alle Unterschiede hinweg gewährleistet.[329]

Hierbei handelt es sich gewiß um Gedanken, die zur Zeit des Maximus zum Allgemeingut der Patristik gehörten und die er mit

---

dazu auch V. Croce (1974) 38. Die Inspiration der schriftlichen Autoren durch den Heiligen Geist schließt nach Maximus keineswegs die menschliche Wirkkraft aus; vgl. z. B. Max. Thal. 59 (S. 51, Z. 96–99): „ἡ χάρις οὐδαμῶς τῆς φύσεως καταργεῖ τὴν δύναμιν, ἀλλὰ μᾶλλον καταργηθεῖσαν τῇ χρήσει τῶν παρὰ φύσιν τρόπων, ἐνεργὸν ἐποίει πάλιν, τῇ χρήσει τῶν κατὰ φύσιν πρὸς τὴν τῶν θείων κατανόησιν ἄγουσα".

[324] Vgl. Max. Thal. 50 (S. 379, Z. 20–28): „Οὐκοῦν τὰ συμβάντα τυπικῶς κατὰ τοὺς Ἐζεκίου χρόνους, καὶ λαβόντα πέρας τὴν τότε τῶν ἱστορουμένων ἔκβασιν πνευματικῶς θεωρήσαντες, θαυμάσομεν τὴν σοφίαν τοῦ γράψαντος ἁγίου πνεύματος, πῶς ἑκάστῳ τῶν μετειληφότων τῆς ἀνθρωπίνης φύσεως ἁρμόζουσαν ἔθετο καὶ προσήκουσαν τὴν τῶν γεγραμμένων διάνοιαν, ὥστε πάντα τὸν βουλόμενον τοῦ θείου λόγου γενέσθαι φοιτητὴν καὶ μηδὲν ἔχειν τῶν παρόντων καὶ λυομένων τῆς ἀρετῆς ἰσοστάσιον γενέσθαι δύνασθαι ἄλλον Ἐζεκίαν ἐν *πνεύματι*"; Max. Thal. 55 (S. 513, Z. 519–526): „Εἰ δέ τις εὑρεθῇ πλούτῳ κομῶν χάριτος γνωστικῆς… ἀποκαλύψει σαφῶς ἡμῖν τὴν τῷ ῥητῷ τῶν γεγραμμένων κεκαλυμμένην διάνοιαν τὸ ὑψηλὸν φῶς τῆς ἐν ὅλοις ἀληθείας γνωστικῶς ἀπαστράπτουσαν, πείθων τοὺς μαθεῖν δυναμένους ὡς οὐδὲν ἀκαίρως οὐδὲ μάτην τῷ *ἁγίῳ πνεύματι* γέγραπται, κἂν ἡμεῖς χωρεῖν οὐ δυνάμεθα" (Hervorhebung von mir).

[325] Vgl. Max. Thal. 9 (S. 79, Z. 21–24) [zitiert in Anm. 323].

[326] Vgl. Max. Amb. Io. 21, 1252D: „Οὕτω μὲν οὖν, ὡς οἶμαι, τῆς θείας ὅλης Γραφῆς ὁ νοῦς εὐσεβῶς ὁμαλιζόμενος οὐδὲν δυσχερὲς ἢ ἀνώμαλον διὰ τῶν καθ' ἱστορίαν δοκουσῶν ἐναντιώσεων ἔχων δειχθήσεται". Ein Beispiel zur Überwindung biblischer Widersprüche bieten viele Quaestiones ad Thalassium; vgl. z. B. Max. Thal. 2 (S. 51); 4 (S. 61–63); 6 (S. 69–71); 7 (S. 73–75); 8 (S. 77); 9 (S. 79–81); 10 (S. 83–87); 15 (S. 101–103); 18 (S. 117); 19 [S. 119; zitiert und übersetzt im Abschnitt 3.1.1 (S. 126f.)]; 21 (S. 127–133); 22 (S. 137–143); 29 (S. 211–215). Zur Vorgehensweise des Bekenners, durch die er solche Aporien bewältigen kann, und ihrem Verhältnis zu seiner Schrifthermeneutik im allgemeinen vgl. den Abschnitt 3.3.3.

[327] Vgl. W. Völker (1965) 261f.

[328] Vgl. den Abschnitt 3. 2. 1.

[329] Vgl. Max. Thal. 63 (S. 171, Z. 397–400); ferner W. Völker (1965) 260–262; V. Croce (1974) 45f.

vielen seiner Zeitgenossen teilte.[330] Interessant bleibt aber die Beobachtung, daß für den Bekenner die Parallele zwischen der historischen und der biblischen Inkarnation des göttlichen Logos insofern
auch den Heiligen Geist erfaßt, als dieser, so wie er bei der geschichtlichen Verleiblichung mitwirkt,[331] auch als Urheber der Schrift fungiert. Man hat indes den Eindruck, daß der Confessor im Unterschied
zu der historischen Fleischwerdung zuweilen keine klaren Grenzen
zwischen dem in der Schrift inkarnierten Logos und dem sie inspi-
rierenden Geist zieht. So spricht Christus durch den Apostel Paulus,[332]
die schriftlichen Worte sind dennoch auch Worte des Heiligen
Geistes,[333] der z. B. Jonas seinen Namen gibt[334] und bewirkt, daß in
der Schrift unterschiedliche Gestalten identifiziert werden.[335] Außerdem
schreibt der Kirchenvater, wie schon gesehen, sowohl dem Logos
wie dem Geist die Aufgabe zu, in die biblischen μυστήρια einzuwei-
hen. Trotz des bereits angesprochenen altkirchlichen Schemas, gemäß
dem der Logos die Gläubigen durch *seinen* Geist zu *sich* leitet, scheinen die obigen Beobachtungen Anzeichen dafür zu sein, daß Maximus
an diesem Punkt seine Schrifttheorie nicht tiefergehend durchdacht
hat. Nichtsdestoweniger können sie auch widerspiegeln, daß Maximus
nicht darauf bedacht war, ein theologisches System aufzubauen, sondern nur nach Bedarf *spekulierte*. Jedenfalls steht er in der Linie einer
auf das Neue Testament (vgl. Joh 16, 5–15) zurückgehenden Tradition,
welche die Synergie und das Komplementaritätsverhältnis zwischen
dem Handeln des Sohnes und jenem des Geistes betont.[336] Insofern

---

[330] Vgl. W. Völker (1965) 260f.

[331] Vgl. Max. Pater (S. 32, S. 91f.): „ἀλλ᾽ ὁ μὲν (sc. der Vater) εὐδοκῶν, τὸ δὲ
(sc. der Heilige Geist) συνεργοῦν αὐτουργοῦντι τῷ Υἱῷ τὴν σάρκωσιν"; ferner Max.
Thal. 2 (S. 51, Z. 23–27); Max. Thal. 60 (S. 79, Z. 94–114).

[332] Vgl. Max. Ep. 2, 405A [ca. 626; vgl. P. Sherwood (1952) 25]: „φησὶν ὁ θεῖος
Ἀπόστολος, μᾶλλον δὲ ὁ δι᾽ αὐτοῦ ταῦτα λαλήσας Χριστός".

[333] Vgl. Max. Thal. 43 (S. 295, Z. 62–67): „Πολλὴ τοιγαροῦν ἐστιν ἡ διαφορὰ
τῶν δύο ξύλων, καὶ τῆς αὐτῶν φυσικῆς διακρίσεως, καὶ τῆς ἐν ἑκάστῳ προσφυοῦς
ἐμφάσεως, ὁμωνύμως ἐκφωνηθείσης ἄνευ διαστολῆς προσηγορίας τοῦ καλοῦ τε καὶ
τοῦ κακοῦ, καὶ πολλὴν δύναται ποιῆσαι τοῖς μὴ σοφῶς τε καὶ ἐπεσκεμμένως
ἐντυγχάνουσι *τοῖς λογίοις τοῦ πνεύματος* τὴν πλάνην" (Hervorhebung von mir).

[334] Vgl. Max. Thal. 64 (S. 215, Z. 452f.): „Διὰ τοῦτο μυστικῶς τὸ πνεῦμα τὸ
ἅγιον τοιαύτην αὐτῷ (sc. Jonas) προσηγορίαν ἐπέθηκεν".

[335] Vgl. Max. Thal. 3 (S. 57, Z. 47f.): „οὓς (sc. der Mann mit dem Wasserkrug
und der Hausherr; vgl. Lk 22, 7–13) πάλιν διὰ τοῦ πνεύματος μιγνὺς ὁ λόγος ἕνα
καλεῖ τε καὶ ποιεῖ".

[336] Irenäus von Lyon nennt z. B. den Sohn und den Heiligen Geist die „Hände
Gottes"; vgl. Iren. Haer. IV, 20, 1: „Neque enim indigebat horum Deus ad facien-
dem quae ipse apud se praefinierat fieri, quasi ipse suas non haberet manus. Adest

sind Logos und Geist für den Confessor *gleichberechtigte* Akteure bei dem synergischen Vorgang, wodurch der Interpret zum über den wörtlichen Sinn hinausgehenden Verständnis der Schrift geführt wird.[337]

3.2.2.3. *Zur Rolle des Menschen*

Sind der göttliche Logos und der Heilige Geist dafür verantwortlich, dem Ausleger der Schrift deren *richtiges* Verstehen zu gewähren, so geschieht dies nicht ohne die aktive und bewußte Teilnahme des Menschen.[338] Obschon der Bekenner zuweilen darauf hinweist, daß der genaue Sinn einiger biblischer Texte nur den geistlich äußerst Fortgeschrittenen vorbehalten bleibt,[339] lautet seine Grundregel, daß sich der Leser bzw. Ausleger der Schrift um deren Verständnis bemühen soll.[340] Da jeder Christ Träger des Heiligen Geistes ist, kann in letzter Analyse kein Gläubiger von der Aufgabe freigestellt werden, die Schrift zu deuten.[341] Für den Confessor gilt es, sich den heiligen Schriften zu widmen, sie zu erforschen und zu kennen sowie sich mit dem göttlichen Gesetz Tag und Nacht sorgfältig zu beschäftigen.[342] Gerade die Tatsache, daß die Schrift voller μυστήρια ist, die

---

enim ei semper Verbum et Sapientia, Filius et Spiritus, per quos et in quibus omnia libere et sponte fecit".

[337] Vgl. z. B. in Max. Thal. 65 (S. 273, Z. 355) den Ausdruck „ἡ ἐν Χριστῷ τῶν γραφῶν πνευματικὴ θεωρία" (Hervorhebung von mir). Zur gesamten Problematik vgl. ferner V. Croce (1974) 36–40.

[338] Vgl. z. B. Max. Thal. 63 (S. 161, Z. 251–254): „Πᾶν γὰρ χάρισμα πνευματικὸν προσφυοῦς χρῄζει τῆς ἕξεως, ἀπαύστως ἐπιχεούσης αὐτῷ, καθάπερ ἔλαιον, τὴν ὕλην τὴν νοεράν, ἵνα διαμείνῃ κατὰ τὴν ἕξιν τοῦ δεξαμένου κρατούμενον"; ferner Max. Thal. 59 (S. 45–53); R. Bornert (1966) 95.

[339] Vgl. Max. Thal. 11 (S. 89, Z. 6–11) [zitiert in Anm. 301].

[340] Vgl. Max. Thal. 38 (S. 255, Z. 5–10) [zitiert in Anm. 490]; In diesem Sinne können auch die adhortativen Ausdrücke verstanden werden, die sich durch die Quaestiones ad Thalassium hindurch ziehen und meistens dazu ermahnen, nicht beim wörtlichen Sinn zu verharren bzw. weitere Deutungsmöglichkeiten zu suchen; vgl. z. B. Max. Thal. 47 (S. 315 u. 317, Z. 63–67): „Ἐπειδὴ δὲ διὰ τὸν πλοῦτον τῆς χάριτος πολυτρόπως δύναται ληφθῆναι πρὸς ὠφέλειαν τῶν ἀρετῆς τε καὶ γνώσεως ἐφιεμένων πᾶσα συλλαβή, καὶ ἡ τυχοῦσα, τῆς θείας Γραφῆς, *φέρε*, κατὰ τὸ δυνατὸν ἡμῖν καὶ ἑτέρως τὰ προτεθέντα *θεωρήσωμεν*"; Max. Thal. 52 (S. 425, Z. 172): „*Γενώμεθα* τοίνυν καὶ ἡμεῖς τῆς τῶν γεγραμμένων ἐννοίας" (alle Hervorhebungen von mir); ferner Max. Thal. 17 (S. 111, Z. 17–21) [zitiert in Anm. 312]. Zur schriftlichen Polysemie vgl. den Abschnitt 3. 2. 3. 2.

[341] Vgl. Max. Thal. 54 (S. 453 u. 455, Z. 191–199): „Εἰ δέ τις ὑψηλότερον τὸν τῶν γεγραμμένων νοῦν σκοπῆσαι δυνηθῇ ... φθόνος οὐδείς, ὅτι μηδὲ πέφυκεν ἐλαττοῦσθαι τοῦ πνεύματος ἡ χάρις ἐν τοῖς συμμετέχουσι ... κἂν ὁ μὲν πλέον ὁ δὲ ἔλαττον ἔχῃ τῆς χάριτος. Ἕκαστος γὰρ κατὰ τὴν ἀναλογίαν τῆς ἐν αὐτῷ πίστεως φανερουμένην κέκτηται τοῦ πνεύματος τὴν ἐνέργειαν".

[342] Vgl. Max. Amb. Io. 21, 1244A: „σχολάσαι καὶ γνῶναι και ἐρευνᾶν τὰς Γραφάς, καὶ μελετᾶν τὸν θεῖον νόμον ἡμέρας καὶ νυκτός" (vgl. Ps 1, 2 LXX).

sich nicht ohne weiteres erschließen, macht es notwendig, daß sie zu einem Gegenstand der Durchforschung, Durchsuchung und Anstrengung wird.[343] Gibt es Menschen, die mehr Schrifterfahrung haben,[344] so ist doch das Bemühen um den Sinn der Schrift in jedem Fall nützlich, auch wenn man sich dabei mit Vermutungen (στοχασμός) begnügen muß. Denn, wenn sich die Vermutung als Wahrheit erweist, so wird Gott freudevoll ein „Opfer des Lobes" dargebracht; verfehlt der Ausleger indes die Wahrheit, so wird er dazu bewogen, Ehrfurcht vor dem Göttlichen zu haben, weil der schriftliche Sinn über seine eigene Kraft hinausgeht.[345] Jedenfalls ist es für den Bekenner in dieser Hinsicht maßgeblich, wie er in seinem Kommentar zum Verklärungsereignis beteuert,[346] daß der Bibelausleger nicht bei dem wörtlichen Schriftsinn auf *jüdische* Weise verharrt und sich infolgedessen dem in der Schrift fleischgewordenen Logos verschließt.

Fragt man nach der Rolle jeder der menschlichen Kräfte im Auslegungsprozeß, so gilt für die schriftliche Erkenntnis offensichtlich der gleiche *Mechanismus*, der im Blick auf die φυσικὴ θεωρία von Maximus zur Geltung gebracht wird.[347] Kommt es dem Sinnesvermögen zu, die Beziehung zu den biblischen Symbolen herzustellen, so ist der νοῦς dafür verantwortlich, daß man nicht bei der oberflächlichen Sinneswahrnehmung bleibt, sondern durch sie zum tieferen schriftlichen Sinn gelangt.[348] Wie bei der Betrachtung des Seienden kann das Sinnesvermögen als eine Schranke fungieren und

---

[343] Vgl. Max. Thal. 32 (S. 225, Z. 4–16) [zitiert und übersetzt im Abschnitt 3. 1. 1 (S. 131)]; Max. Thal. 17 (S. 111, Z. 12–15): „Ὁ τῶν γραφικῶν αἰνιγμάτων φόβῳ θεοῦ τὸν νοῦν *διερευνώμενος* καὶ μόνης τῆς θείας ἕνεκεν δόξης, οἷον ὡς προκάλυμμα περιαιρῶν τὸ γράμμα τοῦ πνεύματος, εὑρήσει πάντα, κατὰ τὸν τῆς σοφίας λόγον, ἐνώπια" (Hervorhebung von mir); Max. Thal. 50 (S. 383, Z. 70f.); Max. Thal. 52 (S. 417, Z. 40f.) [zitiert in Anm. 319]; Max. Thal. 63 (S. 163, Z. 271f.).

[344] Vgl. z. B. Max. Thal. 7 (S. 73, Z. 9): „ὡς ἔστι δῆλον τοῖς αὐτῆς (sc. die Schrift) πεπειραμένοις".

[345] Vgl. dazu Max. Thal. 55 (S. 481 u. 483, Z. 26–36). Wichtig für den Bekenner im Auslegungsprozeß ist eine sozusagen dialektische Beziehung zwischen der Schrift, dem Menschen und der göttlichen Gnade; vgl. dazu Max. Thal. 63 (S. 163, Z. 281–286): „τῶν ἁγίων γραφῶν χωρὶς οὐκ ἔστι κατ᾽ ἀλήθειαν δύναμις νοημάτων θεοπρεπής, ἕξεως δὲ δίχα, καθάπερ ἄγγους νοημάτων δεκτικῆς, οὐδαμῶς ἂν συσταίη νόημα θεῖον, θείοις δὲ νοήμασι μὴ τρεφόμενον τὸ φῶς τῆς ἐν τοῖς χαρίσμασι γνώσεως ἄσβεστον οὐ συντηρεῖται τοῖς ἔχουσιν".

[346] Vgl. den Abschnitt 3. 1. 1 (S. 138f.).

[347] Vgl. den Abschnitt 2. 2. 2.

[348] Vgl. Max. Thal. 32 (S. 225, Z. 4–16) [zitiert und übersetzt im Abschnitt 3. 1. 1 (S. 131)].

somit das richtige Schriftverständnis versperren.[349] Gerade in Hinblick
auf die Fortgeschrittenen betont Maximus außerdem die Funktion
des menschlichen λόγος, der das, was vom νοῦς erfahren wird, interpretiert (ἑρμηνευτής) und auf diese Art eine Mittlerrolle zwischen
dem Mystiker und seinen Adressaten spielt.[350] Gewiß hat der Confessor
hier vor allem den λόγος als gesprochenes Wort im Sinne, man vergegenwärtige sich indessen den griechischen Hintergrund des λόγος-
Begriffs, nach dem das Denkende und das Diskursive zwei Aspekte
desselben *logischen* Vermögens sind.[351] Nimmt somit der λόγος als
Denkkraft eine Mittlerrolle zwischen dem Sinnesvermögen und dem
νοῦς ein,[352] so erfüllt er als diskursive Kraft eine weitere Mittlerfunktion
zwischen dem Mystiker, dem es zusteht, die Schrift zu interpretieren, und seiner Zuhörer- bzw. Leserschaft.

3.2.3. *Die Begegnung als Prozeß*: Die dynamische Hermeneutik

Die vorangehenden Ausführungen haben gezeigt, daß Maximus in
hermeneutischer Hinsicht gewissermaßen eine operationelle Theorie
entwickelt hat, die zu versuchen scheint, die Ebene des Wörtlichen
in der Bibel mit dem in dieser Bibel inkarnierten Logos zu verknüp-

---

[349] Vgl. Max. Thal. 63 (S. 151, Z. 111–117): „ὁ μόνῳ τῷ γράμματι τῆς γραφῆς
παρακαθήμενος μόνην ἔχει τὴν αἴσθησιν κρατοῦσαν τῆς φύσεως· καθ᾽ ἣν ἡ πρὸς
τὴν σάρκα τῆς ψυχῆς σχέσις μόνη διαφαίνεσθαι πέφυκεν· τὸ γὰρ γράμμα, μὴ
νοούμενον πνευματικῶς, μόνην ἔχει τὴν αἴσθησιν περιγράφουσαν αὐτοῦ τὴν ἐκφώνησιν
καὶ μὴ συγχωροῦσαν πρὸς τὸν νοῦν διαβῆναι τῶν γεγραμμένων τὴν δύναμιν".

[350] Dies sagt Maximus nicht in bezug auf die Schriftauslegung, sondern im Rahmen
seiner Mystagogia, in der es um die liturgischen Symbole geht. Die Parallelität
zwischen liturgischem und schriftlichem Symbolismus bei ihm wurde aber von
R. Bornert (1966) 83–124 u. (1967) 323–327 nachgewiesen; vgl. auch dazu Anm. 203;
ferner Max. Myst. Prol. (S. 194f., Z. 78–91; PG 661BC): „Ἐκεῖνος (sc. der Ältere,
dem Maximus seine Lehre in der Mystagogia entnimmt) γάρ, πρὸς τὸ φιλόσοφος
εἶναι καὶ πάσης παιδείας διδάσκαλος, δι᾽ ἀρετῆς περιουσίαν καὶ τῆς περὶ τὰ θεῖα
χρονιωτέρας τε καὶ ἐπιστημονικωτέρας τριβῆς καὶ φιλοπονίας τῶν τῆς ὕλης δεσμῶν
καὶ τῶν κατ᾽ αὐτὴν φαντασιῶν ἐλεύθερον ἑαυτὸν καταστήσας, τόν τε νοῦν εἰκότως
εἶχε ταῖς θείαις αὐγαῖς περιλαμπόμενον καὶ διὰ τοῦτο δυνάμενον ἐνθέως ὁρᾶν τὰ
τοῖς πολλοῖς μὴ ὁρώμενα *καὶ τὸν λόγον ἑρμηνευτὴν ἀκριβέστατον τῶν νοηθέντων*
καὶ ἐσόπτρου δίκην ὑπ᾽ οὐδεμιᾶς κηλῖδος παθῶν ἐμποδιζόμενον, ἀκραιφνῶς τὰ
ἄλλοις μήτε νοηθῆναι δυνάμενα καὶ φέρειν καὶ λέγειν ἰσχύοντα, ὡς δύνασθαι τοὺς
ἀκροατὰς ὅλον μὲν τῷ λόγῳ τὸν νοῦν ὁρᾶν ἐποχούμενον, ὅλα δὲ ὅλῳ τῷ νῷ
καθαρῶς ἐμφαίνεσθαι τὰ νοηθέντα *καὶ διὰ τῆς τοῦ λόγου μεσιτείας αὐτοῖς δια-
πορθμευόμενα δέξασθαι*" (Hervorhebung von mir); Max. Amb. Io. 10, 1116D.
[351] Vgl. vor allem die Abschnitte 1. 1. 4; 1. 1. 5; 1. 1. 6.
[352] Vgl. die Abschnitte 2.1.1 (S. 88) u. 2. 2. 2 (S. 114).

fen. Zudem wurde die Rolle des göttlichen Logos, des Heiligen Geistes und des Menschen im Vorgang der Schriftdeutung in ihren Grundzügen untersucht, wodurch die Vermutung bestätigt wurde, daß der Bekenner eine synergische Hermeneutik in dem Sinne vertritt, daß die Auslegung ein Zusammenkommen von göttlicher und menschlicher Energie voraussetzt. Gilt hier prinzipiell, daß die Erkenntnis des *richtigen* Schriftsinns eine Offenbarung ist, die vor allem vom Logos und vom Heiligen Geist vermittelt wird, so ist der Mensch daran beteiligt, nicht nur indem er sich dem Geoffenbarten öffnet, sondern auch indem er sich gemäß seiner Kräfte um den biblischen Sinn bemüht. Dennoch ist die maximinische Schrifthermeneutik nicht nur synergisch, sondern auch dynamisch. Mit dieser Bezeichnung meine ich, daß die Auslegung für Maximus, hermeneutisch gesehen, einen Prozeß darstellt, der im Grunde in diesem Äon nicht zu einem Ende kommen kann, weil sich der genaue Schriftsinn nie auf eine Bedeutungsmöglichkeit beschränken läßt, sondern immer eine Vielfalt von Sinnpotentialitäten aufweist. Dies lag bisher insofern nahe, als der mystische Aufstieg, in welchen für den Bekenner die Schriftauslegung eingebettet ist, selbst ein dynamischer Vorgang ist, der von der kontinuierlichen synergischen *Wechselbeziehung* zwischen Gott und Mensch lebt. Im folgenden soll also dieser dynamische Aspekt der Bibelhermeneutik des Confessors näher betrachtet werden, indem vor allem nach der maximinischen Auffassung vom Unerschöpflichsein des Gotteswortes gefragt wird sowie nach den heuristischen Verfahrensmitteln, auf die der Bekenner rekurriert, um dadurch diese Auffassung in die Auslegungspraxis umzusetzen. Dem wird jedoch der Versuch vorausgehen, die wichtigsten vom Confessor im Rahmen seiner Allegorese verwendeten Begriffe, welche im ersten Teil dieses Kapitels im Kontext der Frage nach den maximinischen Schriftmodellen kaum behandelt wurden, näher zu bestimmen.

3.2.3.1. *Zur maximinischen Begrifflichkeit*

Für das dritte Kapitel seiner Monographie zur Exegese und der spirituellen Pädagogik in den *Quaestiones ad Thalassium* wählte P. M. Blowers den Titel „Anagogical Exegesis as a Theological and Pedagogical Use of Scripture in the *Quaestiones ad Thalassium*",[353] obgleich der Begriff ἀναγωγή an sich keine besonders große Rolle für die Bibelhermeneutik

---

[353] P. M. Blowers (1991) 184.

des Maximus zu spielen scheint, dem er offensichtlich den Begriff θεωρία vorzieht.[354] Wie bereits gesehen, bezeichnet der Kirchenvater mit θεωρία sowohl die Natur- als auch die Schriftbetrachtung.[355] Bezieht sich dieser Begriff also auf eine Stufe des mystischen Aufstiegs – vor allem wenn er mit dem Adjektiv φυσική kombiniert wird[356] – so bezeichnet er nicht weniger die Betrachtung als Prozeß[357] oder auch als Methode,[358] durch die die λόγοι der Dinge nachgelesen werden. In schrifthermeneutischer Hinsicht kann θεωρία dementsprechend den Prozeß, die Methode oder den Ertrag schriftlicher Betrachtung

---

[354] Dies sei an einem Beispiel veranschaulicht: Allein in Max. Thal. 65 kommt der Begriff θεωρία in einem schrifthermeneutischen Kontext mindestens elfmal vor [vgl. Max. Thal. 65 (S. 265, Z. 236. 241. 248; S. 267, Z. 255f.; S. 269, Z. 301; S. 273, Z. 355 u. 365; S. 277, Z. 425. 427. 443; S. 287, Z. 578; ferner S. 291, Z. 639 u. S. 303, Z. 823)], während ἀναγωγή [vgl. Max. Thal. 65 (S. 267, Z. 256; S. 273, Z. 365)] nur zweimal benutzt wird. Es ist aber keine Seltenheit, daß beide Termini kombiniert werden. Maximus wird z. B. darum gebeten, die ihm von Thalassius zugeschickte Liste mit Bibelstellen nach der ἀναγωγικὴ θεωρία auszulegen; vgl. Max. Thal. Prol. (S. 19, Z. 28); ferner Max. Thal. 65 (S. 267, Z. 256; S. 273, Z. 365). Zu θεωρία bei Maximus vgl. auch R. Bornert (1966) 90–97. Während sich die antiochenische Bibelexegese darum bemühte, zwischen θεωρία und ἀλληγορία zu unterscheiden, werden beide Begriffe z. B. von Gregor von Nyssa gleichgesetzt; vgl. Greg. Nys. Cant. Prol. (S. 6, Z. 2–4): „εἶτα μνησθεὶς τῶν δύο τοῦ Ἀβραὰμ τέκνων … ἀλληγορίαν ὀνομάζει (sc. Paulus; vgl. Gal 4, 24) τὴν περὶ αὐτῶν θεωρίαν"; Diod. Com. Ps. Prol. (S. 7, Z. 130–133): „Ἐκεῖνο δὲ μόνον χρὴ φυλάττεσθαι, μή ποτε ἀνατροπὴ τοῦ ὑποκειμένου ἡ θεωρία ὀφθῇ, ὅπερ οὐκέτι ἂν εἴη θεωρία ἀλλ᾿ ἀλληγορία. Τὸ γὰρ ἄλλως ἀγορευόμενον παρὰ τὸ κείμενον οὐ θεωρία ἐστὶν ἀλλ᾿ ἀλληγορία". Die von der alexandrinischen Hermeneutik geprägte Bibelexegese verstand also unter θεωρία den allegorischen Sinn der Schrift. Bei Pseudo-Dionys Areopagita hat θεωρία eher eine mystische Färbung und bezeichnet das Ziel der *anagogischen* Emporhebung; vgl. Dion. Div. nom. 705B (zitiert in Anm. 363); Dion. Eccl. hier. 501CD: „Ἔστι δὲ καὶ οὐρανία καὶ νομικὴ κοινωνικῶς τῇ μεσότητι τῶν ἄκρων ἀντιλαμβανομένη, τῇ μὲν κοινωνοῦσα ταῖς νοεραῖς θεωρίαις, τῇ δὲ ὅτι καὶ συμβόλοις αἰσθητοῖς ποικίλλεται καὶ δι᾿ αὐτῶν ἱερῶς ἐπὶ τὸ θεῖον ἀνάγεται"; ferner Dion. div. nom. 588D. Besonders im liturgischen Bereich steht θεωρία aber auch für die *Interpretation* eines Ritus; vgl. z. B. Dion. Eccl. hier. 425B: „ἀνασκεψώμεθα καὶ κατίδωμεν ἱεραρχικῶς τὴν καθ᾿ ἕκαστον ἀκριβῆ τῆς ἁγιωτάτης τελετῆς ἱερουργίαν καὶ θεωρίαν"; ferner ibid. 423C; 532B; P. Rorem (1984) 114f.

[355] Zu φυσικὴ θεωρία vgl. den Abschnitt 2. 2. 2; zu γραφικὴ θεωρία vgl. Max. Amb. Io. 37, 1293B [zitiert und übersetzt im Abschnitt 3. 2. 1].

[356] Vgl. Kap. 2, Anm. 142, 144 u. 145.

[357] Vgl. die maximinische Beschreibung der fünf Arten der φυσικὴ θεωρία in Max. Amb. Io. 10, 1133A–1137C.

[358] Vgl. z. B. Max. Thal. Prol. (S. 27, Z. 168–170): „τοὺς τῶν γεγονότων λόγους, διὰ τῆς ἐν πνεύματι φυσικῆς θεωρίας ἀφέτους τῶν ἐπ᾿ αὐτοῖς αἰσθητῶν συμβόλων γενομένους, ἐπιστημονικῶς ἀναλέξηται (sc. die Seele)"; Max. Amb. Io. 10, 1128C [zitiert und übersetzt im Abschnitt 3. 1. 1 (S. 136)]. Wenn hier von *Methode* die Rede ist, dann ist diese nicht ohne den göttlichen Beistand, das synergische Moment also, zu verstehen.

bedeuten. Der erste Aspekt klingt nicht zuletzt dann an, wenn Maximus z. B. das Verb θεωρέω verwendet.[359] Daß θεωρία auch als interpretatorische Methode aufgefaßt werden kann, bezeugt der Prolog der *Quaestiones ad Thalassium*, in dem Maximus die an ihn gerichtete Bitte erwähnt, die fraglichen Bibelstellen nach der ἀναγωγικὴ θεωρία zu deuten,[360] während θεωρία als Ertrag der Auslegung vor allem dort erscheint, wo der Begriff im Plural gebraucht wird.[361] Zweifellos lassen sich die ganzen Schattierungen des θεωρία-Begriffs an vielen maximinischen Stellen nicht voneinander unterscheiden. Meistens ist θεωρία einfach der Kommentar zu einem Text, einer Person, einem Geschehnis oder einem Sachverhalt, in welchem über das Wörtliche hinaus nach einem tieferen Sinn gesucht wird.[362]

Der Begriff ἀναγωγή ist für Maximus, wie gesagt, weniger spezifisch als θεωρία und gehört nicht zu den zahlreichen Bezeichnungen des mystischen Weges.[363] Nichtsdestoweniger hat die ἀναγωγή auch ihre

---

[359] Vgl. z. B. Max. Thal. 16 (S. 107, Z. 35–37): „Ἵνα δὲ σαφέστερον γένηται τὸ χωρίον, ὁριστικῶς ἕκαστον, εἰ δοκεῖ, θεωρήσωμεν"; Max. Thal. 48 (S. 339, Z. 135f.): „Πρὶν δὲ τῆς αὐτῶν ἅψασθαι θεωρίας, ἀπορῶ". In diesem letzten Zitat scheint θεωρία die Interpretation als *Vorgang* zu bezeichnen, weil das Verb ἅπτομαι sehr wahrscheinlich „anfangen" oder „sich befassen mit" bedeutet.

[360] Vgl. Max. Thal. Prol. (S. 19, Z. 28); ferner Max. Pater (S. 40, Z. 225f.): „θαρροῦντες ἐπέλθωμεν, ἐπιμελῶς ἑκάστου ῥητοῦ γυμνάζοντες, ὡς οἷόν τε, θεωρίᾳ τὴν ἔννοιαν".

[361] Vgl. Max. Thal. 50 (S. 379, Z. 9–12): „Ὁ τῆς ἁγίας γραφῆς λόγος, κἂν εἰ δέχεται περιγραφὴν κατὰ τὸ γράμμα, τοῖς χρόνοις τῶν ἱστορουμένων πραγμάτων συναπολήγων, ἀλλὰ κατὰ τὸ πνεῦμα ταῖς τῶν νοουμένων θεωρίαις μένει διαπαντὸς ἀπερίγραφος"; ferner Max. Amb. Io. 50, 1368C.

[362] Vgl. Max. Thal. 38 (259, Z. 7–9): „Αἱ δὲ τρεῖς ἡμέραι εἰσί, καθ' ἕνα τρόπον τῆς ἐπ' αὐταῖς θεωρίας, αἱ τρεῖς δυνάμεις"; Max. Thal. 48 (S. 331, Z. 31f.): „φώτισον πρὸς τὴν τῶν προκειμένων θεωρίαν τὴν ἀφώτιστόν μου διάνοιαν"; Max. Thal. 64 (S. 231, Z. 706–708): „Τοιγαροῦν δέδεικται σαφῶς ὅτι πολύτροπον ἔχει τὴν ἐπ' αὐτῷ θεωρίαν ὁ προφήτης κατὰ τὴν δύναμιν τοῦ ὀνόματος". Vgl. ferner die verschiedenen Untertitel in Max. Amb. Io. 10, 1105C–1205C, wo die Wortkombination θεωρία εἰς in bezug auf eine schriftliche Gestalt oder ein schriftliches Ereignis mehrmals begegnet.

[363] Vgl. dazu den Abschnitt 2.2. Zur Geschichte des Begriffs ἀναγωγή vgl. vor allem W. Bienert (1972) 58–67, wo gezeigt wird, daß das Verb ἀνάγω zwei Bedeutungen haben kann, nämlich „hinaufführen/hinaufbringen" und „zurückführen/rückbeziehen/beziehen auf". Daß ἀναγωγή in den christlichen Kreisen ein terminus technicus für die allegorisierende Bibelexegese wurde, geht auf Origenes zurück. Die eben erwähnte Doppelbedeutung von ἀνάγω dürfte hierbei für den Alexandriner ein entscheidender Faktor gewesen sein; vgl. dazu W. Bienert (1972) 63f.; ferner W. Bienert (1995) 419–427. Bei Pseudo-Dionys Areopagita bezeichnet ἀναγωγή vor allem die Hinaufführung zu Gott durch die liturgischen und biblischen Symbole; vgl. z. B. Dion. Eccl. hier. 377A: „συμβολική τίς ἐστιν ὅπερ ἔφην ἀναλόγως ἡμῖν αὐτοῖς ἡ καθ' ἡμᾶς ἱεραρχία δεομένη τῶν αἰσθητῶν εἰς τὴν ἐξ

Wurzeln in der mystischen Lehre des Bekenners, da das Verb ἀνάγω zur Bezeichnung der Hinaufführung des Menschen zum Logos[364] oder zu einer höheren Wahrheit gebraucht werden kann. So führt der Logos selbst den menschlichen νοῦς zum höheren Nous oder die Natur zum Himmel hinauf.[365] Dieses Verb, das bei dem Confessor normalerweise von der Präposition πρός – seltener εἰς oder ἐπί – begleitet wird, bezeichnet in der Regel eine durch einen *höheren Faktor*, z. B. den Logos, herbeigeführte, steigende Bewegung des Menschen zu einer bestimmten Zielsetzung hin. Es kann jedoch vom Menschen selbst gesagt werden, daß er seinen νοῦς zu einer höheren Wahrheit emporhebt.[366] Dem schrifthermeneutischen Gebrauch von ἀνάγω liegt eine ähnliche steigende Bewegung zugrunde.[367] Hier kommt es dem Exegeten zu, den Buchstaben der Schrift zu einer höheren Ebene

---

αὐτῶν ἐπὶ τὰ νοητὰ θειοτέραν ἡμῶν ἀναγωγήν"; Dion. Coel. hier. 260B: „ἡ πρὸς θεὸν ἀναγωγὴ καὶ ἐπιστροφή"; Dion. Div. nom. 705B: „ἀπὸ τῶν ἔξωθεν ὥσπερ ἀπό τινων συμβόλων πεποικιλμένων καὶ πεπληθυσμένων ἐπὶ τὰς ἁπλᾶς καὶ ἡνωμένας ἀνάγεται (sc. die Seele) θεωρίας"; ferner Dion. Div. nom. 709C; Dion. Coel. hier. 261A; Dion. Eccl. hier. 392A. Der Areopagit kann aber auch den Begriff ἀναγωγή schrifthermeneutisch im Sinne einer allegorisierenden *Deutung* verwenden; vgl. Dion. Coel. hier. 377D: „Ἔστι δὲ καὶ κατ' ἄλλην ἀναγωγὴν ἀνακαθᾶραι τὴν τῶν νοερῶν τροχῶν εἰκονογραφίαν" (vgl. Ez 10, 13); Dion. Coel. hier. 336C: „καθ' ἕκαστον εἶδος εὑρήσεις ἀναγωγικὴν τῶν τυπωτικῶν εἰκόνων ἀνακάθαρσιν". Gerade dieser von P. Rorem (1984) 111 als sehr speziell und selten bewertete Gebrauch von ἀναγωγή bei Pseudo-Dionys erinnert an die *alexandrinische* Art und Weise, den Begriff zu benutzen. Zu ἀναγωγή beim Areopagiten vgl. P. Rorem (1984) 99–116; zu ἀναγωγή bei Maximus vgl. P. M. Blowers (1991) 185–196.

[364] Vgl. Max. Amb. Io. 33, 1288A [zitiert und übersetzt im Abschnitt 3. 1. 2 (S. 148f.)]; Max. Amb. Io. 10, 1128B [zitiert und übersetzt im Abschnitt 3. 1. 1 (S. 135)].

[365] Vgl. Max. Thal. 25 (S. 163, Z. 74–76): „ὡς ἐν ἑαυτῷ (sc. der Logos) δεικνύντος ὑφιστάμενον κατ' οὐσίαν τὸν νοῦν, πρὸς ὃν ἀνάγει τὸν ἐφιέμενον τῆς πρὸς θεὸν κατὰ χάριν ταυτότητος νοῦν"; ibid. 64 (S. 195, Z. 150f.): „πρὸς οὐρανὸν ὅλην τὴν κεκτατημένην φύσιν ἀναγάγων (sc. der Herr)"; ferner ibid. [S. 211, Z. 396 u. 404f. (πρός)]; Max. Amb. Io. 10, 1152A (εἰς); ibid. 47, 1360D (πρός); ibid. 60, 1385A (ἐπί) u. 1385B (εἰς); Max. Qu. d. 35 [S. 29, Z. 24 (εἰς)]; 44 [S. 37, Z. 11 (εἰς)]; 142 (S. 101, Z. 15).

[366] Vgl. Max. Amb. Io. 30, 1273B: „Ὁ τὸν νοῦν (…) πρὸς τὸν ἀρχικὸν ἑκάστου (sc. der göttlichen Namen) καὶ πνευματικὸν λόγον ἀναγαγών τε καὶ μεταποιήσας"; ferner Max. Qu. d. 12 (Z. 10, Z. 8f.); 68 (S. 53, Z. 22).

[367] Vgl. Max. Thal. 65 (S. 295, Z. 693–699): „Τὸ γὰρ γράμμα τοῦ νόμου (…) διὰ μέσης τῆς φυσικῆς θεωρίας πρὸς τὸ ὕψος τῆς πνευματικῆς μυσταγωγίας ἀναγάγοντες, πᾶν σωματικὸν τοῦ νόμου καὶ πρόσκαιρον νόημα… ἀποκτείνωμεν" (Hervorhebung von mir); Max. Thal. 64 (S. 227, Z. 647–651): „Κατὰ τοῦτον γενόμενος τῆς τῶν ἡμερῶν προθεσμίας τὸν τόπον, τὰ μὲν ἄλλα δοκῶ μοι παρήσειν, ὅσα δυνατὸν ῥηθῆναι τοῖς τὸν λόγον ἀνάγουσι, μονώτατον δὲ σκοπεῖν μετὰ τῆς ἀκριβοῦς σημειώσεως καὶ εἰπεῖν ὅπερ τυχὸν οὐκ ἔξω βαῖνον εὑρεθήσεται τῆς ἀληθείας λεγόμενον".

hinaufzuführen. Dadurch, daß hier die als eine steigende Bewegung aufgefaßte Sinnerhebung von dem Interpreten vollzogen werden soll, wird selbstverständlich die Zentralität der göttllichen Rolle, die sich bei der mystischen Verwendungsweise von ἀνάγω beobachten ließ, keinesfalls in Frage gestellt, denn, wie schon erläutert, ist für den Bekenner der Auslegungsvorgang synergisch bedingt.[368] Beachtenswert ist weiterhin, daß das Objekt dieser exegetischen Hinaufführung die biblischen Worte selbst sind. Es geht also nicht darum, eine ganz neue Wirklichkeit zu schaffen, sondern die schon existierenden Worte auf etwas Höheres zu beziehen, was interessanterweise an die zweite Bedeutung des Verbes ἀνάγω, nämlich „rückführen", erinnert.[369] Zieht man die schrifthermeneutische Bedeutung von ἀνάγω heran, so legt es sich nahe, daß der Kirchenvater unter ἀναγωγή den Mechanismus versteht, nach dem eine schriftliche θεωρία funktioniert, d. h. die Emporhebung der schriftlichen Worte durch ihr Beziehen auf einen höheren Sinn.[370] Demzufolge läßt es sich nachvollziehen, warum Maximus im Prolog der *Quaestiones ad Thalassium* von der ἀναγωγικὴ θεωρία redet.[371] Diese Bedeutung von ἀναγωγή, wo das Hinaufführen als Prozeß im Vordergrund steht, schließt jedoch nicht aus, daß ἀναγωγή wie θεωρία in etlichen Texten des Confessors auch als eine Methode erscheint.[372] Demgegenüber gebraucht Maximus meines Wissens nirgendwo ἀναγωγή, um den Ertrag der hermeneutischen Emporhebung zu bezeichnen, sondern benutzt dafür insbesondere den Ausdruck λόγος τῆς ἀναγωγῆς,[373] was seinem christologischen Schrift-

---

[368] Vgl. Max. Thal. Prol. (S. 19, Z. 28; S. 21, Z. 91), wo der Bekenner die ἀναγωγικὴ θεωρία als geistliche Interpretation (πνευματικὴ ἑρμηνεία) definiert.

[369] Vgl. Anm. 363.

[370] Vgl. z. B. Max. Thal. 65 (S. 273, Z. 360–365): „Χρὴ τοιγαροῦν τὴν κατ᾽ αἴσθησιν πρὸς σῶμα τῆς γραφῆς ἐκδοχήν (…) διὰ τῆς φυσικῆς … τῇ τῶν θείων ἀναγωγῇ λογίων, ἀφανίσαι θεωρίας"; Max. Thal. 65 (S. 267, Z. 252–256): „Οὐκοῦν ἡ λιμὸς τῶν τριῶν ἐτῶν δηλοῖ τὴν ἐν τοῖς τρισὶ νόμοις (…) ἀναλόγως ἑκάστῳ γενομένην τῆς γνώσεως ἔνδειαν τοῖς οὐκ ἐπιμελουμένοις τῆς αὐτῶν κατὰ τὴν θεωρίαν ἀναγωγῆς". In Max. Th. ec. II, 18, 1133AB bezeichnet der Kirchenvater den Übergang vom ῥητὸν τῆς γραφῆς (Text der Schrift) zum πνεῦμα (Geist) als ἀνάβασις (Hinaufsteigen). Zu ῥητὸν vgl. die folgenden Ausführungen dieses Abschnitts.

[371] Vgl. Max. Thal. Prol. (S. 19, Z. 28); ferner den Ausdruck ἡ κατὰ ἀναγωγὴν θεωρία in Max. Myst. 6 (S. 217f., Z. 4; PG 91, 684A); Max. Qu. d. 77 (S. 58, 1f.).

[372] Vgl. z. B. Max. Thal. Prol. (S. 37, Z. 350f.): „Οὕτω μὲν οὖν ἐνταῦθα ληπτέον περὶ τοῦ ξύλου κατὰ τὴν πᾶσιν ἁρμόσαι δυναμένην ἀναγωγήν"; ferner Max. Qu. d. 38 (S. 31, Z. 6).

[373] Vgl. Max. Thal. 25 (S. 159, Z. 17f.): „Οὐκοῦν κατὰ μίαν ἐπιβολήν, τῷ τῆς ἀναγωγῆς προσβαίνοντες λόγῳ, φαμὲν ἄνδρα εἶναι τὸν πρακτικὸν νοῦν". Hier ist

modell[374] und seiner Kategorienlehre[375] entspricht. Hierbei ist die Beobachtung wichtig, daß Maximus, obgleich sich der anagogische Vorgang von der wörtlichen Ebene des Signifikanten zur allegorischen Ebene des Signifikats hin vollzieht, öfters von dem allegorischen Sinn auszugehen scheint.[376] Aus alldem läßt sich folgern, daß hermeneu-

---

das Verb προσβαίνω (Hinzuschreiten) interessant, da durch dessen Bestandteile πρός und βαίνω die *anagogische* Bewegung zum λόγος hin immer noch spürbar ist. Dadurch aber, daß das Subjekt des Infinitivs (εἶναι) πρακτικὸς νοῦς, und nicht ἀνήρ (Mann) ist (vgl. 1 Kor 11, 3–10), zeigt es sich, daß für Maximus der allegorische Sinn *primär* ist; vgl. ferner Max. Amb. Io. 62, 1388AB: „καὶ τὸν μέγαν Δαβὶδ τὸν προφήτην καὶ βασιλέα, πολύσεμνον [πολύσημον?; vgl. Max. Amb. Io(lat.). 58 (S. 239, Z. 3f.): „Dauid . . . habeat in se multa significantem anagogae rationem"] ἔχοντα τὸν ἐπ᾽ αὐτῷ τῆς ἀναγωγῆς λόγον, καθ᾽ ὃν ἐπὶ τοῦ παρόντος αὐτὸν ὁ διδάσκαλος (sc. Gregor von Nazianz) ἐθεώρησε, καὶ ἡμεῖς ἐκδεξώμεθα"; Max. Amb. Io. 61, 1385C: „Πολύτροπον ὄντα τὸν κατὰ τὴν σκηνὴν ἀναγωγικὸν τῆς θεωρίας λόγον ἐπὶ τοῦ παρόντος ὡς ἔλαβεν αὐτὸν ὁ διαδάσκαλος (sc. Gregor von Nazianz) καὶ ἡμεῖς θεωρήσωμεν αὐτὸν". Eine – mindestens in den Werken, deren Echtheit gesichert ist – seltener begegnende maximinische Wortkombination ist τρόπος τῆς ἀναγωγῆς; vgl. Max. Thal. 40 (S. 269, Z. 51–53): „Ταῦτα γὰρ πάντα λείπεται πρὸς ἐξέτασιν τῷ μύστῃ καὶ μυσταγωγῷ τῶν θείων καὶ λόγων καὶ νοημάτων, εἴπερ πάντως τῷ τῆς ἀναγωγῆς κατὰ νοῦν ᾔδεται τρόπῳ"; Max. Amb. Io. 46, 1356C: „Πολλαὶ τοῦ Σωτῆρος ἡμῶν εἰσιν αἱ προσηγορίαι, καὶ πολύτροπος ὁ ἐφ᾽ ἑκάστῃ κατὰ τὴν αὐτῆς ἐπίνοιαν τῆς κατὰ θεωρίαν ἀναγωγῆς καθέστηκε τρόπος"; Max. Qu. d. 8 (S. 7, Z. 9f.); 29 (S. 24, Z. 8); 162 (S. 113, Z. 8f.); I, 35 (S. 151, Z. 10). Ob der Bekenner einen Unterschied zwischen λόγος τῆς ἀναγωγῆς und τρόπος τῆς ἀναγωγῆς im Sinne seiner Kategorienlehre (vgl. den Abschnitt 3. 2. 1) macht, läßt sich anhand des Beweismaterials schwer feststellen. Jedenfalls scheint das Adjektiv τροπικῶς bei Maximus eine semiotische Richtung zu beschreiben, die sich sowohl vom Signifikanten zum Signifikat hin als auch vom Signifikat zum Signifikanten hin vollstrecken kann; zur Richtung vom Signifikanten zum Signifikat hin vgl. Max. Thal. 25 (S. 167, Z. 147f.): „διὰ τοὺς . . . λογισμούς, καὶ αὐτοὺς ἀγγέλους τροπικῶς νοουμένους"; hier bezieht sich νοούμενοι auf ἄγγελοι, die zur Ebene des Wörtlichen gehören (vgl. 1 Kor 11, 10); ferner Max. Thal. 50 (S. 383, Z. 76f.); dagegen Max. Amb. Io. 20, 1240C [zitiert in Anm. 376]; Max. Thal. 55 (S. 503, Z. 379f.): „ἐν παντὶ τῷ κόσμῳ, ὃν τροπικῶς ὠνόμασε (sc. der Prophet Habakuk) θάλασσαν" (vgl. Hab 3, 15 LXX); Max. Thal. 62 (S. 129, Z. 211): „Ἡ μήποτε ξύλα φησὶ τροπικῶς ἡ γραφὴ τὴν ἐπιθυμίαν" (vgl. Sach 5, 4 LXX); ibid. 51 (S. 403, Z. 155–163).

[374] Vgl. den Abschnitt 3. 1. 3. 2. 1 (S. 174–177).

[375] Vgl. den Abschnitt 3. 2. 1.

[376] Vgl. Anm. 373; ferner Max. Amb. Io. 10, 1117AB: „εἴπερ τῷ κατ᾽ ἀναγωγὴν λόγῳ διάκρισις ὑδάτων νοητῆς θαλάττης (vgl. Ex 14, 16–29 LXX) ἐστὶν ἡ τῶν κατ᾽ ἔλλειψιν καὶ πλεονασμὸν ἀντικειμένων ταῖς ἀρεταῖς κακιῶν τῆς πρὸς ἀλλήλας συνεχείας διάστασις"; Max. Amb. Io. 20, 1240C: „δηλονότι κατὰ τὸν τῆς ἀναγωγῆς λόγον καὶ πᾶσα περιγράφουσα τοὺς περί τινος ἀρετῆς ἢ γνώσεως λόγους λῆξις, ὡς ὅρος τῶν ὁριζομένων, καὶ πέρας τῶν περιγεγραμμένων, τροπικῶς οὐρανὸς (vgl. 2 Kor 12, 2) ὀνομάζεται"; Max. Thal. 63 (S. 159 u. 161, Z. 240–246): „κατὰ τὸν τῆς ἀναγωγῆς λόγον ἐπαρυστρίδες τῶν ἑπτὰ λύχνων τῆς ὁραθείσης λυχνίας (vgl. Sach 4, 2f. LXX) αἱ δεκτικαὶ τῶν διατρεφόντων τε καὶ συντηρούντων τοὺς ἑπτὰ λύχνους, ἤγουν τὰς ἐνεργείας τοῦ πνεύματος, διαφόρων λόγων τε καὶ τρόπων καὶ ἠθῶν ὑπάρχουσιν ἕξεις τε καὶ διαθέσεις τῶν εἰληφότων ἐν τῇ ἐκκλησίᾳ τὴν τῶν

tisch die Begriffe θεωρία und ἀναγωγή bei Maximus nicht deckungsgleich sind,[377] obgleich sie sich stark überschneiden. Besonders ist
festzuhalten, daß für den Bekenner θεωρία im Vergleich zu ἀναγωγή
terminologisch spezifischer und semantisch bedeutungsbreiter zu sein
scheint und das enge Verhältnis zwischen Schrifthermeneutik und
mystischer Lehre stärker illustriert. In den Augen des Kirchenvaters
bezeichnet ἀναγωγή vor allem den Vorgang, zufolge dem eine schriftliche θεωρία zu vollziehen ist. Hierbei *erhebt* der Interpret den wörtlichen Sinn auf eine höhere Ebene, indem er ihn auf eine *tiefere*
semantische Dimension bezieht. An den vorangehenden Ausführungen
zeigt sich somit, daß der Confessor in seinem θεωρία- und ἀναγωγή-
Verständnis der Tradition seiner Vorgänger, speziell aber der alexandrinischen Hermeneutik, stark verpflichtet ist.[378] Mir scheint es
dennoch verkehrt zu sein, hierbei das alexandrinische gegen das dionysische Moment auszuspielen, nicht nur weil die Areopagitica, auch
wenn sie zum Teil andere Wege gehen, Verwendungsweisen der zwei
fraglichen Begriffe enthalten, die an die alexandrinische Hermeneutik
erinnern, sondern auch weil der Bekenner selbst zwischen beiden
Momenten anscheinend keinen Gegensatz sieht. So wendet er in der
Mystagogia θεωρία auf die Liturgie an und greift somit ein dionysisches Anliegen auf.[379] Auch sein Gebrauch des Verbes ἀνάγω weist
starke Überschneidunspunkte mit dem des Areopagiten auf.[380]

χαρισμάτων διαίρεσιν"; Max. Thal. 64 (S. 203, Z. 263–266): „μικροὺς δὲ καὶ
μεγάλους (vgl. Jona 3, 5 LXX) ἐνταῦθα κατὰ τὸν τῆς ἀναγωγῆς λόγον ὑπονοῶ
κεκλῆσθαι τοὺς ἐν ἥττονι κακίᾳ καὶ μείζονι φωραθέντας ὑπὸ τοῦ λόγου"; Max.
Thal. 64 (S. 209, Z. 355–358): „Δώδεκα μυριάδας (vgl. Jona 3, 11 LXX) ἐνταῦθα
λέγειν ὑπονοῶ τὴν γραφὴν κατὰ τοὺς τῆς ἀναγωγῆς λόγους τοὺς περὶ χρόνου καὶ
φύσεως λόγους, ἤγουν τὴν μετὰ τῶν οὐκ ἄνευ περιληπτικὴν τῆς ὁρωμένης φύσεως
γνῶσιν". In all diesen Beispielen stellt der allegorische Sinn grammatikalisch das
Subjekt (eines finiten Verbes oder eines Infinitivs) und nicht das Prädikat dar; dagegen Max. Thal. 38 (S. 255, Z. 10–12): „Οἱ Σαδδουκαῖοί (vgl. Mt 22, 23–28) εἰσιν,
κατὰ τὸν τῆς ἀναγωγῆς λόγον, οἱ . . . δαίμονες".

[377] Gegen P. M. Blowers (1991) 229, Anm. 11, der ἀναγωγή und ἀναγωγικὴ
θεωρία gleichsetzt.

[378] Vgl. Anm. 354 u. 373; ferner P. M. Blowers (1991) 229, Anm. 11.

[379] Zur Parallelität zwischen liturgischem und schriftlichem Symbolismus bei
Maximus vgl. R. Bornert (1966) 83–124 u. (1967) 323–327; ferner z. B. Max. Myst.
22 (S. 236f., Z. 5–10; PG 91, 697B): „Δεῦρο (. . .) συναναβῆναι . . . πρὸς ὑψηλοτέραν
θεωρίαν, σκοπῆσαι καὶ κατανοῆσαι πῶς οἱ θεῖοι τῆς ἁγίας Ἐκκλησίας θεσμοὶ τὴν
ψυχὴν ἐπὶ τὴν ἑαυτῆς τελειότητα δι᾽ ἀληθοῦς καὶ ἐνεργοῦς γνώσεως ἄγουσι". Zu
θεωρία bei Maximus vgl. auch R. Bornert (1966) 90–97.

[380] Vgl. die obigen Ausführungen zu ἀνάγω und Anm. 373. Hier sei noch einiges zum Begriff ἀλληγορία bei Maximus hinzugefügt: Dieser Begriff begegnet in

Ein anderer Begriff, der für Maximus schrifthermeneutisch von
Bedeutung ist, ist ἱστορία.[381] Zuerst ist die Beobachtung wichtig, daß
der Kirchenvater das entsprechende Verb ἱστορέω im Sinne von
„erzählen" gebraucht.[382] Hier unterscheidet der Bekenner ganz klar
zwischen der Ebene dessen, was sich ereignet hat (πρᾶγμα), und der
der Erzählung über dieses Ereignis.[383] So legt es sich nahe, daß er

---

den maximinischen Werken noch seltener als θεωρία und ἀναγωγή und scheint
keine spezifische Bedeutung zu haben, sondern vermutlich die hermeneutische
Methode (?) zu bezeichnen, nach der der tiefere Sinn eines Textes erhoben wird,
oder dieser Sinn selbst. Es sind z. B. nach Max. Th. ec. II, 60, 1149D [zitiert in
Anm. 128] die ἱστορίαι (zu ἱστορία vgl. die folgenden Ausführungen dieses Abschnitts),
die ἀλληγορίαι bedürfen. Auch der Ausdruck ὁ τῆς ἀλληγορίας τρόπος ist zu finden;
vgl. z.B. Max. Amb. Io. 46, 1357A. Demzufolge unterscheidet sich ἀλληγορία von
θεωρία und ἀναγωγή unter anderem insofern, als der fragliche Begriff im Prinzip
keine mystische Dimension impliziert, obwohl Maximus ἀλληγορικῶς und πνευματικῶς parallelisieren kann; vgl. Max. Thal. 52 (S. 419, Z. 65–71). Dies läßt sich
aber allein dadurch erklären, daß für Maximus die Erhebung des tieferen Sinnes
geistlich sein *muß*. Zudem bedeutet das Verb ἀλληγορέω vor allem „allegorisch aus-
legen/verstehen"; vgl. z. B. Max. Thal. 38 (S. 255, Z. 5f.): „Φασί τινες μὴ
ἀλληγορεῖσθαι τῶν ἐν τῇ γραφῇ ψεκτῶν προσώπων τοὺς λόγους"; Max. Amb. Io.
50, 1368C: „Ἡ μὲν οὖν Αἴγυπτος κατὰ μίαν τῶν περὶ αὐτὴν ἐπινοιῶν ἀλληγορουμένη
τοῦτον δηλοῖ τὸν κόσμον". Sonst hat P. M. Blowers (1991) 197 mit Recht darauf
aufmerksam gemacht, daß die in Max. Qu. d. I, 8 anzutreffende Unterscheidung
zwischen ἀλληγορία und τροπολογία ohne *Auswirkungen* für die Bibelexegese des
Bekenners bleibt, was meiner Ansicht nach nahelegt, daß diese Quaestio unecht ist;
vgl. Max. Qu. d. I, 8 (S. 141, Z. 3–7): „Ἀλληγορία ἐστὶν ἡ ἐπὶ τῶν ἀψύχων, οἷον,
ὀρέων, βουνῶν, δένδρων καὶ τῶν λοιπῶν. Τροπολογία δέ ἐστιν ἡ ἐπὶ τῶν ἡμετέρων
μελῶν, οἷον, κεφαλῆς, ὀφθαλμῶν καὶ τῶν λοιπῶν· τροπολογία γὰρ ἀντὶ τοῦ τρέπεσθαι λέγεται". Überdies hat P. M. Blowers (1991) 197–203 überzeugend gezeigt,
daß Maximus keine Unterscheidung im Sinne der modernen Forschung zwischen
Typologie und Allegorie kennt. Zur Geschichte des ἀλληγορία-Begriffs vgl. die
Verweise in Anm. 112; zu ἀλληγορέω bei Evagrius vgl. z. B. Evagr. Gnost. 21:
„Τοὺς τῶν ψεκτῶν προσώπων λόγους οὐκ ἀλληγορήσεις, οὐδὲ ζητήσεις τι πνευματικὸν ἐν αὐτοῖς, πλὴν εἰ μὴ δι' οἰκονομίαν ὁ Θεὸς ἐνήργησεν, ὡς ἐν τῷ Βαλαὰμ
(vgl. Num 24, 17 LXX) καὶ Καϊάφα (vgl. Joh 11, 49–51), ἵνα ὁ μὲν περὶ γενέσεως,
ὁ δὲ περὶ θανάτου τοῦ Σωτῆρος ἡμῶν προείπῃ".

[381] Für ἱστορία bei Maximus bietet P. M. Blowers (1991) nicht weniger als sieben Übersetzungsmöglichkeiten. Er übersetzt mit „recorded history" (S. 112), „literal narrative" (S. 112), „literal meaning" (S. 113), „historical narrative" (S. 162),
„literal record" (S. 162), „historical account" (S. 162), „literal sense" (S. 162). Trotz
dieser *Verwirrung* lassen sich diese Übertragungsweisen auf zwei Bedeutungen von
ἱστορία zurückführen, was sich in meinen folgenden Ausführungen herausstellen
wird. Interessant ist, daß P. M. Blowers, obwohl er keine semantische Analyse für
den Begriff ἱστορία macht, ein zutreffendes Gespür dafür hat, daß ἱστορία bei
Maximus nicht das historische Faktum bedeutet.

[382] Vgl. Max. Amb. Io. 10, 1117D: „Οὕτως Ἰησοῦς ὁ Μωσέως διάδοχος, ἵνα τὰ
πολλὰ τῶν περὶ αὐτοῦ ἱστορουμένων παραδράμω διὰ τὸ πλῆθος"; Max. Thal. 16
(S. 107, Z. 34f.): „Πᾶσαν μὲν οὖν τῶν ἱστορουμένων κατὰ τὸν τόπον ἐν τούτοις
συντεμὼν παρέθετο τὴν θεωρίαν ὁ λόγος".

[383] Vgl. z. B. Max. Thal. 50 (S. 379, Z. 9–12): „Ὁ τῆς ἁγίας γραφῆς λόγος, κἂν

ἱστορία nicht im Sinne von „Faktum" bzw. „Ereignis" verwendet, sondern damit vor allem die schriftlich fixierte Erzählung meint. Das bestätigt eine Stelle der *Quaestio ad Thalassium* 48, wo sich Maximus fragt, wie Usija, König von Juda, κατὰ τὴν ἱστορίαν Weingärtner am Karmel gehabt haben konnte (vgl. 2 Chr 26, 10 LXX), obgleich der Berg in Frage nicht zu seinem Königreich, sondern zu dem Israels gehörte. Anschließend stellt Maximus fest, daß das biblische Wort dem Gewebe (ὕφος) der ἱστορία das nicht Existierende (τὸ μηδαμῶς ὑπάρχον) beimischte, um unseren Verstand zum Erforschen der Wahrheit zu veranlassen.[384] Zweifelsohne kann mit ἱστορία hier nur die biblische Erzählung, und nicht das historische Faktum, gemeint gewesen sein, weil der Bekenner die Auffassung vertritt, daß die Geschichte über die Weingärtner an dem Karmel nicht historisch war. Diese Bedeutung von ἱστορία ist auch in einer weiteren Stelle des *Ambiguums ad Ioannem* 10 deutlich zu erkennen. Dort heißt es, daß Elias auf dem Verklärungsberg für die intelligible Schöpfung steht, weil die ἱστορία über ihn unter anderem seine Geburt, obwohl sie stattgefunden hatte, verschweige.[385] Demzufolge unterscheidet Maximus hier auch zwischen der Erzählung einerseits, welche mit ἱστορία bezeichnet wird, und dem Faktum andererseits, das zwar geschah, in der ἱστορία aber nicht erwähnt wird. Im Lichte dessen läßt es sich nachvollziehen, warum Maximus zuweilen auch ἱστορία benutzt, um – nicht die schriftliche Erzählung an sich –, sondern deren wörtliche Bedeutung zu signifizieren.[386] So kann er vielerorts

---

εἰ δέχεται περιγραφὴν κατὰ τὸ γράμμα, τοῖς χρόνοις τῶν ἱστορουμένων πραγμάτων συναπολήγων, ἀλλὰ κατὰ τὸ πνεῦμα ταῖς τῶν νοουμένων θεωρίαις μένει διὰ παντὸς ἀπερίγραφος" (Hervorhebung von mir); Max. Thal. 52 (S. 425, Z. 172–175): „Γενώμεθα τοίνυν καὶ ἡμεῖς τῆς τῶν γεγραμμένων ἐννοίας. Κἂν γὰρ ἐκείνοις συνέβη τυπικῶς κατὰ τὴν ἱστορίαν, ἀλλὰ δι᾽ ἡμᾶς ἐγράφη πρὸς νουθεσίαν πνευματικήν, οἷς διαπαντὸς συμβαίνει τὰ γεγραμμένα, νοητῶς (vgl. 1 Kor 10, 11)"; in diesem letzten Zitat unterscheidet Maximus auch zwischen dem Geschriebenen (γεγραμμένα) und dem Geschehenen (συμβαίνω).

[384] Vgl. Max. Thal. 48 (S. 339, Z. 136–143).

[385] Vgl. Max. Amb. Io. 10, 1165A: „ὡς οὔτε γένεσιν αὐτοῦ (sc. Elias) τῆς περὶ αὐτοῦ ἱστορίας μηνυούσης, κἂν εἰ γεγέννηται, οὔτε μὴν τὴν διὰ θανάτου φθορὰν ἐλπίζεσθαι ὁριζομένης, κἂν εἰ τεθνήξεται"; vgl. auch Max. Thal. 17 (S. 111, Z. 17f.), wo der Bekenner sagt, daß die ἱστορία (vgl. Ex 4, 24–26 LXX) bereits zu den Zeiten des Moses leiblich erfüllt wurde (πληρόω). Hier ist es auch unwahrscheinlich, daß Maximus mit ἱστορία das historische Faktum meinte, denn das wäre tautologisch gewesen (die *Fakten* gingen in *Erfüllung*); ferner Max. Thal. 54 (S. 459 u. 461, Z. 290–296); ibid. 65 (S. 275, Z. 397–407).

[386] Vgl. z. B. Max. Thal. 64 (S. 187, Z. 11–15): „Οὐδὲν τῶν ἀναγεγραμμένων τῇ γραφῇ προσώπων ἢ τόπων ἢ χρόνων ἢ ἑτέρων πραγμάτων, ἐμψύχων τε καὶ ἀψύχων,

ἱστορία und θεωρία einander gegenüberstellen,[387] was zu dem – an sich unpräzisen – Schluß verleiten kann, daß er mit dem Begriff ἱστορία einfach den Literalsinn bezeichnen will.[388]

Wie verhält es sich mit dem Begriff ῥητόν, den Maximus mit ἱστορία kombinieren kann?[389] Man achte zuallererst darauf, daß ῥητόν nicht ohne weiteres mit dem Literalsinn gleichgesetzt werden kann, denn der Kirchenvater scheint zwischen beiden zu unterscheiden, indem er den wörtlichen Sinn im ῥητόν situiert.[390] In der *Expositio orationis dominicae* bezeichnet ῥητόν die Fürbitten, aus denen das Vaterunser besteht,[391] und kann ansonsten sowohl für eine lange Peri-

---

αἰσθητῶν τε καὶ νοητῶν, κατὰ τὸν αὐτὸν ἀεὶ νοούμενον τρόπον ἔχει συμβαίνουσαν ἑαυτῇ δι᾽ ὅλου τὴν ἱστορίαν καὶ τὴν θεωρίαν"; ferner Max. Thal. 4 (S. 61, Z. 9–11) [zitiert in Anm. 389].

[387] Vgl. Max. Thal. 49 (S. 355, Z. 90–92); Max. Thal. 65 (S. 277, Z. 439–445).

[388] Schwierig verhält es sich mit dem Gebrauch von ἱστορία in Max. Amb. Io. 21, 1244A–C. Hier geht es dem Bekenner darum zu erklären, warum Gregor von Nazianz den *Evangelisten* Johannes mit einem Titel, der „Vorläufer" (πρόδρομος), der in aller Regel Johannes dem *Täufer* gilt, bezeichnet hat. Das, was Gregor sagt, sei παρ᾽ ἱστορίαν (1244B). Man kann also *prima facie* denken, daß Maximus mit ἱστορία hier das historische Faktum meint. Dies erweist sich im folgenden aber als unmöglich, denn der Bekenner sagt: „Μόνη γὰρ αὕτη (sc. die θεωρία) τῶν κατὰ τὴν ἱστορίαν ἀλλήλοις ἀντικεῖσθαι δοκούντων ἐστὶν ὁμαλισμός". Eines dieser sich κατὰ τὴν ἱστορίαν widersprechenden Elemente ist selbstverständlich die Aussage Gregors. Deshalb kann ἱστορία nicht das historische Ereignis bezeichnen, sondern muß sich auf einen Text oder auf dessen Inhalt beziehen. Das zweite Element, das im Gegensatz zur Aussage Gregors steht, ist die Bezeichnung Johannes des Täufers als „Vorläufer". Hierbei scheint Maximus eher die kirchliche Tradition zu meinen als einen bestimmten biblischen Text. Es ist infolgedessen Tatsache, daß ἱστορία auch hier kein Ereignis, sondern eine schriftlich fixierte Aussage bedeutet. Trotzdem geht dabei der Bedeutungsumfang von ἱστορία über eine biblische *Erzählung* hinaus und erfaßt mit Sicherheit einen patristischen Text Gregors von Nazianz und vielleicht eine aus der liturgischen Praxis herrührende kirchliche Tradition, da Johannes der Täufer vor allem in den liturgischen Texten der Ostkirche als „Vorläufer" bezeichnet wird. Demgegenüber scheint der Bekenner in Max. Char. II, 31 (S. 106, Z. 10) [zitiert in Anm. 419] ἱστορικῶς im Sinne von „in der Wirklichkeit/wirklich" zu gebrauchen; vgl. ferner Max. Qu. d. 162 (S. 113, Z. 4).

[389] Vgl. Max. Thal. 4 (S. 61, Z. 9–11): „Ἀλλὰ μυστικῶς τῷ ῥητῷ τῆς ἱστορίας τὸ τῆς θεωρίας ἄρρητον ὁ μέγας ἐξέδωκε διὰ τοῦ πνεύματος εὐαγγελιστὴς Ἰωάννης".

[390] Vgl. Max. Thal. 65 (S. 293, Z. 666–670): „Ἀλλὰ καὶ ἡμεῖς . . . ἀφανίσωμεν . . . τὸν γεώδη καὶ σωματικὸν τοῦ νόμου θεσμόν, ἤτουν τὸν ἰουδαϊκὸν τῆς λατρείας τρόπον ἢ τὸν ἐν μόνῳ τῷ ῥητῷ πρόχειρον τῆς ὅλης γραφῆς καὶ σωματικότερον νοῦν".

[391] Vgl. Max. Pater (S. 59, Z. 558–561): „κατὰ τὴν τοῦ ῥητοῦ τῆς προσευχῆς δύναμιν τοῦ λέγοντος Τὸν ἄρτον ἡμῶν τὸν ἐπιούσιον δὸς ἡμῖν σήμερον"; ibid. (S. 60, Z. 571–573): „Πρὸς ταύτην δέ με τοῦ παρόντος ῥητοῦ τὴν ἔννοιαν ἤγαγεν ὁ σωτήρ"; ibid. (S. 67, Z. 703): „Οὐχ ἥκιστα δὲ διὰ τὴν τῶν λειπομένων ῥητῶν δύναμιν"; ferner ibid. (S. 63, Z. 634); ibid. (S. 40, Z. 225f.) [zitiert in Anm. 360].

kope[392] wie für eine kürzere Stelle aus der Heiligen Schrift[393] oder
für eine aporetische Stelle bei Gregor von Nazianz benutzt werden.[394]
Infolgedessen versteht der Confessor unter ῥητόν in erster Linie einen
Text – und somit bibelhermeneutisch einen Text aus der Heiligen
Schrift – unabhängig von dessen Umfang. Hieran entzündet sich die
Frage, ob Maximus ῥητόν im Sinne von „Text" eher hinsichtlich des
gesprochenen oder des geschriebenen Aspekts verwendet. Mir scheint
allerdings, daß diese Frage offenbleiben muß,[395] obwohl es feststeht,
daß der Bekenner, sei es im Falle der Heiligen Schrift oder Gregors
von Nazianz, mit schriftlichen Texten zu tun hat. Alldem gemäß muß
es nicht auffallen, daß Maximus an vielen Stellen mit ῥητὸν nicht
nur den Text an sich, sondern auch seine wörtliche Bedeutung –
oder nur diese – meinen kann.[396]

---

[392] Vgl. Max. Amb. Io. 10, 1153C: „Θεωρία εἰς τὸ περὶ τοῦ ἐμπεσόντος εἰς τοὺς
λῃστὰς ῥητὸν τοῦ Εὐαγγελίου".

[393] Vgl. Max. Thal. 53 (S. 435, Z. 97–100): „ὡς ἂν εἴ τις ἐπὶ τὸ σαφέστερον
λαβὼν εἴποι τὸ ῥητόν, ἀντὶ τοῦ ἔθαψαν αὐτὸν ἐν ἀναβάσει τάφων υἱῶν Δαυίδ,
καὶ ἔθηκαν τὴν μνήμην Ἐζεκίου ἐν τῷ ὕψει τῆς μνήμης τῶν ἀπ᾽ αἰῶνος ἁγίων".
An dieser Stelle schlägt der Bekenner eine Paraphrase für ein ῥητόν aus der Heiligen
Schrift vor, nämlich einen Teil aus 2 Chr 32, 33 LXX; ferner Max. Thal. 64
(S. 225, Z. 622–625): „Ποῦ τῆς γραφῆς ὁ Ἰουδαῖος περὶ τῆς κάτω πόλεως Ἱερουσαλήμ,
ἀληθείας φροντίζων, τοῦτο κείμενον ἐπὶ λέξεως εὑρίσκει τὸ ῥητόν; Οὐδαμοῦ γὰρ
ἔγωγε, πᾶσαν πολλάκις ἀναγνοὺς τὴν ἁγίαν γραφήν". Mit ῥητόν meint Maximus
hier den Versteil „Niniveh aber war eine große Stadt vor Gott" (vgl. Jona 3, 3
LXX), den er sonst in der Schrift nirgendwo auf Jerusalem bezogen fand.

[394] Vgl. Max. Amb. Io. 71, 1412B.

[395] Daß der Kirchenvater Ausdrücke wie „τὸ ῥητὸν τῶν γεγραμμένων" [der *Text*/das
Wort des Geschriebenen; vgl. Max. Thal. 55 (S. 513, Z. 522)] oder „τὸ ῥητὸν τῆς
γραφῆς" [der *Text*/das *Wort* der Schrift; vgl. Max. Thal. 52 (S. 423, Z. 160); Max.
Thal. 65 (S. 287, Z. 580f.); Max. Pater (S. 44f., Z. 306f.)] verwendet, ist unzureichend, um festlegen zu können, welchen Aspekt er *mehr* im Sinne hat. In Max.
Amb. Io. 43 benutzt der Confessor in bezug auf Gregor von Nazianz den Ausdruck
τίθημι ῥητόν, der soviel wie „einen Text niederschreiben" oder „eine gesprochene
Aussage niederschreiben" bedeuten kann. Man hat aber nicht den Eindruck, daß
es sich um einen *gesprochenen* Text handelt, der in einem zweiten Stadium verschrift-
licht wurde, sondern um einen von vornherein *schriftlichen* Text; vgl. Max. Amb. Io.
43, 1349B: „Τοῦτο, καθὼς ἔφασκεν ὁ μακάριος γέρων, πρὸς τοὺς ὑπερτιθεμένους
τὸ βάπτισμα, τὸ ῥητὸν τέθεικεν ὁ διδάσκαλος (sc. Gregor von Nazianz)".

[396] Vgl. z. B. Max. Thal. 52 (S. 423, Z. 160f.): „Καλῶς οὖν τῷ ῥητῷ τῆς γραφῆς
συμφέρεται τῆς θεωρίας ὁ λόγος"; ibid. (S. 417, Z. 57–59): „Οὐκοῦν ἐπειδὴ ἀμήχανος
ἡ λύσις τῶν ἀπορουμένων τοῖς προεστηκόσι τοῦ γράμματος καὶ τὸ ῥητὸν τῆς
διανοίας προκρίνουσιν". Zu dem Begriff γράμμα bei Maximus sei das folgende
gesagt: Darunter versteht der Bekenner zuallererst ganz objektiv einen Buchstaben.
Dies läßt sich z. B. daran erkennen, daß er in seiner Auslegung des Verklärungsereignisses γράμμα, συλλαβή (Silbe) und ῥῆμα (Wort) nebeneinanderstellt; vgl. den
Abschnitt 3. 1. 1 (S. 137); ferner Amb. Io, 10, 1160B. Meistens aber wird γράμμα

3.2.3.2. *Zum Unerschöpflichsein des Gotteswortes*

Nach diesem Versuch, die Bedeutung einiger bibelhermeneutischer Begriffe bei Maximus genauer zu erfassen, wende ich mich der von mir so genannten dynamischen Schrifthermeneutik des Bekenners zu. Es ist klar geworden, daß für den Kirchenvater die Schriftauslegung in den mystischen Weg eingebettet und ein synergischer Akt ist, bei dem der Mensch auf die Kraft des göttlichen Logos und des Heiligen Geistes angewiesen ist. Der mystische Weg ist ja, wie bereits gesagt, eben ein Weg, ein Wachsen in der Gnade, ein dynamisches Voranschreiten, bei dem der Mensch Gott nie auf dieselbe Weise erfährt, sondern jederzeit anders, nicht nur weil sich Gott auf ihn sozusagen immer neu nach seiner geistlichen Reife und Aufnahmefähigkeit einstellt,[397] sondern auch weil Gott an sich nie ausgeschöpft[398] werden kann.[399] Die Frage, die sich nun daraus ergibt, ist, wie Maximus

---

als ein negatives Auslegungsprinzip aufgefaßt, nämlich wenn die Schrift nur wörtlich verstanden wird; vgl. z. B. Max. Thal. 52 (S. 417, Z. 57–59) [zitiert in dieser Anmerkung]. So stellt Maximus des öfteren, dem Apostel Paulus folgend (vgl. Röm 2, 29; 2 Kor 3, 6), γράμμα und πνεῦμα einander gegenüber; vgl. z. B. Max. Thal. 17 (S. 111, Z. 14); Max. Thal. 19 [S. 119, Z. 10; zitiert und übersetzt im Abschnitt 3. 1. 1 (S. 128f.)]; Max. Thal. 50 (S. 379, Z. 9–12 u. S. 381, Z. 48f.); Max. Thal. 54 (S. 465 u. 467, Z. 397–401); Max. Thal. 63 (S. 151, Z. 86–94); Max. Thal. 65 (S. 265, Z. 230–233; S. 277, Z. 425–432; S. 289, Z. 592–599).

[397] Hier geht es um den Accomodatio-Gedanken, der bereits im Rahmen der drei Fleischwerdungen des Logos begegnet ist; vgl. den Abschnitt 3. 1. 2 (S. 152f.) und die dortigen patristischen Belege. Der Bekenner bringt diesen Gedanken im Blick auf den Menschen durch Ausdrücke wie „κατὰ τὸ δυνατὸν ἀνθρώποις" (vgl. Max. Amb. Io. 10, 1113B), „κατὰ τὸ ἐφικτὸν ἀνθρώποις" (Max. Amb. Io. 10, 1145D) oder „ὡς ἐφικτόν" (Max. Amb. Io. 10, 1137D) zur Sprache; vgl. ferner Max. Th. ec. II, 56, 1149AB: „Ὁ τὸν ἄρτον εὐχόμενος λαβεῖν τὸν ἐπιούσιον, οὐ πάντως ὅλον δέχεται καθὼς αὐτὸς ὁ ἄρτος ἐστιν· ἀλλὰ καθὼς αὐτὸς ὁ δεχόμενος δύναται. Πᾶσι μὲν γὰρ ἑαυτὸν δίδωσι τοῖς αἰτοῦσι ὁ τῆς ζωῆς ἄρτος ὡς φιλάνθρωπος, οὐ κατὰ τὸ αὐτὸ δὲ πᾶσιν".

[398] Dies kommt bei Maximus besonders zum Ausdruck, wenn er sich mit der origenistischen Idee vom Überdruß (κόρος) auseinandersetzt; vgl. Max. Amb. Io. 7, 1089A–D. Für den Bekenner kommt es nicht in Frage, daß sich die Rationalen von der Teilhabe an Gott *satt* fühlen, da er unbegrenzt (ἄπειρος) ist; vgl. Max. Amb. Io. 7, 1089BC: „Ὁ δὲ Θεὸς φύσει ὑπάρχων ἄπειρός τε καὶ τίμιος ἐπιτείνειν μᾶλλον τῶν ἀπολαυόντων αὐτοῦ διὰ τῆς μετοχῆς πρὸς τὸ ἀόριστον τὴν ὄρεξιν πέφυκεν. Εἰ δὲ τοῦτ' ἀληθές... οὐκ ἦν ἄρα ἡ λεγομένη ἑνὰς τῶν λογικῶν, ἥτις κόρον λαβοῦσα τῆς ἐν τῷ Θεῷ μονιμότητος ἐμερίσθη"; vgl. dazu auch P. Sherwood (1955, The Earlier) 181–204.

[399] Eine von der Struktur her ähnliche Logik begegnete im ersten Teil dieses Kapitels im Blick auf das Sich-Verhüllen des Logos. Dort verhüllte sich der Logos nicht nur *ökonomisch*, d. h. um seine Natur vor geistlicher Unwürdigkeit zu schützen, sondern weil er *an sich* auch in seiner Enthüllung ein μυστήριον bleibt; vgl. den Abschnitt 3. 1. 3. 1.

bibelhermeneutisch diesem Dynamismus Rechnung trägt. Die Antwort darauf scheint mir in der Lehre des Bekenners vom Unerschöpflichsein des Gotteswortes gesucht werden zu müssen. Auf diese Lehre soll also im folgenden ausführlich eingegangen werden.

Maximus vertritt die Ansicht, daß das Wort der Heiligen Schrift unbegrenzt ist, weil Gott, der dieses Wort gesprochen hat, seinem Wesen nach unbegrenzt ist.[400] Dementsprechend vermag der Confessor die Idee zur Geltung zu bringen, daß das biblische Wort durch eine naturhafte Unbegrenztheit bzw. Unendlichkeit (φυσικὴ ἀπειρία) gekennzeichnet ist.[401] Bei genauerem Zusehen aber erweist sich die naturhafte Unbegrenztheit nicht nur als eine Eigenschaft Gottes im allgemeinen, sondern des göttlichen Logos im besonderen.[402] Die Schrift ist unbegrenzt, da sie Anteil am unbegrenzten Logos hat, der in ihr Fleisch wird. Diese Beobachtung wird durch den Vergleich bestätigt, den Maximus zwischen dem biblischen Wort und dem Wasser zieht. Nach dem Prolog der *Quaestiones ad Thalassium* ist das göttliche Wort dem Wasser ähnlich, das verschiedene Pflanzen, Sprossen und Tiere tränkt, weil es jedem Menschen gemäß dem eigenen Zustand der ἀρετή und γνῶσις erscheint[403] Nun aber ist das Wasser für Maximus, der hier der origenischen Tradition der biblischen Titel (ἐπίνοια) Christi folgt,[404] einer der vielen Namen des göttlichen Logos und zeigt, daß er sich dem geistlichen Zustand jedes Gläubigen anpassen kann.[405] Daraus ist zu folgern, daß der unendliche Charakter des

---

[400] Vgl. Max. Thal. 50 (S. 379, Z. 17–19): „Εἰ γὰρ θεὸς ὁ λαλήσας ἐστίν, οὗτος δὲ κατ᾽ οὐσίαν ἀπερίγραφος, δῆλον ὅτι καὶ ὁ λαληθεὶς ὑπ᾽ αὐτοῦ λόγος ἐστὶν ἀπερίγραφος"; vgl. dazu V. Croce (1974) 40f.

[401] Vgl. Max. Thal. Prol. (S. 23, Z. 105–107): „ἐνὶ γὰρ οὐδέποτε περιγράφεται (sc. das göttliche Wort) καὶ μιᾶς ἐντὸς οὐκ ἀνέχεται διανοίας γενέσθαι διὰ τὴν φυσικὴν ἀπειρίαν κατάκλειστος".

[402] Vgl. Max. Ps. 59 (S. 16f., Z. 240–245): „Ἰδουμαία αἱματώδης πηλὸς ἑρμηνεύεται. Δύναται δὲ ληφθῆναι καὶ εἰς τὴν σάρκα τοῦ Κυρίου, δι᾽ ἧς ἐπέβη, ὡς δι᾽ ὑποδήματος, τοῖς ἀνθρωπίνοις, ἄλλως χωρῆσαι τὸν ποιητὴν μὴ δυναμένης τῆς κτίσεως, ἄπειρόν τε καὶ ἀχώρητον *κατὰ φύσιν* τυγχάνοντα" (Hervorhebung von mir; vgl. Ps 59, 10 LXX); Max. Ep. 14, 537B [634–640; vgl. P. Sherwood (1952) 40]: „Φύσει γὰρ ἄπειρος (sc. der Logos), καὶ διὰ τοῦτο μηδενὶ τρόπῳ τοῖς οὖσι χωρούμενος".

[403] Vgl. Max. Thal. Prol. (S. 23, Z. 99–105): „Ὕδατι γὰρ ὁ θεῖος ἔοικε λόγος, ὥσπερ φυτοῖς παντοδαποῖς καὶ βλαστήμασιν καὶ διαφόροις ζῴοις – τοῖς αὐτόν φημι τὸν λόγον ποτιζομένοις ἀνθρώποις – ἀναλόγως αὐτοῖς ἐκκαινόμενός τε γνωστικῶς καὶ πρακτικῶς διὰ τῶν ἀρετῶν ὡς καρπὸς προδεικνύμενος κατὰ τὴν ἐν ἑκάστῳ ποιότητα τῆς ἀρετῆς καὶ τῆς γνώσεως καὶ γινόμενος δι᾽ ἄλλων ἄλλοις ἐπίδηλος".

[404] Vgl. dazu den Abschnitt 1.1.10 (S. 24f.).

[405] Vgl. Max. Th. ec. II, 67, 1153BC: „Ὁ τοῦ Θεοῦ Λόγος καὶ δρόσος λέγεται καὶ ἔστιν· καὶ ὕδωρ καὶ πηγὴ καὶ ποταμός, ὡς γέγραπται· κατὰ τὴν ὑποκειμένην

biblischen Wortes darin wurzelt, daß es einen Verleiblichungsort des unendlichen göttlichen Logos darstellt. Es ist hier nachzutragen, daß dieses Unerschöpflichsein des Wortes der Schrift sowohl horizontal als auch vertikal zum Ausdruck kommt: Horizontal nämlich, weil sich das göttliche Wort an jeden Menschen je nach Einstellung und geistlichem Fortschritt wendet, vertikal aber, weil der mystische Aufstieg in diesem Äon ein dynamischer, unabgeschlossener Vorgang ist, so daß sich dem Mystiker bei jedem Schritt neue Dimensionen des Schriftsinnes erschließen.[406]

Hermeneutisch gesehen, drückt sich dieses Unerschöpflichsein der Heiligen Schrift durch die Polysemie aus,[407] die ihr vom Confessor zugeschrieben wird. Die naturhafte Unbegrenztheit des biblischen Wortes bewirkt, daß es so bedeutungsschwanger ist, daß sogar jede Silbe um des Nutzens (ὠφέλεια) willen vielfältig verstanden werden kann.[408] Dieses hermeneutische Axiom versucht der Bekenner in seiner

---

δηλονότι τῶν δεχομένων δύναμιν, ταῦτα καὶ ὢν καὶ γενόμενος". Dieses Caput theologicum et œconomicum gehört zu einer Reihe, in der Maximus verschiedene Namen des Logos – wie Wasser, Weg, Tür, Licht – deutet; vgl. Max. Th. ec. II, 66–70, 1153A–1156D.

[406] Daß sich die schriftlichen Texte gemäß dem geistlichen Zustand des Lesers bzw. Auslegers erschließen, bildet ein *klassisches* Prinzip der origenischen Bibelhermeneutik; vgl. z. B. Orig. Princ. IV, 2, 4: „ἵνα ὁ μὲν ἁπλούστερος οἰκοδομῆται ἀπὸ τῆς οἱονεὶ σαρκὸς τῆς γραφῆς, οὕτως ὀνομαζόντων ἡμῶν τὴν πρόχειρον ἐκδοχήν, ὁ δὲ ἐπὶ ποσὸν ἀναβεβηκὼς ἀπὸ τῆς ὡσπερεὶ ψυχῆς αὐτῆς, ὁ δὲ τέλειος (...) ἀπὸ τοῦ πνευματικοῦ νόμου". Dieses Prinzip, das Maximus hier aufgreift, stellt den Grund dar, warum er bei einigen Schriftstellen beteuert, daß deren genaue Bedeutung nur den sehr Fortgeschrittenen vorbehalten bleibt; vgl. z. B. Max. Thal. 11 (S. 89, Z. 6–11) [zitiert in Anm. 301]; Max. Thal. 40 (S. 269, Z. 51–53) [zitiert in Anm. 373]. Zum eschatologischen Aspekt der Vergöttlichung als Gipfelpunkt des mystischen Aufstiegs vgl. den Abschnitt 2. 2. 3.

[407] Vgl. z. B. Max. Thal. 63 (S. 153, Z. 143–148): „Οὐ γὰρ πάντοτε καὶ πάντα τὰ τὴν αὐτὴν ἐκφώνησιν ἔχοντα, καθ᾽ ἕνα καὶ τὸν αὐτὸν πάντως νοηθήσεται τρόπον, ἀλλ᾽ ἕκαστον τῶν λεγομένων πρὸς τὴν ὑποκειμένην, δηλονότι τῷ τόπῳ τῆς ἁγίας γραφῆς, δύναμιν νοητέον, εἰ μέλλοιμεν ὀρθῶς τοῦ σκοποῦ τῶν γεγραμμένων καταστοχάζεσθαι".

[408] Vgl. Max. Thal. 47 (S. 315 u. 317, Z. 63–66): „πολυτρόπως δύναται ληφθῆναι πρὸς ὠφέλειαν τῶν ἀρετῆς τε καὶ γνώσεως ἐφιεμένων πᾶσα συλλαβή, καὶ ἡ τυχοῦσα, τῆς θείας γραφῆς"; ferner Max. Thal. 26 (S. 181, Z. 149–152): „Καὶ εἰς ἄλλα δὲ πολλὰ σημαινόμενα ἕκαστος τῶν ἀπηριθμημένων τῇ γραφῇ βασιλέων λαμβάνεται, κατὰ μέντοι τὴν ὑποκειμένην τῇ προφητείᾳ δύναμιν". Bei ὠφέλεια handelt es sich wiederum um ein bibelhermeneutisches Prinzip des Origenes; vgl. dazu die Analyse von H. Crouzel (1995) 334–337 und die einschlägigen origenischen Stellen, auf welche dort verwiesen wird; ferner z. B. Orig. Princ. IV, 2, 6 (Z. 162). Erwähnenswert ist die Beobachtung Crouzels, daß sich ὠφέλεια bei Origenes nicht auf die allegorisierende Schriftauslegung beschränkt, da auch die wörtliche Bedeutung eines Textes von Nutzen sein kann. Zu ὠφέλεια bei Gregor von Nyssa vgl. z. B. Greg. Nys. Cant. Prol. (S. 5, Z. 2); ferner ibid. (S. 4, Z. 17f.; S. 5, Z. 17; S. 7, Z. 5).

allegorisierenden Auslegung tatsächlich in die Praxis umzusetzen,
indem er sich vielerorts darum bemüht, mehrere Ebenen und geistliche Zustände bei seiner Leserschaft zu erfassen. So deutet er beispielsweise in der *Quaestio ad Thalassium* 25 die Verse 1 Kor 11, 3–5
und 10 dreifach vom Standpunkt der πρᾶξις, der θεωρία und der
θεολογία aus[409] bzw. im *Ambiguum ad Ioannem* 54 den Leib Christi als
die individuelle Seele oder ihre Kräfte, als die Sinne, als den individuellen Leib oder seine Glieder, als die Gebote, die Tugenden
(ἀρεταί), die λόγοι der Seienden oder all das zusammen.[410] Ebenso
bemüht sich Maximus darum, die eigene Exegese nicht zu verabso-
lutieren. Dies signalisiert er nicht nur durch Ausdrücke wie „vielleicht" (τάχα),[411] „vermutlich" (ἴσως)[412] oder „ich glaube" (νομίζω),[413]
sondern auch indem er vielerorts betont, daß seine Deutungen Vermutungen sind.[414] Auf diese Weise will der Kirchenvater andere Aus-
legungsweisen nicht ausschließen, denn die dynamische Begegnung
von Leser und Schrift geht in seinen Augen über die Deutungen

---

[409] Vgl. Max. Thal. 25 (S. 159–167).

[410] Vgl. Max. Amb. Io. 54, 1376C. Man achte darauf, daß Maximus eine
Verleiblichung des Logos in den Tugenden und im Kosmos sowie eine quasi-Ver-
leiblichung desselben in den Geboten kennt; vgl. dazu die Abschnitte 2. 2. 1 (S. 111f.)
u. 3. 1. 2; ferner Anm. 143; Max. Thal. 62 (S. 121, Z. 98–104). Insofern hat man
hier weniger mit einer allegorisierenden als mit einer *theologischen* Interpretation [vgl.
dazu die Abschnitte 3. 3. 2 u. 3. 3. 3] zu tun, die sich an bekannten theologischen
Interpretamenten des Confessors orientiert. Ein weiteres Beispiel für Polysemie ist
die Art und Weise, wie der Bekenner in Max. Thal. 63 die zwei Ölbäume von
Sach 4, 3 LXX interpretiert, nämlich als Symbol für Altes und Neues Testament,
naturhaftes und geistliches Gesetz, Vorsehung und Gericht, θεωρία und πρᾶξις,
Glaube und gutes Gewissen, die zwei Völker aus den Juden und den Heiden, Seele
und Leib, intelligible und sinnlich wahrnehmbare Welt, gegenwärtiges und kom-
mendes Leben; vgl. Max. Thal. 63 (S. 161–179). In Max. Amb. Io. 10, 1161A–1165A
stehen Mose und Elias unter anderem für gesetzliches und prophetisches Wort,
Weisheit und Güte, Erkenntnis und Erziehung, πράξις und θεωρία, Ehe und Ehe-
losigkeit, Tod und Leben, Zeit und Natur und sinnlich wahrnehmbare und intelligible Schöpfung.

[411] Vgl. z. B. Max. Amb. Io. 10, 1117A u. 1121C; Max. Thal. 13 (S. 95, Z. 18);
27 (S. 193, Z. 36).

[412] Vgl. Max. Amb. 10, 1164D.

[413] Vgl. Max. Thal. 26 (S. 179, Z. 121).

[414] Dies wird vor allem durch das Adverb στοχαστικῶς ausgedrückt; vgl. Max.
Amb. Io. 19, 1236C; 21, 1244B; 37, 1293A; Max. Thal. 55 (S. 483; Z. 37); Max.
Th. ec. II, 88, 1165D; ferner Max. Amb. Io. 20, 1240B; Max. Thal. 65 (S. 253,
Z. 37). In dieser Hinsicht hat Maximus – vor allem in den Ambigua ad Ioannem –
eine Vorliebe für den Ausdruck στοχαστικῶς, ἀλλ᾽ οὐκ ἀποφαντικῶς (vermutlich,
aber nicht affirmativ/bestätigend); vgl. Max. Amb. Io. 10, 1193B; 19, 1233D; 71,
1412B; Max. Theop. (S. 86, Z. 22); ferner Max. Amb. Io. 71, 1417 A; Max. Thal.
10 (S. 87, Z. 96–98); 50 (S. 391, Z. 202–211); 54 (S. 453 u. 455, Z. 189–202).

jedes einzelnen Kommentators hinaus, obwohl er selbst darum bemüht
ist, mehrere Blickpunkte in seine Auslegung einzubeziehen. Deswegen
bittet der Bekenner im Prolog der *Quaestiones ad Thalassium* seine
Adressaten sowie jeden Menschen, welcher die fragliche Schrift in
der Hand haben wird, darum, seine Deutung weder als Richtschnur
zu betrachten noch sich auf sie zu beschränken.[415] Maximus geht
also von einer kollektiv orientierten Hermeneutik aus nicht nur im
Sinne des Versuchs, eine Auslegung zu entwickeln, aus der viele
einen spirituellen Nutzen ziehen können, sondern auch in dem Sinne,
daß sich die Erschließung des Schriftsinnes in der Gemeinschaft mit
anderen vollziehen soll.[416] Die biblische Polysemie darf aber nicht
darüber hinwegtäuschen, daß sich alles in der Bibel, wie es der
Confessor in seiner Kategorienlehre ausdrückt,[417] in letzter Analyse
auf den einen Logos zurückführen läßt. So beteuert Maximus, daß
jedes Wort (λόγος) Gottes eines und nicht mehrere Worte ist.[418]

Durch diese Polysemie des göttlichen Wortes will Maximus den
geschichtlichen Charakter dessen, was in der Heiligen Schrift dokumentiert ist, natürlich nicht bestreiten.[419] Zieht man in Betracht, daß

---

[415] Vgl. Max. Thal. Prol. (S. 21 u. 23, Z. 89–97): „Παρακαλῶ δὲ τοὺς ἁγιωτάτους
ὑμᾶς καὶ πάντας τούς, ὡς εἰκός, ἐντευξομένους τῷδε τῷ γράμματι μὴ τοῦτο ὅρον
ποιεῖσθαι τῆς τῶν κεφαλαίων πνευματικῆς ἑρμηνείας τὰ λεγόμενα παρ' ἐμοῦ· πολὺ
γὰρ τῆς τῶν θείων λογίων ἀπολιμπάνομαι διανοίας καὶ τῆς ἄλλων πρὸς τοῦτο
χρήζω διδασκαλίας. Ἀλλ' εἴ τι καὶ παρ' ἑαυτῶν ἢ παρ' ἄλλων ἐπιβαλεῖν ἢ μαθεῖν
δυνηθείητε, μᾶλλον ἐκεῖνο δικαίως ἐγκρίνατε καὶ τῆς ὑψηλοτέρας καὶ ἀληθοῦς
γένεσθε διανοίας".

[416] Hier ergibt sich die Frage nach dem Umgang mit der Heiligen Schrift bei
denjenigen, die wegen der Affekte (πάθος) spirituell noch unstabil sind. Maximus
weist auf die Gefahr hin, welche die Anfänger eingehen, wenn sie sich auf eine
höhere Erkenntnis einlassen, gerade weil ihr Urteil über die Seienden immer noch
gemischt (μικτός) und ihr Verhältnis zum Wandelbaren (τὰ τρεπτά) rege ist; vgl.
z. B. Max. Amb. Io. 10, 1109C. Außerdem ist der Ansicht des Kirchenvaters nach,
wie schon gesehen, die Ausübung schriftlicher Wissenschaft unmöglich für jeman-
den, der die Naturbetrachtung ablehnt (vgl. Anm. 42). Dies schließt aber nicht jeden
Umgang mit der Schrift aus, da jeder Christ Träger des Heiligen Geistes und von
daher dafür *mit* verantwortlich ist, sich um die Schrift zu bemühen, auch wenn er
Fehler begeht; vgl. dazu den Abschnitt 3. 2. 2. 3. Maximus selbst weigert sich nicht,
die von Thalassius angegebenen Schriftstellen nach der ἀναγωγικὴ θεωρία zu deuten, obwohl er sich als immer noch den Affekten verhaftet betrachtet; vgl. z. B.
Max. Thal. Prol. (S. 19, Z. 30–52). Die kollektive Hermeneutik ist also insofern
wichtig, als sie ein Korrektiv für das Bemühen *eines* Auslegers um den Schriftsinn
bieten kann.

[417] Vgl. dazu den Abschnitt 3. 2. 1.

[418] Vgl. Max. Th. ec. II, 20, 1133C: „Πᾶς τοῦ Θεοῦ λόγος, οὔτε πολύλογος, οὔτε
πολυλογία ἐστίν· ἀλλ' εἷς, συνεστὼς ἐκ διαφόρων θεωρημάτων".

[419] Vgl. z. B. Max. Char. II, 31 (S. 106, Z. 10–12): „Ὅτι δὲ καὶ ἱστορικῶς (sic)

nach dem maximinischen christologischen Schriftmodell sich der wörtliche und der tiefere Sinn der Bibel unvermischt und ungetrennt
zueinander verhalten,[420] so berechtigt dies zur Behauptung, daß der
wörtliche, historische Schriftsinn für den Confessor irreduktibel ist.
Gleichwohl darf die Geschichtsbezogenheit der Schrift nicht bewirken, daß diese letztere auf das Vergangene beschränkt bleibt, denn
dies würde der in der Christologie wurzelnden naturhaften Unbegrenztheit des Gotteswortes und seiner Eigenschaft, sich an jeden
Menschen zu jeder Zeit wenden zu können, zuwiderlaufen. Somit
scheint die Allegorese für den Confessor das Verfahrensmittel zu sein,
wodurch der Schrift zu jeder Zeit Gültigkeit verschafft werden kann,
so daß die in ihr geschilderten geschichtlichen Begebenheiten aktualisiert werden. Die Bezogenheit der Bibel auf das Vergangene macht
viele Texte irrelevant für die maximinische Leserschaft. Dies widerspricht offenbar dem hermeneutischen Grundprinzip, daß das göttliche Wort die historischen Grenzen sprengt, um jeden Leser in
seinem Heute anzusprechen. Somit bedient sich der Kirchenvater der
Allegorese, um den Bezug des Textes zum Kontext seiner Adressaten
zu verdeutlichen. So kann Maximus behaupten, daß das, was in der
Vergangenheit nach der Erzählung schon geschehen ist, seiner
Leserschaft immer wieder neu passiert.[421] In dieser leserzentrierten
Perspektive legt er im *Ambiguum ad Ioannem* 10 die Geschichte Moses
aus.[422] Schlägt man den Weg der πρᾶξις bis zur θεωρία ein, ist man
ein geistlicher Mose.[423] Die Gestalt des Propheten ist also insofern
wichtig, als sich der Leser auf seinem mystischen Weg mit ihr
identifizieren kann. Der Höhepunkt dieser Identifikation ist es, Gott
den Logos zu sehen und zu hören, wie Mose ihn im Gebüsch erlebt
hat.[424] Daraus wird aber ersichtlich, daß die Aktualisierung biblischer

---

ἤδη ταῦτα (vgl. Mt 24, 15) γέγονεν, οὐδεὶς τῶν τὰ ἰωσήππεια ἀνεγνωκότων, ὡς
οἶμαι, ἀμφιβάλλει"; ferner G. C. Berthold (1993) 133.
[420] Vgl. den Abschnitt 3. 1. 3. 2. 3.
[421] Vgl. Max. Thal. 52 (S. 425, Z. 172–175) [zitiert in Anm. 383]; Max. Thal.
17 (S. 111, Z. 17–21) [zitiert in Anm. 312].
[422] Vgl. Max. Amb. Io. 10, 1148A–1149A.
[423] Vgl. Max. Amb. Io. 10, 1149C.
[424] Vgl. Max. Amb. Io. 10, 1149CD. Diese Dimension der Identifikation stellt
ein Leitmotiv der maximinischen Schrifthermeneutik dar; vgl. z. B. Max. Amb. Io.
10, 1149CD: „Ὡσαύτως δὲ καὶ πάντας τοὺς ἁγίους ἕκαστος ἡμῶν θέλων εἰς ἑαυτὸν
μεταθεῖναι δύναται, πρὸς ἕκαστον πνευματικῶς ἐκ τῶν περὶ αὐτοῦ καθ᾽ ἱστορίαν
τυπικῶς γεγραμμένων μορφούμενος". Selbstverständlich steht Maximus in seinen
Versuchen, die vergangenen Ereignisse der Schrift zu aktualisieren, in der langen

Texte für Maximus keine beliebige sein darf, da die Allegorese immer zwei Funktionen erfüllen *muß*: Erstens die Vielheit der biblischen Worte – im Sinne der *Katogorienlehre* – auf den einen menschgewordenen Logos zurückzuführen, so daß seine biblische Verleiblichung deutlich wird; und zweitens den Bezug schriftlicher Texte zu jedem Leser herzustellen, so daß dieser je nach spirituellem Zustand die schriftliche Inkarnation des Logos wahrnehmen kann. Die leserzentrierte Perspektive des Kirchenvaters läßt sich also von seiner christologischen Gesamtschau nicht trennen, weil es bei der Aktualisierung schriftlicher Texte *nur* um den Logos gehen kann, dessen Präsenz in der Bibel *für* eine bestimmte Leserschaft erschlossen wird. Ziel der durch die Allegorese zu vollziehenden Aktualisierung kann nur das sein, daß der Logos in der Schrift vor den Lesern – wie einst auf dem Berg vor seinen Jüngern – verklärt wird.

Ist die Allegorese demnach ein Mittel, mit Hilfe dessen die Schrift von ihrer *verhängnisvollen* Geschichtsbezogenheit befreit werden kann, so gilt es hier, sich zu vergegenwärtigen, daß dies für den Confessor primär durch eine extratextuelle christologische Prämisse bedingt ist: Die Allegorese ist notwendig, um erfahrbar zu machen, daß sich der Logos dem christologischen Schriftmodell nach überall in der Schrift befindet und daß das göttliche Wort dank seiner auf diesem Modell beruhenden Unbegrenztheit jedem Menschen in jedem Lebenszusammenhang etwas sagt, ohne hierbei aufzuhören, das eine Wort Gottes zu sein. Maximus kennt dennoch, wie Philo von Alexandrien, Origenes und Pseudo-Dionys vor ihm, eine intratextuelle Begründung der Allegorese gemäß der Auffassung, daß es im Text der Bibel Anzeichen gibt, die den Exegeten darauf hinweisen, daß eine Allegorese nötig ist.[425] So könne Usija, König von Juda, keine Weingärtner am Karmel

---

Tradition der allegorisierenden Deutung von Texten. Nach J. Grondin (1993) 16 ist jede Allegorese ein Versuch, eine alte Tradition, die problematisch geworden ist, zu „restaurieren" und zu „retten".

[425] Vgl. dazu P. M. Blowers (1991) 111–113. Die origenischen Schriften weisen eine ausgearbeitete Theorie der absurden biblischen Stellen auf; vgl. z. B. Orig. Princ. IV, 2, 9: „ᾠκονόμησέ τινα οἱονεὶ σκάνδαλα καὶ προσκόμματα καὶ ἀδύνατα διὰ μέσου ἐγκαταταχθῆναι τῷ νόμῳ καὶ τῇ ἱστορίᾳ ὁ τοῦ θεοῦ λόγος, ἵνα μὴ πάντη ὑπὸ τῆς λέξεως ἑλκόμενοι τὸ ἀγωγὸν ἄκρατον ἐχούσης, ἤτοι ὡς μηδὲν ἄξιον θεοῦ μανθάνοντες, τέλεον ἀποστῶμεν τῶν δογμάτων, ἢ μὴ κινούμενοι ἀπὸ τοῦ γράμματος, μηδὲν θειότερον μάθωμεν"; ferner R. Gögler (1963) 332–351; J. Grondin (1993) 24f.; L. Lies (1995) 368f. Ob Origenes hierbei direkt an die griechische Mytheninterpretation anknüpft, bleibt offen; vgl. dazu J. Pépin (1957) 412f. Zu *absurden* Stellen bei Philo von Alexandrien vgl. z. B. Phil. Op. mund. 154; Phil. Som. I,

gehabt haben, da dieser Berg nicht in seinem Königreich gelegen habe (vgl. 2 Chr 26, 10 LXX).[426] Auch die Behauptung der Gibeoniter, sie wollten Saul auf dem ganzen Berg Israel vernichten, treffe historisch nicht zu, da sie nur sieben Männer aus seiner Nachkommenschaft von David fordern (vgl. 2 Kön 21, 5f. LXX).[427] Hier indiziert für Maximus die *deutliche* Diskrepanz zwischen der biblischen Erzählung und der Wirklichkeit, daß der fragliche biblische Text allegorisch auszulegen ist.[428] Diese Versuche, die Allegorese intratextuell zu begründen, stehen aber nicht im Gegensatz zur extratextuellen, theologisch geprägten Legitimierung des allegorisierenden Umgangs mit der Bibel. Die zu der Allegorese anregenden intratextuellen Absurditäten sind bloß Indizien, die den Ausleger daran erinnern, daß der Text geistlich, und nicht nur leiblich, zu verstehen ist.[429]

3.2.3.3. *Die heuristischen Verfahrensmittel der Allegorese*

Worin bestehen nun die heuristischen Verfahrensmittel, auf die Maximus im Rahmen seiner Allegorese rekurriert? In der Linie der gesamten Tradition der Allegorese macht der Bekenner vor allem von der Etymologie und der Zahlensymbolik Gebrauch. Innerhalb

---

92–94; Phil. Leg. alleg. 4; J. Pépin (1967) 146–150 u. 161–167; G. Grondin (1993) 17f. Bei Pseudo-Dionys entwickelt sich dieser Ansatz zu einer Lehre von den *absurden* Symbolen, die sich, indem sie der Gottheit *unwürdig* sind, als geeigneter erweisen, den Intellekt des Schriftlesers hinaufzuführen, da hier jede Verwechselung mit der Gottheit nicht in Frage käme; vgl. z. B. Dion. Coel. hier. 141AB: „τὸν ἡμέτερον νοῦν ἀνάγουσι μᾶλλον αἱ ἀπεμφαίνουσαι τῶν ὁμοιοτήτων ... Εἰς μὲν γὰρ τὰς τιμιωτέρας ἱεροπλαστίας εἰκός ἐστι καὶ πλανηθῆναι". Maximus scheint aber mehr von der *alexandrinischen* Weise, dieses hermeneutische Prinzip anzuwenden, abhängig zu sein, indem für ihn die Absurdität vor allem darin besteht, daß eine biblische Aussage unwahrscheinlich erscheint, d. h. sie kann historisch nicht passiert gewesen sein oder ist in der Tat nicht passiert.

[426] Vgl. Max. Thal. 48 (S. 339, Z. 136–143); ferner den Abschnitt 3. 2. 3. 1 (S. 233).

[427] Vgl. Max. Thal. 65 (S. 275, Z. 397–407).

[428] Nach derselben Logik ist die Allegorese notwendig, um sich auf Gott beziehende Anthropomorphismen zu entschärfen oder ihm Eigenschaften abzusprechen, die nicht zu ihm passen. Nach Max. Thal. 52 (S. 417, Z. 38–50) impliziere z. B. der biblische Text, daß Gott eine ἀδικία (Ungerechtigkeit) zugeschrieben werden müsse, weil er Sünder für die Begehen von nicht Sündern bestrafe (vgl. 2 Chr 32, 25 LXX). Dies stehe aber auch im Gegensatz zu anderen biblischen Texten (Dtn 24, 16 LXX; Ez 18, 20 LXX; Ps 61, 13 LXX); ferner Max. Max. Thal. 65 (S. 287, Z. 560–565) u. den Abschnitt 1.1.7 (S. 15) zu Philo.

[429] Vgl. Max. Thal. 48 (S. 339, Z. 141–143): „τὸ νωθρὸν ἡμῶν τῆς διανοίας πρὸς ἔρευναν τῆς ἀληθείας διεγείρων ὁ λόγος τὸ μηδαμῶς ὑπάρχον τῷ τῆς ἱστορίας ὕφει παρέμιξεν"; ibid. 65 (S. 275, Z. 405–407): „παρεμίγη τῷ ῥητῷ τῆς ἱστορίας τὸ παράλογον, ἵνα τὸ τῆς διανοίας ἀληθὲς τῶν γεγραμμένων ζητήσωμεν".

der allegorischen Mytheninterpretation der Stoa war der Rückgriff
auf Etymologien – vor allem bei den Namen der griechischen Götter –
üblich.[430] Philo ·von Alexandrien, obgleich er selber mutmaßlich des
Hebräischen nicht mächtig war, bringt des öfteren aus der Tradition
übernommene hebräische Etymologien ins Spiel, um biblische Personen-
und Ortsnamen allegorisch zu deuten.[431] Philo geht hierbei davon
aus, daß den biblischen Bezeichnungen eine Identität von Name und
Sache zugrundeliegt.[432] Daß Philo hebräische Etymologien für seine
Allegorese fruchtbar machte, dürfte für die christlichen Exegeten,
welche sich nicht scheuten, sich von ihm beeinflussen zu lassen, von
entscheidender Bedeutung gewesen sein. So stellten Klemens von
Alexandrien[433] und Origenes[434] hebräische Etymologien in den Dienst
ihrer Allegorese.[435] Wie intensiv Maximus von diesem alten exegetischen Verfahrensmittel profitieren konnte, bezeugt z. B. die Analyse
A. Schoors' zu den maximinischen Onomastica in den *Quaestiones*

---

[430] Vgl. I. Opelt (1966) 803f. u. 809f. *Etymologische* Namenserklärungen sind aber
viel älter als die Stoa selbst und reichen bis Homer zurück; vgl. I. Opelt (1966)
798–802.

[431] Vgl. Phil. Conf. ling. 146f.: „καὶ ὁ ὁρῶν, Ἰσραήλ, προσαγορεύεται (sc. der
λόγος)"; Phil. Mig. Abr. 74 u. 200f.; I. Opelt (1966) 822–826.

[432] Vgl. Phil. Cher. 56: „παρὰ Μωυσεῖ δὲ αἱ τῶν ὀνομάτων θέσεις ἐνάργειαι
πραγμάτων εἰσὶν ἐμφαντικώταται, ὡς αὐτὸ τὸ πρᾶγμα ἐξ ἀνάγκης εὐθὺς εἶναι
τοὔνομα καὶ ⟨τοὔνομα καὶ⟩ καθ᾽ οὗ τίθεται διαφέρειν μηδέν"; I. Opelt (1966) 823.
Hierbei handelt es sich um ein Prinzip, das auf Platon zurückgeht; vgl. Plat. Cra.
428e: „ὀνόματος, φαμέν, ὀρθότης ἐστὶν αὕτη, ἥτις ἐνδείξεται οἷόν ἐστι τὸ πρᾶγμα".

[433] Vgl. z. B. Klem. Str. I, 31, 4f.: „ὅθεν καὶ Ἰσραὴλ οὗτος μετονομάζεται ὁ τῷ
ὄντι διορατικῶς ὡς ἂν πολυπείρός τε καὶ ἀσκητικός". Die hebräischen Etymologien
des Klemens weisen beträchtliche Ähnlichkeiten zu jenen Philos auf; vgl. z. B. Klem.
Str. V, 8, 6f. mit Phil. Cher. 7 u. Klem. Str. II, 51, 4f. mit Phil. Cher. 12. Es
finden sich beim Autor der Stromata auch viele griechische Etymologien, die Platon
oder den Stoikern entliehen sind; vgl. zur gesamten Problematik U. Treu (1961)
191–200.

[434] Nach R. P. C. Hanson (1956) 105 hat Origenes Philo nur wenige Etymologien
entnommen. Noch seltener hat er selber welche erarbeitet. Meistens war der Alexandriner von früheren, vermutlich jüdischen, Quellen abhängig, in denen Etymologien
entweder auf Grundlage der griechischen oder der hebräischen Namensformen kon-
struiert wurden. Im ersten Fall hat man die griechische Namensform in Silben ein-
geteilt und dann versucht, diese Silben aus dem Hebräischen heraus zu erklären.
Im zweiten Fall ist man von der hebräischen Namensform – eventuell auch mit
Einteilung in Silben – ausgegangen; vgl. dazu R. P. C. Hanson (1956) 103–123,
bei welchem es eine umfangreiche Liste mit Beispielen gibt.

[435] Der Tradition der christlichen Onomastica ist das zweibändige Werk von
F. Wutz „Onomastica sacra. Untersuchungen zum Liber interpretationis nominum
hebraicorum des Hl. Hieronymus" (1914/1915) gewidmet; vgl. auch I. Opelt (1966)
827–830.

ad Thalassium.[436] Nach A. Schoors verdienen hierbei 52 Namen Beachtung, welche nach der Richtigkeit der vom Confessor angegebenen Etymologien hin untersucht werden.[437] Daraus geht hervor, daß viele maximinische Etymologien auf Grundlage unserer heutigen Hebräischkenntnisse nicht erklärbar sind.[438] Wichtiger für das Thema meiner Arbeit ist dennoch die Frage, wie Maximus dieses heuristische Verfahrensmittel hermeneutisch anwendet. In dieser Hinsicht ist zuallererst zu beachten, daß die Etymologie völlig im Dienste der maximinischen Polysemie steht. Es ist nämlich keine Seltenheit, daß der Bekenner mehrere Bedeutungsmöglichkeiten für denselben Namen angibt, um anhand derer mehrere allegorisierende Reflexionen zu entwickeln.[439] Dazu ist darauf hinzuweisen, daß es sich bei den hebräischen Etymologien um Hilfsmittel handelt, wodurch eine allegorische Interpretation entfaltet wird, und nicht um Kriterien, welche diese Interpretation semantisch diktieren. So hat man meistens den Eindruck, daß die allegorischen Gedanken durch die Namenserklärungen bloß begründet werden. Z. B. greift der Kirchenvater in der *Quaestio ad Thalassium* 49 auf die Namensübertragung von Hiskia als „göttliche Kraft" zurück, um eine Verbindung zwischen

---

[436] Vgl. A. Schoors (1994) 257–272; ferner P. M. Blowers (1991) 203–211; Max. Thal. 50 (S. 379 u. 381, Z. 32–37): „Ἐπειδὴ δὲ χρὴ τὸν γνωστικῶς πρὸς ψυχὴν τὴν ἁγίαν γραφὴν κατὰ Χριστὸν ἐκδεχόμενον ἀσκηθῆναι φιλοπόνως καὶ τῶν ὀνομάτων τὴν ἑρμηνείαν, αὐτόθεν δυναμένην ὅλην τὴν τῶν γεγραμμένων σαφηνίσαι διάνοιαν, εἴπερ μέλει αὐτῷ τῆς ἀκριβοῦς τῶν γεγραμμένων κατανοήσεως".

[437] Vgl. A. Schoors (1994) 257–260.

[438] Maximus muß wohl Zugang zu Listen mit Onomastica gehabt haben. Er beruft sich selber auf Kenner des Hebräischen; vgl. z. B. Max. Thal. 55 (S. 483, Z. 60f.): „καθώς φασιν οἱ τὴν ἀκρίβειαν τῆς τοιᾶσδε φωνῆς (sc. die hebräische Sprache) ἐπιστάμενοι"; ferner P. M. Blowers (1991) 204. Nach F. Wutz (1914) XXII sind die meisten seiner Etymologien „recht eigenartig" und sonst nirgendwo belegt; vgl. auch P. M. Blowers (1991) 239, Anm. 107. A. Schoors (1994) 267–269 glaubt bei einigen der Namenserklärungen ein „midrashic flavour" zu erkennen und vermutet jüdische Quellen. Jedenfalls legen einige der Etymologien des Bekenners nahe, daß man von der griechischen Transkription hebräischer Namen ausgegangen ist; vgl. z. B. A. Schoors (1994) 270 u. Anm. 434.

[439] Vgl. z. B. Max. Thal. 64 (S. 187, Z. 23–26): „Ἑρμηνεύεται γὰρ Ἰωνᾶς κατὰ διαφόρους ἐκφωνήσεις ἀνάπαυσις καὶ δόμα θεοῦ καὶ ἴαμα θεοῦ καὶ θεοῦ χάρις αὐτοῖς καὶ πόνος θεοῦ καὶ περιστερὰ καὶ φυγὴ κάλλους καὶ διαπόνησις αὐτῶν"; ferner Max. Thal. 54 (S. 443, Z. 10–16): „Ζοροβάβελ κατὰ τὴν ἀκρίβειαν τῆς ἑβραΐδος καὶ δασεῖαν δέχεται καὶ ψιλὴν καὶ σύνθεσιν καὶ διαίρεσιν καὶ στιχισμόν. Καὶ δασυνόμενον μὲν τοῦτο τὸ ὄνομα δηλοῖ σπορὰν συγχύσεως· ψιλούμενον δὲ ἀνατολὴν συγχύσεως· συντιθέμενον δὲ ἀνατολὴν ἐν συγχύσει· διαιρούμενον δὲ ἀνατολὴν διασπορᾶς· στιχιζόμενον δὲ αὐτὸς ἀνάπαυσις"; zu dieser komplizierten Etymologie von Serubbabel vgl. A. Schoors (1994) 269f.

ihm und dem νοῦς herzustellen,[440] während derselbe König anhand einer gleichen Etymologie in der *Quaestio ad Thalassium* 50 für die ἀρετή steht.[441] Zudem vermittelt Maximus in der *Quaestio ad Thalassium* 48, in der er Usija als eine Figur des Heilands deutet, den Eindruck, daß sich diese seine Deutung dadurch begründen läßt, daß Usija auf Hebräisch „Kraft Gottes" bedeutet.[442] Doch in der *Quaestio ad Thalassium* 49 beteuert er, daß die Obersten von Hiskia (vgl. 2 Chr 32, 3 LXX) die λόγοι von Glaube, Hoffnung und Liebe symbolisieren,[443] und fügt hinzu, daß die Auslegung der Namen seiner Deutung entspricht.[444] Daraus ergibt sich also, daß die Etymologie funktional nur dazu dient, eine allegorische Deutung, die sozusagen im Kopf des Auslegers schon vorhanden ist, zu unterstützen und sie glaubwürdiger zu machen. Von einem heuristischen Verfahrensmittel, das eine allegorische Reflexion diktiert oder gar inspiriert, kann demnach kaum die Rede sein.

Auch die Zahlensymbolik wurde von Origenes, der dabei an Philo und Klemens anzuknüpfen scheint, in großem Ausmaß für die Schriftauslegung produktiv gemacht.[445] Der Grundgedanke aber, nämlich daß die Zahl einen Sinn hat, der über ihre praktische Bedeutung hinausgeht, stammt aus der pythagoreischen Philosophie.[446] Für die

---

[440] Vgl. Max. Thal. 49 (S. 351, Z. 10–14); ferner ibid. 53 (S. 435, Z. 78f.).

[441] Vgl. Max. Thal. 50 (S. 385, Z. 123–127).

[442] Vgl. Max. Thal. 48 (S. 333, Z. 36–40): „οὕτως καὶ Ὀζίας ... τύπος ἦν τοῦ σωτῆρος. Ἰσχὺν γὰρ θεοῦ πρὸς τὴν ἑλλάδα φωνὴν μεταφερόμενον σημαίνει Ὀζίου τὸ ὄνομα, ἰσχὺς δὲ φυσικὴ καὶ δύναμις ἐνυπόστατος τοῦ θεοῦ καὶ πατρὸς ὁ κύριος ἡμῶν / Ἰησοῦς Χριστός".

[443] Vgl. Max. Thal. 49 (S. 351, Z. 19–21).

[444] Vgl. Max. Thal. 49 (S. 353, Z. 37f.): „καὶ συνᾴδει γε τούτοις τοῖς ῥήμασιν ἑρμηνευόμενα τὰ τῶν ἀρχόντων ὀνόματα".

[445] Zu einer Einführung in die Zahlensymbolik vgl. H. de Lubac (1964) 7–40; ferner H. Meyer u. R. Suntrup (1987) XIII–XXXVIII. Origenes gilt als der Gründer der christlichen Arithmologie in der griechischen Patristik; vgl. P. van Deun (1992, La symbolique) 237; Orig. Princ. IV, 2, 5: „Ἓξ δὲ ὑδρίαι εὐλόγως εἰσὶ τοῖς ἐν κόσμῳ καθαριζομένοις, γεγενημένῳ ἐν ἓξ ἡμέραις, ἀριθμῷ τελείῳ"; Orig. Com. Cant. I, 3, 9: „Numerus vero *quingentorum* sive *ducentorum quinquaginta*, vel quinque sensuum in eo mysterium tenet centupliciter perfectorum, vel remissionem peccatorum per eum (sc. Christus) datam significat quinquagenarius veniabilis numerus quinquipliciter positus". Zu Philo vgl. z. B. Phil. Mig. Abr. 205: „οὐχ ὁρᾷς ὅτι καὶ πέντε Σαλπααδ θυγατέρες, ἃς ἀλληγοροῦντες αἰσθήσεις εἶναί φαμεν"; Phil. Mut. nom. 228. Zu Klemens vgl. z. B. die Auslegung der Zahl 318 (vgl. Gen 14, 14f.) in Klem. Str. VI, 84, 5f.: „ἤδη δὲ ὁ μὲν τριακόσια ἀριθμὸς τριάς ἐστιν ἐν ἑκατοντάδι, ἡ δεκὰς δὲ ὁμολογεῖται παντέλειος εἶναι. ὁ (sic) δὲ ὀκτώ, κύβος ὁ πρῶτος, ἡ ἰσότης ἐν ἁπάσαις ταῖς διαστάσεσι, μήκους, πλάτους, βάθους"; ferner ibid. VI, 87, 2.

[446] Vgl. H. de Lubac (1964) 9f.

maximinische Zahlensymbolik gelten dieselben hermeneutischen Beobachtungen, die ich oben hinsichtlich der Etymologie gemacht habe.[447] Bei dem Bekenner kann eine Zahl[448] vieldeutig ausgelegt werden, so daß er sich nicht scheut, sich der verschiedensten Zahlenkombinationen zu bedienen, um hochspekulative allegorische Reflexionen zur Geltung zu bringen.[449] Zahlensymbolik kann der Confessor

[447] Zum Gebrauch der Zahlensymbolik bei Maximus bietet P. van Deun (1992, La symbolique) 237–242 eine informative Zusammenfassung. Mit Recht schlußfolgert er, daß Maximus dabei nicht besonders originell war, sondern im Grunde die Methoden seiner Vorgänger aufgreift und ihnen viele seiner Erklärungen entnimmt; vgl. auch zur maximinischen Arithmologie P. M. Blowers (1991) 211–219.

[448] Zur *ontologischen* Bedeutung einer Zahl bei Maximus vgl. die wertvolle Analyse von H. U. von Balthasar (³1988) 100–109. Hier sei nur darauf aufmerksam gemacht, daß für den Bekenner eine Zahl weder Wesen/Essenz (οὐσία) noch Zufälligkeit/Akzidens (συμβεβηκός) ist, sondern ein Zeichen, das nur die Quantität, und nie die Beziehung (σχέσις), zeigt. Von daher kann eine Zahl an sich weder trennen noch vereinigen; vgl. Max. Ep. 13, 561D [633–634; vgl. P. Sherwood (1952) 39]: „ὃς (sc. die Zahl) καθὸ μὲν οὐκ ἔστιν οὐσία, ποιεῖν οὐ δύναται παντελῶς· καθὸ δὲ συμβεβηκός, ἤγουν ποιότης οὐκ ἔστιν, πάσχειν οὐ πέφυκεν. Εἰ δὲ μήτε ποιεῖν, μήτε πάσχειν ὁ ἀριθμὸς πέφυκεν, ἄρα σημεῖόν ἐστι ποσοῦ δηλωτικόν"; ferner Max. Ep. 15, 564D [634–640; vgl. P. Sherwood (1952) 40].

[449] Ein gutes Beispiel dafür ist Max. Amb. Io. 67, 1396D–1401B, wo die Zahl „zwölf" auf achtfache Art und Weise gedeutet wird: Als Symbol für die λόγοι von Zeit und Natur [7 + 5; die „fünf" steht für die Natur, da diese durch die fünf Sinne erforscht wird; ferner Max. Thal. 49 (S. 365, Z. 240f.); 55 (S. 487, Z. 117); 62 (S. 121, Z. 108); 64 (S. 209, Z. 360); Max. Th. ec. I, 79, 1112D. Die „sieben" symbolisiert die Zeit, weil die Woche aus sieben Tagen besteht; vgl. auch Max. Thal. 55 (S. 487, Z. 117f.); 64 (S. 209, Z. 360f.); Max. Ps. 59 (S. 5, Z. 37–39)]; für das intelligible Wahrnehmen (νόησις) von geschaffenen (γενητά) und ewigen (αἰώνια) Seienden (beides steht unter Zeit und Natur); für die drei Stufen des mystischen Aufstiegs [4 (vier Kardinaltugenden) + 5 (die φυσικὴ θεωρία hängt mit der Natur und dem Sinnesvermögen zusammen) + 3 (die θεολογία wird mit der Trinität assoziiert)]; für ἀρετή und γνῶσις [4 (vier Kardinaltugenden) + 8 (der eschatologische Zustand); 8 = 7 (Zeit) + 1]; für das gegenwärtige und das kommende Äon [4 (vier Elemente; vgl. auch Max. Thal. 62 – S. 121, Z. 109) + 8 (der eschatologische Zustand)]; für die dreifachen λόγοι von Vorsehung und Gericht im Blick auf das sinnlich Wahrnehmbare und Intelligible [3 + 3 + 3 + 3; hier hängt die „drei" mit der Dreiheit von Wesen (οὐσία), Potenz (δύναμις) und Akt (ἐνέργεια) zusammen, die sich auf das Seiende sowie auf die auf dieses Seiende wirkenden Vorsehung und Gericht bezieht]; für die Erkenntnis der Ursache und des Verursachten [10 (Jesus, der alles umschreibt) + 2 (das sinnlich Wahrnehmbare wegen Materie und Form)]; für das göttliche Wesen (οὐσία) und dessen Energie [6 (Trinität; 3 = 1 u. 1 = 3) + 6 (die göttliche Energie; „sechs" ist eine vollständige Zahl, da sie die einzige zwischen 1 und 10 ist, die aus der Addition bzw. Multiplikation ihrer Divisoren entsteht)]. An diesem Beispiel läßt sich beobachten, wie vielfältig und *kompliziert* die zahlensymbolischen Spekulationen des Bekenners sein können; vgl. ferner Max. Thal. 55 (S. 487–513) u. den Kommentar von P. M. Blowers (1991) 213–219; Max. Ps. 59 (S. 6f., Z. 61–63 u. S. 7, Z. 65–69); Max. Amb. Io. 65, 1389D: „Ὁ ἑπτὰ κατὰ τὴν ἁγίαν Γραφήν, ὡς μὲν ἀριθμὸς μόνον λαμβανόμενος, πολλὴν ἔχει φυσικῶς τὴν ἐπ᾿ αὐτῷ κειμένην τῶν φιλοπονούντων τὰ θεῖα μυστικὴν θεωρίαν. Σημαίνει γὰρ καὶ χρόνον, καὶ αἰῶνα, καὶ αἰῶνας, κίνησίν τε καὶ περιοχὴν καὶ μέτρον, καὶ ὅρον, καὶ πρόνοιαν, καὶ ἕτερα πολλά, κατὰ τὸν ἑκάστου λόγον καλῶς θεωρούμενος".

auch mit einem anderen hermeneutischen Prinzip verquicken, nämlich das von der „lobenswerten" oder „tadelnswerten" *Beleuchtung*.[450]
So kann auch eine Zahl innerhalb eines positiven bzw. negativen
Kontexts erscheinen und soll dementsprechend gedeutet werden.[451]
Nichtsdestoweniger gilt es, daß die zahlensymbolischen Erwägungen
bloß als Hilfsmittel fungieren, um eine schon vorhandene allegorische Reflexion zu organisieren und zu legitimieren. Die Mehrdeutigkeit
der Zahlen ermöglicht es ihnen, sich sozusagen auf jede allegorisierende Spekulation des Confessors einzustellen.

3.2.4. *Zusammenfassung*

Anhand seiner Unterscheidung zwischen λόγος und τρόπος entfaltet
Maximus Confessor im *Ambiguum ad Ioannem* 37 eine operationelle
Theorie, die den Anspruch zu erheben scheint, die in der Bibel zu
beobachtende Vielfalt von Gestalten und Ereignissen mit dem einen
Logos, der nach dem christologischen Schriftmodell in derselben Bibel
Fleisch wird, hermeneutisch zu verknüpfen. Wird dabei nicht klar,
wie der Übergang von den vielen Erscheinungsweisen (τρόπος) zum
einen λόγος der Schrift zu vollziehen ist, so zeigt diese sich als
Kategorienlehre darstellende Theorie, daß alles in der Bibel im Sinne
des mystischen Aufstiegs, der Bipolarität von Figur (τύπος) und
Wahrheit (ἀλήθεια) und abschließend des göttlichen Logos selbst zu
verstehen und auszulegen ist. Der biblische Verstehens- und Auslegungsvorgang gibt sich als eine synergisch-dynamische Wirklichkeit zu
erkennen. Er ist synergisch insofern, als er nur in einer Begegnung
von göttlicher Offenbarung und menschlichem Bemühen um den
Schriftsinn besteht. Bleibt das Wie dieser Zusammenkunft in letzter
Analyse ein Geheimnis, so betont der Bekenner die Rolle der geschichtlichen Inkarnation des Logos als hermeneutischen Schlüssel, die
offenbarende Funktion des Heiligen Geistes und die Verantwortung
des Menschen, auch wenn dieser mit der Möglichkeit, Interpretations-
fehler zu begehen, immer rechnen muß. Dynamisch ist der Auslegungs-

---

[450] Vgl. den Abschnitt 3. 2. 1.
[451] Vgl. z. B. Max. Thal. 49 (S. 365, Z. 261–263): „ἐπειδὴ ψεκτῶς κεῖται κατὰ
τοῦτον τῆς ἁγίας γραφῆς τὸν τόπον οὗτος ὁ ἀριθμός"; vgl. auch ibid. (S. 365, Z.
249–255). Dabei geht es um die Zahl 185000 der Männer, die der Engel des Herrn
im assyrischen Lager vor Jerusalem umbringt; vgl. Jes 37, 36 LXX; 2 Chr 32, 21
LXX; 4 Kön 19, 35 LXX.

prozeß in dem Sinne, daß das Wort Gottes nicht auszuschöpfen ist, weil es sich durch eine naturhafte Unbegrenztheit (φυσικὴ ἀπειρία) auszeichnet, welche eine Eigenschaft des in der Bibel fleischgewordenen Logos ist. Diese Unendlichkeit des göttlichen Wortes drückt sich horizontal aus, indem es sich an jeden Menschen je nach geistlicher Reife wendet, und vertikal, indem es sich ein- und demselben Menschen bei jedem Schritt auf dem mystischen Weg anders erschließt. So spiegelt sich das Unerschöpflichsein des Gotteswortes im polysemischen Aspekt der biblischen Texte wider. In diesem Zusammenhang kommt der Allegorese die Aufgabe zu, die verschiedenen biblischen Texte auf den sich in ihnen geheimnisvoll befindenden Logos hin zu deuten und zugleich – durch die Berücksichtigung möglichst vieler Sinnpotentialitäten – zu zeigen, wie er sich an jeden Leser adaptiert. Um die Vielfalt der biblischen Bedeutungsmöglichkeiten zu ergründen, ohne sie jedoch erschöpfend behandeln zu können, rekurriert der Confessor auf aus der Tradition der allegorischen Bibelexegese längst bekannte und *bewährte* Verfahrensmittel, vor allem die Etymologie von hebräischen Namen und die Zahlensymbolik.

3.3. Maximinische Schriftauslegung zwischen Theorie und Praxis

Es hat sich im vorangehenden herauskristallisiert, daß die Auffassung des Maximus Confessor von der Heiligen Schrift – vor allem durch seine Lehre von der biblischen Fleischwerdung des Logos – christologisch geprägt ist.[452] Legt Maximus durch diese Lehre darüber Rechenschaft ab, wie sich der Logos durch die Schrift auf die Menschen einstellt, so läßt sich der Confessor zusätzlich hermeneutisch darauf ein, wie ein Schriftdeuter den in der Bibel inkarnierten Logos mit Hilfe desselben – und des Heiligen Geistes – erreichen kann, auch wenn die Ausführungen des Bekenners dazu – vor allem im Falle seiner *Kategorienlehre* –[453] nicht immer klar sind.[454] Die zwei vorausgegangenen Teile dieses Kapitels haben sich speziell mit der eben erwähnten doppelten Dynamik in der Heiligen Schrift, d. h. der Bewegung des Logos zu dem Menschen und der des Menschen zum

---

[452] Vgl. den ersten Teil dieses Kapitels.
[453] Vgl. den Abschnitt 3. 2. 1.
[454] Vgl. vor allem die Abschnitte 3. 2. 2. 1 u. 3. 2. 2. 2.

Logos hin, beschäftigt. Indem ich aber im zweiten Teil die Frage
nach der biblischen Polysemie und den heuristischen Verfahrensmitteln
der Allegorese bei Maximus ansprach,[455] wurde das Problemfeld seiner Praxis der Schriftauslegung berührt. Im vorliegenden Teil ist darauf einzugehen, inwieweit der Confessor in seiner Auslegungspraxis
seinen hermeneutischen Ansätzen treu bleibt. Zu fragen ist also hier
an erster Stelle, inwiefern sich die christologisch geprägte Bibelhermeneutik des Bekenners in seiner Auslegungspraxis widerspiegelt. Damit
hängt natürlich auch die Frage zusammen, inwiefern der Confessor
seine operationelle Theorie, durch die er versucht, die vielfältige
Schriftebene des Literalsinns mit dem einen in der Bibel inkarnierten Logos zu verbinden,[456] als Bibelausleger anwendet. Überdies
wurde bereits in der Einleitung dieser Arbeit erwähnt, daß Maximus
einen dogmatisch-polemischen Gebrauch der Schrift kennt,[457] dessen
Begründung er hermeneutisch zwar nicht entfaltet, der deswegen
jedoch nicht vernachlässigt werden darf. In einem zweiten Schritt soll
also dieser Gebrauch, der vor allem in christologisch-apologetischen
Werken des Confessors zu finden ist, in erster Linie anhand des
Beispiels des *Opusculum theologicum et polemicum* 6 illustriert werden. Als
drittes – und dies stellt sozusagen den Höhepunkt dieses Teiles meiner
Arbeit dar – soll die Frage erörtert werden, ob die allegorische Deutung der Schrift und deren dogmatisch-polemischer Gebrauch beim
Bekenner hermeneutisch aus demselben Ansatzpunkt erklärt werden
können. Mit der Behandlung dieser Frage wird das dritte Kapitel
zur Schrifthermeneutik des Maximus Confessor abgeschlossen.

3.3.1. *Zur allegorischen Bibelexegese des Maximus*

Um die Heilige Schrift zu allegorisieren, bedarf es keines christologischen Schriftmodells. Dies bezeugt nicht zuletzt das Beispiel eines
Philo von Alexandrien, welcher die Teilung der Schrift in einen wörtlichen und einen tieferen Sinn anthropologisch begründet[458] und sich
der Allegorese bedient, um Anthropomorphismen und Absurditäten
in der Bibel zu nivellieren.[459] Auch Gregor von Nyssa, der sich bei

---

[455] Vgl. den Abschnitt 3. 2. 3. 3.
[456] Vgl. den Abschnitt 3. 2. 1.
[457] Vgl. Einleitung, Abschnitt IV (S. lxii).
[458] Vgl. Anm. 26.
[459] Vgl. den Abschnitt 1.1.7 (S. 15) u. Anm. 425.

seiner Verteidigung der Allegorese unter anderem auf paulinisches Gedankengut beruft,[460] bleibt, wie bereits gesagt,[461] das christologische Schriftmodell fremd. Das im Blick auf Philo Erwähnte scheint aber ebenfalls für Maximus zu gelten. Auch er kennt das anthropologische Schriftmodell,[462] greift auf die Tradition der absurden Stellen in der Schrift zurück, um der Allegorese Legitimität zu verschaffen,[463] und verwendet die herkömmlichen Verfahrensmittel der Allegorese[464] wie Etymologie und Zahlensymbolik. Nichts davon scheint die Christologie vorauszusetzen. Dadurch darf man sich aber nicht täuschen lassen. Denn die vorangehenden Analysen zeigten, daß Maximus seine Allegorese nicht nur intratextuell begründet, sondern auch extratextuell insofern, als sie als das Mittel fungiert, durch das die Vielheit des biblischen Literalsinns auf den einen Logos zurückgeführt und das biblische Wort mit dem Heute des Lesers verbunden werden kann. Hierbei geht es aber nicht nur um eine bloße Aktualisierung vergangener Ereignisse, welche durch die zeitliche Spanne begründet ist. Diese Aktualisierung hat auch eine christologische Dimension, nicht nur da ihr logisch – und nicht zeitlich – diese eben erwähnte Rückführung auf den einen Logos vorausgehen *muß*, sondern auch da die Eigenschaft des biblischen Wortes, jeden Menschen ansprechen zu können, mit der Unbegrenztheit des in der Heiligen Schrift fleischgewordenen göttlichen Logos zusammenhängt.[465] Ist demnach das christologische Moment dafür entscheidend, *daß* die Schrift allegorisiert werden soll, so erscheint es nicht weniger dafür maßgeblich, *wie* diese Allegorese aussehen soll. Geht Maximus wie die gesamte alexandrinische Tradition von einer Doppelstruktur der Schrift aus, nämlich von einem wörtlichen und einem tieferen Sinn, so ist doch die Art und Weise, wie er diese Doppelstruktur interpretiert, äußerst komplex, weil sich der tiefere Sinn – man beachte die Singularform – meistens als eine Vielfalt von Sinnvarianten zu erkennen gibt, die von keinem Ausleger bzw. Leser ausgeschöpft werden kann,[466] obgleich

---

[460] Vgl. Greg. Nys. Cant. Prol. (S. 5–7); ferner Röm 7, 14; 1 Kor 9, 9f. u. 10, 11; 1 Kor 13, 12; 2 Kor 3, 6 u. 16; Gal 4, 21–31.
[461] Vgl. Anm. 82.
[462] Vgl. den Abschnitt 3. 1. 4. 1.
[463] Vgl. den Abschnitt 3. 2. 3. 2 (S. 242f.).
[464] Vgl. den Abschnitt 3. 2. 3. 3.
[465] Vgl. den Abschnitt 3. 2. 3. 2.
[466] Beispiele dazu wurden im Abschnitt 3. 2. 3. 2 (S. 238–240) angeführt.

der Confessor gelegentlich vom genauen (ἀκριβής) Sinn einer biblischen Stelle reden kann.[467] Aber gerade diese Vielfalt ist nicht nur
subjektiv, d. h. vom Leser her, dem sich das göttliche Wort je nach
spirituellem Zustand anpaßt, bedingt, sondern auch objektiv, d. h.
vom Text her, dessen *Sinnüberschuß* in dem in der Schrift inkarnierten, unbegrenzten Logos verwurzelt ist. Freilich handelt es sich dabei
um Elemente, die der alexandrinischen Hermeneutik nicht fremd
sind,[468] Maximus scheint aber diese Elemente zu überspitzen nicht
nur quantitativ durch den großen Reichtum an Sinnmöglichkeiten,
welche dem tieferen Sinn zugeordnet werden, sondern vor allem
qualitativ durch die Verankerung dieses Reichtums in einer christologisch geprägten Schriftlehre.[469] Die Bedeutung dieses Reichtums
besteht nicht zuletzt darin, daß die Allegorese an sich, wenn sie in
der Auslegungspraxis begegnet – und obgleich sie, wie bereits gesagt,
beim Bekenner mit seinem christologischen Modell eng zusammenhängt – keineswegs auf einen christologischen Hintergrund hindeuten muß, während sich die Vielfalt von Sinnpotentialitäten, die
Maximus in seiner Exegese zur Geltung bringt, mit Hilfe seines
anthropologischen bzw. kosmologischen Schriftmodells schwer erklären läßt.[470] Infolgedessen deutet der *Sinnüberschuß* der biblischen Texte,
der in der maximinischen Auslegungspraxis durch den Reichtum an
Sinnmöglichkeiten zum Ausdruck kommt, im Gesamtrahmen der
Hermeneutik des Confessors auf dessen Lehre von der Fleischwerdung
des Logos in der Schrift hin und kann demzufolge nur christologisch
begründet sein.

Daß die Christologie das Wie der Allegorese beeinflußt, kommt
aber nicht nur durch ein rein formales Moment, die Vielfalt der
Sinnmöglichkeiten, zum Ausdruck, sondern auch durch die *Semantik*
dieser Allegorese. Oft hat man den Eindruck, daß es Maximus bei

---

[467] Vgl. z. B. Max. Thal. 11 (S. 89, Z. 6–11) [zitiert in Anm. 301]. P. M. Blowers
bemerkt mit Recht, daß der Bekenner, obwohl er gelegentlich von einer höheren,
erkenntnishafteren oder geistlicheren Bedeutung redet [vgl. z. B. Max. Thal. 50 (S.
391, Z. 203) u. 54 (S. 465, Z. 386f.); Max. Th. ec. I, 44, 1100A], meistens so vor-
geht, daß er *gleichberechtigte* Sinnmöglichkeiten nebeneinanderstellt; vgl. P. M. Blowers
(1991) 109 u. 188–192.
[468] Zum accomodatio-Gedanken vgl. den Abschnitt 3. 1. 2 (S. 152f.). Zum dreifachen Sinn der Schrift bei Origenes vgl. Anm. 60.
[469] Vgl. dazu P. Sherwood (1958, Exposition) 204.
[470] Maximus scheint seine Lehre vom Unerschöpflichsein des Gotteswortes nirgendwo mit seiner Auffassung, die Heilige Schrift sei mit einem Menschen oder mit
dem Kosmos vergleichbar, zu assoziieren.

der Deutung einer schriftlichen Stelle um eine Reise geht, die zur
Entdeckung des Logos hinter den vielfältigen Worten führt. So deutet
der Bekenner den Psalm 59 LXX im Sinne des historischen Christusgeschehens und dessen anthropologisch-mystischer Auswirkungen, was
bezeugt, daß beides in den Augen des Kirchenvaters eng zusammen-
gehört.[471] Diese Beobachtung bestätigt ebenfalls die *Expositio orationis
dominicae*, in der Maximus, bevor er mit der eigentlichen Auslegung
anfängt, die sieben μυστήρια darlegt, die durch den Sohn realisiert
wurden und im Vaterunser vorkommen,[472] um diese μυστήρια danach
mit anthropologisch-mystischen Ausführungen zu verbinden. Daß der
Confessor hier zuerst die μυστήρια erklärt, im Lichte derer er das
Gebet auslegen wird und die sich nicht ohne weiteres aus dessen

---

[471] In Max. Ps. 59 stehen David (S. 4, Z. 27–29) und Judas (S. 15, Z. 222) für
Christus. Auch die rechte Hand Gottes (S. 12, Z. 157f.) und dessen Heiligtum (S.
12, Z. 165f.) symbolisieren den Sohn. Diese christologischen Typologien sind ein
Merkmal der Allegorese des Confessors, welcher vielerorts alttestamentliche Gestalten
als Figuren für Christus interpretiert: so Josua (vgl. Max. Amb. Io. 10, 1117D–1120A),
David [vgl. Max. Thal. 53 (S. 431, Z. 6f.)] und Serubbabel [vgl. Max. Thal. 54
(S. 455, Z. 204–207)]. Doch von der rein christologischen Ebene kann der Kirchenvater
leicht zur anthropologischen Ebene springen, indem er z. B. in Max. Ps. 59 (S. 13,
Z. 172f.) das Heiligtum auch als jeden Menschen, der die Gebote Gottes befolgt,
deutet. Auch Idoumaia (vgl. Ps 59, 10 LXX) steht sowohl für das Fleisch des Herrn
wie für das Fleisch eines jeden von uns (S. 16f., Z. 240–245). Ein Sich-Verzahnen
von Christologie, Anthropologie und Mystik – im Sinne dessen, was im zweiten
Kapitel dieser Arbeit geltend gemacht wurde – belegen zahlreiche maximinische
Stellen; vgl. z. B. Max. Thal. 48, wo der Bekenner 2 Chr 26, 4f. u. 9f. LXX auf
zweierlei Art, nämlich im Blick auf Christus und auf den menschlichen νοῦς, deutet.
Im ersten Teil (S. 333–337, Z. 35–129) überwiegen zwar christologische Themen –
wie die durch Christus bewirkten Vereinigungen – und im zweiten Teil mystische
Momente (S. 337–345, Z. 130–243). Eine gründliche Lektüre vermag aber davon
zu überzeugen, daß sich beide Interpretationsweisen stark überschneiden und voneinander nicht trennen lassen.
[472] Mit diesen μυστήρια sind die Gotteslehre (θεολογία), die gnadenhafte Annahme
an Kindes Statt, die Gleichrangigkeit mit den Engeln, die Teilhabe am ewigen
Leben, die Wiederherstellung der Natur, die Aufhebung des Gesetzes der Sünde
und die Befreiung von der Herrschaft des Bösen gemeint; vgl. Max. Pater (S. 30f.,
Z. 77–85) [Übersetzung nach G. Bausenhart (1996) 20].
[473] Z. B. von der christologischen zur anthropologischen Ebene; vgl. dazu Anm.
471. In Max. Thal. 64 (vgl. z. B. S. 209, Z. 349–351) deutet der Bekenner Ninive als
die menschliche Natur im allgemeinen – und daher als die Kirche aus den Heiden –
und dann als die menschliche Seele; vgl. ferner Max. Th. ec. I, 61, 1105A. Als ein
weiteres Beispiel für das Variieren von interpretatorischen Schemata können die
Kapitel 1–5 der Mystagogia angeführt werden, in denen Maximus die Kirche als
ein Bild für Gott, den Kosmos, den Menschen und die menschliche Seele deutet,
obwohl es sich hier nicht um Bibelauslegung im eigentlichen Sinne handelt.

Literalsinn ableiten lassen, zeigt, daß er seine christologisch orientierte Hermeneutik beim Auslegungsakt nicht einfach *vergißt*. Über diese christologische Perspektive darf es nicht hinwegtäuschen, daß Maximus meistens seine Interpretationsschemata variiert.[473] Daß der Bekenner derart versucht, z. B. kosmische, ekklesiologische oder anthropologische Facetten und Auswirkungen des Heilsgeschehens zu erfassen, bestätigt im Gegenteil die Beobachtung, daß er die Schrift im Lichte des μυστήριον Christi[474] erschließen will.[475] Maximus geht es demnach, wenn er die Schrift allegorisiert, wie schon erwähnt,[476] nicht um eine bloße Aktualisierung der auszulegenden Texte im Sinne der *Interessen* seiner Adressaten, sondern – und das trotz aller allegorisierenden Spekulation – um eine Interpretation, welche das Heute dieser Adressaten mit dem Christusgeschehen in seiner gesamten Tragweite in Beziehung setzt. Insofern kann man behaupten, daß der Kirchenvater seinem hermeneutischen Prinzip, das μυστήριον der Verleiblichung besitze die Kraft aller in der Schrift enthaltenen Rätsel und Figuren[477] in der Auslegungspraxis treu bleibt.[478]

Innerhalb dieses Gesamtrahmens, wo sich theologische Hermeneutik und Auslegungspraxis des Maximus eng zueinander verhalten, bleibt, wie P. M. Blowers zu Recht beobachtet, die im *Ambiguum ad Ioannem* 37 entfaltete operationelle Theorie, d. h. die Kategorienlehre,[479] ein Idealmuster, das nirgendwo ganz in die Praxis umgesetzt wird.[480]

---

[474] Vgl. dazu den Abschnitt 3. 1. 3. 2. 1.

[475] Vgl. P. Sherwood (1958, Exposition) 204; P. M. Blowers (1991) 191f.

[476] Vgl. den Abschnitt 3. 2. 3. 2 (S. 240–242).

[477] Vgl. Max. Th. ec. I, 66, 1108AB (zitiert in Anm. 302); ferner den Abschnitt 3. 2. 2. 1.

[478] Diese Beobachtung scheint unabhängig von den Literaturgattungen, die Maximus benutzt, zu gelten. Mit anderen Worten legt der Bekenner die Schrift im Lichte des μυστήριον Christi aus, egal ob er seine Deutung in der Form von Sprüchen, Erotapokriseis oder Kommentaren zum Ausdruck bringt; vgl. Anm. 1100, wo die Beispiele sowohl dem Kommentar zu Psalm 59 LXX als auch der Quaestio ad Thalassium 48 entnommen sind. Als Beispiel für allegorisierende Interpretation *christologischen* Charakters in den Sprüchen vgl. Max. Th. ec. II, 52–54, 1148B–D. Allenfalls kann man sagen, daß in den Spruchsammlungen die Anzahl von Sinnmöglichkeiten, die der Bekenner ins Spiel bringt, wesentlich geringer ist als z. B. in seinen langen Erotapokriseis; vgl. dazu Max. Amb. Io. 10, 1161A–1165D u. Max. Thal. 63 (S. 161–179) [dazu Anm. 1039] mit Max. Th. ec. I, 51–56, 1101C–1104C, wo der Confessor den sechsten, siebten und achten Tag auf verschiedene Weise allegorisiert. Dies dürfte an der die Spruchsammlungen charakterisierenden Kürze liegen.

[479] Vgl. dazu den Abschnitt 3. 2. 1.

[480] Vgl. P. M. Blowers (1991) 143.

Dieser Theorie entspricht die maximinische Auslegung insofern, als der Bekenner an zahlreichen Stellen den biblischen, auszulegenden Text im Sinne der drei Stufen des mystischen Aufstiegs interpretiert[481] sowie, wie erwähnt,[482] seine im weitesten Sinne christologische Perspektive zur Geltung bringt.[483] Sonst rekurriert der Kirchenvater gelegentlich auf eine oder mehrere der fünf Teilungen nach Ort (τόπος), Zeit (χρόνος), Geschlecht (γένος), Person (πρόσωπον) und Wert (ἀξία).[484] Doch wie im Fall der hebräischen Etymologie und der Zahlensymbolik handelt es sich hier weniger um Kriterien, an denen sich die Semantik der Allegorese orientiert, als um Hilfsmittel, anhand derer die allegorische Reflexion organisiert wird.

Zur Kategorienlehre gehört es auch, daß ein biblischer Sachverhalt je nach Kontext als lobenswert (ἐπαινετῶς) oder als tadelnswert (ψεκτῶς) gedeutet werden kann.[485] Inwiefern hält sich Maximus daran? In aller Regel scheint er dieses Prinzip zu respektieren. Er macht z. B. in der *Quaestio ad Thalassium* 26 darauf aufmerksam, daß Pharao den Teufel symbolisiert, wenn er im Text als Vernichter des Volkes Israel erscheint, aber das Gesetz der Natur, wenn Joseph in seinem Dienste steht.[486] Außerdem beteuert er in der *Quaestio ad Thalassium* 54, daß Darius in 1 Esra 4, 42–57 LXX nicht als der Teufel zu verstehen ist, weil der König hier freiwillig bei der Befreiung des Volkes mitwirkt.[487] Bietet der Zusammenhang keine richtige Hilfe, so kann der Bekenner andere Stellen konsultieren, wo derselbe Sachverhalt bzw. Begriff auftaucht.[488] Trotzdem vermag der Confessor in der *Quaestio*

---

[481] Vgl. z. B. Max. Thal. 5 (S. 65 u. 67, Z. 27–44); 25 (S. 159–167); ferner Max. Th. ec. II, 96, 1172AB, wo nach dem Confessor die dreisprachige Inschrift am Kreuz des Heilands zeigt, daß er König der drei Stufen des mystischen Weges ist.

[482] Vgl. Anm. 471–473.

[483] Vgl. P. M. Blowers (1991) 145.

[484] Vgl. z. B. Max. Thal. 7 (S. 73, Z. 5–9): „Ἔθος ἐστὶ τῇ γραφῇ τοὺς χρόνους μεταλλάσσειν καὶ εἰς ἀλλήλους μετεκλαμβάνειν, καὶ τὸν μέλλοντα ὡς παρῳχηκότα καὶ τὸν παρῳχηκότα ὡς μέλλοντα, καὶ τὸν ἐνεστῶτα εἰς τὸν πρὸ αὐτοῦ καὶ μετ᾽ αὐτὸν χρόνον ἐκφωνεῖν, ὡς ἔστι δῆλον τοῖς αὐτῆς πεπειραμένοις"; ibid. 26 (S. 179, Z. 132–137): „καὶ οἱ λοιποὶ πάντες βασιλεῖς (vgl. Jer 34, 2f. LXX) οὓς γνώσεται διὰ τῆς οἰκείας σημασίας ὁ γνωστικὸς ἐκ τῆς τῶν ὀνομάτων ἑρμηνείας ἢ τῆς τῶν τόπων θέσεως ἢ τῆς κρατούσης ἐν αὐτοῖς γενικῆς παραδόσεως ἢ τῆς ἐν ἀλλήλοις ἐπιτηδεύσεως ἢ τῆς πρὸς Ἰσραὴλ ποιᾶς ἀντιπαθείας"; ferner ibid. 55 (S. 483 u. 485, Z. 59–69); zur gesamten Problematik vgl. P. M. Blowers (1991) 141–145.

[485] Vgl. dazu den Abschnitt 3. 2. 1.

[486] Vgl. Max. Thal. 26 (S. 181, Z. 140–143).

[487] Vgl. Max. Thal. 54 (S. 459, Z. 261–263).

[488] Vgl. Max. Thal. 55 (S. 505 u. 507, Z. 390–433), wo das Maultier von 1 Esra 5, 42 LXX lobenswert und tadelnswert interpretiert wird, da es in anderen Bibelstellen

ad Thalassium 64 Jona sowohl als Adam und die gefallene menschliche Natur wie als Christus und den prophetischen Geist zu deuten.[489] Vielleicht liegt dies jedoch daran, daß Jona in dem nach ihm genannten Buch sowohl in einem positiven als auch negativen Licht erscheint. Ansonsten distanziert sich der Confessor, da es ihm darum geht, alles in der Schrift spirituell zu verstehen, von *einigen*, die behaupten, Worte von Personen, welche in der Bibel als tadelnswert bewertet werden, dürften nicht allegorisiert werden.[490] An einer anderen Stelle deutet er den sich auf Jesus beziehenden Spruch Simeons „dieser ist gesetzt zum Fall für viele" (vgl. Lk 2, 34) sowohl negativ im Blick auf diejenigen, die Schrift und Natur nur leiblich betrachten, wie positiv im Blick auf die Affekte und üblen Gedanken bei den Gläubigen.[491] Diese zwei letzten Beispiele weisen in die Richtung, daß der Bekenner nicht immer den Kontext beachtet, wenn es darum geht, biblische Sachverhalte oder Personen lobenswert bzw. tadelnswert zu allegorisieren.[492]

---

sowohl in positivem (vgl. 3 Kön 1, 33 LXX) als auch in negativem (vgl. Ps 31, 9 LXX) Licht erscheint; vgl. ferner im Blick auf die Menschen und Tiere von Ninive in Jona 3, 5–7 LXX Max. Thal. 64 (S. 205, Z. 290–292): „Ψεκτῶς γὰρ κεῖσθαι πάντα ταῦτα κατὰ τοῦτον τῆς γραφῆς τὸν τόπον ὑπονοοῦμεν, ἕως ὁ λόγος λαβὼν πρὸς τὸ κρεῖττον αὐτὰ μεταβάλοι". Es sei hier darauf hingewiesen, daß das christologische Schriftmodell des Bekenners sowie seine Überzeugung, die gesamte Heilige Schrift sei vom Heiligen Geist inspiriert (vgl. dazu den Abschnitt 3. 2. 2. 2), bewirken, daß der Kirchenvater mit der Bibel als mit einer kohärenten *Einheit* umgeht und sie synchron – ungeachtet der Chronologie und der verschiedenen Entstehungszusammenhänge der Bücher – auslegt; vgl. dazu V. Croce (1974) 45f.

[489] Vgl. Max. Thal. 64 (S. 191–199, Z. 79–200).

[490] Vgl. Max. Thal. 38 (S. 255, Z. 5–10): „Φασί τινες μὴ ἀλληγορεῖσθαι τῶν ἐν τῇ γραφῇ ψεκτῶν προσώπων τοὺς λόγους. Πλήν, ἐπειδὴ κρεῖττον μᾶλλον φιλοπονεῖν καὶ τὸν θεὸν ἀπαύστως αἰτεῖσθαι χορηγεῖν σοφίαν καὶ δύναμιν πρὸς τὸ πᾶσαν νοηθῆναι πνευματικῶς τὴν γραφήν, ταῖς ὑμετέραις εὐχαῖς θαρρῶν, καὶ περὶ τοῦ παρόντος ἀπόρου τάδε φημί". Mit diesen einigen (τίνες) ist höchstwahrscheinlich Evagrius Ponticus gemeint; vgl. Evagr. Gnost. 21 (zitiert in Anm. 380).

[491] Vgl. Max. Th. ec. II, 42–44, 1144B–D, vor allem 1144D: „Τό, κεῖσθαι τὸν Κύριον εἰς πτῶσιν πολλῶν καὶ ἀνάστασιν ἐν τῷ Ἰσραήλ, ἐπαινετῶς μόνον νοούμενον, εἰς πτῶσιν μὲν νοεῖται, τῶν ἐν ἑκάστῳ τῶν πιστευόντων τῶν παθῶν τε καὶ πονηρῶν λογισμῶν".

[492] Stammt Max. Qu. d. 157 (S. 109f.) vom Confessor, bietet diese Erotapokrisis ein geeignetes Beispiel dafür, wie ein im biblischen Zusammenhang negativer Sachverhalt vom Kirchenvater auch positiv gedeutet werden kann. Es geht dabei um den Spruch des Psalmisten „Ich aber bin ein Wurm und kein Mensch" (vgl. Ps 21, 7 LXX), der sich für den Fragenden auf den Herrn bezieht. Die maximinische Antwort gibt nicht weniger als vier positive Gründe, weswegen der Herr als Wurm bezeichnet werden kann: Wie ein Wurm sei er samenlos geboren worden und dem Teufel zum Gift geworden. Darüber hinaus sei er den Feinden wie ein Wurm, da der Weise dem Törichten verdreht [σκολιός; vgl. σκώλυξ (Wurm)]

Aus der obigen Analyse geht hervor, daß die Auslegungspraxis des Maximus Confessor seiner christologisch geprägten Hermeneutik insofern treu bleibt, als seine Allegorese im Grunde ein Versuch ist, die verschiedenen biblischen Texte im Sinne des Christusgeschehens und seiner – nicht zuletzt anthropologisch-mystischen – Tragweite auszulegen und so den maximinischen Adressaten, die sich vor allem in monastischen Kreisen befanden, aktualisiert zu vermitteln. Zudem wird die christologische Perspektive des Bekenners dadurch transparent, daß er öfters zusieht, bei seiner Interpretation mehrere Sinnebenen zu erfassen, was in seiner Überzeugung verankert ist, das biblische Wort zeichne sich durch eine naturhafte Unbegrenztheit aus, die eng damit zusammenhängt, daß der unbegrenzte Logos in der Schrift Fleisch wird und sich an jeden Leser adaptiert. Demgegenüber spiegeln die Verfahrensmittel der Allegorese, auf die der Confessor rekurriert, aus formaler Sicht keine besondere Affinität zu seiner christologischen Hermeneutik wider. Diese Verfahrensmittel können somit als christologisch nur in dem Maße gelten, als sie dazu dienen, einen christologischen Inhalt zu vermitteln, der bei dem Bekenner indes oft vorgegeben und unabhängig von ihnen zu erkennen ist.[493] Auch die Kategorienlehre des Confessors, die er im *Ambiguum ad Ioannem* 37 mit dem Anspruch entfaltet, die Vielfalt der im biblischen Text vorkommenden Elemente mit der Einheit des in der Heiligen Schrift inkarnierten Logos hermeneutisch zu verknüpfen, bleibt ein Idealmuster, welches nirgendwo in seiner Gesamtheit aufgegriffen wird. Maximus kann gleichwohl gelegentlich auf Einzelteile davon zurückgreifen und sie in seine Interpretation integrieren. Gerade das Prinzip, biblische Sachverhalte können je nach Kontext als lobenswert oder tadelnswert verstanden werden, scheint der Kirchenvater im großen und ganzen zu berücksichtigen, ohne dabei jedoch immer konsequent zu sein.

---

scheine. Zum Schluß sei der Herr auch in uns ein Wurm, weil er unser Gewissen verzehrt, wenn wir sündigen. Die zwei ersten Gründe werden in Max. Thal. 64 (S. 217 u. 219, Z. 484–508), wo Maximus denselben Psalmvers zitiert, entfaltet. Der vierte Grund wird in Max. Thal. 64 (S. 239, Z. 816–828) aufgegriffen. Ein weiteres Beispiel ist Max. Myst. 24 (S. 250, Z. 183–190; PG 91, 712A), wo der Kirchenvater die Vergöttlichung mit der Sohnschaft assoziiert und die Worte des Vaters im Gleichnis des verlorenen Sohnes an den älteren Bruder „Mein Sohn, du bist allezeit bei mir, und alles, was mein ist, das ist dein" (vgl. Lk 15, 31) zitiert, um den Zustand der vergöttlichten Söhne zu beschreiben. Obwohl also der ältere Sohn im lukanischen Gleichnis in einem *negativen* Licht erscheint, scheut sich der Bekenner nicht davor, die an ihn gerichteten Worte des Vaters aufzugreifen, um den *positiven* Zustand der Vergöttlichung zu illustrieren.

[493] Vgl. dazu den Abschnitt 3. 2. 3. 3.

3.3.2. *Zur dogmatisch-polemischen Bibelexegese des Maximus*

Die Art und Weise, wie der Bekenner die Heilige Schrift gebraucht, beschränkt sich nicht auf eine allegorisierende Auslegung, welche sich besonders an monastische Kreise wendet. Z. B. bestehen beträchtliche Teile des *Liber asceticus* aus Bibelstellen, auf die unter Ausbleiben von allegorischen Ausführungen als bloße Testimonia zurückgegriffen wird.[494] So wie es sich bei den meisten Kirchenvätern verhält, weisen die Schriften des Maximus einen großen Reichtum sowohl an direkten Bibelzitaten als auch an indirekten Anspielungen auf biblische loci auf.[495] In dieser Hinsicht scheint mir die Beobachtung relevant, daß sich der Kirchenvater so von der Schrift inspirieren lassen kann, daß biblische Termini und Motive zum inneren Gewebe seiner eigenen Sprache und Bilder werden.[496] Wichtiger jedoch als die Zitierweise des Confessors ist aus bibelhermeneutischer Sicht dessen dogmatisch-polemischer Gebrauch der Schrift, auf den V. Croce aufmerksam gemacht hat[497] und der vor allem in der Auseinandersetzung des Maximus mit dem Origenismus[498] und dem Monotheletismus zutagetritt. Gerade im Blick auf den monotheletischen Streit signalisierte V. Croce zu Recht, daß die Art und Weise, wie Maximus hierbei die Schrift gebraucht, darüber, mehrere Bibelstellen hintereinander als Testimonia zu zitieren, hinausgehen[499] und den Charakter einer theologischen Exegese annehmen kann.[500] In diesem Rahmen vermag Maximus eine tiefgehende exegetische Arbeit zu leisten, welche z. B. auf klassische Interpretationsprobleme achtet und auf durchdachte Methoden zurückgreift, um diese Probleme zu beheben. So

---

[494] Vgl. V. Croce (1974) 57.

[495] In Max. Thal. 64 (S. 225, Z. 624f.) erwähnt der Bekenner, daß er die ganze Bibel mehrmals gelesen hat: „πᾶσαν πολλάκις ἀναγνοὺς τὴν ἁγίαν γραφήν"; vgl. ferner A. Riou (1982) 405–421.

[496] Als ein gutes Beispiel dafür dient Max. Thal. Prol. (S. 19, Z. 22f.), wo der Confessor zu Thalassius sagt, daß dieser letztere mit dem Geist die Tiefen des Geistes erforscht: „ἐρευνᾷς μετὰ τοῦ πνεύματος τὰ βάθη τοῦ πνεύματος". Hier handelt es sich unmißverständlich um eine Aussage, die durch 1 Kor 2, 10 inspiriert ist. Bei der paulinischen Stelle ist es aber der Geist, der alles, sogar die Tiefen Gottes erforscht. Thalassius wird also bei Maximus zu einem *Bundesgenossen* des Geistes, der mit ihm Tiefen ergründet. Diese Tiefen sind aber die des Geistes selbst im Unterschied zu 1 Kor 2, 10, wo von den Tiefen *Gottes* geredet wird.

[497] Vgl. V. Croce (1974) 55–63.

[498] Vgl. z. B. Max. Amb. Io. 7, 1072D–1073B; 42, 1340D–1341A.

[499] Vgl. z. B. Max. Th. pol. 15, 157C–160B [646–647; vgl. P. Sherwood (1952) 55].

[500] Vgl. V. Croce (1974) 58; ferner M. Doucet (1985) 124.

warnt Maximus vielerorts davor, daß Homonymie irreführend sein kann,[501] und erwähnt in der *Disputatio cum Pyrrho*, daß er eine *semantische Analyse* des Begriffs γνώμη in der Bibel und bei den Vätern gemacht hat.[502] Als Beispiel für diese theologische Exegese wird hier das ganze *Opusculum theologicum et polemicum* 6 zitiert, welches der Bekenner 640–642 an eine unbekannte Person adressiert hat[503] und in welchem er sich mit einer monotheletischen Interpretation der Worte Jesu in Gethsemane, die sich auf einen Text des Gregor von Nazianz zu stützen versucht, auseinandersetzt:[504]

Εἰ τό, Πάτερ, εἰ δυνατόν, παρελθέτω ἀπ᾽ ἐμοῦ τὸ ποτήριον, συστολῆς ἔμφασιν ἔχον, ἀπὸ τοῦ ἀνθρώπου λαμβάνεις, ‚οὐ τοῦ κατὰ τὸν Σωτῆρα νοουμένου (τὸ γὰρ ἐκείνου θέλειν, οὐδὲν ὑπεναντίον Θεῷ, θεωθὲν ὅλον), ἀλλὰ τοῦ καθ᾽ ἡμᾶς, ὡς τοῦ ἀνθρωπικοῦ θελήματος οὐ πάντως ἑπομένου τῷ Θεῷ, ἀλλ᾽ ἀντιπίπτοντος ὡς τὰ πολλὰ καὶ ἀντιπαλαίοντος,‘[505] ᾗ φησιν ὁ θεῖος Γρηγόριος· τὸ ἑξῆς τῆς εὐχῆς, ἤγουν τό, οὐχ ὃ ἐγὼ θέλω, ἀλλὰ τὸ σὸν ἰσχυέτω θέλημα,[506] τί σοι δοκεῖ; συστολῆς ὑπάρχειν, ἢ ἀνδρείας; συννεύσεως ἄκρας, ἢ διαστάσεως; Ἀλλ᾽ ὅτι μὲν οὐκ ἀντιπτώσεως, οὐδὲ δειλίας, συμφυΐας[507] δὲ μᾶλλον ἐντελοῦς καὶ

Wenn du den Satz ‚Vater, ist es möglich, so gehe der Kelch an mir vorüber‘ (vgl. Mt 26, 39), der die Abneigung (wörtlich: Zusammenziehen/Schrumpfung) zeigt, (so) verstehst, daß er vom Menschen stammt, ‚nicht dem, der dem Heiland gemäß erkannt wird – denn das Wollen von jenem ist im Blick auf nichts Gott entgegengesetzt, da es ganz vergöttlicht ist –, sondern dem, der uns gemäß (erkannt wird), da der menschliche Wille nicht immer Gott folgt, sondern ihm meistens widersteht und gegen ihn kämpft,‘ wie der göttliche Gregor (sc. von Nazianz) sagt, was hältst du von dem, was im Gebet

---

[501] Vgl. z. B. Max. Pyr. 292BC; Max. Th. pol. 25, 273BC [ca. 640; vgl. P. Sherwood (1952) 44]; M. Doucet (1985) 124.

[502] Vgl. Max. Pyr. 312C: „κατὰ εἰκοσιοκτὼ σημαινόμενα παρά τε τῇ ἁγίᾳ Γραφῇ καὶ τοῖς ἁγίοις Πατράσιν ἐπιτηρησάμενος τὸ τῆς γνώμης εὗρον ὄνομα". Zum Gebrauch der Heiligen Schrift in Max. Pyr. zugunsten der dyotheletischen Lehre vgl. M. Doucet (1985) 125–131. Zu γνώμη vgl. Kap. 1, Anm. 322; Kap. 2, Anm. 103; Kap. 3, Anm. 513.

[503] Vgl. P. Sherwood (1952) 44f.

[504] Zu einem Kommentar dieses Opusculum vgl. F.-M. Léthel (1979) 86–99 und die berechtigte Kritik von M. Doucet (1983) 70–72; ferner J.-C. Larchet (1988, Introduction. Opuscules) 43–49. Mein Kommentar zu diesem Opusculum wird vor allem dessen hermeneutische Aspekte berücksichtigen. Mir geht es also nicht darum, das maximinische Verständnis vom Wollensakt Christi in Gethsamene zu analysieren, was ja bereits meisterhaft von M. Doucet (1985) 131–155 gemacht wurde.

[505] Greg. Naz. Or. XXX, 117C.

[506] Hier weicht Maximus vom Evangeliumstext (vgl. Mt 26, 39) ab und zitiert Gregor von Nazianz; vgl. Greg. Naz. Or. XXX, 117C.

[507] Zum Begriff συμφυΐα (Kohäsion) bei Maximus und dessen Übersetzung vgl. M. Doucet (1985) 147–152; J.-C. Larchet (1994) 361f.

συννεύσεως, οὐδεὶς ἀντερεῖ τῶν νοῦν ἐχόντων.[508]

folgt, nämlich dem Satz ,nicht das, was ich will, sondern es gelte dein Wille'? Geht es hier um Abneigung oder Tapferkeit, äußerste Zustimmung oder Spaltung? Keiner der Intellekt Habenden wird doch bestreiten, daß es sich dabei weder um Widerstand noch um Feigheit handelt, sondern eher um vollständige Kohäsion (συμφυία) und Zustimmung.

Es ist offensichtlich, daß Maximus in diesem ersten Teil des Opusculum mit der monotheletischen Behauptung zu tun hat, die durch die Jesuworte in Gethsemane verratene Neigung, dem Tod zu entgehen, entspringe nicht aus einem echten menschlichen Wollen des Herrn, sondern sei darauf zurückzuführen, daß Jesus sich die Angst vor dem Tod, die bei allen Menschen auftritt, sozusagen äußerlich und nur ökonomisch aneignete.[509] Grund für diese Unterstellung ist die Überzeugung, eine solche Neigung könne nur aus dem bloßen menschlichen Wollen stammen, das sowieso meistens dem göttlichen Wollen zuwiderläuft, was für Jesus nicht in Frage käme. Es ist hermeneutisch beachtenswert, daß der Confessor dieses Argument zu entkräften versucht, indem er den Kontext ins Spiel bringt und derart geltend macht, daß die Worte Jesu über den Kelch ohne seine weitere Akzeptanz des göttlichen Willens nicht verstanden werden dürfen:

---

[508] Max. Th. pol. 6, 65AB (die Übersetzung des ganzen Opusculum stammt von mir).

[509] Die Abneigung/Schrumpfung (συστολή) dem Tod gegenüber, die Christus in Gethsemane empfunden hat, ist für Maximus eine nicht zu tadelnde Bewegung der menschlichen Natur, die sich nach ihrer Selbsterhaltung sehnt; vgl. Max. Pyr. 297BC: „ὁ ὑπερούσιος Λόγος ἀνθρωπικῶς οὐσιωθεὶς ἔσχε καὶ τοῦ ὄντος τῆς αὐτοῦ ἀνθρωπότητος τὴν ἀνθεκτικὴν δύναμιν, ἧς τὴν ὁρμὴν καὶ ἀφορμὴν θέλων δι' ἐνεργείας ἔδειξε, τὴν μὲν ὁρμὴν ἐν τῷ τοῖς φυσικοῖς καὶ ἀδιαβλήτοις ... χρήσασθαι ... τὴν δὲ ἀφορμὴν ἐν τῷ καιρῷ τοῦ πάθους ἑκουσίως τὴν πρὸς τὸν θάνατον συστολὴν ποιήσασθαι". Im Unterschied aber zu den anderen Menschen, bei denen die natürlichen Bewegungen wie Hunger, Durst und Angst dem Wollen vorausgehen, war die Todesangst, die der Herr auf sich genommen hat, ein freiwilliger Akt, der auch von der *menschlichen* Natur in ihm gewollt war; vgl. Max. Pyr. 297D–300A: „Οὐ γὰρ προηγεῖται ἐν τῷ κυρίῳ καθάπερ ἐν ἡμῖν τῆς θελήσεως τὰ φυσικά· ἀλλ' ὥσπερ πεινάσας ἀληθῶς καὶ διψάσας οὐ τρόπῳ τῷ καθ' ἡμᾶς ἐπείνασε, ἀλλὰ τῷ ὑπὲρ ἡμᾶς, ἑκουσίως γάρ· οὕτω καὶ δειλιάσας ἀληθῶς οὐ καθ' ἡμᾶς ἀλλ' ὑπὲρ ἡμᾶς ἐδειλίασε"; Max. Th. pol. 7, 77A [ca. 642; vgl. P. Sherwood (1952) 51]: „Πῶς δὲ πάλιν, εἰ μήτε φυσικῶς ὡς ἄνθρωπος ἤθελε, καὶ ἐνήργει τὰ κατὰ φύσιν, αὐτὸς ὁ σαρκωθεὶς Λόγος, ἑκουσίως τήν τε πεῖναν καὶ δίψαν, τόν τε πόνον, καὶ κόπον, καὶ ὕπνον, καὶ τὰ λοιπὰ πάντα προσίετο θέλων"; vgl. dazu M. Doucet (1985) 136–141.

Καὶ εἰ συμφυΐας ἐντελοῦς καὶ συννεύσεως, ἐκ τίνος ταύτην προσδέχῃ;
τοῦ καθ᾽ ἡμᾶς, ἢ τοῦ κατὰ τὸν Σωτῆρα
νοουμένου ἀνθρώπου; ἀλλ᾽ εἰ μὲν ἐκ
τοῦ καθ᾽ ἡμᾶς, ἡμάρτηται περὶ αὐτοῦ
διαγορεύων ὁ τοῦ διδασκάλου λόγος·
,Ὡς τοῦ ἀνθρωπικοῦ θελήματος οὐ
πάντως ἑπομένου τῷ θείῳ θελήματι,
ἀλλ᾽ ἀντιπίπτοντος ὡς τὰ πολλὰ καὶ
ἀντιπαλαίοντος.‘[510] Εἰ γὰρ ἕπεται, οὐκ
ἀντιπίπτει· καὶ εἰ ἀντιπίπτει, οὐχ ἕπεται. Θατέρῳ γὰρ θάτερον ὡς ἀντικείμενον ἀναιρεῖται καὶ ὑπεξίσταται.
Εἰ δὲ μὴ τοῦ καθ᾽ ἡμᾶς, ἀλλὰ τοῦ
κατὰ τὸν Σωτῆρα νοουμένου ἀνθρώπου
λαμβάνῃς τό, Οὐχ ὃ ἐγὼ θέλω, ἀλλὰ
τὸ σὸν ἰσχυέτω θέλημα,[511] τὴν ἄκραν
τοῦ ἀνθρωπικοῦ πρὸς τὸ θεῖον αὐτοῦ
θέλημα καὶ πατρικὸν ὡμολόγησας
σύννευσιν· καὶ δύο τοῦ διπλοῦ τὴν
φύσιν· τάς τε θελήσεις καὶ ἐνεργείας
κατὰ φύσιν οὔσας, παρέστησας· ἐν
οὐδετέρᾳ τὴν οἱανοῦν ἐναντίωσιν ἔχον-
τος· εἰ καὶ τὴν φυσικὴν ἐν πᾶσι διαφορὰν τῶν ἐξ ὧν καὶ ἐν αἷς τε, καὶ
ἅπερ ἦν ὁ αὐτὸς κατὰ φύσιν.[512]

Und wenn es um vollständige Kohäsion (συμφυΐα) und Zustimmung
geht, von wem meinst du, daß diese
stammt; vom Menschen, der uns
gemäß, oder dem, der dem Heiland
gemäß erkannt wird? Wenn aber von
dem, der uns gemäß (erkannt wird),
so begeht das Wort des Lehrers (sc.
Gregor von Nazianz) einen Fehler,
wenn es darüber sagt: ,da der menschliche Wille nicht immer Gott folgt,
sondern ihm meistens widersteht und
gegen ihn kämpft‘. Wenn er (sc. der
menschliche Wille) folgt, widersteht
er nicht; und wenn er widersteht,
folgt er nicht. Denn jedes wird vom
anderen als Widersacher abgeschafft
und geht ihm aus dem Weg. Verstehst du also den Satz ,nicht das,
was ich will, sondern es gelte dein
Wille‘ so, daß er nicht vom Menschen, der uns gemäß, sondern von
dem, der dem Heiland gemäß erkannt
wird, stammt, so räumtest du die äußerste Zustimmung des menschlichen
(Willens) zu seinem und dem väterlichen göttlichen Willen ein und
veranschaulichtest, daß dem naturhaft Doppelten zwei (Elemente) gehören, die naturhaften Willen (θέλησις)
und Energien (ἐνέργεια); in keinem
von ihnen besteht bei ihm (sc. dem
Heiland) irgendein Gegensatz (zum
anderen), obgleich er den in allem
naturhaften Unterschied derer (bewahrt), aus denen und in denen und
die naturhaft er selbst war.

Es ist der Ansicht des Maximus nach unmöglich, die Worte, welche
die Angst des Herrn vor dem Kelch zum Ausdruck bringen, auf eine
bloße ökonomische Aneignung *unseres* Menschseins seitens Jesu zurückzuführen, da dessen weitere Worte eine völlige Zustimmung zu dem

---

[510] Greg. Naz. Or. XXX, 117C.
[511] Vgl. Greg. Naz. Or. XXX, 117C.
[512] Max. Th. pol. 6, 65B–68A.

Willen seines Vaters widerspiegeln. Diese Harmonie mit dem väterlichen Willen kann nicht unserem Menschsein entstammen, der sich
gemäß Gregor von Nazianz des öfteren gegen Gott auflehnt, sondern nur einem echten menschlichen Wollen des Herrn. Hieraus ist
unbedingt zu schließen, daß Jesus einen tatsächlichen menschlichen
Willen – und eine menschliche Energie – hatte, der mit seinem göttlichen Willen, der zugleich der des Vaters ist, in Einklang stand.[513]
Somit besteht der Kern des maximinischen Arguments darin, daß
man beide Aussagen Christi in Gethsemane, nämlich die, die Abneigung, und die, die Zustimmung ausdrückt, zusammen lesen und
demzufolge derselben Wirklichkeit in Christus zuschreiben muß.
Dem Kirchenvater verbleibt es indes, sich noch mit einer weiteren
Möglichkeit auseinanderzusetzen, die *a priori* nicht auszuschließen ist,
nämlich, daß die Akzeptanz des Kelches seitens Jesu auf die Gottheit
in ihm zurückgeführt wird:

Εἰ δὲ τουτοις (sic) ἐξειργόμενος τοῖς λογισμοῖς, ἐπὶ τὸ λέγειν προάγῃ, μήτε τοῦ καθ᾽ ἡμᾶς, μήτε τοῦ κατὰ τὸν Σωτῆρα νοουμένου ἀνθρώπου τυγχάνειν τό, Οὐχ ὃ ἐγὼ θέλω, ἀλλ᾽ ἀρνητικῶς, ἐπὶ τῆς τοῦ Μονογενοῦς ἀνάρχου θεό-τητος φέρεσθαι· τοῦ, τί θέλειν αὐτὸν ἰδίως παρὰ τὸν Πατέρα διεῖργον· οὐκοῦν καὶ τὸ θεληθέν, ὅπερ ἐστὶν ἡ	Wenn du, durch diese Erwägungen genötigt, dich dazu veranlaßt fühlst zu sagen, daß der Satz ‚nicht das, was ich will‘ weder von dem Menschen, der uns gemäß, noch von dem, der dem Heiland gemäß erkannt wird, ist, sondern sich negativ auf die an-fanglose Gottheit des Eingeborenen bezieht und verhindert, daß er außer-

---

[513] Dadurch will der Bekenner die Spannung innerhalb des menschlichen Wollens
des Herrn, die daraus entsteht, daß die menschliche Natur zuerst nach ihrer
Selbsterhaltung strebt und deshalb eine Abneigung dem Leiden und dem Tod gegenüber empfindet, nicht nivellieren. M. Doucet (1985) 136f. bemerkt aber mit Recht,
daß diese Abneigung dem Objekt des göttlichen Willens, nämlich dem durch den
Tod des Herrn zu verwirklichenden Heil, nicht widerspricht, weil Gott selber will,
daß sich die menschliche Natur vor dem Tod *zusammenzieht*. Es geht nach M. Doucet
dabei um einen natürlichen Stoß (poussée), der im Orientierungszustand blieb, ohne
zu einer bewegenden Kraft des Verhaltens zu werden; vgl. ibid. 135: „cette poussée
restait à l'état d'orientation, sans devenir force motrice du comportement". Man
kann aber durchaus von einem Kampf innerhalb des menschlichen Wollens Christi
reden, weil dieser als Mensch in Gethsemane die gewollte (vgl. dazu Anm. 509)
Tendenz seiner Natur zur Selbsterhaltung zugunsten der Akzeptanz des Kelches
sofort unterdrückte und auf diese Art und Weise den Gegenstand seines menschlichen mit dem seines göttlichen Wollens identifizierte. Diese Spannung innerhalb
des menschlichen Wollens Jesu ist aber nicht mit dem zögernden deliberativen
Entscheiden gleichzusetzen, das Maximus während der monotheletischen Auseinandersetzung mit γνώμη bezeichnete und Christus absprach; vgl. dazu Kap. 1, Anm.
322 u. Kap. 2, Anm. 103.

τοῦ ποτηρίου παραίτησις, ἐπ᾿ αὐτῆς
ἀνάγκη φέρεις τῆς ἀνάρχου θεότητος.
Εἰ γὰρ καὶ τοῦ τί θέλειν ἰδίως ἀναίρεσιν φὴς ἔχειν τὴν ἄρνησιν, ἀλλ᾿ οὐ
τοῦ θεληθέντος ἀποσκευήν· οὐ γὰρ ἐπ᾿
ἀμφοῖν τίθεσθαι τὴν ἄρνησιν δυνατόν·
καὶ τοῦ τι θέλειν ἰδίως τὸν Μονογενὴ
παρὰ τὸν πατέρα, καὶ τοῦ θεληθέντος.
Ἐπεὶ πάντως ἡ τοῦ κοινοῦ Πατρὸς
καὶ Υἱοῦ θέλησις[514] θελήματος, ἀναί-
ρεσις ἔσται τοῦ θεληθέντος Θεῷ, ἤγουν
τῆς ἡμῶν σωτηρίας. Τοῦτο γὰρ αὐτῷ
φύσει καθέστηκε θελητόν. Εἰ δὲ μὴ
δυνατὸν ἐπ᾿ ἀμφοῖν τιθέναι τὴν ἄρνησιν, δῆλον ὡς εἰ ταύτην ἐπὶ τοῦ τι
θέλειν ἰδίως ἄγεις, ἵνα τὴν τοῦ κοινοῦ
θέσιν ποιήσῃς θελήματος, οὐκ ἀναι-
ρήσῃς τὸ θεληθέν, ἤγουν τὴν τοῦ ποτηρίου παραίτησιν· ἀλλὰ κατὰ τῆς
κοινῆς ἐποίεις (sic) καὶ ἀνάρχου θεότητος, ἐφ᾿ ἧς ἀρνητικῶς καὶ τὸ θέλειν
ἀνήγαγες. Εἰ δὲ τοῦτο κἂν ἐννοεῖν
ἀπευκτόν, ἄρα γε σαφῶς ἐνταῦθα ἡ
ἄρνησις, ἤγουν τό, Οὐχ ὃ ἐγὼ θέλω,
πάντη τὴν ἐναντίωσιν ἀποσκευαζομένη,
τὴν τοῦ ἀνθρωπικοῦ τοῦ Σωτῆρος πρὸς
τὸ θεῖον αὐτοῦ θέλημα καὶ πατρικὸν
συμφυΐαν παρίστησιν· ὡς ὅλην ὅλου
τὴν φύσιν οὐσιωθέντος τοῦ Λόγου, καὶ
ὅλην τῇ οὐσιώσει θεώσαντος. Ὅθεν
ὡς δι᾿ ἡμᾶς καθ᾿ ἡμᾶς γεγονώς, ἔλεγεν
ἀνθρωποπρεπῶς πρὸς τὸν Θεὸν καὶ
Πατέρα· Μὴ τὸ ἐμόν, ἀλλὰ τὸ σὸν
ἰσχυσάτω θέλημα· ἅτε θέλησιν καὶ ὡς
ἄνθρωπος ἔχων αὐτὸς ὁ φύσει Θεός,
τὴν τοῦ πατρικοῦ θελήματος πλήρω-
σιν. Διὸ κατ᾿ ἄμφω τὰς ἐξ ὧν, καὶ ἐν
αἷς, καὶ ὧν ὑπόστασις ἦν, φύσει θελη-
τικὸς καὶ ἐνεργητικὸς τῆς ὑμῶν ὑπάρχων ἐγνωρίζετο σωτηρίας· τὸ μὲν,
ὡς ταύτην συνευδοκῶν Πατρὶ καὶ
Πνεύματι· τὸ δὲ, ὡς Πατρὶ διὰ ταύτην
ὑπήκοος γενόμενος μέχρι θανάτου,

halb des Vaters etwas Eigenes (wörtlich auf eigene Art) will, dann beziehst
du notwendigerweise auch das Gewollte, nämlich die Vermeidung des
Kelches, auf die anfanglose Gottheit
selbst. Denn die Verneinung, wenn
du sagst, daß sie ausschließt, daß er
etwas Eigenes will (wörtlich: daß sie
die Abschaffung dessen hat, daß er
etwas Eigenes will), zerstört nicht das
Gewollte. Denn es ist nicht möglich,
die Verneinung im Blick auf beides
gelten zu lassen, (nämlich) darauf,
daß der Eingeborene außerhalb des
Vaters etwas Eigenes will, und auf
das Gewollte. Weil die Bejahung des
gemeinsamen Willens des Vaters und
des Sohnes durchaus eine Abschaffung des von Gott Gewollten sein
wird, nämlich unseres Heils. Denn
dies ist das naturhaft von ihm Gewollte. Wenn es also nicht möglich
ist, die Verneinung im Blick auf beides gelten zu lassen, so ist es offenbar,
daß, wenn du diese auf das Wollen
von etwas Eigenem zurückführst, um
den gemeinsamen Willen zu bejahen,
das Gewollte, nämlich die Vermeidung des Kelches, nicht abschaffst,
sondern der gemeinsamen und
anfanglosen Gottheit, auf die du negativ auch das Wollen zurückführtest,
zuschreibst. Wenn es aber verwünscht
ist, sogar sich dies vorzustellen, so ist
es klar, daß hier die Verneinung,
nämlich der Satz ‚nicht das, was ich
will‘, durchaus den Gegensatz besei-
tigend, die Kohäsion (συμφυΐα) des
Menschlichen des Heilands mit seinem und dem väterlichen göttlichen
Willen anschaulich macht. Weil der
ganze Logos die ganze Natur wesenhaft aufnahm und sie ganz durch die

---

[514] Hier ist das Wort θέλησις, das in dem Zusammenhang keinen Sinn ergibt,
mit θέσις zu korrigieren; vgl. F.-M. Léthel (1979) 89, Anm. 48.

θανάτου δὲ σταυροῦ· καὶ τὸ μέγα τῆς
εἰς ἡμᾶς οἰκονομίας, διὰ σαρκὸς
αὐτουργήσας μυστηρίου.[515]

wesenhafte Aufnahme vergöttlichte. Da
er daher um unseretwillen uns gemäß
wurde, sagte er menschenwürdig zu
Gott und dem Vater: ‚Nicht meiner,
sondern dein Wille gelte' (vgl. Lk 22,
42). Da er selber, der naturhaft Gott
ist, auch als Mensch einen Willen
hatte, (nämlich) die Erfüllung des
väterlichen Willens. Deshalb wurde
er gemäß beidem, aus denen, in
denen und von denen er Hypostase
war, als unser Heil naturhaft wollend
(θελητικός) und wirkend (ἐνεργητικός)
erkannt; zum einen weil er an diesem (sc. dem Heil) mit dem Vater
und dem Geist Gefallen hatte, zum
anderen aber weil er dem Vater um
dessen (sc. des Heiles) willen bis zum
Tode, dem Tode am Kreuz, gehor-
sam ward (vgl. Phil 2, 8), und selbst
das Große der für uns (stattfindenden)
Heilsordnung durch das μυστήριον
des Fleisches wirkte.

Dieser letzte Teil des Opusculum ist zweifelsfrei der schwierigste und
stellt ein Beispiel dafür dar, wie verschachtelt zuweilen die maximinische Ausdrucksweise sein kann. Dabei läßt sich der Confessor auf
die Möglichkeit ein, daß die zweite Aussage Christi in Gethsemane
seiner göttlichen Natur zugeschrieben wird, was unbedingt zur Folge
hat, daß die Verneinung nicht dem Gewollten, nämlich der Vermeidung des Kelches [nicht *das*, was ich (als Mensch) will], sondern
dem Subjekt [nicht *ich* (als Gott) will das] gelten muß.[516] Solch eine
Leseart kann nur darauf zielen, eine allein durch das gemeinsame
Gottsein gegebene Willenseinheit zwischen Christus und seinem Vater
biblisch sicherzustellen. Daß aber diese Art, den Text zu verstehen,
dem inneren Zusammenhang der Gethsemaneperikope nicht gerecht
wird, hebt der Bekenner hervor – und gerade das will er zum Ausdruck bringen, wenn er geltend macht, daß, wenn der Text so interpretiert wird, sich die Verneinung nicht auf beides, d. h. sowohl auf
das Gewollte als auch auf das Subjekt, beziehen kann. Er will mit

---

[515] Max. Th. pol. 6, 68B–D.
[516] Vgl. dazu M. Doucet (1983) 70f.

anderen Worten sagen, daß bei dieser Leseart auch die Vermeidung des Kelches – die in der ersten Aussage Jesu zur Sprache kommt – der Gottheit zugeschrieben werden muß, was im Gegensatz zu einer nicht zu bezweifelnden Prämisse steht, nämlich daß Gott unser Heil will. Man muß infolgedessen zugeben, daß die Verneinung nur dem Gewollten gelten kann und daß demzufolge das Ich der zweiten Aussage nur der Mensch Jesus sein kann, der durch seine Worte die Zustimmung seines vergöttlichten Willens zu dem seiner Gottheit und seines Vaters zeigt. Das Argument des Kirchenvaters läuft also darauf hinaus zu zeigen, daß die verkehrte Deutung der zweiten Aussage Jesu dazu führt, Gott zwei gegensätzliche Willensobjekte zuzuschreiben.[517] Die Argumentation des Maximus basiert auch hier darauf, daß beide Aussagen Christi in Gethsemane auf dieselbe Wirklichkeit in ihm zurückgeführt werden *müssen*. Weil dies sich aber im Blick auf die Gottheit als absurd erweist, können sich die Gethsemaneworte nur auf den Menschen Jesus beziehen, der einen vollständigen menschlichen Willen hatte.

Die Art und Weise, wie der Bekenner im obigen Opusculum die Schrift deutet, zeigt, daß er es in der Polemik durchaus versteht, den *Literal*sinn eines Textes zu ergründen.[518] Gewiß geht es hierbei nicht um eine Exegese in dem modernen Sinne, sondern um eine Deutung, welche von bestimmten theologischen Prämissen ausgeht. Zwei davon sind ausschlaggebend für die obige Interpretation des Gethsemaneereignisses: Zum einen die Erkenntnis, daß Gott unser Heil *will*, und zum anderen die chalzedonensische Zwei-Naturen-Lehre, die den breiteren Hintergrund bildet, vor dem Maximus im Kontext der Fragestellung nach dem Wollen in Christus dessen Worte in Gethsemane nach ihrem Sinn hin erforscht.[519] Der theologische Rahmen war ja aber für den Confessor eine hermeneutische Selbstverständlichkeit und die gemeinsame Grundlage, auf der er sich mit dem Monotheletismus auseinandersetzte. In dieser Perspektive erweist sich der Bekenner im *Opusculum theologicum et polemicum* 6 als präziser

---

[517] Vgl. M. Doucet (1985) 131.

[518] Vgl. M. Doucet (1985) 124.

[519] Hier wird deutlich, daß ich die fragliche maximinische Art, die Schrift auszulegen, insofern als „theologisch" bezeichne, als es sich um eine *wörtliche* Schriftdeutung handelt, die sich an dogmatischen Prämissen wie der Trinitäts- oder der Zwei-Naturen-Lehre orientiert. Diese Prämissen können aber auch durchaus Interpretamente des Bekenners selbst sein wie z. B. die Drei-Gesetze- oder die Logoslehre; vgl. dazu die Beispiele im Abschnitt 3. 3. 3 u. Anm. 410.

Kommentator, der den inneren Kontext einer biblischen Perikope zu respektieren weiß und sein Gespür für die innere Dynamik eines Textes fruchtbar zu machen vermag, wenn es darum geht, *falsche* Deutungen zu widerlegen. Außerdem zeigt die Art und Weise, wie Maximus die Verneinung im Blick auf die zweite Aussage des Herrn in Gethsemane analysiert, einer komplizierten Ausdrucksweise zum Trotze, daß der Bekenner durchaus mit subtilen Spracherscheinungen vertraut ist, was im Grunde auch im Dienst seiner dogmatisch-polemischen Bibelauslegung steht. Ergänzt wird dieses Bild des Bekenners als polemischer Ausleger unter anderem durch seine oben signalisierte Fähigkeit, *semantische Analysen* durchzuführen und die von anderen oft nicht wahrgenommenen Gefahren der Homonymie zu entlarven.[520]

3.3.3. *Zum Verhältnis von allegorischer und dogmatisch-polemischer Bibelexegese bei Maximus*

Die Frage, die sich nun entzündet – und die meines Wissens in der Maximusforschung – noch nicht gestellt wurde, ist, ob die allegorische und die dogmatisch-polemische Bibelexegese des Maximus vom Standpunkt einer einheitlichen Hermeneutik her zu legitimieren sind. Anders ausgedrückt: Kann man überhaupt hermeneutisch erklären, daß der Kirchenvater, wenn es um mönchische Erbauung geht, die Bibel vor allem allegorisch interpretiert,[521] diese in der Polemik aber nach ihrem wörtlichen Sinn – oft in theologisch-dogmatischer Hinsicht – hin befragt, oder muß man hier eine hermeneutische Diskontinuität annehmen? Diesbezüglich kann man sich meines Erachtens nicht mit der Aussage begnügen, die jeweils vom Bekenner verwendete

---

[520] Vgl. Anm. 502. Demgegenüber scheint Maximus viel weniger an philologischen Arbeiten am biblischen Text interessiert zu sein. Zeichen eines solchen Interesses sind bei ihm sehr gering. Z. B. erwähnt er in der Expositio orationis dominicae eine andere Lesart von „Dein Reich komme", nämlich „Dein Heiliger Geist komme und reinige uns" [Übersetzung von G. Bausenhart (1996) 28; vgl. ferner Lk 11, 2 u. den kritischen Apparat dazu in Novum Testamentum Graece (E. Nestle u. K. Aland, ²⁷1993)], um seine Deutung zu belegen, daß es sich bei dem Reich um den Heiligen Geist handelt; vgl. Max. Pater (S. 41, Z. 242–245); ferner Max. Ps. 59 (S. 18, Z. 270–273); Max. Qu. d. I, 72 (S. 160f.); V. Croce (1974) 56f.

[521] Eine Ausnahme stellt, wie bereits erwähnt, der Liber asceticus dar, in dem der Bekenner die Bibelstellen vornehmlich als bloße Testimonia gebraucht; vgl. den Abschnitt 3. 3. 2 (S. 258). Zur *wörtlichen* Schriftauslegung in den Quaestiones ad Thalassium vgl. die folgenden Ausführungen.

Auslegungsmethode lasse sich ganz einfach aus der interpretatorischen Intention erklären, und demzufolge geltend machen, daß die Aktualisierung der Bibel für die Mönche eine Allegorese notwendig mache, während das die polemischen Schriften prägende apologetische Anliegen diktiere, dem Literalsinn eines Textes nahezubleiben. Solch eine Erklärung scheint mir nicht zuletzt deshalb unzureichend, weil Maximus – vor allem in den *Quaestiones ad Thalassium*, in denen es um monastische Erbauung geht – nicht nur auf die Allegorese zurückgreift, sondern auch eine wörtliche, theologisch geprägte Auslegung ins Spiel zu bringen vermag.[522] Derart bedient sich der Kirchenvater z. B. in der *Quaestio ad Thalassium* 2 des in seiner Logostheorie verankerten ontologischen und anthropologisch-mystischen Dynamismus,[523] um zu erklären, wie nach Jesu Aussage sein Vater bis auf diesen Tag wirkt (vgl. Joh 5, 17), obwohl Gott alles in sechs Tagen erschaffen hat (vgl. Gen 2, 2f. LXX).[524] In sonstiger Hinsicht unterscheidet der Bekenner in der *Quaestio ad Thalassium* 6 zwei Weisen, wie man von Gott gezeugt werden kann, um die Aporie zu bewältigen, daß man auch nach der Taufe sündigen kann, obwohl der Autor des ersten Johannesbriefes sagt, daß der Mensch, der aus Gott geboren ist, keine Sünde tut (vgl. 1 Joh 3, 9).[525] Zudem beteuert der Kirchenvater in der *Quaestio ad Thalassium* 8, daß von Gott in zweierlei Weise ausgesagt werden kann, er sei im Licht (vgl. 1 Joh 1, 7), obgleich er selber auch Licht sei (vgl. 1 Joh 1, 5): Erstens weil Gott in den Heiligen ist, die durch ihre Teilnahme an ihm zu Licht werden, und

---

[522] Diese Beobachtung gilt auch für viele der Quaestiones et dubia; vgl. z. B. Max. Qu. d. 14 (S. 11); 115 (S. 84); 119 (S. 87); 138 (S. 98f.); 161 (S. 112f.); 162 (S. 113); 189 (S. 129–131); I, 12 (S. 143f.); I, 25 (S. 145); I, 67 (S. 155). Da aber die Frage nach der Echtheit dieser Quaestiones noch nicht geklärt ist [vgl. Einleitung, Abschnitt II (S. xxxiii)], wird sich die folgende Analyse auf die Quaestiones ad Thalassium konzentrieren. Im Blick auf diese letzteren schrieb P. Sherwood (1958, Exposition) 205: „When, however, the obscure passage, posed by Thalassius for elucidation, is from the New Testament, an historic interpretation is first almost necessary"; vgl. auch ibid. 205f. u. C. Laga (1985) 210. Sherwood versucht aber nicht, diese von ihm signalisierte Erscheinung tiefer zu analysieren. Daß die von Sherwood als „historisch" bezeichnete Auslegung damit zusammenzuhängen scheint, daß die kommentierten Stellen aus dem *Neuen* Testament stammen, ist zwar vielsagend, reicht jedoch meines Erachtens nicht aus, um die fragliche Erscheinung zu erklären; vgl. meine weiteren Ausführungen. Zum Entstehungszusammenhang der Quaestiones ad Thalassium vgl. Einleitung, Abschnitt II. A (S. xxxviif.).

[523] Vgl. dazu den Abschnitt 1. 2. 2. 1.

[524] Vgl. Max. Thal. 2 (S. 51).

[525] Vgl. Max. Thal. 6 (S. 69–71).

zweitens weil Gott in seinem Sohn und dem Heiligen Geist ist, die selber Licht sind.[526] An diesen Beispielen, die sich leicht vermehren lassen,[527] wird deutlich, daß es sich hierbei nicht um Allegorese handelt, sondern um eine Auslegung, welche den Literalsinn beachtet und ihn zu erhellen versucht, indem sie meistens theologische Elemente aufgreift und für die Sinnerhebung produktiv macht. Hier ist man somit mit einer wörtlichen Auslegung konfrontiert, welche dem nahe kommt, was V. Croce den dogmatisch-polemischen Gebrauch der Schrift beim Confessor nennt,[528] obgleich die Polemik an sich eine marginale Rolle in den *Quaestiones ad Thalassium* spielt.[529] Demzufolge erscheint die Frage nach einem einheitlichen hermeneutischen Ansatz beim Bekenner um so dringender.

---

[526] Vgl. Max. Thal. 8 (S. 77).

[527] In Max. Thal. 27 (S. 191–201) soll der Bekenner erklären, wie Petrus einer speziellen Offenbarung im Blick auf die Verkündigung der Heiden bedurfte (vgl. Apg 10, 10–17), obwohl er den Auftrag, alle Völker zu Jüngern zu machen, schon erhalten hatte (vgl. Mt 28, 19). Die maximinische Lösung lautet, Petrus hätte den λόγος des göttlichen Gebotes gekannt, nicht aber die Art und Weise (τρόπος), wie dieses Gebot zu verwirklichen war. Nach dieser wörtlichen Erklärung läßt sich der Confessor auf eine allegorische Deutung ein; zu dem Wortpaar λόγος-τρόπος vgl. Kap. 1, Anm. 326; ferner Max. Thal. 9 (S. 79–81) zum Gegensatz im Blick auf die Offenbarung Gottes zwischen 1 Joh 3, 2 u. 1 Kor 2, 10; Max. Thal. 10 (S. 83–87) zum Gegensatz in bezug auf die Gottesfurcht zwischen 1 Joh 4, 18 u. Ps 33, 10 LXX; Max. Thal. 15 (S. 101–103) zur Anwesenheit des Geistes in allen (vgl. Weish 12, 1 LXX) im Gegensatz zu Weish 1, 4 LXX, wonach die Weisheit in einem sündhaften Leib nicht wohnt; ferner Max. Thal. 18 (S. 117); 19 [S. 119; zitiert und übersetzt im Abschnitt 3. 1. 1 (S. 126f.)]; 21 (S. 127–133); 22 (S. 137–143); 27 (S. 191, Z. 7–26); 29 (S. 211–215); 31 (S. 223); 34 (S. 235–237); 42 (S. 285–291).

[528] Vgl. V. Croce (1974) 55–63.

[529] Auch im Rahmen seiner *wörtlichen*, nicht polemischen Exegese warnt Maximus vor dem Schaden, den die Homonymie anrichten kann; vgl. z. B. Max. Thal. 42 (S. 289, Z. 285f.); 43 (S. 297, Z. 72f.). Zu einer weiteren Ähnlichkeit zwischen der dogmatisch-polemischen Interpretation der Schrift und der *wörtlichen* Exegese in den Quaestiones ad Thalassium vgl. z. B. Max. Thal. 34 (S. 235–237), wo es darum geht, daß der Herr in Mk 11, 24 verspricht, daß *alles*, worum man Gott bittet, verwirklicht wird. Die durch die fragliche Stelle ausgelöste Aporie besteht darin, daß der Mensch Gott auch um etwas bitten kann, was ihm geistlich nicht zugute kommt. Wie in Max. Th. pol. 6 (zitiert und übersetzt im Abschnitt 3.3.2) bringt der Bekenner in seiner Antwort unter anderem den Kontext ins Spiel, indem er auf die vorausgehende Quaestio verweist, in welcher er Mk 11, 23 kommentierte, und sagt, daß die Aussage Jesu nur dann gilt, wenn man weiß, *wie* man glaubt. Daß Maximus ein feines Gespür für den Kontext einer biblischen Stelle haben kann, zeigt auch Max. Thal. 28 (S. 203–207), wo der Bekenner sich darum bemüht zu erklären, warum Gott in der Geschichte des Turmes zu Babel von sich selbst in der Pluralform redet (vgl. Gen 11, 7 LXX). Hier distanziert sich Maximus deutlich von der herkömmlichen Auffassung, daß die Schrift durch die Pluralform auf die Dreieinigkeit hinweisen will, und macht das Prinzip geltend, daß die Bibel Gott nach der geistlichen Veranlagung der jeweiligen Akteure gestaltet. Trifft also die herkömmliche

Mir scheint, daß die Lösung in der christologischen Gesamtschau des Maximus zu suchen ist. Für Maximus steht es fest, daß diejenigen, die die Bibel nur dem Buchstaben nach verstehen, das μυστήριον der Fleischwerdung Christi ignorieren.[530] In diesem Sinne haben die vorangehenden Analysen schon gezeigt, daß die christologische Hermeneutik des Bekenners dessen allegorischen Umgang mit der Bibel rechtfertigt. Für den Confessor liegt die Christologie der Allegorese insofern zugrunde, als sich diese letztere als nötig erweist, um den in der Heiligen Schrift inkarnierten und sich auf jeden Menschen jederzeit einstellenden unbegrenzten Logos *sichtbar* zu machen.[531] Auf der Lehre von der biblischen Inkarnation des Logos beruht auch in diesem Rahmen der polysemische Charakter der Schrift, wodurch sich Maximus aufgefordert fühlt, sich der Allegorese zu bedienen und dadurch mehrere Sinnebenen zur Geltung zu bringen, um auf diese Art exegetisch dem Rechnung zu tragen, daß sich der Logos an jeden Leser anpaßt.[532] Demnach ist die Allegorese das Mittel, wodurch das in der Schrift unterschiedlich deutlich ausgedrückte μυστήριον Christi expliziert und den Bibellesern je nach geistlichem Zustand zugänglich gemacht wird. Die Verleiblichung des Logos in der Bibel ist bei Maximus dennoch in hohem Maße gemäß dem Muster der historischen Menschwerdung konzipiert, die außerdem

---

Auslegungsweise z. B. im Falle der Schöpfungsgeschichte (vgl. Gen 1, 26 LXX) zu, so kann sie nicht ohne weiteres auf die Turmbauer, bei denen es sich um Polytheisten handelt, ausgeweitet werden. Demnach ist die Pluralform hier ein Zeichen für den polytheistischen Irrtum der Turmbauer. Die gleiche Logik findet sich auch in Max. Thal. 44 (S. 299–303), wo der Confessor die Pluralform im Vers „Siehe, der Mensch ist geworden wie unsereiner" (vgl. Gen 3, 22 LXX) als Ironie seitens der Schrift versteht. Hier greift die Schrift also ironisch jenen Polytheismus auf, den die Schlange Adam beigebracht hatte (vgl. Gen 3, 5 LXX). Demgegenüber zeigen einige der Quaestiones et dubia, falls sie maximinisch sind [vgl. dazu Einleitung, Abschnitt II (S. xxxiii)], daß der Bekenner manchmal dem biblischen Kontext auch bei *quasi* wörtlicher Exegese wenig Beachtung schenken kann; vgl. z. B. Max. Qu. d. 113 (S. 83) zu Röm 15, 8, wo Paulus sagt, daß Christus Diener der Beschneidung geworden sei. Hier ist der Kirchenvater trotz des vom paulinischen Text intendierten Gegensatzes zwischen „Beschneidung" (περιτομή) und „Heiden" (ἔθνη; vgl. Röm 15, 9) nicht in der Lage zu verstehen (oder zu akzeptieren?), daß mit „Beschneidung" die Juden gemeint sind. So versteht der Bekenner diesen Begriff zuerst *zu* wörtlich, indem er ihn mit der Abraham gegebenen Beschneidung verbindet, und interpretiert ihn danach – nicht ohne allegorischen Beigeschmack – im Sinne der jungfräulichen Geburt.

[530] Vgl. Max. Thal. 50 (S. 381, Z. 56f.): „τὸ πᾶν τῆς αὐτοῦ (sc. Christus) σαρκώσεως ἠγνόησαν μυστήριον οἱ μόνῳ τῷ γράμματι κατορύξαντες".

[531] Vgl. die Abschnitte 3. 2. 3. 2 u. 3. 3. 1.

[532] Vgl. ibid.

den hermeneutischen Schlüssel für das Verstehen der Bibel darstellt.[533]
Dies besagt, daß ohne die geschichtliche Inkarnation die biblische
Verleiblichung des Logos und die Allegorese – als Mittel zu ihrer
Erschließung – unvorstellbar wären. Doch gerade mit Lehren, die
die geschichtliche Menschwerdung – und das Christusgeschehen insgesamt – in Frage stellen, setzt sich Maximus in seinen polemischen
Werken auseinander. Da bekämpft er theologische Denkgebäude,
in denen seiner Ansicht nach die Grundlage selbst, die zu jedem
Allegorisieren berechtigt, d. h. die Inkarnation des Logos sowohl als
punktuelles geschichtliches Ereignis wie in ihren weitreichenden
Konsequenzen gefährdet wird. In seinen polemischen Werken geht
es dem Bekenner also darum, die Basis jeden Allegorisierens zu verteidigen und sicherzustellen. Dies kann indes nur durch eine theologische, sich am Literalsinn selbst orientierende Exegese gelingen,
denn eine Verteidigung der historischen Inkarnation in ihrer gesamten Tragweite[534] – als Basis jeder Allegorese – durch allegorische
Bibelauslegung würde sicher bedeuten, daß Maximus in einen cir-
culus vitiosus geriete.

In seinen polemischen Schriften kann der Bekenner infolgedessen
nicht ohne weiteres auf die Allegorese zurückgreifen, da er nun seiner Erkenntnis nach mit Ideen zu tun hat, die gerade das, was diese
Allegorese legitimiert, nämlich das Christusgeschehen in seiner allumfassenden Bedeutung, in Abrede stellen und zu erschüttern trachten.
Um diese Ideen zu widerlegen, muß sich Maximus also eine wörtliche Bibelauslegung zu eigen machen. Wie ist aber jene wörtliche
Bibelexegese des Bekenners zu erklären, die nicht in polemischen
Schriften anzutreffen ist und auf die oben am Beispiel der *Quaestiones
ad Thalassium* aufmerksam gemacht wurde? P. Sherwood beobach-
tete in dieser Hinsicht, daß diese wörtliche Exegese in Verbindung
mit der Auslegung neutestamentlicher Stellen auftaucht.[535] Entscheidend
ist meiner Ansicht nach zudem die Tatsache, daß es sich in den
meisten Fällen um Aporien handelt, d. h. um aus dem Vergleich
zweier – oft neutestamentlicher – Texte sich ergebende inhaltliche
Schwierigkeiten bzw. Widersprüche.[536] Hier fehlt zwar sozusagen der

---

[533] Vgl. vor allem die Abschnitte 3. 1. 2; 3. 1. 3. 1; 3. 1. 3. 2. 1; 3. 1. 3. 2. 3;
3. 2. 2. 1.

[534] In letzter Analyse handelt es sich dabei um das gesamte Christusgeschehen.

[535] Vgl. P. Sherwood (1958, Exposition) 205 u. Anm. 522.

[536] Vgl. die entsprechenden Beispiele auf S. 267f. und in Anm. 527; ferner
Einleitung, Abschnitt II. A (S. xxxv–xxxviii).

polemische *Sitz im Leben*, diese Aporien operieren indessen funktional wie eine das Christusgeschehen gefährdende Kritik, da sie sozusagen Widersprüche innerhalb der christlichen Botschaft verraten, was den Kirchenvater dazu veranlaßt, mit ihnen wie mit den Irrlehren in seinen polemischen Schriften umzugehen und so auf wörtliche Bibelexegese zu rekurrieren, um diese Widersprüche zu beheben. Nur wenn er die Spannung auf der wörtlichen Ebene des biblischen Textes beseitigt hat, kann der Bekenner sich auf allegorisierende Spekulationen einlassen.[537] Daß es sich dabei vor allem um neutestamentliche Bibelstellen handelt,[538] versteht sich von selbst, da das Neue Testament jenen Teil der Heiligen Schrift darstellt, der das Christusgeschehen schlechthin dokumentiert. Der Grund also, weshalb Maximus auch außerhalb seiner polemischen Schriften wörtliche Bibelexegese ins Spiel bringen kann, hängt sicherlich mit dem Charakter einer neutestamentlichen Aporie zusammen, welche im Grunde wie jene in der maximinischen Polemik bekämpften *falschen* Lehren fungiert, indem sie die Glaubwürdigkeit des Christusgeschehens in Zweifel zu ziehen scheint. Im Lichte der vorausgegangenen Analysen dieses Abschnitts scheint mir berechtigt zu folgern, daß die allegorische und die dogmatisch-polemische Schriftauslegung des Confessors keinen hermeneutischen Bruch in seinem Denken indizieren, sondern sich aus seiner christologisch geprägten Bibelhermeneutik durchaus erklären lassen.

3.3.4. *Zusammenfassung*

Die allegorische Bibelexegese des Maximus Confessor spiegelt seine christologisch geprägte Hermeneutik formal insofern wider, als der Kirchenvater meistens darum bemüht ist, in seiner Auslegungspraxis mehrere Sinnmöglichkeiten zur Sprache zu bringen, was in seiner Auffassung vom Unerschöpflichsein des Gotteswortes wurzelt, die selber auf dem christologischen Schriftmodell des Bekenners basiert. Semantisch zeigt sich die christologische Dimension der Hermeneutik

---

[537] Vgl. z. B. Max. Thal. 26 (S. 173–187); 27 (S. 191–201); 37 (S. 247–253).

[538] Max. Thal. 17 (S. 111–115) stellt ein Beispiel für eine alttestamentliche Aporie dar. Es geht um Ex 4, 24–26 LXX, wo der Engel des Herrn Mose, obwohl dieser vom Herrn als Prophet gesandt war, umbringen wollte, weil er unbeschnitten war. Maximus gibt sich aber keine Mühe, die Schwierigkeit wörtlich zu beseitigen, sondern geht sofort zu einer allegorischen Deutung über.

des Confessors dadurch, daß seine Allegorese darauf zielt, die biblischen Texte unabhängig von deren historischer Bedeutung mit dem
allumfassenden Christusgeschehen zu verbinden und für eine vor
allem aus Mönchen bestehende Leserschaft zu aktualisieren. Derart
sollen die Verleiblichung des Logos in der Bibel und seine Fähigkeit,
sich jedem anzupassen, sichtbar werden. Maximus kennt allerdings
nicht nur eine allegorische, sondern ebenfalls eine wörtliche, sich an
theologisch-dogmatischen Prämissen orientierende Bibelexegese, die
vor allem in seinen polemischen Schriften gegen den Origenismus
und den Monotheletismus zur Geltung kommt. Diese wörtliche Auslegung läßt Maximus als einen präzisen Bibelinterpreten erkennen,
der den Zusammenhang einer biblischen Stelle zu berücksichtigen
vermag und mit hermeneutischen Sprachproblemen vertraut ist. Eine
wörtliche Bibelexegese begegnet jedoch ebenfalls in zahlreichen neutestamentlichen Erotapokriseis, in denen Widersprüche bzw. Aporien
zur Sprache kommen. Beide Auslegungsarten, die allegorische und
die wörtliche, können indes vom Gesichtspunkt der christologischen
Hermeneutik des Bekenners aus erklärt werden, so daß die durch
sie gegebene interpretatorische *Zweiheit* keine hermeneutische Diskontinuität im maximinischen Denken impliziert.

ZUSAMMENFASSUNG UND
AUSWERTUNG DER ERGEBNISSE

Die vorliegende Arbeit stellt einen Versuch dar, die Bibelhermeneutik des Maximus Confessor in ihren Grundzügen zu untersuchen und zu Wort kommen zu lassen. Stimmt man mit G. C. Berthold über-ein, der 1993 Bedenken äußerte, ob man überhaupt auf ein herme-neutisches System beim Bekenner schließen kann,[539] so läßt es sich jedoch nicht leugnen, daß die Werke dieses Kirchenvaters beträcht-liche hermeneutische Elemente beinhalten, welche eine gewisse Kohärenz aufweisen und sich zum Teil in seiner Auslegungspraxis widerspiegeln. Mit Recht hat P. M. Blowers aber bemerkt, daß die Bibelhermeneutik des Bekenners keine unabhängige Lehre bildet, son-dern in den breiteren Rahmen seiner christuszentrierten Theologie hineingehört.[540] Daher war es für die vorliegende Studie vorrangig, Aspekte dieser Theologie, die der maximinischen Bibelhermeneutik direkt zugrundezuliegen schienen, in zwei Stadien genauer zu unter-suchen: Erstens handelte es sich dabei um die Logoslehre des Con-fessors, um die sich dessen gesamte Synthese organisiert, und zweitens um seine Auffassung von dem mystischen Aufstieg, in welchen Lektüre und Auslegung der Heiligen Schrift eingebettet sind. Dabei ließ die Analyse die allumfassende christologische Perspektive des Bekenners und demnach seine synthetische Fähigkeit, alles von Christus her zu denken, besonders in Erscheinung treten. So deutet Maximus in sei-ner Logostheorie den von Pseudo-Dionys als Wollen aufgefaßten λόγος christologisch im Sinne der alexandrinischen Logoslehre und verleiht ihm eine teleologische Dimension, indem er ihn mit dem Endziel Gottes in bezug auf die Schöpfung verknüpft, d. h. mit der Vereinigung von Gott und Mensch, die selber auf dem Zusammen-kommen der zwei Naturen in Christus beruht. Demnach nimmt die Menschwerdung des Logos hinsichtlich der Logostheorie eine erschlie-ßende Funktion ein, denn durch die historische Inkarnation wird die Intention Gottes bezüglich seiner Schöpfung geoffenbart. Derart

---

[539] Vgl. G. C. Berthold (1993) 129.
[540] Vgl. P. M. Blowers (1991) 251.

erweist sich die Logostheorie des Confessors als das Mittel, wodurch
er die Bewegungsdynamik der vielfältigen Schöpfung als positiv zu
werten und diese Dynamik eng mit der Christologie zu verbinden
vermag, denn durch die λόγοι, deren Mitte Christus selbst ist, wird
die gesamte Schöpfung zu ihm geführt, ohne daß dabei die Willensfreiheit der rationalen Geschöpfe beeinträchtigt wird. Im Blick auf
den mystischen Aufstieg läßt sich für Maximus der geistliche Fortschritt
ohne die wesenhafte Grundlage, die der Logos durch seine Menschwerdung, Tod und Auferstehung schaffte, nicht vorstellen. Dies kommt
unter anderem dadurch zum Ausdruck, daß der Confessor jene Liebe,
die Jesus durch sein Heilsgeschehen offenbarte, zum alleinigen Faktor
erklärt, der die Stufen des geistlichen Weges vereinigen und die auf
der *physischen* Durchdringung der menschlichen Natur Christi durch
dessen göttliche Natur basierende Vergottung ermöglichen kann,
obwohl diese letztere ein geschenkter Zustand bleibt, der von keinem menschlichen Tun abhängt. Auf diese Art verankert der Bekenner
die geistliche Theorie, die durch den Intellektualismus eines Evagrius
Ponticus drohte, sich des Evangeliums zu entfremden, wieder in der
Christologie.

Diese christologische Perspektive zeichnet auch die maximinische
Schrifthermeneutik aus. Im Blick darauf konnte man folgern, daß
sich diese letztere als Teil einer breiteren Hermeneutik des göttlichen
Sich-Offenbarens und Sich-Teilhaben-Lassens darstellt. Auch hier bildet in den Augen des Confessors den Eckstein der Logos, welcher
sich in diesem Äon – abgesehen von seiner Menschwerdung – in
den kosmischen, schriftlichen und liturgischen Symbolen sichtbar
macht und dadurch einen Vorgeschmack davon vermittelt, wie er
erfahren werden wird, wenn die endzeitliche Vollendung anbricht
und jeder Symbolismus aufhört. Charakteristisch für das Denken des
Maximus im Blick auf diesen Symbolismus ist eine fast vollständige
Symmetrie zwischen dem Kosmos und der Heiligen Schrift, die sich
als *gleichberechtigte* Erscheinungsorte des Logos sowohl horizontal in
der Heilsgeschichte als auch vertikal in der Erfahrung des Mystikers
zu erkennen geben. Gerade was die Schrift anbelangt, läßt sich Maximus von der origenischen Analogie zwischen dem biblischen Wort und
dem Leib des Herrn inspirieren und entwickelt dadurch eine explizite Lehre von der Inkarnation des göttlichen Logos in der Bibel –
der ja eine ähnliche Verleiblichung im Kosmos entspricht – mit der
Logostheorie sozusagen als organisatorisches System. Die Art und
Weise, wie Maximus die biblische Fleischwerdung des Logos termi-

nologisch und inhaltlich interpretiert, zeigt, daß sich der Kirchenvater hierbei stark an der geschichtlichen Inkarnation im Rahmen der chalzedonensischen Lehre und seiner eigenen Auffassung von der gegenseitigen Durchdringung der zwei Naturen in der Hypostase Christi orientiert. Dementsprechend verhalten sich der wörtliche und der tiefere Schriftsinn – eine Zweiheit, die Maximus der alexandrinischen Bibelhermeneutik entnimmt – wie die zwei Naturen des Herrn ungetrennt und unvermischt zueinander. Die Konsequenz, die sich daraus ergibt, ist nicht nur die Tatsache, daß der Kirchenvater sein christologisches Schriftmodell von Origenes entleiht, sondern ebenfalls, daß er dieses Modell im Sinne einer ausdrücklichen Lehre von der biblischen Inkarnation des Logos überspitzt – und auf diese Weise präzisiert – und vor allem in der chalzedonensischen Christologie und deren Weiterführung bei ihm selbst verwurzelt. Doch die historische Menschwerdung des Herrn erweist sich als hochrangig, nicht nur da sie das Muster darstellt, gemäß dem die Inkarnation des Logos in der Schrift – und im Kosmos – konzeptuell aufgefaßt wird, sondern auch da sie für den Bekenner als der hermeneutische Schlüssel gilt, durch den die Bibel verstanden werden kann. In dieser Hinsicht tritt die Relevanz der Menschwerdung vor allem auf zweierlei Art zutage: Erstens bezieht sich *alles* in der Bibel auf den menschgewordenen Logos, und infolgedessen auf das Christusgeschehen in seiner gesamten Tragweite, so daß durch adäquate Auslegung die Inkarnation des Logos in der Schrift in Erscheinung treten kann. Maximus entwickelt zwar in dieser Hinsicht – in der Form einer *Kategorienlehre* – eine sehr spekulative Theorie, in welcher er die Etappen nennt, gemäß denen der Übergang von der vielfältigen Ebene des biblischen Literalsinns zum einen Logos stattfinden soll, er setzt aber diese Theorie in seine Auslegungspraxis nirgendwo vollständig um. Zweitens erschließt der göttliche Logos selbst durch die auf dem mystischen Weg erfahrbaren Folgen seiner Menschwerdung, speziell aber durch die Gnade des Heiligen Geistes, dem sich um den biblischen Sinn bemühenden Menschen je nach geistlicher Reife die Geheimnisse der Schrift. Diese Geheimnisse, welche demnach durch einen synergischen Vollzug zwischen Gott und Mensch zu entdekken sind, können nie ausgeschöpft werden, nicht nur weil sich der Logos dem Mystiker je nach spiritueller Veranlagung anders vermittelt, sondern auch weil das Wort der Bibel durch dessen Polysemie an der naturhaften Unbegrenztheit des in dieser Bibel fleischgewordenen Logos Anteil hat, so daß sich das Verstehen und Auslegen der Schrift als ein dynamischer Vorgang erweist. Mitten in dieser synergisch-dynamischen Bibelhermeneutik des Maximus steht das Christusgeschehen, vor allem aber die Menschwerdung des Logos, die für den Kirchenvater sowohl für das Herabsteigen des Logos zum Menschen hin in der Schrift als auch für das Hinaufsteigen des Menschen zum Logos hin durch die Bibel maßgeblich ist. Bei diesem Hinaufsteigen erscheint die Allegorese als das Mittel, das im Rahmen der *Synergie* zwischen Gott und Mensch diesen, verharrt er nicht bei dem schriftlichen Leib des Logos, d. h. dem wörtlichen Sinn, dazu befähigt, durch diesen Leib und über ihn hinaus zum Logos selbst vorzudringen. Diese Allegorese, von der Maximus in seiner Auslegungspraxis stark Gebrauch macht, ist selber in dem Maße christologisch bedingt, als sie das Ziel verfolgt, den in dem Gemisch der historischen Gestalten und Ereignisse des wörtlichen Schriftsinnes inkarnierten Logos auftreten zu lassen und seine Fähigkeit, sich durch das schriftliche Wort an jeden Leser anzupassen, zu illustrieren. Das erste gelingt dem Kirchenvater, indem er die biblischen Texte mit dem Christusgeschehen und seinen anthropologisch-mystischen Folgen in Verbindung setzt, das zweite aber, indem er mehrere Sinnmöglichkeiten berücksichtigt. Insofern kann man behaupten, daß der Bekenner in der Auslegungspraxis seiner christologisch geprägten Hermeneutik prinzipiell treu bleibt, auch wenn er auf herkömmliche Verfahrensmittel der Allegorese wie die Etymologie und die Zahlensymbolik zurückgreift und sich zudem die Tradition von den absurden Stellen der Schrift zu eigen macht, was an sich wenig mit einer christologischen Hermeneutik zu tun hat. Mit seiner Allegorese will Maximus aber den wörtlichen biblischen Sinn nicht nivellieren, obgleich er immer wieder jene angreift, welche ihm auf *jüdische* Art verhaftet bleiben. Die durch sein christologisches Schriftmodell gegebene Irreduktibilität des Literalsinns tritt indes am stärksten in seinen polemischen Werken und bei seiner Auslegung von neutestamentlichen Aporien hervor. Hierbei ist Maximus in der Lage, den inneren Zusammenhang eines Textes zu beachten und Methoden zu benutzen, welche seine Vertrautheit mit interpretatorischen Sprachproblemen belegen. Handelt es sich hier um eine Schriftauslegung, die das kirchliche Dogma bzw. theologische Interpretamente des Bekenners selbst voraussetzt, so hat man doch – im Unterschied zu den allegorischen Ausführungen des Kirchenvaters – mit einer Exegese zu tun, die den *wörtlichen* Sinn der fraglichen Texte zu erschließen versucht. Daß sich der Bekenner in der Polemik und bei neutestamentlichen Aporien dazu aufgefordert fühlt, sich sozusa-

gen von der Allegorese zu entfernen, ist sicherlich darauf zurückzuführen, daß er sich hier mit Lehren bzw. biblischen Widersprüchen
auseinandersetzen muß, welche ihm die Menschwerdung des Logos
in ihrer gesamten Bedeutung – also auch als Grundlage jeden Allegorisierens – zu gefährden scheinen.[541]

Selbstverständlich darf die maximinische Bibelhermeneutik nicht
nach modernen Maßstäben von Hermeneutik und Exegese, sondern
nur in ihrem eigenen Kontext ausgewertet werden. Dabei handelte
es sich, wie öfters in dieser Arbeit erwähnt, um Kreise von Mönchen,
im Blick auf die es galt, die Bibel mit ihrem asketischen Leben und
der spirituellen Theorie, von der sie ausgingen, zu verbinden. Dies
kann natürlich daran erinnern, wie wichtig es ist, die Botschaft der
Schrift in jeder Zeit zu aktualisieren und sich der Grenzen jeder
Aktualisation bewußt zu sein. Was ist aber die Relevanz der Bibelhermeneutik des Confessors in ihrem eigenen Kontext? Zur Zeit des
Maximus ging die gesamte mönchische Theorie der Askese die Gefahr
ein, vor allem durch den Origenismus und den Evagrianismus ihre
christologischen Wurzeln einzubüßen. Daß Maximus in seiner Schrifthermeneutik das origenische Schriftmodell aufgreift, präzisiert und
im Sinne der chalzedonensischen Zwei-Naturen-Lehre interpretiert
und zudem die Menschwerdung als den einzigen hermeneutischen
Schlüssel zum Verständnis der Bibel betont, scheint ein Versuch zu
sein, die Schriftauslegung an der Christologie festzubinden.[542] Wiederum
erweist sich der Bekenner also als der Theologe, der, statt den unter
den Mönchen des siebten Jahrhunderts einflußreichen Alexandrinismus
zurückzuweisen, dessen spirituelle Errungenschaften zu schätzen weiß,
ihn aber von Abweichungen und extremen Positionen zu bereinigen
vermag. Doch im Unterschied zu der Ontologie[543] und der Lehre
vom mystischen Aufstieg,[544] wird die Auseinandersetzung hier in dem
Bereich der Hermeneutik und Exegese der Heiligen Schrift, also dem

---

[541] Eine offene Frage für die weitere Maximusforschung ist, inwieweit die in der
vorliegenden Arbeit im Blick auf die Bibelhermeneutik erzielten Ergebnisse fruchtbar gemacht werden können für eine Studie, welche die Art und Weise, wie Maximus
die Väter, vor allem aber Gregor von Nazianz, interpretiert, gründlich untersucht.
Eine solche Studie fehlt meines Wissens immer noch.

[542] Vgl. G. C. Berthold (1987) 394.

[543] Zur Auseinandersetzung des Maximus mit dem Origenismus in der Ontologie
vgl. den Abschnitt 1. 2. 2. 1 (S. 49–58).

[544] Zur Art und Weise, wie Maximus in seiner mystischen Lehre Evagrius Ponticus
korrigiert, vgl. vor allem die Abschnitte 2. 2 bis 2. 2. 4.

Bereich des Origenes schlechthin, geführt. Interessanterweise gelingt
dem Kirchenvater diese christologische Reorientierung der Schrifthermeneutik, indem er sich – wie im Falle seiner Widerlegung der
Henadenlehre – auf authentisches origenisches Erbe zurückbesinnt
und sich seines ihm am Herzen liegenden Kompasses, der Lehrformel
von Chalzedon, als Korrektiv bedient. Freilich mag der Confessor,
wie P. M. Blowers beteuerte, keine eminente Figur in der Geschichte
der patristischen Auslegung bzw. kein Erneuerer der hermeneutischen
Methode gewesen sein[545] – ihm, dem *einfachen* Mönch, galt ja die
Treue zur Tradition als das zentrale Anliegen. Er war jedoch der
Theologe des siebten Jahrhunderts, der mit seinem Scharfsinn erkannte,
daß die Verstehenstheorie der Bibel und der Umgang mit ihr zum
„ganz Eitlen" (vgl. Koh 1, 2) zu werden drohen, wenn sie nicht im
menschgewordenen, gekreuzigten und auferstandenen Logos verankert werden. Aus diesem Grund war er in seinen hermeneutischen
und exegetischen Ausführungen darum bemüht, auf seine synthetische Art und Weise und mit den theologischen Bausteinen, die ihm
zur Verfügung standen, diese Verankerung chalzedonensisch zu vollziehen. Und gerade in diesem Bemühen ist der Confessor gewiß kein
Kompilator, sondern ein innovativer Geist, und nicht weniger ein
Bibeltheologe als ein Origenes oder ein Johannes Chrysostomos (ca.
349–407). Doch Bibeltheologe war der Bekenner auch in dem Sinne,
daß er die Heilige Schrift wörtlich deuten konnte, immer wenn er
Irrlehren widerlegte, ohne daß dies zu einem Bruch in seiner Hermeneutik führte, denn hier ging es ebenfalls um die Zentralität des
Christusgeschehens im weitesten Sinne. Während aber die Allegorese
dem Kirchenvater dazu verhalf, jenen Mönchen, die in das μυστήριον
Christi sozusagen eingeweiht waren, den in der Schrift fleischgewordenen Logos sichtbar zu machen und seinen Leib, die biblischen
Worte, mit den geistlichen Bedürfnissen dieser Adressaten zu verknüpfen – während also das Christusgeschehen hier vorausgesetzt
war –, ging es ja in der wörtlichen Exegese des Confessors – vor
allem in dessen polemischen Schriften – darum, die Integrität dieses Geschehens exegetisch sicherzustellen. Ist in dieser Hinsicht die
Verwendung der Heiligen Schrift zu polemisch-apologetischen Zwecken
kein Novum an sich, so scheint es hermeneutisch von äußerster
Relevanz zu sein, daß beim Confessor sowohl die Allegorese als auch

---

[545] Vgl. P. M. Blowers (1991) 255.

die wörtliche Auslegung der Bibel ein- und derselben Reflexion über die allumfassende Bedeutung des Christusgeschehens entspringen. Sofern Maximus Confessor dazu aufgefordert war, hermeneutisch zu denken bzw. exegetisch zu arbeiten, oder sofern er im Schweigen einer vergessenen Mönchzelle über die Heilige Schrift meditierte, blickte er dauernd auf Jesus, den zu einem bestimmten vergangenen Zeitpunkt sich inkarnierenden Logos, den sich auf die Gegenwart der Kirche nicht zuletzt durch die Symbole der Bibel ausdehnenden Christus und den Herrn, der von vorn in Herrlichkeit kommt, damit das Sterbliche von dem Leben verschlungen wird (vgl. 2 Kor 5, 4).

LITERATURVERZEICHNIS

1. Quellen

1.1. Quellen von/über Maximus Confessor

1.1.1. *Biographische Quellen zu Maximus Confessor*

Anastasii monachi epistula ad monachos Calaritanos, Allen, Pauline u. Neil, Bronwen; Anastasii monachi epistola ad monachos Calaritanos: Scripta saeculi VII vitam Maximi Confessoris illustrantia, Turnhout 1999 (CChr.SG 39) 166–169.

Contra Constantinopolitanos, Allen, Pauline u. Neil, Bronwen; Contra Constantinopolitanos: Scripta saeculi VII vitam Maximi Confessoris illustrantia, Turnhout 1999 (CChr.SG 39) 230–232.

Disputatio Bizyae, Allen, Pauline u. Neil, Bronwen; Disputatio Bizyae cum Theodosio: Scripta saeculi VII vitam Maximi Confessoris illustrantia, Turnhout 1999 (CChr.SG 39) 73–151.

Epistula ad Anastasium monachum discipulum, Allen, Pauline u. Neil, Bronwen; Maximi epistola ad Anastasium monachum discipulum: Scripta saeculi VII vitam Maximi Confessoris illustrantia, Turnhout 1999 (CChr.SG 39) 161–163.

Epistula Anastasii Apocrisarii ad Theodosium Gangrensem, Allen, Pauline u. Neil, Bronwen; Epistola Anastasii Apocrisarii ad Theodosium Gangrensem: Scripta saeculi VII vitam Maximi Confessoris illustrantia, Turnhout 1999 (CChr.SG 39) 173–189.

Epitome (BHG 1236), Epifanovic, S. L.; Materialien zum Leben und Werk des heiligen Maximus (auf Russisch), Kiew 1917, 21f.

Hypomnesticum, Allen, Pauline u. Neil, Bronwen; Hypomnesticum: Scripta saeculi VII vitam Maximi Confessoris illustrantia, Turnhout 1999 (CChr.SG 39) 197–227.

Relatio motionis, Allen, Pauline u. Neil, Bronwen; Relatio motionis: Scripta saeculi VII vitam Maximi Confessoris illustrantia, Turnhout 1999 (CChr.SG 39) 13–51.

Vita (BHG 1234/Recensio secunda),[1] Combefis, Franciscus; In vitam ac certamen sancti patris nostri ac Confessoris Maximi, Paris 1675; 1860 (PG 90) Sp. 68–109.

Vita/Additamentum Devreesse (BHG 1234/Recensio tertia), Devreesse, Robert; La vie de s. Maxime le Confesseur et ses recensions: AnBoll 46 (1928) 18–23.

Vita et passio (Recensio Mosquensis/BHG 1233m), Epifanovic, S. L.; Materialien zum Leben und Werk des heiligen Maximus (auf Russisch), Kiew 1917, 1–10.

Vita Martini, Peeters, P.; Une vie grecque du pape s. Martin I: AnBoll 51 (1933) 253–262.

Vita Syriaca, Brock, Sebastian; An Early Syriac Life of Maximus the Confessor: AnBoll 91 (1973) 302–319.

---

[1] Bei der Numerierung der Rezensionen der griechischen Vita Maximi weiche ich von R. Devreesse (1928) 5–10 ab und folge P. Allen und B. Neil (1999) XIII, Anm. 4 u. XV, Anm. 18. Hier gilt als *erste* Rezension die *dritte* bei Devreesse – die noch unveröffentlicht ist.

1.1.2. *Schriften des Maximus Confessor*

Ambigua ad Ioannem, Jeauneau, Edouard; Maximi Confessoris Ambigua ad Iohannem iuxta Iohannis Scotti Eriugenae latinam interpretationem, Turnhout 1988 (CChr.SG 18) 17–261 [dieses Werk wird als Max. Amb. Io(lat.). zitiert].

——; Oehler, F.; S. p. n. Maximi Confessoris De variis difficilibus locis ss. pp. Dionysii et Gregorii = Ambigorum liber 6–71, Halis 1857; Paris 1860 (PG 91) Sp. 1061–1417 [dieses Werk wird als Max. Amb. Io. zitiert].

Ambigua ad Thomam, Oehler, F.; S. p. n. Maximi Confessoris De variis difficilibus locis ss. pp. Dionysii et Gregorii = Ambigorum liber 1–5; Halis 1857, Paris 1860 (PG 91) Sp. 1032–1060.

Ambiguum ad Ioannem 47, Jeauneau, Édouard; Maximus Confessor. Ambigorum liber 47: Jean Scot. Commentaire sur l'évangile de Jean, Paris 1972 (SC 180) 390–394.

Capita X, Combefis, Franciscus; Sancti patris nostri atque magistri, Maximi Confessoris Diversa capita ad theologiam et œconomiam spectantia deque virtute ac vitio, Paris 1675; 1860 (PG 90) Sp. 1185–1189.

Capita XV, Combefis, Franciscus; Sancti patris nostri atque magistri, Maximi Confessoris Diversa capita ad theologiam et œconomiam spectantia deque virtute ac vitio, Paris 1675; 1860 (PG 90) Sp. 1177–1185.

Capita de charitate, Ceresa-Gastaldo, Aldo; Massimo Confessore. Capitoli sulla carità, Roma 1963 (VSen 3) 48–239.

Capita theologica et œconomica, Combefis, Franciscus; S. p. n. Maximi Confessoris Capita ducenta ad theologiam Deique Filii in carne dispensationem spectantia, Paris 1675; 1860 (PG 90) Sp. 1084–1173.

Disputatio cum Pyrrho, Doucet, Marcel; Dispute de Maxime le Confesseur avec Pyrrhus. Introduction, texte critique, traduction et notes, Montréal 1972, 540–618.

Epistula ad abbatem Thalassium, Mansi, Johannes Dominicus; Ex epistola sancti Maximi scripta ad abbatem Thalassium: Sacrorum conciliorum nova et amplissima collectio 10, Florentia 1764, Graz 1960, Sp. 677f.

Epistula octava/finis[2], Devreesse, Robert; La fin inédite d'une lettre de saint Maxime. Un baptême forcé de juifs et de samaritains à Carthage en 632: RevSR 17 (1937) 34f.

Epistula secunda ad Thomam, Canart, P.; La deuxième lettre à Thomas de s. Maxime le Confesseur: Byz. 34 (1964) 427–445.

Epistulae, Combefis, Franciscus; S. Maximi Confessoris Epistolae, Paris 1675; 1860 (PG 91) Sp. 364–649.

Expositio in psalmum LIX, Deun, Peter van; Expositio in psalmum LIX: Maximi Confessoris opuscula exegetica duo, Turnhout 1991 (CChr.SG 23) 1–23.

Expositio orationis dominicae, Deun, Peter van; Expositio orationis dominicae: Maximi Confessoris opuscula exegetica duo, Turnhout 1991 (CChr.SG 23) 25–73.

Liber asceticus, Deun, Peter van; Maximi Confessoris Liber asceticus, Turnhout 2000 (CChr.SG 40) 5–123.

Mystagogia, Σωτηρόπουλος, Χαράλαμπος Γ.; Ἡ Μυσταγωγία τοῦ ἁγίου Μαξίμου τοῦ Ὁμολογητοῦ, Αθῆναι 1978, 191–259.

Opuscula theologica et polemica, Combefis, Franciscus; S. Maximi Confessoris Opuscula theologica et polemica, Paris 1675; 1860 (PG 91) Sp. 9–276B u. 280AB.

Quaestiones ad Thalassium, Laga, Carl u. Steel, Carlos; Maximi Confessoris Quaestiones ad Thalassium 1 (1–55), Turnhout 1980 (CChr.SG 7) 3–539.

——; Maximi Confessoris Quaestiones ad Thalassium 2 (56–65), Turnhout 1990 (CChr.SG 22) 3–325.

---

[2] Zur eventuellen Unechtheit dieses Briefes vgl. P. Speck (1997) 441–467.

Quaestiones ad Theopemptum, Gitlbauer, Michael; Die Überreste griechischer Tachygraphie im Codex Vaticanus Graecus 1809. Erster Fascikel, Wien 1878 (DAWW.PH 28, 2) 85–89.
Quaestiones et dubia, Declerck, José H.; Maximi Confessoris Quaestiones et dubia, Turnhout 1982 (CChr.SG 10) 3–171.

1.1.3. *Übersetzungen*[3]

Ad Theopemptum, Cantarella, Rafaelle; S. Massimo Confessore. La Mistagogia et altri scritti, Firenze 1931 (Testi cristiani) 103–117.
Ambigua ad Ioannem, Ivánka, Endre von; Maximos der Bekenner. All-Eins in Christus, Einsiedeln 1961 (Sigillum 19) [Auswahl].
——; Σακάλης, Ἰγνάτιος; Ἁγίου Μαξίμου Ὁμολογητοῦ Φιλοσοφικὰ καὶ θεολογικὰ ἐρωτήματα, Ἀθῆναι 1978; ²1990 (Ἐπὶ τὰς πηγάς 4) 112–311 [Max. Amb. Io. 6–10].
——; Ponsoye, Emmanuel; Saint Maxime le Confesseur. Ambigua, Paris 1994 (L'arbre de Jessé) 123–372.
——; Louth, Andrew; Maximus the Confessor, London 1996 (The Early Church Fathers) 96–168 [Max. Amb. Io. 10, 41 u. 71].
Ambigua ad Thomam, Σακάλης, Ἰγνάτιος; Ἁγίου Μαξίμου Ὁμολογητοῦ Φιλοσοφικὰ καὶ θεολογικὰ ἐρωτήματα, Ἀθῆναι, 1978; ²1990 (Ἐπὶ τὰς πηγάς 4) 54–111.
——; Ponsoye, Emmanuel; Saint Maxime le Confesseur. Ambigua, Paris 1994 (L'arbre de Jessé) 101–121.
——; Louth, Andrew; Maximus the Confessor, London 1996 (The Early Church Fathers) 169–179 [Max. Amb. Th. 1 u. 5].
Anastasii monachi epistula ad monachos Calaritanos, Garrigues; Juan Miguel; Le martyre de saint Maxime le Confesseur: RThom 76 (1976) 425–427.
Capita X, Palmer, G. E. H. u. Ware, Kallistos; The Philokalia 2, London 1981; 1984, 169–170.
——; Touraille, Jacques; Philocalie des pères neptiques 6, Bellefontaine 1985, 129f. [Nachgedruckt in: Ders.; La philocalie 1, Paris 1995, 462f.].
Capita XV, Palmer, G. E. H. u. Ware, Kallistos; The Philokalia 2, London 1981; 1984, 164–169.
——; Touraille, Jacques; Philocalie des pères neptiques 6, Bellefontaine 1985, 125–129 [Nachgedruckt in: Ders.; La philocalie 1, Paris 1995, 459–462].
Capita de charitate, Pégon, Joseph; Maxime le Confesseur. Centuries sur la charité, Paris 1945 (SC 9) 67–174.
——; Sherwood, Polycarp; St. Maximus the Confessor. The Ascetic Life. The Four Centuries on Charity, Westminster 1955 (ACW 21) 136–208.
——; Balthasar, Hans-Urs von; Kosmische Liturgie. Das Weltbild Maximus' des Bekenners, Einsiedeln 1961; ³1988, 414–481.
——; Ceresa-Gastaldo, Aldo; Massimo Confessore. Capitoli sulla carità, Roma 1963 (VSen 3) 48–239.
——; Palmer, G. E. H. u. Ware, Kallistos; The Philokalia 2, London 1981; 1984, 52–113.
——; Berthold, George C.; Maximus Confessor. Selected Writings, New York 1985 (ClWS) 33–87.

---

[3] Dieses Verzeichnis zielt darauf, auf die wichtigsten Übersetzungen der maximinischen Werke ins Deutsche, Englische, Französische, Italienische und Neugriechische bis 1999 hinzuweisen, und erhebt keinen Anspruch auf Vollständigkeit. Freie Übertragungen bzw. Paraphrasierungen wurden in aller Regel nicht berücksichtigt; vgl. ferner M. L. Gatti (1987) 120–131; P. van Deun (1998–1999) 485–573.

——; Σακάλης, Ἰγνάτιος u. Μερατάκης, Ἐλευθέριος; Φιλοκαλία τῶν νηπτικῶν καὶ ἀσκητικῶν 14. Μάξιμος ὁ Ὁμολογητής, hg. v. Παναγιώτης Κ. Χρήστου u. Θεόδωρος Ν. Ζήσης, Θεσσαλονίκη 1985, 167–351.

——; Touraille, Jacques; Philocalie des pères neptiques 6, Bellefontaine 1985, 19–77 [Nachgedruckt in: Ders.; La philocalie 1, Paris 1995, 373–420].

Capita theologica et œconomica, Riou, Alain; Le monde et l'église selon Maxime le Confesseur, Paris 1973 (ThH 22) 240–261 [Max. Th. ec. I, 1–100].

——; Ceresa-Gastaldo, Aldo; Massimo Confessore. Il Dio-uomo. Duecento pensieri sulla conoscenza di Dio e sull' incarnazione di Cristo, Milano 1980 (Jaca Book 66) 29–111.

——; Palmer, G. E. H. u. Ware, Kallistos; The Philokalia 2, London 1981; 1984, 114–163.

——; Berthold, George C.; Maximus Confessor. Selected Writings, New York 1985 (ClWS) 127–170.

——; Σακάλης, Ἰγνάτιος u. Μερατάκης, Ἐλευθέριος, Φιλοκαλία τῶν νηπτικῶν καὶ ἀσκτικῶν 14. Μάξιμος ὁ Ὁμολογητής, hg. v. Παναγιώτης Κ. Χρήστου u. Θεόδωρος Ν. Ζήσης, Θεσσαλονίκη 1985, 445–565.

——; Touraille, Jacques; Philocalie des pères neptiques 6, Bellefontaine 1985, 81–124 [Nachgedruckt in: Ders.; La philocalie 1, Paris 1995, 421–459].

Disputatio Bizyae, Rahner, Hugo; Kirche und Staat im frühen Christentum, München 1961, 413–435 [mit Auslassungen].

——; Garrigues, Juan-Miguel; Le martyre de saint Maxime le Confesseur: RThom 76 (1976) 427–443.

Disputatio cum Pyrrho, Doucet, Marcel; Dispute de Maxime le Confesseur avec Pyrrhus. Introduction, texte critique, traduction et notes, Montréal 1972, 620–697.

——; Ceresa-Gastaldo, Aldo; Massimo il Confessore. Umanità e divinità di Cristo, Roma 1979; 1990 (CTePa 19) 99–156.

——; Farrell, J. P.; The Disputation with Pyrrhus of our Father Among the Saints Maximus the Confessor, Pennsylvania 1990.

——; Bausenhart, Guido; In allem uns gleich außer der Sünde. Studien zum Beitrag Maximos' des Bekenners zur altkirchlichen Christologie, Tübingen 1992 (TSTP 5) 196–235.

——; Σαμοθράκης. Δ.; Μαξίμου τοῦ Ὁμολογητοῦ περὶ θελήσεως. Πρὸς Μαρῖνον Ἐπιστολή. Ζήτησις μετὰ Πύρρου, Αθῆναι 1995 (mir unzugänglich).

Epistula ad Anastasium monachum discipulum, Garrigues; Juan Miguel; Le martyre de saint Maxime le Confesseur: RThom 76 (1976) 444f.

Epistula Anastasii Apocrisarii ad Theodosium Gangrensem, Garrigues; Juan Miguel; Le martyre de saint Maxime le Confesseur: RThom 76 (1976) 447–449 [nur Ausschnitte].

Epistula secunda ad Thomam, Canart, P.; La deuxième lettre à Thomas de s. Maxime le Confesseur: Byz. 34 (1964) 427–445.

Epistulae, Dalmais, Irénée-Henri; Saint Maxime le Confesseur. Docteur de la charité: VS 79 (1948) 296–303 [Max. Ep. 2].

——; Bausenhart, Guido; Maximus der Bekenner. Drei geistliche Schriften, Einsiedeln 1996 (CMe 49) 101–116 [Max. Ep. 2].

——; Louth, Andrew; Maximus the Confessor, London 1996 (The Early Church Fathers) 84–93 [Max. Ep. 2].

——; Ponsoye, Emmanuel; Maxime le Confesseur. Lettres, Paris 1998 (Sagesses chrétiennes) 63–235.

Expositio in psalmum LIX, Cantarella, Rafaelle; S. Massimo Confessore. La Mistagogia et altri scritti, Firenze 1931 (Testi cristiani) 3–25.

Expositio orationis dominicae, Hermann, Basilius; Weisheit, die betet. Maximus der Bekenner (580–662), Würzburg 1941 (ÖC 12/13) 210–224.

——; Riou, Alain; Le monde et l'église selon Maxime le Confesseur, Paris 1973 (ThH 22) 214–239.

——; Ceresa-Gastaldo, Aldo; Massimo il Confessore. Umanità e divinità di Cristo, Roma 1979; 1990 (CTePa 19) 63–94.

——; Palmer, G. E. H. u. Ware, Kallistos; The Philokalia 2, London 1981; 1984, 285–305.

——; Berthold, George C.; Maximus Confessor. Selected Writings, New York 1985 (ClWS) 99–119.

——; Touraille, Jacques; Philocalie des pères neptiques 6, Bellefontaine 1985, 247–266 [Nachgedruckt in: Ders.; La philocalie 1, Paris 1995, 549–565].

——; Bausenhart, Guido; Maximus der Bekenner. Drei geistliche Schriften, Einsiedeln 1996 (CMe 49) 17–54.

Hypomnesticum, Garrigues; Juan Miguel; Le martyre de saint Maxime le Confesseur: RThom 76 (1976) 450–452 [nur Ausschnitte].

Liber asceticus, Garbas, Maximilian; Des Heiligen Maximus Confessor Buch vom geistlichen Leben, Breslau 1925, 13–39.

——; Cantarella, Rafaelle; S. Massimo Confessore. La Mistagogia et altri scritti, Firenze 1931 (Testi cristiani) 29–99.

——; Hermann, Basilius; Weisheit, die betet. Maximus der Bekenner (580–662), Würzburg 1941 (ÖC 12/13) 182–206.

——; Sherwood, Polycarp; St. Maximus the Confessor. The Ascetic Life. The Four Centuries on Charity, Westminster 1955 (ACW 21) 103–135.

——; Deseille, P.; L'évangile au désert. Des premiers moines à saint Bernard, Paris 1965 (CTT 10) 161–191.

——; Ceresa-Gastaldo, Aldo; Massimo il Confessore. Umanità e divinità di Cristo, Roma 1979; 1990 (CTePa 19) 23–62.

——; Σακάλης, Ἰγνάτιος u. Μερατάκης, Ἐλευθέριος; Φιλοκαλία τῶν νηπτικῶν καὶ ἀσκητικῶν 14. Μάξιμος ὁ Ὁμολογητής, hg. v. Παναγιώτης Κ. Χρήστου u. Θεόδωρος Ν. Ζήσης, Θεσσαλονίκη 1985, 353–443.

——; Bausenhart, Guido; Maximus der Bekenner. Drei geistliche Schriften, Einsiedeln 1996 (CMe 49) 55–100.

Mystagogia, Cantarella, Rafaelle; S. Massimo Confessore. La Mistagogia et altri scritti, Firenze 1931 (Testi cristiani) 121–215.

——; Lot-Borodine, M.; Mystagogie de saint Maxime: Irén. 13 (1936) 466–472, 595–597 u. 717–720; Irén. 14 (1937) 66–69, 182–185, 282–284 u. 444–448; Irén. 15 (1938) 71–74, 185f., 276–278, 390f. u. 488–492 [Nachgedruckt in: Hamman, A.; L'initiation chrétienne, Paris 1963; 1980 (CPF) 251–291].

——; Balthasar, Hans-Urs von; Kosmische Liturgie. Das Weltbild Maximus' des Bekenners, Einsiedeln 1961; ³1988, 366–407.

——; Σακάλης, Ἰγνάτιος; Ἁγίου Μαξίμου Ὁμολογητοῦ Μυσταγωγία, Ἀθῆναι 1973; ²1989 (Ἐπὶ τὰς πηγάς 1) 92–257 [Nachgedruckt in: Σακάλης, Ἰγνάτιος u. Μερατάκης, Ἐλευθέριος; Φιλοκαλία τῶν νηπτικῶν καὶ ἀσκητικῶν 14. Μάξιμος ὁ Ὁμολογητής, hg. v. Παναγιώτης Κ. Χρήστου u. Θεόδωρος Ν. Ζήσης, Θεσσαλονίκη 1985, 37–165].

——; Stead, Julian; The Church, the Liturgy and the Soul of Man. The Mystagogia of St. Maximus the Confessor, Massachusetts 1982, 59–117.

——; Berthold, George C.; Maximus Confessor. Selected Writings, New York 1985 (ClWS) 181–214.

Opuscula theologica et polemica, Piret, Pierre; Le Christ et la Trinité selon Maxime le Confesseur, Paris 1983 (ThH 69) 108–110 u. 247–249 [Max. Th. pol. 13 u. 6].

——; Ceresa-Gastaldo, Aldo; Massimo il Confessore. Meditazioni sull' agonia di Gesú, Roma 1985 (CTePa 50) [Max. Th. pol. 3, 6, 7, 15, 16 u. 24].

——; Congourdeau, Marie-Hélène; Maxime le Confesseur. L'agonie du Christ, Paris 1996 (CPF 64) 27–126 [Max. Th. pol. 3, 4, 6, 7, 16, 20 u. 24].

——; Louth, Andrew; Maximus the Confessor, London 1996 (The Early Church Fathers) 180–198 [Max. Th. pol. 3 u. 7].

——; Ponsoye, Emmanuel; Maxime le Confesseur. Opuscules théologiques et polémiques, Paris 1998 (Sagesses chrétiennes) 109–275.

Quaestiones ad Thalassium, Ivánka, Endre von; Maximos der Bekenner. All-Eins in Christus, Einsiedeln 1961 (Sigillum 19) [Auswahl].

——; Argyriou, Astérios; Saint Maxime le Confesseur. Le mystère du salut, Namur 1964 (Les écrits des saints) 65–180 [Auswahl].

——; Dalmais, Irénée-Henri; Maxime le Confesseur: Connaissance des pères de l'église 17 (1985) 19–21 [Max. Thal. 60].

——; Pratesi, M.; Filautia, piacere e dolore nella *Questione 58 A Talassio* di s. Massimo il Confessore: Prometheus 13 (1987) 87–90 [Max. Thal. 58].

——; Ponsoye, Emmanuel; Saint Maxime le Confesseur. Questions à Thalassios, Paris 1992 (L'arbre de Jessé) 51–349.

——; Zirnheld, Claire-Agnès; Le double visage de la passion: Malédiction due au péché et/ou dynamisme de la vie. *Quaestiones ad Thalassium* de s. Maxime le Confesseur XXI, XXII et XLII: Philohistôr, FS Carl Laga, hg. v. Peter van Deun u. Antoon Schoors, Leuven 1994 (OLA 60) 371–380 [Max. Thal. 21, 22 u. 42].

Quaestiones et dubia, Declerck, José H.; Remarques sur la tradition du *Physiologus* grec: Byz. 51 (1981) 153 u. 157 [Max. Qu. d. I, 28 u. I, 30].

——; Ponsoye, Emmanuel; Maxime le Confesseur. Questions et difficultés, Paris 1999 (Sagesses chrétiennes) 27–187.

Relatio motionis, Rahner, Hugo; Kirche und Staat im frühen Christentum, München 1961, 393–413 [mit Auslassungen].

——; Garrigues, Juan-Miguel; Le martyre de saint Maxime le Confesseur: RThom 76 (1976) 415–424.

——; Berthold, George C.; Maximus Confessor. Selected Writings, New York 1985 (ClWS) 15–31.

Verschiedenes, Hermann, Basilius; Weisheit, die betet. Maximus der Bekenner (580–662), Würzburg 1941 (ÖC 12/13).

1.2. Sonstige Quellen

Acta concilii Lateranensis
Riedinger, Rudolf; *Concilium Lateranense a. 649 celebratum*, Berlin 1984 (ACO II, 1).

Aristoteles
Analytica posteriora, Forster, E. S. u. Tredennick, Hugh; Posterior Analytics: Posterior Analytics. Topica, London 1960 (LCL) 211–261.
De partibus animalium, Louis, Pierre; Les parties des animaux, Paris 1956 (CUFr).
Ethica Nicomachea, Susemihl, Franciscus; Ethica Nicomachea, Leipzig 1887 (BSGRT).
Metaphysica, Jaeger, W.; Metaphysica, Oxford 1957 (SCBO).
Politica, Ross, W. D.; Politica, Oxford 1957 (SCBO).

Arius
Epistula ad Alexandrum Alexandrinum, Opitz, Hans-Georg; Urkunde 6: Athanasius Werke 3, 1. Urkunden zur Geschichte des arianischen Streites, Berlin 1934, 12.
Epistola ad Eusebium Nicomediensem, Ders.; Urkunde 1: Athanasius Werke 3, 1. Urkunden zur Geschichte des arianischen Streites, Berlin 1934, 1.

Athanasius von Alexandrien
Contra gentes, Thomson, Robert E.; Contra gentes: Contra gentes and De incarnatione, Oxford 1971, 1–133.
De incarnatione, Ders.; De incarnatione: Contra gentes and De incarnatione, Oxford 1971, 134–277.
Oratio I contra Arianos, Tetz, Martin; Oratio I contra Arianos: Athanasius Werke I, 1. Die dogmatischen Schriften. 2. Lieferung, Berlin 1998, 109–175.

Oratio II contra Arianos, Tetz, Martin; Oratio II contra Arianos: Athanasius Werke I, 1. Die dogmatischen Schriften. 2. Lieferung, Berlin 1998, 176–260.

Bibel
Biblia Hebraica, Elliger, K. u. Rudolph, W.; Biblia Hebraica Stuttgartensia, Stuttgart 1967; 1984.
Novum Testamentum Graece, Nestle, Eberhard u. Aland, Kurt; Novum Testamentum Graece, Stuttgart 1898; ²⁷1993.
Septuaginta, Rahlfs, Alfred; Septuaginta I u. II, Stuttgart 1935; ⁵1952.

Didymus der Blinde von Alexandrien
Commentarius in Zachariam, Doutreleau, Louis; Sur Zacharie 1 (1–93), Paris 1962 (SC 83).
——; Sur Zacharie 2 (94–274), Paris 1962 (SC 84).
——; Sur Zacharie 3 (275–414), Paris 1962 (SC 85).

Diodorus Tarsensus
Commentarii in Psalmos, Olivier; Jean-Marie; Diodori Tarsensis Commentarii in Psalmos 1 (1–50); Turnhout 1980 (CChr.SG 6) 3–320.

Diogenes Laërtius
Vitae philosophorum, Long, H. S.; Vitae philosophorum 2, Oxford 1964 (SCBO).

Evagrius Ponticus
Centuria gnostica, Guillaumont, Antoine; Les six centuries des „kephalaia gnostica" d'Évagre le Pontique, Paris 1958 (PO 28, 1) 15–257.
Gnosticus, Guillaumont, Antoine et Claire; Le gnostique, Paris 1989 (SC 356).
Practicus, Guillaumont, Antoine et Claire; Traité pratique, Paris 1971 (SC 171).
Scholia in Proverbia, Géhin, Paul; Scholies aux proverbes, Paris 1987 (SC 340).

Gregor von Nazianz
Epistulae, Gallay, P. u. Jourjon M.; Lettres théologiques, Paris 1974 (SC 208).
Oratio VI–XII, Calvet-Sébasti, Marie-Ange; Discours 6–12, Paris 1995 (SC 405).
Oratio XV, Migne, J.-P.; Oratio XV: Sancti patris nostri Gregorii Theologi vulgo Nazianzeni, archiepiscopi Constantinopolitani, opera quae exstant omnia, Turnhout [keine Jahresangabe] (PG 35) Sp. 911–933.
Oratio XXVII–XXXI, Gallay, Paul; Discours 27–31 (Discours théologiques), Paris 1978 (SC 250).
Oratio XXXVIII, Migne, J.-P.; Oratio XXXVIII in theophania (sic), sive natalitia salvatoris: Sancti patris nostri Gregorii Theologi vulgo Nazianzeni, archiepiscopi Constantinopolitani, opera quae exstant omnia, Turnhout [keine Jahresangabe] (PG 36) Sp. 312–353.

Gregor von Nyssa
Commentarius in Canticum canticorum, Langerbeck, Hermannus; Gregorii Nysseni in Canticum canticorum: Wernerus Jaeger. Gregorii Nysseni Opera 6, Leiden 1960.
Contra Eunomium, Jaeger, Wernerus; Contra Eunomium I u. II: Gregorii Nysseni Opera 1, Leiden 1960.
——; Contra Eunomium III: Gregorii Nysseni Opera 2, Leiden 1960, 3–311.
De anima et resurrectione, Morel, F.; De anima et resurrectione: S. P. N. Gregorii episcopi Nysseni opera quae reperiri potuerunt omnia, Paris 1638; 1959 (PG 46) Sp. 12–160.
De virginitate, Aubineau, Michel; Traité de la virginité, Paris 1966 (SC 119).
De vita Mosis, Daniélou, Jean; La vie de Moïse, Paris 1955 (SC 1 bis).
Epistulae, Maraval, Pierre; Lettres, Paris 1990 (SC 363).
Oratio catechetica magna, Morel, F.; Oratio catechetica magna: S. P. N. Gregorii episcopi Nysseni opera quae reperiri potuerunt omnia, Paris 1638; 1959 (PG 45) Sp. 11–105.

Heraklit
Fragmente, Kranz, W.; Hermann Diels. Die Fragmente der Vorsokratiker 1, Bonn
1903; ⁶1951; 1974, 150–190.

Ignatius von Antiochien
Epistula ad Ephesios, Lindemann, Andreas; Die Briefe des Ignatius von Antiochien.
Ignatius an die Epheser: Die apostolischen Väter, Tübingen 1992, 178–190.
Epistula ad Magnesios, Lindemann, Andreas; Die Briefe des Ignatius von Antiochien.
Ignatius an die Magnesier: Die apostolischen Väter, Tübingen 1992, 190–198.

Irenäus
Adversus haereses, Rousseau Adelim; Contre les hérésies 4, Paris 1965 (SC 100/2).

Justin
Apologia I, Marcovich, Miroslav; Apologia maior: Apologiae pro christianis, Berlin
1994 (PTS 38) 31–133.
Apologia II, Ders.; Apologia minor: Apologiae pro christianis, Berlin 1994 (PTS 38)
135–159.
Dialogus cum Tryphone, Ders.; Dialogus cum Tryphone, Berlin 1997 (PTS 47).

Klemens von Alexandrien
Protrepticus, Marcovich, Miroslav; Clementis Alexandrini Protrepticus, Leiden 1995
(SVigChr 34).
Stromata, Stählin, Otto; Stromata I–VI, Berlin 1906; ⁴1985 (GCS 15).

Liber pontificalis
Liber pontificalis, Duchesne, L.; Le Liber pontificalis. Texte, introduction et commentaire 1, Paris 1886; ²1955.

Mark Aurel Antonin
Meditationes, Dalfen, Joachim; Ad se ipsum, Leipzig 1979; ²1987 (BSGRT).

Origenes
Commentarius in Canticum canticorum, Brésard, Luc u. Crouzel, Henri; Commentaire
sur le cantique des cantiques 2 (I–II), Paris 1991 (SC 375).
——; Commentaire sur le cantique des cantiques 2 (III–IV), Paris 1992 (SC 376).
Commentarius in Ioannem, Blanc, Cécile; Commentaire sur Saint Jean 1 (I–IV), Paris
1966 (SC 120).
——; Commentaire sur Saint Jean 3 (XIII), Paris 1975 (SC 222).
——; Commentaire sur Saint Jean 4 (XIX et XX), Paris 1982 (SC 290).
——; Commentaire sur Saint Jean 5 (XXVIII et XXXII), Paris 1992 (SC 385).
Commentarius in Matthaeum, Klostermann, Erich; Matthäuserklärung 1. Die griechisch
erhaltenen Tomoi, Berlin 1935 (GCS 40).
——; Matthäuserklärung 2. Die lateinische Übersetzung der Commentariorum Series,
Berlin 1933 (GCS 38).
——; Matthäuserklärung 3. Fragmente und Indices, Berlin 1941 (GCS 41, 1).
Contra Celsum, Borret, Marcel; Contre Celse 1 (I–II), Paris 1967 (SC 132).
——; Contre Celse 2 (III–IV), Paris 1968 (SC 136).
——; Contre Celse 3 (V–VI), Paris 1969 (SC 147).
——; Contre Celse 4 (VII–VIII), Paris 1969 (SC 150).
De principiis, Crouzel, Henri u. Simonetti, Manlio; Traité des principes 1 (I–II), Paris
1978 (SC 252).
——; Traité des principes 3 (III–IV), Paris 1980 (SC 268).
Homiliae in Ieremiam, Nautin, Pierre; Homélies sur Jérémie 1 (I–XI), Paris 1976 (SC
232).
——; Homélies sur Jérémie 2 (XII–XX), Paris 1977 (SC 238).
Homiliae in Isaiam, Baehrens, W. A.; Homilien zu Samuel I, zum Hohenlied und zu
den Propheten. Kommentar zum Hohenlied, Berlin 1925 (GCS 33) 242–289.

Homiliae in Leviticum, Borret, Marcel; Homélies sur le Lévitique 1 (I–VII), Paris 1981 (SC 286).

Homiliae in Lucam, Crouzel, Henri, Fournier, François u. Périchon, Pierre; Homélies sur s. Luc, Paris 1962 (SC 87).

Philocalia, Harl, Marguerite; Philocalie 1–20 sur les écritures: Philocalie 1–20 sur les écritures et la lettre à Africanus sur l'histoire de Suzanne, Paris 1983 (SC 302) 181–468.

Parmenides

Fragmente, Kranz, W.; Hermann Diels. Die Fragmente der Vorsokratiker 1, Bonn 1903; [6]1951; 1974, 227–246.

Philo von Alexandrien

De Abrahamo, Cohn, Leopold u. Wendland, Paul; De Abrahamo: Philonis Alexandrini opera quae supersunt 4, Berlin 1902; 1962, 1–60.

De agricultura, Dies.; De agricultura: Philonis Alexandrini opera quae supersunt 2, Berlin 1897; 1962, 95–132.

De Cherubim, Dies.; De Cherubim: Philonis Alexandrini opera quae supersunt 1, Berlin 1896; 1962, 170–201.

De confusione linguarum, Dies.; De confusione linguarum: Philonis Alexandrini opera quae supersunt 2, Berlin 1897; 1962, 229–267.

De fuga et inventione, Dies.; De fuga et inventione: Philonis Alexandrini opera quae supersunt 3, Berlin 1898; 1962, 110–155.

De gigantibus, Dies.; De gigantibus: Philonis Alexandrini opera quae supersunt 2, Berlin 1897; 1962, 42–55.

De migratione Abrahami, Dies.; De migratione Abrahami: Philonis Alexandrini opera quae supersunt 2, Berlin 1897; 1962, 268–314.

De mutatione nominum, Dies.; De mutatione nominum: Philonis Alexandrini opera quae supersunt 3, Berlin 1898; 1962, 156–203.

De opificio mundi, Dies.; De opificio mundi: Philonis Alexandrini opera quae supersunt 1, Berlin 1896; 1962, 1–60.

De posteritate Caini, Dies.; De posteritate Caini: Philonis Alexandrini opera quae supersunt 2, Berlin 1897; 1962, 1–41.

De praemis et poenis, Dies.; De praemis et poenis: Philonis Alexandrini opera quae supersunt 5, Berlin 1906; 1962, 336–365.

De somniis, Dies.; De somniis I–II: Philonis Alexandrini opera quae supersunt 3, Berlin 1898; 1962, 204–306.

De specialibus legibus, Dies.; De specialibus legibus I–IV: Philonis Alexandrini opera quae supersunt 5, Berlin 1906; 1962, 1–265.

De vita contemplativa, Dies.; De vita contemplativa: Philonis Alexandrini opera quae supersunt 6, Berlin 1915; 1962, 46–71.

Legum allegoriarum, Dies.; Legum allegoriarum I u. III: Philonis Alexandrini opera quae supersunt 1, Berlin 1896; 1962, 61–89 u. 113–169.

Quis rerum divinarum heres sit, Dies.; Quis rerum divinarum heres sit: Philonis Alexandrini opera quae supersunt 3, Berlin 1898; 1962, 1–71.

Quod Deus sit immutabilis, Dies.; Quod Deus sit immutabilis: Philonis Alexandrini opera quae supersunt 2, Berlin 1897; 1962, 56–94.

Photius

Bibliothecae codices, Henry, René; Bibliothèque 3 (codices 186–222), Paris 1962 (CBy).

Platon

Cratylus, Méridier, Louis; Cratyle: Œuvres complètes 5, 2, Paris [3]1961 (CUFr).

Gorgias, Croiset, Alfred; Gorgias: Œuvres complètes 3, 2, Paris 1923; 1963 (8. Nachdruck), (CUFr) 108–224.

Laches, Croiset, Alfred; Lachès: Œuvres complètes 2, Paris [4]1956 (CUFr) 85–122.

Meno, Ders.; Ménon: Œuvres complètes 3, 2, Paris 1923; 1963 (8. Nachdruck), (CUFr) 234–280.

Phaedo, Robin, Léon; Phédon: Œuvres complètes 4, 1, Paris 1926; 1963 (8. revidierter und korrigierter Nachdruck) (CUFr).

Protagoras, Croiset, Alfred; Protagoras: Œuvres complètes 3, 1, Paris 1923; 1963 (6. Nachdruck), (CUFr).

Respublica, Chambry, Émile; La république IV–VII: Œuvres complètes 7, 1, Paris ⁵1961 (CUFr).

Timaeus, Rivaud, Albert; Timée: Œuvres complètes 10, Paris 1925; ⁴1963 (CUFr) 125–228.

Plotin
Enneades, Henry, Paul u. Schwyzer, Hans-Rudolf; Enneades I–III: Opera 1, Bruxelles 1951 (ML. P 33).
——; Enneades IV–V: Opera 2, Bruxelles 1959 (ML. P 34).

Proklus
Institutio Theologica, Dodds, E. R.; The Elements of Theology, Oxford 1933; ²1963; 1992.

Pseudo-Dionysius Areopagita
De coelesti hierarchia, Heil, Günther; De coelesti hierarchia: Corpus Dionysiacum 2, Berlin 1991 (PTS 36) 5–59.

De divinis nominibus, Suchla, Beate Regina; De divinis nominibus: Corpus Dionysiacum 1, Berlin 1990 (PTS 33) 107–231.

De ecclesiastica hierarchia, Heil, Günther; De ecclesiastica hierarchia: Corpus Dionysiacum 2, Berlin 1991 (PTS 36) 61–132.

De mystica theologia, Ritter, Adolf Martin; De mystica theologia: Corpus Dionysiacum 2, Berlin 1991 (PTS 36) 139–150.

Epistulae, Ritter, Adolf Martin; Epistulae: Corpus Dionysiacum 2, Berlin 1991 (PTS 36) 151–210.

Pseudo-Macarius
Homiliae spirituales, Dörries, Hermann u. Klostermann, Erich; Die 50 geistlichen Homilien des Makarios, Berlin 1964 (PTS 4).

Stoa
Stoicorum veterum fragmenta, Arnim; Ioannes ab; Stoicorum veterum fragmenta 1–2 u. 4, Stuttgart 1905; 1964.

Theophilus von Antiochien
Ad Autolycum, Marcovich, Miroslav; Ad Autolycum, Berlin 1955 (PTS 44).

2. Hilfsmittel

Bailly, Anatole; *Dictionnaire Grec Français*, Paris 1894; ²⁶1963.

Brockhaus, F. A.; *Enzyklopädie 1–24*, Mannheim ¹⁹1986–1994.

Döpp, Siegmar u. Geerlings, Wilhelm; *Lexikon der antiken christlichen Literatur*, Freiburg im Breisgau 1998.

Geerard, M.; *Clavis patrum Graecorum 1–5*, Turnhout 1983–1987 (CChr I–V).

Grumel, Vénance; *La chronologie*, Paris 1958 (BByz.T 1).

Lampe, G. W. H.; *A Patristic Greek Lexicon*, Oxford 1961; 1995.

Liddell, Henry George u. Scott, Robert; *A Greek-English Lexicon*, Oxford 1843; ⁹1940; 1961.

Menge, Hermann; *Langenscheidts Großwörterbuch Altgriechisch-Deutsch*, Berlin 1913; ²⁸1994.

Radice, Roberto; u. Runia, David T.; *Philo of Alexandria. An Annotated Bibliography 1937–1986*, Leiden 1988 (SVigChr 8).

Schwertner, Siegfried M.; *Internationales Abkürzungsverzeichnis für Theologie und Grenzgebiete*, Berlin ²1992.

3. Sekundärliteratur[4]

Aall, Anathon; *Geschichte der Logosidee in der christlichen Literatur*, Leipzig 1899.

Alexidze, Lela; *Die antike Philosophie in der sogenannten Maximos-Scholien zum Corpus von Dionysios Areopagita*, Tbilisi 1991.

Allen, Pauline; *Blue-Print for the Edition of Documenta ad vitam Maximi Confessoris spectantia*: After Chalcedon. Studies in Theology and Church History, FS Albert van Roey, hg. v. Carl Laga u. J. A. Munitiz, Leuven 1985 (OLA 18) 11–21.

—— u. Neil, Bronwen; *Introduction*: Scripta saeculi VII vitam Maximi Confessoris illustrantia, Turnhout 1999 (CChr.SG 39) XI–XLVI.

Andia, Ysabel de; *La Théologie trinitaire de Denys l'Aréopagite*: StPatr 32 (1997) 278–301.

——; *Transfiguration et théologie négative chez Maxime le Confesseur et Denys l'Aréopagite*: Denys l'Aréopagite et sa postérité en Orient et en Occident. Actes du colloque international, Paris, 21–24 septembre 1994, hg. v. Ysabel de Andia, Paris 1997 (Collection des études augustiniennes. Série Antiquité 151) 293–328.

Argárate, Pablo; *El hombre como microcosmos en el pensamiento de san Máximo el Confesor*: RThAM 63 (1996) 177–198.

——; *Conociendo de modo incognoscible a quien está por encima de todo conocimiento. El ascenso a Dios en san Máximo el Confesor*: StMon 39 (1997) 107–130.

——; Πρὸς τὸν θεῖον ἔρωτα. *El itinerario de las Centurias sobre la caridad*: StMon 40 (1998) 213–264.

Armstrong, A. H.; *The Architecture of the Intelligible Universe in the Philosophy of Plotinus*, Amsterdam 1940; 1967 (Cambridge Classical Studies).

Asensio, Félix; *Tradición sobre un pecado sexual en el Paraíso?*: Gr. 31 (1950) 362–390.

Aubineau, Michel; *Textes de Marc l'Ermite, Diadoque de Photicé, Jean de Carpathos et Maxime le Confesseur, dans le cod. Harleianus 5688*: OCP 30 (1964) 256–259.

Axelos, Kostas; *Les lignes de force de la spiritualité byzantine*: BAGB 4. Sér. 3 (1957) 3–20.

Balthasar, Hans Urs von; *Das Scholienwerk des Johannes von Scythopolis*: Schol. 15 (1940) 16–38.

——; *Die „Gnostischen Centurien" des Maximus Confessor*, Freiburg im Breisgau 1941 (FThSt 61).

——; *Kosmische Liturgie. Maximus der Bekenner. Höhe und Krise des griechischen Weltbildes*, Freiburg im Breisgau 1941.

——; *Kosmische Liturgie. Das Weltbild Maximus' des Bekenners*, Einsiedeln 1961; ³1988.

——; *Mittler zwischen Ost und West. Zur 1300-Jahrfeier Maximus' des Bekenners (580–662)*: SuS 27 (1962) 358–361.

——; *Apokatastasis*: TThZ 97 (1988) 169–182.

Βαρβατσούλιας, Γεώργιος; Ἡ θεολογία τῶν ἀριθμῶν κατὰ τοὺς νηπτικοὺς πατέρες Νεῖλο τὸν ἀσκητὴ καὶ Μάξιμο τὸν Ὁμολογητή: GregPa 79 (1996) 1183–1194.

Bardenhewer, O.; *Patrologie*, Freiburg im Breisgau 1910.

---

[4] Dieses Verzeichnis ist eine umfangreiche *Auswahl*. Eine vollständige Bibliographie zu Maximus Confessor bis 1998 findet man bei P. van Deun (1998–1999) 485–573.

Bardy, Gustave; *La littérature patristique des „Quaestiones et responsiones" sur l'Écriture sainte*: RB 41 (1932) 210–236; 341–369; 515–537; 42 (1933) 14–30; 211–229; 328–352.
Barnard, L. W.; *The Logos Theology of St Justin Martyr*: DR 89 (1971) 132–141.
Bausenhart, Guido; *In allem uns gleich außer der Sünde. Studien zum Beitrag Maximos' des Bekenners zur altkirchlichen Christologie*, Tübingen 1992 (TSTP 5).
Beatrice, Pier Franco; *Didyme l'Aveugle et la tradition de l'allégorie*: Origeniana Sexta, hg. v. Gilles Dorival u. Alain le Boulluec, Louvain 1995 (BEThL 118) 579–590.
Beaucamp, J., Bondoux, R. Cl., Lefort, J., Rouan-Auzépy, M. Fr. u. Sorlin, I.; *La chronique pascale. Le temps approprié*: Le temps chrétien de la fin de l'Antiquité au Moyen-Âge – IIIe–XIIIe s. Colloque international du C. N. R. S. 604, Paris, 9–12 mars 1981, hg. v. Jean-Marie Leroux, Paris 1984, 451–468.
Beck, Hans-Georg; *Maximus Confessor*: ³RGG 4 (1960) Sp. 814.
Beès, N. A.; Ὁ ἐν τῇ μονῇ βαρλαὰμ κῶδιξ τῶν ἐπιστολῶν καὶ κεφαλαίων τοῦ ἀββᾶ Νείλου τοῦ Ἀγκυρανοῦ καὶ Μαξίμου τοῦ Ὁμολογητοῦ: ROC 17 (1912) 32–44.
Bellini, Enzo; *Maxime interprète de Pseudo-Denys l'Aréopagite. Analyse de l'Ambiguum ad Thomam 5*: Maximus Confessor. Actes du Symposium sur Maxime le Confesseur, Fribourg, 2–5 septembre 1980, hg. v. Felix Heinzer u. Christoph Schönborn, Fribourg 1982 (Par. 27) 37–49.
Benjamins, H. S.; *Oikonomia bei Origenes. Schrift und Heilsplan*: Origeniana Sexta, hg. v. Gilles Dorival u. Alain le Boulluec, Louvain 1995 (BEThL 118) 327–331.
Berchman, Robert M.; *From Philo to Origen. Middle Platonism in Transition*, Missoula 1984 (BJSt 69).
Berthold, George Charles; *Freedom and Liberation in the Theology of Maximus the Confessor*, Paris 1975.
——; *Did Maximus the Confessor Know Augustine?*: StPatr 17, 1 (1982) 14–17.
——; *The Cappadocian Roots of Maximus the Confessor*: Maximus Confessor. Actes du Symposium sur Maxime le Confesseur, Fribourg, 2–5 septembre 1980, hg. v. Felix Heinzer u. Christoph Schönborn, Fribourg 1982 (Par. 27) 51–59.
——; *Maximus the Confessor and the Filioque*: StPatr 18 (1983) 113–117.
——; *History and Exegesis in Evagrius and Maximus*: Origeniana Quarta, hg. v. Lothar Lies, Innsbruck 1987 (IThS 19) 390–404.
——; *The Church as Mysterion. Diversity and Unity According to Maximus Confessor*: PBR 6 (1987) 20–29.
——; *Maximus Confessor*: Encyclopedia of Early Christianity, hg. v. Everett Ferguson, London 1990, 590–592.
——; *Levels of Scriptural Meaning in Maximus the Confessor*: StPatr 27 (1993) 129–143.
——; Rezension zu „V. Karayiannis; *Maxime le Confesseur. Essence et énergies de Dieu*": TS 57 (1996) 531–533.
——; *Maximus Confessor (580–662)*: Encyclopedia of Early Christianity 2, hg. v. Everett Ferguson, London ²1997, 742f.
Bienert, Wolfgang A.; *„Allegoria" und „Anagoge" bei Didymus dem Blinden von Alexandria*, Berlin 1972 (PTS 13).
——; *Zur Logos-Christologie des Athanasius von Alexandrien in* Contra gentes *und* De incarnatione: StPatr 21 (1989) 402–419.
——; *Zum Logosbegriff des Origenes*: Origeniana Quinta, hg. v. Robert J. Daley, Louvain 1992 (BEThL 105) 418–423.
——; ΑΝΑΓΩΓΗ *im Johannes-Kommentar des Origenes*: Origeniana Sexta, hg. v. Gilles Dorival u. Alain le Boulluec, Louvain 1995 (BEThL 118) 419–427.
——, Stolz, Fritz, Most, Glenn W., Klauck, Hans-Josef, Rieger, Reinhold u. Watson, Francis B.; *Allegorie/Allegorese*: ⁴RGG 1 (1998) Sp. 303–309.
Blowers, Paul M.; *Exegesis and Spiritual Pedagogy in Maximus the Confessor. An Investigation of the Quaestiones ad Thalassium*, Notre Dame 1991 (CJAn 7).

———; *Maximus the Confessor, Gregory of Nyssa, and the Concept of „Perpetual Progress"*: VigChr 46 (1992) 151–171.

———; *The Logology of Maximus the Confessor in His Criticism of Origenism*: Origeniana Quinta, hg. v. Robert J. Daley, Louvain 1992 (BEThL 105) 570–576.

———; *The Analogy of Scripture and Cosmos in Maximus the Confessor*: StPatr 27 (1993) 145–149.

———; *Theology as Integrative, Visionary, Pastoral. The Legacy of Maximus the Confessor*: Pro Ecclesia 1 (1993) 216–230.

———; *The Anagogical Imagination. Maximus the Confessor and the Legacy of Origenian Hermeneutics*: Origeniana Sexta, hg. v. Gilles Dorival u. Alain le Boulluec, Louvain 1995 (BEThL 118) 639–645.

———; *Gentiles of the Soul. Maximus the Confessor on the Substructure and Transformation of the Human Passions*: Journal of Early Christian Studies 4 (1996) 57–85.

———; *Realized Eschatology in Maximus the Confessor*, Ad Thalassium 22: StPatr 32 (1997) 258–263.

Boojamra, John; *Original Sin According to St. Maximus the Confessor*: SVTQ 20 (1976) 19–30.

Borgen, Peder; *Philo of Alexandria*: Jewish Writings of the Second Temple Period, hg. v. Michael E. Stone, Assen 1984 (CRI, Sect. 2, 2) 233–282.

Bormann, Karl; *Die Ideen- und Logoslehre Philons von Alexandrien. Eine Auseinandersetzung mit H. A. Wolfson*, Köln 1955.

Bornert, René; *La Mystagogie de saint Maxime le Confesseur*: Les commentaires byzantins de la divine liturgie du VIIe au XVe siècle, Paris 1966 (AOC 9) 83–124.

———; *Explication de la liturgie et interprétation de l'écriture chez Maxime le Confesseur*: StPatr 10 (1967) 323–327.

———; *L'anaphore dans la spiritualité liturgique de Byzance. Le témoignage des commentaires mystagogiques du VIIe au XVe siècle*: Eucharisties d'orient et d'occident, semaine liturgique Saint-Serge 2, hg. v. B. Botte, Paris 1970 (LO 47) 241–263.

Borriello, Luigi; *Note sulla mistagogia o dell' introduzione all'esperienza di Dio*: ECarm 32 (1981) 35–89.

Boyancé, Pierre; *Écho des exégèses de la mythologie grecque chez Philon*: Philon d'Alexandrie. Colloque national du C. N. R. S., Lyon 11–15 septembre 1966, Paris 1967, 169–186.

Bracke, Raphaël B.; *Ad sancti Maximi vitam. Studie van de biografische documenten en de levensbeschrijvingen betreffende Maximus Confessor (ca. 580–662)*, Leuven 1980.

———; *Some Aspects of the Manuscript Tradition of the Ambigua of Maximus the Confessor*: Maximus Confessor. Actes du Symposium sur Maxime le Confesseur, Fribourg, 2–5 septembre 1980, hg. v. Felix Heinzer u. Christoph Schönborn, Fribourg 1982 (Par. 27) 97–109.

———; *Two Fragments of a Greek Manuscript Containing a Corpus Maximianum. MSS Genavensis Gr. 30 and Leidensis Scaligeranus 33*: PBR 4 (1985) 110–114.

——— u. Seldeslachts, Herman; *Le Parisinus Suppl. Gr. 156. Description du manuscrit*: Philohistôr, FS Carl Laga, hg. v. Peter van Deun u. Antoon Schoors, Leuven 1994 (OLA 60) 273–280.

Brandes, Wolfram; *„Juristische" Krisenbewältigung im 7. Jahrhundert? Die Prozesse gegen Papst Martin I. und Maximos Homologetes*: Fontes Minores 10 (1998) 141–212 (FBRG 22).

Braniste, Ene; *Église et liturgie dans la „Mystagogie" de saint Maxime le Confesseur*: L'église dans la liturgie. Conférences Saint-Serge, XXVIe semaine d'études liturgiques, Paris, 26–29 Juin 1979, hg. v. A. M. Triacca u. A. Pistoia, Roma 1980 (BEL.S 18) 67–79.

Bratke; *Maximi Confessoris Chronologia succincta vitae Christi*: ZKG 13 (1892) 382–384.

Breukelaar, Adriaan; *Maximus Confessor*: BBKL 5 (1993) Sp. 1084–1093.

Brock, Sebastian; *An Early Syriac Life of Maximus the Confessor*: AnBoll 91 (1973) 299–346.

——; *Two Sets of Monothelete Questions to the Maximianists*: OLoP 17 (1986) 119–140.

——; Rezension zu „P. M. Blowers; *Exegesis and Spiritual Pedagogy in Maximus the Confessor. An Investigation of the Quaestiones ad Thalassium*“: JEH 45 (1994) 722f.

Brons, Bernhard; *Gott und die Seienden. Untersuchungen zum Verhältnis von neuplatonischer Metaphysik und christlicher Tradition bei Dionysius Areopagita*, Göttingen 1976.

Broszio, Gabriele; *Quaestiones et responsiones*: Lexikon der antiken christlichen Literatur, hg. v. Siegmar Döpp u. Wilhelm Geerlings, Freiburg im Breisgau 1998, 529f.

Brune, François; *La rédemption chez saint Maxime le Confesseur*: Contacts 102 (1978) 141–171.

Burnet, John; *Die Anfänge der griechischen Philosophie*, Leipzig 1892; ²1913.

Canart, P.; *La deuxième lettre à Thomas de s. Maxime le Confesseur*: Byz. 34 (1964) 415–445.

Candal, Manuel; *La gracia increada del „Liber Ambigorum“ de San Máximo*: OCP 27 (1961) 131–149.

Cantarella, Rafaelle; *Introduzione*: S. Massimo Confessore. La Mistagogia et altri scritti, Firenze 1931 (Testi cristiani) V–LVI.

Cappuyns, Maïeul; *Jean Scot Érigène, sa vie, son œuvre, sa pensée*, Paris 1933 (DGMFT II, 26).

——; *La „Versio Ambigorum Maximi“ de Jean Scot Érigène*: RThAM 30 (1963) 324–329.

——; *Glose inédite de Jean Scot sur un passage de Maxime*: RThAM 31 (1964) 320–324.

——; *Jean Scot Érigène et les „Scoliae“ de Maxime le Confesseur*: RThAM 31 (1964) 122–124.

——; *Les „Bibli Vulfadi“ et Jean Scot Érigène*: RThAM 33 (1966) 137–139.

Caspar, Erich; *Die Lateransynode von 649*: ZKG 51 (1932) 75–137.

——; *Geschichte des Papsttums von den Anfängen bis zur Höhe der Weltherrschaft 2*, Tübingen 1933.

Cavallera, F.; *Apophtegmes*: DSp 1 (1937) Sp. 765–770.

Ceresa-Gastaldo, Aldo; *A proposito di un recente studio su s. Massimo Confessore e l'Origenismo*: ScC 83 (1955) 401–409.

——; *Appunti dalla biografia di s. Massimo Confessore*: ScC 84 (1956) 145–151.

——; *Die Überlieferung der Κεφάλαια περὶ ἀγάπης von Maximos Confessor auf Grund einiger alter Athoshandschriften*: OCP 23 (1957) 145–158.

——; *Nuove ricerche sulla tradizione manoscritta dei Κεφάλαια περὶ ἀγάπης di s. Massimo Confessore*: Akten des XI. internationalen Byzantinistenkongresses, Munich 1958, hg. v. F. Dölger u. H. G. Beck, München 1960, 72–77.

——; *A proposito della nuova edizione critica dei Κεφάλαια περὶ ἀγάπης di s. Massimo Confessore*: StPatr 3 (1961) 44–46.

——; *Maximos Confessor*: LThK² 7 (1962) Sp. 208–210.

——; *Nel XIII centenario della morte di san Massimo il Confessore*: BBGG 16 (1962) 3–8.

——; *Introduzione*: Massimo Confessore. Capitoli sulla carità, Roma 1963 (VSen 3) 11–44.

——; *Dimensione umana e prospettiva escatologica in Massimo Confessore*: Renovatio/Genova 12 (1977) 324–329.

——; *Per la proclamazione di s. Massimo Confessore a dottore della chiesa*: Renovatio/Genova 12 (1977) 135–137.

——; *Tradition et innovation linguistique chez Maxime le Confesseur*: Maximus Confessor. Actes du Symposium sur Maxime le Confesseur, Fribourg, 2–5 septembre 1980, hg. v. Felix Heinzer u. Christoph Schönborn, Fribourg 1982 (Par. 27) 123–137.

——; *Massimo il Confessore*: DPAC 2 (1984) Sp. 2169–2172.

——; *Fede e sapere nella teologia di Massimo Confessore*: Sacerdozio battesimale e formazione teologica nella catechesi e nella testimonianza di vita dei padri, hg. v. Sergio Felici, Roma 1992 (BSRel 99) 163–171.

——; *Maximus Confessor*: Encyclopedia of the Early Church 1, Cambridge 1992, 547f.

Chethimattam, John B.; *The Greek Religious Apophatism*: JDh 6 (1981) 69–82.

Χρήστου, Παναγιώτης Κ.; *Μάξιμος ὁ Ὁμολογητής*: Θρησκευτικὴ καὶ ἠθικὴ ἐγκυ-κλοπαιδεία 8 (1966) Sp. 614–624.

——; *Maximos Confessor on the Infinity of Man*: Maximus Confessor. Actes du Symposium sur Maxime le Confesseur, Fribourg, 2–5 septembre 1980, hg. v. Felix Heinzer u. Christoph Schönborn, Fribourg 1982 (Par. 27) 261–271.

——; *Εἰσαγωγή*: Φιλοκαλία τῶν νηπτικῶν καὶ ἀσκητικῶν 14. Μάξιμος ὁ Ὁμολογητής, hg. v. Παναγιώτης Κ. Χρήστου u. Θεόδωρος Ν. Ζήσης, Θεσσαλονίκη 1985, 7–36.

Christiansen, I.; *Die Technik der allegorischen Auslegungswissenschaft bei Philon von Alexandrien*, Tübingen 1969 (BGBH 7).

Colish, Marcia L.; *John the Scot's Christology and Soteriology in Relation to his Greek Sources*: DR 100 (1982) 138–151.

Colpe, Carsten; *Von der Logoslehre des Philon zu der des Clemens von Alexandrien*: Kerygma und Logos. Beiträge zu den geistesgeschichtlichen Beziehungen zwischen Antike und Christentum, FS Carl Andresen, hg. v. Adolf Martin Ritter, Göttingen 1979, 89–107.

Conche, Marcel; *Héraclite. Fragments*, Paris 1986; ²1987 (Épiméthée. Essais philoso-phiques).

Congourdeau, Marie-Hélène; *Maxime le Confesseur et l'humanité de l'embryon*: La politi-que de la mystique, FS Maxime Charles, hg. v. Jean-Luc Marion u. Claire-Agnès Zirnheld, Mesnil-sur-l'Estrée 1984, 163–171.

——; *L'animation de l'embryon humain chez Maxime le Confesseur*: NRT 111 (1989) 693–709.

Conte, Pietro; *Il sinodo Lateranense dell'ottobre 649. La nuova edizione degli atti a cura di Rudolf Riedinger. Rassegna critica di fonti dei secoli VII–XII*, Vaticano 1989 (Collezione Teologica 3).

——; Rezension zu „M. L. Gatti; *Massimo il Confessore. Saggio di bibliografia generale ragionata e contributi per una ricostruzione scientifica del suo pensiero metafisico e religioso*": Aevum 63 (1989) 361–368.

Copleston, Frederick; *A History of Philosophy 1. Greece and Rome*, London 1946; 1947 (revidierte Auflage); 1956 (The Bellarmine Series 9).

Croce, Vittorio; *Tradizione e ricerca. Il metodo teologico di san Massimo il Confessore*, Milano 1974 (SPMed 2).

——; *Simposio su San Massimo il Confessore*: ScC 108 (1980) 282–286.

—— u. Valente, Bruno; *Provvidenza e pedagogia divina nella storia*: Maximus Confessor. Actes du Symposium sur Maxime le Confesseur, Fribourg, 2–5 septembre 1980, hg. v. Felix Heinzer u. Christoph Schönborn, Fribourg 1982 (Par. 27) 247–259.

Crouzel, Henri; *Théologie de l'image de Dieu chez Origène*, Paris 1956 [Theol(P) 34].

——; *Grégoire le Thaumaturge*: DSp 6 (1967) Sp. 1014–1020.

——; *Seminar III. Origène et Plotin*: Origeniana Quarta, hg. v. Lothar Lies, Innsbruck 1987 (IThS 19) 430–435.

——; *Le Dieu d'Origène et le Dieu de Plotin*: Origeniana Quinta, hg. v. Robert J. Daley, Louvain 1992 (BEThL 105) 406–417.

——; *Le contexte spirituel de l'exégèse dite spirituelle*: Origeniana Sexta, hg. v. Gilles Dorival u. Alain le Boulluec, Louvain 1995 (BEThL 118) 333–342.

Daley, Brian E.; *Apokatastasis and „Honorable Silence" in the Eschatology of Maximus the Confessor*: Maximus Confessor. Actes du Symposium sur Maxime le Confesseur, Fribourg, 2–5 septembre 1980, hg. v. Felix Heinzer u. Christoph Schönborn, Fribourg 1982 (Par. 27) 309–339.

——; *What Did „Origenism" Mean in the Sixth Century*: Origeniana Sexta, hg. v. Gilles Dorival u. Alain le Boulluec, Louvain 1995 (BEThL 118) 627–638.

Dalferth, Ingolf U.; *Jenseits von Mythos und Logos. Die christologische Transformation der Theologie*, Freiburg im Breisgau 1993 (QD 142).

Dalmais, Irénée-Henri; *Saint Maxime le Confesseur. Docteur de la charité*: VS 79 (1948) 294–303.

———; *La théorie des „Logoi" des créatures chez s. Maxime le Confesseur*: RSPhTh 36 (1952) 244–249.

———; *L'œuvre spirituelle de saint Maxime le Confesseur. Notes sur son développement et sa signification*: VS.S 21 (1952) 216–226.

———; *La doctrine ascétique de s. Maxime le Confesseur d'après le Liber asceticus*: Irén. 26 (1953) 17–39.

———; *Un traité de théologie contemplative. Le commentaire du Pater de s. Maxime le Confesseur*: RAM 29 (1953) 123–159.

———; *Divinisation. II. Patristique grecque*: DSp 3 (1957) Sp. 1376–1389.

———; *Saint Maxime le Confesseur et la crise de l'origénisme monastique*: Théologie de la vie monastique. Études sur la tradition patristique, Paris 1961 [Theol(P) 49] 411–421.

———; *La fonction unificatrice du Verbe Incarné d'après les œuvres spirituelles de saint Maxime le Confesseur*: ScEc 14 (1962) 445–459.

———; *Place de la* Mystagogie *de saint Maxime le Confesseur dans la théologie liturgique byzantine*: StPatr 5 (1962) 277–283.

———; *Saint Maxime le Confesseur. Une synthèse théologique*: VS 107 (1962) 316–318.

———; *Introduction*: Saint Maxime le Confesseur. Le mystère du salut, Namur 1964 (Les écrits des saints) 7–57.

———; *L'héritage évagrien dans la synthèse de saint Maxime le Confesseur*: StPatr 8 (1966) 356–362.

———; *Le vocabulaire des activités intellectuelles, volontaires et spirituelles dans l'anthropologie de s. Maxime le Confesseur*: FS M.-D. Chenu, hg. v. André Duval, Paris 1967 (BiblThom 37) 189–202.

———; *Mystère liturgique et divinisation dans la Mystagogie de saint Maxime le Confesseur*: Epektasis, FS Jean Daniélou, hg. v. Jacques Fontaine u. Charles Kannengiessner, Paris 1972, 55–62.

———; *Théologie de l'église et mystère liturgique dans la Mystagogie de s. Maxime le Confesseur*: StPatr 13 (1975) 145–153.

———; *Maxime le Confesseur*: Cath. 8 (1979) Sp. 995–1003.

———; *L'église icône du „mystère". La „Mystagogie" de s. Maxime le Confesseur, une ecclésiologie liturgique*: L'église dans la liturgie. Conférences Saint-Serge, XXVIe semaine d'études liturgiques, Paris, 26–29 Juin 1979, hg. v. A. M. Triacca u. A. Pistoia, Roma 1980 (BEL.S 18) 107–117.

———; *Maxime le Confesseur*: DSp 10 (1980) Sp. 836–847.

———; *La manifestation du Logos dans l'homme et dans l'église. Typologie anthropologique et typologie ecclésiale d'après Qu. Thal. 60 et la Mystagogie*: Maximus Confessor. Actes du Symposium sur Maxime le Confesseur, Fribourg, 2–5 septembre 1980, hg. v. Felix Heinzer u. Christoph Schönborn, Fribourg 1982 (Par. 27) 13–25.

———; *La vie de saint Maxime le Confesseur reconsidérée?*: StPatr 17, 1 (1982) 26–30.

———; *L'innovation des natures d'après s. Maxime le Confesseur (à propos de Ambiguum 42)*: StPatr 15 (1984) 285–290.

——— *Preface*: Maximus Confessor. Selected Writings, New York 1985 (ClWS) xi–xiv.

———; *Les lignes essentielles de la vie spirituelle selon s. Maxime le Confesseur (Prologues des TP 1. 10 et 20, À Marinos; PG, vol. 91, 133, 228–9)*: StPatr 28, 2 (1989) 191–196.

——— u. Donnat, L.; *Introduction à saint Maxime le Confesseur*: Connaissance des pères de l'église 17 (1985) 3–17.

Daniélou, Jean; *Platonisme et théologie mystique. Doctrine spirituelle de saint Grégoire de Nysse*, Paris 1944 [Theol(P) 2].

———; *Message évangélique et culture hellénistique aux IIe et IIIe siècles*, Tournai 1961 (BT.HD 2).

Darrouzès, Jean; *Élie l'Ecdicos*: DSp 4,1 (1960) Sp. 576–578.

Debrunner, Albert; *Art.* λέγω, λόγος. λέγω, λόγος, ῥῆμα, λαλέω: ThWNT 4 (1942) 69–76.

Declerck, José H.; *Un manuscrit peu connu. Le* Londinensis, Brit. Libr. Add. 17472: Byz. 51 (1981) 484–501.

——; *Remarques sur la tradition du* Physiologus *grec*: Byz. 51 (1981) 148–158.

——; *La tradition des Quaestiones et dubia de s. Maxime le Confesseur*: Maximus Confessor. Actes du Symposium sur Maxime le Confesseur, Fribourg, 2–5 septembre 1980, hg. v. Felix Heinzer u. Christoph Schönborn, Fribourg 1982 (Par. 27) 85–96.

——; *Introduction*: Maximi Confessoris Quaestiones et dubia, Turnhout 1982 (CChr.SG 10) VII–CCLI.

——; *Les citations de s. Maxime le Confesseur chez Paul de l'Évergétis*: Byz. 55 (1985) 91–117.

Dekkers, Eligius; *Maxime le Confesseur dans la tradition latine*: After Chalcedon. Studies in Theology and Church History, FS Albert van Roey, hg. v. Carl Laga u. J. A. Munitiz, Leuven 1985 (OLA 18) 82–97.

Deroche, Vincent; *Entre Rome et l'Islam. Les chrétientés d'Orient 610–1054*, Paris 1996 (Regards sur l'histoire. Histoire médiévale 112).

Deun, Peter van; *Les citations de Maxime le Confesseur dans le florilège palamite de l'Atheniensis, Bibliothèque nationale 2583*: Byz. 57 (1987) 127–157.

——; *Le Sinaiticus graecus 1726 de Maxime Margounios. Son contenu et son modèle*: Byz. 60 (1990) 436–440.

——; *Introduction*: Maximi Confessoris opuscula exegetica duo, Turnhout 1991 (CChr.SG 23) XIX–CLXXII.

——; *Deux textes attribués à tort à Maxime le Confesseur*: Scr. 46 (1992) 87.

——; *La symbolique des nombres dans l'œuvre de Maxime le Confesseur (580–662)*: BySl 53 (1992) 237–242.

——; *Les extraits de Maxime le Confesseur contenus dans les chaînes sur le Nouveau Testament, abstraction faite des Évangiles*: OLoP 23 (1992) 205–217.

——; *Les extraits de Maxime le Confesseur contenus dans les chaînes sur l'évangile de Matthieu*: Philohistôr, FS Carl Laga, hg. v. Peter van Deun u. Antoon Schoors, Leuven 1994 (OLA 60) 295–328.

——; *Les extraits de Maxime le Confesseur contenus dans les chaînes sur l'évangile de Marc*: OLoP 25 (1994) 169–173.

——; *Les* Diversa capita *du Pseudo-Maxime (CPG 7715) et la chaîne de Nicétas d'Héraclée sur l'évangile de Matthieu (CPG C 113)*: JÖB 45 (1995) 19–24.

——; *Le Parisinus graecus 858, daté du XIVᵉ siècle. Une collection de textes hétéroclite*: OLoP 27 (1996) 107–120.

——; *Suppléments à l'iconographie de Maxime le Confesseur dans les arts byzantin et slave*: La spiritualité de l'univers byzantin dans le verbe et l'image, FS Edmond Voordeckers, hg. v. Kristoffel Demoen u. Jeannine Vereecken, Brepols 1997 (IP 30) 315–331.

——; *Maxime le Confesseur. État de la question et bibliographie exhaustive*: SE 38 (1998–1999) 485–573.

——; *Introduction*: Maximi Confessoris Liber asceticus, Turnhout 2000 (CChr.SG 40) XV–CCLXVIII.

Devreesse, Robert; *La vie de s. Maxime le Confesseur et ses recensions*: AnBoll 46 (1928) 5–49.

——; *Le texte grec de l'Hypomnesticum de Théodore Spoudée. Le supplice, l'exil et la mort des victimes illustres du monothélisme*: AnBoll 53 (1935) 49–80.

——; *La fin inédite d'une lettre de saint Maxime. Un baptême forcé de juifs et de samaritains à Carthage en 632*: RevSR 17 (1937) 25–35.

——; *La lettre d'Anastase l'Apocrisaire sur la mort de s. Maxime le Confesseur et ses compagnons d'exil. Texte grec inédit*: AnBoll 73 (1955) 5–16.

——; *Les anciens commentateurs grecs des Psaumes*, città del Vaticano 1970 (StT 264).

Dillon, John; *The Formal Structure of Philo's Allegorical Exegesis*: Two Treatises of Philo of Alexandria. A Commentary on De gigantibus and Quod Deus sit immutabilis, hg. v. David Winston u. John Dillon, Missoula 1983 (BJSt 25) 77–87.

Disdier, M.-Th.; *De vita contemplativa secundum doctrinam sancti Maximi Confessoris*, Roma 1928.

——; *Les fondements dogmatiques de la spiritualité de saint Maxime le Confesseur*: EOr 29 (1930) 296–313.

——; *Une œuvre douteuse de saint Maxime le Confesseur. Les cinq Centuries théologiques*: EOr 30 (1931) 160–178.

——; *Elie L'Ecdicos et les* ἕτερα κεφάλαια *attribués à saint Maxime le Confesseur et à Jean de Carpathos*: EOr 31 (1932) 17–43.

——; *Le témoignage spirituel de Thalassius le Lybien*: EtByz 2 (1944) 79–118.

Dörrie, Heinrich u. Dörries, Hermann; *Erotapokriseis*: RAC 6 (1966) Sp. 342–370.

Doucet, Marcel; *Dispute de Maxime le Confesseur avec Pyrrhus. Introduction, texte critique, traduction et notes*, Montréal 1972.

——; *Vues récentes sur les „métamorphoses" de la pensée de saint Maxime le Confesseur*: ScEs 31/3 (1979) 269–302.

——; *Est-ce que le monothélisme a fait autant d'illustres victimes? Réflexions sur un ouvrage de F.-M. Léthel*: ScEs 35/1 (1983) 53–83.

——; *La volonté humaine du Christ, spécialement en son agonie. Maxime le Confesseur, interprète de l'écriture*: ScEs 37/2 (1985) 123–159.

Dragas, George Dion; *The Church in St. Maximus Mystagogy*: Theol(A) 56 (1985) 385–403.

——; *St. Maximos the Confessor and the Christian Life*: EkTh 2 (1981) 861–884.

Dräseke, Johannes; *Maximus Confessor und Johannes Scotus Erigena*: ThStKr 84 (1911) 20–60 u. 204–229.

Drobner, Hubertus R.; *Maximus Confessor*: Lehrbuch der Patrologie, Freiburg im Breisgau 1994, 437–441.

Duchesne, L.; *L'église au VIème siècle*, Paris 1925.

Dupont, Véronique; *Le dynamisme de l'action liturgique. Une étude de la* Mystagogie *de saint Maxime le Confesseur*: RevSR 65 (1991) 363–388.

Durand, G.-M. de; Rezension zu „P. Piret; *Le Christ et la Trinité selon Maxime le Confesseur*": RSPhTh 69 (1985) 606–609.

Dutton, Paul Edward; *Raoul Glaber's 'De divina quaternitate'. An unnoticed Reading of Eriugena's Translation of the* Ambigua *of Maximus the Confessor*: MS 42 (1980) 431–453.

Duval, Yvette; *Le patrice Pierre, exarque d'Afrique?*: Antiquités africaines 5 (1971) 209–214.

Eckley, Vasiliki; *Psyche and Body-Person and World*: RelEd 85 (1990) 356–367.

Edwards, M. J.; *On the Platonic Schooling of Justin Martyr*: JThS 42 (1991) 17–34.

Ehrhard, A.; *Zu den „Sacra Parallela" des Johannes Damascenus und dem Florilegium des „Maximos"*: ByZ 10 (1901) 394–415.

Epifanovic, S. L.; *Materialien zum Leben und Werk des heiligen Maximus (auf Russisch)*, Kiew 1917.

Esbroeck, Michel-Jean van; *Introduction*: Maxime le Confesseur. Vie de la vierge, Louvain 1986 (CSCO.I 21) III–XVII.

——; *Introduction*: Maxime le Confesseur. Vie de la vierge, Louvain 1986 (CSCO.I 22) V–XXXVIII.

——; Rezension zu „M. L. Gatti; *Massimo il Confessore. Saggio di bibliografia generale ragionata e contributi per una ricostruzione scientifica del suo pensiero metafisico e religioso*": OrChr 73 (1989) 233f.

——; *Ein unbekannter Traktat Ad Thalassium von Maximos dem Bekenner*: XXV Deutscher Orientalistentag, 8–13 April 1991, hg. v. Cornelia Wunsch, Stuttgart 1994 (Supplementband 10 zu ZDMG) 75–82.

——; *La Question 66 du „Ad Thalassium" géorgien*: Philohistôr, FS Carl Laga, hg. v. Peter van Deun u. Antoon Schoors, Leuven 1994 (OLA 60) 329–337.

Esper, Martin Nikolaus; *Allegorie und Analogie bei Gregor von Nyssa*, Bonn 1979 (Habelts Dissertationsdrucke. Reihe Klassische Philologie 30).

Farrell, Joseph P.; *Free Choice in St. Maximus the Confessor*, Pennsylvania 1989.

Florovsky, Georges; *St. Maximus the Confessor*: The Byzantine Fathers of the Sixth to Eighth Century, Vaduz 1987 (The Collected Works of Georges Florovsky 9) 208–253.

Flusin, B.; *Saint Anastase le Perse et l'histoire de la Palestine au début du VIIe siècle 2. Commentaire*, Paris 1992 (Le monde byzantin).

Franceschini, Ezio; *Grosseteste's Translation of the* ΠΡΟΛΟΓΟΣ *and* ΣΧΟΛΙΑ *of Maximus to the Writings of the Pseudo-Dionysius Areopagita*: JThS 34 (1933) 355–363.

Früchtel, Edgar; *Weltentwurf und Logos. Zur Metaphysik Plotins*, Frankfurt am Main 1970 (PhA 33).

Fuhrer, Therese; *Kommentar*: Lexikon der antiken christlichen Literatur, hg. v. Siegmar Döpp u. Wilhelm Geerlings, Freiburg im Breisgau 1998, 381–383.

Garbas, Maximilian; *Einleitung*: Des Heiligen Maximus Confessor Buch vom geistlichen Leben, Breslau 1925, 5–11.

Garrigues, Juan Miguel; *Le Christ dans la théologie byzantine. Réflexions sur un ouvrage du P. Meyendorff*: Ist. 15 (1970) 357–361.

——; *Théologie et Monarchie. L'entrée dans le mystère du „sein du Père" (Jn 1, 18) comme ligne directrice de la théologie apophatique dans la tradition orientale*: Ist. 15 (1970) 457–465.

——; *Procession et ekporèse du Saint-Esprit. Discernement de la tradition et réception œucuménique*: Ist. 17 (1972) 345–366.

——; *La personne composée du Christ d'après saint Maxime le Confesseur*: Rthom 82 (1974) 181–204.

——; *L'énergie divine et la grâce chez Maxime le Confesseur*: Ist. 19 (1974) 272–296.

——; *Le martyre de saint Maxime le Confesseur*: RThom 76 (1976) 410–452.

——; *Le sens de la primauté romaine chez saint Maxime le Confesseur*: Ist. 21 (1976) 6–24.

——; *Maxime le Confesseur. La charité avenir divin de l'homme*, Paris 1976 (ThH 38).

——; *Le dessein d'adoption du créateur dans son rapport au fils d'après s. Maxime le Confesseur*: Maximus Confessor. Actes du Symposium sur Maxime le Confesseur, Fribourg, 2–5 septembre 1980, hg. v. Felix Heinzer u. Christoph Schönborn, Fribourg 1982 (Par. 27) 173–192.

——; *Maximus Confessor und das Ende des christlichen Imperium Romanum*: IKaZ 16 (1987) 495–497.

Gasparro, Giulia Sfameni; *Aspetti de „doppia creazione" nell'antropologia di Massimo il Confessore*: StPatr 18.1 (1985) 127–134.

Gatti, Maria Luisa; *Massimo il Confessore. Saggio di bibliografia generale ragionata e contributi per una ricostruzione scientifica del suo pensiero metafisico e religioso*, Milano 1987 (Metafisica del platonismo nel suo sviluppo storico e nella filosofia patristica 2).

——; *Maximus Confessor*: LThK³ 7 (1998) Sp. 9f.

Gauthier, R.-A.; *Saint Maxime le Confesseur et la psychologie de l'acte humain*: RThAM 21 (1954) 51–100.

Geanakoplos, Deno John; *Some Aspects of the Influence of the Byzantine Maximos the Confessor on the Theology of East and West*: ChH 38 (1969) 150–163.

——; *Maximos the Confessor and his Influence on Eastern and Western Theology and Mysticism*: Interaction of the „Sibling" Byzantine and Western Cultures in the Middle Ages and Italian Renaissance (330–1600), London 1976, 133–145.

Gemeinhardt, Peter; Rezension zu „J.-C. Larchet; *Maxime le Confesseur, médiateur entre l'Orient et l'Occident*": ZKG 110 (1999) 407f.

Gersh, Stephen; *Per se ipsum. The Problem of Immediate and Mediate Causation in Eriugena and his Neoplatonic Predecessors*: Jean Scot Érigène et l'histoire de la philosophie. Colloque international du C. N. R. S. 561, Laon, 7–12 juillet 1975, Paris 1977, 367–376.

Geyer, Bernhard; *Die patristische und scholastische Philosophie*, Basle ¹¹1927; Darmstadt 1958 (Friedrich Überwegs Grundriss der Geschichte der Philosophie 2).

Giannelli, Ciro; *Una „editio maior" delle „Quaestiones et dubia" di s. Massimo il Confessore?*: Scripta minora di Ciro Giannelli, hg. v. Giuseppe Mercati, Roma 1963 (SBNE 10) 215–224.

Gigon, Olof; *Untersuchungen zu Heraklit*, Leipzig 1935.

Gilson, Etienne; *Maxime, Érigène, s. Bernard*: Aus der Geisteswelt des Mittelalters, FS A. Grabmann, hg. v. Albert Lang, Münster 1935 (BGPhMA.S 3, 1) 188–195.

Gögler, Rolf; *Zur Theologie des biblischen Wortes bei Origenes*, Düsseldorf 1963.

Gordon, Richard L.; *Logos*: Der neue Pauly. Enzyklopädie der Antike 7 (1999) Sp. 401–408.

Green, William B.; *Maximus Confessor. An Introduction*: Spirit and Light. Essays in Historic Theology, hg. v. Madelaine L'Engle u. William B. Green, New York 1976, 75–96.

Grillet, Birgit; *De heilsweg van de Logos doorhen de Kosmos. Quaestio XLVII ad Thalassium van Maximus Confessor. Vertaling en verklaring*, Leuven 1995.

Grondin, Jean; *L'universalité de l'herméneutique*, Paris 1993 (Épiméthée. Essais philosophiques).

Gross, J.; *La divinisation du chrétien d'après les pères grecs. Contribution historique à la doctrine de la grâce*, Paris 1938.

Grumel, Vénance; *L'union hypostatique et la comparaison de l'âme et du corps chez Léonce de Byzance et saint Maxime le Confesseur*: EOr 25 (1926) 393–406.

——; *Notes d'histoire et de chronologie sur la vie de saint Maxime le Confesseur*: EOr 26 (1927) 24–32.

——; *Maxime de Chrysopolis ou Maxime le Confesseur (saint)*: DThC 10, 1 (1928) Sp. 448–459.

——; *Recherches sur l'histoire du monothélisme*: EOr 27 (1928) 6–16 u. 257–277; EOr 28 (1929) 19–34 u. 272–282; EOr 29 (1930) 16–28.

——; *Un centenaire. Saint Maxime le Confesseur (662–1962)*: Unitas(R) 16 (1963) 8–29.

Guillaumont, Antoine; *Les „Kephalaia gnostica" d'Évagre le Pontique et l'histoire de l'origénisme chez les grecs et les syriens*, Paris 1962 (PatSor 5).

Guthrie, W. K. C.; *A History of Greek Philosophy 1*, Cambridge 1962; 1971.

Gysens, S.; *Les traductions latines du* Liber asceticus *(CPG 7692) de saint Maxime le Confesseur*: Aug(L) 46 (1996) 311–338.

——; *Appendice. Les traductions latines*: Maximi Confessoris Liber asceticus, Turnhout 2000 (CChr.SG 40) 125–142.

Haidacher, Sebastian; *Chrysostomos-Fragmente im Maximos-Florilegium und in den Sacra Parallela*: ByZ 16 (1907) 168–201.

Haldon, John, F.; *Ideology and the Byzantine State in the Seventh Century. The „Trial" of Maximus Confessor*: From Late Antiquity to Early Byzantium. Proceedings of the Byzantinological Symposium in the 16th International Eirene Conference, hg. v. Vladimír Vavrínek, Praha 1985, 87–91.

Halkin, François; *Bibliotheca Hagiographica Graeca 2*, Bruxelles 1895; ³1957 (SHG 8a).

Halleux, André de; Rezension zu „V. Karayiannis; *Maxime le Confesseur. Essence et énergies de Dieu*": RTL 25 (1994) 380–382.

Hanson, R. P. C.; *Interpretations of Hebrew Names in Origen*: VigChr 10 (1956) 103–123.

——; *The Passage Marked Unde? in Robinson Philocalia XV, 19, 84–86*: Origeniana Secunda, hg. v. Henri Crouzel u. Antonio Quacquarelli, Bari 1980 (QVetChr 15) 293–303.

Hardin, Michael; *Mimesis and Dominion. The Dynamics of Violence and the Imitation of Christ in Maximus Confessor*: SVTQ 36/4 (1992) 373–385.

Harl, Marguerite; *Origène et la fonction révélatrice du Verbe incarné*, Paris 1958 (PatSor 2).

Harton, F. P.; *Saint Maximus the Confessor*: CQR 159 (1958) 204–210.

Hathaway, Ronald F.; *Hierarchy and the Definition of Order in the* Letters *of Pseudo-Dionysius*, The Hague 1969.

Hauptmann, Peter; *Maximus Confessor*: Gestalten der Kirchengeschichte. Alte Kirche 2, hg. v. Martin Greschat, Stuttgart 1984, 275–288.

Hausherr, Irénée; *Les grands courants de la spiritualité orientale*: OCP 1 (1935) 114–138.

——; *„Ignorance infinie"*: OCP 2 (1936) 351–362.

——; *Nouveaux fragments grecs d'Évagre le Pontique*: OCP 5 (1939) 229–233.

——; *Philautie. De la tendresse pour soi à la charité selon saint Maxime le Confesseur*, Roma 1952 (OCA 137).

——; *Centuries*: DSp 2 (1953) Sp. 416–418.

——; *Korreferat zu P. Sherwood, Maximus and Origenism*: Berichte zum XI. Byzantinisten-Kongreß, München 1958, 15f.

——; *Ignorance infinie ou science infinie?*: OCP 25 (1959) 44–52.

Hefele; *Sophronius und Maximus über die zwei Willen in Christus*: ThQ 39 (1857) 189–223.

Heidegger, Martin; *Logik. Heraklits Lehre vom Logos*: Heraklit, hg. v. M. S. Frings, Frankfurt am Main 1979 (Martin Heidegger. Gesamtausgabe 55) 183–387.

Heil, Günther; *Pseudo-Dionysius Areopagita. Über die himmlische Hierarchie. Über die kirchliche Hierarchie*, Stuttgart 1986 (BGrL 22).

Heintjes, J.; *Een onbekende leeraar van ascese en mystiek. Sint Maximus Confessor*: StC (1934–1935) 175–200.

——; *Sancti Maximi Confessoris de cognitione humana doctrina*, Roma 1937.

Heinze, Max; *Die Lehre vom Logos in der griechischen Philosophie*, Aalen 1872; 1961.

Heinzer, Felix; *Gottes Sohn als Mensch. Die Struktur des Menschseins Christi bei Maximus Confessor*, Freiburg 1980 (Par. 26).

——; *Anmerkungen zum Willensbegriff Maximus' Confessors*: FZPhTh 28 (1981) 372–392.

——; *Die leidende Menschheit Christi als Quelle des Heiles nach Maximus Confessor*: Christusglaube und Christusverehrung. Neue Zugänge zur Christusfrömmigkeit, hg. v. Leo Scheffczyk, Aschaffenburg 1982, 55–79.

——; *L'explication trinitaire de l'économie chez Maxime le Confesseur*: Maximus Confessor. Actes du Symposium sur Maxime le Confesseur, Fribourg, 2–5 septembre 1980, hg. v. Felix Heinzer u. Christoph Schönborn, Fribourg 1982 (Par. 27) 159–172.

——; *Zu einem unbeachteten Maximuszitat im Periphyseon des Johannes Scottus Eriugena*: Tr. 40 (1984) 300–306.

Hermann, Basilius; *Einleitung*: Weisheit, die betet. Maximus der Bekenner (580–662), Würzburg 1941 (ÖC 12/13) 11–28.

——; *Geschichte des hl. Maximus*: Weisheit, die betet, Würzburg 1941 (ÖC 12/13) 29–46.

Hill, Charles E.; *Justin and the New Testament Writings*: StPatr 30 (1997) 42–48.

Holte, Ragnar; *Logos Spermatikos. Christianity and Ancient Philosophy According to St. Justin's Apologies*: StTh 12 (1958) 109–168.

Hörandner, W.; *Erotapokriseis*: Historisches Wörterbuch der Rhetorik 2, hg. v. Gert Ueding, Tübingen 1994, Sp. 1417–1419.

Huber, Johannes; *Die Philosophie der Kirchenväter*, München 1859.

Ivánka, Endre von; ΚΕΦΑΛΑΙΑ. *Eine byzantinische Literaturform und ihre antiken Wurzeln*: ByZ 47 (1954) 285–291.

——; *Der philosophische Ertrag der Auseinandersetzung Maximos des Bekenners mit dem Origenismus*: JÖBG 7 (1958) 23–49.

——; *Korreferat zu P. Sherwood, Maximus and Origenism*: Berichte zum XI. Byzantinisten-Kongreß, München 1958, 13f.

——; *Einleitung*: Maximos der Bekenner. All-Eins in Christus, Einsiedeln 1961 (Sigillum 19) 5–14.

——; *Plato christianus. Übernahme und Umgestaltung des Platonismus durch die Väter*, Einsiedeln 1964; ²1990.

Jäger, Gerhard; *„Nus" in Platons Dialogen*, Göttingen 1967 (Hyp. 17).

Janin, R.; *L'église byzantine sur les rives du Bosphore (côte asiatique)*: REByz 12 (1954) 69–99.

Jeauneau, Édouard; *La Bibliothèque de Cluny et les œuvres de l'Érigène*: Pierre Abélard, Pierre le Vénérable. Les courants philosophiques, littéraires et artistiques en occident au milieu du XIIᵉ siècle. Colloque international du C. N. R. S. 546, Abbaye de Cluny 2–9 juillet 1972, Paris 1975, 703–726.

——; *La traduction érigénienne des* Ambigua de Maxime le Confesseur. Thomas Gale (1636–1702) *et le* Codex Remensis: Jean Scot Érigène et l'histoire de la philosophie. Colloque international du C. N. R. S. 561, Laon, 7–12 juillet 1975, Paris 1977, 135–144.

——; *Quisquiliae e Mazarinaeo codice 561 depromptae*: RThAM 45 (1978) 79–129.

——; *Jean Scot Érigène et le grec*: ALMA 41 (1979) 5–50.

——; *Jean l'Érigène et les Ambigua ad Iohannem de Maxime le Confesseur*: Maximus Confessor. Actes du Symposium sur Maxime le Confesseur, Fribourg, 2–5 septembre 1980, hg. v. Felix Heinzer u. Christoph Schönborn, Fribourg 1982 (Par. 27) 343–364.

——; *Pseudo-Dionysius, Gregory of Nyssa, and Maximus the Confessor in the Works of John Scottus Eriugena*: Carolingian Essays. Andrew W. Mellon Lectures in Early Christian Studies, hg. v. Uta-Renate Blumenthal, Washington, D. C. 1983, 137–149.

——; *Introduction*: Maximi Confessoris Ambigua ad Iohannem iuxta Iohannis Scotti Eriugenae latinam interpretationem, Turnhout 1988 (CChr.SG 18) IX–LXXV.

——; Θεοτοκία *grecs conservés en version latine*: Philohistôr, FS Carl Laga, hg. v. Peter van Deun u. Antoon Schoors, Leuven 1994 (OLA 60) 399–421.

Kahn, Charles H.; *The Art and Thought of Heraclitus. An Edition of the Fragments with Translation and Commentary*, Cambridge 1979.

Karayiannis, Vasilios; *Maxime le Confesseur. Essence et énergies de Dieu*, Paris 1993 (ThH 93).

Karazafiris, Nicholas; *Maximos the Confessor*: EncRel 9 (1987) 294–296.

Kelber, Wilhelm; *Die Logoslehre von Heraklit bis Origenes*, Stuttgart 1958.

Kelly, Joseph F.; Rezension zu „P. M. Blowers; *Exegesis and Spiritual Pedagogy in Maximus the Confessor. An Investigation of the Quaestiones ad Thalassium*": ChH 63 (1994) 263f.

Kerferd, G. B.; *Logos*: EncPh 5 (1967) 83f.

Kern, Cyprian; *La structure du Monde d'après le pseudo-Denys*: Irén. 29 (1956) 205–209.

Khalifé, Ign.-A.; *L'inauthenticité du* De temperentia (ΚΕΦΑΛΑΙΑ ΝΗΠΤΙΚΑ) *de Marc l'Ermite (PG, 65, 1053–1069)*: MUSJ 28 (1949–1950) 61–66.

Kirchmeyer, J.; *Pseudo-Athanasiana*: OCP 24 (1958) 383f.

——; *Un commentaire de Maxime le Confesseur sur le Cantique?*: StPatr 8 (1966) 406–413.

Kirk, G. S.; *Heraclitus. The Cosmic Fragments*, Cambridge 1954.

Kittel, Gerhard; *Art.* λέγω, λόγος. „*Wort*" *und* „*Reden*" *im NT*: ThWNT 4 (1942) 100–140.

Kleinknecht, Hermann; *Art.* λέγω, λόγος. *Der Logos in Griechentum und Hellenismus*: ThWNT 4 (1942) 76–89.

Knöpfler, A.; *Maximus*: WWKL 8 (1893) Sp. 1096–1103.

Koch, H.; *Proklus als Quelle des Pseudo-Dionysius Areopagita in der Lehre vom Bösen*: Ph. 54 (1895) 438–454.

Κουρούνης, Παναγιώτης Σ.; *Κτιστὸ καὶ ἄκτιστο κατὰ τὸν ἅγιο Μάξιμο τὸν Ὁμολογητή*, Θεσσαλονίκη 1994.

Kurtz, Ewald; *Interpretationen zu den Logos-Fragmenten Heraklits*, Hildesheim 1971 (Spudasmata 17).

Lackner, Wolfgang; *Studien zur philosophischen Tradition und zu den Nemesioszitaten bei Maximos dem Bekenner*, Graz 1962.

——; *Zu Quellen und Datierung der Maximosvita (BHG³ 1234)*: AnBoll 85 (1967) 285–316.

——; *Der Amtstitel Maximos (sic) des Bekenners*: JÖB 20 (1971) 63–65.

——; *Ein angebliches Gedicht Maximos' des Bekenners*: Byz. 44 (1974) 195–197.

Laga, Carl; *Maximus as a Stylist in Quaestiones ad Thalassium*: Maximus Confessor. Actes du Symposium sur Maxime le Confesseur, Fribourg, 2–5 septembre 1980, hg. v. Felix Heinzer u. Christoph Schönborn, Fribourg 1982 (Par. 27) 139–146.

——; *Maximi Confessoris Ad Thalassium Quaestio 64. Essai de lecture*: After Chalcedon. Studies in Theology and Church History, FS Albert van Roey, hg. v. Carl Laga u. J. A. Munitiz, Leuven 1985 (OLA 18) 203–215.

——; *Judaism and Jews in Maximus Confessor's Works. Theoretical Controversy and Practical Attitude*: BySl 51 (1990) 177–188.

—— u. Steel, Carlos; *Introduction*: Maximi Confessoris Quaestiones ad Thalassium 1 (1–55), Turnhout 1980 (CChr.SG 7) IX–CXI.

—— u. Steel, Carlos; *Introduction*: Maximi Confessoris Quaestiones ad Thalassium 2 (56–65), Turnhout 1990 (CChr.SG 22) VII.

Lampen, Willibrord; *De Eucharistie-Leer van s. Maximus Confessor*: StC 2 (1925–1926) 373–382.

Larchet, Jean-Claude; Rezension zu „M. L. Gatti; *Massimo il Confessore. Saggio di bibliografia generale ragionata e contributi per una ricostruzione scientifica del suo pensiero metafisico e religioso*": RHPhR 69 (1989) 352f.

———; *La pensée de saint Maxime le Confesseur dans les „Questions à Thalassios"*: MesOrth 113 (1990) 3–41.

———; *Le baptême selon saint Maxime le Confesseur*: RevSR 65 (1991) 51–70.

———; *Nature et fonction de la théologie négative selon Denys l'Aréopagite*: MesOrth 116 (1991) 3–34.

———; *Introduction*: Saint Maxime le Confesseur. Questions à Thalassios, Paris 1992 (L'arbre de Jessé) 7–44.

———; *Introduction*: Saint Maxime le Confesseur. Ambigua, Paris 1994 (L'arbre de Jessé) 7–84.

———; Rezension zu „V. Karayiannis; *Maxime le Confesseur. Essence et énergies de Dieu*": RHPhR 74 (1994) 446–449.

———; *La divinisation de l'homme selon saint Maxime le Confesseur*, Paris 1996 (CFi 194).

———; Rezension zu „M.-H. Congourdeau; *L'agonie du Christ*": RHPhR 77 (1997) 350–352.

———; *Ancestral Guilt According to St Maximus the Confessor. A Bridge Between Eastern and Western Conceptions*: Sob. 20 (1998) 26–48.

———; *Introduction*: Maxime le Confesseur. Lettres, Paris 1998 (Sagesses chrétiennes) 7–62.

———; *Introduction*: Maxime le Confesseur. Opuscules théologiques et polémiques, Paris 1998 (Sagesses chrétiennes) 7–108.

———; *Maxime le Confesseur, médiateur entre l'Orient et l'Occident*, Paris 1998 (CFi 208).

———; *Introduction*: Maxime le Confesseur. Questions et difficultés, Paris 1999 (Sagesses chrétiennes) 7–26.

Larsen, Bent Dalsgaard; *Les traités de l'âme de saint Maxime et de Michel Psellos dans le Parisianus Graecus 1868*: Cahiers de l'institut du moyen âge grec et latin 30 (1979) 1–32.

Lebreton, J.; *Le Traité de l'âme de saint Grégoire le Thaumaturge*: BLE 8 (1906) 73–83.

Leopold, J.; *Rhetoric and Allegory*: Two Treatises of Philo of Alexandria. A Commentary on De gigantibus and Quod Deus sit immutabilis, hg. v. David Winston u. John Dillon, Missoula 1983 (BJSt 25) 155–170.

Le Guillou, Marie-Joseph; *Quelques réflexions sur Constantinople III et la sotériologie de Maxime*: Maximus Confessor. Actes du Symposium sur Maxime le Confesseur, Fribourg, 2–5 septembre 1980, hg. v. Felix Heinzer u. Christoph Schönborn, Fribourg 1982 (Par. 27) 235–237.

Letellier, Dom Joël; *Le Logos chez Origène*: RSPhTh 75 (1991) 587–612.

Léthel, François-Marie; *Théologie de l'agonie du Christ. La liberté humaine du fils de Dieu et son importance sotériologique mises en lumière par saint Maxime le Confesseur*, Paris 1979 (ThH 52).

———; *La prière de Jésus à Gethsémani dans la controverse monothélite*: Maximus Confessor. Actes du Symposium sur Maxime le Confesseur, Fribourg, 2–5 septembre 1980, hg. v. Felix Heinzer u. Christoph Schönborn, Fribourg 1982 (Par. 27) 207–214.

Lies, Lothar; *Die „Gottes würdige" Schriftauslegung nach Origenes:* Origeniana Sexta, hg. v. Gilles Dorival u. Alain le Boulluec, Louvain 1995 (BEThL 118) 365–372.

Lieske, Aloisius P.; *Die Theologie der Logosmystik bei Origenes*, Münster 1938 (MBTh 22).

Lialine, Clément; *Monachisme oriental et monachisme occidental*: Irén. 33 (1960) 435–459.

Lilla, S.; *Terminologia trinitaria nello Pseudo-Dionigi l'Areopagita. Suoi antecedenti e sua influenza sugli autori successivi*: Aug. 13 (1973) 609–623.

Loosen, Josef; *Logos und Pneuma im begnadeten Menschen bei Maximus Confessor*, Münster 1941 (MBTh 24).

Lossky, Vladimir; *La notion des „analogies" chez Denys le Pseudo-Aréopagite*: AHDL 5 (1930) 279–309.

——; *Essai sur la théologie mystique de l'église d'orient*, Paris 1944.

——; *La vision de Dieu*, Neuchâtel 1962.

Lot-Borodine, M.; *La déification de l'homme selon la doctrine des pères grecs*, Paris 1970.

Λουδοβίκος, Νικόλαος; *Ἡ εὐχαριστιακὴ ὀντολογία στὴν θεολογικὴ σκέψν τοῦ ἀγ. Μαξίμου τοῦ Ὁμολογητή*, Θεσσαλονίκη 1989.[5]

Louth, Andrew; *Maximus the Confessor*: The Study of Spirituality, hg. v. Cheslyn Jones u. Geoffrey Wainwright, Cambridge 1986, 190–195.

——; *St. Denys the Areopagite and St. Maximus the Confessor. A Question of Influence*: StPatr 27 (1993) 166–174.

——; *St Gregory the Theologian and St Maximus the Confessor. The Shaping of Tradition*: The Making and Remaking of Christian Doctrine, FS Maurice Wiles, hg. v. Sarah Coakley und David A. Pailin, Oxford 1993, 117–130.

——; Rezension zu „P. M. Blowers; *Exegesis and Spiritual Pedagogy in Maximus the Confessor. An Investigation of the Quaestiones ad Thalassium*": SJTh 49 (1996) 378f.

——; *Maximus the Confessor*, London 1996 (The Early Church Fathers).

——; *Apophatic Theology and the Liturgy in St. Maximos the Confessor*: Crit. 36 (1997) 2–9.

——; Rezension zu „J.-C. Larchet; *La divinisation de l'homme selon saint Maxime le Confesseur*": JThS 48 (1997) 715–717.

——; *St. Maximus the Confessor Between East and West*: StPatr 32 (1997) 332–345.

——; *Did John Moschos Really Die in Constantinople?*: JThS 49 (1998) 149–154.

——; *Recent Research on St Maximus the Confessor. A Survey*: SVTQ 42 (1998) 67–84.

——; *They Speak to Us Across the Centuries. 4. St Maximus the Confessor*: ET 109 (1998) 100–103.

Lubac, Henri de; *Histoire et Esprit. L'intelligence de l'Écriture d'après Origène*, Paris 1950 [Theol(P) 16].

——; *Exégèse médiévale. Les quatre sens de l'Écriture I, 1–2*, Paris 1959 [Theol(P) 41].

——; *Exégèse médiévale. Les quatre sens de l'Écriture II, 1*, Paris 1964 [Theol(P) 59].

Lucà, Santo; *La catena dei 3 padri sull' Ecclesiaste*: FS Anthos Ardizzoni, hg. v. Enrico Livrea u. G. Aurelio Privitera, Roma 1978 (Filologia e critica 25) 557–577.

——; *Gli scolii sull' Ecclesiaste del Vallicelliano greco E 21*: Aug. 19 (1979) 287–296.

——; *Introduzione*: Anonymus in Ecclesiasten commentarius qui dicitur Catena trium patrum, Turnhout 1983 (CChr.SG 11) IX–LV.

Madden, John D.; *The Authenticity of Early Definitions of Will (Thelêsis)*: Maximus Confessor. Actes du Symposium sur Maxime le Confesseur, Fribourg, 2–5 septembre 1980, hg. v. Felix Heinzer u. Christoph Schönborn, Fribourg 1982 (Par. 27) 61–79.

Madden, Nicholas; *Christology and Anthropology in the Spirituality of Maximus the Confessor. With Special Reference to the Expositio orationis dominicae*, Durham 1982.

——; *The Commentary on the Pater Noster. An Example of the Structural Methodology of Maximus the Confessor*: Maximus Confessor. Actes du Symposium sur Maxime le Confesseur, Fribourg, 2–5 septembre 1980, hg. v. Felix Heinzer u. Christoph Schönborn, Fribourg 1982 (Par. 27) 147–155.

——; *Αἴσθησις νοερά (Diadochus-Maximus)*: StPatr 23 (1989) 53–60.

——; *Composite Hypostasis in Maximus Confessor*: StPatr 27 (1993) 175–197.

[5] Nach der Bibliographie von P. van Deun (1998–1999) 553 wurde diese Doktorarbeit 1992 in Athen unter dem Titel „Ἡ εὐχαριστιακὴ ὀντολογία. Τὰ εὐχαριστιακὰ θεμέλια τοῦ εἶναι, ὡς ἐν κοινωνίᾳ γίγνεσθαι, στὴν ἐσχατολογικὴ ὀντολογία τοῦ ἁγίου Μαξίμου τοῦ Ὁμολογητή" veröffentlicht. Mir ist aber dieses Buch unzugänglich geblieben.

——; *Maximus Confessor. On the Lord's Prayer*: Scriptural Interpretation in the Fathers: Letter and Spirit, hg. v. Thomas Finan u. Vincent Twomey, Cambridge 1995, 119–141.

Mahieu, G.; *Travaux préparatoires à une édition critique des œuvres de s. Maxime le Confesseur*, Leuven 1957.

Manca, Luigi; *Gli studi sul pensiero di Massimo il Confessore*: Bolletino di storia della filosofia. Universita degli studi di Lecce 7 (1979) 315–323.

Marcovich, M.; *Heraclitus. Greek Text with a Short Commentary*, Merida 1967.

Markesinis, Basile; *Le Taurinensis C.III.14 (olim XXXV.b.V.16). Remise en ordre des folios, contenu conservé, datation et provenance*: Codices manuscripti 10 (1984) 73–83.

Martin, Ch.; *Saint Irénée et son correspondant, le diacre Démètre de Vienne*: RHE 38 (1942) 143–152.

Ματσούκας, Νίκος; *Κόσμος, ἄνθρωπος, κοινωνία κατὰ τὸν Μάξιμο Ὁμολογητή*, Ἀθήνα 1980.

May, Gerhard; *Schöpfung aus dem Nichts. Die Entstehung der Lehre von der creatio ex nihilo*, Berlin 1978 (AKG 48).

McCarthy, Charles C.; *Maximus the Confessor (580–662)*: Non-Violence Central to Christian Spirituality. Perspectives from Scripture to the Present, hg. v. Joseph T. Culliton, Toronto 1982 (TST 8) 63–85.

Mercati, S. G.; *Massimo Margunio è l'autore degli inni anacreontici attribuiti a San Massimo Confessore*: AIPh 2 (1934) 619–625.

——; Ἀχριδηνός *e non* Βασιλεὺς Ἀχριδηνῶν, Βασίλειος e non Καλός: ByZ 34 (1934) 348–351.

Meyendorff, John; *Free Will (γνώμη) in Saint Maximus the Confessor*: The Ecumenical World of Orthodox Civilization. Russia and Orthodoxy 3, FS Georges Florovsky, hg. v. Andrew Blanc u. Thomas E. Bird, Gravenhage 1974 (SPP 260/3) 71–75.

——; *Christ in Eastern Christian Thought*, New York 1975.

Meyer, Heinz u. Suntrup, Rudolf; *Lexikon der mittelalterlichen Zahlenbedeutungen*, München 1987 (MMAS 56).

Meyvaert, P.; *The Exegetical Treatises of Peter the Deacon and Eriugena's Latin Rendering of the* Ad Thalassium *of Maximus the Confessor*: SE 14 (1963) 130–148.

——; *Eriugena's Translation of the* Ad Thalassium *of Maximus. Preliminaries to an Edition of this Work*: The Mind of Eriugena. Papers of a Colloquium, Dublin, 14–18 July 1970, hg. v. John J. O'Meara u. Ludwig Bieler, Dublin 1973, 78–88.

Michaud, E.; *St. Maxime le Confesseur et l'apocatastase*: RITh 10 (1902) 257–272.

Michael, E.; *Wann ist Papst Martin I bei seiner Exilierung nach Constantinopel gekommen?*: ZKTh 16 (1892) 375–380.

Miquel, P.; Πεῖρα. *Contribution à l'étude du vocabulaire de l'expérience religieuse dans l'œuvre de Maxime le Confesseur*: StPatr 7 (1966) 355–361.

Montmasson, E.; *Chronologie de la vie de saint Maxime le Confesseur (580–662)*: EOr 13 (1910) 149–154

——; *La doctrine de l'*ἀπάθεια *d'après saint Maxime*: EOr 14 (1911) 36–41.

Mortley, Raoul; *From Word to Silence 1. The Rise and Fall of Logos*, Bonn 1986 (Theoph 30).

Negri, Luigi; *Elementi cristologici ed antropologici nel pensiero di s. Massimo il Confessore. Nota critica sulla bibliografia sull'argomento*: ScC 101 (1973) 331–361.

Neil, Bronwen; *The Lives of Pope Martin I and Maximus the Confessor. Some Reconsiderations of Dating and Provenance*: Byz. 68 (1998) 91–109.

Nichols, Aidan; *Byzantine Gospel. Maximus the Confessor in Modern Scholarship*, Edinburgh 1993.

——; *Rezension zu „V. Karayiannis; Maxime le Confesseur. Essence et énergies de Dieu"*: JEH 46 (1995) 494.

Nikolaou, Theodor; *Zur Identität des* ΜΑΚΑΡΙΟΣ ΓΕΡΩΝ *in der Mystagogia von Maximos dem Bekenner*: OCP 49 (1983) 407–418.

Noret, Jacques; *Le dernier binion du manuscrit* Pantéléimon 548. *Du Jean Climaque avec des scholies, partiellement inédites*: Philohistôr, FS Carl Laga, hg. v. Peter van Deun u. Antoon Schoors, Leuven 1994 (OLA 60) 251–256.

——; *La rédaction de la* Disputatio cum Pyrrho (CPG *7698*) *de saint Maxime le Confesseur serait-elle postérieure à 655*: AnBoll 117 (1999) 291–296.

Norris, Frederick W.; *Universal Salvation in Origen and Maximus*: Universalism and the Doctrine of Hell. Papers Presented at the Fourth Edinburgh Conference on Christian Dogmatics 1991, hg. v. M. Nigel u. S. Cameron, Carlisle 1992, 35–72.

Norris, Russell Bradner; *Logos Christology as Cosmological Paradigm*: Pro Ecclesia 5 (1996) 183–201.

O. A.; Rezension zu „J.-C. Larchet; *La divinisation de l'homme selon saint Maxime le Confesseur*": Irén. 69 (1996) 290f.

Opelt, Ilona; *Etymologie*: RAC 6 (1966) Sp. 797–844.

O'Rourke, Fran; *Pseudo-Dionysius and the Metaphysics of Aquinas*, Leiden 1992 (STGMA 32).

Osborn, Eric; *Justin Martyr and the Logos Spermatikos*: StMiss 42 (1993) 143–159.

Owsepian, Garegin; *Die Entstehungsgeschichte des Monotheletismus nach ihren Quellen geprüft und dargestellt*, Leipzig 1897.

Ozoline, Nicolas; *La symbolique du temple chrétien selon la Mystagogie de saint Maxime le Confesseur*: Mystagogie. Pensée liturgique d'aujourd'hui et liturgie ancienne, Conférences Saint-Serge. XXXIXᵉ semaine d'études liturgiques, Paris 30 Juin–3 Juillet 1992, hg. v. A. M. Triacca u. A. Pistoia, Roma 1993 (BEL.S 70) 253–261.

Parente, Pietro; *Uso e significato del termine* Θεοκίνητος *nella controversia monotelitica*: REByz 11 (1953) 241–251.

Parys, Michel van; *Un maître spirituel oublié. Thalassios de Lybie*: Irén. 52 (1979) 214–240.

Pauli, Judith; *Apophthegmata*: Lexikon der antiken christlichen Literatur, hg. v. Siegmar Döpp u. Wilhelm Geerlings, Freiburg im Breisgau 1998, 45.

——; *Apophthegmata Patrum*: Lexikon der antiken christlichen Literatur, hg. v. Siegmar Döpp u. Wilhelm Geerlings, Freiburg im Breisgau 1998, 45f.

Peeters, P.; Rezension zu „C. Kekelidze; *Einführung in die georgischen Quellen über den seligen Maximus den Bekenner* (auf Russisch)": AnBoll 32 (1913) 456–459.

——; *Une vie grecque du pape s. Martin I*: AnBoll 51 (1933) 225–262.

Pégon, Joseph; *Introduction*: Maxime le Confesseur. Centuries sur la charité, Paris 1945 (SC 9) 5–65.

Peitz, W. M.; *Martin I. und Maximus Confessor. Beiträge zur Geschichte des Monotheleten-streites in den Jahren 645–668*: HJ 38 (1917) 213–236 u. 429–458.

Pelican, Jaroslav; „*Council or Father or Scripture*". *The Concept of Authority in the Theology of Maximus Confessor*: The Heritage of the Early Church, FS Georges Vasilievich Florovsky, hg. v. David Neiman u. Margaret Schatkin, Roma 1973 (OCA 195) 277–288.

——; *The Place of Maximus Confessor in the History of Christian Thought*: Maximus Confessor. Actes du Symposium sur Maxime le Confesseur, Fribourg, 2–5 septembre 1980, hg. v. Felix Heinzer u. Christoph Schönborn, Fribourg 1982 (Par. 27) 387–402.

——; *Introduction*: Maximus Confessor. Selected Writings, New York 1985 (ClWS) 1–13.

Pépin, Jean; *À propos de l'histoire de l'exégèse. L'absurdité, signe de l'allégorie*: StPatr 1 (1957) 395–413.

——; *Mythe et allégorie*, Paris 1958 (PhEsp).

——; *Remarques sur la théorie de l'exégèse allégorique chez Philon*: Philon d'Alexandrie. Colloque national du C. N. R. S., Lyon 11–15 septembre 1966, Paris 1967, 131–167.

——; *Hermeneutik*: RAC 14 (1988) Sp. 722–771.

Perl, Eric D.; *Methexis. Creation, Incarnation, Deification in Saint Maximus Confessor*, Yale 1991.

——; *Metaphysics and Christology in Maximus Confessor and Eriugena*: Eriugena. East and West. Papers of the Eighth International Colloquium of the Society for the Promotion of Eriugenian Studies, Chicago and Notre Dame, 18–20 October 1991, hg. v. Bernard McGinn u. Willemien Otten, London 1994 (Notre Dame Conferences in Medieval Studies 5) 253–270.

Perrone, Lorenzo; *Perspectives sur Origène et la littérature patristique des „Quaestiones et responsiones"*: Origeniana Sexta, hg. v. Gilles Dorival u. Alain le Boulluec, Louvain 1995 (BEThL 118) 151–164.

Pétridès, S.; *Traités liturgiques de saint Maxime et de saint Germain traduits par Anastase le bibliothécaire*: ROC 10 (1905) 289–313 u. 350–364.

Phillipps, Margaret Bagwell; *Loci Communes of Maximus the Confessor. Vaticanus graecus 739*, St Louis 1977.

——; *Some Remarks on the Manuscript Tradition of the Maximus Florilegium*: Illinois Classical Studies 7. 2 (1982) 261–270.

Pierres, Johannes; *I. Formula sancti Johannis Damasceni* Ἡ (τοῦ Κυρίου) σὰρξ ὄργανον τῆς θεότητος *e sancto Maximo Confessore enucleata et auctoritas Damasceni circa potentiam animae Christi (Pars theologica). II. Sanctus Maximus Confessor princeps apologetarum synodi Lateranensis anni 649 (Pars historica)*, Roma 1940.

Piret, Pierre; *Christologie et théologie trinitaire chez Maxime le Confesseur, d'après sa formule des natures „desquelles, en lesquelles et lesquelles est le Christ"*: Maximus Confessor. Actes du Symposium sur Maxime le Confesseur, Fribourg, 2–5 septembre 1980, hg. v. Felix Heinzer u. Christoph Schönborn, Fribourg 1982 (Par. 27) 215–222.

——; *Le Christ et la Trinité selon Maxime le Confesseur*, Paris 1983 (ThH 69).

Places, Édouard des; *La théologie négative du Pseudo-Denys, ses antécédents platoniciens et son influence au seuil du Moyen Âge*: StPatr 17, 1 (1982) 81–92.

——; *Maxime le Confesseur et Diadoque de Photicée*: Maximus Confessor. Actes du Symposium sur Maxime le Confesseur, Fribourg, 2–5 septembre 1980, hg. v. Felix Heinzer u. Christoph Schönborn, Fribourg 1982 (Par. 27) 29–35.

Plass, Paul C.; *Transcendent Time in Maximus the Confessor*: Thom. 44 (1980) 259–277.

——; *„Moving rest" in Maximus the Confessor*: CM 35 (1984) 177–190.

Podskalsky, Gerhard; Rezension zu „K. Savvidis; *Die Lehre von der Vergöttlichung des Menschen bei Maximos dem Bekenner und ihre Rezeption durch Gregor Palamas"*: ByZ 91 (1998) 580f.

Potworowski, Christophe; *Origen's Hermeneutics in Light of Paul Ricœur*: Origeniana Quinta, hg. v. Robert J. Daley, Louvain 1992 (BEThL 105) 161–166.

Prado, José J.; *Voluntad y naturaleza. La antropologia filosofica de Maximo el Confessor*, Rio Cuarto 1974 (Ciencias humanas y filosofia).

Pratesi, M.; *Filautia, piacere e dolore nella* Questione 58 A Talassio *di s. Maximo il Confessore*: Prometheus 13 (1987) 72–90.

Preuss, K. F. A.; *Ad Maximi Confessoris de Deo doctrinam adnotationes*, Schneeberg 1894.

Price, R. M.; *Are There „Holy Pagans" in Justin Martyr?*: StPatr 31 (1997) 167–171.

Rahner, Hugo; *Die Gottesgeburt. Die Lehre der Kirchenväter von der Geburt Christi im Herzen des Gläubigen*: ZKTh 59 (1935) 333–418.

——; *Kirche und Staat im frühen Christentum*, München 1961.

——; *Symbole der Kirche. Die Ekklesiologie der Väter*, Salzburg 1964.

Rahner, Karl; *Le début d'une doctrine des cinq sens spirituels chez Origène*: RAM 13 (1932) 113–145.

Ῥαντοσαβλιέβιτς, Ἀρτέμιος; *Τὸ μυστήριον τῆς σωτηρίας κατὰ τὸν ἅγιον Μάξιμον τὸν Ὁμολογητήν*, Ἀθῆναι 1975.

——; (Radosavljevic; Artemije); *Le problème du „présupposé" ou du „non-présupposé" de l'incarnation de Dieu le Verbe*: Maximus Confessor. Actes du Symposium sur Maxime le Confesseur, Fribourg, 2–5 septembre 1980, hg. v. Felix Heinzer u. Christoph Schönborn, Fribourg 1982 (Par. 27) 193–206.

Ρεράκης, Ἡρακλῆς; *Ὁ λόγος τοῦ Θεοῦ καὶ ὁ λόγος τοῦ ἀνθρώπου κατὰ τὸ Μάξιμο* τὸ Ὁμολογητή: Ἐπιστημονικὴ ἐπετηρίδα θεολογικῆς σχολῆς πανεπιστημίου Θεσσαλονίκης. Τμῆμα ποιμαντικῆς καὶ κοινωνικῆς θεολογίας 4 (1995) 107–137.

Reventlow, Henning Graf; *Epochen der Bibelauslegung 2. Von der Spätantike bis zum Ausgang des Mittelalters*, München 1994.

Richard, Marcel; *Léonce de Jérusalem et Léonce de Byzance*: MSR 1 (1944) 35–88.

——; *Le Néo-chalcédonisme*: MSR 3 (1946) 156–161.

——; *Florilèges spirituels grecs*: DSp 5 (1964) Sp. 475–512.

——; *Un faux dithélite. Le traité de s. Irénée au diacre Démétrius*: Polychronion, FS Franz Dölger, hg. v. Peter Wirth, Heidelberg 1966 (CGU. Reihe D, Beiheft 1) 431–440.

Riedinger, Rudolf; *Die „Quaestiones et dubia" (Erotapokriseis) des Maximos Homologetes im Codex Vaticanus Graecus 1703*: BNGJ 19 (1966) 260–276.

——; *Aus den Akten der Lateran-Synode von 649*: ByZ 69 (1976) 17–38.

——; *Grammatiker-Gelehrsamkeit in den Akten der Lateran-Synode von 649*: JÖB 25 (1976) 57–61.

——; *Griechische Konzilsakten auf dem Wege ins lateinische Mittelalter*: AHC 9 (1977) 253–301.

——; *Die lateinischen Handschriften der Akten des VI. Konzils (680/681) und die Unzialkorrekturen im Cod. Vat. Regin. Lat. 1040*: RöHM 22 (1980) 37–49.

——; *Sprachschichten in der lateinischen Übersetzung der Lateranakten von 649*: ZKG 92 (1981) 180–203.

——; *Die Lateransynode von 649 und Maximos der Bekenner*: Maximus Confessor. Actes du Symposium sur Maxime le Confesseur, Fribourg, 2–5 septembre 1980, hg. v. Felix Heinzer u. Christoph Schönborn, Fribourg 1982 (Par. 27) 111–121.

——; *Einleitung*: Concilium Lateranense a. 649 celebratum, Berlin 1984 (ACO II, 1) IX–XXVIII.

——; *Die Lateranakten von 649. Ein Werk der Byzantiner um Maximos Homologetes*: Byz(T) 13 (1985) 517–534.

——; *In welcher Richtung wurden die Akten der Lateransynode vonn 649 übersetzt, und in welcher Schrift war der lateinische Text dieser Akten geschrieben*: Martino I papa (649–653) e il suo tempo. Atti del XXVIII convegno storico internazionale, Todi, 13–16 ottobre 1991, Spoleto 1992 (Atti dei convegni dell' academia Tudertina e del centro di studi sulla spiritualità medievale. Nuova Serie 5) 149–164.

Rigolot, Irénée; *Le mysterion de l'unité des deux testaments. Évangile unique et histoire en acte*: Origeniana Sexta, hg. v. Gilles Dorival u. Alain le Boulluec, Louvain 1995 (BEThL 118) 381–390.

Riou, Alain; *Le monde et l'église selon Maxime le Confesseur*, Paris 1973 (ThH 22).

——; *Index scripturaire des œuvres de s. Maxime le Confesseur*: Maximus Confessor. Actes du Symposium sur Maxime le Confesseur, Fribourg, 2–5 septembre 1980, hg. v. Felix Heinzer u. Christoph Schönborn, Fribourg 1982 (Par. 27) 405–421.

Ritter, Adolf Martin; *Die Absicht des Corpus Areopagiticum*: Christian Faith and Greek Philosophy in late Antiquity, FS George Christopher Stead, hg. v. Lionel R. Wickham u. Caroline P. Bammel, Leiden 1993 (SVigChr 19) 171–189.

——; *Pseudo-Dionysius Areopagita. Über die Mystische Theologie und Briefe*, Stuttgart 1994 (BGrL 40).

——; *Proclus christianizans? Zur geistesgeschichtlichen Verortung des Dionysius Ps.-Areopagita (im Gespräch mit neuerer Literatur)*: Panchaia, FS Klaus Thraede, hg. v. Manfred Wacht, Münster 1995 (JAC.E 22) 169–181.

Robinson, T. M.; *Heraclitus. Fragments. A Text and Translation with a Commentary*, Toronto 1987 (Phoenix Supplementary Volumes Series 22).

Röd, Wolfgang; *Geschichte der Philosophie I. Die Philosophie der Antike 1. Von Thales bis Demokrit*, München 1976.

Roques, René; *L'univers dionysien*, Paris 1954 [Theol(P) 29].

——; *Symbolisme et théologie négative chez le Pseudo-Denys*: BAGB 1 (1957) 97–112.

——; *À propos des sources du Pseudo-Denys*: RHE 56 (1961) 449–464.

Rordorf, Willy; *Christus als Logos und Nomos. Das Kerygma Petrou in seinem Verhältnis zu Justin*: Kerygma und Logos. Beiträge zu den geistesgeschichtlichen Beziehungen zwischen Antike und Christentum, FS Carl Andresen, hg. v. Adolf Martin Ritter, Göttingen 1979, 424–434.

Rorem, Paul; *Biblical and Liturgical Symbols Within the Pseudo-dionysian Synthesis*, Toronto 1984 (STPIMS 71).

—— u. Lamoreaux, John C.; *John of Scythopolis and the Dionysian Corpus. Annotating the Areopagite*, Oxford 1998 (The Oxford Early Christian Studies).

Rossum, J. van; *The λόγοι of Creation and the Divine „Energies" in Maximus the Confessor and Gregory Palamas*: StPatr (1993) 213–217.

Rouché, Mossman; *Byzantine Philosophical Texts of the Seventh Century*: JÖB 23 (1974) 61–76.

Rozemond, Keetje; *Jean Mosch, Patriarche de Jérusalem en exil (614–634)*: VigChr 31 (1977) 60–67.

Ruh, Kurt; *Die mystische Gotteslehre des Dionysius Areopagita*, München 1987 (SBAW. PPH 1987, Heft 2).

Runia, David T.; *Philo of Alexandria and the Timaeus of Plato*, Leiden 1986 (PhAnt 44).

——; *Philo, Alexandrian and Jew*: Exegesis and Philosophy. Studies on Philo of Alexandria, London 1990 (CStS 332) 1–18.

——; *Philo and Origen. A Preliminary Survey*: Origeniana Quinta, hg. v. Robert J. Daley, Louvain 1992 (BEThL 105) 333–339.

——; *Philo in Early Christian Literature. A Survey*, Assen 1993 (CRI, Sect. 3, 3).

——; *Witness or Participant? Philo and the Neoplatonist Tradition*: Philo and the Church Fathers, Leiden 1995 (SVigChr 32) 182–205.

Sansterre, Jean-Marie; *Les moines grecs et orientaux à Rome aux époques byzantine et carolingienne (milieu du VIᵉ s.–fin du IXᵉ s.)*, Bruxelles 1983 (Académie royale de Belgique. Mémoires de la classe des lettres, Collection in-8° – 2ᵉ série, T. LXVI – Fascicule 1).

Saudreau, A.; *Saint Maxime*: VS 1 (1919–1920) 255–264.

Savvidis, Kyriakos; *Die Lehre von der Vergöttlichung des Menschen bei Maximos dem Bekenner und ihre Rezeption durch Gregor Palamas*, St Ottilien 1997 (Veröffentlichungen des Instituts für Orthodoxe Theologie 5).

Schamp, Jacques; *Maxime le Confesseur et Photios. À propos d'une édition récente des Questions à Thalassius*: RBPH 60 (1982) 163–176.

Scheffczyk, Leo; *Der Sinn der Filioque*: IKaZ 15 (1986) 23–34.

Schmidt, Volkmar; *Eine Demokrit-Sentenz aus dem armenischen Florilegium „Bank" imastasirac"*: ZVSP 89 (1975) 174–181.

Schneider, Horst; *Gregor der Wundertäter*: Lexikon der antiken christlichen Literatur, hg. v. Siegmar Döpp u. Wilhelm Geerlings, Freiburg im Breisgau 1998, 273f.

Schockenhoff, Eberhard; *Origenes und Plotin. Zwei unterschiedliche Denkwege am Ausgang der Antike*: Origeniana Quinta, hg. v. Robert J. Daley, Louvain 1992 (BEThL 105) 284–295.

Schönborn, Christoph von; *Sophrone de Jérusalem. Vie monastique et confession dogmatique*, Paris 1972 (ThH 20).

——; *La primauté romaine vue d'Orient pendant la querelle du monoénergisme et du monothélisme (VIIᵉ siècle)*: Ist. 20 (1975) 476–490.

——; *La „lettre 38 de saint Basile" et le problème christologique de l'iconoclasme*: RSPhTh 60 (1976) 446–450.

——; *L'icône du Christ. Fondements théologiques élaborés entre le Iᵉʳ et le IIᵉ concile de Nicée (325–787)*, Fribourg 1976 (Par. 24).

——; *Plaisir et douleur dans l'analyse de s. Maxime, d'après les Quaestiones ad Thalassium*: Maximus Confessor. Actes du Symposium sur Maxime le Confesseur, Fribourg, 2–5 septembre 1980, hg. v. Felix Heinzer u. Christoph Schönborn, Fribourg 1982 (Par. 27) 273–284.

——; *Vorwort*: Maximus der Bekenner. Drei geistliche Schriften, Einsiedeln 1996 (CMe 49) 7–16.

Schönfeld, Georg; *Die Psychologie des Maximus Confessor*, Breslau 1918 (handschriftliche Doktorarbeit, mir unzugänglich).

Schoors, Antoon; *Biblical Onomastics in Maximus Confessor's* Quaestiones ad Thalassium: Philohistôr, FS Carl Laga, hg. v. Peter van Deun u. Antoon Schoors, Leuven 1994 (OLA 60) 257–272.

Schulthess, Peter; *Am Ende Vernunft – Vernunft am Ende? Die Frage nach dem Logos bei Platon und Wittgenstein*, Sankt Augustin 1993.

Schultze, Bernhard; *Zur Gotteserkenntnis in der griechischen Patristik*: Gr. 63 (1982) 525–558.

Schwager, Raymund; *Das Mysterium der übernatürlichen Natur-Lehre. Zur Erlösungslehre des Maximus Confessor*: ZKTh 105 (1983) 32–57.

Semmelroth, Otto; *Gottes geeinte Vielheit. Zur Gotteslehre des Ps.-Dionysius Areopagita*: Schol. 25 (1950) 389–403.

Sheldon-Williams, Inglis-Patrick; *St Maximus the Confessor*: The Cambridge History of Later Greek and Early Medieval Philosophy, hg. v. A. H. Armstrong, Cambridge 1967, 492–505.

Sherwood, Polycarpe; *Notes on Maximus the Confessor*: ABenR 1 (1950) 347–356.

———; *An Annotated Date-List of the Works of Maximus the Confessor*, Roma 1952 (StAns 30).

———; *Introduction*: St. Maximus the Confessor. The Ascetic Life. The Four Centuries on Charity, Westminster 1955 (ACW 21) 3–102.

———; *The Earlier Ambigua of Saint Maximus the Confessor and his Refutation of Origenism*, Roma 1955 (StAns 36).

———; *Denys l'Aréopagite. IV. Influence du Pseudo-Denys en Orient. 4. Saint Maxime le Confesseur*: DSp 3 (1957) Sp. 295–300.

———; *Exposition and Use of Scripture in St Maximus as Manifest in the* Quaestiones ad Thalassium: OCP 24 (1958) 202–207.

———; *Maximus and Origenism*. ΑΡΧΗ ΚΑΙ ΤΕΛΟΣ: Berichte zum XI. internationalen Byzantinisten-Kongreß III. 1, München 1958, 1–27.

———; *Survey of Recent Work on St. Maximus the Confessor*: Tr. 20 (1964) 428–437.

——— u. Murphy, Francis Xavier; *Konstantinopel II und III*, Mainz 1990 (GÖK 3).

Siclari, Alberto; *Fonti patristiche greche di Bonaventura da Bagnoregio. Giovanni di Damasco, Massimo il Confessore, Nemesio di Emesa e la dottrina bonaventuriana della libertà*: San Bonaventura maestro di vita francescana e di sapienza cristiana 1. Atti del congresso internazionale per il VII centenario di san Bonaventura da Bagnoregio, hg. v. A. Pompei, Roma 1976, 893–905.

———; *Volontà e scelta in Massimo il Confessore e in Gregorio di Nissa*, Parma 1984.

Skarsaune, Oskar; *The Proof from Prophecy. A Study in Justin Martyr's Proof-Text Tradition. Text-Type, Provenance, Theological Profile*, Leiden 1987 (NT.S 56).

———; *Justin der Märtyrer*: TRE 17 (1988) 471–478.

Skutella, Fridolin; *Ein Handschriftenfragment zu Maximus Confessor*: ByZ 28 (1928) 67.

Sonderkamp, Joseph A. M.; *Zur Textgeschichte des „Maximos"-Florilegs. Eine bisher unbeachtete Handschrift in Hannover*: JÖB 26 (1977) 231–245.

Soppa, Wilhelm; *Die Diversa Capita unter den Schriften des heiligen Maximus Confessor in deutscher Bearbeitung und quellenkritischer Beleuchtung*, Dresden 1922.

Speck, P.; *Maximos der Bekenner und die Zwangstaufe durch Kaiser Herakleios*: Varia VI. Beiträge zum Thema byzantinische Feindseligkeit gegen die Juden im frühen siebten Jahrhundert nebst einer Untersuchung zu Anastasios dem Perser, hg. v. P. Speck, Bonn 1997 (Poikilia Byzantina 15) 441–467.

Squire, A. K.; *The Idea of the Soul as Virgin and Mother in Maximus the Confessor*: StPatr 8 (1966) 456–461.

Staab, Karl; *Die griechischen Katenenkommentare zu den katholischen Briefen*: Bib. 5 (1924) 296–353.

Stählin, Otto; *Einleitung*: Clemens Alexandrinus 3, Berlin 1909 (GCS 17) IX–XC.

Staniloae; Dumitru; *La christologie de saint Maxime le Confesseur*: Contacts 142 (1988) 112–120.

——; *Commentaires*: Saint Maxime le Confesseur. Ambigua, Paris 1994, 373–540.

Starr, Joshua; *St. Maximos and the Forced Baptism at Carthage in 632*: BNGJ 16 (1940) 192–196.

Σταυρίδης, Σωκράτης; Ἡ ὁδὸς πρὸς τὸν Θεὸν ἢ περὶ τοῦ τέλους τοῦ ἀνθρώπου κατὰ Μάξιμον τὸν Ὁμολογητήν, Κωνσταντινούπολις 1894.

Stead, Christopher; *The Word „From Nothing"*: JThS 49 (1988) 671–684.

Stead, Julian; *The Image of Man*: DR 92 (1974) 233–238.

——; *Introduction (Historical Note et alia)*: The Church, the Liturgy and the Soul of Man. The Mystagogia of St. Maximus the Confessor, Massachusetts 1982, 5–56.

——; *The Meaning of Hypostasis in Some Texts of the „Ambigua" of Saint Maximos the Confessor*: PBR 8 (1989) 25–33.

——; *St. Maximos the Confessor and Unity Between the Christian Churches Today*: PBR 13 (1994) 77–86.

——; *The Patriarchs as Models of the Christian Life According to St Maximos the Confessor in the Ambigua (1137C–1149C)*: PBR 15 (1996–1997) 141–149.

Steel, Carlos; *Un admirateur de s. Maxime à la cour des Comnènes. Isaac le Sébastocrator*: Maximus Confessor. Actes du Symposium sur Maxime le Confesseur, Fribourg, 2–5 septembre 1980, hg. v. Felix Heinzer u. Christoph Schönborn, Fribourg 1982 (Par. 27) 365–373.

——; *„Elementatio evangelica". À propos de Maxime le Confesseur*, Ambigua ad Ioh. *XVII*: The Four Gospels 3, FS Frans Neirynck, hg. v. F. van Segbroeck u. G. van Belle, Leuven 1992 (BEThL 100) 2419–2432.

——; *Le jeu du Verbe. À propos de Maxime*, Amb. ad Ioh. *LXVII*: Philohistôr, FS Carl Laga, hg. v. Peter van Deun u. Antoon Schoors, Leuven 1994 (OLA 60) 281–293.

Steitz, Georg Eduard; *Die Abendmahlslehre der griechischen Kirche in ihrer geschichtlichen Entwicklung*: JDTh 11. 2 (1866) 13–253.

Stéphanou, E.; *La coexistence initiale du corps et de l'âme d'après saint Grégoire de Nysse et saint Maxime L'Homologète*: EOr 31 (1932) 304–315.

Stickelberger, Hans; *Freisetzende Einheit. Über ein christologisches Grundaxiom bei Maximus Confessor und Karl Rahner*: Maximus Confessor. Actes du Symposium sur Maxime le Confesseur, Fribourg, 2–5 septembre 1980, hg. v. Felix Heinzer u. Christoph Schönborn, Fribourg 1982 (Par. 27) 375–384.

Stiglmayr, J.; *Der Neuplatoniker Proclus als Vorlage des sogen. Dionysius Areopagita in der Lehre vom Übel*: HJ 16 (1895) 253–273 u. 721–748.

——; *Der heilige Maximus „mit seinen beiden Schülern"*: Kath. 88 (1908) 39–45.

——; *Der Verfasser der Doctrina patrum de incarnatione Verbi*: ByZ 18 (1909) 21–28.

Stratos, A. N.; *Byzantium in the Seventh Century III. 642–668*, Amsterdam 1975.

——; (Στράτος, Α. Ν.); Ὁ πατριάρχης Πύῤῥος: Byz(T) 8 (1976) 9–19.

Straubinger, Heinrich; *Die Christologie des hl. Maximus Confessor*, Bonn 1906.

Studer, Basil; *Das Heil aufgrund der gottmenschlichen Freiheit nach Maximus dem Bekenner*: Handbuch der Dogmengeschichte 3/2a, hg. v. A. Grillmeier u. L. Scheffczyk, Freiburg im Breisgau 1978, 212–223.

——; *Der apologetische Ansatz zur Logos-Christologie Justins des Märtyrers*: Kerygma und Logos. Beiträge zu den geistesgeschichtlichen Beziehungen zwischen Antike und Christentum, FS Carl Andresen, hg. v. Adolf Martin Ritter, Göttingen 1979, 435–448.

——; *Zur Soteriologie des Maximus Confessor*: Maximus Confessor. Actes du Symposium sur Maxime le Confesseur, Fribourg, 2–5 septembre 1980, hg. v. Felix Heinzer u. Christoph Schönborn, Fribourg 1982 (Par. 27) 239–246.

Suchla, Beate Regina; *Die sogenannten Maximus-Scholien des Corpus Dionysiacum Areopagiticum*: Nachrichten der Akademie der Wissenschaften in Göttingen. Philologisch-historische Klasse, Göttingen 1980, 33–66.

——; *Pseudo-Dionysius Areopagita. Die Namen Gottes*, Stuttgart 1988 (BGrL 26).

———; *Zur geplanten Neuedition der* Scholia ad Corpus Dionysiacum Areopagiticum: StPatr 27 (1993) 209–212.

———; *Verteidigung eines platonischen Denkmodells einer christlichen Welt. Die philosophie- und theologiegeschichtliche Bedeutung des Johannes von Skythopolis zu den areopagitischen Traktaten*: Nachrichten der Akademie der Wissenschaften in Göttingen. Philosophisch-historische Klasse 1 (1995) 1–28.

———; *Maximus Confessor*: Lexikon der antiken christlichen Literatur, hg. v. Siegmar Döpp u. Wilhelm Geerlings, Freiburg im Breisgau 1998, 433–435.

Σωτηρόπουλος, Χαράλαμπος Γ.: *Ἡδονή-Ὀδύνη κατὰ τὸν ἅγιον Μάξιμον τὸν Ὁμολογητήν*: Ekkl(A) 21 (1973) 531f. u. 22 (1973) 577f.

———; *Εὐχαριστία καὶ θέωσις κατὰ τὸν ἅγιον Μάξιμον τὸν Ὁμολογητήν καὶ τὸν Νικόλαον Καβάσιλαν*, Ἀθῆναι 1974.

———; *Ἡ Μυσταγωγία τοῦ ἁγίου Μαξίμου τοῦ Ὁμολογητοῦ*, Ἀθῆναι 1978, 11–190.

———; *Ἡ διὰ τῶν ἀρετῶν ἀπάθεια κατὰ τὸν ἅγιον Μάξιμον τὸν Ὁμολογητήν*: Theol(A) 50 (1979) 567–593.

———; (Sotiropoulos; Charalampos G.); *Remarques sur l'édition critique de la Mystagogie de s. Maxime le Confesseur*: Maximus Confessor. Actes du Symposium sur Maxime le Confesseur, Fribourg, 2–5 septembre 1980, hg. v. Felix Heinzer u. Christoph Schönborn, Fribourg 1982 (Par. 27) 83.

Szlezák, Thomas A.; *Intellekt*: Der neue Pauly. Enzyklopädie der Antike 5 (1998) Sp. 1027–1029.

Taft, Robert; *The Liturgy of the Great Church. An Initial Synthesis of Structure and Interpretation on the Eve of Iconoclasm*: DOP 34/35 (1980–1981) 45–75.

Tarán, Leonardo; *Parmenides. A Text with Translation, Commentary and Critical Essays*, Princeton 1965.

Tataryn, Miroslaw; *The Eastern Tradition and the Cosmos*: Sob. 11 (1989) 41–52.

Telepneff, Gregory; *The Concept of the Person in the Christian Hellenism of the Greek Church Fathers. A Study of Origen, St. Gregory the Theologian and St. Maximus the Confessor*, Berkeley 1991.

———; u. Chrysostomos (Bishop); *The Person, Pathe, Asceticism and Spiritual Restoration in Saint Maximos*: GOTR 34 (1989) 249–261.

Theobald, Christoph; *Origène et le débat herméneutique contemporain*: Origeniana Sexta, hg. v. Gilles Dorival u. Alain le Boulluec, Louvain 1995 (BEThL 118) 785–797.

Theobald, Michael; *Die Fleischwerdung des Logos. Studien zum Verhältnis des Johannesprologs zum Corpus des Evangeliums und zu 1 Joh*, Münster 1988 (NTA. NF 20).

Θεοδώρου, Ἀνδρέας; *Cur Deus homo? Ἀπροϋπόθετος ἢ ἐμπροϋπόθετος ἐνανθρώπησις τοῦ θεοῦ Λόγου; (σχόλιον εἰς τὴν θεολογίαν τοῦ ἱεροῦ Μαξίμου τοῦ Ὁμολογητοῦ)*: EEThS (A) 19 (1972) 295–340.

Théophane (père); *Le mystère de la liberté dans l'homme déifié, selon saint Maxime le Confesseur*: Contacts 149 (1990) 4–15.

Thornton, James u. Auxentios (Hieromonk); *Three Byzantine Commentaries on the Divine Liturgy. A Comparative Treatment*: GOTR 32 (1987) 285–308.

Thunberg, Lars; *Microcosm and Mediator. The Theological Anthropology of Maximus the Confessor*, Lund 1965.

———; *Symbol and Mystery in St. Maximus the Confessor. With Particular Reference to the Doctrine of Eucharistic Presence*: Maximus Confessor. Actes du Symposium sur Maxime le Confesseur, Fribourg, 2–5 septembre 1980, hg. v. Felix Heinzer u. Christoph Schönborn, Fribourg 1982 (Par. 27) 285–308.

———; *Man and the Cosmos. The Vision of St Maximus the Confessor*, New York 1985.

———; *Microcosm and Mediator. The Theological Anthropology of Maximus the Confessor*, Chicago 1965; ²1995.

———; *„Circumincession" once more. Trinitarian and Christological Implications in an Age of Religious Pluralism*: StPatr 29 (1997) 364–372.

Tigcheler, Jo; *Didyme l'Aveugle et l'exégèse allégorique. Étude sémantique de quelques termes exégétiques importants de son commentaire sur Zacharie*, Nijmegen 1977 (GCP 6).

Tixeront, J.; *Précis de patrologie*, Paris 1918.

Torjesen, Karen Jo; *Hermeneutical Procedure and Theological Method in Origen's Exegesis*, Berlin 1986 (PTS 28).

Τρεμπέλας, Παναγιώτης; *Μυστικισμός – Ἀποφατισμός – Καταφατικὴ θεολογία. Μάξιμος ὁ Ὁμολογητής – Γρηγόριος ὁ Παλαμᾶς*: EEThS (A) 20 (1973) 161–227.

Treu, Ursula; *Etymologie und Allegorie bei Klemens von Alexandrien*: StPatr 4 (1961) 191–211.

Tsirpanlis, Constantine M.; *Acta s. Maximi*: Theol(A) 43 (1972) 106–124.

Uthemann, Karl-Heinz; *Das anthropologische Modell der hypostatischen Union bei Maximus Confessor*: Maximus Confessor. Actes du Symposium sur Maxime le Confesseur, Fribourg, 2–5 septembre 1980, hg. v. Felix Heinzer u. Christoph Schönborn, Fribourg 1982 (Par. 27) 223–233.

——; *Der Neuchalkedonismus als Vorbereitung des Monotheletismus. Erin Beitrag zum eigentlichen Anliegen des Neuchalkedonismus*: StPatr 29 (1997) 373–413.

Vanneste, J.; *Le mystère de Dieu. Essai sur la structure rationnelle de la doctrine mystique du Pseudo-Denys l'Aréopagite*, 1959 (ML.P 45).

Venediktov, I.; *St. Maximos the Confessor and His Commentary on the Lord's Prayer*: JMP 7 (1986) 69–73.

Ders. *Commentary on Divine Liturgy by St. Maximus the Confessor*: JMP 4 (1987) 70–72.

—— u. Mumrikov, Aleksandr; *Interpretation of Divine Liturgy by St. Maximos the Confessor. Theological Aspect*: JMP 5 (1987) 72f.

Verbeke, G.; *Logos I. Der Logosbegriff in der antiken Philosophie*: HWP 5 (1980) Sp. 491–499.

Verdenius, W. J.; *Der Ursprung der Philologie*: StGen 19 (1966) 103–114.

Verghese, Paul; *The Monothelete Controversy – A Historical Survey*: GOTR 13 (1968) 196–211.

Viller, Marcel; *Aux sources de la spiritualité de s. Maxime les œuvres d'Evagre le Pontique*: RAM 11 (1930) 156–184, 239–268 u. 331–336.

—— u. Rahner, Karl; *Aszese und Mystik in der Väterzeit. Ein Abriß der frühchristlichen Spiritualität*, Freiburg im Breisgau 1939; 1989.

Vocht, Constant de; *Note additionnelle sur la provenance des codices Vind. theol. gr. 109 et Vat. gr. 1502*: Codices manuscripti 10 (1984) 84.

——; *Un nouvel opuscule de Maxime le Confesseur, source des chapitres non encore identifiés des cinq centuries théologiques (CPG 7715)*: Byz. 57 (1987) 415–420.

——; *BHG 715db. Un texte de Maxime le Confesseur*: AnBoll 106 (1988) 272.

——; *Maximus Confessor*: TRE 22 (1992) 298–304.

Vogel, C. J. de; *Platonism and Christianity. A mere Antagonism or a Profound Common Ground*: VigChr 39 (1985) 1–62.

Völker, Walther; *Das Vollkommenheitsideal des Origenes*, Tübingen 1931 (BHTh 7).

——; *Fortschritt und Vollendung bei Philo von Alexandrien*, Berlin 1938 (TU 49,1).

——; *Der wahre Gnostiker nach Clemens Alexandrinus*, Berlin 1952 (TU 57).

——; *Gregor von Nyssa als Mystiker*, Wiesbaden 1955.

——; *Kontemplation und Ekstase bei Pseudo-Dionysius Areopagita*, Wiesbaden 1958.

——; *Der Einfluß des Pseudo-Dionysius Areopagita auf Maximus Confessor*: Universitas I, FS Albert Stohr, hg. v. Ludwig Lenhart, Mainz 1960, 243–254.

——; *Der Einfluß des Pseudo-Dionysius Areopagita auf Maximus Confessor*: Studien zum Neuen Testament und zur Patristik, FS Erich Klostermann, hg. v. Friedrich Zucker, Berlin 1961 (TU 77) 331–350.

——; *Zur Ontologie des Maximus Confessor*: Und fragten nach Jesus, FS Ernst Barnikol, hg. v. Günther Ott, Berlin 1964, 57–79.

——; *Maximus Confessor als Meister des geistlichen Lebens*, Wiesbaden 1965.

Voordeckers, Edmond; *L'iconographie de saint Maxime le Confesseur dans l'art des églises de rite byzantin*: Philohistôr, FS Carl Laga, hg. v. Peter van Deun u. Antoon Schoors, Leuven 1994 (OLA 60) 339–357.

Wagenmann, J.-A. u. Seeberg, R.; *Maximus Confessor*: RE³ 12 (1903) 457–470.

Wallace, Maurus; *Affirmation and Negation in the Theology of St. Maximus the Confessor*, Roma 1960.

Walther, Georg; *Untersuchungen zur Geschichte der griechischen Vaterunser-Exegese*, Leipzig 1914 (TU 40/3).

Wartelle, André; *Introduction*: Saint Justin. Apologies, Paris 1987, 15–94.

Waszink, Jan Hendrik; *Bemerkungen zu Justins Lehre vom Logos Spermatikos*: Mullus, FS Theodor Klauser, hg. v. Alfred Stuiber u. Alfred Hermann, Münster 1964 (JAC.E 1) 380–390.

—— u. Joosen, J. C.; *Allegorese*: RAC 1 (1950) Sp. 283–293.

Weaver, David; *The Exegesis of Romans 5:12 Among the Greek Fathers and its Implications for the Doctrine of Original Sin. The 5th–12th Centuries*: SVTQ 29 (1985) 231–257.

Weber, Dorothea; *Dialog*: Lexikon der antiken christlichen Literatur, hg. v. Siegmar Döpp u. Wilhelm Geerlings, Freiburg im Breisgau 1998, 163–165.

Weiss, Hans-Friedrich; *Untersuchungen zur Kosmologie des hellenistischen und palästinischen Judentums*, Berlin 1966 (TU 97).

Wells, Jonathan; *The Argument to Design in Athanasius and Maximus*: PBR 8 (1989) 45–54.

Weser, Hermannus; *S. Maximi Confessoris praecepta de incarnatione Dei et deificatione hominis exponuntur et examinantur*, Halensis 1869.

Widdicombe, Peter; *Justin Martyr, Allegorical Interpretation, and the Greek Myths*: StPatr 31 (1997) 234–239.

Wilcox, Joel; *The Origins of Epistemology in Early Greek Thought. A Study of Psyche and Logos in Heraclitus*, New York 1994 (Studies in the History of Philosophy 34).

Wilken, Robert L.; *Maximus the Confessor on the Affections in Historical Perspective*: Asceticism, hg. v. Vincent L. Winbush u. Richard Valantasis, Oxford 1995, 412– 423.

Williamson, Ronald; *Jews in the Hellenistic World. Philo*, Cambridge 1989 (CCWJCW 1, 2).

Winkelmann, Friedhelm; *Die Quellen zur Erforschung des monenergetisch-monotheletischen Streites*: Klio 69 (1987) 515–559.

——; *Monenergetisch-monotheletischer Streit*: TRE 23 (1994) 205–209.

——; *Maximos Homologetes*: Prosopographie der mittelbyzantinischen Zeit. Erste Abteilung (641–867) 3, Berlin 2000, 207–215.

——; *Der monenergetisch-monotheletischer Streit*, Frankfurt am Main 2001 (Berliner Byzantinische Studien 6).

—— u. Köpstein, Helga, Ditten, Hans u. Rochow, Ilse; *Byzanz im 7. Jahrhundert. Untersuchungen zur Herausbildung des Feudalismus*, Berlin 1978 (BBA 48).

Wischmeyer, W.; *Maximus Confessor*: Evangelisches Lexikon für Theologie und Gemeinde 2 (1993) 1308f.

Wolfson, Harry Austryn; *Philo. Foundations of Religious Philosophy in Judaism, Christianity and Islam 1*, Cambridge 1948 (zweiter revidierter Nachdruck) [SGPS 2].

——; *The Philosophy of the Church Fathers 1. Faith, Trinity, Incarnation*, Cambridge 1956 (SGPS 3).

Wright, Rosemary; *How Credible are Plato's Myths*: Arktouros, FS Bernard M. W. Knox, hg. v. Glen W. Bowersock, Berlin 1979, 364–371.

Wutz, Franz; *Onomastica sacra. Untersuchungen zum Liber interpretationis nominum hebraicorum des Hl. Hieronymus 1*, Leipzig 1914 (TU 41, 1).

——; *Onomastica sacra. Untersuchungen zum Liber interpretationis nominum hebraicorum des Hl. Hieronymus 2*, Leipzig 1915 (TU 41, 2).

Yannaras, Christos; *The Distinction Between Essence and Energies and its Importance for Theology*: SVTQ 19 (1975) 232–245.

Yeago, David S.; *Jesus of Nazareth and Cosmic Redemption. The Relevance of St. Maximus the Confessor*: MoTh 12 (1996) 163–193.

Yevtic, Athanasios; *Eschatological Dimensions of the Church*: GOTR 38 (1993) 91–102.

Zananiri, G.; *Histoire de l'église byzantine*, Paris 1954.

Zeller, Dieter; *Mysterien/Mysterienreligionen*: TRE 23 (1994) 504–526.

Zhivov, V. M.; *The Mystagogia of Maximus the Confessor and the Development of the Byzantine Theory of the Image*: SVTQ 31/4 (1987) 349–376.

Zibritzki, Henning; *Heiliger Geist und Weltseele. Das Problem der dritten Hypostase bei Origenes, Plotin und ihren Vorläufern*, Tübingen 1994 (BHTh 84).

Zirnheld, Claire-Agnès; *Le double visage de la passion. Malédiction due au péché et/ou dynamisme de la vie.* Quaestiones ad Thalassium *de s. Maxime le Confesseur XXI, XXII et XLII*: Philohistôr, FS Carl Laga, hg. v. Peter van Deun u. Antoon Schoors, Leuven 1994 (OLA 60) 361–380.

Zocca, Elena; *Onorio e Martino. Due papi di fronte al monotelismo*: Martino I papa (649–653) e il suo tempo. Atti del XXVIII Convegno storico internazionale, Todi 13–16 ottobre 1991, Spoleto 1992 (Atti dei convegni dell' Accademia Tudertina e del Centro di studi sulla spiritualità medievale 5) 103–147.

BIBELREGISTER

SACHREGISTER

Alexandrinisch xxiif.; lx; 14; 23; 27; 31; 33f.; 46; 69; 133; 144–146; 154f.; 157; 178; 197; 203f.; 226; 228; 231; 251; 273; 275
Allegorese xxiii; lii; xli–xliii; lii; lv; lx; lxii; lxivf.; 14f.; 28; 130; 133; 147; 158; 160; 176f.; 197f.; 200; 202; 205; 211; 213f.; 216f.; 219; 225; 227f.; 230; *231f.*; 238f.; 241–253; 255; 257f.; 266–272; 276–278
Allegoria vgl. Allegorese
Allegorisch vgl. Allegorese
Anagoge 47; 139; 153; 192; *225–231*
Apokatastasis 50–54
Arianismus 31

[das] Begehrende 8; 86–88; 93; 110

Chaldezon xi; liv; l; lxi; 65; 97; 111; 116; 156; 164; 175; 184–186; 189; 191; 202; 265; 275; 277f.
Chalzedonense vgl. Chalzedon
Chalzedonensisch vgl. Chalzedon
Christologie xiii; xxii; xlf.; xliii; l; lii–lv; lvii; lxi; lxiii–lxv; 1; 20; 32f.; 40; 48; 57; 66f.; 77; 83f.; 97; 103; 116; 119; 122; 125; 140; 152; 156; 163f.; 168f.; 172; 175f.; 184–191; 196; 198–202; 204; 229; 241f.; 248–254; 257; 269; 271–277
Christologisch vgl. Christologie

Dynamis 45; 49; 56; 64; 69; 92; 98; 105; 134; 137–139; 148; 164; 171; 177; 192; 215; 217; 220; 223f.; 227; 234; 238; 246; 256; 260

[das] Eifrige 8f.; 86–88; 93; 110
Energeia xxix; xl; lvii; lxii; 40; 45; 49; 56; 69; 73f.; 92; 98; 105; 114; 118; 134; 183; 215; 222; 225; 230; 247; 260–262
Energie vgl. *Energeia*
Erotapokriseis xxxvf.; xxxix; xl; xli; xlvii; lii; 272
Eucharistie *105–107*

Filioque lix
Fleischwerdung lxiv; 26; 28f.; 34; 66; 125; *147–155*; 156–160; 162; 164; 168f.; 172; 176; 183; 191; 201; 207f.; 216–219; 221; 249; 252; 269; 274

Geist vgl. *Pneuma*
Geistlich vgl. *Pneuma*
Gnosis 107–109; 115; 129f.; 135f.; 163; 179; 181; 194; 199; 209; 211; 215; 219; 222; 229–231; 237f.; 247
Gramma/Buchstabe 126; 129; 133; 137–139; 143f.; 147–151; 157; 160; 163; 177; 180; 191–193; 196; 223f.; 227f.; 233; *235f.*; 240; 242; 269

Historia 150; 157; 163; 177; 192; 217; 220; *232–234*; 241–243

Ideenlehre 8; 18f.; 45; 48
Inkarnation 32; 67f.; 74; 96; 120; 125; 148; 152–154; 156; 158–160; 162–166; 169; 199; 201; 204; 207; 212; 216–218; 221; 242; 248; 269f.; 273–275
Intelligibel 17; 30; 33; 35; 43; 47; 49; 52f.; 60; 65; 68f.; 76; 78; 98; 102; 113–115; 117; 128f.; 131; 134; 151; 186f.; 188f.; 194; 209; 233; 239; 247

Leib-Metaphorik vgl. Metaphorik des Leibes
Logoi vgl. Logos
Logos/*logos* xlv; l; lx; lxii–lxiv; lvii; lx; lxiiif.; *1–79*; 81; 83–85; 87–90; 95–103; 108; 112–114; 116f.; 119–122; 125–139; 141f.; 144f.; 147–169; 171–177; 179–182; 188–193; 196; 198; 200–202; 204–210; 212–232; 235–238; 240–243; 246–249; 251–253; 256f.; 260; 263; 268–270; 273f.; 276–279

Menschwerdung 66f.; 74; 76; 95; 97; 104; 112; 119; 125; 132f.; 140;

NAMENREGISTER

Ammonius Sakkas 27
Anastasius Apokrisarius xxx
Anastasius monachus xxiii; xxvf.;
xxixf.
Aristoteles li; 7; *9f.*; 13; 25; 53; 77;
211
Arius 31
Athanasius von Alexandrien *31–33*;
35; 38; 76; 78; 153
Augustin 93; 94f.

Balthasar, H. U. von xxii; xxxv;
xl–xlv; xlvi; l–liii; lxi; 37; 39; 48;
50f.; 52; 55; 61; 76; 78; 82; 89f.;
94; 96; 106; 108f.; 112; 118; 125f.;
142; 144; 146f.; 167; 188; 193; 203;
247
Blowers, P. M. xxxvi–xxxviii; xlvii;
lvi; lvii; lx–lxiii; 1; 70; 108; 126;
142; 144f.; 172; 180; 197; 204; 212;
225; 228; 231; 242; 245; 247; 252;
254f.; 273; 278

Croce, V. xxii; xxxii; liv; lv; lxii; 70;
220; 222; 237; 256; 258; 266; 268

Dalmais, I.-H. xxii; xxv–xxvii; xxxi;
xliif.; xlvi–xlviii; l–lii; lxif.; 1; 35; 38;
44; 48; 50; 52; 67; 73; 75; 78; 82;
87; 103; 108f.; 111; 113; 126; 132;
200
Diogenes Laërtius 3; 11

Eugenius I xxiiif.
Evagrius Ponticus xlivf.; lf.; lvf.;
34f.; 38; 47; 76f.; 86; 108f.; 111;
113f.; 117f.; 122; 204; 232; 256;
274; 277

Gaius Caligula 13
Garrigues, J.-M. xxiii; xxv; xxix;
xxxix; xl; xlviiif.; lv; lvii; lviii; 58; 96;
99; 165; 186
George von Resh'aina xxv
Gregor von Nazianz xxxix; xl; liii;
50; 56; 67; 98; 148f.; 155; 174; 205;
218; 230; 234f.; 259; 262; 277

Gregor von Nyssa liii; *33f.*; 50–52;
76; 83; 89–91; 94; 100; 108; 153f.;
158; 170; 175f.; 226; 238; 250
Gregor Palamas lviii; 73f.

Heidegger, M. 3
Heraklit lxiii; *3–5*; 9
Homer 2

Ignatius von Antiochien 25
Irenäus von Lyon 221

Johannes Chrysostomos 278
Johannes der Kämmerer xxv; 92; 109
Johannes Scotus Eriugena xi; xxi; 51;
135; 138; 184; 206; 209f.
Johannes von Cyzikus xxv; xxxix
Johannes von Scythopolis 37
Justin *21–23*; 25; 28; 34
Justinian xxiv; 78

Klemens von Alexandrien liii; 24; 26;
31; 55; 60f.; 76; 108; 113; 244; 246

Larchet, J.-C. xxiii; xxvf.; xxxix; xl;
xlvi; xlviii; lviiif.; 48; 55f.; 58; 71f.;
74; 76; 82; 89f.; 95–99; 101; 104;
106; 108f.; 112f.; 115; 117;
119–122; 126; 130; 143; 145; 172;
174; 195; 203; 259
Leontius von Byzanz 1; 83; 195

Marinus xxvii
Mark Aurel 11; 28
Michael Exabulites xxiv

Origenes xxii; xxvf.; xxxvi; xxxix; xlvi;
li; liii; lv; lxf.; lxiiif.; *23–28*; 29–31;
34; 38; 41; 46; 54; 68; 76; 108; 113;
144–147; 153–155; 162; 168f.; 176;
194–197; 200–204; 211; 217f.; 227;
238; 242; 244; 246; 275; 278

Parmenides 3; 6f.
Philo von Alexandrien li; liii; *13–20*;
21f.; 24–26; 28; 38; 46; 133; 145;
147; 170; 194; 242; 244; 246; 250f.

SUPPLEMENTS TO VIGILIAE CHRISTIANAE

28. Benjamins, H.S. *Eingeordnete Freiheit.* Freiheit und Vorsehung bei Origenes. 1994. ISBN 90 04 10117 9
29. Smulders s.j., P. (tr. & comm.). *Hilary of Poitiers' Preface to his* Opus historicum. 1995. ISBN 90 04 10191 8
30. Kees, R.J. *Die Lehre von der* Oikonomia *Gottes in der* Oratio catechetica *Gregors von Nyssa.* 1995. ISBN 90 04 10200 0
31. Brent, A. *Hippolytus and the Roman Church in the Third Century.* Communities in Tension before the Emergence of a Monarch-Bishop. 1995. ISBN 90 04 10245 0
32. Runia, D.T. *Philo and the Church Fathers.* A Collection of Papers. 1995. ISBN 90 04 10355 4
33. De Coninck, A.D. *Seek to See Him.* Ascent and Vision Mysticism in the Gospel of Thomas. 1996. ISBN 90 04 10401 1
34. Clemens Alexandrinus. *Protrepticus.* Edidit M. Marcovich. 1995. ISBN 90 04 10449 6
35. Böhm, T. *Theoria – Unendlichkeit – Aufstieg.* Philosophische Implikationen zu *De vita Moysis* von Gregor von Nyssa. 1996. ISBN 90 04 10560 3
36. Vinzent, M. *Pseudo-Athanasius, Contra Arianos IV.* Eine Schrift gegen Asterius von Kappadokien, Eusebius von Cäsarea, Markell von Ankyra und Photin von Sirmium. 1996. ISBN 90 04 10686 3
37. Knipp, P.D.E. *'Christus Medicus' in der frühchristlichen Sarkophagskulptur.* Ikonographische Studien zur Sepulkralkunst des späten vierten Jahrhunderts. 1998. ISBN 90 04 10862 9
38. Lössl, J. *Intellectus gratiae.* Die erkenntnistheoretische und hermeneutische Dimension der Gnadenlehre Augustins von Hippo. 1997. ISBN 90 04 10849 1
39. Markell von Ankyra. *Die Fragmente. Der Brief an Julius von Rom.* Herausgegeben, eingeleitet und übersetzt von Markus Vinzent. 1997. ISBN 90 04 10907 2
40. Merkt, A. *Maximus I. von Turin.* Die Verkündigung eines Bischofs der frühen Reichskirche im zeitgeschichtlichen, gesellschaftlichen und liturgischen Kontext. 1997. ISBN 90 04 10864 5
41. Winden, J.C.M. van. *Archè.* A Collection of Patristic Studies by J.C.M. van Winden. Edited by J. den Boeft and D.T. Runia. 1997. ISBN 90 04 10834 3
42. Stewart-Sykes, A. *The Lamb's High Feast.* Melito, *Peri Pascha* and the Quartodeciman Paschal Liturgy at Sardis. 1998. ISBN 90 04 11236 7
43. Karavites, P. *Evil, Freedom and the Road to Perfection in Clement of Alexandria.* 1999. ISBN 90 04 11238 3
44. Boeft, J. den and M.L. van Poll-van de Lisdonk (eds.). *The Impact of Scripture in Early Christianity.* 1999. ISBN 90 04 11143 3
45. Brent, A. *The Imperial Cult and the Development of Church Order.* Concepts and Images of Authority in Paganism and Early Christianity before the Age of Cyprian. 1999. ISBN 90 04 11420 3

46. Zachhuber, J. *Human Nature in Gregory of Nyssa.* Philosophical Background and Theological Significance. 1999. ISBN 90 04 11530 7

47. Lechner, Th. *Ignatius adversus Valentinianos?* Chronologische und theologiegeschichtliche Studien zu den Briefen des Ignatius von Antiochien. 1999. ISBN 90 04 11505 6

48. Greschat, K. *Apelles und Hermogenes.* Zwei theologische Lehrer des zweiten Jahrhunderts. 1999. ISBN 90 04 11549 8

49. Drobner, H.R. *Augustinus von Hippo:* Sermones ad populum. Überlieferung und Bestand – Bibliographie – Indices. 1999. ISBN 90 04 11451 3

50. Hübner, R.M. *Der paradox Eine.* Antignostischer Monarchianismus im zweiten Jahrhundert. Mit einen Beitrag von Markus Vinzent. 1999. ISBN 90 04 11576 5

51. Gerber, S. *Theodor von Mopsuestia und das Nicänum.* Studien zu den katechetischen Homilien. 2000. ISBN 90 04 11521 8

52. Drobner, H.R. and A. Viciano (eds.). *Gregory of Nyssa: Homilies on the Beatitudes.* An English Version with Commentary and Supporting Studies. Proceedings of the Eighth International Colloquium on Gregory of Nyssa (Paderborn, 14-18 September 1998) 2000 ISBN 90 04 11621 4

53. Marcovich, M. (ed.). *Athenagorae qui fertur* De resurrectione mortuorum. 2000. ISBN 90 04 11896 9

54. Marcovich, M. (ed.). *Origenis: Contra Celsum Libri VIII.* 2001. ISBN 90 04 11976 0

55. McKinion, S. *Words, Imagery, and the Mystery of Christ.* A Reconstruction of Cyril of Alexandria's Christology. 2001. ISBN 90 04 11987 6

56. Beatrice, P.F. *Anonymi Monophysitae* Theosophia, *An Attempt at Reconstruction.* 2001. ISBN 90 04 11798 9

57. Runia, D.T. *Philo of Alexandria:* An Annotated Bibliography 1987-1996. 2001. ISBN 90 04 11682 6

58. Merkt, A. *Das Patristische Prinzip.* Eine Studie zur Theologischen Bedeutung der Kirchenväter. 2001. ISBN 90 04 12221 4

59. Stewart-Sykes, A. *From Prophecy to Preaching.* A Search for the Origins of the Christian Homily. 2001. ISBN 90 04 11689 3

60. Lössl, J. *Julian von Aeclanum.* Studien zu seinem Leben, seinem Werk, seiner Lehre und ihrer Überlieferung. 2001. ISBN 90 04 12180 3

61. Marcovich, M. (ed.), adiuvante J.C.M. van Winden, *Clementis Alexandrini* Paedagogus. 2002. ISBN 90 04 12470 5

62. Berding, K. *Polycarp and Paul.* An Analysis of Their Literary and Theological Relationship in Light of Polycarp's Use of Biblical and Extra-Biblical Literature. 2002. ISBN 90 04 12670 8

63. Kattan, A.E. *Verleiblichung und Synergie.* Grundzüge der Bibelhermeneutik bei Maximus Confessor. 2002. ISBN 90 04 12669 4

64. Allert, C.D. *Revelation, Truth, Canon, and Interpretation.* Studies in Justin Martyr's Dialogue with Trypho. 2002. ISBN 90 04 12619 8

65. Volp, U. *Tod und Ritual in den christlichen Gemeinden der Antike.* 2002. ISBN 90 04 12671 6